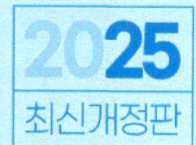

흥달쌤의
정보처리기사

이홍직 편저

실기

현직 개발자가 쉽게 알려주는 정보처리기사 실기 합격 Tip!

비전공자, 문과생도 쉽게 이해할 수 있어요!

▶ **흥달쌤** 에서 정보처리기사 등 각종 **특강 진행**

흥달쌤 동영상강의
이라온에듀닷컴 | 1억뷰엔잡

Preface
이 책의 머리말

안녕하세요, 홍달쌤입니다.
정보처리 기사와 프로그래밍 언어를 강의하는 강사로, 20년차 경력을 가진 개발자입니다.
그동안 다양한 프로젝트 경험을 통해 많은 지식과 노하우를 쌓아왔습니다.
CJOne, 아시아나 항공, 삼성화재 글로벌, SRTPlay 등의 대규모 프로젝트에 참여하며 실무 경험을 쌓았습니다.
2019년부터는 깨알 자바 특강을 시작으로 C언어 특강, 정보처리기사 등 다양한 강의를 진행하고 있으며, 현재는 엔잡 사이트에서 정보처리기사 인강을 제공하고 있습니다.

정보처리기사 자격증은 4차 산업 시대에 필수적인 자격증입니다. 비전공자도 정보처리기사 자격증을 취득할 수 있습니다.
비전공자들을 위해 낯선 용어와 프로그래밍 언어를 쉽게 설명하고, 실무에서 어떻게 활용되는지를 자세히 알려드립니다.
프로그래밍 언어도 처음에는 어렵게 느껴질 수 있지만, 꾸준한 학습을 통해 익숙해질 수 있습니다. 유튜브에 올린 깨알 C언어 특강을 수강한 비전공자들은 어려웠던 C언어를 쉽게 이해하고 활용할 수 있었다는 후기를 남기기도 했습니다.

이 교재는 정보처리기사 자격증 취득을 목표로 하고 있으며, 이를 위해 필요한 지식을 체계적으로 익히도록 구성되었습니다.

2025년 개정판 교재의 특징은 프로그래밍 언어 강화를 통해 학습자들이 더욱 실질적인 프로그래밍 실력을 키울 수 있도록 했다는 점입니다.
개정판에서는 기초 문법뿐 아니라 프로그램 설계와 문제 해결 능력을 기를 수 있는 내용들이 추가되었습니다. 이를 통해 정보처리기사 자격증 취득은 물론, 프로그래밍 기초를 탄탄히 다질 수 있습니다.

교재의 구성은 출제 기준과 다를 수 있습니다.
정보처리기사의 출제 기준은 유용하고 실무에 도움이 되는 내용을 포함하고 있지만, 교재에서는 개발 과정의 전체적인 흐름과 필요한 요소들을 상세히 다루고 있습니다.
시험 합격뿐만 아니라 실무에서 어떤 역할을 수행해야 하는지에 대한 이해를 높이기 위해 출제 기준을 재배치한 것이죠.

각 과목에서는 다음과 같은 내용을 다룹니다.

- **소프트웨어 구축**: 개발 과정과 도구, 용어에 대한 이해
- **데이터베이스 구축**: 데이터베이스 개념과 SQL 활용
- **운영체제**: 운영체제 역할, 프로세스 및 메모리 관리
- **네트워크**: 인터넷 개념과 기술
- **정보보안**: 암호화와 보안 장비 활용
- **신기술용어**: 현업에서 사용하는 용어들
- **프로그래밍 언어**: 프로그램 분류, 문법, 문제 해결을 위한 실질적 내용

또한, 특강으로 계산식, 데이터베이스에 관한 내용을 자세히 다룹니다.

학습 순서는 각 과목을 순서대로 학습하되, 프로그램 특강을 병행하시면 좋습니다.
프로그래밍 언어는 익숙해져야 하므로 꾸준한 학습이 필요합니다.
과목을 완료한 후에는 용어에 익숙해질 때까지 반복학습을 하시면 됩니다.
그리고 계산식 특강과 데이터베이스 특강은 본강을 완료한 후에 수강하시면 도움이 될 것입니다.

어렵다고 느끼더라도 포기하지 마시고 함께 노력해보세요.
홍달쌤은 여러분들의 학습을 돕고 응원해 드릴 준비가 되어 있으며, 질문이나 어려움이 있을 때는 언제든지 도와드리겠습니다.
함께 열심히 준비하며 정보처리기사 자격증을 취득하길 바랍니다.
감사합니다!

2025년 1월 홍달쌤

Contents
이 책의 목차

PART 01 소프트웨어 구축

chapter 01 소프트웨어 공학 개념 ·········8
- Section 1 소프트웨어 공학 ·········8
- Section 2 소프트웨어 개발 방법론 ·········12

chapter 02 프로젝트 계획 및 분석 ·········18
- Section 1 프로젝트 계획 ·········18
- Section 2 요구사항 분석 ·········24

chapter 03 소프트웨어 설계 ·········32
- Section 1 소프트웨어 설계의 기본 원칙 ·········32
- Section 2 소프트웨어 아키텍처 ·········35
- Section 3 UML ·········39

chapter 04 화면 설계 ·········48
- Section 1 UI 설계 ·········48
- Section 2 UI 구현 ·········52

chapter 05 서버 프로그램 구현 ·········56
- Section 1 프로그래밍 기초 개념 ·········56
- Section 2 개발 환경 구축 ·········60
- Section 3 모듈 구현 ·········70
- Section 4 서버 프로그램 구현 ·········74

chapter 06 인터페이스 구현 ·········79
- Section 1 인터페이스 개요 ·········79
- Section 2 인터페이스 기능 구현 ·········83

chapter 07 객체지향 구현 ·········88
- Section 1 객체지향 설계 ·········88

chapter 08 애플리케이션 테스트 관리 ·········93
- Section 1 애플리케이션 테스트케이스 설계 ·········93
- Section 2 애플리케이션 통합 테스트 ·········102
- Section 3 애플리케이션 성능 개선 ·········106

chapter 09 소프트웨어 유지보수 ·········110
- Section 1 소프트웨어 유지보수 ·········110

chapter 10 제품 소프트웨어 패키징 ·········112
- Section 1 국제 표준 제품 품질 특성 ·········112
- Section 2 제품 소프트웨어 패키징 ·········116

PART 02 데이터베이스 구축

chapter 01 데이터베이스 구축 ·········122
- Section 1 데이터베이스 개념 ·········122
- Section 2 데이터베이스 설계 ·········126
- Section 3 논리 데이터베이스 설계 ·········132
- Section 4 물리 데이터베이스 설계 ·········138
- Section 5 관계 데이터베이스 모델 ·········146

Section 6	키와 무결성 제약조건 ······················152
Section 7	품질 검토 및 분산 데이터베이스 ······156
Section 8	병행제어와 데이터 전환 ···················161

chapter 02   SQL 활용 ·······································167

| Section 1 | 기본 SQL 작성 ·····························167 |
| Section 2 | SELECT 쿼리 활용 ························177 |

PART 03
운영체제

chapter 01   운영체제 ·······································194

Section 1	운영체제 기초 ·····························194
Section 2	메모리 관리 ·································204
Section 3	프로세스 ·····································210
Section 4	병행 프로세스와 교착 상태 ············216
Section 5	디스크 스케줄링(Disk Scheduling) ··218
Section 6	스토리지, 환경 변수, 로그 파일 ········221

PART 04
네트워크

chapter 01   네트워크 ·······································226

| Section 1 | 네트워크 기본 ·····························226 |

Section 2	근거리 통신망(LAN, Local Area Network) ·······································234
Section 3	인터넷 ··239
Section 4	프로토콜 ·····································245
Section 5	OSI 7계층 ···································253
Section 6	TCP/IP ·······································256

PART 05
정보보안

chapter 01   정보보안 ·······································262

Section 1	SW개발 보안 설계 ························262
Section 2	SW개발 보안 구현 ························268
Section 3	시스템 보안 구현 ··························276
Section 4	서비스 공격 유형 ··························284

PART 06
신기술 용어

chapter 01   신기술 용어 ···································292

| Section 1 | S/W 개발 동향 ·····························292 |
| Section 2 | 네트워크 / 데이터베이스 신기술 용어 ·······································297 |

Contents
이 책의 목차

PART 07
계산식 특강

- **chapter 01** 서브넷 ·················306
- **chapter 02** 주기억장치 관련 계산식 ·········319
- **chapter 03** 페이지 교체 알고리즘 ···········322
- **chapter 04** 프로세스 스케줄링 ············328
- **chapter 05** 디스크 스케줄링 ············344
- **chapter 06** 기타 계산식 ·············352

PART 08
데이터베이스 특강

- **chapter 01** 관계대수 & 관계해석 ·········360
- **chapter 02** DDL(Data Definition Language) ·················370
- **chapter 03** DCL(Data Control Language) 376
- **chapter 04** DML(Data Manipulation Language) ···············379

PART

01

소프트웨어 구축

CHAPTER 01 소프트웨어 공학 개념

Section 1. 소프트웨어 공학

1. 소프트웨어 공학(Software Engineering)

(1) 소프트웨어 공학의 정의
- 소프트웨어 위기를 극복하고 품질 높은 소프트웨어를 효율적으로 개발하기 위한 학문이다.
- 소프트웨어 개발에 적용되는 방법, 도구, 이론을 포괄적으로 다룬다.

(2) 소프트웨어의 위기의 원인
- 소프트웨어 특성에 대한 이해 부족
- 적절한 소프트웨어 관리 방법론의 부재
- 프로그래밍에만 치중하고 올바른 설계를 소홀히 함
- 소프트웨어 개발에 대한 전문적 교육 부족
- 작업 일정과 비용 추정의 부정확성

(3) 소프트웨어의 위기의 결과
- 개발 인력 부족 및 인건비 상승
- 소프트웨어의 성능 및 신뢰성 부족
- 개발 기간 및 비용의 증가
- 소프트웨어 품질 저하 및 유지보수 비용 증가
- 소프트웨어의 생산성 저하

2. 소프트웨어 공학의 3R

(1) 소프트웨어 공학의 3R의 정의
- 완성된 소프트웨어를 기반으로 하여 역공학(Reverse Engineering), 재공학(Re-Engineering), 재사용(Reuse)을 통해 소프트웨어의 생산성을 극대화하는 기법이다.

(2) 역공학(Reverse Engineering)
- 이미 개발된 시스템을 분석하여 요구 분석서, 설계서 등의 문서를 추출하는 작업이다.
- 개발 단계를 역순으로 추적해 기존의 코드나 데이터로부터 설계 명세서나 요구 분석서를 도출한다.
- 역공학의 특징
  - 상용화되거나 이미 개발된 소프트웨어의 분석을 지원한다.
  - 기존 시스템의 자료와 정보를 설계 수준에서 분석해 유지보수성을 향상시킨다.
  - 이러한 정보를 저장소(Repository)에 보관해 CASE 도구 활용을 용이하게 한다.

(3) 재공학(Re-Engineering)
- 유지보수의 생산성을 향상시켜 소프트웨어 위기를 해결하는 방법 중 하나이다.
- 기존 소프트웨어를 폐기하지 않고, 기능을 개선하거나 새로운 소프트웨어로 재활용하는 공법이다.
- 재공학의 특징
  - 소프트웨어의 유지보수성과 품질을 향상시킨다.
  - 부작용을 미리 발견하여 위험 부담을 줄이고 복구 비용을 절감한다.
  - 예방 유지보수(Preventive Maintenance)를 통해 소프트웨어 위기를 해결한다.
- 재공학 과정

과정	설명
분석 (Analysis)	기존 소프트웨어의 명세서를 검토해 재공학 대상을 선정한다.
재구성 (Restructuring)	소프트웨어의 구조를 개선하기 위해 코드를 재구성하되, 외적 기능은 변경하지 않는다.
역공학 (Reverse Engineering)	소프트웨어의 소스 코드를 분석하여 설계 수준을 도출한다.
이관 (Migration)	기존 소프트웨어를 다른 운영체제나 프레임워크에서 사용할 수 있도록 변환한다.

(4) **재사용(Reuse)**

- 이미 개발된 소프트웨어의 전체 또는 일부를 다시 사용하는 것을 의미한다.
- 재사용의 특징
  - 소프트웨어 개발 시간과 비용을 절감한다.
  - 프로젝트 실패 위험률을 줄인다.
  - 개발자의 생산성을 증가시킨다.
  - 소프트웨어 구축에 대한 지식을 공유할 수 있다.
- 재사용의 범위
  - 함수와 객체 재사용: 클래스나 함수 단위로 구현된 소스 코드를 재사용한다.
  - 컴포넌트 재사용: 독립적인 소프트웨어 컴포넌트를 재사용하여 전체 시스템에 활용한다.
  - 애플리케이션 재사용: 기존 애플리케이션이나 그 일부를 새로운 소프트웨어 개발에 재사용한다.
- 재사용 방법
  ① 합성 중심(Composition Based, 블록 구성)
    - 전자 칩과 같은 소프트웨어 부품, 즉 모듈을 조합하여 소프트웨어를 완성하는 방법이다.
  ② 생성 중심(Generation Based, 패턴 구성)
    - 추상화된 형태의 명세를 구체화하여 프로그램을 만드는 방식으로, 특정 패턴을 적용하여 생성한다.

3. 소프트웨어 개발 단계

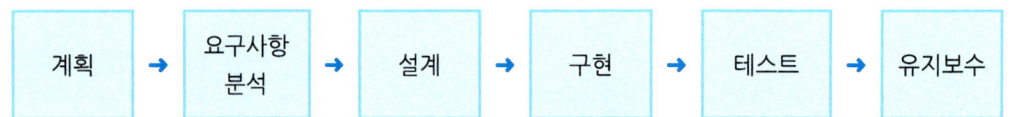

(1) **계획(Planning)**

- 개발할 내용을 명확히 정의한다.
- 개발 범위를 결정한다.
- 시스템 특성을 파악하여 비용과 기간을 예측한다.

(2) **요구사항 분석(Requirements Analysis)**

- 고객과 함께 소프트웨어의 기능, 제약조건, 목표를 정의한다.
- 요구사항을 정확히 이해하고 이끌어낸다.
- 불필요한 요구사항에 대해 협상하고 조율한다.
- 요구사항의 적합성을 검토하고 미래를 예측한다.
- 현재 운영되는 소프트웨어의 실행 환경을 분석한다.

(3) 소프트웨어 설계(Design)
- 시스템의 동작 방식을 정의한다.
- 요구사항 분석을 바탕으로 입력 자료, 처리 내용, 출력 자료 등을 정의한다.

(4) 구현(Development)
- 프로그래밍 언어를 사용하여 실제 프로그램을 작성한다.
- 코딩, 디버깅, 단위 테스트를 진행한다.

(5) 테스트(Test)
- 구현된 소프트웨어가 요구사항을 만족하는지 검사한다.
- 실행 결과의 정확성을 검증하고 평가한다.
- 테스트 계획과 결과서를 작성한다.

(6) 유지보수(Maintenance)
- 사용 중 발견된 문제를 수정하고 필요한 경우 새로운 기능을 추가한다.
- 소프트웨어의 지속적인 개선을 통해 안정성을 유지한다.

Section 2. 소프트웨어 개발 방법론

1. 소프트웨어 개발 방법론 개념

- 소프트웨어 개발에 필요한 과정(절차, 방법, 산출물, 기법, 도구)들을 체계적으로 정리한 것이다.

2. 소프트웨어 개발 방법론 종류

(1) 구조적 방법론

- 절차지향적인 소프트웨어 개발 방법론이다.
- 사전에 정의된 구조에 따라 코드를 작성하고 순차적으로 실행하는 방식이다.
- 구조적 방법론 구성요소

구성요소	설명
데이터 흐름도(DFD)	시스템 내의 데이터 흐름을 그래픽으로 표현하여 시각적으로 이해를 돕는다.
자료사전(DD)	시스템에서 사용되는 데이터의 세부 사항을 문서화하여 체계적으로 관리한다.
상태전이도(STD)	시스템의 상태 변화를 시각적으로 표현하여 시스템의 동작을 쉽게 파악할 수 있도록 한다.
소단위 명세서 (Minispec)	개별 모듈의 기능과 로직을 상세하게 기술하여 모듈의 역할과 구조를 명확히 설명한다.

(2) 정보공학 방법론

- 기업의 주요 부분을 계획, 분석, 설계, 구축에 정형화된 기법을 상호 연관성 있게 통합하여 적용하는 방법론이다.
- 데이터 중심의 접근 방식을 취하며, 단순한 소프트웨어 개발을 넘어 기업의 경영 전략에 초점을 맞춘다.

(3) 객체지향 개발 방법론

- 현실 세계의 개체(Entity)를 속성(Attribute)과 메서드(Method)로 표현한다.
- 객체와 클래스 간의 관계를 식별하고 이를 설계 모델로 변환한다.
- 특징

특징	설명
캡슐화	객체의 세부 구현을 숨기고 인터페이스만 제공하여 내부 구현을 보호한다.
정보 은닉	객체 내부의 세부 사항을 외부로부터 숨김으로써 안정성을 높인다.
상속	재사용과 확장성을 위해 상위 클래스의 속성과 메서드를 하위 클래스가 상속한다.

특징	설명
다형성	하나의 인터페이스가 다양한 형태의 구현을 가질 수 있어 유연한 프로그래밍이 가능하다.
추상화	복잡한 현실 세계를 단순화하여 필요한 부분만을 모델링한다.

(4) CBD(Component Based Development) 방법론
- 재사용 가능한 컴포넌트를 개발하거나 상용 컴포넌트를 조합하여 애플리케이션을 개발하는 방법론이다.
- 새로운 기능 추가가 용이한 확장성을 제공한다.

(5) 애자일 방법론

1) 기본 원칙
- 변화에 빠르고 유연하게 대응하는 개발 방식을 지향한다.
- 소프트웨어 개발의 민첩성과 효율성을 강조한다.

2) 애자일 방법론의 종류
- XP(eXtreme Programming): 반복적이고 점진적인 개발을 통해 안정성을 확보하고 효율성을 높인다.
- SCRUM: 유연하고 생산적인 프로젝트 관리 방식을 적용하여 효율적인 협업을 지원한다.
- FDD(Feature-Driven Development): 기능 중심의 반복적 개발 방식을 통해 점진적으로 소프트웨어를 완성한다.
- Crystal 방법론: 프로젝트의 크기와 중요도에 따라 방법론을 조정하여 최적의 개발 방식을 선택한다.

3. 소프트웨어 개발 모델

(1) 폭포수 모델(Waterfall Model)
- 개발 과정이 계획, 분석, 설계, 구현, 테스트, 운영 순으로 순차적으로 진행된다.
- 각 단계는 이전 단계가 완료된 후에 시작되며, 다음 단계로 넘어가기 전에 철저한 검증을 거친다.
- 한 번 시작된 단계는 이전 단계로 돌아가거나 병행 진행이 허용되지 않아 변경이 어렵다.
- 오래된 소프트웨어 개발 모델로, 다양한 성공 사례가 있으며, 예측 가능성이 높다.
- 초기에 설정된 요구사항을 나중에 변경하기 어려워 유연성이 낮다.
- 각 단계마다 명확한 목표와 산출물이 있어 체계적인 진행이 가능하다.
- 개발 과정 중 고객의 피드백을 받기 어려워 개발 초기의 요구사항에 크게 의존한다.

(2) 프로토타이핑 모델(Prototyping Model)

- 고객이 요구하는 주요 기능을 프로토타입으로 먼저 구현하는 모델이다.
- 개발자는 프로토타입을 통해 소프트웨어의 모델을 시각적으로 보여주며, 이를 통해 요구사항을 명확히 한다.
- 개발된 프로토타입은 폐기되거나 재사용될 수 있다.

(3) 나선형 모델(Spiral Model)

- 폭포수 모델과 프로토타이핑 모델의 장점을 결합하고, 위험 분석을 추가하여 점진적으로 개발하는 모델이다.
- 프로젝트 수행 시 발생할 수 있는 위험을 미리 관리하고 최소화하는 데 중점을 둔다.
- 대규모 프로젝트나 위험 부담이 큰 시스템 개발에 적합하다.
- 순서: 계획 및 요구 분석 → 위험 분석 → 프로토타입 개발 → 고객 평가 및 피드백

(4) RAD(Rapid Application Development) 모델

- 매우 빠른 개발 주기를 통해 소프트웨어를 신속하게 제공하는 방법론이다.
- 고급 소프트웨어 개발 도구와 CASE 도구를 활용하여 개발 효율성을 높인다.

(5) V 모형

- 개발의 각 단계에서 검증과 테스트를 중점적으로 진행하는 모델이다.
- 각 개발 단계에 해당하는 테스트 단계가 있어 체계적인 품질 관리가 가능하다.

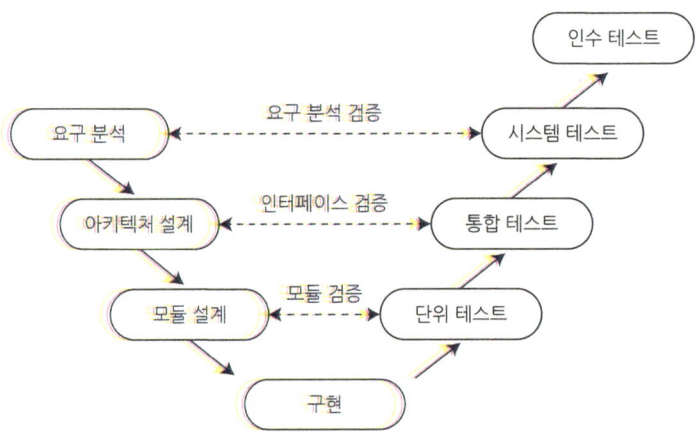

(6) 4세대 기법(4th Generation Techniques)

- 요구사항 명세서를 기반으로 소프트웨어 코드를 자동으로 생성하는 기법이다.
- 4세대 언어(4GL)와 같은 고급 프로그래밍 언어와 도구를 사용하여 개발 생산성을 높인다.

4. 애자일(Agile) 방법론

(1) 애자일 방법론의 개념
- 신속하고 반복적인 작업을 통해 지속적으로 작동 가능한 소프트웨어를 개발하는 방식이다.
- 작은 구성요소를 빠르게 제공하며, 애자일 개발을 가능하게 하는 다양한 방법론의 집합을 의미한다.

(2) 애자일 프로세스의 등장 배경
- 기존 소프트웨어 개발 방법론의 문제점을 해결하기 위해 등장하였다.
- 기존 방법론의 주요 문제점
  - 계약과 계획 준수에 중점을 둔 문화로 인해 유연성이 부족하다.
  - 문서 작성을 과도하게 중시하여 개발 속도가 느려진다.
  - 프로세스와 도구의 적용을 중시하여 사람 중심의 개발이 어렵다.
  - 계획 또는 통제 실패 시 성과 부진을 부정적으로 인식한다.

(3) 애자일 선언문
- 공정과 도구보다 개인과 상호작용을
- 포괄적인 문서보다 작동하는 소프트웨어를
- 계약 협상보다 고객과의 협력을
- 계획을 따르기보다 변화에 대응하기를
- 우리는 왼쪽 항목의 가치를 인정하면서도 오른쪽 항목의 가치를 더 중시한다.

(4) 애자일 방법론 종류

1) XP(eXtreme Programming)

① 특징
- 문서보다는 코드를 중시하며, 5가지 핵심 가치와 12개의 실천 항목이 있다.
- 개발을 세분화하여 1~3주의 반복 주기로 개발을 진행한다.

② XP 5가지 핵심 가치

핵심 가치	설명
용기	고객의 요구사항 변화에 능동적으로 대처한다.
존중	개발자의 역량을 존중하고 충분한 권한과 권리를 부여한다.
의사소통	개발자, 관리자, 고객 간의 원활한 의사소통을 촉진한다.
피드백	의사소통에 따른 즉각적인 피드백을 제공하여 개발의 품질을 높인다.
단순성	불필요한 기능과 사용되지 않는 구조 및 알고리즘을 배제하여 개발을 단순하게 유지한다.

③ 12가지 실천 사항

실천 사항	설명
짝 프로그래밍 (Pair Programming)	코드는 쌍을 이룬 두 명의 개발자가 함께 작성하여 오류를 줄이고 품질을 높인다.
계획 세우기 (Planning Game)	요구사항을 우선순위대로 정렬하고 반복적인 계획을 수립하여 유연한 개발을 지원한다.
테스트 기반 개발 (Test Driven Development)	개발자는 모든 기능에 대해 자동화된 유닛 테스트를 작성하며, 모든 테스트가 통과된 후에만 코드를 통합한다.
고객 상주 (On-site Customer)	실제 고객 또는 사용자 대표가 팀과 함께 상주하여 실시간 피드백을 제공함으로써 요구사항을 신속히 반영한다.
지속적인 통합 (Continuous Integration)	작업한 코드를 형상 관리 서버에 자주 통합하여 초기 단계에서 버그를 발견하고 수정한다.
코드 개선 (Refactoring)	기능을 변경하지 않고 코드의 구조를 개선하여 유지보수를 용이하게 한다.
작은 릴리즈 (Small Releases)	짧은 개발 주기로 소프트웨어를 자주 출시하여 사용자 피드백을 신속히 반영한다.
코딩 표준 (Coding Standards)	코드 작성을 위한 일관된 기준을 설정하여 팀 내 의사소통을 원활하게 하고 코드 품질을 유지한다.
공동 코드 소유 (Collective Code Ownership)	코드베이스는 팀의 모든 구성원이 공동으로 소유하며, 누구나 필요한 경우 코드를 수정할 수 있다.
간단한 디자인 (Simple Design)	현재 구현해야 할 기능에만 중점을 두어 불필요한 복잡성을 배제한 단순한 디자인을 적용한다.
시스템 메타포어 (System Metaphor)	최종 시스템의 구조와 설계를 조망할 수 있는 은유적 표현을 통해 팀 간 이해를 돕는다.
작업시간 준수 (Sustainable Pace)	주당 40시간 이상 작업을 금지하며, 2주 연속 오버타임을 금지하여 지속 가능한 작업 환경을 유지한다.

2) 스크럼(Scrum)

① 특징
- 소프트웨어에 포함될 기능과 개선점에 대해 우선순위를 부여하여 개발의 집중도를 높인다.
- 개발 주기는 1~4주 정도로 조정하며, 각 주기마다 실제 동작 가능한 결과물을 제공한다.
- 각 개발 주기마다 적용할 기능이나 개선 사항에 대한 목록을 작성한다.
- 팀 단위로 협력하며 매일 15분 정도의 짧은 회의를 통해 진행 상황을 점검한다.

② 스크럼의 주요 개념

주요 개념	설명
제품 백로그 (Product Backlog)	• 개발할 제품의 요구사항 목록을 정리한 리스트
스프린트 (Sprint)	• 반복적인 개발 주기 • 1~4주의 짧은 기간을 목표로 설정하여 개발을 진행
스프린트 계획 회의 (Sprint Planning Meeting)	• 스프린트 목표와 스프린트 백로그를 설정하고 계획하는 회의
스프린트 백로그 (Sprint Backlog)	• 스프린트 목표에 도달하기 위해 필요한 작업 목록
스크럼 마스터 (Scrum Master)	• 스크럼 프로세스의 준수와 팀의 효율적 스크럼 활용을 보장하는 프로젝트 관리 역할

3) 그 외 애자일 방법론

① 크리스털(Crystal)
- 프로젝트의 규모와 영향의 크기에 따라 여러 종류의 방법론을 제공하는 방식이다.

② FDD(Feature-Driven Development)
- 주요 기능(Feature)마다 2주 정도의 반복 주기를 두고 개발을 진행한다.
- 신규 기능 단위로 개발하는 방법론이다.

③ ASD(Adaptive Software Development)
- 합동 애플리케이션 개발을 기반으로 하며, 혼란을 전제로 그에 적응할 수 있는 소프트웨어 개발 방법을 제시하는 방식이다.

④ 린(Lean)
- 도요타의 린 시스템 품질 기법을 소프트웨어 개발 프로세스에 적용하여, 낭비 요소를 제거하고 품질을 향상시키는 방법론이다.

CHAPTER 02 프로젝트 계획 및 분석

Section 1. 프로젝트 계획

1. 프로젝트 관리

(1) 프로젝트 관리의 개념
- 특정 목적을 달성하기 위해 한정된 기간, 예산, 자원을 활용하여 사용자에게 만족스러운 제품이나 서비스를 개발하는 기술적·관리적 활동이다.

(2) 프로젝트 관리의 목적
- 납기 준수, 예산 준수, 품질 준수를 통해 고객 만족을 달성하는 것이다.
- 고품질 제품을 개발하고, 개발 절차를 철저히 준수하는 것을 목표로 한다.

(3) 프로젝트 핵심 관리 대상(3P)

관리 대상	설명
사람(People)	• 프로젝트 팀원과 관련 이해관계자들을 포함한다. • 이들의 역량과 협력이 프로젝트 성공의 핵심 요소이다.
문제(Problem)	• 프로젝트의 목표 달성을 위해 해결해야 할 과제이다. • 이를 효과적으로 분석하고 설계하는 것이 중요하다.
프로세스(Process)	• 프로젝트의 흐름을 조직하고 관리하는 방법이다. • 프로젝트의 진행을 체계적으로 관리한다.

(4) PMBOK(Project Management Body of Knowledge)
- PMI(Project Management Institute)에서 제작한 프로젝트 관리 프로세스와 지식 체계를 의미한다.
- PMBOK 5단계 프로세스 그룹

단계		설명
1단계	프로젝트 착수	• 프로젝트의 광범위한 범위를 정의하는 초기 단계이다.
2단계	프로젝트 계획	• 프로젝트의 세부 범위를 정의하고, 관리 계획을 수립하는 단계이다. • 비용, 품질, 기간, 자원 등이 포함된다.
3단계	프로젝트 실행	• 프로젝트의 흐름을 조직하고 관리하는 방법이다. • 프로젝트의 진행을 체계적으로 관리한다.

단계		설명
4단계	프로젝트 통제	• 계획 대비 목표의 진척 상황을 모니터링하고 성과를 측정하여 조정하는 단계이다.
5단계	프로젝트 종료	• 프로젝트가 요구사항을 만족하는지 검증하고, 고객으로부터 확인받아 종료하는 단계이다.

2. 개발 비용 산정

(1) 소프트웨어 개발 비용 계획

- 개발에 필요한 인원, 자원, 기간 등을 고려하여 소프트웨어의 규모를 파악하고, 이를 바탕으로 필요한 비용을 산정한다.
- 비용 산정 기법

기법	종류
하향식 산정 기법	• 전문가 판단기법 • 델파이 기법
상향식 산정 기법	• 원시 코드 라인 수(LOC, Line Of Code) • 개발 단계별 노력 기법
수학적 산정 기법	• COCOMO 기법 • PUTNAM 기법 • FP(기능 점수) 기법

(2) 하향식 산정 기법(Top-Down)

- 과거 유사 경험을 바탕으로 회의를 통해 전체 프로젝트의 비용을 산정하는 방식이다.
- 종류

종류	설명
전문가 판단 기법	• 조직 내 경험이 있는 전문가에게 비용 산정을 의뢰하는 방식이다.
델파이 기법	• 여러 전문가의 의견을 종합하여 비용을 산정한다. • 특정 전문가의 주관적 편견을 보완하기 위해 여러 명의 전문가로 구성된다.

(3) 상향식 산정 기법(Bottom-Up)

- 프로젝트의 세부 작업 단위별로 비용을 산정한 후 이를 합산하여 전체 비용을 계산하는 방식이다.

- 종류

종류	설명
원시 코드 라인 수 (LOC, Line Of Code) 기법	• 각 기능의 원시 코드 라인 수의 비관치, 낙관치, 중간치를 통해 예측치를 산정하여 비용을 산정한다. • 추정 LOC: (낙관치 + (4 * 중간치) + 비관치) / 6
개발 단계별 노력 (Effort Per Task) 기법	• LOC 기법을 확장하여 소프트웨어 개발 생명주기의 각 단계별로 비용을 산정하며, 모든 단계의 비용을 합산하여 최종 비용을 산출한다.

(4) 수학적 산정 기법

1) COCOMO 기법

- 개요
  - 소프트웨어의 규모를 LOC(Line Of Code) 기반으로 예측하고, 소프트웨어 유형에 따라 비용 산정 공식을 적용하여 비용을 산정하는 모델이다.
- 개발 유형

개발 유형	설명
조직형 (Organic Mode)	5만 라인 이하의 일반 업무용 소프트웨어 개발 프로젝트
반분리형 (Semidetached Mode)	30만 라인 이하의 운영체제나 DBMS 같은 소프트웨어 개발 프로젝트
내장형 (Embedded Mode)	30만 라인 이상의 미사일 유도 시스템, 신호기 제어 시스템 같은 대규모 복잡 소프트웨어 개발 프로젝트

2) Putnam 기법

- Putnam이 제안한 생명주기 예측 모형이다.
- 소프트웨어 프로젝트의 전 과정에서 필요한 노력을 예측하는 모델이다.
- 시간에 따른 노력 분포를 Rayleigh-Norden 곡선으로 표현한다.
- 주로 대형 프로젝트에서 프로젝트의 복잡도와 규모에 따른 노력을 예측하는 데 사용된다.
- SLIM: Rayleigh-Norden 곡선과 Putnam 예측 모델을 기반으로 한 자동화 추정 도구이다.

3) 기능 점수 기법(FP, Function Point)

- 개요
- 소프트웨어의 기능 개수를 기준으로 규모를 측정한다.
- 1979년 IBM의 A.J. Albrecht에 의해 개발되었다.
  - 객관적이고 정량적인 소프트웨어 규모 산출을 가능하게 한다.
  - ESTIMACS: FP 모형 기반 자동화 추정 도구

- 소프트웨어 기능 분류

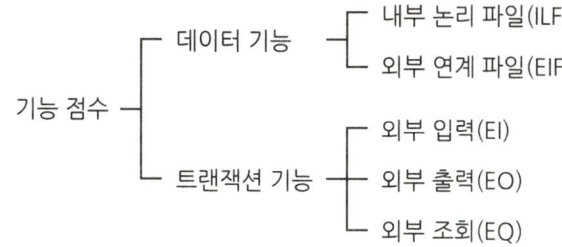

- 소프트웨어 기능 분류 및 비용 산정 요소

산정 요소	설명
자료 입력	사용자 또는 시스템이 입력하는 데이터의 양식 및 복잡도를 평가한다.
정보 출력	시스템이 제공하는 출력 보고서의 양식 및 복잡도를 평가한다.
명령어	사용자가 시스템에 요청하는 질의의 종류 및 복잡도를 평가한다.
데이터 파일	시스템이 관리하는 데이터 파일의 복잡도와 관련성을 평가한다.
외부 인터페이스	시스템과 필요한 외부 루틴과의 인터페이스를 평가한다.

3. 개발 일정 산정

(1) 소프트웨어 개발 일정 계획

- 소프트웨어 개발에 필요한 작업을 정의하고, 작업의 우선순위를 설정하여 전체 프로젝트 일정 계획을 수립한다.
- 작업 순서

순서	설명
작업 분해 (WBS, Work Breakdown Structure)	전체 작업을 작은 단위로 분해하여 세부적으로 관리한다.
CPM 네트워크 작성	Critical Path Method를 사용하여 작업 순서와 의존성을 정의한다.
최소 소요 기간 계산	각 작업에 필요한 최소 시간을 계산하여 효율적인 일정을 산정한다.
소요 Man-Month (M/M) 및 기간 산정 후 CPM 수정	작업에 필요한 인력과 시간을 계산하고, CPM을 업데이트한다.
간트 차트(Gantt Chart)로 표현	프로젝트 일정을 시각적으로 표현하여 전체 일정을 한눈에 파악할 수 있게 한다.

(2) WBS(Work Breakdown Structure)

- 프로젝트 목표 달성을 위해 필요한 활동과 업무를 세분화하여 관리하는 과정이다.
- WBS 작성 방법
    - 전체 프로젝트를 큰 단위로 분할한다.
    - 각 부분을 더 작은 단위로 분해하여 계층적으로 표현한다.
    - 각 단계별 담당 인원을 배치하고, WBS 구성도를 작성한다.

(3) Network Chart(PERT/CPM)

1) PERT

- 미국 해군이 Polaris 미사일 개발 프로젝트의 일정 계획과 진행 과정을 효율적으로 관리하기 위해 개발되었다.
- 전체 프로젝트의 시간 단축에 중점을 두며, 불확실한 상황에서의 시간 관리에 적합하다.
- 개발 기간을 낙관치(최소 시간), 기대치(가장 가능성 높은 시간), 비관치(최대 시간)로 나누어 예측치를 계산한다.

2) CPM

- 미국의 듀폰(DuPont)사와 레밍톤(Remington)사가 화학 공장 유지 및 관리 프로젝트에서 개발되었다.
- 최소 비용으로 전체 프로젝트 시간을 단축하는 데 중점을 두었다.
- 확정적인 상황에서의 시간 관리에 적합하며, 비용과 시간 사이의 최적 균형을 찾는 데 중점을 둔다.

3) PERT/CPM

- 작업의 선/후행 관계를 고려하여 전체 작업의 완료 시간을 결정한다.
- PERT는 불확실한 시간 추정에, CPM은 비용과 시간의 최적화에 중점을 둔다.
- 임계 경로(Critical Path): 프로젝트 완료를 위해 필요한 최소 소요 기간을 나타내며, 경로 중 가장 오래 걸리는 작업을 임계 경로로 정한다.

4) CPM 소작업 리스트

작업	선행 작업	소요 기간(일)
A	-	15
B	-	10
C	A, B	10
D	B	25
E	C	15

5) CPM 네트워크 작성

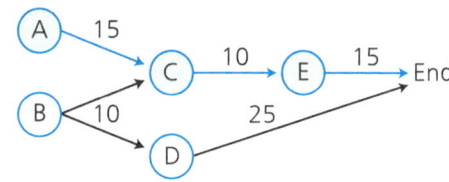

6) 소요 기간 산정
- 임계 경로(Critical Path): 40일
- D의 가장 빠른 착수일: 10일
- D의 가장 늦은 착수일: 15일
- D의 여유 기간: 5일

(4) 간트 차트(Gantt Chart)
- 프로젝트 일정 계획의 시각적 표현 도구로, 일정 관리의 최종 산출물로 사용되며 프로젝트 시간 관리에 필수적인 도구이다.
- 각 업무 또는 활동의 시작과 종료 시점을 바(Bar) 형태로 그래픽화하여 표현하므로, 프로젝트의 전체 일정을 한눈에 파악할 수 있다.
- 각각의 업무나 활동을 개별적인 바 형태로 표시하여, 각 바는 해당 업무의 시작 및 종료 시점을 나타낸다.

Section 2. 요구사항 분석

1. 현행 시스템 분석

(1) 현행 시스템 파악
- 기존 시스템의 기능, 성능, 문제점을 이해하고 평가하는 과정이다.
- 새로운 시스템에서 개선, 유지, 변경해야 할 부분을 파악한다.

(2) 플랫폼 기능 분석

1) 플랫폼 정의
- 다양한 응용 프로그램, 서비스 또는 기능이 구축되거나 실행되는 기반이나 환경을 의미한다.

2) 플랫폼 기능

기능	설명
연결 기능	• 연결 장소를 제공하여 다양한 교류를 촉진한다. • 예) 증권 거래소, 오픈마켓, 백화점 등
비용 감소 기능	• 플랫폼을 통해 각 그룹의 처리 시간과 비용을 절감한다.
브랜드 신뢰 기능	• 플랫폼 브랜드가 사용자에게 신뢰감을 부여하여 일정 수준의 질을 보장한다.
커뮤니티 형성	• 그룹 간 상호작용을 통해 커뮤니티를 형성한다.

3) CPND(Contents Platform Network Device)
- 콘텐츠를 플랫폼에 맞게 가공하여 네트워크를 통해 사용자의 단말기로 서비스가 이루어짐을 나타내는 무선 인터넷 서비스의 가치사슬이다.
- CPND 요소
    - Contents: 텍스트, 이미지, 오디오, 비디오 등
    - Platform: 웹사이트, 애플리케이션 등
    - Network: 통신 시스템
    - Device: 스마트폰, 컴퓨터, 태블릿 등

(3) 현행 시스템 분석

대상	설명
운영체제 분석	사용 중인 운영체제의 종류와 버전, 호환성, 성능, 보안 등의 문제를 파악한다.
네트워크 분석	네트워크 구조, 프로토콜, 대역폭, 지연 시간, 보안, 장애 복구 등에 대한 문제를 분석한다.
DBMS 분석	사용 중인 DBMS의 종류와 버전, 데이터 모델, 성능, 보안, 백업 및 복구 등의 문제를 파악한다.

(4) 미들웨어(Middleware) 분석

1) 미들웨어 개념
- 양쪽 시스템을 연결하여 데이터를 주고받을 수 있도록 중간에서 매개 역할을 하는 소프트웨어이다.
- 네트워크로 연결된 여러 대의 컴퓨터에 있는 다양한 프로세스들이 필요한 서비스를 사용할 수 있도록 지원한다.

2) 미들웨어 종류

① 원격 프로시저 호출(Remote Procedure Call)
- 클라이언트가 원격에서 동작하는 프로시저를 호출하는 시스템으로, 네트워크를 통한 프로시저 호출을 지원한다.

② 메시지 지향 미들웨어(Message Oriented Middleware)
- 클라이언트가 생성한 메시지를 저장소에 비동기적으로 요청하여 저장하고, 다른 작업을 지속할 수 있게 하는 비동기식 미들웨어이다.

③ ORB(Object Request Broker)
- 객체지향 시스템에서 객체 및 서비스를 요청하고 전송할 수 있도록 지원하는 미들웨어이다.

④ DB 접속 미들웨어
- 애플리케이션과 데이터베이스 서버를 연결해 주는 미들웨어로, 데이터 접근을 용이하게 한다.

⑤ TP 모니터(Transaction Processing Monitor)
- 분산 시스템의 애플리케이션을 지원하며, 트랜잭션이 올바르게 처리되는지 감시하고 제어하는 미들웨어이다.

⑥ 웹 애플리케이션 서버(Web Application Server)
- 웹 애플리케이션을 지원하여 HTTP 기반 애플리케이션의 실행 환경을 제공하는 미들웨어이다.

⑦ 엔터프라이즈 서비스 버스(Enterprise Service Bus)
- 메시지 기반으로 느슨한 결합 형태의 표준 인터페이스 통신을 지원하며, 기업 내부 및 외부의 모든 시스템을 연동하는 미들웨어이다.

2. 요구공학

(1) 요구공학 개념
- 소프트웨어의 요구사항을 식별, 분석, 문서화하고 이를 관리하는 과정이다.

(2) 요구사항 개발 프로세스

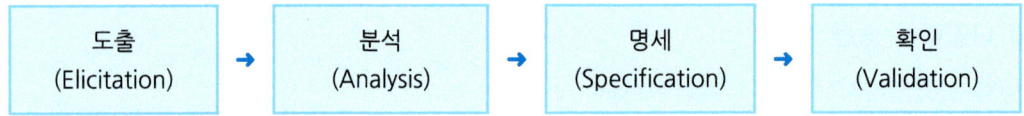

1) 요구사항 도출(Elicitation)
- 사용자와 이해관계자들로부터 요구사항을 수집한다.
- 인터뷰, 설문조사, 브레인스토밍, 워크샵, 직접 관찰 등 다양한 방법을 통해 수행된다.

2) 요구사항 분석(Analysis)
- 수집된 요구사항에서 불완전하거나 모호한 내용, 중복되거나 충돌하는 부분을 식별하고 수정한다.
- 실제로 구현 가능한 요구사항인지 검토하며, 요구사항 간 우선순위를 설정한다.

3) 요구사항 명세(Specification)
- 분석된 요구사항을 명세서 형태로 정리하며, 시스템의 기능, 성능, 제약조건 등을 포함한다.
- 요구사항 명세 기법

구분	정형 명세 기법	비정형 명세 기법
기반	수학, 논리학	자연어, 그림 중심
작성 기법	수학적 기호, 정형화된 표기법	일반 명사, 동사 등을 기반으로 서술하거나 다이어그램으로 작성
장점	명세 오류 및 모호성을 쉽게 파악할 수 있다.	사용자/개발자 간 의사소통이 용이하다.
단점	작성이 어렵고 시간이 소모된다.	내용이 모호하며 완전한 검증이 어렵다.
언어 종류	VDM, Z, Petri-net, CSP	FSM, Decision Table, ER모델링, State Chart(SADT) 등

- 요구사항 분류

분류	설명
기능 요구사항	• 시스템이 제공해야 할 기능이나 서비스를 정의한다. • 예) 사용자는 로그인해야 하며, 주문할 수 있어야 한다.
비기능 요구사항	• 시스템의 품질 특성이나 제약사항을 정의한다. • 예) 성능, 보안, 가용성, 유지보수성 등

4) 요구사항 확인 및 검증(Validation & Verification)
- 분석가가 요구사항을 이해했는지 확인(Validation)하고, 요구사항 문서가 일관성 있고 완전한지 검증(Verification)한다.

(3) 요구사항 분석 도구

1) 요구사항 분석 CASE(Computer Aided Software Engineering) 도구
- 요구사항을 자동으로 분석하고, 요구사항 분석 명세서를 작성하는 도구이다.
- 소프트웨어 개발 전반에 걸쳐 적용된다.
- CASE 도구의 분류

분류	설명
상위 CASE	• 소프트웨어 생명주기 전반부에 사용되며, 계획, 요구 분석, 설계 단계를 지원한다. • 모순 검사, 오류 검사, 자료 흐름도 작성 등의 기능을 수행한다.
하위 CASE	• 생명주기 후반부에 사용되며, 코드 작성, 테스트, 문서화를 지원한다. • 구문 편집기, 코드 생성기 등의 기능을 제공한다.
통합 CASE	• 소프트웨어 생명주기 전체 과정을 지원하며, 통합적으로 관리할 수 있는 도구이다.

2) HIPO(Hierarchical Input Process Output)

① HIPO의 개념
- 하향식 소프트웨어 개발을 위한 문서화 도구이다.
- 시스템의 기능을 고유 모듈로 분할하고 계층 구조로 표현한다.

② HIPO의 기능
- 분석 및 설계 도구로 사용되며, 하향식 개발에 적합하고 체계적인 문서 관리에 효율적이다.
- 기능과 데이터의 의존 관계를 명시할 수 있다.

③ HIPO의 구성요소

구성요소	설명
주요 프로세스	시스템 내에서 주요 기능을 수행하는 프로세스
하위 프로세스	주요 프로세스를 구성하는 세부 기능으로 주요 프로세스를 세분화하여 더 작은 단위로 나눈다.
입력/출력	각 프로세스에 필요한 입력과 생성되는 출력을 표현하여 데이터 흐름을 파악한다.

④ HIPO Chart 종류

종류	설명
가시적 도표 (Visual Table of Content)	• 시스템의 전체 기능과 흐름을 계층 구조(Tree)로 보여준다. • 가시적 도표 자체에는 입력, 처리, 출력이 포함되지 않는다.

종류	설명
총체적 도표 (Overview Diagram)	• 프로그램을 구성하는 기능과 전반적인 정보(입력, 처리, 출력)를 제공한다.
세부적 도표 (Detail Diagram)	• 총체적 도표에 표시된 기능을 구성하는 요소를 상세히 기술한 도표로, 더욱 복잡한 내용을 포함한다.

3. 요구사항 분석 모델링

(1) 모델링의 개념

- 복잡한 시스템을 이해하고 효과적으로 개발하기 위해 간단한 모델로 표현하는 과정이다.
- 소프트웨어의 구성 모듈을 식별하고, 이들 간의 연결을 도식화하여 시스템을 이해하는 데 도움을 준다.

(2) 모델링 구분

구분	설명
기능적 모델링	• 사용자 관점에서 시스템의 기능을 표현한다. • 사용 사례 다이어그램, 액티비티 다이어그램 등을 사용한다.
정적 모델링	• 시스템의 구조를 클래스 단위로 표현한다. • 주로 클래스 다이어그램을 사용한다.
동적 모델링	• 시스템의 상호작용 및 동작을 표현한다. • 순서 다이어그램, 상태 다이어그램, 커뮤니케이션 다이어그램 등을 사용한다.

(3) 구조적 분석 모델

1) 구조적 분석 방법론

- 도형화된 도구를 활용하여 정형화된 분석 절차에 따라 사용자 요구사항을 파악하고 문서화하는 분석 기법이다.
- 하향식 기능 분해 기법을 사용하는 특징이 있다.

2) 구조적 분석 도구

① **자료 흐름도(DFD, Data Flow Diagram)**
- 시스템 내에서 자료가 어떻게 이동하고 처리되는지를 도형으로 나타내는 모델링 도구이다.
- 기능 중심의 모델링에 특히 적합하다.
- 자료의 흐름과 처리 과정을 시각적으로 표현하며, 자료 흐름 그래프 또는 버블 차트라고도 한다.

- 자료 흐름도 구성요소

구성요소	설명	기호
처리 과정 (Process)	자료를 변환시키는 처리 과정을 나타낸다.	○
자료 흐름 (Data Flow)	자료가 시스템 내에서 이동하는 흐름을 나타낸다.	→
자료 저장소 (Data Store)	파일이나 데이터베이스 등 자료가 저장되는 곳을 나타낸다.	=
단말 (Terminator)	데이터의 입출력 주체(사용자, 외부 시스템)를 나타낸다.	□

- 자료 흐름도 사례

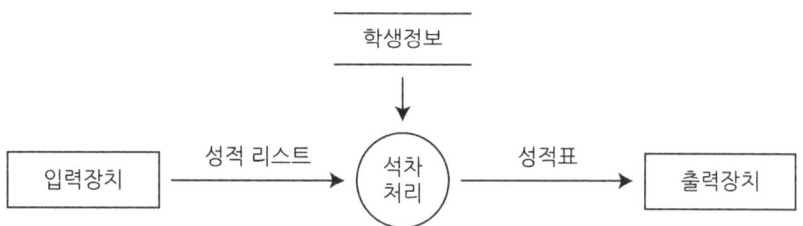

② **자료사전**(DD, Data Dictionary)
- 자료 흐름도에 기술된 모든 자료에 대해 상세한 정의와 설명을 제공하는 도구이다.
- 데이터의 성격, 형식, 구조 등을 명확히 정의한다.
- 자료사전 사용 기호

기호	의미	설명
=	자료의 정의	특정 자료가 어떤 구성요소로 이루어져 있는지를 나타낸다.
+	자료의 연결	여러 자료가 순차적으로 결합되어 있는 상태를 나타낸다.
( )	자료의 생략	필요에 따라 생략할 수 있는 자료를 나타낸다.
[|]	자료의 선택	여러 대안 중 하나를 선택할 수 있는 자료를 나타낸다.
{ }	자료의 반복	자료가 반복될 수 있음을 나타낸다.
**	자료의 설명	해당 자료에 대한 추가적인 설명이나 주석을 제공한다.

- 자료사전 예시

자료 흐름	쇼핑몰 회원정보는 회원번호, 회원성명, 전화번호, 휴대폰번호로 구성되어 있고, 전화번호와 휴대폰번호는 둘 중 하나만 선택이 가능하다.
표기 형식	회원정보 = 회원번호 + 회원성명 + [전화번호 | 휴대폰번호]

③ 소단위 명세서(Mini-Specification)
- 자료 흐름도의 각 처리가 수행하는 업무를 상세하게 작성한 문서로, 프로세스 명세서라고도 불린다.
- 처리 과정에서 수행되는 작업과 조건을 정의하며, 선후 조건문, 의사결정표 등을 포함할 수 있다.

④ 개체 관계도(ERD, Entity Relationship Diagram)
- 시스템에서 처리되는 개체와 속성, 개체 간의 관계를 도식화하여 모델링하는 도구이다.
- 개체 관계도 구성

기호	기호 이름	설명
▭	사각형	개체(Entity)
◇	마름모	관계(Relationship)
○	타원	속성(Attribute)
밑줄 타원	밑줄 타원	기본키 속성
◎	이중 타원	복합 속성
─	선 링크	개체와 속성 연결

⑤ 상태 전이도(STD, State Transition Diagram)
- 시스템의 상태와 상태 간의 전이를 모델화하는 도구이다.
- 특정 사건이 발생할 때 시스템의 상태 변화를 시각적으로 보여준다.

(4) 객체지향 분석 모델

1) 객체지향 분석
- 사용자 요구사항을 객체지향 관점에서 분석하고 모델링하는 기법이다.
- 관련된 모든 클래스와 그 속성, 연산, 객체 간의 관계를 포함한다.

2) 객체지향 분석 방법론

① Rumbaugh(럼바우) 방법
- 가장 일반적으로 사용되는 방법으로, 분석 활동을 객체 모델, 동적 모델, 기능 모델로 나누어 수행한다.

- 분석 절차

절차	설명
객체 모델링 (Object Modeling)	• 객체 다이어그램을 통해 시스템의 객체, 속성, 연산, 관계를 표현한다. • 세 가지 모델 중 가장 선행되어야 하는 단계이다.
동적 모델링 (Dynamic Modeling)	• 상태 다이어그램을 사용하여 시간에 따른 객체의 행동과 상호작용을 표현한다.
기능 모델링 (Functional Modeling)	• DFD를 사용해 데이터 흐름과 처리 과정을 표현한다.

② Booch(부치) 방법
- 미시적 및 거시적 개발 프로세스를 모두 사용하여 시스템의 구조와 행동을 상세히 모델링한다.

③ Jacobson 방법
- Use Case를 중심으로 사용자 요구사항과 시스템 간의 상호작용을 분석하는 방법이다.

④ Coad와 Yourdon 방법
- E-R 다이어그램을 사용해 객체의 행위를 모델링하며, 객체 식별, 구조 식별, 주제 정의 등의 과정을 거친다.

⑤ Wirfs-Brock 방법
- 분석과 설계의 구분 없이 연속적으로 작업을 수행하는 방법으로, 고객 명세서를 평가하여 설계 작업까지 자연스럽게 이어지도록 한다.

CHAPTER 03 소프트웨어 설계

Section 1. 소프트웨어 설계의 기본 원칙

1. 소프트웨어 설계

(1) 소프트웨어 설계의 개념
- 요구사항 명세서를 바탕으로 소프트웨어가 실제 구현될 수 있도록 구체적인 설계서를 작성하는 단계이다.
- 소프트웨어의 전반적인 구조와 세부적인 구현 방법이 포함된다.

(2) 소프트웨어 설계의 종류

1) 상위 설계(High-level Design)

종류	설명
아키텍처 설계	시스템의 전체적인 구조를 정의한다.
데이터 설계	시스템에 필요한 정보와 데이터베이스 구조를 설계한다.
인터페이스 정의	시스템의 구조 및 서브시스템 간의 인터페이스를 명확하게 정의한다.
사용자 인터페이스 설계	사용자 편의를 고려하여 사용자와 상호작용하는 인터페이스를 설계한다.

2) 하위 설계(Low-level Design)

종류	설명
모듈 설계	각 모듈의 내부를 명세하고 이를 알고리즘으로 구체화한다.
자료구조 설계	데이터 저장 구조와 변수 등 상세 정보를 설계한다.
알고리즘 설계	처리 절차와 알고리즘을 설계하여 업무를 구현한다.

(3) 소프트웨어 설계의 원리

1) 분할과 정복(Divide & Conquer)
- 큰 소프트웨어를 여러 작은 서브시스템으로 나누어 개발하는 방법이다.

2) 추상화(Abstraction)
- 복잡한 상황을 간단하고 핵심적인 요소로 단순화하여 이해하기 쉽게 표현한다.
- 추상화 기법

기법	설명
과정 추상화	상위 수준에서 수행 흐름만 설계한다.
데이터 추상화	복잡한 데이터 구조를 단순하게 표현한다.
제어 추상화	명령어들을 단순화하여 표현한다.

3) 단계적 분해(Stepwise Refinement)
- 기능을 점진적으로 세부화하여 단계별로 나누어 설계하는 방식으로 이를 통해 복잡성을 관리한다.

4) 모듈화(Modulization)
- 시스템을 독립적으로 개발 가능한 모듈로 분리하여, 각 모듈을 독립적으로 개발, 테스트 및 유지보수할 수 있도록 한다.

5) 정보 은닉(Information Hiding)
- 객체가 내부 정보를 외부에 노출하지 않도록 접근을 제한하여 데이터와 기능을 보호한다.
- 이는 캡슐화와 밀접하게 연관된다.

6) 결합도와 응집도
- 좋은 설계는 결합도를 낮추고 응집도를 높여 모듈 간의 독립성과 기능의 집중성을 유지한다.

2. 설계 모델링

(1) 설계 모델링 개념
- 소프트웨어의 구조와 기능을 그래픽적으로 표현하여 공통된 이해를 촉진한다.
- 개발 과정을 체계적으로 계획하는 단계이다.

(2) 설계 모델링 원칙
- 설계는 변경이 용이하도록 구조화해야 한다.
- 특정 기능 수행에 필요한 자료만을 사용하여 효율성을 높인다.

- 요구사항 분석 결과를 기반으로 설계를 명확하게 표현한다.
- 시스템을 모듈 단위로 나누어 독립적이고 체계적으로 설계한다.

(3) 설계 모델링 유형

1) 구조 모델링
- 시스템의 구성요소와 그 사이의 구조적 관계를 모델링한다.
- UML 정적 다이어그램을 사용하여 시스템의 정적 구조를 표현한다.

2) 행위 모델링
- 소프트웨어 구성요소의 기능 수행 순서와 방식을 모델링하여, 동적 행동을 명확히 한다.
- UML 동적 다이어그램을 사용하여 구성요소 간의 동적 상호작용을 표현한다.

(4) 소프트웨어 설계 절차 및 유형

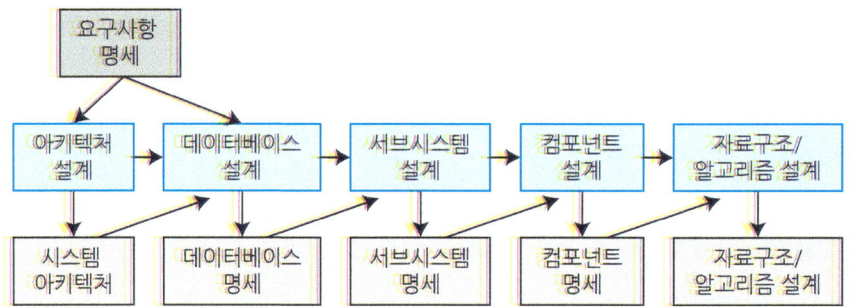

유형	설명
아키텍처 설계	시스템의 전체 구조와 서브시스템 간의 관계를 설계한다.
데이터베이스 설계	시스템에서 사용되는 데이터의 구조를 설계하여 데이터 관리의 일관성을 확보한다.
서브시스템 설계	각 서브시스템의 기능과 제약사항을 명세하여 시스템의 기능을 독립적이고 명확하게 정의한다.
컴포넌트 설계	각 기능을 수행하는 컴포넌트를 설계하고, 컴포넌트 간의 인터페이스를 명확하게 정의한다.
자료구조와 알고리즘 설계	데이터 저장 방식과 기본 연산 방법을 설계하여 데이터 처리 효율성을 높인다.
협약에 의한 설계	클래스에 대해 조건을 명세하여 시스템의 안정성을 유지한다. • 선행 조건: 컴포넌트 오퍼레이션 사용 전에 반드시 참이 되어야 하는 조건이다. • 결과 조건: 오퍼레이션 사용 후 만족해야 하는 조건이다. • 불변 조건: 오퍼레이션이 실행되는 동안 항상 만족해야 하는 조건이다.

Section 2. 소프트웨어 아키텍처

1. 소프트웨어 아키텍처

(1) 소프트웨어 아키텍처(SoftWare Architecture) 개념
- 소프트웨어 시스템의 기본 구조로, 시스템의 컴포넌트와 이들 간의 관계를 기술한다.
- 시스템의 골격을 제공하고, 고수준에서의 설계 지침을 제공하여 개발 방향성을 제시한다.

(2) 소프트웨어 아키텍처의 특징

특징	설명
간략성	아키텍처는 이해하고 추론할 수 있도록 간결하게 유지해야 한다.
추상화	시스템의 전반적인 구조를 추상화하여 표현한다.
가시성	시스템에 포함해야 하는 요소들을 명확하게 시각적으로 표현한다.
관점 모형	다양한 이해당사자의 관심사에 따른 여러 모형을 제시하여 접근성을 높인다.
의사소통 수단	이해당사자 간의 원활한 의사소통 수단으로 활용된다.

(3) 소프트웨어 아키텍처 프레임워크 구성요소

구성요소	설명
아키텍처 명세서 (Architecture Description)	아키텍처를 기록하기 위한 산출물로, 시스템의 전반적인 구조와 관계를 문서화한다.
이해관계자 (Stakeholder)	소프트웨어 시스템 개발에 관련된 모든 사람과 조직을 포함한다.
관심사 (Concerns)	이해관계자들의 다양한 요구사항과 관점을 반영하여 고려해야 할 요소를 나타낸다.
관점 (Viewpoint)	각기 다른 역할이나 책임에 따른 시스템에 대한 다양한 관점을 제공한다.
뷰 (View)	이해관계자들의 견해를 반영하여 전체 시스템을 구성하고 표현한다.

(4) 소프트웨어 아키텍처 4+1 뷰

1) 소프트웨어 아키텍처 4+1 뷰 개념
- 목적: 고객의 요구사항을 정리한 시나리오를 다양한 관점에서 분석하고 표현한다.
- 적용: 복잡한 소프트웨어 아키텍처를 여러 이해관계자가 이해할 수 있도록 한다.

2) 4+1 View Model과 구성요소

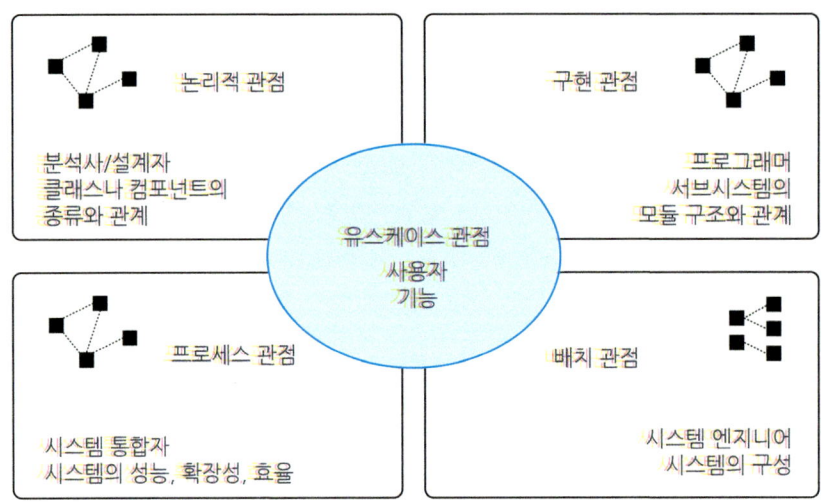

구성요소	설명
논리 뷰 (Logical View)	• 시스템의 기능적 요구사항을 표현하여 최종 사용자에게 제공되는 기능을 나타낸다.
구현 뷰 (Implementation View)	• 소프트웨어 모듈의 구성과 개발자의 관점을 반영하여 컴포넌트 다이어그램으로 구현 구조를 표현한다.
프로세스 뷰 (Process View)	• 프로그램 실행 시의 시스템 상태와 동시성, 분산 처리, 시스템 통합 등 동적 측면을 표현한다.
배치 뷰 (Deployment View)	• 시스템의 물리적 배치와 네트워크 연결을 표현한다. • 성능, 가용성, 신뢰성 등 비기능적 요구사항을 고려한다.
유스케이스 뷰 (Use Case View)	• 아키텍처 설계 및 검증을 주도하며, 유스케이스 다이어그램을 통해 다른 뷰를 검증한다.

2. 소프트웨어 아키텍처 패턴

(1) 소프트웨어 아키텍처 패턴의 개념

- 재사용 가능한 소프트웨어 아키텍처의 해결책으로, 공통적인 설계 문제에 대한 일반적인 접근 방법을 제시한다.
- 소프트웨어 개발 과정에서 발생할 수 있는 다양한 문제를 효과적으로 해결하고 설계를 개선한다.

(2) 소프트웨어 아키텍처 패턴의 중요성

종류	설명
재사용성	검증된 설계 방식을 재사용함으로써 개발 시간과 비용을 절감할 수 있다.
표준화	표준화된 방식으로 소프트웨어를 설계하여 일관성을 높이고 유지보수성을 향상시킨다.
개발 효율성	일반적인 문제에 대한 검증된 해결책을 제공하여 개발 과정을 가속화한다.
문서화	아키텍처 패턴은 문서화되어 있어, 소프트웨어 구조를 쉽게 이해하고 공유할 수 있도록 한다.

(3) 소프트웨어 아키텍처 패턴 종류

1) 계층화 패턴(Layered Pattern)
- 정의: 소프트웨어를 여러 계층으로 구분하여 각 계층이 하위 계층의 기능을 사용하는 구조이다.
- 적용: OSI 7계층, TCP/IP 4계층 등 네트워크 프로토콜 스택에서 널리 사용된다.
- 장점: 계층 간의 독립성으로 인해 유지보수와 업그레이드가 용이하다.

2) 클라이언트-서버 패턴(Client-Server Pattern)
- 정의: 서버가 여러 클라이언트에 서비스를 제공하는 구조이다.
- 적용: 대부분의 웹 애플리케이션과 데이터베이스 시스템에서 사용된다.
- 장점: 중앙 집중식 데이터 관리와 자원의 효율적인 활용이 가능하다.

3) 마스터-슬레이브 패턴(Master-Slave Pattern)
- 정의: 마스터 컴포넌트가 작업을 여러 슬레이브에 분산시키고, 슬레이브의 처리 결과를 종합하는 구조이다.
- 적용: 병렬 컴퓨팅, 고성능 컴퓨팅 환경에서 사용된다.
- 장점: 복잡한 작업을 여러 컴포넌트가 분담하여 처리 속도가 향상된다.

4) 파이프-필터 패턴(Pipe-Filter Pattern)
- 정의: 데이터 스트림 처리 시스템에서 각 단계의 처리를 필터 컴포넌트가 수행하고 파이프를 통해 결과를 전달하는 구조이다.
- 적용: Unix 쉘 스크립트 및 데이터 스트림 처리 시스템에서 사용된다.
- 장점: 각 필터의 독립적 처리로 시스템의 확장성과 재사용성이 높다.

5) 브로커 패턴(Broker Pattern)
- 적용: 분산 시스템에서 컴포넌트 간 통신을 중재하는 브로커 컴포넌트를 사용하는 구조이다.
- 기능: 브로커는 서비스 요청을 수신하고, 적절한 서비스 제공자에게 전달한다.
- 장점: 시스템의 유연성과 확장성을 증진한다.

6) 피어 투 피어 패턴(Peer to Peer Pattern)
- 정의: 모든 컴포넌트(피어)가 서버와 클라이언트 역할을 동시에 수행하는 구조이다.
- 적용: 파일 공유 시스템 등에서 사용된다.
- 장점: 중앙 집중식 서버에 의존하지 않는 분산 네트워크 구조가 가능하다.

7) 이벤트-버스 패턴(Event-Bus Pattern)
- 적용: 이벤트 버스를 통해 메시지를 발행하고 리스너가 이를 구독하는 구조이다.
- 사용 예: 알림 시스템, 메시징 시스템 등에서 사용된다.
- 장점: 이벤트 기반의 비동기 통신이 가능하다.

8) 모델-뷰-컨트롤러 패턴(MVC Pattern)
- 구성: 모델(데이터 처리), 뷰(사용자 인터페이스), 컨트롤러(입력 처리)로 구성된다.
- 적용: 웹 애플리케이션, GUI 기반 애플리케이션 등에서 널리 사용된다.
- 장점: 각 컴포넌트의 독립성으로 인해 재사용성과 확장성이 높다.

9) 블랙보드 패턴(Blackboard Pattern)
- 정의: 여러 컴포넌트가 공유하는 중앙 정보 저장소(블랙보드)를 통해 협업하는 구조이다.
- 적용: 복잡하고 명확한 해결 전략이 정의되지 않은 문제 해결에 사용된다.

10) 인터프리터 패턴(Interpreter Pattern)
- 적용: 특정 프로그래밍 언어의 해석과 실행을 위한 컴포넌트 설계에 사용된다.
- 목적: 언어의 문법을 정의하고 이를 해석하여 실행한다.

Section 3. UML

1. UML(Unified Modeling Language)

(1) UML 개념
- 소프트웨어 시스템을 시각화하고 문서화하며, 시스템의 구조와 동작을 표준화된 방식으로 명세하는 모델링 언어이다.
- UML은 다양한 다이어그램을 통해 복잡한 시스템을 이해하기 쉽게 표현하고, 요구사항과 기능을 명확하게 정의한다.

(2) UML 특징

특징	설명
가시화 언어	다양한 다이어그램을 통해 시스템의 구조와 동작을 시각적으로 표현하여, 복잡한 시스템을 쉽게 이해할 수 있도록 한다.
명세화 언어	표준화된 언어로 시스템의 요구사항과 기능을 명세하는 데 사용된다.
구축 언어	설계와 구현에 도움을 주며, 객체지향 소프트웨어 개발에서 중요한 역할을 한다.
문서화 언어	시스템의 기능, 구조, 동작 등을 표준화된 형태로 문서화하여 개발 과정에서의 커뮤니케이션을 개선하고 유지보수를 용이하게 한다.

2. UML 구성요소

(1) 사물(Things)

종류	설명
구조사물	• 시스템의 개념적, 물리적 요소를 나타낸다. • 예) 클래스, 유스케이스, 컴포넌트 등이 이에 포함된다.
행동사물	• 시간과 공간에 따라 변화하는 요소들의 행위를 나타낸다. • 예) 상호작용, 상태머신 등이 이에 포함된다.
그룹사물	• 요소들을 그룹으로 묶어 관리하는 것이다. • 예) 패키지 등이 이에 해당한다.
주해사물	• 부가적인 설명이나 제약조건을 나타낸다. • 예) 주석이나 노트와 같은 요소가 포함된다.

(2) 관계(Relationship)

1) 일반화 관계(Generalization)
- 한 클래스가 다른 클래스를 포함하는 상위 개념일 때의 관계를 의미한다.
- 객체지향 개념에서는 상속 관계(Inheritance)라고 하며, 상위 클래스의 속성과 메서드를 하위 클래스가 상속받는다.

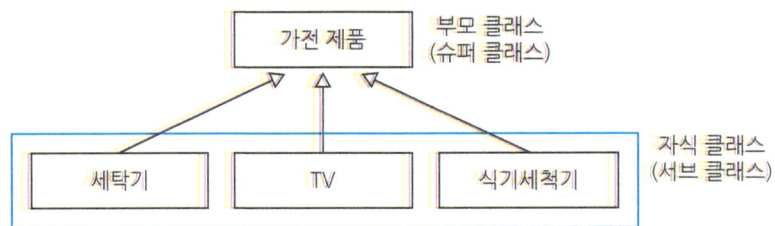

2) 연관 관계(Association)
- 두 개 이상의 사물이 서로 관련된 관계를 나타낸다.
- 한 클래스가 다른 클래스의 기능을 사용할 때 나타내며, 단순히 두 객체가 서로 연관되어 있음을 표현한다.

3) 의존 관계(Dependency)
- 한 클래스가 다른 클래스의 기능을 일시적으로 사용할 때 나타나는 관계이다.
- 두 클래스의 관계가 짧은 시간 동안 유지되며, 예를 들어 한 메서드를 실행하는 동안에만 유지될 수 있다.
- 한 클래스의 명세가 바뀌면, 다른 클래스가 영향을 받는다.
- 한 클래스가 다른 클래스를 오퍼레이션의 매개 변수로 사용하는 경우에 해당한다.

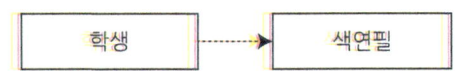

4) 실체화 관계(Realization)
- 인터페이스를 구현하여 추상 메서드를 오버라이딩하는 관계이다.
- 한 객체가 다른 객체에게 오퍼레이션을 수행하도록 지정하며, 인터페이스와 구현 클래스 사이에서 사용된다.

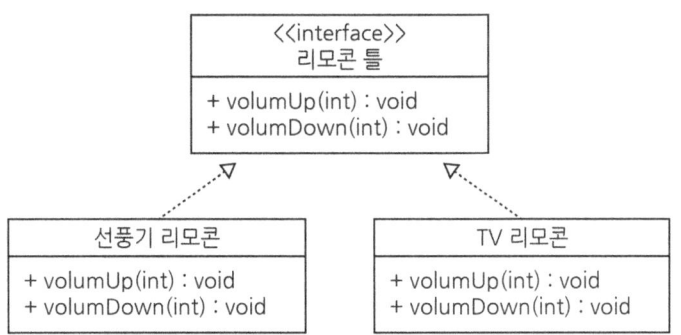

5) 집약 관계(Aggregation)
- 한 객체가 다른 객체를 소유하는 'has a' 관계이다.
- 전체 객체의 라이프타임과 부분 객체의 라이프타임은 독립적이다.
- 전체 객체가 사라져도 부분 객체는 사라지지 않는다.

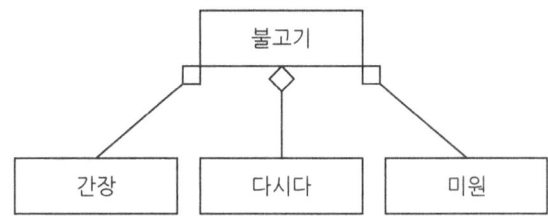

6) 합성 관계(Composition)
- 부분 객체가 전체 객체에 속하는 긴밀하고 필수적인 관계이다.
- 전체 객체의 라이프타임과 부분 객체의 라이프타임이 의존적이다.
- 전체 객체가 없어지면 부분 객체도 함께 소멸된다.

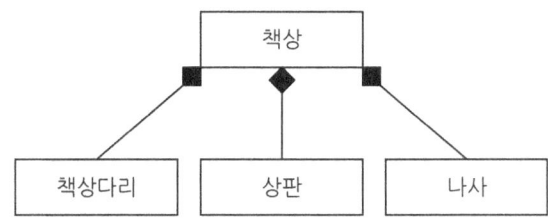

(3) 다이어그램(Diagram)

1) 구조 다이어그램

종류	설명
클래스 다이어그램 (Class)	• 시스템의 클래스와 이들 간의 관계를 표현한다. • 시스템 내 데이터 구조와 클래스 간의 상속, 연관, 의존성 등을 나타낸다.
객체 다이어그램 (Object)	• 시스템 내 객체와 이들 간의 관계를 특정 시점에 시각화하여 표현한다.
컴포넌트 다이어그램 (Component)	• 소프트웨어의 논리적 구성요소(컴포넌트)와 이들 간의 의존성을 나타낸다. • 소프트웨어 컴포넌트와 인터페이스, 의존성을 나타낸다.
배치 다이어그램 (Deployment)	• 시스템의 물리적 배치와 구성요소 간의 관계를 표현한다. • 하드웨어와 네트워크, 소프트웨어 구성요소의 배치를 시각화한다.
복합체 구조 다이어그램 (Complex Structure)	• 시스템 내 복합 구조와 클래스나 컴포넌트의 내부 구조 및 상호작용을 표현한다.
패키지 다이어그램 (Package)	• 시스템의 패키지와 클래스 간의 그룹화 및 이들 간의 관계를 시각화한다.

2) 행위 다이어그램

종류	설명
유스케이스 다이어그램 (Use Case)	• 시스템의 기능과 사용자 간 상호작용을 표현한다. • 시스템의 요구사항을 문서화하는 데 사용된다. • 구성요소: 액터(Actor), 유스케이스(Use Case), 시스템(System)
순차 다이어그램 (Sequence)	• 객체 간 상호작용을 시간 순서에 따라 표현한다. • 메시지 순서와 상호작용에 중점을 둔다. • 구성요소: 활성 객체(Active Object), 메시지(Message), 생명선(Lifeline), 제어 사각형(Control Rectangle) • 메시지 유형: 동기 메시지(Synchronous), 비동기 메시지(Asynchronous), 반환 메시지(Return), 자체 메시지(Self)
커뮤니케이션 다이어그램 (Communication)	• 객체 간 상호작용과 통신을 표현한다. • 시간의 흐름보다는 객체 간 관계와 통신에 중점을 둔다.
상태 다이어그램 (State)	• 객체의 생명주기 동안의 상태 변화를 표현한다. • 외부 또는 내부 이벤트에 대한 반응을 나타낸다.
활동 다이어그램 (Activity)	• 시스템의 프로세스나 워크플로우를 표현한다. • 일반적으로 비즈니스 프로세스 모델링에 사용된다.
상호작용 다이어그램 (Interaction)	• 시스템의 상호작용을 하나의 고수준 워크플로우로 표현한다. • 활동 다이어그램과 순차 다이어그램의 혼합 형태이다.
타이밍 다이어그램 (Timing)	• 객체의 행동과 시간에 따른 상호작용을 표현한다. • 시간에 따른 상태 변화와 타이밍 자체에 더 초점을 맞춘다. • 실시간 시스템이나 복잡한 상호작용을 표현하는 데 유용하다.

3. 주요 다이어그램

(1) 클래스 다이어그램

1) 클래스 다이어그램 개념
- 클래스는 속성(Attribute)과 행동(Behavior)으로 구성된다.
- 여러 클래스들이 연관, 상속, 의존 관계 등을 통해 상호작용을 표현한다.

2) 클래스 다이어그램 표현

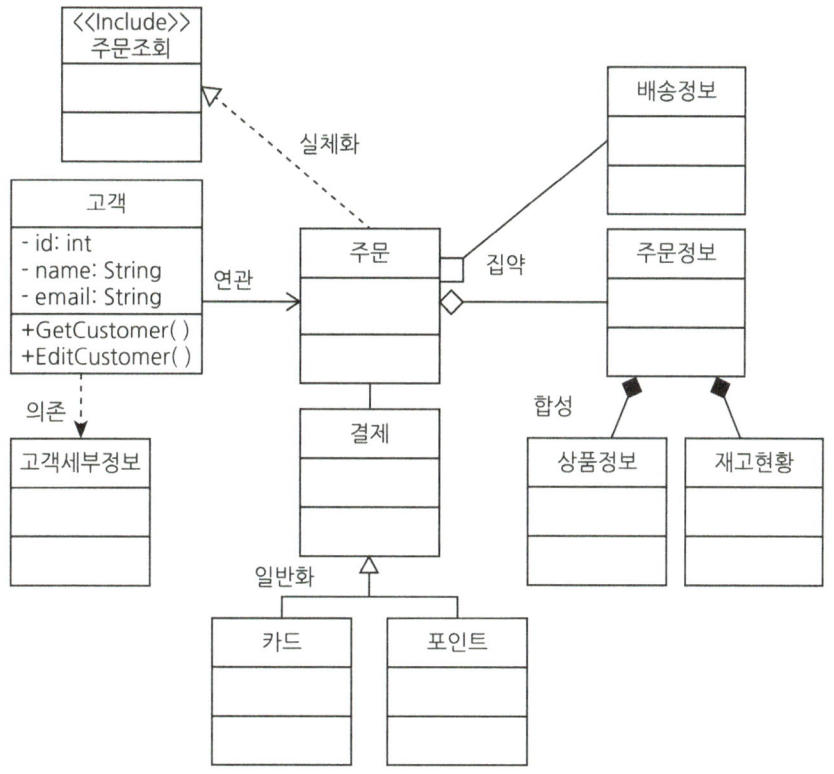

3) 접근 제한자 표기법

표기법	접근 제한자	사용 범위
-	private	해당 클래스 내에서만 접근 가능
#	protected	상속, 동일 패키지 내에서만 접근 가능
+	public	어디서든 접근 가능

(2) 유스케이스 다이어그램

1) 유스케이스 다이어그램 개념
- 시스템과 사용자의 상호작용을 다이어그램으로 표현한다.
- 사용자의 관점에서 시스템의 서비스나 기능, 외부 요소를 보여준다.
- 프로젝트의 요구사항을 정의하고, 시스템의 세부 기능을 분석하는 데 도움을 준다.

2) 유스케이스 다이어그램 구성요소

① 시스템(System)
- 프로그램의 명칭을 나타내며, 개발하고자 하는 시스템을 대표한다.

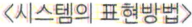

〈시스템의 표현방법〉

시스템 명칭

② 액터(Actor)
- 시스템 외부에서 시스템과 상호작용하는 사람이나 다른 시스템을 나타낸다.

액터명

③ 유스케이스(Usecase)
- 사용자의 입장에서 바라본 시스템의 주요 기능을 나타낸다.

〈유스케이스의 표현방법〉

유스케이스명

④ 관계(Relation)
- 액터와 유스케이스 간의 의미 있는 관계를 표현한다.

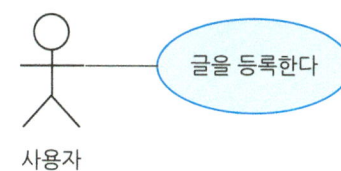

3) 유스케이스 다이어그램 관계

관계	설명 및 표기
연관 관계 (Association)	• 유스케이스와 액터 간 상호작용이 있음을 표현한다. • 유스케이스와 액터를 실선으로 연결한다. 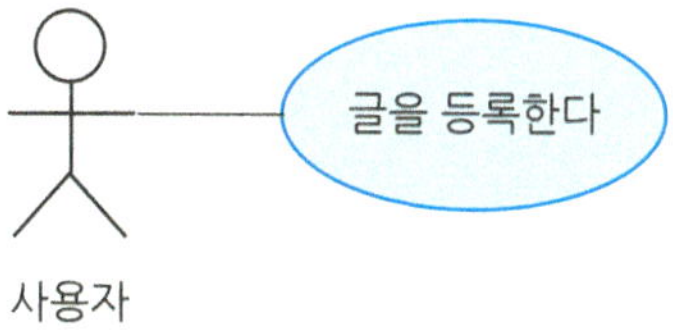 (사용자 — 글을 등록한다)
포함 관계 (Include)	• 특정 유스케이스 수행 시 반드시 포함되어 실행되는 다른 유스케이스를 의미한다. 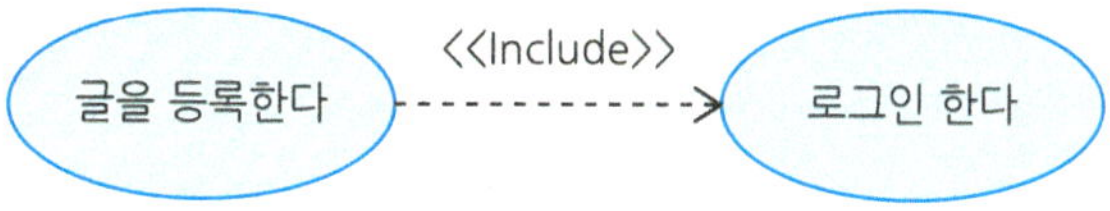 (글을 등록한다 ──<<Include>>──> 로그인 한다)
확장 관계 (Extend)	• 유스케이스 수행 중 특정 조건에 따라 확장 기능을 실행하는 경우를 나타낸다. 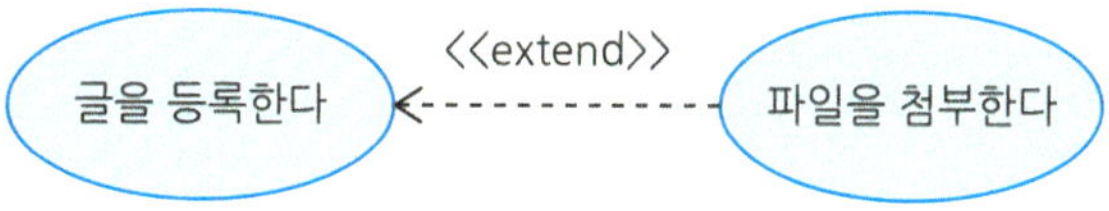 (글을 등록한다 <──<<extend>>── 파일을 첨부한다)
일반화 관계 (Generalization)	• 유사한 유스케이스나 액터를 추상화하여 상위 개념으로 묶어 표현한다. 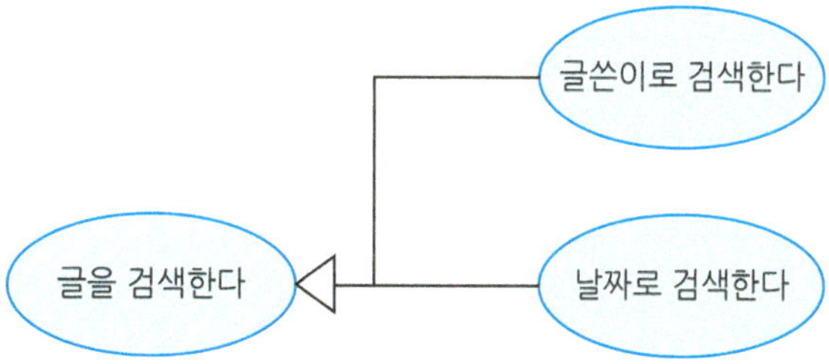 (글을 검색한다 ◁── 글쓴이로 검색한다 / 날짜로 검색한다)

(3) 시퀀스(순차) 다이어그램

1) 시퀀스 다이어그램 개념
- 객체 간 상호작용 메시지의 시퀀스를 시간의 흐름에 따라 나타내는 다이어그램이다.
- 객체들이 주고받는 메시지의 순서와 타이밍을 시각적으로 표현한다.
- 시스템 동작을 시각적으로 명확히 이해할 수 있도록 돕는다.

2) 시퀀스 다이어그램 구성요소

구성요소	설명
객체(Object)와 생명선(Lifeline)	• 객체(활동 주체)는 직사각형으로 표현된다. • 생명선은 객체에서 이어지는 점선으로 나타난다. • 생명선은 위에서 아래로 갈수록 시간의 경과를 의미한다.
활성 박스 (Activation Box)	• 생명선 상에서 기다란 직사각형으로 나타낸다. • 현재 객체가 어떤 활동을 하고 있음을 의미한다.
메시지 (Message)	• 인스턴스 간 주고받는 데이터를 나타낸다. • 메시지 유형: 동기 메시지(Synchronous), 비동기 메시지(Asynchronous), 자체 메시지(Self), 반환 메시지(Return)

- 메시지의 표현

(4) 상태 다이어그램

1) 상태 다이어그램 개념
- 객체의 상태 변화와 전이 과정을 시각적으로 표현하는 다이어그램이다.
- 객체가 시스템 내에서 어떻게 상태가 변하고, 어떤 이벤트에 의해 상태가 변화하는지를 파악하는 데 도움을 준다.

2) 상태 다이어그램 예시

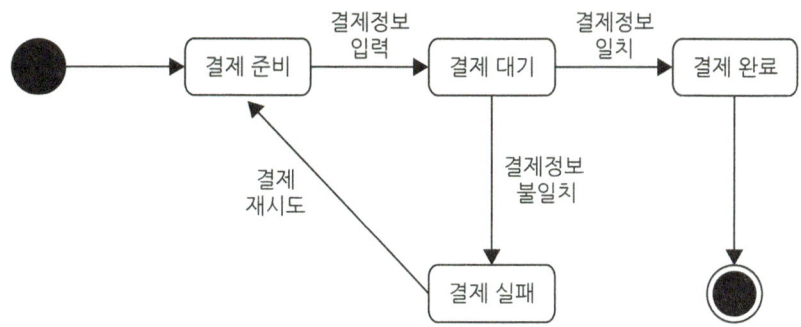

CHAPTER 04 화면 설계

Section 1. UI 설계

1. UI(User Interface) 개념

(1) UI(User Interface) 개념
- 컴퓨터, 웹 사이트, 시스템 등의 정보 기기와 사용자 간 상호작용을 가능하게 하는 매개체이다.
- 디스플레이 화면, 아이콘, 검색창, 키보드, 문자, 색상, 폰트 등으로 구성된다.
- 사용자가 쉽게 이해하고, 편리하게 이용할 수 있는 직관적이고 보편적인 디자인을 목표로 한다.
- 최소한의 노력으로 최대한의 효율을 제공하는 UI 설계를 추구한다.

(2) UX(User eXperience) 개념
- 사용자가 UI를 통해 경험하는 모든 요소를 포함하며, 만족감, 불편함, 감정 및 행동 등을 아우른다.
- 사용자의 불만족을 최소화하고, 편리하고 긍정적인 사용 경험을 제공하는 것이 UX 디자인의 핵심이다.
- UX는 단순히 기능적 측면을 넘어 사용자의 감정, 인식, 반응 등 포괄적인 경험을 고려한다.

(3) UI 유형

유형	설명
CLI (Command Line Interface)	사용자가 키보드로 명령어를 입력하여 컴퓨터를 조작하는 인터페이스이다.
GUI (Graphical User Interface)	그래픽과 텍스트 기반 인터페이스로, 사용자의 입력이 마우스 등으로 이루어지며 직관적이다.
NUI (Natural User Interface)	특별한 하드웨어 없이 인간의 자연스러운 움직임을 인식하여 정보를 제공하는 인터페이스이다.
OUI (Organic User Interface)	현실의 모든 것이 입력 및 출력 장치로 사용될 수 있는 형태의 인터페이스이다.
VUI (Voice User Interface)	음성 인식을 기반으로 사용자와 상호작용하는 인터페이스이다.
ARUI (Augmented Reality User Interface)	증강 현실 기술을 활용하여 정보를 제공하는 사용자 인터페이스이다.

2. UI 설계

(1) UI 요구사항 구분

1) 기능적 요구사항
- 시스템이 제공해야 하는 기능에 대한 요구사항을 포함한다.
- 입력, 출력, 데이터, 연산 등에 관한 요구사항을 다룬다.

2) 비기능적 요구사항
- 사용성, 효율성, 신뢰성, 유지보수성, 재사용성 등 품질에 관한 요구사항을 포함한다.
- 플랫폼 및 사용 기술과 같은 시스템 환경 요구사항, 비용 및 일정 등 프로젝트 계획에 관한 요구사항을 포함한다.

(2) UI 설계 절차

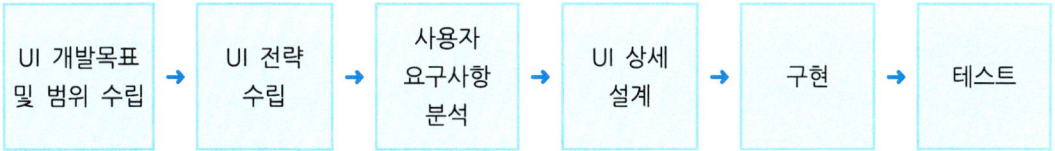

1) UI 개발목표 및 범위 수립
- 프로젝트의 UI 목표와 범위를 설정하고 전체 UI 계획을 통합한다.
- 이해관계자의 UI 요구사항을 조사하고 정의하며 최신 UI 트렌드와 특정 사용자 그룹을 분석한다.
- 사용자의 기대와 프로젝트의 기술적 제약사항을 고려한다.

2) UI 전략 수립
- 사용자 및 시장 조사를 통해 UI/UX 전략을 개발한다.
- 기술적 관점에서 사용할 플랫폼과 프레임워크 선택 등 전략을 수립한다.

3) 사용자 요구사항 분석
- 사용자 조사 결과를 바탕으로 필요한 요구사항을 파악하고 분석하며, 초기 프로토타입을 제작하여 아이디어를 시각화한다.

4) UI 상세 설계
- UI 기능, 화면 구조, 상호작용 흐름 및 예외 처리에 대한 상세 설계를 수행한다.

5) 구현
- HTML5, CSS3, JavaScript 등을 사용하여 UI를 구현한다.

6) 테스트
- UI의 사용성을 검증하기 위해 사용자 테스트, 퍼포먼스 테스트 등을 실시한다.

(3) UI 설계 원칙

원칙	설명
직관성	누구나 쉽게 이해하고 사용할 수 있어야 한다.
유효성	사용자의 목적을 정확하게 달성해야 한다.
학습성	누구나 쉽게 배우고 익힐 수 있어야 한다.
유연성	사용자 요구사항을 최대한 수용하며, 오류를 최소화해야 한다.

(4) UI 설계 도구

1) 와이어프레임(Wireframe)
- 웹 사이트나 앱의 기본 구조와 레이아웃을 나타내는 초기 설계 도구이다.
- 실제 콘텐츠나 디자인보다는 페이지 간의 관계, 기능 및 흐름에 중점을 둔다.
- 다양한 도구로 제작 가능하며, 손그림부터 전자 도구까지 다양한 형태로 표현할 수 있다.

2) 스토리보드
- 서비스나 제품의 시나리오 흐름을 시각적으로 나타내는 도구로, 인터랙션을 세부적으로 보여준다.
- 디자인과 개발팀이 참조하는 주요 문서로, 전체 서비스 정보와 기능, 디자인 가이드 등이 포함된다.
- 스토리보드 작성 예시

3) 프로토타입
- 실제 서비스와 유사하게 동작하는 모델로, 사용자와의 상호작용을 통해 제품의 작동을 시뮬레이션한다.
- 사용자 테스트를 위해 빠르게 제작할 수 있다.

4) 목업(Mockup)
- 와이어프레임보다 구체적이며, 실제 화면과 유사한 정적 디자인으로 파워목업, 발사믹 목업 등의 도구로 제작된다.

5) 유스케이스
- 사용자 관점에서 시스템이 어떻게 동작하는지 나타내며, 사용자의 목표와 이를 달성하기 위한 동작 시나리오를 기술한다.
- 주로 다이어그램 형태로 표현하여 시스템의 전체적인 흐름을 보여준다.

3. 감성공학

(1) 감성공학의 개념
- 인간의 감성을 물리적 설계 요소로 번역하고 구현하는 기술이다.
- 마음의 이미지를 파악하고 이를 형상화하여 제품 생산 과정에 적용한다.
- 단계: 요소화 → 형상화 → 구현 → 생산

(2) 제품과 관련된 인간의 감성

종류	설명
감각적 감성	제품의 외관, 색상, 디자인 등 외적 특성에 관련된 감성
기능적 감성	제품의 성능 및 사용 편의성에 관련된 감성
문화적 감성	개인이 속한 사회나 문화에 의해 형성되는 감성

(3) 감성공학의 접근 방법

접근 방법	설명
1류 접근 방법	의미 미분법을 사용하여 제품에 대한 이미지를 분석하고 이를 디자인 요소와 연결한다.
2류 접근 방법	문화적 감성을 반영하되, 평가자들의 생활양식 등을 고려하여 제품에 적용한다.
3류 접근 방법	특정 제품을 사용하여 감성을 정량화하고, 이를 제품 설계에 응용하는 방법이다.

Section 2. UI 구현

1. 화면 레이아웃 구성

(1) 레이아웃(Layout)의 개념
- 특정 공간 내에서 여러 구성요소를 보기 좋고 효과적으로 배치하는 작업이다.

(2) HTML5

1) HTML5 개념
- HTML5는 웹 상의 정보를 표현하기 위한 마크업 언어의 다섯 번째 주요 버전이다.
- 웹 페이지의 기본 구조를 담당하며, 다양한 멀티미디어와 기능을 포함한다.

2) HTML5 특징

특징	설명
멀티미디어	플러그인 없이 동영상, 음악을 웹 브라우저상에서 직접 재생할 수 있다.
그래픽	SVG와 CANVAS를 이용하여 다양한 2차원 그래픽을 표현할 수 있다.
통신	웹 소켓을 통해 실시간 양방향 통신이 가능하다.
지리적 위치	GPS를 활용한 위치 확인과 장치 접근이 가능하다.
오프라인 작업	로컬 스토리지와 오프라인 캐시를 통해 오프라인에서도 작업이 가능하다.

3) 시맨틱 요소

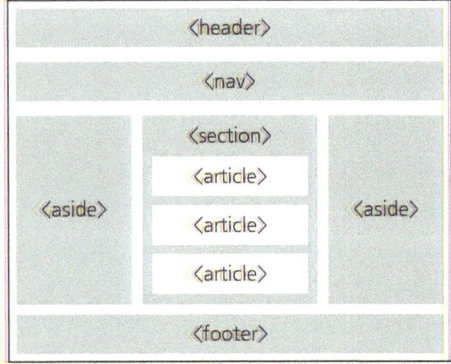

TAG	설명
\<header\>	제목, 내비게이션, 검색 등의 내용을 포함
\<nav\>	메인 메뉴나 목차 등을 정의
\<section\>	맥락이 같은 요소들을 주제별로 그룹화
\<article\>	본문의 주요 내용이 들어가는 공간
\<aside\>	본문 외의 콘텐츠 영역 사이드 메뉴나 광고 등의 영역
\<footer\>	작성자나 회사 정보 등을 포함

4) INPUT 요소

Email	Email
Password	Password
Textarea	Textarea
Radios	● Default radio
	○ Second default radio
	○ Disabled radio
Checkbox	☐ Check me out
	Submit

요소	설명
텍스트 입력	• text: 한 줄의 텍스트 입력 • textarea: 여러 줄의 텍스트 입력
비밀번호 입력 (Password)	• 입력된 문자를 별표나 작은 원으로 표시한다.
라디오 버튼 (Radio)	• 여러 개의 라디오 버튼 중 하나의 값만 선택한다.
체크박스 (Checkbox)	• 여러 개의 체크박스 중에서 다중 선택이 가능하다.
파일 선택 (File)	• 사용자의 컴퓨터에서 파일을 선택하여 업로드할 수 있다.
선택 입력 (Select)	• 여러 개의 드롭다운 리스트에서 하나의 옵션을 선택하는 방식이다.
버튼 (Button)	• 사용자가 클릭했을 때 작업을 수행한다.
전송 (Submit)	• 입력받은 데이터를 서버로 전송한다.
필드셋 (Fieldset)	• 관련된 데이터를 하나로 묶는 역할을 한다.

(3) CSS(Cascading Style Sheet)

1) CSS 개념
- HTML과 함께 웹 페이지를 구성하는 핵심 요소이다.
- 웹 문서의 디자인 요소인 색상, 크기, 이미지 크기 및 위치, 배치 방법 등을 정의한다.

2) CSS 특징

특징	설명
디자인 분리	HTML에서 디자인 요소를 분리하여 구조와 디자인을 독립적으로 유지하고 관리할 수 있다.
재사용성	잘 정의된 CSS는 여러 웹 페이지에 걸쳐 재사용할 수 있다.
동적 디자인	자바스크립트와의 연계를 통해 동적인 콘텐츠 표현과 디자인 변경이 가능하다.
반응형 웹	다양한 기기에 맞춰 콘텐츠가 자동으로 변경되도록 하는 반응형 웹 디자인을 구현할 수 있다.

3) CSS3
- CSS의 최신 표준으로, 이전 버전인 CSS2와 호환되면서 다양한 새로운 기능을 제공한다.
- 새로운 선택자, 애니메이션, 그리드 레이아웃, 플렉스박스, 미디어 쿼리 등의 기능을 포함하여 웹 개발의 유연성과 확장성을 크게 향상시켰다.

(4) JavaScript

1) JavaScript 개념
- 모질라 재단에 의해 개발된 프로토타입 기반의 스크립트 언어이다.
- 클라이언트 측에서 웹 페이지의 동적 동작을 담당한다.

2) JavaScript 라이브러리

① React
- 페이스북에서 개발된 유저 인터페이스(UI) 라이브러리이다.
- 주로 싱글 페이지 애플리케이션(SPA)과 모바일 애플리케이션 개발에 사용된다.

② Vue.js
- 컴포넌트 기반의 프론트엔드 프레임워크이다.
- 고성능의 SPA 구축에 사용되며 Evan You에 의해 개발되었다.

③ AngularJS
- 구글에서 개발된 오픈 소스 프론트엔드 웹 애플리케이션 프레임워크이다.

④ Ajax(Asynchronous JavaScript and XML)
- 비동기 웹 애플리케이션 제작 기법이다.
- 페이지 전체를 새로 고치지 않고 부분 업데이트가 가능하여 웹 애플리케이션의 속도와 사용자 경험을 향상시킨다.

2. UI 관련 용어

용어	설명
웹 표준	• 월드 와이드 웹에서 사용되는 공식 표준이나 기술 규격을 의미한다. • 웹 표준을 따르는 것은 웹 페이지의 호환성, 접근성, 효율성을 보장하는 데 중요하다.
웹 호환성	• 다양한 하드웨어 및 소프트웨어 환경에서도 웹 서비스가 동일하게 작동하는 능력이다. • 여러 웹 브라우저, 운영체제, 디바이스에서 일관된 사용자 경험을 제공한다.
웹 접근성	• 장애인과 비장애인 모두가 웹 사이트에 동등하게 접근하고 이용할 수 있는 방식이다. • 키보드 내비게이션, 스크린 리더 지원, 적절한 색상 대비 등을 포함한다.
반응형 웹	• PC, 모바일 등 다양한 디바이스에서 화면 크기에 맞춰 내용을 자동으로 조정하여 적절히 표시하는 웹 디자인 방식이다. • 유연한 레이아웃과 미디어 쿼리 등을 활용한다.
인포그래픽 (Infographic)	• 정보와 그래픽을 결합하여 복잡한 정보를 시각적으로 쉽고 명확하게 전달하는 방법이다. • 차트, 그래프, 아이콘 등을 사용해 직관적으로 표현한다.
내비게이션 (Navigation)	• 웹 사이트 내에서 하이퍼링크를 통해 정보를 탐색하고 접근하는 과정이다. • 메뉴 바, 탭, 드롭다운 목록 등이 이에 해당한다.
아코디언(Accordion)	• 사용자 필요에 따라 확장하거나 축소할 수 있는 패널 형식의 콘텐츠이다. • 공간을 절약하면서 필요한 정보를 효과적으로 제공한다.
플레이스 홀더 (Placeholder)	• 입력 필드에 예시나 안내 문구를 제공하는 간단한 텍스트이다. • 사용자가 입력할 내용의 형식이나 예시를 안내한다.
썸네일(Thumbnail)	• 큰 이미지를 축소하여 표시한 작은 버전의 이미지이다. • 사용자가 전체 이미지를 보기 전에 미리보기를 제공한다.
레이블(Label)	• 입력 폼의 각 입력 필드를 식별하기 위해 사용되는 텍스트이다.
대체 텍스트 (Alternative Text)	• 이미지나 그래픽 콘텐츠를 대신하여 제공되는 텍스트이다. • 시각 장애가 있는 사용자들이 스크린 리더를 통해 콘텐츠를 이해할 수 있게 돕는다.

CHAPTER 05 서버 프로그램 구현

Section 1. 프로그래밍 기초 개념

1. 알고리즘 표현 방법

(1) 자연어
- 우리가 일상적으로 사용하는 언어로 알고리즘을 자유롭게 표현한다.
- 일상적인 표현을 사용하므로 누구나 쉽게 이해 가능하다.
- 표현에 따라 해석의 여지나 모호성이 발생할 수 있다.

(2) 의사 코드(Pseudo Code)
- 프로그래밍 언어의 형식을 모방하여 알고리즘을 논리적으로 표현한 코드이다.
- 실제 프로그래밍 언어로 실행할 수는 없으며, 알고리즘의 논리적 구조를 명확하게 표현하는 데 사용된다.

(3) 순서도(Flow Chart)
- 기호와 도형을 사용하여 문제 해결의 흐름이나 프로세스를 시각적으로 표현한다.
- 과정과 절차를 순서대로 나타내며, 복잡한 알고리즘을 이해하기 쉽게 돕는다.

(4) 나씨 슈나이더만 차트(Nassi-Schneiderman Chart)
- 구조적 프로그래밍의 순차, 선택, 반복 구조를 사각형으로 도식화하여 표현하는 기법이다.
- 도형을 이용해 순차, 선택, 반복 구조를 표현하며, 상자도표라고도 불린다.
- 표현 방법

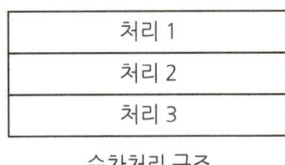
순차처리 구조 / 선택 구조

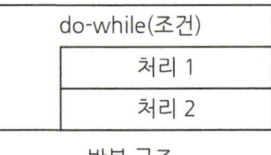
반복 구조

(5) UML(Unified Modeling Language)
- 소프트웨어 시스템의 구조와 설계를 시각적으로 표현하는 데 사용되는 표준화된 모델링 언어이다.
- 다양한 유형의 다이어그램을 통해 복잡한 시스템을 효과적으로 표현할 수 있다.

2. 변수명 표기법

(1) 카멜 표기법(Camel Case)
- 여러 단어가 결합된 경우, 첫 단어를 제외하고 각 단어의 첫 글자를 대문자로 표기한다.
- 주로 메서드나 변수명에 사용된다.
- 예) flowChart

(2) 파스칼 표기법(Pascal Case)
- 모든 단어의 첫 글자를 대문자로 표기한다.
- 클래스나 네임스페이스의 이름에 주로 사용된다.
- 예) FlowChart

(3) 스네이크 표기법(Snake Case)
- 모든 단어를 소문자로 표기하고, 단어 사이에 언더바(_)를 사용한다.
- 변수명, 함수명에 사용되며, 특히 C언어나 Python에서 선호된다.
- 예) flow_chart

(4) 헝가리안 표기법
- 변수의 자료형이나 특성을 나타내는 접두사를 붙여 변수의 용도를 명시한다.
- 현재는 널리 사용되지 않으나, 변수의 타입을 쉽게 구별할 수 있게 한다.
- 예) strFlowChart, intCount

(5) 케밥 표기법(Kebab Case)
- 모든 단어를 소문자로 표기하고, 단어 사이에 하이픈(-)을 사용한다.
- 주로 웹 개발에서 URL, 파일명, CSS 클래스명에 사용된다.
- 예) flow-chart

3. 프로그래밍 언어의 유형 분류

(1) 개발 편의성 측면에 따른 분류

분류	설명
저급 언어 (Low-Level Language)	• 컴퓨터가 직접 이해할 수 있는 언어이다. • 실행 속도는 빠르지만, 기계마다 기계어가 달라 호환성이 없고 유지 관리가 어렵다.
고급 언어 (High-Level Language)	• 인간이 이해할 수 있는 소스 코드로 작성된 언어이다. • 실행을 위해 저급 언어로 번역하는 과정이 필요하다.

(2) 빌드(Build) 방식에 따른 분류

분류	설명
컴파일 언어 (Compile Language)	• 소스 코드를 컴퓨터가 이해할 수 있는 목적 코드로 변환하여 실행한다. • C, C++ 등
인터프리터 언어 (Interpreter Language)	• 소스 코드를 한 줄씩 해석하여 실행하며, 컴퓨터가 이해할 수 있는 언어로 통역한다. • BASIC, Python 등
바이트 코드 언어 (Byte Code Language)	• 컴파일을 통해 가상 머신이 이해할 수 있는 바이트 코드로 변환되며, 이후 가상 머신이 기계어로 번역한다. • JAVA, Scala 등
어셈블리 언어 (Assembly Language)	• 기계어와 일대일 대응 관계로 작성되며, 어셈블러를 통해 기계어로 변환된다. • 주로 하드웨어 제어와 시스템 레벨 프로그래밍에 사용된다.

4. 절차적 프로그래밍 언어

(1) 절차적 프로그래밍 언어 개념

- 일련의 처리 절차를 정해진 문법에 따라 순서대로 기술하는 언어이다.
- Procedure(루틴, 서브루틴, 메서드, 함수)를 사용하여 작성하는 프로그래밍 스타일이다.
- 순차적인 처리를 중시하며, 프로그램 전체가 유기적으로 연결되는 기법이다.

(2) 절차적 프로그래밍 언어 장/단점

장점	• 함수를 통해 재사용성이 높다. • 컴퓨터의 처리 구조와 유사하여 효율적이다.
단점	• 프로그램의 구조가 복잡해질수록 분석과 이해가 어렵다. • 코드 수정과 유지보수가 복잡하다.

(3) 절차적 언어의 종류

종류	설명
C언어	• 1972년 데니스 리치에 의해 개발 • 운영체제 개발을 목적으로 설계된 시스템 프로그래밍 언어 • 이식성이 뛰어나 다양한 플랫폼에서 사용 가능하다.
COBOL	• 비즈니스 컴퓨터 프로그램을 위해 설계된 언어 • 금융 및 인적 자원 관리 등 비즈니스 응용 분야에서 주로 사용된다.

종류	설명
FORTRAN	• 과학 계산용으로 설계된 언어 • 공학 및 과학 분야의 계산과 데이터 분석에 적합하다.
BASIC	• 교육용으로 개발된 언어 • 문법이 쉬워 초보자가 배우기 쉽다.

5. 객체지향 프로그래밍 언어

(1) 객체지향 프로그래밍 언어 개념

- 소프트웨어의 구조를 객체로 구성하고, 객체들 간의 상호작용으로 소프트웨어를 동작시키는 언어이다.
- 객체를 적절히 조립하고 연결하여 소프트웨어를 구성한다.

(2) 객체지향 프로그래밍 언어 장/단점

장점	• 코드 재사용으로 개발 효율성을 높인다. • 현실 세계의 객체와 유사한 방식으로 설계 가능하다. • 모듈화된 코드로 인해 수정과 관리가 쉽다.
단점	• 초기 설계와 구현에 시간이 더 걸릴 수 있다. • 객체 간의 메시지 전달로 인해 실행 성능이 일반적으로 떨어질 수 있다. • 개념과 설계가 복잡하여 배우고 구현하기 어렵다.

(3) 객체지향 프로그래밍 언어의 종류

종류	설명
JAVA	객체지향 프로그래밍 언어의 대표적인 예로, 안전성과 플랫폼 독립성이 강점이다.
시뮬라67(Simula67)	최초의 객체지향 언어로, 객체지향 프로그래밍 개념의 시초가 되는 언어이다.
스몰토크(Smalltalk)	최초로 GUI(Graphical User Interface)를 제공한 객체지향 언어이다.
오브젝티브-C (Objective-C)	애플의 iOS에서 사용되는 객체지향 프로그래밍 언어이다.
C++	C언어에 객체지향성을 추가한 확장형 언어로, 시스템 프로그래밍과 응용 소프트웨어 개발에 사용된다.
파이썬(Python)	플랫폼 독립적이며, 인터프리터식, 객체지향적, 동적 타이핑을 지원하는 대화형 언어이다.

Section 2. 개발 환경 구축

1. 서버 환경 구축

(1) 웹 서버(WEB)
- 클라이언트에게 정적 파일(HTML, CSS, JavaScript, 이미지 등)을 제공하는 서버이다.
- 이미지, CSS, JavaScript, HTML 문서 등의 정적 콘텐츠를 클라이언트에게 전달한다.
- Apache Web Server, IIS, Nginx, GWS 등이 대표적인 웹 서버 소프트웨어이다.

(2) 웹 애플리케이션 서버(WAS)
- 동적인 웹 서비스를 제공하기 위한 서버로, 클라이언트의 요청에 따라 동적 콘텐츠를 생성한다.
- 데이터베이스 조회, 비즈니스 로직 처리 등을 수행한다.
- WebLogic, WebSphere, Jeus, Tomcat 등이 대표적인 WAS 소프트웨어이다.

(3) 데이터베이스 서버(DBMS)
- 데이터 저장 및 관리를 위한 서버이다.
- 다양한 데이터베이스 소프트웨어가 설치되어 데이터를 저장하고 관리한다.
- Oracle, MySQL, MS-SQL 등이 주요 데이터베이스 소프트웨어이다.

(4) 파일 서버
- 사용자 파일을 저장하고 공유하는 데 사용되는 서버이다.
- 네트워크를 통해 파일에 접근하고 관리할 수 있도록 지원한다.

(5) 로드 밸런서(Load Balancer)
- 여러 서버가 있을 경우, 이들 사이에 네트워크 요청을 효율적으로 분배하는 장치이다.

(6) CDN(Content Delivery Network)
- 대용량 콘텐츠(이미지, 비디오 등)를 빠르게 제공하기 위해, 사용자에게 물리적으로 가까운 위치에 있는 서버 네트워크를 이용하는 방식이다.
- 원격 웹 서버보다 가까운 CDN 서버로부터 콘텐츠를 빠르게 받을 수 있도록 한다.

(7) 시스템 아키텍처 고려 사항

고려 사항	설명
확장성 (Scalability)	시스템이 사용자 수나 데이터 양의 증가에 따라 적절하게 확장될 수 있는 능력이다.
성능 (Performance)	시스템이 사용자의 요청을 정확하고 신속하게 처리하는 능력이다.
응답 시간 (Response Time)	사용자의 요청에 대해 시스템이 응답하는 데 걸리는 시간을 의미한다.
처리량 (Throughput)	주어진 시간 동안 시스템이 처리할 수 있는 요청의 양을 나타낸다.
접근성 (Accessibility)	사용자가 언제 어디서나 시스템에 접근해 요청을 보내고 응답을 받을 수 있는 능력이다.
일관성 (Consistency)	사용자의 요청이 시스템에 정확하게 반영되어 일정한 결과를 반환해야 한다.
보안 (Security)	데이터 암호화, 접근 제어, 보안 프로토콜 적용 등을 통해 보안을 강화해야 한다.

2. 개발 소프트웨어 환경

(1) 시스템 소프트웨어

1) 운영체제(OS, Operating System)
- 컴퓨터의 하드웨어 운영을 관리하는 소프트웨어이다.
- 사용자와 하드웨어 사이에서 인터페이스 역할을 하며 시스템 자원을 관리한다.
- 대표적인 운영체제로는 Windows, Linux, UNIX 등이 있다.

2) JVM(Java Virtual Machine)
- 자바 관련 프로그램을 실행하기 위한 환경을 제공한다.
- JVM을 통해 자바 애플리케이션은 다양한 운영체제에서 호환 가능하게 실행된다.

3) Web Server
- 정적 웹 서비스를 제공하는 미들웨어이다.
- 웹 브라우저의 요청에 대해 이미지, CSS, JavaScript, HTML 등의 정적 파일을 제공한다.

4) WAS(Web Application Server)
- 동적 웹 서비스를 제공하는 미들웨어이다.
- 클라이언트의 요청에 따라 서버 측에서 동적으로 웹 페이지를 생성하고 관리한다.

5) DBMS(DataBase Management System)
- 데이터 저장, 관리, 검색 등을 위한 데이터베이스 소프트웨어이다.
- 대용량 데이터를 안정적으로 처리하고 데이터 무결성 및 보안을 보장한다.

(2) 개발 소프트웨어

1) 요구사항 관리 도구
- 고객의 요구사항을 수집, 분석, 추적하는 도구이다.
- 프로젝트 초기 단계에서 요구사항을 명확하게 정의하고 관리하는 데 중요하다.

2) 설계/모델링 도구
- 소프트웨어의 구조와 기능을 시각적으로 표현하고 설계하는 도구이다.
- 데이터베이스 설계를 지원하는 도구도 포함되며, ArgoUML, StarUML, DB Designer 등이 있다.

3) 구현 도구
- 소프트웨어 개발 언어를 이용한 구현과 개발을 지원하는 도구이다.
- 코드 편집, 디버깅, 프로젝트 관리 기능을 제공한다.
- 대표적인 도구로 Eclipse, IntelliJ, Visual Studio 등이 있다.

4) 테스트 도구
- 개발된 소프트웨어 모듈이 요구사항에 부합하는지, 오류가 없는지, 성능이 적절한지를 테스트하는 도구이다.
- JUnit, CppUnit, JMeter, SpringTest 등

5) 형상 관리 도구
- 소스 코드와 문서 등의 변경 사항을 버전별로 관리한다.
- 협업 중인 개발자들 사이의 일관성 있는 작업 흐름을 지원하고 변경 이력을 추적한다.
- Git, CVS, SVN 등이 대표적인 형상 관리 도구이다.

6) 협업 도구
- 팀원 간의 소통과 협업을 용이하게 하는 도구이다.

7) 배포 도구
- 소프트웨어의 빌드, 테스트, 배포를 자동화하는 도구이다.

3. IDE(Integrated Development Environment) 도구

(1) IDE 도구의 개념
- 소프트웨어 개발에 필요한 다양한 기능을 하나의 프로그램 내에서 제공하는 소프트웨어이다.
- 코딩, 디버깅, 컴파일, 배포 등 개발 작업을 통합적으로 처리할 수 있는 환경을 제공한다.
- 개발자의 편의성과 효율성을 증대시키기 위해 설계되었다.

(2) IDE 도구의 기능

기능	설명
텍스트 에디터	소스 코드를 작성하고 편집하는 기능을 제공한다.
컴파일러	작성된 코드를 기계어로 변환하는 기능을 제공한다.
디버거	코드에 있는 버그를 찾아내고 수정하는 데 도움을 준다.
배포	완성된 프로그램을 서버에 업로드하고 관리하는 기능을 제공한다.
플러그인	추가 기능을 통해 IDE의 기능을 확장할 수 있다.

(3) IDE 도구의 종류

종류	설명
Eclipse	주로 자바 개발에 사용되며, 다양한 언어와 플러그인을 지원한다.
Visual Studio	마이크로소프트에서 개발한 IDE로, 주로 .NET 관련 개발에 사용된다.
Xcode	애플 개발자들을 위한 IDE로, iOS 및 macOS 애플리케이션 개발에 사용된다.
IntelliJ IDEA	자바 개발에 최적화된 IDE로, 강력한 리팩토링 및 코드 분석 기능을 제공한다.

(4) IDE 도구 선정 시 고려 사항

고려 사항	설명
적정성	대상 업무에 적합한 도구를 선정한다.
효율성	프로그래밍 작업의 효율성을 고려한다.
이식성	여러 운영체제에서 개발 환경 설치가 가능한지를 검토한다.
친밀성	개발자가 익숙한 언어와 도구를 고려한다.
범용성	다양한 개발 사례가 존재하는지를 확인한다.

4. 협업 도구

(1) 협업 도구의 개념
- 여러 사용자가 각자의 작업 환경에서 통합된 프로젝트를 동시에 수행할 수 있도록 지원하는 소프트웨어이다.
- 소프트웨어 개발뿐만 아니라 디자인, 기획, 관리 등 다양한 분야의 전문가들이 공동 작업을 수행할 수 있도록 돕는다.
- 모든 커뮤니케이션과 작업을 통합적으로 관리할 수 있는 채널을 제공한다.

(2) 협업 도구의 기능

기능	설명
전사 관리	전자결재, 조직도 관리 등을 지원한다.
프로젝트 관리	캘린더, 타임라인, 간트 차트, 대시보드 등을 통해 프로젝트를 관리한다.
드라이브 공간	문서와 파일을 공유하고 저장하는 공간을 제공한다.
문서 공유	다양한 형식의 문서를 효율적으로 공유하고 관리한다.
커뮤니케이션	메시징, 비디오 콜, 이메일 통합 등을 지원하여 팀 간 소통을 용이하게 한다.
다국어 지원	다양한 언어로 서비스를 제공하여 국제적인 협업을 지원한다.
타 협업 툴 연동	다른 협업 도구와의 연동을 지원하여 유연한 작업 환경을 조성한다.

5. 형상 관리 도구

(1) 형상 관리 도구의 개념
- 소프트웨어 개발 과정에서 발생하는 모든 변경 사항을 통제하고 관리하는 방법이다.
- 개발 과정에서의 변경 사항을 체계적으로 추적, 관리하고 기록을 유지한다.

(2) 형상 관리의 필요성
- 소스 코드를 이전 상태로 되돌릴 수 있는 능력이 필요하다.
- 각 변경점의 이력을 확인하여 프로젝트 진행 상황을 명확히 파악할 수 있다.
- 여러 개발자의 협업 시 발생할 수 있는 충돌을 해결한다.
- 버그 및 문제점을 추적하고, 산출물의 이력을 관리하기 용이하다.

(3) 변경 관리/버전 관리/형상 관리

구분	설명
변경 관리	소스 코드의 변경 사항을 관리하며, 문서의 변경 이력과 복원 기능을 제공한다.
버전 관리	소프트웨어의 변경을 효과적으로 관리하며, 체크인/체크아웃, 릴리즈, 퍼블리싱 등을 버전으로 관리한다.
형상 관리	변경 관리와 버전 관리를 포함하며, 프로젝트 진행 상황, 빌드, 릴리즈까지 전체적으로 관리하는 통합 시스템이다.

(4) 형상 관리 대상

- 프로젝트 수행 계획서, 요구사항 관리대장, SW 기능 구조도
- 엔티티 정의서, 데이터 흐름도, 용어집
- 인터페이스, ERD, UI 정의서
- 소스 코드, 단위 테스트 관리 대장
- 테스트 계획서/시나리오
- 사용자/운영자 매뉴얼, 최종 산출물

(5) 형상 관리 절차

절차	설명
형상 식별	• 관리할 항목을 구분하고, 번호나 태그를 부여한다.
형상 통제	• 변경 요청을 검토하고 승인하여 현재의 기준선(Baseline)에 반영한다. • 형상 통제 위원회(CCB, Configuration Control Board)의 승인을 통해 변경 통제가 이루어져야 한다.
형상 감사	• 변경이 계획에 따라 적절하게 이루어졌는지 검토한다.
형상 기록/보고	• 변경 사항과 처리 과정을 기록하고 관련된 이해관계자에게 보고한다.

6. 버전 관리 도구

(1) 소프트웨어 버전 관리 도구 개념

- 소스 코드와 문서 등 디지털 콘텐츠의 여러 버전을 관리하여, 각 버전에 대한 변경 시간, 내용, 작업자를 추적할 수 있도록 한다.
- 개발 과정에서 발생하는 다양한 변경 사항을 체계적으로 관리하고, 필요시 이전 버전으로 복원할 수 있다.

(2) 소프트웨어 버전 관리 도구 유형

1) 공유 폴더 방식(RCS, SCCS)
- 파일을 공유 폴더에 저장하고, 담당자가 에러 체크 및 정상 작동 여부를 확인하는 기본적인 버전 관리 방식이다.
- 복잡한 협업에는 한계가 있다.

2) 클라이언트/서버 방식(CVS, SVN)
- 중앙 서버에 버전 관리 시스템이 운영되며, 개발자들은 이 시스템과 연동하여 작업한다.
- 파일의 변경 이력이 중앙 서버에 축적되며, 파일 충돌 시 경고를 출력한다.

3) 분산 저장소 방식(Git)
- 중앙 저장소와 로컬 저장소가 별도로 존재하며, 로컬에서 작업 후 중앙 저장소에 반영하는 방식이다.
- 개발자는 로컬 저장소에서 독립적으로 작업하고, 완료 후 중앙 저장소에 변경 사항을 반영한다.

(3) 버전 관리 도구별 특징

1) CVS
- 오랜 기간 사용된 형상 관리 도구로, 다양한 운영체제를 지원한다.
- 중앙의 저장소에 파일을 저장하며, 인가된 사용자만 파일에 접근할 수 있다.
- 파일의 변경 이력을 보존하나, 커밋 중 오류 발생 시 롤백되지 않는 문제가 있으며 속도가 느리다.

2) SVN
- CVS의 단점을 보완한 버전 관리 도구로, 최초 1회 파일 원본을 저장한 후 변경 사항만을 기록한다.
- Trunk, Branches, Tags 구조로 형상 관리하며 커밋 실패 시 롤백이 가능하다.

3) Git
- 리누스 토발즈에 의해 개발된 분산 버전 관리 시스템이다.
- 로컬에서 빠르게 작업할 수 있고 다양한 브랜치 생성 및 관리가 가능하다.
- 분산 환경에 최적화되어 원격 저장소에 장애가 있어도 로컬에서 버전 관리가 가능하다.

4) Clear Case
- IBM에서 개발한 유료 버전 관리 도구로, 서버 용량이 부족할 때 추가 서버 확장이 가능하다.

5) BitKeeper
- SVN과 비슷한 중앙 통제 방식을 사용하며, 대규모 프로젝트에서 빠른 속도로 운영할 수 있다.

(4) 버전 관리 주요 용어

용어	설명
Repository	저장소
Checkout	저장소에서 로컬로 프로젝트를 복사
Commit	로컬의 변경된 내용을 저장소에 저장
Update	저장소에 있는 내용을 로컬에 반영
Add	로컬에서 추가된 파일을 저장소에 등록
Trunk	루트 프로젝트
Branch	루트 프로젝트에서 파생된 프로젝트
Merge	브랜치 작업을 루트 프로젝트와 합침
Diff	파일을 비교

(5) 버전 관리 소프트웨어 사용 방식

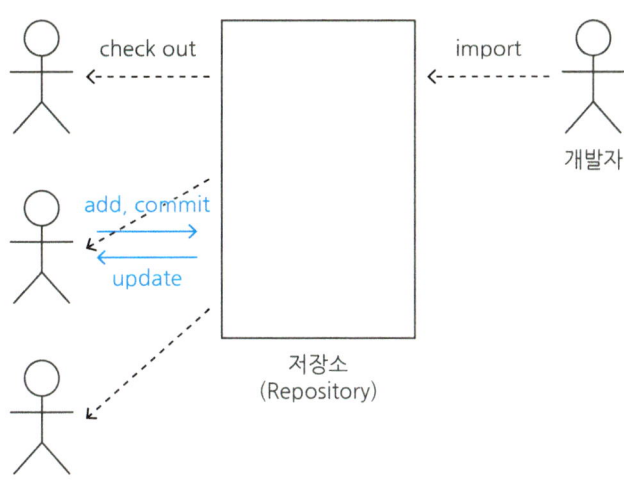

- 프로젝트 시작 시 프레임워크와 기본 문서를 최초로 가져오기(Import)한다.
- 각 프로젝트 참여자는 계정을 생성하고 파일을 인출(Checkout)한다.
- 새 파일 생성 시 해당 파일을 버전 관리 시스템에 추가(Add)한다.
- 기존 파일을 수정할 경우, 변경된 내용을 저장소에 커밋(Commit)한다.
- 로컬 파일과 다른 버전의 파일, 신규 파일들을 동기화(Update)하며, 동기화 시 두 파일의 내용을 비교(Diff)할 수 있다.

7. 빌드 도구

(1) 빌드의 개념
- 소스 코드 파일들을 컴파일하고, 링킹, 패키징 등의 과정을 거쳐 실행 가능한 소프트웨어로 변환하는 일련의 과정을 의미한다.
- 빌드 과정을 자동화하고 최적화하는 도구로, 소프트웨어 개발에서 필수적인 역할을 수행한다.

(2) 빌드 자동화 도구 특징
- 빌드, 테스트, 배포 등을 자동으로 수행하여 개발 과정의 효율성을 높인다.
- 소스 코드를 컴파일하고 테스트, 정적 분석 등을 수행하여 실행 가능한 애플리케이션을 자동으로 생성한다.
- 라이브러리를 자동으로 추가하고 관리하여 일관성을 보장하고, 오류의 가능성을 줄인다.

(3) 빌드 자동화 프로세스

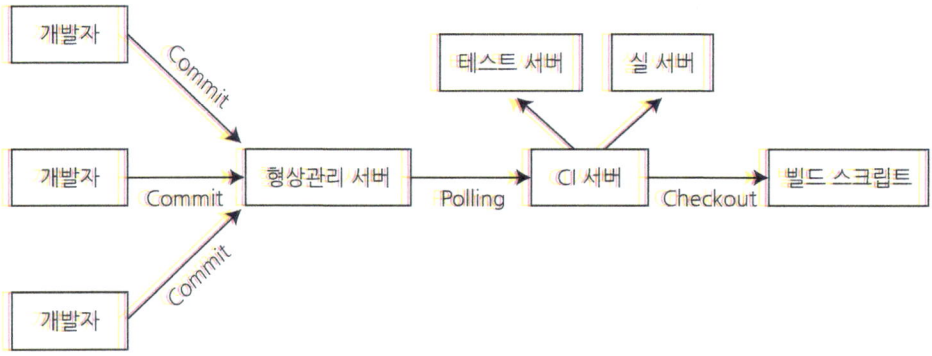

1) 빌드
- 개발자가 소스 코드를 저장소에 커밋하면 변경 사항이 자동으로 통합 환경에 반영된다.

2) 테스트
- Jenkins, Ansible 등의 도구가 새 코드를 인식하여 자동으로 일련의 테스트를 수행한다.
- 테스트를 통과한 빌드는 배포 준비가 완료된다.

3) 배포
- 테스트를 통과한 소프트웨어는 운영 환경에 자동으로 배포되어 최종 사용자에게 제공된다.

(4) 빌드 자동화 도구 종류

1) Make
- Unix 계열 운영체제에서 사용되는 전통적인 프로그램 빌드 도구이다.
- Makefile에 정의된 파일 간 종속 관계를 기반으로 컴파일 과정을 관리한다.

2) Ant
- Java 기반의 빌드 도구로, XML 기반의 빌드 스크립트를 사용한다.
- 유연성이 높아 개발자가 원하는 형태로 빌드 프로세스를 구성할 수 있다.
- XML 기반 스크립트는 재사용성이 낮고 복잡하며, 원격 저장소에서 라이브러리를 가져오는 기능이 부족하다.

3) Maven
- 의존성 관리와 프로젝트 라이프 사이클 관리에 강점을 가진 Java 기반 빌드 도구이다.
- pom.xml 파일을 통해 라이브러리 의존성을 관리하고 필요한 라이브러리를 자동으로 다운로드한다.

4) Jenkins
- Java 기반의 오픈 소스 지속적 통합(Continuous Integration) 서비스 도구이다.
- 빌드, 테스트, 배포 과정을 자동화하며 다양한 플러그인을 지원한다.
- SVN, Git 등 형상 관리 도구와 연동 가능하며, 분산 빌드 환경을 지원하여 대규모 프로젝트에 적합하다.

5) Gradle
- Groovy 기반의 오픈 소스 빌드 자동화 도구이다.
- 안드로이드 앱 개발뿐만 아니라 Java, C/C++, Python 등 다양한 언어 빌드를 지원한다.

Section 3. 모듈 구현

1. 단위 모듈 구현

(1) 단위 모듈 구현의 개념
- 소프트웨어를 기능 단위로 분해하여 개별적으로 구현하는 기법이다.
- 서브시스템, 서브루틴, 작업 단위 등으로 나누어 각 모듈이 독립적으로 활용될 수 있도록 한다.
- 모듈은 작은 크기를 가지며, 하나의 기능만을 수행하는 것이 이상적이다.

(2) 단위 모듈 구현 시 장점
- 소프트웨어의 효율적인 관리 및 성능 향상에 기여한다.
- 전체 소프트웨어의 복잡성이 감소하고 이해도가 높아진다.
- 모듈별 테스트와 통합, 변경이 용이하다.
- 기능의 분리가 가능하여 인터페이스가 단순해진다.
- 오류의 파급효과를 최소화하고, 모듈의 재사용으로 개발 및 유지보수가 용이해진다.

(3) 효과적인 모듈화
- 결합도(Coupling)를 낮추고 응집도(Cohesion)를 높여 모듈의 독립성을 강화한다.
- Fan-out(한 모듈이 호출하는 다른 모듈의 수)을 최소화하고, Fan-in(한 모듈을 호출하는 다른 모듈의 수)을 증가시킨다.
- 모듈 인터페이스를 평가하여 복잡성과 중복성을 줄이고 일관성을 높인다.
- 기능 예측이 가능한 모듈을 정의하여 효과적인 관리와 사용을 도모한다.
- 가능한 한 하나의 입력과 하나의 출력을 유지하여 모듈의 단순성과 이해도를 높인다.

(4) 단위 모듈 설계의 원리

원리	설명
단계적 분해	단순한 형태로 시작하여 점진적으로 상세화한다.
추상화	복잡한 문제를 간단하고 일반적인 형태로 변환한다.
독립성	높은 응집도와 낮은 결합도로 모듈의 독립성을 강화한다.
정보 은닉	모듈 내부의 데이터와 로직을 외부로부터 보호한다.
분할과 정복	큰 문제를 작은 부분으로 나누어 해결한다.

2. 결합도

(1) 결합도(Coupling)의 개념
- 모듈과 모듈 간의 관련성이나 의존성 정도를 나타내는 개념이다.
- 결합도가 낮을수록 잘 설계된 모듈이라 할 수 있다.

(2) 결합도 유형

유형	설명
자료 결합도 (Data Coupling)	모듈 간의 인터페이스로 값이 전달되는 경우를 의미한다.
스탬프 결합도 (Stamp Coupling)	모듈 간의 인터페이스로 배열, 오브젝트, 스트럭처 등이 전달되는 경우를 뜻한다.
제어 결합도 (Control Coupling)	단순히 처리할 대상인 값뿐만 아니라 어떻게 처리해야 하는지 제어 요소가 전달되는 경우이다.
외부 결합도 (External Coupling)	한 모듈에서 선언한 데이터를 외부의 다른 모듈에서 참조하는 경우를 의미한다.
공통 결합도 (Common Coupling)	파라미터가 아닌 모듈 밖에 선언된 전역 변수를 참조하고 갱신하는 식으로 상호작용하는 경우이다.
내용 결합도 (Content Coupling)	다른 모듈 내부에 있는 변수나 기능을 다른 모듈에서 사용하는 경우이다.

3. 응집도

(1) 응집도(Cohesion)의 개념
- 모듈 내부에서 구성요소들 간의 밀접한 관계를 맺고 있는 정도를 의미한다.
- 응집도가 높을수록 잘 설계된 모듈로 평가된다.

(2) 응집도 유형

유형	설명
기능적 응집도 (Functional Cohesion)	모듈 내부의 모든 기능이 단일한 목적을 위해 수행되는 경우이다.
순차적 응집도 (Sequential Cohesion)	모듈 내에서 한 활동의 출력값을 다른 활동의 입력값으로 사용하는 경우이다.

유형	설명
통신적 응집도 (Communication Cohesion)	동일한 입력과 출력을 사용하여 다양한 기능을 수행하는 활동들이 모여 있는 경우이다.
절차적 응집도 (Procedural Cohesion)	모듈이 다수의 관련 기능을 포함하며, 그 기능들이 순차적으로 수행될 경우이다.
시간적 응집도 (Temporal Cohesion)	특정 시간에 처리되어야 하는 활동들을 한 모듈에서 처리하는 경우이다.
논리적 응집도 (Logical Cohesion)	유사한 성격이나 특정 분류에 해당하는 처리 요소들이 한 모듈에서 처리되는 경우이다.
우연적 응집도 (Coincidental Cohesion)	모듈 내부의 각 구성요소들이 서로 연관이 없는 경우이다.

4. 팬인(Fan-in), 팬아웃(Fan-out)

(1) 팬인(Fan-in), 팬아웃(Fan-out)의 개념

- 모듈의 복잡도와 상호작용을 분석하는 데 사용되는 지표이다.
- 시스템의 복잡도를 측정하고 이를 최적화할 수 있다.
- 시스템 복잡도를 최적화하기 위해 팬인은 높게, 팬아웃은 낮게 설계하는 것이 좋다.

구분	설명
팬인(Fan-in)	• 특정 모듈을 호출하거나 참조하는 상위 모듈의 수를 나타낸다. • 높은 팬인 값은 해당 모듈의 중요성이나 재사용성이 높음을 의미한다. • 설계 시 팬인 값을 높게 유지하는 것이 좋다.
팬아웃(Fan-out)	• 특정 모듈이 호출하거나 참조하는 하위 모듈의 수를 나타낸다. • 높은 팬아웃 값은 해당 모듈이 여러 다른 모듈들과 상호작용이 많아 복잡도가 높음을 의미한다. • 설계 시 팬아웃 값을 낮게 유지하는 것이 좋다.

(2) 팬인/팬아웃 계산법

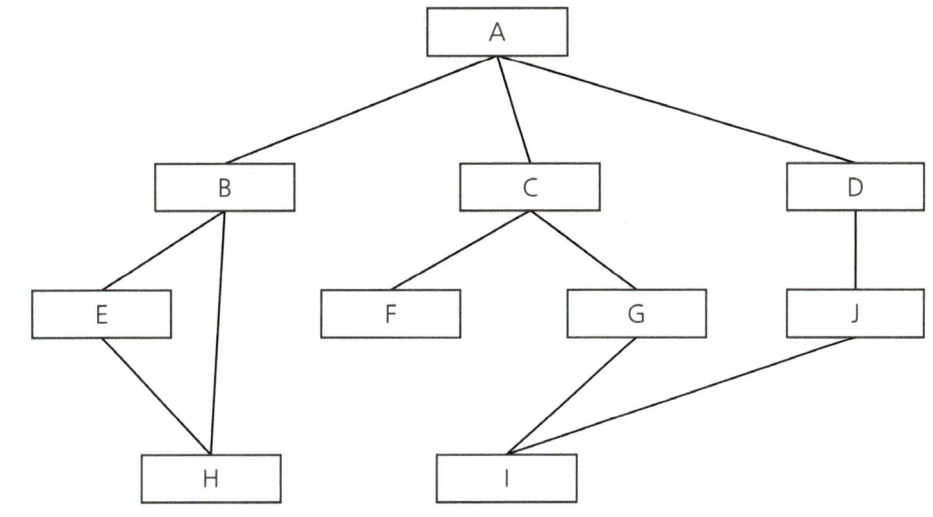

모듈	팬인(Fan-in)	팬아웃(Fan-out)
A	0	3
B	1	2
C	1	2
D	1	1
E	1	1
F	1	0
G	1	1
H	2	0
I	2	0
J	1	1

Section 4. 서버 프로그램 구현

1. 서버 프로그램 구현

(1) 업무 프로세스
- 개인이나 조직이 자원을 투입하여 가치 있는 산출물을 제공하는 일련의 활동이다.

(2) 서버 프로그램 구현
- 업무 프로세스를 기반으로 서버에서 서비스를 제공하는 기능을 개발하는 활동이다.
- 구현 요소

구현 요소	설명
DTO (Data Transfer Object)	• 프로세스 간 데이터를 전송하는 객체이다. • 주로 Getter와 Setter 메서드를 포함한다.
VO (Value Object)	• 도메인의 속성을 묶어 특정 값을 나타내는 객체로, 주로 읽기 전용이다.
DAO (Data Access Object)	• 데이터베이스 접근을 수행하는 객체이다. • DB 접근 로직과 비즈니스 로직을 분리하기 위해 사용한다.
Service	• DAO 클래스를 호출하여 비즈니스 로직을 처리하는 객체이다.
Controller	• 사용자의 요청을 처리하고, 비즈니스 로직을 수행하는 객체이다.

(3) MVC 모델의 계층

1) 프레젠테이션 계층(Presentation Layer)
- 사용자 인터페이스와 관련된 부분을 담당한다.
- 사용자가 시스템과 상호작용할 수 있도록 기능과 부가 정보를 제공한다.
- 사용자의 요청을 받아 적절한 응답을 생성하는 역할을 한다.

2) 제어 계층(Control Layer)
- 프레젠테이션 계층과 비즈니스 로직 계층 간 중간자 역할을 수행한다.
- 사용자의 요청을 분석하고, 적절한 비즈니스 로직을 호출한다.
- 사용자 요청 검증과 로직 처리 결정을 수행하고, 처리 결과를 뷰에 전달한다.

3) 비즈니스 로직 계층(Business Logic Layer)
- 애플리케이션의 핵심 업무 로직을 처리한다.
- 데이터의 적합성 검증 및 트랜잭션 처리를 포함한다.

4) 퍼시스턴스 계층(Persistence Layer)
- 데이터 관리와 관련된 모든 작업을 담당한다.
- CRUD(생성, 수정, 삭제, 선택) 연산을 수행한다.

5) 도메인 모델 계층(Domain Model Layer)
- 실질적인 비즈니스 객체를 포함한다.
- 다른 계층 간에 데이터를 전달하는 역할을 수행한다.
- DTO(Data Transfer Object)를 사용하여 계층 간 데이터를 전달한다.

2. 프레임워크

(1) 프레임워크의 개념
- 소프트웨어 개발에 필요한 공통 구성요소와 아키텍처를 일반화하여 제공하는 반제품 형태의 소프트웨어이다.
- 개발자가 더 쉽고 빠르게 개발할 수 있도록 기본 구조와 필수 기능을 제공한다.
- 클래스와 인터페이스의 집합으로 구성되어 소프트웨어 개발의 템플릿 역할을 한다.

(2) 프레임워크의 특징

특징	설명
모듈화 (Modularity)	캡슐화를 통해 모듈화를 강화하고, 설계와 구현 변경에 따른 영향을 최소화한다.
재사용성 (Reusability)	여러 애플리케이션에서 반복적으로 사용할 수 있는 일반적인 컴포넌트를 제공하여 재사용성을 높인다.
확장성 (Extensibility)	다형성을 활용하여 애플리케이션의 프레임워크 인터페이스를 확장할 수 있다.
제어의 역흐름 (Inversion of Control)	프레임워크가 애플리케이션의 흐름을 제어하며, 애플리케이션이 수행해야 할 메서드를 결정한다.

(3) 프레임워크의 구분

구분	설명
Java 프레임워크	전자정부 표준 프레임워크, 스트럿츠, 스프링 등
ORM 프레임워크	아이바티스(iBatis), 마이바티스(myBatis), 하이버네이트(Hibernate) 등
자바스크립트 프레임워크	앵귤러제이에스(AngularJS), ReactJS, ExtJS 등
프론트엔드 프레임워크	Bootstrap, Foundation, MDL 등

3. 라이브러리(Library)

- 컴퓨터 프로그램에서 자주 사용되는 루틴이나 리소스(클래스, 템플릿, 설정 데이터 등)를 모아 놓은 것이다.
- 재사용이 필요한 기능을 제공하기 위해 클래스나 함수 형태로 구성된다.
- 라이브러리는 애플리케이션의 특정 기능을 지원하는 반면, 프레임워크는 전체적인 애플리케이션 구조를 제공한다.

4. API(Application Programming Interface)

- 소프트웨어 간 인터페이스로, 다른 소프트웨어 또는 서비스와 상호작용하는 데 사용된다.
- 운영체제나 프로그래밍 언어가 제공하는 기능을 응용 프로그램에서 사용할 수 있도록 만든 인터페이스이다.
- API 특징

특징	설명
개발 비용 감축	기존에 개발된 기능을 재사용하여 개발 시간과 비용을 절약한다.
반복 작업 줄이기	공통적인 기능을 API로 구현하여 중복 작업을 줄인다.
쉬운 유지 관리	표준화된 API를 사용함으로써 유지 관리가 용이해진다.
새로운 수익 채널 확대	API를 통해 새로운 서비스나 제품을 개발하여 비즈니스 기회를 확장할 수 있다.
비즈니스 파이 확장	다양한 서비스와의 연동을 통해 비즈니스의 범위를 확장할 수 있다.

5. ORM(Object-Relational Mapping) 프레임워크

(1) ORM 프레임워크의 개념

- 객체지향 프로그래밍과 관계형 데이터베이스 간의 호환성 격차를 해결하기 위한 기법이다.
- 애플리케이션의 클래스와 데이터베이스 테이블 간 매핑을 제공한다.

(2) ORM 장/단점

장점	• 개발자가 비즈니스 로직에 더 집중할 수 있게 해준다. • 코드의 재사용성과 유지보수성을 향상시킨다.
단점	• 복잡한 쿼리나 특화된 데이터베이스 기능을 사용할 경우, ORM의 제한으로 구현이 어려울 수 있다. • 프로시저를 많이 사용하는 시스템에서는 ORM의 객체지향적 장점을 제대로 활용하기 어렵다.

(3) 매핑 기술 비교

1) SQL Mapper
- SQL을 명시하여 단순히 필드를 매핑하는 것을 목적으로 한다.
- SQL 문장을 사용해 데이터베이스 데이터를 직접 다룬다.
- 종류: iBatis, Mybatis, jdbc Templetes 등

2) OR Mapping(ORM)
- 객체를 통해 간접적으로 데이터베이스를 다룬다.
- 객체와 관계형 데이터베이스 간 데이터를 자동으로 매핑한다.
- ORM을 이용하면 SQL 쿼리가 아닌 직관적인 코드로 데이터를 조작할 수 있다.
- 종류: JPA(Java Persistent API), Hibernate

6. 배치 프로그램

(1) 배치의 개념
- 데이터를 일괄적으로 모아 대량의 작업을 처리하는 방식이다.
- 컴퓨터 흐름에 따라 순차적으로 자료를 처리하는 방법이다.
- 배치 프로그램이란, 대량의 데이터를 모아 정기적으로 반복 처리하는 프로그램을 의미한다.

(2) 배치 프로그램의 필수 요소

필수 요소	설명
대용량 데이터	대용량 데이터를 처리할 수 있는 능력을 갖추어야 한다.
자동화	심각한 오류 상황을 제외하고 사용자의 개입 없이 자동으로 동작해야 한다.
견고함	비정상적인 동작 중단이 발생하지 않도록 견고하게 설계되어야 한다.
안정성	문제가 발생했을 때 해당 문제를 추적하고 복구할 수 있어야 한다.
성능	주어진 시간 내에 작업을 완료하며, 다른 애플리케이션의 동작을 방해하지 않아야 한다.

(3) 크론탭(Crontab)
- UNIX, LINUX 계열에서 사용되는 도구이다.
- 특정 시간을 지정해 명령을 자동으로 실행할 수 있게 해준다.
- 크론탭 형식

분 시 일 월 요일 명령어

- 항목의 범위

필드	의미	범위
첫 번째	분	0 ~ 59
두 번째	시	0 ~ 23
세 번째	일	1 ~ 31
네 번째	월	1 ~ 12
다섯 번째	요일	0 ~ 6 (0:일요일, 1:월요일)
여섯 번째	명령어	실행할 명령

- 허용 특수문자

특수문자	설명
*	모든 값 (매시, 매일, 매주)
?	특정 값이 아닌 어떤 값이든 상관없음
-	범위를 지정할 때 (12-14 : 12시부터 14시)
,	여러 값을 지정할 때 (12, 14 : 12시, 14시)
/	증분값, 즉 초기값과 증가치 설정 (*/20 : 20분마다)

- 설정 예

형식	설명
* * * * * 명령	매분 실행
30 4 * * 0 명령	매주 일요일 4시 30분 실행
10-30 4 * * * 명령	매일 오전 4시 10분부터 30분까지 매분 실행
0,10,20 * * * * 명령	매일 매시간 0분, 10분, 20분 실행
*/30 * * * * 명령	30분마다 실행
30 0 1 1,6 * 명령	1월과 6월, 1일, 0시 30분에 실행

CHAPTER 06 인터페이스 구현

Section 1. 인터페이스 개요

1. 인터페이스 시스템

(1) 인터페이스 시스템의 개념
- 서로 다른 시스템이나 장치 간에 정보나 신호를 주고받을 수 있게 돕는 시스템이다.
- 다양한 시스템과 장치 간의 호환성을 보장하며, 효율적인 데이터 교환을 가능하게 한다.

(2) 인터페이스 시스템 구성

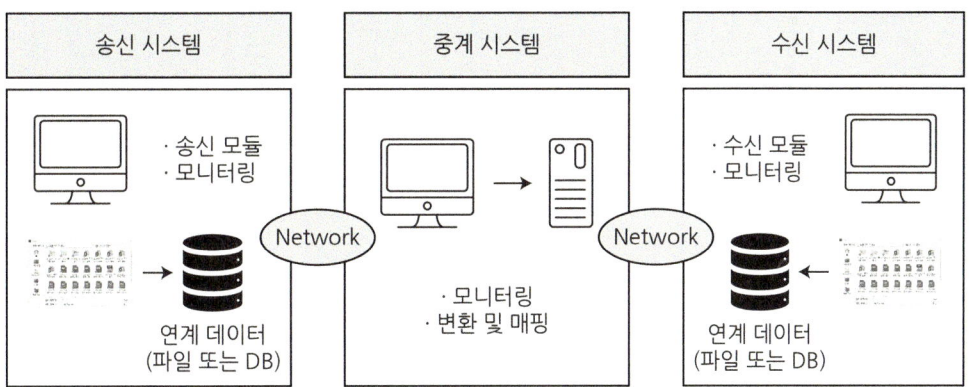

구성	설명
송신 시스템	연계할 데이터를 생성하여 인터페이스 테이블 또는 파일 형태로 송신하는 시스템이다.
수신 시스템	수신한 데이터를 데이터 형식에 맞게 저장하고 활용하는 시스템이다.
중계 서버	송신 시스템과 수신 시스템 사이에서 데이터를 송수신하며, 시스템 상태를 모니터링하는 역할을 수행한다.

2. 송수신 데이터 식별

- 송수신 시스템 사이에서 교환되는 데이터는 규격화된 표준 형식에 따라 전송된다.
- 송수신 시스템 간에 전송되는 표준 항목, 업무 처리용 데이터, 공통 코드 정보 등을 누락 없이 식별하고 인터페이스 명세서를 작성한다.
- 송수신 전문 구성

구성	설명
전문 공통부	인터페이스 표준 항목을 포함하며, 인터페이스 ID, 서비스 코드, 접속 IP 등이 포함된다.
전문 개별부	업무 처리에 필요한 데이터를 포함한다.
전문 종료부	전송 데이터의 끝을 표시하는 문자를 포함한다.

3. 인터페이스 설계서 구성

(1) 인터페이스 목록

- 연계 업무와 연계에 참여하는 송수신 시스템의 정보, 연계 방식과 통신 유형 등에 대한 정보를 포함한다.
- 주요 항목

주요 항목	설명
인터페이스 ID	• 인터페이스를 구분하기 위한 식별자로, 명명 표준에 맞게 부여한다.
인터페이스명	• 인터페이스의 목적을 나타내는 이름이다.
송신 시스템	• 인터페이스를 통해 데이터를 전송하는 시스템이다.
수신 시스템	• 인터페이스를 통해 전송된 데이터를 이용하는 시스템이다.
대내외 구분	• 인터페이스가 기업 내부 시스템 간인지, 내·외부 시스템 간에 발생하는지 구분한다.
연계 방식	• 웹 서비스, FTP, DB Link, Socket 등 아키텍처에서 정의한 인터페이스 방식을 따른다.
통신 유형	• 동기, 비동기 등 아키텍처에서 정의한 통신 유형이다.
처리 유형	• 실시간, 배치, 지연 처리 등 인터페이스 처리 유형이다. • 실시간인 경우 수시 처리 여부와 세부 주기를 표시한다.
주기	• 인터페이스가 발생하는 주기를 나타낸다.
데이터 형식	• 고정 길이, XML 등 인터페이스 항목의 데이터 포맷이다.
관련 요구사항 ID	• 해당 인터페이스와 관련된 요구사항 식별 정보이다.

(2) 인터페이스 정의서

- 데이터 송신 시스템과 수신 시스템 간의 속성, 제약조건 등을 상세히 기술한다.
- 주요 항목

주요 항목	설명
인터페이스 ID	인터페이스를 구분하기 위한 식별자로, 명명 표준에 맞게 부여한다.
최대 처리 횟수	단위 시간당 처리될 수 있는 해당 인터페이스의 최대 수행 건수이다.
데이터 크기 (평균/최대)	해당 인터페이스 1회 처리 시 소요되는 데이터의 평균 크기와 최대 크기이다.
시스템 정보	시스템명, 업무, 서비스명, 연계 방식, 담당자 및 연락처 정보를 포함한다.
데이터 정보	데이터 번호, 필드명, 식별자 여부, 데이터 타입, 크기, 설명 등을 포함하여 상세하게 기술한다.

4. 인터페이스 검증

(1) 인터페이스 구현 검증 도구

도구	설명
xUnit	다양한 언어를 지원하는 단위 테스트 프레임워크
STAF	서비스 호출 및 컴포넌트 재사용 등 다양한 환경을 지원하는 테스트 프레임워크
FitNesse	웹 기반의 테스트 케이스 설계, 실행, 결과 확인 등을 지원하는 테스트 프레임워크
NTAF	FitNesse와 STAF의 장점을 통합한 Naver의 테스트 자동화 프레임워크
Selenium	다양한 브라우저 및 개발 언어를 지원하는 웹 애플리케이션 테스트 프레임워크
watir	Ruby를 사용하는 애플리케이션 테스트 프레임워크

(2) 인터페이스 구현 감시 도구

- APM(Application Performance Management)을 사용하여 인터페이스 동작 상태를 감시한다.
- 데이터베이스 및 웹 애플리케이션의 다양한 정보를 조회하고 분석하여 시각화한다.
- 종류: 스카우터(Scouter), 제니퍼(Jennifer) 등

5. 인터페이스 오류 처리

(1) 인터페이스 오류 발생 알림
- 화면을 통한 오류 메시지 표시
- 오류 발생 시 SMS 발송
- 오류 발생 시 이메일 발송

(2) 인터페이스 오류 발생 확인
- 인터페이스 오류 로그 확인
- 인터페이스 오류 테이블 확인
- 인터페이스 감시 도구로 확인

6. 인터페이스 보안

(1) 인터페이스 보안 취약점 분석
- 인터페이스를 통해 전송되는 데이터가 변조되거나 탈취될 수 있다.
- 패킷 공격 기법
  - 스니핑(Sniffing): 네트워크에서 전송되는 패킷을 가로채 비밀 정보를 탈취하는 행위이다.
  - 스푸핑(Spoofing): IP 주소나 다른 식별 정보를 위조하여 사용자나 시스템을 속이는 공격 방식이다.

(2) 인터페이스 보안 기능 적용

1) 네트워크 영역
- 인터페이스 송수신 간 스니핑 등을 통한 데이터 탈취 및 변조를 방지하기 위해 네트워크 트래픽에 대한 암호화 설정을 적용한다.
- 적용 방식: IPSec, SSL, S-HTTP 등

2) 애플리케이션 영역
- 시큐어코딩 가이드를 참조하여 애플리케이션 코드상의 보안 취약점을 보완하고 보안 기능을 적용한다.

3) DB 영역
- DB, 스키마, 엔티티에 대한 접근 권한을 제어하고, 프로시저, 트리거 등 DB 동작 객체에 보안 기능을 적용한다.
- 민감한 데이터에 대해 암호화나 익명화 처리를 통해 데이터 자체의 보안을 강화한다.

Section 2. 인터페이스 기능 구현

1. 내 · 외부 모듈 연계 방식

(1) EAI(Enterprise Application Integration)

1) EAI의 개념
- 기업 내 다양한 플랫폼 및 애플리케이션을 연결하고 통합하는 솔루션이다.
- 비즈니스 통합 및 연계성 증대, 시스템 확장성 향상을 목적으로 한다.

2) EAI의 구축 유형

종류	설명	연결 형태
Point-to-Point	• 미들웨어 없이 직접 애플리케이션끼리 연결한다. • 솔루션 구매 없이 직접 통합이 가능하다.	
Hub & Spoke	• 중앙 허브를 통해 중앙 집중적으로 연결하는 방식이다. • 데이터 전송 보장이 되며, 확장 및 유지보수가 용이하다. • 허브 문제 발생 시 전체 시스템에 영향을 준다.	
Message Bus (ESB 방식)	• 미들웨어를 사용해 애플리케이션 간 메시지를 전달하는 방식이다. • 뛰어난 확장성 및 대용량 처리가 가능하다.	
Hybrid	• 내부적으로는 Hub & Spoke 방식이다. • 외부적으로는 메시징 버스 방식을 사용하여 표준 통합 기술을 적용하고, 데이터 병목 현상을 최소화한다.	

(2) ESB(Enterprise Service Bus)
- 웹 서비스 중심의 표준화된 데이터 버스를 통해 다양한 애플리케이션을 유연하게 통합하는 플랫폼이다.
- 프로토콜 변환, 서비스 중심의 메시지 라우팅 제공한다.
- EAI와 유사하나, 서비스 중심의 통합을 지향한다.

2. 인터페이스 전송 데이터

(1) JSON(JavaScript Object Notation)
- JavaScript 객체 문법을 기반으로 데이터를 표현하는 문자 기반의 표준 포맷이다.
- 주로 웹 애플리케이션에서 사용되며, 이름과 값의 쌍으로 데이터를 구성한다.
- JSON 문법

```
{
  "firstName": "hungjik",
  "lastName": "Lee",
  "email": "hungjik@naver.com",
  "hobby": ["hiking","angling"]
}
```

(2) XML(eXtensible Markup Language)
- 웹에서 구조화된 문서를 표현하고 전송하기 위해 설계된 마크업 언어이다.
- XML은 데이터의 구조와 의미를 정의하기 위한 언어로, 데이터를 저장하고 전달하는 목적으로 사용된다.
- HTML과 달리 태그가 정해져 있지 않고, 사용자가 직접 정의할 수 있다.
- XML 예제

```
<?xml version="1.0" encoding="UTF-8"?>
<information type="필기">
    <subject>
        <no>1</no>
        <name>소프트웨어설계</name>
        <point>80</point>
    </subject>
    <subject>
```

```
            <no>2</no>
            <name>소프트웨어개발</name>
            <point>60</point>
        </subject>
</information>
```

(3) YAML(YAML Ain't Markup Language)
- 구성 파일 작성에 자주 사용되는 데이터 직렬화 언어이다.
- JSON과 유사하게 사람이 읽기 쉬운 형태로 데이터를 표현한다.
- XML과 달리 태그를 사용하지 않으며, 공백을 통해 데이터를 구분한다.
- YAML 예제

```
firstName: hungjik
lastName: Lee
email: hungjik@naver.com
hobby:
   - hiking
   - angling
```

3. 인터페이스 구현

(1) AJAX(Asynchronous JavaScript and XML)

1) AJAX의 개념
- 자바스크립트를 이용해 서버와 브라우저가 비동기 방식으로 데이터를 교환할 수 있는 통신 기능이다.
- 전체 페이지를 새로고침하지 않고 페이지 일부만을 변경할 수 있는 기법이다.

2) 비동기 방식

- 웹 페이지를 리로드하지 않고 필요한 데이터만 불러오는 방식이다.
- 페이지 리로드 시 전체 리소스를 다시 불러오는 대신, 필요한 부분만 불러와 리소스를 절약한다.

3) AJAX의 장/단점

장점	• 웹 페이지의 속도 향상 • 서버 처리 대기 없이 비동기 처리 가능 • 서버에서 필요한 데이터만 전송하므로 코딩량 감소 • 다양한 UI 구현 가능
단점	• 히스토리 관리가 되지 않음 • 사용자에게 진행 상태 정보를 제공하지 않음 • AJAX를 지원하지 않는 브라우저와의 호환성 문제 • 페이지 이동이 없는 통신으로 인한 보안 문제 발생 가능

(2) SOAP(Simple Object Access Protocol)

1) SOAP의 개념
- HTTP, HTTPS, SMTP 등을 통해 XML 기반 메시지를 교환하는 프로토콜이다.
- 클라이언트와 서버 간 요청 및 응답을 처리하며, SOA 개념을 실현하는 기술이다.

2) SOAP 구성

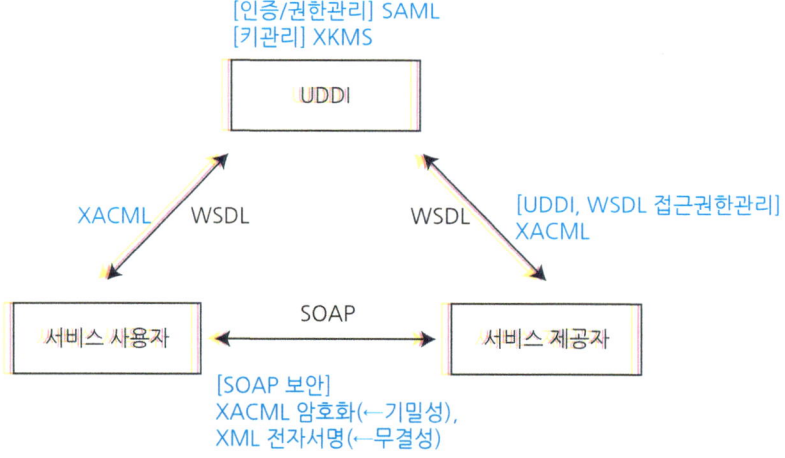

구성	설명
SOAP (Simple Object Access Protocol)	HTTP, HTTPS, SMTP 등을 사용하여 XML 기반 메시지를 교환한다.
UDDI (Universal Description, Discovery and Integration)	비즈니스 업체 목록 등록을 위한 XML 규격이다.
WSDL (Web Services Description Language)	웹 서비스의 기술적 세부 사항을 정의하는 언어이다.

3) SOAP 보안 프로토콜

보안 프로토콜	설명
SAML	인증/권한관리
XKMS	키 관리
XACML	접근 제어

4) SOAP 장/단점

장점	• 프록시와 방화벽에 구애받지 않는 통신 가능 • HTTP 외의 전송 프로토콜(SMTP) 사용 가능 • 플랫폼 독립적
단점	• XML 포맷 사용으로 인해 성능 저하

(3) REST

1) REST의 개념
- HTTP URI를 통한 자원 식별과 HTTP Method를 통한 CRUD 작업을 구현하는 자원 기반의 구조이다.

2) REST 구성요소

구성요소	설명
자원(Resource)	HTTP URI를 통해 고유하게 식별되는 서버의 데이터
행위(Method)	GET, POST, PUT, DELETE 등의 HTTP Method 사용
표현(Representation)	JSON, XML, TEXT 등 다양한 형태로 표현 가능

3) CRUD Operation, HTTP Method
- Create: POST(자원 생성)
- Read: GET(자원의 정보 조회)
- Update: PUT(자원의 정보 업데이트)
- Delete: DELETE(자원 삭제)

4) REST 장/단점

장점	• 별도 인프라 필요 없음 • 클라이언트와 서버의 분리 • 플랫폼에 독립적 • 사용 용이
단점	• 표준 부재 • HTTP Method 한계

5) RESTful
- REST의 원리를 따르는 시스템

CHAPTER 07 객체지향 구현

Section 1. 객체지향 설계

1. 객체지향(OOP, Object Oriented Programming)

(1) 객체지향 개념
- 현실 세계의 모든 대상을 객체(Object)로 나누고, 객체의 행동(Method)과 속성(Attribute)을 정의하여 설계하는 방법이다.
- 여러 객체가 상호작용하며 작업을 수행할 수 있게 한다.

(2) 객체지향 구성요소

구성요소	설명
클래스 (Class)	• 유형/무형의 존재를 속성과 연산으로 정의한 틀이다. • 다른 클래스와 독립적으로 설계되며, 데이터를 추상화하는 단위이다.
객체 (Object)	• 클래스의 인스턴스이다. • 객체는 고유 속성을 가지며, 클래스에서 정의된 연산을 수행한다.
속성 (Attribute)	• 객체의 고유 데이터로, 성질, 수량, 상태 등을 나타내는 값이다.
메서드 (Method)	• 특정 작업을 수행하는 명령문의 집합으로, 객체의 속성을 변경할 수 있다.
메시지 (Message)	• 객체에게 특정 행동을 지시하는 호출로, 객체 간 상호작용을 가능하게 한다.

(3) 객체지향 언어의 특징

특징	설명
캡슐화 (Encapsulation)	• 속성과 메서드를 하나로 묶어 외부에 은폐(정보 은닉)함으로써 오류의 전파를 줄이고, 객체 재사용이 용이하도록 한다.
정보 은닉 (Information Hiding)	• 객체의 내부 데이터에 직접 접근을 제한하며, 공개된 메서드를 통해서만 접근이 가능하게 한다.
상속 (Inheritance)	• 상위 클래스의 속성과 메서드를 하위 클래스가 물려받음으로써 소프트웨어 재사용성을 높인다.

특징	설명
다형성 (Polymorphism)	• 하나의 메시지에 대해 객체별로 다양한 방식으로 응답할 수 있는 개념이다. • 오버로딩과 오버라이딩을 통해 구현이 가능하다.
추상화 (Abstraction)	• 중요한 개념만 추출하여 간결하게 표현하는 것이다. • 공통적인 메서드를 상위 클래스나 인터페이스에 정의하여 하위 클래스에서 재정의가 가능하게 한다.

(4) 객체지향 설계 원칙(SOLID)

설계 원칙	설명
단일 책임 원칙 (SRP, Single Responsibility Principle)	한 클래스는 하나의 책임만 가져야 한다.
개방 폐쇄 원칙 (OCP, Open-Closed Principle)	소프트웨어는 확장(Open)에 열려 있고, 수정(Closed)에 닫혀 있어야 한다.
리스코프 치환 원칙 (LSP, Liskov Substitution Principle)	자식 클래스는 언제나 부모 클래스를 대체할 수 있어야 한다.
인터페이스 분리 원칙 (ISP, Interface Segregation Principle)	사용하지 않는 인터페이스는 구현하지 말아야 한다.
의존성 역전 원칙 (DIP, Dependency Inversion Principle)	변화가 적은 요소에 의존하도록 설계하며, 구체적인 클래스보다 인터페이스나 추상 클래스와 의존 관계를 맺어야 한다.

2. 디자인 패턴

(1) 디자인 패턴(Design Pattern) 개념

- 객체지향 프로그래밍 설계에서 자주 발생하는 문제를 해결하기 위해 재사용 가능한 패턴들의 모음이다.
- 이미 검증된 해결 방식을 활용하여 프로그램 최적화와 효율적인 코드 작성을 돕는다.

(2) 디자인 패턴 구조

구조	설명
패턴의 이름과 유형	• 각 패턴은 고유한 이름을 가져 개발자 간 의사소통을 돕고, 패턴을 쉽게 식별할 수 있게 한다. • 패턴의 유형은 생성(Creational), 구조(Structural), 행위(Behavioral)로 분류하여 패턴의 목적과 사용 방식을 구분한다.
문제 및 배경	• 패턴이 어떤 상황과 문제를 해결하는지에 대한 설명을 포함한다.
솔루션	• 패턴의 구조와 작동 방식을 정의하며, 클래스와 객체 간의 관계와 상호작용을 설명한다.
사례	• 실제 문제나 기술적 상황에서 패턴의 적용 예를 제시한다.
결과	• 패턴을 사용함으로써 얻는 장점과 단점, 시스템에 미치는 영향을 설명한다.
샘플 코드	• 패턴 구현을 위한 코드 예제를 포함하여, 실질적 구현 방법을 보여준다.

(3) GoF 디자인 패턴

- 에리히 감마(Erich Gamma), 리차드 헬름(Richard Helm), 랄프 존슨(Ralph Johnson), 존 블리시디스(John Vlissides)가 디자인 패턴을 체계화하고 23가지 패턴을 정리하였다.
- 이 23가지 패턴은 생성(Creational), 구조(Structural), 행위(Behavioral)로 분류된다.
- GoF 디자인 패턴 분류

생성 패턴	• 객체 생성과 관련한 패턴이다. • 유연성을 제공하면서도 프로그램 구조에 큰 영향을 주지 않는다.
구조 패턴	• 클래스나 객체를 조합해 더 큰 구조를 구성하는 패턴이다.
행위 패턴	• 객체나 클래스 간의 알고리즘과 책임 분배에 관련된 패턴이다.

생성(Creational) 패턴	구조(Structural) 패턴	행위(Behavioral) 패턴
• Abstract Factory • Builder • Factory Method • Prototype • Singleton	• Adapter • Bridge • Composite • Decorator • Facade • Flyweight • Proxy	• Chain of Responsibility • Command • Interpreter • Iterator • Mediator • Memento • Observer • State • Strategy • Template Method • Visitor

(4) 디자인 패턴 종류

1) 생성 패턴

- 객체 생성에 관련된 패턴으로, 객체의 인스턴스 생성을 추상화하여 생성 과정을 캡슐화한다.
- 특정 상황에 적합한 객체를 생성할 수 있도록 하여 유연성을 제공한다.

종류	설명
추상 팩토리 (Abstract Factory)	• 구체적인 클래스에 의존하지 않고, 연관되거나 의존적인 객체들의 조합을 만드는 인터페이스를 제공하는 패턴이다.

빌더
(Builder)
	• 복합 객체의 생성과 표현을 분리하여 동일한 생성 절차에서 다양한 표현 결과를 생성할 수 있다.
	``
	new User.Builder(10)
	    .name("이흥직")
	    .password("1234")
	    .age(43)
	    .build();
	``

팩토리 메서드 (Factory Method)	• 객체 생성을 서브클래스로 위임하여 캡슐화하는 패턴이다. • Virtual-Constructor 패턴이라고도 한다.
프로토타입 (Prototype)	• 원본 객체를 복사하여 새로운 객체를 생성하는 패턴이다. • Java의 clone() 메서드를 오버라이드하여 객체를 복제할 수 있다.
싱글톤 (Singleton)	• 클래스의 인스턴스를 하나만 유지하고, 어디서든 참조할 수 있도록 보장하는 패턴이다.

2) 구조 패턴

- 클래스나 객체를 조합해 더 큰 구조를 만드는 패턴으로, 상속과 합성을 통해 구조를 확장한다.
- 인터페이스와 클래스를 유연하게 결합하여 재사용성을 높이고, 코드 관리를 용이하게 한다.

종류	설명
어댑터 (Adapter)	• 클래스의 인터페이스를 다른 인터페이스로 변환하여, 기존 클래스가 다른 클래스와 호환되도록 한다.
브리지 (Bridge)	• 구현부와 추상층을 분리하여 각 부분을 독립적으로 확장할 수 있도록 한다.
컴포지트 (Composite)	• 객체 관계를 트리 구조로 구성하여, 복합 객체와 단일 객체를 동일하게 다룰 수 있게 한다. • 유사한 객체를 묶어 하나의 복합 객체로 취급한다.
데코레이터 (Decorator)	• 객체에 동적으로 기능을 추가하기 위해, 다른 객체를 덧붙이는 방식으로 동작한다.

종류	설명
퍼사드 (Facade)	• 서브시스템의 여러 인터페이스를 통합하여 하나의 통합된 인터페이스로 제공하는 패턴이다. • 복잡한 서브시스템에 대한 접근을 간편하게 만든다.
플라이웨이트 (Flyweight)	• 크기가 작은 여러 객체를 공유하여 메모리 사용을 절감하는 패턴이다. • 자주 사용되는 동일 객체를 재사용하여 메모리 낭비를 줄인다.
프록시 (Proxy)	• 접근이 어려운 객체에 대한 대리자 역할을 하는 객체를 제공하여, 실제 객체로의 접근을 제어하는 패턴이다.

3) 행위 패턴
- 객체나 클래스들이 상호작용하는 방법과 책임을 정의하는 패턴이다.
- 객체 간의 효율적인 커뮤니케이션과 책임 할당을 돕는다.

종류	설명
책임 연쇄 (Chain of Responsibility)	• 한 객체가 처리할 수 없는 요청을 다음 객체로 전달하는 방식이다. • 연쇄적으로 연결된 객체들 간에 요청을 처리하거나 전달할 수 있게 한다.
커맨드 (Command)	• 실행될 기능을 캡슐화하여 유연성을 제공하며, 로그, 큐 관리, undo-redo 등의 기능 구현이 가능하다.
인터프리터 (Interpreter)	• 특정 언어의 문법을 정의하고, 해당 언어를 해석하는 패턴이다. • 복잡한 문법을 가진 언어의 해석에 사용된다.
반복자 (Iterator)	• 컬렉션 객체의 내부 구조를 노출하지 않고, 원소에 접근할 수 있는 방법을 제공하여 컬렉션을 반복할 수 있게 한다.
중재자 (Mediator)	• 객체 간의 복잡한 상호작용을 캡슐화하고, 객체들이 서로 직접 참조하지 않고 중재자 객체를 통해 통신하도록 한다. • 이를 통해 결합도를 낮출 수 있다.
메멘토 (Memento)	• 객체의 상태를 저장하고 필요시 이전 상태로 복원할 수 있는 기능을 제공한다.
옵서버 (Observer)	• 객체의 상태 변화를 관찰자들에게 통지하는 방식으로, 상태의 일관성을 유지한다.
상태 (State)	• 객체의 내부 상태에 따라 동일한 작업이 다르게 작동하도록 상태를 객체로 표현하여 상태 전이를 명확하게 한다.
전략 (Strategy)	• 클라이언트와 상관없이 다양한 알고리즘을 사용할 수 있게 하여, 알고리즘을 쉽게 변경할 수 있다.
템플릿 메서드 (Template Method)	• 상위 클래스에서 알고리즘의 구조를 정의하고, 구체적인 처리는 서브클래스로 위임한다.
방문자 (Visitor)	• 객체 구조를 이루는 원소에 대한 연산을 정의하여, 객체 구조 변경 없이 새로운 연산을 추가할 수 있게 한다. • 이를 통해 개방-폐쇄 원칙(OCP)을 적용할 수 있다.

애플리케이션 테스트 관리

Section 1. 애플리케이션 테스트케이스 설계

1. 소프트웨어 테스트

(1) 소프트웨어 테스트의 개념
- 소프트웨어가 사용자의 요구사항(기능, 성능, 사용성, 안정성 등)을 만족하는지 확인하며 결함을 찾는 활동이다.
- 결함(Fault)을 발견하기 위한 절차와 행위로, 품질 평가를 위해 소프트웨어를 실행하여 결함을 식별하고, 품질을 보장하며 개선을 목표로 한다.

(2) 소프트웨어 테스트의 필요성

필요성	설명
오류 발견 관점	테스트를 통해 결함을 찾아 수정한다.
오류 예방 관점	테스트를 통해 미래의 결함 발생을 방지한다.
품질 향상 관점	테스트를 통해 소프트웨어의 전반적인 품질을 향상시킨다.

(3) 소프트웨어 테스트의 기본 원칙
- 테스팅은 결함을 찾아내는 활동이다.
- 완벽한 테스팅은 불가능하다.
- 테스팅은 개발 초기부터 시작해야 한다.
- 테스팅 방법은 특정 상황(Context)에 의존적이다.
- 결함 집중(Defect Clustering)
  - 애플리케이션 결함의 대부분은 소수의 특정한 모듈에 집중되는 경향이 있다.
  - 파레토 법칙: 전체 결과의 80%가 전체 원인의 20%에서 발생하는 현상이다.
- 살충제 패러독스(Pesticide Paradox)
  - 반복적인 테스트만으로는 새로운 결함을 찾기 어렵다.
- 오류-부재의 궤변(Absence of Errors Fallacy)
  - 오류가 없다고 해도 사용자의 요구사항을 충족하지 않으면 품질이 좋다고 할 수 없다.

(4) 테스트 프로세스
- 테스트 계획
- 테스트 분석 및 디자인
- 테스트 케이스 및 시나리오 작성
- 테스트 수행
- 테스트 결과 평가 및 리포팅

(5) 테스트 산출물

산출물	설명
테스트 계획서	테스트의 전반적인 계획과 목적, 범위, 절차, 일정, 역할 및 책임 등을 정의한 문서이다.
테스트 케이스	테스트 항목의 입력, 실행 조건 및 기대 결과를 포함한 명세서이다.
테스트 시나리오	테스트 케이스의 동작 순서를 기술한 문서이다.
테스트 결과서	테스트 결과와 평가를 정리한 문서이다.

2. 테스트 오라클

(1) 테스트 오라클의 개념
- 테스트 결과가 올바른지 판단하기 위해 사전에 정의된 참값과 비교하여 검증하는 기법이다.

(2) 테스트 오라클의 유형

유형	설명
참 오라클 (True)	• 모든 입력값에 대해 정확한 결과를 생성하여 오류를 완벽히 검출할 수 있는 오라클이다. • 크리티컬한 시스템(항공기, 임베디드 시스템, 발전소 소프트웨어 등)에서 주로 사용된다.
샘플링 오라클 (Sampling)	• 제한된 입력값에 대해서만 예상 결과를 제공하는 오라클이다. • 대부분의 일반적인 소프트웨어(업무용, 게임, 오락 등)에서 사용된다.
휴리스틱 오라클 (Heuristic)	• 특정 입력값에는 정확한 결과를 제공하지만, 그 외의 값에는 근사적인(추정) 결과를 제공하는 오라클이다.
일관성 검사 오라클 (Consistent)	• 소프트웨어 변경 전후의 결과가 동일한지 확인할 때 사용한다.

3. 테스트 레벨

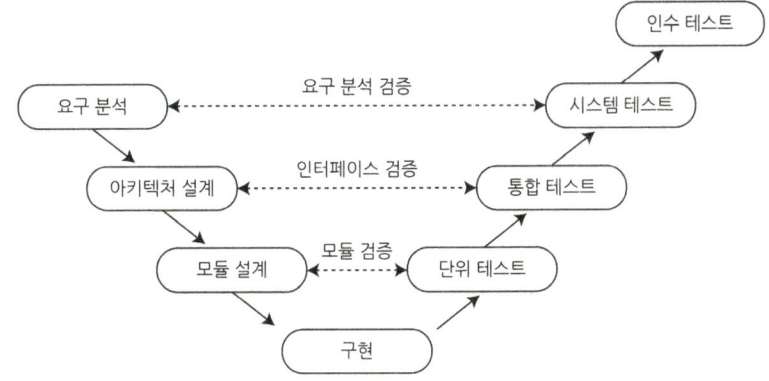

(1) 단위 테스트

- 개별 소프트웨어 모듈이나 구성요소의 기능적, 비기능적 측면을 검증하는 첫 번째 테스트 단계이다.
- 테스트 케이스는 주로 모듈 설계 단계에서 준비하며, 코드를 작성한 개발자가 직접 수행한다.
- 주요 목적: 코드의 효율성, 코딩 표준 준수, 기능의 정확성을 검증하는 것이다.

(2) 통합 테스트

- 여러 모듈 또는 서브시스템을 통합하고, 그 사이의 인터페이스와 상호작용을 검증하는 테스트이다.
- 주요 목적: 모듈 간 상호작용 및 인터페이스 오류를 검출하는 것이다.

(3) 시스템 테스트

- 완전히 통합된 소프트웨어를 대상으로 소프트웨어와 시스템 사양 간의 일치성을 검증하는 테스트이다.
- 기능적 요구사항과 비기능적 요구사항을 모두 검증하며, 아래와 같은 유형으로 나뉜다.
- 시스템 테스트 유형

유형	설명
기능 테스트	• 고객의 기능적 요구사항을 검증한다. • 요구사항에 따라 기능의 구현 여부 및 동작을 확인하며, 테스트 기준은 명세에 따른다.
비기능 테스트	• 고객의 성능 요구사항을 검증하며, 성능, 신뢰성, 안정성, 유효성, 적합성 등을 확인한다. • 특정 특성에 따라 환경과 도구가 필요할 수 있다.

(4) 인수 테스트

- 시스템이 실제 사용 준비가 되었는지 평가하는 단계이다.
- 사용자의 요구사항을 충족하고 시스템이 예상대로 동작하는지 판정한다.

- 인수 테스트 유형

유형	설명
알파 테스트	• 개발자의 통제 하에 사용자가 개발 환경에서 수행하는 테스트이다. • 내부 자체 검사 방식으로, 실제 사용 환경에서 동작시키며 관련자만 참여한다.
베타 테스트 (필드 테스팅)	• 알파 테스트 이후 정식 출시 전 사용자가 실제 운영 환경에서 수행하는 테스트이다.

4. 소프트웨어 테스트 기법

(1) 프로그램 실행 여부

1) 정적 테스트
- 소프트웨어를 실행하지 않고 소스 코드나 설계 문서를 분석하여 문제점을 찾는 방식이다.
- 주요 분석 기법: 경로 분석, 제어 흐름 분석, 데이터 흐름 분석 등

2) 동적 테스트
- 실제로 소프트웨어를 실행하여 문제점을 찾는 방식이다.
- 다양한 환경에서 소프트웨어의 동작을 검증한다.

(2) 테스트 기법

1) 화이트박스 테스트
- 소프트웨어의 내부 구조와 동작을 중점으로 검사하는 개발자 관점의 단위 테스트 방법이다.
- 화이트박스 테스트 기법

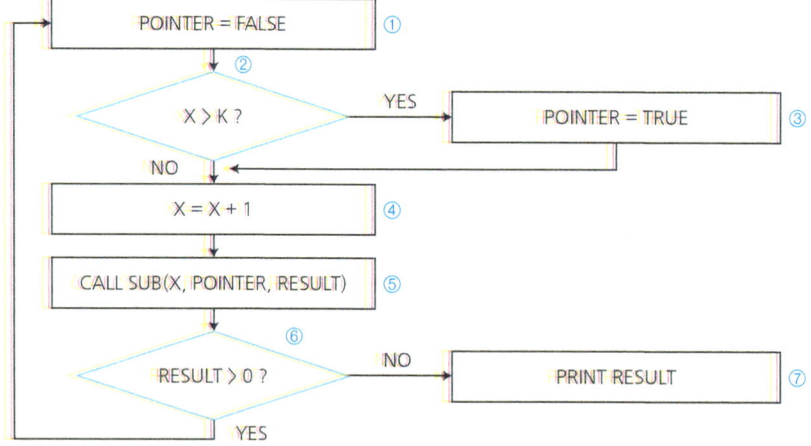

기법	설명	검증 방법
문장 검증	프로그램의 모든 문장을 한 번씩 수행하여 검증한다.	1,2,3,4,5,6,7
선택(분기) 검증	특정 선택 부분만 검증한다.	1,2,3,4,5,6,7 1,2,4,5,6,1
경로 검증	모든 가능한 경로를 검사한다.	1,2,3,4,5,6,7 1,2,3,4,5,6,1 1,2,4,5,6,7 1,2,3,5,6,1
조건 검증	조건식과 반복문 내 조건식을 검사한다.	x>1 or y<10일 경우 x>1 조건과 y<10 모두 테스트

2) 기초 경로 검사(Basic Path Test)

- McCabe가 제안한 대표적인 화이트박스 테스트 기법이다.
- 계산식: V(G)=E-N+2 (여기서 E는 경로의 수, N은 노드의 수를 의미한다.)

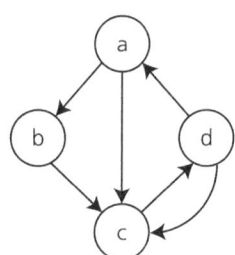

3) 블랙박스 테스트

- 프로그램의 사용자 요구사항 명세서를 기반으로 테스트를 수행한다.
- 주로 구현된 기능이 사용자의 요구와 일치하는지 검증한다.
- 사용자 관점에서 소프트웨어가 기대한 결과를 제공하는지 확인하는 방법이다.
- 블랙박스 테스트 기법

기법	설명
동등 분할 기법 (Equivalence Partitioning Testing)	• 입력 데이터를 여러 그룹으로 나누어 각 그룹에 대한 대표값으로 테스트 케이스를 구성하여 검사한다.
경계값 분석 (Boundary Value Analysis)	• 입력값의 경계 영역에서 오류가 발생할 확률이 높다는 점을 이용하여 경계값을 중심으로 테스트를 진행한다. • 80~90의 입력 조건일 경우 79, 80, 81, 89, 90, 91을 테스트 값으로 선정한다.

기법	설명
원인-효과 그래프 검사 (Cause-Effect Graphing Testing)	• 입력 데이터 간의 관계와 출력에 영향을 미치는 요소를 체계적으로 분석하여, 효율성 높은 테스트 케이스를 선정하는 기법이다.
오류 예측 검사 (Error Guessing)	• 과거 경험이나 테스터의 직관을 활용하여 잠재적 오류를 찾아내는 기법이다.
비교 검사 (Comparison Testing)	• 여러 버전의 프로그램에 동일한 테스트 자료를 입력하여 결과가 동일한지 확인하는 기법이다.
상태전이 검사 (State Transition Testing)	• 시스템의 현재 상태와 상태 간 전이, 상태 변화를 유발하는 이벤트와 입력값을 파악하여 테스트하는 기법이다.

(3) 테스트 목적

목적	설명
회복(Recovery)	시스템에 고의로 실패를 유도하여, 시스템이 정상적으로 복구되는지 검증한다.
안전(Security)	불법적인 접근으로부터 시스템이 보호되는지, 소스 코드 내 보안 결함이 없는지 점검한다.
강도(Stress)	시스템에 과다한 정보량을 부과하여 과부하 상황에서도 정상 작동하는지 검증한다.
성능(Performance)	시스템의 응답 시간, 처리량, 반응 속도 등을 검증하여 성능을 평가한다.
구조(Structure)	시스템의 내부 논리 경로와 소스 코드 복잡도를 평가하는 테스트이다.
회귀(Regression)	변경된 코드가 새로운 결함을 유발하지 않는지 검증한다.
병행(Parallel)	변경된 시스템과 기존 시스템에 동일한 데이터를 입력하여 결과를 비교한다.
A/B 테스트	기존 서비스(A)와 새 서비스(B)를 비교하여 새로운 서비스가 효과적인지 통계적으로 검증한다.
스모크 테스트 (Smoke)	본격적인 테스트 전에 테스트 환경이 준비되었는지 간단히 확인하는 테스트이다.

(4) 테스트 종류

종류	설명
명세 기반 테스트	주어진 명세를 바탕으로 테스트 케이스를 구현하고, 누락된 부분이 없는지 검증한다.
구조 기반 테스트	소프트웨어 내부 논리 흐름에 따라 테스트 케이스를 작성하고 확인한다.
경험 기반 테스트	경험이 많은 테스터의 직관과 기술적 역량을 활용하여 수행하는 테스트이다.

5. 테스트 커버리지

(1) 테스트 커버리지의 개념
- 주어진 테스트 케이스에 의해 수행되는 소프트웨어의 테스트 범위를 측정하는 품질 기준이다.
- 테스트의 정확성과 신뢰성을 높이고, 테스트가 얼마나 충분히 수행되었는지를 평가하는 기준으로 활용된다.

(2) 테스트 커버리지 유형

1) 기능 기반 커버리지
- 애플리케이션의 전체 기능을 기준으로 설정하고, 실제 테스트에서 수행된 기능의 수를 측정하는 방법이다.
- 기능 기반 커버리지는 100% 달성을 목표로 하며, UI가 많은 시스템의 경우 화면의 수를 기준으로 삼기도 한다.

2) 라인 커버리지(Line Coverage)
- 애플리케이션 전체 소스 코드의 라인 수를 기준으로, 테스트 시나리오가 수행한 소스 코드의 라인 수를 측정하는 방법이다.
- 단위 테스트에서는 라인 커버리지를 커버리지 척도로 삼는 경우가 많다.

3) 코드 커버리지(Code Coverage)
- 소프트웨어 테스트 충분성 지표 중 하나로, 소스 코드의 구문, 조건, 결정 등 코드 구조 자체가 얼마나 테스트되었는지를 측정하는 방법이다.

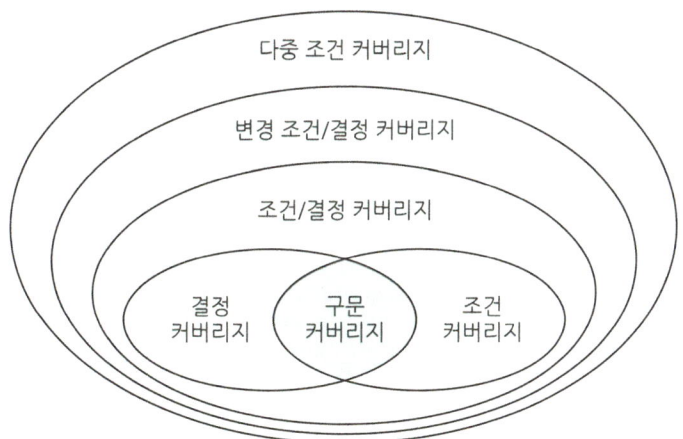

① 구문 커버리지(Statement)
- 코드 구조 내의 모든 구문에 대해 한 번 이상 수행하는 테스트 커버리지를 말한다.

```
void func(int x) {
    printf("start"); // 1번
    if (x > 0) { // 2번
        printf("process"); // 3번
    }
    printf("end"); // 4번
}

// x의 값이 -1일 때, 3번은 수행되지 않는다.
// 따라서 ( 3 / 4 ) * 100 = 75%
```

② **조건 커버리지(Condition)**
- 결정포인트 내의 모든 개별 조건식에 대해 수행하는 테스트 커버리지를 말한다.

```
void func(int x, int y) {
    if( x > 0 && y < 0 ){
        printf("process");
    }
}
```

x > 0	y < 0	결정포인트
T	F	F
F	T	F

- 개별 조건식이 각각, True와 False만 만족하면 된다.
- 개별 조건식의 T/F는 커버되지만 전체 결정포인트의 T/F는 보장받지 못한다.
- 조건 커버리지를 만족하기 위해서는 (x=10, y=10), (x=-1, y=-1)을 넣으면 만족한다.

③ **결정 커버리지(Decision)**
- 결정포인트 내의 모든 분기문에 대해 수행하는 테스트 커버리지를 말한다.

```
void func(int x, int y) {
    if( x > 0 && y < 0 ){
        printf("process");
    }
}
```

x > 0	y < 0	결정포인트
T	T	T
T	F	F

- 결정포인트가 각각, True와 False만 만족하면 된다.
- 개별 조건식에서 오류가 있는 경우 찾지 못할 수 있다.

④ 조건/결정 커버리지(Condition/Decision)
- 결정포인트 T/F, 개별 조건식 T/F를 가져야 한다.

x > 0	y < 0	결정포인트
T	T	T
F	F	F

⑤ 변경 조건/결정 커버리지(Modified Condition, Decision)
- 모든 결정포인트 내의 개별 조건식은 적어도 한 번 T/F를 가져야 한다.
- 이론적으로 가장 안전한 조합이며 케이스도 줄일 수 있다.

x > 0	y < 0	결정포인트
T	F	F
F	T	F
T	T	T

⑥ 다중 조건 커버리지(Multiple Condition)
- 결정포인트 내 모든 개별 조건식의 가능한 조합을 100% 보장해야 한다.

x > 0	y < 0	결정포인트
T	T	T
T	F	F
F	T	F
F	F	F

Section 2. 애플리케이션 통합 테스트

1. 결함 관리 도구

(1) 결함 관리 도구의 개념 및 중요성
- 테스트 수행 후 발생한 결함을 추적하고 관리할 수 있는 도구이다.
- 팀 간 커뮤니케이션을 원활하게 하고, 결함 상태 및 추적성을 향상시킨다.

(2) 결함 관리 프로세스
- 에러 발견
- 에러 등록
- 에러 분석
- 결함 확정
- 결함 할당
- 결함 조치
- 결함 조치 검토 및 승인

(3) 결함 관리 항목
- 결함 내용, 결함 ID, 결함 유형, 발견일, 심각도, 우선순위, 시정 조치 예정일, 수정 담당자, 재테스트 결과, 종료일

2. 테스트 자동화 도구

(1) 테스트 자동화 도구의 개념
- 스크립트나 도구를 활용하여 반복적인 테스트 작업을 자동화하여 효율적인 테스트 수행을 목표로 한다.
- 테스트 시간 단축, 비용 절감, 효율성과 일관성 향상 등의 이점을 제공한다.

(2) 테스트 자동화 도구의 장/단점

장점	• 반복 작업을 자동화하여 시간을 절감할 수 있다. • 일관된 테스트 수행으로 정확성을 높일 수 있다. • 테스트 완료 후 빠른 피드백을 제공한다. • 다양한 테스트 결과를 쉽게 분석하고 시각화할 수 있다.

단점	• 초기 세팅과 도입 비용이 요구된다. • 사용법을 익히기 위한 교육이 필요하다. • 소프트웨어 변경 시 테스트 스크립트를 수정해야 한다. • 특정 도구의 기능 한계로 일부 테스트에 제약이 발생할 수 있다.

(3) 테스트 자동화 도구 유형

1) 정적 분석 도구(Static Analysis Tools)
- 애플리케이션을 실행하지 않고, 코드 표준, 스타일, 복잡성 및 잠재적 결함 등을 분석한다.

2) 테스트 실행 도구(Test Execution Tools)
- 사전 작성된 테스트 스크립트나 시나리오를 실행한다.
- 데이터 주도 및 키워드 주도 방식을 지원한다.

3) 성능 테스트 도구(Performance Test Tools)
- 시스템의 성능, 부하, 스트레스를 테스트하는 도구이다.

4) 테스트 통제 도구(Test Control Tools)
- 테스트의 전체 프로세스를 관리하는 도구이다.
- 테스트 관리, 형상 관리, 결함 추적/관리를 포함한다.

5) 테스트 장치(Test Harness)
- 애플리케이션의 단위 및 모듈 테스트에 사용하는 환경 및 도구이다.
- 테스트 장치 구성요소

구성요소	설명
테스트 드라이버 (Test Driver)	상향식 테스트에서 하위 모듈을 호출하고, 파라미터 전달, 테스트 수행 후 결과 도출을 담당한다.
테스트 스텁 (Test Stub)	하향식 테스트에서 제어 모듈이 호출하는 타 모듈의 기능을 간단히 수행하는 도구이다.
테스트 슈트 (Test Suites)	테스트 대상 컴포넌트나 모듈, 시스템에 사용되는 테스트 케이스의 집합이다.
테스트 케이스 (Test Case)	입력값, 실행 조건, 기대 결과 등의 집합이다.
테스트 스크립트 (Test Script)	자동화된 테스트 실행 절차를 명세한 것이다.
목 오브젝트 (Mock Object)	사용자의 행위를 조건부로 사전에 입력해 두고, 그에 맞게 반응하는 객체이다.

3. 통합 테스트

(1) 통합 테스트의 개념
- 소프트웨어 각 모듈 간의 인터페이스 관련 오류 및 결함을 찾아내기 위한 테스트 기법이다.
- 각각의 모듈이 서로 어떻게 동작하는지도 확인한다.

(2) 통합 테스트 수행 방법의 분류

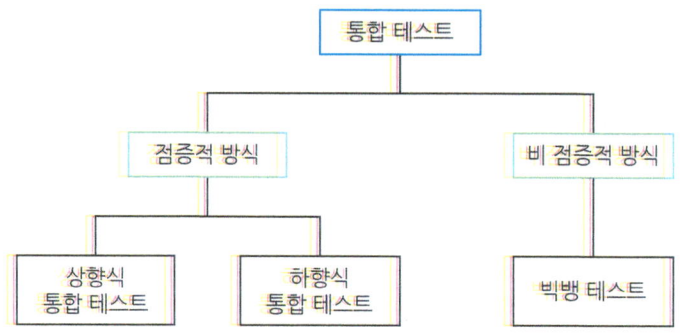

1) 하향식 통합 테스트(Top Down)
- 메인 제어 모듈에서 시작해 하향식으로 통합하면서 테스트를 진행한다.
- '깊이-우선' 또는 '너비-우선' 방식으로 통합한다.
- 아직 개발되지 않은 하위 모듈은 더미 모듈(스텁, Stub)을 사용해 테스트를 진행한다.

장점	• 장애 위치 파악이 쉽다. • 중요 모듈을 우선 테스트할 수 있다.
단점	• 많은 스텁이 필요하다. • 하위 모듈의 테스트가 불충분할 수 있다.

2) 상향식 통합 테스트(Bottom Up)
- 최하위 레벨의 모듈부터 시작해 상향식으로 통합하면서 테스트를 진행한다.
- 하위 모듈을 클러스터(Cluster)로 결합하며, 아직 개발되지 않은 상위 모듈은 더미 모듈(드라이버, Driver)로 대체하여 테스트를 수행한다.

장점	• 장애 위치 파악이 쉽다. • 모든 모듈 개발을 위한 시간 낭비가 없다.
단점	• 중요 모듈이 마지막에 테스트될 가능성이 있다.

3) 빅뱅 테스트
- 모든 구성요소를 한꺼번에 통합하여 테스트를 수행하는 방식이다.
- 소규모 시스템에 편리한 방식이나, 장애 위치 파악이 어려운 단점이 있다.

4) 백본 테스트
- 샌드위치 테스트라고도 불리며, 상향식과 하향식의 장점을 결합한 방식이다.
- 필요에 따라 드라이버와 스텁을 만들어 사용하며, 대규모 프로젝트에 적합하나 비용이 많이 든다.

Section 3. 애플리케이션 성능 개선

1. 애플리케이션 성능 저하 원인

(1) 데이터베이스 관련 성능 저하

1) 데이터베이스 락(DB Lock)
- 대량 데이터 조회나 과도한 업데이트 시 발생한다.
- Lock 해제까지 다른 트랜잭션이 대기하여 타임아웃을 유발할 수 있다.

2) 불필요한 패치(DB Fetch)
- 결과 세트에서 커서를 자주 이동시키는 경우 발생한다.
- 네트워크와 리소스에 불필요한 부담을 주고, 시스템 성능 저하를 초래할 수 있다.

3) 연결 누수(Connection Leak)
- 데이터베이스 연결 후, 이를 제대로 반환하지 않을 때 발생한다.
- 사용 가능한 연결이 부족해져 시스템 성능이 저하된다.

(2) 내부 로직으로 인한 성능 저하 원인

1) 파일 관련 오류
- 대량의 파일을 업로드하거나 다운로드할 때 발생한다.
- 시스템 응답 시간이 증가하고 서버 부하가 커질 수 있다.

2) 코드 오류
- 잘못된 코드 로직(예: 무한 반복 등)으로 인해 리소스가 과도하게 사용되며, 전체 성능이 저하된다.

(3) 외부 호출로 인한 성능 저하
- 외부 서버와의 인터페이스가 장시간 수행되거나 타임아웃이 발생하면, 시스템의 응답 시간이 증가하여 전체 성능에 부정적인 영향을 줄 수 있다.

2. 애플리케이션 성능 분석

(1) 애플리케이션 성능 분석 지표

종류	설명
처리량 (Throughput)	• 애플리케이션이 일정 시간 내에 처리하는 작업의 양이다. • 높은 처리량은 시스템의 효율성을 나타낸다.
응답 시간 (Response Time)	• 사용자가 요청을 전송한 시점부터 애플리케이션이 첫 응답을 보내기까지의 시간이다. • 빠른 응답 시간은 사용자 경험에 긍정적이다.
경과 시간 (Turn Around Time)	• 요청이 전달된 시점부터 처리가 완료되기까지의 총 시간이다.
자원 사용률 (Resource Usage)	• 애플리케이션이 작업을 처리하는 동안의 CPU, 메모리, 네트워크 자원 사용량을 의미한다. • 효율적인 자원 사용은 시스템 성능에 중요하다.

(2) 성능 분석 도구

종류	설명
JMeter	• 다양한 프로토콜(HTTP, FTP 등)을 지원하는 부하 테스트 도구이다. • 애플리케이션의 성능과 스트레스 테스트에 적합하다.
LoadUI	• 웹 서비스의 로드 테스트에 사용되며, 테스트 형태에 따라 분산된 UI를 제공한다. • 동시 및 별도 결과 보고가 가능하다.
OpenSTA	• HTTP, HTTPS 프로토콜에 대한 부하 테스트 및 성능 모니터링 도구이다. • 웹 애플리케이션의 스트레스 테스트에 유용하다.

(3) 모니터링 도구

종류	설명
Scouter	• 단일 뷰를 통해 통합 및 실시간 모니터링 기능을 제공한다.
NMon	• 리눅스 서버 자원 모니터링 도구이다. • 시스템의 성능 지표를 상세하게 파악할 수 있다.
Zabbix	• 웹 기반의 서버, 서비스, 애플리케이션 모니터링 도구이다. • 광범위한 네트워크와 시스템 모니터링을 제공한다.
Jeniffer	• 애플리케이션의 서버 유입 트랜잭션 양, 처리 시간, 응답 시간, 자원 활용률 등을 모니터링한다.

3. 애플리케이션 품질 분석

(1) 동료 검토(Peer Review)
- 개발자 2~3명이 참여하는 리뷰 프로세스이다.
- 코드 작성자가 코드를 설명하고, 이해관계자들이 이를 검토하며 결함을 찾아낸다.
- 코드 품질 개선과 팀 내 지식 공유 촉진이 주된 목적이다.

(2) 워크스루(Walkthrough)
- 계획된 개발자 검토 회의이다.
- 검토 자료를 사전에 배포하여 준비한 후 짧은 시간 동안 회의를 진행한다.
- 오류 검출과 문서화를 통해 코드 품질을 향상시키고 개발 프로세스를 개선한다.

(3) 인스펙션(Inspection)
- 공식적인 검사 회의이다.
- 작업자가 아닌 다른 전문가나 팀이 소스 코드를 검사하여 오류를 발견하는 기법이다.
- 인스펙션 프로세스: 계획 → 사전교육 → 준비 → 인스펙션 회의 → 수정 → 후속 조치

(4) FTR의 개념
- FTR은 소프트웨어 품질 보증 활동으로, 소프트웨어 엔지니어링의 일부이다.
- 개발 과정에서 생성되는 문서나 프로그램의 문제점을 찾아내고 해결을 촉구하는 공식적인 검토 과정이다.
- 주요 목적은 개발 산출물 검토와 오류 발견을 통해 품질을 보증하는 것이다.

4. 애플리케이션 성능 개선하기

(1) 코드 최적화의 개념
- 알고리즘 개선, 병목 현상 제거, 실행 시간 단축, 메모리 사용 최소화를 목표로 한다.
- 계산 횟수 감소, 소스 코드의 가독성 향상, 소스 코드 리팩토링을 통해 코드 스멜을 제거하고 품질을 개선한다.

(2) 코드 스멜(Code Smell)
- 소스 코드에서 발견되는 잠재적인 문제점을 지칭하며, 코드 품질을 저하시킬 수 있다.
- 중복된 코드, 긴 메서드, 큰 클래스 등이 이에 해당한다.

(3) 리팩토링

- 기능의 외부 동작을 변경하지 않고 코드의 내부 구조를 개선하는 방법이다.
- 가독성과 유지보수성을 높이기 위해 내부 구조를 정리하여 품질을 개선한다.

(4) 클린 코드

1) 클린 코드의 개념

- 의존성을 최소화하며, 명확한 가독성과 목적성을 갖춘 코드이다.
- 특징: 의존성 최소화, 단일 책임 원칙 준수, 가독성 향상, 중복 최소화, 간결함 등을 포함한다.

2) 클린 코드 구현 방법

- 의미 있는 클래스명, 메서드명, 변수명을 사용하여 의도를 명확히 표현한다.
- 불필요한 주석을 제거하고, 필요한 주석만 간결하게 작성한다.
- 리팩토링을 통해 복잡도를 낮추고, 중복 코드를 제거하여 기능별로 간단하게 코드를 작성한다.
- 다른 모듈에 미치는 영향을 최소화하며, 예외 처리를 통해 안정적 종료를 유도한다.

3) 클린 코드 작성 원칙

작성 원칙	설명
가독성	쉽게 읽히고 이해하기 쉬운 용어와 적절한 들여쓰기로 작성
단순성	간단한 코드로 한 가지 기능만 처리하며, 최소 단위로 분리
의존성 배제	코드 변경 시 다른 부분에 영향이 없도록 작성
중복성 최소화	중복 코드를 제거하고 공통 코드를 재사용
추상화	상위 객체에서 기능적 특성을 간략히 표현하고, 상세 내용은 하위 객체에서 구현

CHAPTER 09 소프트웨어 유지보수

Section 1. 소프트웨어 유지보수

1. 소프트웨어 유지보수

(1) 소프트웨어 유지보수의 개념
- 소프트웨어 개발이 완료된 후 폐기될 때까지 지속적으로 수행되는 작업이다.
- 소프트웨어 수명 연장, 기능 개선, 하자 보수, 환경 적응 및 예방 조치 등을 위해 유지보수가 이루어진다.
- 소프트웨어 생명주기 중 가장 많은 비용이 소요되는 단계이다.

(2) 유지보수의 중요성
- 유지보수 비용이 소프트웨어 예산에서 차지하는 비중이 점차 증가하고 있다.
- 신규 프로젝트보다 기존 소프트웨어 개선에 대한 투자 비중이 높아지고 있다.

(3) 유지보수가 어려운 이유
- 유지보수에는 업무 프로세스와 구축된 시스템에 대한 깊은 이해가 필요하다.
- 유지보수 업체와 개발 업체가 다를 경우, 소프트웨어 구조 파악과 가독성이 어려워질 수 있다.

2. 유지보수의 구분

구분	설명
수정 보수 (Corrective Maintenance)	• 테스트 단계에서 발견되지 않은 오류를 찾아 수정한다.
적응 보수 (Adaptive Maintenance)	• 운영체제나 하드웨어 등 환경 변화에 맞추어 소프트웨어를 수정한다.
향상 보수 (Perfective Maintenance)	• 기존 기능을 개선하고 새로운 기능을 추가하는 활동이다.
예방 보수 (Preventive Maintenance)	• 잠재적 오류에 대비해 선제적 조치를 취하여 유지보수성과 신뢰성을 보장한다. • 소프트웨어 재공학과 관련된 유지보수이다.

3. 유지보수 관련 용어

용어	설명
레거시 시스템 (Legacy System)	• 오래된 기술, 방법론, 컴퓨터 시스템 및 소프트웨어를 의미한다. • 현대 기술에 영향을 미칠 수 있지만 유지보수가 어렵다.
외계인 코드 (Alien Code)	• 오래되었거나 참고 문서와 개발자가 없어 유지보수가 어려운 코드이다.
스파게티 코드 (Spaghetti Code)	• 복잡하게 얽혀 있지만 작동하는 소스 코드로, 유지보수가 매우 어렵다.
코드 스멜 (Code Smell)	• 잠재적 문제를 내포한 구조적 문제점들을 지칭한다. • 장기적으로 유지보수나 확장성에 문제를 초래할 수 있다.

CHAPTER 10 제품 소프트웨어 패키징

Section 1. 국제 표준 제품 품질 특성

1. 제품 품질 국제 표준

(1) 제품 품질 국제 표준의 개념
- 소프트웨어 개발 공정 각 단계에서 산출되는 제품이 사용자 요구를 만족하는지 검증하기 위한 국제 표준이다.

(2) 소프트웨어 품질 관련 국제 표준

표준	설명
ISO/IEC 9126	• 품질 특성 및 측정 기준을 제시한다.
ISO/IEC 14598	• 소프트웨어 개발 과정 또는 개발된 제품 형태의 소프트웨어 품질을 객관적으로 측정하고 평가하는 과정이다. • ISO 9126의 사용 절차와 기본 상황 및 소프트웨어 평가 프로세스에 대한 표준을 규정한다.
ISO/IEC 12119	• 패키지 소프트웨어 품질 요구사항 및 테스트를 다룬다.
ISO/IEC 25000	• S/W 품질 평가 통합 모델로, ISO 9126과 소프트웨어 평가 절차 모델 ISO 14598을 통합한 것이다.

1) ISO/IEC 9126의 소프트웨어 품질 특성

품질 특성	설명
기능성 (Functionality)	• 요구사항을 만족하는 소프트웨어 기능을 제공하는 능력 • 부특성: 적합성, 정확성, 상호 운용성, 보안성, 준수성
신뢰성 (Reliability)	• 일정 성능 수준을 유지할 수 있는 능력 • 부특성: 성숙성, 결함 허용성, 복구성
사용성 (Usability)	• 사용자가 쉽게 이해하고, 학습하며, 선호할 수 있는 능력 • 부특성: 이해성, 학습성, 운영성, 선호도, 준수성
효율성 (Efficiency)	• 자원 사용량 대비 성능을 제공할 수 있는 능력 • 부특성: 시간 반응성, 자원 활용성, 준수성

품질 특성	설명
유지보수성 (Maintainability)	• 소프트웨어 변경 및 수정이 용이한 능력 • 부특성: 분석성, 변경성, 안정성, 시험성, 준수성
이식성 (Portability)	• 소프트웨어를 다른 환경으로 이전할 수 있는 능력 • 부특성: 적응성, 설치성, 공존성, 대체성, 준수성

2) ISO/IEC 14598 평가 특성

평가 특성	설명
반복성 (Repeatability)	동일 평가자가 동일 제품과 사양에 대해 평가를 반복했을 때 결과의 일관성을 유지하는 특성
재현성 (Reproducibility)	다른 평가자가 동일 제품과 사양에 대해 평가했을 때 일관된 결과를 얻는 특성
공정성 (Impartiality)	평가 과정에서 편향이 없는 상태를 유지하는 특성
객관성 (Objectivity)	평가 결과가 평가자의 주관성에 영향을 받지 않고 객관적 기준에 기반하는 특성

3) ISO/IEC 12119 구성요소

구성요소	설명
제품 설명서	제품의 속성을 설명하고, 제품 평가에 필요한 정보를 제공하는 문서
사용자 문서	사용자가 참고할 수 있는 문서들의 집합
실행 프로그램	요구사항이 명확히 정의된 대상 프로그램

4) ISO/IEC 25000

평가 모델	설명
ISO/IEC 2500n	품질 일반 부분
ISO/IEC 2501n	품질 특성 부분
ISO/IEC 2502n	품질 측정 부분
ISO/IEC 2503n	품질 요구사항 부분
ISO/IEC 2504n	품질 평가 부분

2. 프로세스 품질 국제 표준

(1) 프로세스 품질 국제 표준의 개념
- 소프트웨어 개발 프로세스 및 관련 업체의 프로세스 관리 능력을 평가하고 개선하는 데 사용된다.
- 소프트웨어 개발과 유지보수 과정의 효율성과 품질을 높이는 데 기여한다.
- 프로세스의 표준화는 일관된 품질 관리와 지속적인 프로세스 개선을 가능하게 한다.

(2) 국제 프로세스 품질 표준

표준	관점
ISO/IEC 9001	조직의 품질 경영 및 품질 보증을 위한 표준이다.
ISO/IEC 12207	소프트웨어 개발과 관련된 생명주기 프로세스를 다룬다.
ISO/IEC 15504(SPICE)	소프트웨어 개발 프로세스의 평가를 위한 모델로, 특정 프로세스 영역을 평가한다.
CMM	조직의 소프트웨어 개발 관련 전체 프로세스를 평가하는 모델이다.
CMMI	다양한 CMM 모델을 통합한 프로세스 개선 프레임워크이다.

1) ISO/IEC 12207 구성

생명주기 프로세스	세부 프로세스
기본 생명주기 프로세스	획득, 공급, 개발, 운영, 유지보수
지원 생명주기 프로세스	문서화, 형상 관리, 품질보증, 검증, 확인, 합동 검토, 감사, 문제 해결
조직 생명주기 프로세스	관리, 기반구조, 개선, 교육훈련

2) ISO/IEC 15504(SPICE)
- ISO에서 표준으로 지정된 프로세스 수행 능력 평가 표준 프레임워크이다.
- SPICE 프로세스 능력 수준

수준	단계	설명
0	불안정 단계(Incomplete)	프로세스가 미구현 또는 목표에 미달성 상태
1	수행 단계(Performed)	프로세스가 수행되고 목적을 달성한 상태
2	관리 단계(Managed)	프로세스 수행이 계획되고 관리되는 상태
3	확립 단계(Established)	표준 프로세스가 사용되는 상태
4	예측 단계(Predictable)	프로세스가 정량적으로 이해되고 통제되는 상태
5	최적화 단계(Optimizing)	프로세스의 지속적 개선이 이루어지는 상태

3) CMM(Capability Maturity Model)
- 소프트웨어 개발 업체의 업무 능력을 평가하기 위한 모델이다.
- 1991년 미국 국방부의 의뢰로 카네기멜론 대학에서 개발되었다.

- CMM 성숙도 5단계

수준	단계	설명
1	초기 단계(Initial)	관리되지 않은 개발 상태
2	반복 단계(Repeatable)	성공 사례를 반복하는 상태
3	정의 단계(Defined)	표준화된 프로세스를 갖춘 상태
4	관리 단계(Managed)	정량적 관리가 이루어지는 상태
5	최적화 단계(Optimizing)	지속적 개선이 이루어지는 상태

4) CMMi(Capability Maturity Model Integration)

- 시스템과 소프트웨어 프로세스를 통합하여 프로세스 개선 활동에 광범위하게 적용할 수 있는 모델이다.
- 기존 CMM 모델에 프로젝트 관리(PM), 프로큐어먼트(Procurement), 시스템 엔지니어링(SE) 등의 요소가 추가되어 다양한 영역에서 활용 가능하다.
- CMMi 성숙도 5단계

수준	단계	설명
1	초기 단계(Initial)	구조화된 프로세스가 없는 상태
2	관리 단계(Managed)	기본 프로세스를 갖춘 상태
3	정의 단계(Defined)	표준 프로세스를 보유한 상태
4	정량적 관리 단계 (Quantitatively Managed)	통계적·정량적 관리가 가능한 상태
5	최적화 단계(Optimizing)	지속적 개선이 이루어지는 상태

3. 서비스 관리 국제 표준

(1) 서비스 국제 표준의 개념

- 고객에게 IT 서비스를 제공하고 관리하기 위해 통합된 관리 체계를 적용하여, 적절한 통제와 효과성 개선, 개선의 기회를 제공하는 표준이다.

(2) 국제 서비스 관리 표준

- ISO/IEC 20000
  - 고객에게 제공하는 IT 서비스의 수준을 객관적으로 평가하는 국제 표준이다.
  - 고객 요구사항에 신속하게 대응하고 만족시키기 위한 서비스 중심의 프로세스를 제공한다.
  - IT 조직 기능에 부합하는 견고하고 통합된 프로세스 프레임워크를 제공하여 서비스 품질을 관리한다.

Section 2. 제품 소프트웨어 패키징

1. 애플리케이션 패키징

(1) 애플리케이션 패키징의 개념
- 개발이 완료된 소프트웨어를 사용자에게 전달하기 위해 패키지 형태로 구성하는 과정을 의미한다.
- 이를 통해 최종 사용자는 소프트웨어를 손쉽게 설치하고 사용할 수 있다.

(2) 애플리케이션 패키징 특징
- 최종 사용자 중심으로 패키징이 진행된다.
- 신규 및 변경된 소스를 식별하여 모듈화한 뒤 패키징한다.
- 버전 관리 및 릴리즈 노트를 통해 지속적으로 관리한다.
- 다양한 사용자 환경에서의 호환성을 고려하여 패키징을 진행한다.

2. 애플리케이션 배포 도구

(1) 애플리케이션 배포의 개념
- 최종 사용자에게 소프트웨어를 전달하는 전체 과정을 의미한다.
- 이 과정에서 배포된 소프트웨어는 배포판이라 불린다.
- 배포 도구는 사용자에게 소프트웨어를 원활히 배포할 수 있도록 지원하는 역할을 한다.

(2) 애플리케이션 배포 도구 활용 시 고려 사항
- 내부 콘텐츠에 대해 암호화 및 보안을 반드시 고려해야 한다.
- 다양한 플랫폼 및 환경과의 연동성을 고려하여 배포 도구를 선택한다.
- 사용자 편의성을 위해 불필요한 복잡성 및 비효율성을 줄여야 한다.
- 제품 소프트웨어 유형에 맞는 암호화 알고리즘을 적용한다.

(3) CI/CD

1) CI(Continuous Integration, 지속적 통합)
- 여러 개발자의 새로운 코드 변경 사항을 정기적으로 공유 저장소에 통합하는 과정이다.

2) CD(Continuous Deployment, 지속적 배포)
- 소프트웨어를 사용 가능한 환경으로 자동 배포하는 과정이다.
- 지속적 배포를 통해 개발한 기능을 사용자에게 신속하게 제공할 수 있다.

3. 릴리즈 노트

(1) 릴리즈 노트의 개념
- 소프트웨어 제품과 함께 배포되는 문서로, 제품의 업데이트 및 변경 사항을 사용자에게 알리기 위한 정보가 담겨 있다.

(2) 릴리즈 노트의 역할
- 사용자에게 제품의 변동 사항 및 테스트 결과를 상세히 안내한다.
- 전체적인 제품 기능 및 서비스 변화를 사용자와 공유한다.
- 자동화 시스템과 연동하여 릴리즈 노트를 보다 효율적으로 제공할 수 있다.

(3) 릴리즈 노트 작성 항목

작성 항목	설명
Header	문서 이름, 제품 이름, 버전 번호, 릴리즈 날짜 등 기본 정보가 포함된다.
개요	제품 및 이번 릴리즈에서의 주요 변경 사항에 대한 간략한 설명을 제공한다.
목적	해당 릴리즈 버전의 목적과 새로운 기능에 대해 설명한다.
이슈 요약	이번 버전에서 해결된 버그 및 추가된 항목을 요약한다.
재현 항목	발견된 버그의 재현 단계와 관련 내용을 설명한다.
수정/개선 내용	수정된 사항 및 개선된 기능을 상세히 기술한다.
사용자 영향도	버전 변경이 사용자에게 미칠 영향을 설명한다.
SW 지원 영향도	이번 릴리즈로 인해 소프트웨어 지원 프로세스에 미치는 영향을 설명한다.
노트	설치 및 업그레이드와 관련된 주의사항 및 메모를 포함한다.
면책 조항	법적 고지 사항과 관련 참고 사항을 기재한다.
연락 정보	사용자 지원 및 문의를 위한 연락처 정보를 제공한다.

4. DRM

(1) DRM(Digital Rights Management)의 개념
- 디지털 콘텐츠의 불법 사용을 제한하고 승인된 사용자에게만 콘텐츠를 사용할 수 있도록 허용하는 기술이다.
- 콘텐츠 보호를 위한 암호화와 사용 권한 제어를 위한 라이선스 관리를 포함한다.
- DRM을 통해 콘텐츠의 보안, 결제 및 지불 기능 등이 구현된다.

(2) **DRM의 특징**
- 콘텐츠는 공개키 암호화로 보호되며, 해당 콘텐츠의 비밀키는 안전하게 관리되고 제공된다.
- 유료 콘텐츠의 경우, 사용자에게 사용료가 부과되며 안전하게 결제된다.
- 저작권에 따라 투명한 라이선스 분배가 이루어진다.
- 라이선스 제공 기관과 콘텐츠 배포 기관을 분리하여, 거래 구조가 더욱 효율적으로 개선된다.
- DRM은 콘텐츠 사용 권한을 제어하여, 사용 횟수, 사용 기기, 사용 기간 등을 관리한다.

(3) **DRM의 구성 및 흐름**

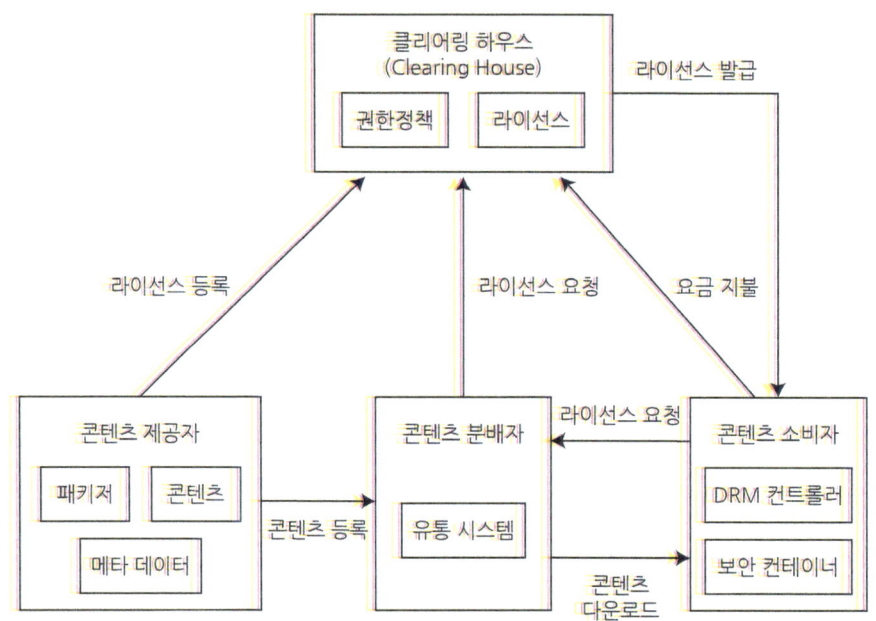

구성	설명
콘텐츠 제공자 (Contents Provider)	콘텐츠를 제공하는 저작권자로, 원본 콘텐츠를 제공한다.
콘텐츠 분배자 (Contents Distributor)	암호화된 콘텐츠를 제공하는 유통 업체로, 예를 들어 쇼핑몰 등이 해당 역할을 수행한다.
패키저 (Packager)	콘텐츠를 메타데이터와 함께 배포 가능한 단위로 묶어 제공하는 역할을 한다.
보안 컨테이너	원본 콘텐츠를 안전하게 유통하기 위한 전자적 보안 장치로, 콘텐츠의 무결성을 보장한다.
DRM 컨트롤러	배포된 콘텐츠의 이용 권한을 통제하여, 사용자 권한을 관리한다.
클리어링 하우스 (Clearing House)	키 관리와 라이선스 발급을 담당하는 기관으로, DRM 시스템의 중심에서 콘텐츠 사용 권한을 관리한다.

⑷ DRM 사용 규칙 제어 기술

1) 콘텐츠 식별 체계(Identification)
- 디지털 콘텐츠의 관리와 운영을 위해 콘텐츠에 고유 식별 번호를 부여한다.
- 대표적인 식별 체계로는 DOI(Digital Object Identifier)와 URI(Uniform Resource Identifier)가 있다.

2) 메타 데이터(Meta Data)
- 콘텐츠에 대한 구조화된 데이터로, 콘텐츠 속성에 대한 상세 정보를 제공한다.

3) 권리 표현 기술(Right Expression)
- 콘텐츠에 대한 사용 규칙을 설정하고, 사용자의 권한 및 조건을 정의한다.
- 권리 표현 기술은 보통 XML 기반 권한 표현 언어로 개발되며, 대표적으로 XrML(eXtensible rights Markup Language)이 사용된다.

4) 권리 표현 종류

종류	설명
Render Permission	사용자에게 콘텐츠가 표현되고 이용되는 권리 형태를 정의한다.
Transport Permission	사용자 간에 권리의 교환이 이루어지는 권리 형태를 정의한다.
Derivative Permission	콘텐츠의 추출 및 변형이 가능한 권리 형태를 정의한다.

⑸ 저작권 보호 기술

1) 암호화 기술
- 콘텐츠의 무단 사용을 방지하기 위해 정당한 사용자에게만 접근 권한(특정 키)을 부여하는 기술이다.

2) 위변조 방지(Tamper-Proofing)
- 콘텐츠에 무단 조작이 가해졌을 때 이를 감지하여 오류를 발생시키는 기술로, 부정 조작을 방어하고 콘텐츠의 무결성을 유지하는 데 목적이 있다.

3) 워터마킹(Watermarking)
- 콘텐츠에 저작권 정보를 삽입하여 저작권 분쟁 발생 시 저작권자를 식별할 수 있도록 하는 기술이다.
- 유형

유형	설명
워터마킹	• 불법 복제를 방지하기 위해 콘텐츠에 저작권 정보를 삽입한다. • 최초 저작 시점에 적용된다.
핑거프린팅	• 불법 유통을 방지하기 위해 콘텐츠에 저작권 정보와 구매자 정보를 삽입한다. • 구매 시점마다 적용된다.

5. 제품 소프트웨어 매뉴얼 작성

(1) 제품 소프트웨어 매뉴얼 개념
- 사용자가 제품을 처음 설치할 때 참고하는 문서이다.
- 제품 소프트웨어의 소개, 설치 파일, 설치 절차 등의 정보를 포함한다.

(2) 제품 소프트웨어 설치 매뉴얼

1) 설치 매뉴얼 작성의 기본 사항
- 사용자의 관점에서 접근하여 작성한다.
- 설치 절차를 순차적으로 제시하고, 각 단계별로 관련 화면 캡처와 설명을 함께 제공한다.
- 설치 중 이상이 발생할 경우 표시되는 에러 메시지나 문제를 분류하여 해결 방법을 설명한다.

2) 제품 소프트웨어 설치 매뉴얼 작성 순서
- 기능 식별
- UI 분류
- 설치 파일/백업 파일 확인
- Uninstall 절차 확인
- 이상 Case 확인
- 최종 매뉴얼 적용

(3) 제품 소프트웨어 사용자 매뉴얼

1) 제품 소프트웨어 사용자 매뉴얼의 개요
- 개발이 완료된 소프트웨어 제품을 고객에게 전달하는 형태로 설치 방법, 사용법, 실행 환경 등 전체적인 정보와 절차를 포함한다.

2) 사용자 매뉴얼 작성 절차
- 작성 지침 정의
- 구성요소 정의
- 구성요소별 내용 작성
- 사용자 매뉴얼 검토

PART 02

데이터베이스 구축

CHAPTER 01 데이터베이스 구축

Section 1. 데이터베이스 개념

1. 데이터베이스 개념

(1) 데이터와 정보

구분	설명
데이터(Data)	관찰이나 측정을 통해 수집한 사실이나 값
정보(Information)	데이터를 처리하여 의사 결정에 유용하게 정리한 결과물

(2) 데이터베이스

- 특정 조직의 업무에 필요한 상호 관련된 데이터들의 집합이다.
- 여러 사용자와 응용 프로그램이 공유하고, 통합적으로 관리할 수 있도록 구성된 데이터 모임이다.

(3) 데이터베이스의 정의

정의	설명
통합 데이터 (Integrated Data)	중복을 최소화하여 통합된 데이터 모임
저장 데이터 (Stored Data)	컴퓨터가 접근할 수 있는 매체에 저장된 데이터
운영 데이터 (Operational Data)	조직의 목적을 달성하기 위해 필수적인 데이터
공유 데이터 (Shared Data)	여러 응용 프로그램들이 공동으로 사용하는 데이터

2. 데이터베이스 스키마(Schema)

(1) 스키마의 정의
- 데이터베이스의 구조, 제약조건, 속성, 개체(Entity), 관계(Relation)를 포함한 전반적인 명세를 기술한 것이다.
- 개체는 여러 속성(Attribute)의 집합으로 구성되며, 개체들 간에는 관계(Relation)가 존재한다.
- 스키마에 명세된 정보는 데이터 사전(Data Dictionary)에 저장된다.

(2) 3계층 스키마

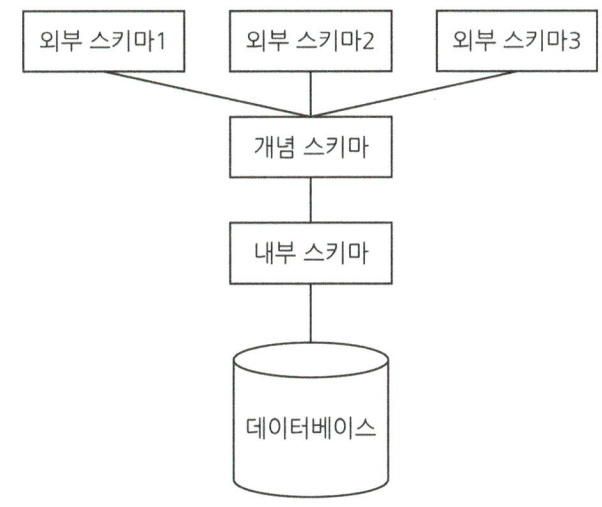

1) **외부 스키마(External Schema) - 사용자 뷰**
- 사용자나 응용 프로그램의 관점에서 데이터베이스의 논리적 구조를 정의한다.
- 서브스키마(Sub Schema)라고도 불리며, 하나의 데이터베이스에 여러 개의 외부 스키마가 존재할 수 있다.
- 여러 응용 프로그램이나 사용자가 하나의 외부 스키마를 공유하여 사용할 수 있다.
- 데이터베이스 접근 시 SQL과 같은 질의어나 C, Java 등의 프로그래밍 언어를 사용할 수 있다.

2) **개념 스키마(Conceptual Schema) - 전체적인 뷰**
- 데이터베이스의 전체적인 논리적 구조를 나타내며, 조직의 데이터 요구사항을 종합적으로 반영한다.
- 일반적으로 하나의 데이터베이스에는 하나의 개념 스키마만 존재한다.
- '스키마'라는 용어는 주로 개념 스키마를 의미하기도 한다.
- 데이터 접근 권한, 보안 정책, 무결성 규칙 등의 명세를 포함한다.

3) 내부 스키마(Internal Schema) – 저장 스키마
- 물리적 저장 장치의 관점에서 데이터베이스의 구조를 정의한다.
- 실제로 데이터가 저장 장치에 어떻게 배열되고 저장되는지, 레코드의 물리적 구조, 표현 방식, 순서 등을 명세한다.

(3) 데이터 독립성

1) 논리적 독립성
- 응용 프로그램에 영향을 주지 않고 데이터베이스의 논리적 구조를 변경할 수 있는 능력이다.
- 개념 스키마가 변경되어도 외부 스키마에는 영향을 미치지 않도록 지원한다.

2) 물리적 독립성
- 응용 프로그램이나 데이터베이스의 논리적 구조에 영향을 주지 않고 데이터의 물리적 구조를 변경할 수 있는 능력이다.
- 내부 스키마가 변경되어도 외부 및 개념 스키마가 영향을 받지 않도록 지원한다.

3. 데이터베이스 관리 시스템(DataBase Management System)

(1) DBMS의 정의
- DBMS는 데이터베이스를 효과적으로 관리하고 조작하기 위한 전용 소프트웨어이다.

(2) DBMS의 기능

기능	설명
데이터 정의	데이터의 형식, 구조 및 제약조건을 설정한다.
데이터 조작	데이터 검색, 갱신 및 보고서 생성을 위한 질의 수행 기능을 제공한다.
데이터 제어	데이터 무결성, 보안 및 동시성 제어 기능을 포함한다.
데이터 공유	여러 사용자나 응용 프로그램이 동시에 데이터베이스에 접근할 수 있게 한다.
데이터 보호	불법적이거나 권한이 없는 접근, 시스템 장애로부터 데이터를 보호한다.
데이터 구축	데이터를 DBMS가 관리하는 저장 장치에 저장하는 기능이다.
유지보수	시간이 흐름에 따른 요구사항의 변화를 반영하여 데이터베이스를 수정하거나 업데이트하는 기능이다.

(3) DBMS의 종류

1) 계층형(Hierarchical DataBase)
- 데이터를 트리 구조로 표현하며, 세그먼트 단위로 관리한다.
- 구조가 단순하고 검색이 빠르지만, 다대다 관계를 처리하지 못하며 구조 변경이 어렵다.

2) 네트워크형(Network DataBase)
- 계층형 모델의 단점을 보완하여 다대다 관계를 표현할 수 있는 망형 구조를 사용한다.
- 구조가 복잡하여 유지보수가 어려운 단점이 있다.
- CODASYL이 제안하여 CODASYL DBTG 모델로도 불린다.

3) 관계형(Relational DataBase)
- 키(Key)와 값(Value)으로 이루어진 데이터를 행과 열로 구성된 테이블 구조로 표현한 모델이다.
- SQL(Structured Query Language)을 사용하여 데이터를 처리한다.

4) 객체지향형(Object-Oriented DataBase)
- 객체지향 프로그래밍 개념에 기반하여 개발된 데이터베이스 모델이다.
- 정보를 객체 형태로 표현하며, 클래스, 상속 등의 객체지향 프로그래밍 개념을 사용할 수 있다.
- 비정형 데이터를 데이터베이스로 관리하기 위한 목적으로 설계되었다.

5) 객체관계형(Object-Relational DataBase)
- 관계형 데이터베이스에 객체지향 개념을 결합한 모델이다.

6) NoSQL
- Not Only SQL의 약자로, 다양한 데이터 모델을 지원하며 비정형 데이터 처리에 적합하다.
- 스키마 변경이 불가능하고 데이터 오류 감지가 어려운 단점이 있다.

7) NewSQL
- RDBMS와 NoSQL의 장점을 결합하여 확장성과 트랜잭션을 동시에 지원하는 데이터베이스 모델이다.

Section 2. 데이터베이스 설계

1. 데이터베이스 설계 개요

(1) 데이터베이스 설계 정의
- 요구 조건에서 데이터베이스 구조를 도출하는 과정이다.
- 데이터들을 효과적으로 관리하기 위해 데이터베이스의 구조를 체계적으로 조직화하는 작업이다.

(2) 데이터베이스 설계 목적
- 이해관계자의 데이터 관점에서 요구사항을 정확히 이해하고 이를 추상화하는 것이다.
- 데이터를 중심으로 한 이해관계자 간의 원활한 의사소통을 지원한다.

(3) 데이터베이스 설계 시 고려 사항

고려 사항	설명
제약조건	저장된 데이터 값이 반드시 만족해야 하는 조건
데이터베이스 무결성	데이터의 삽입, 삭제, 갱신 연산 후에도 데이터 값이 제약조건을 유지하도록 보장
일관성	저장된 데이터 값 또는 특정 질의에 대한 응답이 모순 없이 일치하는 특성
회복	시스템 장애 발생 시, 장애 직전의 일관된 데이터 상태로 복구하는 기법
보안	불법적인 데이터 변경, 손실, 노출에 대한 보호 기능 제공
효율성	시스템의 응답 시간을 단축하고 저장 공간을 최적화하며 시스템 생산성을 향상하는 것
데이터베이스 확장성	시스템 운영에 영향을 주지 않고 새로운 데이터를 지속적으로 추가할 수 있는 능력

2. 데이터베이스 설계 단계

(1) 요구 조건 분석
- 데이터베이스의 사용자, 사용 목적, 사용 범위, 제약조건 등을 정리하여 명세서를 작성한다.
- 트랜잭션의 유형과 실행 빈도 등 동적 데이터베이스 처리에 필요한 요구사항을 정의한다.

(2) 개념적 설계
- 현실 세계의 요구사항과 데이터를 추상적 관점에서 표현하는 단계이다.

- DBMS에 독립적으로 데이터베이스를 설계하며, 데이터베이스의 개념적 스키마를 구성한다(예: E-R 다이어그램).
- 트랜잭션 모델링과 정의를 수행한다.

(3) 논리적 설계
- 자료를 컴퓨터가 처리할 수 있도록 목표 DBMS의 논리적 자료구조로 변환하는 과정이다.
- 목표 데이터 모델(예: 계층형, 관계형, 객체지향형 등)을 기반으로 설계한다.
- 관계형 데이터베이스의 경우, 테이블 설계 및 정규화를 이 단계에서 수행한다.
- 트랜잭션 인터페이스 설계를 진행한다.

(4) 물리적 설계
- 특정 DBMS의 물리적 구조, 저장 구조, 데이터 타입의 특징, 인덱스 등을 고려하여 물리적 설계를 진행한다.
- 데이터베이스의 물리적 스키마를 생성하며 트랜잭션의 세부 설계를 수행한다.

(5) 구현
- 특정 DBMS의 데이터 정의 언어(DDL)를 사용하여 데이터베이스 스키마 생성 명령문을 작성, 컴파일, 실행하여 데이터베이스 스키마를 구축한다.

3. 데이터 모델 개념

(1) 데이터 모델 개념
- 현실 세계의 복잡한 데이터 구조를 단순화하고 추상화하여 체계적으로 표현한 개념적 모형이다.

(2) 데이터 모델 구분

구분	설명
개념적 데이터 모델	• 현실 세계의 개념을 추상적으로 표현한 모델이다. • 대표적으로 개체-관계(E-R) 모델이 있다.
논리적 데이터 모델	• 개념적 모델을 컴퓨터가 처리할 수 있는 구조로 변환한 것이다. • 관계 모델, 계층 모델, 네트워크 모델 등이 있다.
물리적 모델	• 데이터의 실제 저장 방법과 접근 경로를 표현한다. • 레코드 형식, 레코드 순서, 접근 경로, 저장 방법 등을 정의한다.

(3) 데이터 모델 구조

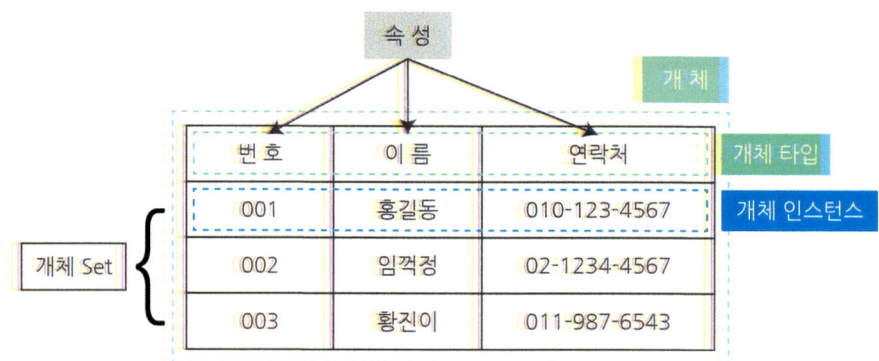

구조	설명
개체 (Entity)	저장할 만한 가치가 있는 현실 세계의 대상체
개체 타입 (Entity Type)	개체를 구성하는 속성들의 집합
개체 인스턴스 (Entity Instance)	특정 개체 타입에 속하는 구체적인 객체
개체 세트 (Entity Set)	개체 인스턴스들의 집합
속성 (Attribute)	개체의 고유한 특성
관계 (Relation)	개체와 개체 간의 연관성

(4) 데이터 모델 표시해야 할 요소

요소	설명
구조(Structure)	데이터 구조와 개체 간의 관계
연산(Operation)	데이터를 처리하는 방법
제약조건(Constraint)	데이터의 논리적 제약조건을 정의

4. 개체-관계 모델(Entity Relation Model)

(1) 개체-관계 모델 개념
- 데이터베이스 요구사항을 그래픽으로 표현하는 모델이다.
- 개체(Entity), 속성(Attribute), 관계(Relationship)를 사용하여 데이터를 기술한다.
- 피터 첸(Peter Chen)이 제안한 모델로, 특정 DBMS나 하드웨어에 독립적이다.

(2) 개체(Entity)
- 현실 세계에서 독립적이고 구별 가능한 대상을 의미한다.
- ER 다이어그램에서 사각형으로 나타낸다.

(3) 애트리뷰트, 속성(Attribute)
- 개체나 관계의 고유한 특성을 나타내는 정보의 단위이다.
- 데이터베이스에 저장할 데이터의 가장 작은 논리적 단위이다.
- ER 다이어그램에서 기본적으로 원으로 표시된다.
- 속성의 유형

유형	설명
단일 값 속성	하나의 값만 갖는 속성 (예: 이름, 학번 등)
다중 값 속성	여러 값을 갖는 속성 (예: 취미 등)
단순 속성	더 이상 분해할 수 없는 속성 (예: 성별 등)
복합 속성	분해 가능한 속성 (예: 주소, 생년월일 등)
유도 속성	다른 속성에서 유도되는 속성 (예: 주민번호에서 성별 도출)
널 속성	값이 아직 결정되지 않았거나 존재하지 않는 속성
키 속성	개체를 고유하게 구별하기 위한 속성

(4) 관계(Relationship)
- 두 개체 간의 의미 있는 연결을 의미한다.
- ER 다이어그램에서 관계는 마름모로 나타낸다.

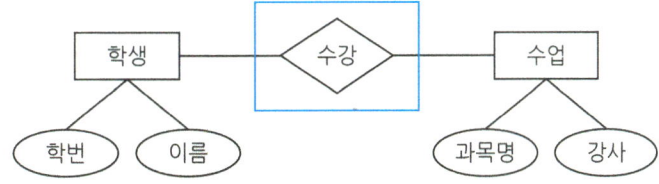

- 개체 간 대응 관계의 종류

종류	설명
1 : 1	A의 원소와 B의 원소가 1대1로 대응하는 관계
1 : N	A의 원소는 B의 여러 원소와 대응하고, B의 원소는 A의 하나의 원소와만 대응
N : M	A와 B의 원소 모두 여러 원소와 대응하는 관계

- 개체 간 대응 관계 표현

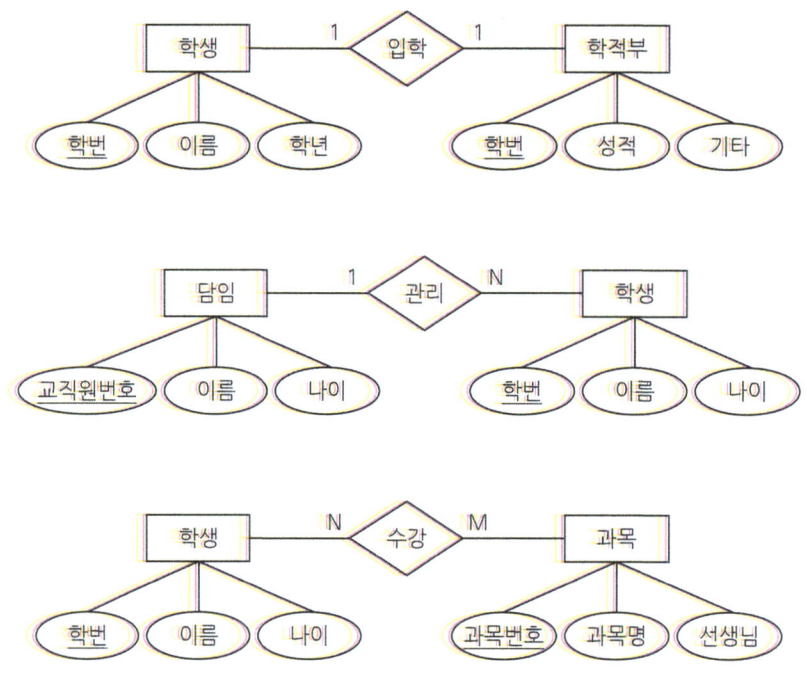

- 세발 표기법

종류	설명
─┼────────┼─	1:1 관계
─┼────────⊱─	1:N 관계
─⊰────────⊱─	N:M 관계
─┼────────○─	관계가 있을 수도 없을 수도 있음

(5) E-R 다이어그램 기호

기호	기호 이름	설명
사각형	사각형	개체(Entity)
마름모	마름모	관계(Relationship)
타원	타원	속성(Attribute)
밑줄 타원	밑줄 타원	기본키 속성
이중 타원	이중 타원	다중값 속성
선	선 링크	개체와 속성 연결

5. 데이터 모델의 품질 기준

기준 항목	설명
정확성	모델이 표기법과 요구사항을 정확하게 반영하는 정도
완전성	모델의 구성요소와 요구사항이 완전하게 반영되어 누락이 최소화된 상태
준거성	모든 준수 요건을 정확하게 준수하고 있는 정도
최신성	모델이 현재 시스템 상태와 최근의 이슈 사항을 반영하고 있는지 여부
일관성	전체 모델 내에서 데이터 요소 간의 일관성이 유지되는 정도
활용성	모델이 이해관계자에게 의미를 쉽게 전달하고 유연하게 설계된 정도

Section 3. 논리 데이터베이스 설계

1. 논리적 데이터 모델링

(1) 논리적 모델링
- 개념적 설계 단계에서 도출된 개체, 속성, 관계를 구조적으로 표현하는 과정이다.
- 개념 모델에서 도출된 업무 데이터와 규칙을 상세하게 표현한다.
- 모든 업무용 개체, 속성, 관계, 프로세스를 포함하며 데이터를 정규화하여 모델링한다.
- 성능과 제약 사항에 독립적이며, 특정 DBMS에도 종속되지 않는다.

(2) 논리적 데이터 모델 종류

종류	설명
관계형 데이터 모델	데이터를 테이블 형태로 표현하는 모델로, 각 테이블은 행(Row)과 열(Column)로 구성된다.
계층형 데이터 모델	데이터를 트리 구조로 표현하며, 상위 개체와 하위 개체 간의 종속 관계를 나타낸다.
네트워크(망)형 데이터 모델	데이터를 네트워크 구조로 표현하며, 다양한 관계를 가진 데이터를 효과적으로 표현한다.
객체지향 데이터 모델	데이터를 데이터와 연산을 하나의 객체로 묶어 표현하는 모델로, 객체지향 프로그래밍 개념을 기반으로 한다.

2. 데이터베이스 정규화(Normalization)

(1) 정규화의 개념
- 관계형 데이터베이스 설계에서 데이터 중복을 최소화하기 위한 과정이다.
- 데이터 중복 제거를 통해 무결성을 유지하고 저장 용량을 절감할 수 있다.

(2) 정규화의 목적
- 데이터 중복 최소화로 효율적인 데이터 관리
- 정보가 사라지지 않게, 정보의 무손실 보장
- 독립적인 관계를 별개의 릴레이션으로 분리
- 삽입, 삭제, 갱신 이상 현상을 방지

(3) 정규화의 장/단점

장점	• 데이터 중복 최소화 • 저장 공간의 효율적 활용 • 삽입, 삭제, 갱신 이상 현상 제거
단점	• 처리 복잡성 증가 • 실행 속도 저하 • 참조 무결성 유지에 추가 노력 필요 • JOIN 연산 필요성 증가

(4) 이상 현상(Anomaly)

- 데이터 중복으로 인해 릴레이션 조작 시 발생하는 예기치 않은 문제점이다.
- 이상의 종류
  - 삽입 이상: 데이터를 삽입할 때 불필요한 데이터까지 함께 삽입되는 문제
  - 삭제 이상: 한 튜플을 삭제할 때 관련된 데이터가 함께 삭제되어 정보 손실이 발생
  - 갱신 이상: 튜플의 속성값 일부만 갱신되어 정보 모순이 생기는 문제

(5) 함수적 종속(Functional Dependency)

1) 함수적 종속의 개념

- 어떤 속성 집합이 다른 속성 집합의 값을 유일하게 결정하는 관계를 의미한다.
- A가 B를 함수적으로 결정한다고 할 때, A→B로 표기하며, A를 결정자(Determinant), B를 종속자(Dependent)라고 부른다.
- 데이터의 무결성을 유지하고 데이터베이스 정규화를 위해 중요한 기준으로 사용된다.

2) 함수적 종속 관계

① 완전 함수적 종속(Full Functional Dependency)

- 한 속성 집합이 다른 속성 집합에 대해 완전히 종속되는 경우를 말한다.
- 결정자가 복합 속성일 때, 종속자가 결정자 전체에 종속되며, 결정자의 일부 속성만으로는 종속자가 결정되지 않는다.

[기본키(결정자)가 하나일 때 완전 함수 종속]

학번	이름	학년
M001	이흥직	1
M002	김명원	2
M003	이창훈	1
M004	이다은	3

[기본키(결정자)가 두 개일 때 완전 함수 종속]

학번	과목코드	성적
M001	S_001	90
M001	S_002	80
M002	S_001	80
M002	S_002	95

② **부분 함수적 종속(Partial Functional Dependency)**
- 복합 속성의 일부 속성만으로 종속자가 결정되는 경우를 말한다.
- 데이터 중복과 이상 현상을 유발하므로 이를 제거하기 위해 제2정규형으로 정규화를 진행해야 한다.

[기본키가 두개일 때 부분 함수 종속]

회원번호	주문번호	강의명	이름
M001	O_001	정보처리기사	이흥직
M002	O_002	컴퓨터일반	김명원
M003	O_003	C언어	이창훈
M004	O_004	파이썬	이다은

- 위의 릴레이션에서 강의명은 기본키(회원번호+주문번호)에 종속적이지만, 이름은 회원번호에만 종속된다. 이때, 부분 함수적 종속이 발생한다.

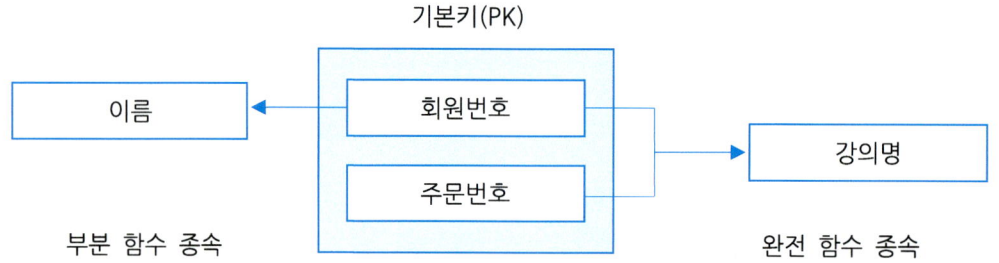

③ **이행적 함수 종속(Transitive Functional Dependency)**
- 속성 A → B, B → C가 성립할 때, 간접적으로 A → C가 결정되는 관계를 말한다.
- 데이터 중복과 이상 현상을 유발할 수 있으며, 이를 제거하기 위해 제3정규형으로 정규화를 수행해야 한다.

회원번호	주민번호	이름
M001	800330	이흥직
M002	820320	김명원
M003	100501	이창훈
M004	120425	이다은

- 위의 릴레이션에서 회원번호를 알면 주민번호를 알 수 있고, 주민번호를 알면 이름을 알 수 있다. 이때, 이행적 함수 종속이 발생한다.

(6) 정규화 과정

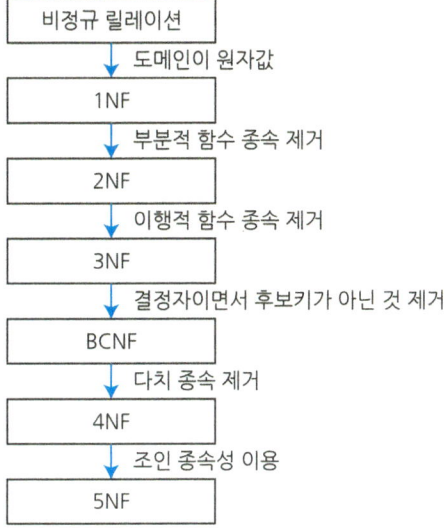

1) 제1정규형(1NF)

① 1NF 만족 조건
- 어떤 릴레이션에 속한 모든 속성 값이 원자값(Atomic Value)을 가져야 한다.
- 하나의 속성에는 하나의 값만 저장한다.

② 조건 만족 처리
- 고객번호와 이름을 하나의 릴레이션으로 분리하고, 여행지를 다른 릴레이션을 만들어, 속성이 원자값만으로 구성되게 한다.

[비정규 릴레이션]

고객번호	이름	여행지
M001	이흥직	서울, 원주, 수원
M002	이경직	수원
M003	김명원	원주, 제천

[1NF 만족 릴레이션]

고객번호	이름
M001	이흥직
M002	이경직
M003	김명원

고객번호	여행지
M001	서울
M001	원주
M001	수원
M002	수원
M003	원주
M003	제천

2) 제2정규형(2NF)

① 2NF 만족 조건
- 제1정규형을 만족하면서, 부분 함수 종속이 제거된 상태이다.

② 조건 만족 처리
- 주문번호와 회원번호가 기본키일 때, 기본키를 가지고 주문금액을 알 수 있지만, 이름은 회원번호만 알아도 알 수 있다.
- 주문번호와 회원번호를 모두 알아야 확인할 수 있는 주문금액을 하나의 릴레이션으로 구성하고, 회원번호와 이름을 가지고 다른 하나의 릴레이션을 구성한다.

[비정규 릴레이션]

주문번호	회원번호	주문금액	이름
O001	M001	10,000	이흥직
O002	M001	12,000	이흥직
O003	M002	8,000	이경직

[2NF 만족 릴레이션]

주문번호	회원번호	주문금액
O001	M001	10,000
O002	M001	12,000
O003	M002	8,000

회원번호	이름
M001	이흥직
M002	이경직

3) 제3정규형(3NF)

① 3NF 만족 조건
- 제2정규형을 만족하면서, 이행적 함수 종속이 제거된 상태이다.

② 조건 만족 처리
- 학번을 알면 주민번호를 알 수 있고, 주민번호를 알면 이름을 알 수 있다. 이때, 학번을 알면 이름을 알 수 있다.
- 학번과 주민번호를 하나의 릴레이션으로 주민번호와 이름을 하나의 릴레이션으로 구성한다.

[비정규 릴레이션]

학번	주민번호	이름
O001	11111	이흥직
O002	22222	이경직
O003	33333	김명원

[3NF 만족 릴레이션]

학번	주민번호
O001	11111
O002	22222
O003	33333

주민번호	이름
11111	이흥직
22222	이경직
33333	김명원

4) 보이스/코드(BCNF) 정규형
- 제3정규형을 확장한 형태로, 모든 결정자가 후보키가 되어야 하는 상태를 말한다.
- 기본키가 아닌 속성이 결정자가 되는 경우를 제거하여 데이터의 종속성을 더욱 엄격하게 통제한다.

5) 제4정규형(4NF)
- 다치 종속(Multi-valued Dependency)을 제거한 상태를 말한다.
- 다치 종속이란 한 속성이 다른 속성에 독립적으로 여러 값을 가질 수 있는 경우를 의미한다.

6) 제5정규형(5NF)
- 조인 종속(Join Dependency)이 제거된 상태를 말한다.
- 조인 종속은 릴레이션이 분리된 뒤 다시 조인할 때 원래의 데이터를 정확히 복원할 수 있는 조건을 의미한다.

Section 4. 물리 데이터베이스 설계

1. 물리 데이터베이스 설계

(1) 물리 데이터베이스 설계 과정
- 사용자의 요구사항에 적합한 DBMS를 선정한다.
- 각 속성에 적합한 데이터 타입과 크기를 정의한다.
- 데이터의 저장 용량과 시스템 내 업무 프로세스를 분석하여 데이터베이스 성능을 예측한다.
- 정규화된 데이터 모델을 성능 향상을 위해 필요에 따라 역정규화(반정규화)한다.
- 데이터 접근 속도를 높이기 위해 적절한 인덱스를 설계한다.
- 최종적으로 설계된 구조를 기반으로 데이터베이스를 생성한다.

(2) 물리 데이터베이스 설계 특징
- 논리적 설계에서 도출된 데이터를 물리적 저장 구조로 변환한다.
- 데이터베이스에서 발생할 질의와 트랜잭션의 예상 빈도를 분석하여 설계에 반영한다.
- 저장 구조와 접근 방법을 최적화하여 데이터베이스 접근 속도를 향상시킨다.
- 설계 과정에서 사용하는 DBMS의 특성과 기능을 충분히 활용한다.
- 데이터베이스 성능 향상을 위해 적절한 인덱스 구조를 설계하고 활용한다.

2. 반정규화

(1) 반정규화의 개념
- 데이터베이스 설계에서 정규화를 거친 후, 성능 향상이나 개발 및 운영 편의성을 위해 의도적으로 데이터 중복을 허용하거나 테이블 구조를 재구성하는 기법이다.
- 정규화로 인해 여러 테이블을 조인해야 하는 경우 성능 저하가 발생할 수 있는데, 이를 개선하기 위해 반정규화를 적용한다.

(2) 반정규화 시 고려 사항
- 데이터 중복으로 인해 데이터 무결성이 손상될 가능성이 있다.
- 읽기 작업의 속도는 빨라지지만, 삽입, 삭제, 수정 작업의 속도가 느려질 수 있다.
- 저장 공간 효율성이 감소하며, 테이블이 복잡해져 유지보수가 어려워질 수 있다.
- 반정규화를 적용하기 전에 데이터 일관성과 무결성 유지와 성능 향상 중 무엇을 우선할지 신중히 결정해야 한다.

(3) 반정규화의 적용 순서

순서	설명
반정규화 대상 조사	• 자주 사용하거나 대량 데이터 처리가 필요한 테이블 • 여러 테이블 간 조인으로 성능이 저하된 경우
다른 방법으로 유도	• 성능 향상을 위해 뷰 생성, 인덱스 추가, 클러스터링, 파티셔닝 등을 고려
반정규화 수행	• 위 단계를 통해 반정규화 필요성을 검토한 후 수행

3. 데이터베이스 이중화

(1) 데이터베이스 이중화 구성
- 장애에 대비하여 동일한 데이터베이스를 중복 관리하는 방식이다.
- 정보 시스템의 고가용성(HA, High Availability)을 보장하여 서비스가 중단 없이 정상적으로 운영되도록 한다.

(2) 데이터베이스 이중화의 목적
- 장애나 재해 발생 시 빠르게 서비스를 복구하고 재개할 수 있다.
- 시스템의 성능을 원활히 보장하여 안정적인 서비스 운영이 가능하다.

(3) 데이터베이스 이중화의 분류

분류	설명
Eager 기법	트랜잭션 발생 시 즉시 모든 이중화 서버에 변경 사항을 반영한다.
Lazy 기법	트랜잭션이 완료된 후 변경 사항을 트랜잭션 형태로 각 노드에 전달한다.

4. 데이터베이스 백업

(1) 데이터베이스 백업 개념
- 중단 사태(예: 정전, 사이버 공격 등)에 대비하여 데이터를 주기적으로 복사하여 보관하는 과정이다.
- 데이터베이스 백업은 안정적인 서비스 운영과 데이터 손실 방지를 위해 필수적인 절차이다.
- 손상된 데이터베이스를 원래 상태로 되돌리는 과정을 복원이라고 한다.

(2) 백업 방식

1) 전체 백업(Full Backup)
- 지정된 폴더의 모든 데이터를 백업한다.

2) 증분 백업(Incremental Backup)
- 최근 전체 백업 이후 변경되거나 추가된 데이터만 백업한다.

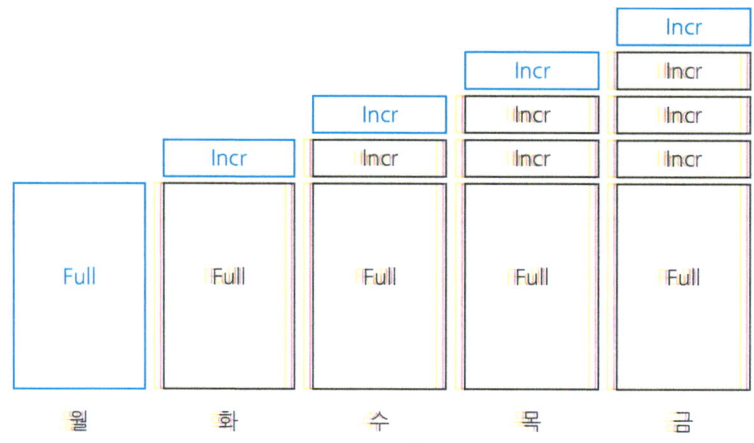

3) 차등 백업(Differential Backup)
- 최근 전체 백업 이후 변경되거나 추가된 모든 데이터를 백업한다.

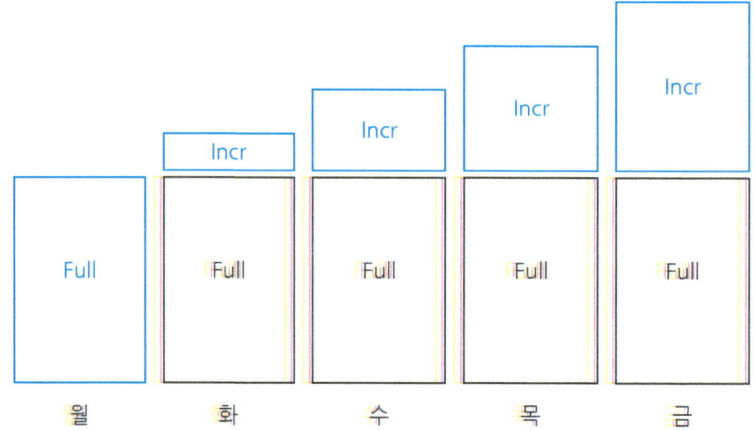

4) 실시간 백업(Real Time Backup)
- 데이터가 변경될 때마다 즉시 백업한다.

5) 트랜잭션 로그 백업(Transaction Log Backup)
- 실행된 SQL문을 기록한 로그를 통해 데이터베이스를 복원한다.

6) 합성 백업
- 기존의 전체 백업본과 여러 개의 증분 백업을 합하여 새로운 전체 백업본을 만든다.

(3) 복구 시간 목표/복구 시점 목표

1) 복구 시간 목표(RTO, Recovery Time Objective)
- 서비스가 중단된 후, 서비스를 다시 복원하기까지 허용되는 최대 시간을 의미한다.
- 서비스 중단 상태에서 복구 작업을 통해 서비스가 재개되기까지 허용할 수 있는 시간을 설정한다.

2) 복구 시점 목표(RPO, Recovery Point Objective)
- 마지막 백업 이후, 서비스 중단 시점까지 허용 가능한 최대 데이터 손실 시간을 의미한다.
- 데이터 손실에 대한 복구 가능 지점을 설정하여 허용 가능한 데이터 손실량을 최소화한다.

5. 데이터베이스 암호화

(1) 데이터베이스 암호화 개념
- 데이터베이스에 저장된 데이터를 암호화하여 민감한 정보를 보호하는 과정이다.
- 주민등록번호, 신용카드 번호 등과 같은 민감한 개인정보의 유출을 방지하기 위해 사용된다.

(2) 데이터베이스 암호화 필요성
- 데이터의 중요성과 활용도가 높아진다.
- 내부자의 악의적 행위나 실수로 인한 보안사고가 증가한다.
- 정보 유출로 인한 피해 규모와 비용이 확대된다.
- 개인정보 유출로 기업 이미지와 신뢰도가 하락할 위험을 방지한다.
- 보안이 취약한 애플리케이션으로 인한 데이터 유출을 방지한다.

(3) 데이터베이스 암호화 방식

방식	설명
API 방식	애플리케이션에서 데이터를 암호화 및 복호화 처리한다.
Plug-in 방식	DB 서버에 암호화 제품을 설치하여 데이터의 암/복호화를 처리한다.
TDE(Transparent Data Encryption) 방식	DB 서버에 내장된 암호화 모듈을 사용하여 암/복호화를 처리한다.

6. 데이터베이스 성능 최적화 기술

(1) 파티셔닝

1) 파티셔닝 개념
- 데이터베이스의 특정 데이터를 여러 섹션으로 분할하는 방법이다.
- 데이터가 많아질수록 발생하는 성능 문제를 해결하기 위해 사용된다.
- 샤딩이라는 용어는 데이터를 여러 데이터베이스 또는 서버에 분산 저장하는 차이점이 있다.

2) 파티셔닝의 장단점

장점	• 데이터 가용성 향상 • 파티션별 독립적인 백업 및 복구 가능 • 성능 향상
단점	• 테이블 간의 조인 비용 증가 • 테이블과 인덱스는 동일한 파티션 전략을 따라야 함

3) 파티셔닝의 분할 기준

① **범위 분할(Range Partitioning)**
- 데이터를 연속된 범위로 나눠 저장하는 방식이다.
- 검색할 때 특정 범위를 자주 조회하는 경우에 유용하다.
- 예) 월별로 데이터를 저장, 분기별로 데이터를 저장

② **목록 분할(List Partitioning)**
- 데이터를 명시적으로 구분하여 저장하는 방식이다.
- 특정 조건으로 데이터를 자주 검색하는 경우에 적합하다.
- 예) 한국, 일본, 중국은 아시아 파티션에, 노르웨이, 스웨덴, 핀란드는 북유럽 파티션에 저장

③ **해시 분할(Hash Partitioning)**
- 데이터를 나눌 때 해시 함수를 사용해 데이터를 균등하게 분산시킨다.
- 데이터가 모든 파티션에 고르게 분포되므로, 병렬 작업을 수행할 때 효과적이다.

④ **라운드 로빈 분할(Round Robin Partitioning)**
- 데이터를 차례대로 하나씩 균등하게 분배해 저장하는 방식이다.
- 모든 데이터가 고르게 나뉘므로, 데이터양이 비슷하게 저장된다.

⑤ **합성 분할(Composite Partitioning)**
- 여러 분할 방식을 조합하여 데이터를 나누는 방식이다.

(2) 클러스터 설계

1) 클러스터의 개념
- 자주 사용되는 테이블 데이터를 디스크상 동일한 위치에 저장하여 데이터 액세스 효율을 향상시키는 물리적 저장 방식이다.
- 데이터가 물리적으로 가까운 위치에 저장되므로 디스크 접근 속도를 높인다.

2) 클러스터의 특징
- 그룹화된 데이터가 같은 데이터 블록에 저장되어 디스크 입출력을 최소화한다.
- 클러스터링된 테이블 간 조인이 더 빠르게 이루어진다.
- 데이터 조회 속도가 빨라지지만, 데이터 추가/수정/삭제 또는 전체 스캔 시에는 성능이 저하될 수 있다.
- 데이터의 분포도가 넓을수록 클러스터링의 효과가 더 커진다.
- 클러스터링된 테이블에서 클러스터드 인덱스를 생성하면 성능이 더욱 향상된다.

(3) 인덱스(Index)

1) 인덱스의 개념
- 데이터베이스 테이블의 검색 속도를 향상시키기 위해 사용하는 자료구조이다.
- 책의 색인(Index)과 유사하며, 특정 데이터를 빠르게 찾기 위해 데이터 위치 정보를 저장한다.
- 인덱스는 추가적인 저장 공간을 사용하여 테이블 검색 작업의 성능을 최적화한다.

2) 인덱스를 사용하는 이유
- 대규모 테이블에서도 효율적으로 데이터를 검색할 수 있다.
- WHERE 조건, ORDER BY, MIN/MAX 연산 등에서 빠른 성능을 제공한다.
- 여러 테이블 간 조인 시 특정 열을 기반으로 데이터 추출 효율을 높인다.

3) 인덱스의 종류

① 클러스터 인덱스(Clustered Index)
- 테이블당 1개만 허용되며, 해당 컬럼 기준으로 테이블이 물리적으로 정렬된다.
- 데이터는 기본적으로 오름차순으로 정렬되며, 기본키를 설정하면 자동으로 생성된다.
- 검색 속도는 빠르지만, 데이터 입력/수정/삭제 시 성능 저하가 발생한다.

② 넌클러스터 인덱스(Non-Clustered Index)
- 테이블당 최대 240개까지 생성 가능하다.
- 레코드 원본은 정렬되지 않으며, 인덱스 페이지만 정렬된다.
- 클러스터 인덱스보다 검색 속도는 느리지만, 데이터 입력/수정/삭제 시 더 빠르다.
- 추가적인 인덱스 페이지가 필요하여 저장 공간을 더 많이 차지한다.

③ 밀집 인덱스(Dense Index)
- 데이터 각각의 레코드에 대해 하나의 인덱스를 생성한다.

④ 희소 인덱스(Sparse Index)
- 데이터 레코드 그룹 또는 데이터 블록 단위로 인덱스를 생성하여 메모리 사용량을 줄인다.

4) 인덱스 컬럼 선정 기준
- 데이터 값이 고르게 분포된 컬럼(10~15%)이 적합하다.
- 자주 조합되어 사용되는 컬럼에는 결합 인덱스를 생성한다.
- 입력, 수정, 삭제가 빈번하지 않은 컬럼을 선정해야 성능 저하를 방지할 수 있다.
- 한 컬럼이 여러 인덱스에 포함되지 않도록 설계한다.

(4) 뷰(View)

1) 뷰의 개념
- 기본 테이블에서 유도된 가상 테이블로, 실제 데이터를 저장하지 않고 논리적으로만 존재한다.
- 사용자는 뷰를 실제 테이블처럼 조회하거나 조작할 수 있다.

2) 뷰의 특징
- 기본 테이블을 기반으로 생성되며, 기본 테이블과 유사한 형태와 조작 방식을 제공한다.
- 가상 테이블이므로 물리적으로 저장되지 않으며, 데이터는 기본 테이블에서 가져온다.
- 논리적 데이터 독립성을 제공하여 기본 테이블의 구조 변경이 뷰에 영향을 미치지 않는다.
- 뷰를 통해 데이터에 접근하면 보안성이 강화된다.
- 데이터 삽입, 삭제, 갱신 등의 조작이 제한될 수 있다.
- 기본 테이블이나 관련 뷰가 삭제되면 뷰도 자동으로 삭제된다.
- 생성은 CREATE VIEW, 삭제는 DROP VIEW, 변경은 삭제 후 재생성이 필요하다.

(5) 시스템 카탈로그

1) 시스템 카탈로그의 개념
- 데이터베이스의 모든 데이터 개체에 대한 정보를 저장하는 시스템 테이블로, 데이터 사전(Data Dictionary)이라고도 한다.
- DDL의 결과로 생성되는 데이터베이스 구조와 관련 통계 정보를 저장하며, 이러한 정보를 메타데이터라고 부른다.
- 사용자와 DBMS가 모두 접근할 수 있는 데이터베이스 정보 저장소이다.

2) 시스템 카탈로그의 내용

정보	내용
릴레이션 관련 정보	이름, 저장된 파일 정보, 속성 정보, 인덱스 이름, 무결성 제약조건 등
인덱스 관련 정보	이름, 구조, 인덱스 키 정보 등
뷰 관련 정보	이름, 정의, 소유자 등
통계 관련 정보	릴레이션과 인덱스의 카디널리티, 인덱스의 높이와 범위 등
사용자 관련 정보	계정과 권한 정보

3) 시스템 카탈로그의 특징
- 시스템 카탈로그도 시스템 테이블로 구성되며, SQL을 사용하여 내용을 조회할 수 있다.
- DBMS에 의해 생성 및 유지되며, 사용자는 시스템 카탈로그를 직접 갱신할 수 없다.
- 데이터베이스의 모든 구조와 관련 정보를 체계적으로 저장하여 데이터베이스 관리와 최적화를 지원한다.

7. 절차형 SQL

(1) 저장 프로시저(Stored Procedure)
- 여러 쿼리를 하나의 함수처럼 실행하기 위한 쿼리 집합이다.
- 데이터베이스 작업 절차를 정리한 모듈로, 관계형 데이터베이스 관리 시스템(RDBMS)에 저장된다.
- 리턴값이 없거나, 하나 또는 여러 개의 리턴값을 가질 수 있다.

(2) 트리거
- 특정 테이블의 INSERT, DELETE, UPDATE와 같은 DML문 수행 시 자동으로 실행되는 작업이다.
- 데이터베이스에서 정의된 이벤트에 반응하도록 작성된 프로그램이다.
- 트리거 유형
  - 행 트리거: 영향을 받은 각 행마다 실행되며, FOR EACH ROW 옵션을 사용한다.
  - 문장 트리거: INSERT, UPDATE, DELETE문 전체에 대해 한 번만 실행된다.
- 트리거의 실행 시기
  - BEFORE: 이벤트 발생 전 실행된다.
  - AFTER: 이벤트 발생 후 실행된다.

(3) 사용자 정의 함수
- 프로시저와 유사하게 미리 정의된 기능을 수행하는 모듈이다.
- 프로그램 로직을 보조하며, 입력 파라미터만 지원하고 리턴값은 하나이다.

Section 5. 관계 데이터베이스 모델

1. 관계 데이터 모델

(1) 관계 데이터 모델 개념
- 데이터를 테이블 형태로 표현하며, 각 테이블은 튜플(행)과 속성(열)로 구성된다.
- 데이터를 정의하고 조작하는 데 테이블 형식을 사용하여 구조화된 데이터 관리가 가능하다.

(2) 관계 데이터 릴레이션의 구조

〈학생 릴레이션〉

학번	이름	학년	학과	성별
001	이흥직	3	컴퓨터	남
002	이경직	1	철학	여
003	이창훈	2	체육	남

- 속성(Attribute): 위쪽 화살표
- 카디널리티: 왼쪽 표시
- 튜플: 오른쪽 화살표
- 차수: 아래쪽 (학년 열)
- 성별의 도메인: 아래쪽 (성별 열)

구조	설명
속성(Attribute)	• 릴레이션의 열을 속성이라고 하며, 개체의 특성을 기술한다.
튜플(Tuple)	• 릴레이션의 행을 튜플이라고 하며, 속성 값들의 집합이다.
도메인(Domain)	• 속성이 가질 수 있는 값의 범위를 정의한다. • 예) 성별(남, 여), 학년(1~4)
차수(Degree)	• 릴레이션의 속성(열)의 총 개수를 의미한다.
카디널리티(Cardinality)	• 릴레이션의 튜플(행)의 총 개수를 의미한다.

(3) 릴레이션
- 데이터를 2차원 테이블의 구조로 저장한 것이다.
- 릴레이션의 구성

구성	설명
릴레이션 스키마	릴레이션의 이름, 속성 이름, 데이터 타입 등을 정의한 논리적 구조이다.
릴레이션 인스턴스	릴레이션 스키마에 따라 실제로 저장된 데이터의 집합이다.

- 릴레이션의 특징
    - 중복된 튜플이 존재하지 않는다.
    - 튜플 간의 순서는 중요하지 않다.
    - 속성 간의 순서도 중요하지 않으며, 위치 변경이 데이터 의미에 영향을 주지 않는다.
    - 각 속성은 더 이상 나눌 수 없는 원자값을 가져야 한다.
    - 릴레이션은 데이터의 삽입, 갱신, 삭제를 통해 실시간으로 변경될 수 있다.

2. 관계 데이터 언어(관계대수, 관계해석)

(1) 관계대수

1) 관계대수의 개념
- 데이터를 찾는 절차를 정의하는 절차적 언어이다.
- 데이터를 어떻게 찾을 것인지를 명시하며, 처리 과정(연산 절차)을 구체적으로 기술한다.
- 연산의 피연산자와 결과가 모두 릴레이션(테이블)이다.
- 일반적인 집합 연산과 데이터베이스 특화된 순수 관계 연산으로 구분된다.

2) 순수 관계 연산자

《학생》

학번	이름	학년	학과	성적
1001	김철수	2	컴퓨터	95
1002	김영희	3	컴퓨터	90
1003	이홍직	1	환경	75
1004	홍길동	2	건축	80
1005	김명민	1	건축	85
1006	소찬휘	3	전자	100

《수강과목》

학번	수강과목	학점
1001	국어	3
1002	영어	2
1003	국어	3
1004	수학	5
1005	국어	3
1006	국어	3

① SELECT
- 주어진 조건을 만족하는 튜플을 선택한다.
- 기호: σ(시그마)
- 표기법: σ〈조건〉(R)
- 조건에서는 =, ≠, 〈, ≤, 〉, ≥ 등의 기호를 사용한 비교 연산이 허용된다.
- AND(∧), OR(∨), NOT(¬) 등의 논리 연산자를 사용한다.
- 예시1: σ 성적 〉 90 (학생)

학번	이름	학년	학과	성적
1001	김철수	2	컴퓨터	95
1006	소찬휘	3	전자	100

- 예시2 : σ 성적 ≥ 90 ^ 학과 = '컴퓨터' (학생)

학번	이름	학년	학과	성적
1001	김철수	2	컴퓨터	95
1002	김영희	3	컴퓨터	90

② PROJECT
- 속성 리스트에 주어진 속성 값만을 추출한다.
- 기호: π(파이)
- 표기법: π〈리스트〉(R)
- 예시1: π 학번, 성적 (학생)

학번	성적
1001	95
1002	90
1003	75
1004	80
1005	85
1006	100

- 예시2: π 학번, 이름, 성적 (σ 성적 ≥ 90 (학생))

학번	이름	성적
1001	김철수	95
1002	김영희	90
1006	소찬휘	100

③ JOIN
- 두 릴레이션에서 연관된 튜플들을 결합한다.
- 기호: ⋈(보타이)
- 표기법: R⋈〈조건〉S
- 예시: (학생) ⋈ 학번=학번 (수강과목)

학번	이름	학년	학과	성적	수강과목	학점
1001	김철수	2	컴퓨터	95	국어	3
1002	김영희	3	컴퓨터	90	영어	2
1003	이흥직	1	환경	75	국어	3
1004	홍길동	2	건축	80	수학	5
1005	김명민	1	건축	85	국어	3
1006	소찬휘	3	전자	100	국어	3

④ DIVISION
- 릴레이션 S의 모든 튜플과 관련이 있는 릴레이션 R의 튜플들을 반환한다.
- 기호: ÷(나누기)
- 표기법: R÷S

《R》

A	B
a1	b1
a1	b2
a1	b3
a2	b1
a2	b3

《S1》

B
b1

《S2》

B
b1
b2

- 예시1: (R) ÷ (S1)

A
a1
a2

- 예시2: (R) ÷ (S2)

A
a1

3) 일반 집합 연산자

<<A과목>>

학번	이름
1001	김철수
1002	김영희
1003	이홍직

<<B과목>>

학번	이름
1001	김철수
1004	김명민
1005	소찬휘

① **합집합(Union)**
- 두 릴레이션의 튜플 합집합을 구하며, 중복 튜플은 제거한다.
- 표기법: ∪
- 예시: A과목 ∪ B과목

학번	이름
1001	김철수
1002	김영희
1003	이홍직
1004	김명민
1005	소찬휘

② **교집합(Intersection)**
- 두 릴레이션의 튜플 교집합을 구한다.
- 표기법: ∩
- 예시: A과목 ∩ B과목

학번	이름
1001	김철수

③ **차집합(Difference)**
- 한 릴레이션의 튜플에서 다른 릴레이션의 튜플을 제거한다.
- 표기법: −
- 예시: A과목 − B과목

학번	이름
1002	김영희
1003	이홍직

④ 교차곱(Cartesian Product)
- 두 릴레이션의 모든 튜플 조합을 구한다.
- 표기법: X

<<학생>>

학번	이름
1001	김철수
1002	김영희

<<과목>>

번호	과목
S01	국어
S02	영어

- 예시: 학생 X 과목

학생.학번	학생.이름	과목.번호	과목.과목
1001	김철수	S01	국어
1001	김철수	S02	영어
1002	김영희	S01	국어
1002	김영희	S02	영어

(2) 관계해석

- 관계 데이터 모델의 창시자 코드(E. F. Codd)가 제안한 개념으로, 수학의 술어 해석(Predicate Calculus)에 기반을 두고 있다.
- 비절차적 언어로, 데이터를 어떻게 찾을지가 아니라 무엇을 찾을지를 정의한다.
- 튜플 관계해석과 도메인 관계해석이 있다.
- 관계해석과 관계대수는 처리 능력 면에서 동등하며, 원하는 데이터를 모두 표현할 수 있다.
- 연산자

구분	기호	설명
정량자	∀	모든 가능한 튜플 "For All"
	∃	어떤 튜플 하나라도 존재

Section 6. 키와 무결성 제약조건

1. 속성(컬럼)

(1) 속성의 개념
- 릴레이션(테이블)에서 데이터의 상태나 특성을 나타내는 정보의 최소 단위이다.
- 관계형 데이터베이스에서는 열(Column)로 표현되며, 각 속성은 테이블에서 특정한 정보를 나타낸다.

(2) 속성의 특징
- 업무 프로세스에 필요한 정보로 구성되며, 하나의 속성은 하나의 값만을 가진다.
- 여러 값을 가져야 할 경우, 해당 속성을 별도의 테이블로 분리한다.

(3) 속성의 분류

분류	설명
기본 속성	업무로부터 직접 추출한 모든 속성
설계 속성	코드성 데이터, 릴레이션 식별용 일련번호 등 설계를 위해 추가된 속성
파생 속성	다른 속성의 영향을 받아 계산되거나 생성되는 속성 (예: 합계, 재고)

(4) 세부 의미에 따른 분류

분류	설명
단순 속성	나이, 성별과 같이 더 이상 나눌 수 없는 속성
복합 속성	주소처럼 여러 세부 속성(시, 구, 동 등)으로 구성될 수 있는 속성

(5) 구성 방식 따른 분류

분류	설명
PK(Primary Key) 속성	릴레이션에서 튜플(행)을 고유하게 식별할 수 있는 속성
FK(Foreign Key) 속성	다른 릴레이션을 참조하는 속성으로, 관계를 표현하는 데 사용
일반 속성	릴레이션에 포함된 속성 중 PK와 FK가 아닌 속성

(6) 도메인
- 속성이 가질 수 있는 값의 범위를 정의한다.
- 속성의 가능한 모든 값의 집합을 나타내며, 데이터 무결성을 보장한다.

(7) 속성명 부여 원칙

- 업무에서 사용하는 이름을 기반으로 정의한다.
- 이름은 간결하고 명확하게 설정하며, 서술형 이름은 피한다.
- 약어는 제한적으로 사용하며, 전체 데이터 모델에서 이름이 유일해야 한다.

2. 키 종류

(1) 키(Key)의 개념

- 데이터베이스에서 튜플(행)을 고유하게 식별하고 구별하기 위해 사용하는 컬럼(속성)이다.
- 아래 학생 릴레이션에서 학생 튜플을 구별할 수 있는 키는 학번 컬럼이다.

《《학생》》

학번	주민번호	이름	학년	학과	성적
1001	111	김철수	2	컴퓨터	95
1002	222	김영희	3	컴퓨터	90
1003	333	이홍직	1	환경	75

(2) 키(Key)의 종류

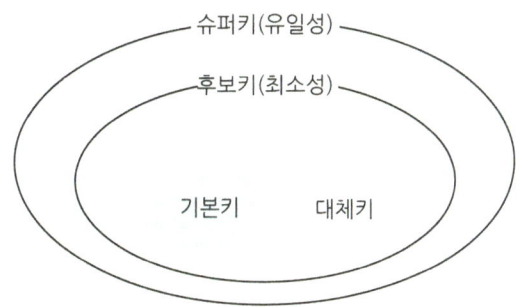

1) 후보키(Candidate Key)

- 릴레이션에서 튜플을 유일하게 식별할 수 있는 속성들의 집합이다.
- 반드시 하나 이상 존재해야 하며, 유일성과 최소성을 만족해야 한다.

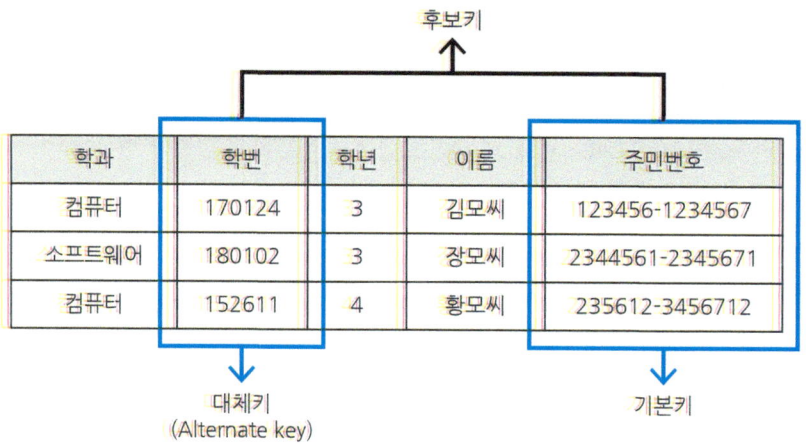

2) 기본키(Primary Key)
- 후보키 중에서 선택한 주요키(Main Key)이다.
- 특정 튜플을 유일하게 식별할 수 있으며, NULL 값을 가질 수 없고, 중복된 값을 가질 수 없다.

3) 대체키(Alternate Key)
- 여러 후보키 중에서 기본키로 선택되지 않은 나머지 후보키를 말한다.

4) 슈퍼키(Super Key)
- 튜플을 유일하게 식별할 수 있는 속성들의 집합이다.
- 최소성 조건은 만족하지 않으므로, 후보키보다 넓은 개념이다.

3. 데이터베이스 무결성

(1) 데이터베이스 무결성 개념
- 데이터의 정확성, 일관성, 유효성을 보장하는 데이터베이스 관리 시스템(DBMS)의 중요한 기능이다.
- 무결성을 유지하기 위해 적절한 연산 제한과 제약조건이 적용된다.

(2) 데이터베이스 무결성 종류

1) 개체 무결성(Entity Integrity)
- 모든 릴레이션은 중복되지 않는 고유 값인 기본키(Primary Key)를 가져야 한다.
- 기본키는 NULL 값을 가질 수 없다.

2) 참조 무결성(Referential Integrity)

- 외래키(Foreign Key)는 NULL이거나, 참조 릴레이션의 기본키와 일치해야 한다.
- 참조 무결성 제약조건

종류	설명
제한(Restrict)	문제의 연산을 거부하여 데이터 무결성을 유지한다.
연쇄(Cascade)	참조된 튜플이 삭제되면, 이를 참조하는 튜플도 함께 삭제한다.
널값(Null)	참조된 튜플이 삭제되면, 참조하는 튜플의 외래키를 NULL로 설정한다.
기본값(Default)	참조된 튜플 삭제 시, NULL 대신 기본값을 설정한다.

3) 도메인 무결성(Domain Integrity)

- 모든 속성 값은 정의된 도메인에 속해야 한다.
- 예) '성별' 컬럼에는 오직 '남' 또는 '여'만 허용된다.

4) 고유 무결성(Unique Integrity)

- 릴레이션의 특정 속성 값은 중복되지 않고 유일해야 한다.

5) 키 무결성(Key Integrity)

- 각 릴레이션은 적어도 하나 이상의 키를 가져야 한다.

6) 릴레이션 무결성(Relation Integrity)

- 삽입, 삭제, 갱신 등의 연산은 릴레이션의 무결성을 해치지 않도록 수행되어야 한다.

Section 7. 품질 검토 및 분산 데이터베이스

1. CRUD 분석

(1) CRUD의 개념

- 데이터 처리 기능인 Create(생성), Read(읽기), Update(갱신), Delete(삭제)를 묶어서 표현한 말이다.
- 시스템 구축 시 프로세스와 DB에 저장되는 데이터 사이의 의존 관계를 표현하는 표이다.
- 시스템을 구축하기 위해 해당 업무에 어떤 데이터가 존재하는지 무엇이 영향을 받는지 분석
- 데이터베이스에 영향을 주는 생성, 읽기, 갱신, 삭제 연산으로 프로세스와 테이블 간에 매트릭스를 만들어서 트랜잭션을 분석

업무 \ 테이블	회원	상품	주문	재고
회원가입	C			
로그인	RU			
상품보기		RU		
상품주문		R	C	U
주문취소		R	D	U

(2) CRUD의 필요성

1) 모델링 작업 검증
- 데이터 모델링과 프로세스 모델링이 정확하게 수행되었는지 확인하는 데 사용된다.

2) 중요 산출물
- 시스템 구축 단계에서의 중요한 참고 자료로 활용되며, 구축되는 시스템의 데이터 처리를 명확히 정의한다.

3) 테스트 시 사용
- 시스템 테스트 시 테스트 케이스로 활용되며, 각 테스트 단계에서 예상되는 데이터의 변화를 확인한다.

4) 인터페이스 현황 파악
- 전체 업무 프로세스에서 발생하는 인터페이스를 파악하고, 어떤 데이터가 어떤 방식으로 교환되는지 이해하는 데 도움을 준다.

2. 옵티마이저

(1) SQL 처리 흐름

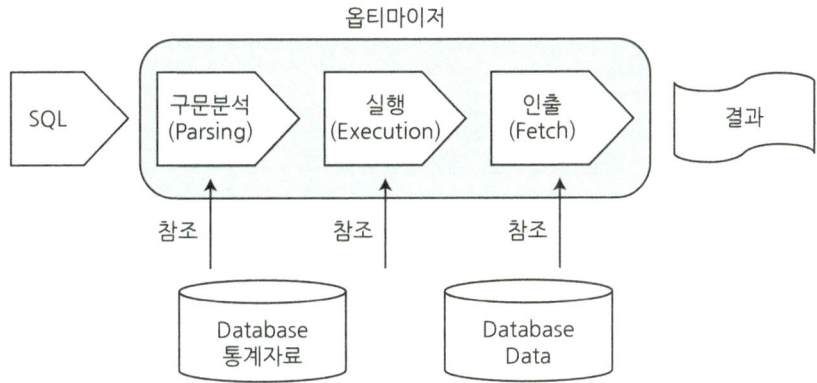

1) 구문분석 단계
- SQL 문법의 정확성과 참조된 테이블·뷰가 데이터베이스에 존재하는지 검증한다.
- 이미 처리된 적이 있는지 확인하고, 캐시된 실행 계획이 있을 경우 이를 재사용한다.

2) 실행 단계
- SQL문에서 참조된 데이터가 데이터 버퍼 캐시에 있는지 확인한다.
- 데이터가 캐시에 있으면 디스크 접근 없이 캐시에서 데이터를 처리하고, 없으면 디스크에서 데이터를 읽어 캐시에 로드한 뒤 처리한다.

3) 추출 단계
- 실행이 완료되면 데이터 버퍼 캐시에서 데이터를 읽어 사용자에게 전달한다.
- SELECT문에 대해서만 수행하며, UPDATE, INSERT, DELETE문은 이 단계를 생략한다.

(2) 옵티마이저 개념
- 옵티마이저는 SQL문에 대한 최적의 실행 방법을 결정한다.
- 옵티마이저의 구분

구분	설명
규칙 기반 옵티마이저 (Rule Based Optimizer)	• 규칙(우선순위)을 기반으로 실행 계획을 생성한다. • 인덱스 유무, 연산자, 객체 등의 정보를 참조하여 우선순위를 부여한다.
비용 기반 옵티마이저 (Cost Based Optimizer)	• SQL문을 처리하는 데 필요한 비용이 가장 적은 실행 계획을 선택한다. • 소요 시간이나 자원 사용량을 기준으로 실행 계획을 생성한다. • 테이블, 인덱스, 컬럼 등의 객체 통계정보와 시스템 통계정보를 활용한다.

3. SQL 성능 튜닝

(1) 튜닝의 개념
- SQL문을 최적화하여 시스템의 처리량과 응답 속도를 개선하는 작업이다.

(2) 튜닝 영역

접근 방법	설명
데이터베이스 설계 튜닝	성능을 고려해 데이터베이스 설계 단계에서부터 최적화한다.
데이터베이스 환경	H/W 설정을 통해 성능을 향상시킨다.
SQL문장 튜닝	SQL문장 자체를 최적화하여 성능을 개선한다.

4. 분산 데이터베이스

(1) 분산 데이터베이스(Distribute Database)의 정의
- 여러 지역에 분산된 데이터베이스를 하나의 논리적 시스템처럼 사용할 수 있도록 구성한 데이터베이스이다.

(2) 분산 데이터베이스 구성요소

구성요소	설명
분산 처리기	지리적으로 분산된 컴퓨터 시스템으로 구성된다.
분산 데이터베이스	지리적으로 분산된 데이터베이스를 의미한다.
통신 네트워크	분산 처리기들을 연결하여 하나의 시스템처럼 작동하도록 지원한다.

(3) 분산 데이터베이스 장/단점

장점	• 시스템 확장이 용이하다. • 신뢰성과 가용성이 높다. • 지역별 요구를 효과적으로 수용한다.
단점	• 설계 및 관리가 복잡하다. • 오류 가능성과 처리 비용이 증가한다. • 데이터 통제와 무결성 유지가 어렵다.

(4) 투명성 조건

조건	설명
위치 투명성 (Location)	데이터의 위치를 몰라도 논리적 명칭으로 접근 가능하다.
분할 투명성 (Division)	분할된 테이블을 통합적으로 관리할 수 있다.
지역사상 투명성 (Local Mapping)	지역 DBMS와 물리적 데이터 간 매핑을 보장하며, 지역별 이름과 관계없이 동일한 명칭을 사용한다.
중복 투명성 (Replication)	중복 저장된 데이터를 숨기고 단일 데이터처럼 사용할 수 있다.
병행 투명성 (Concurrency)	동시에 실행되는 트랜잭션 간 간섭 없이 올바르게 처리한다.
장애 투명성 (Failure)	장애 발생 시에도 트랜잭션을 정확히 처리하고 데이터의 일관성을 유지한다.

(5) CAP 이론

1) 개념
- 분산 환경에서 일관성(Consistency), 가용성(Availability), 분단 허용성(Partition Tolerance) 세 가지 중 두 가지 속성만 만족할 수 있다는 이론이다.

2) 속성의 의미

속성	설명
일관성 (Consistency)	모든 노드가 동일한 데이터를 보유하며, 한 노드에서 변경된 데이터가 모든 노드에 즉시 반영되는 것을 의미한다.
가용성 (Availability)	시스템이 장애 상황에서도 모든 요청에 대해 응답하며, 읽기와 쓰기 요청을 계속 처리할 수 있음을 의미한다.
분단 허용성 (Partition Tolerance)	네트워크 분할(통신 장애) 상황에서도 시스템 전체가 중단되지 않고, 나머지 노드가 계속 동작해야 함을 의미한다.

5. 트랜잭션

(1) 트랜잭션의 개념
- 데이터베이스의 상태를 변환시키는 하나의 논리적 작업 단위이다.
- 여러 연산이 모두 함께 수행되어야 할 경우 하나의 트랜잭션으로 묶어 처리한다.

(2) 트랜잭션의 성질

성질	설명
원자성 (Atomicity)	• 트랜잭션 내의 모든 연산은 모두 수행되거나, 전혀 수행되지 않아야 한다. • 오류 발생 시 Rollback으로 취소되며, Commit과 Rollback 명령어로 보장한다.
일관성 (Consistency)	• 트랜잭션 완료 후 데이터베이스는 항상 일관된 상태를 유지해야 한다. • 수행 전후의 고정 요소는 동일한 상태여야 한다.
독립성, 격리성 (Isolation)	• 동시에 실행되는 트랜잭션 간에 간섭이 없어야 한다. • 하나의 트랜잭션이 완료되기 전까지 다른 트랜잭션은 그 결과를 볼 수 없다.
영속성 (Durability)	• 트랜잭션이 Commit된 이후에는 시스템 고장이 발생하더라도 그 결과가 영구적으로 반영되어야 한다.

(3) 트랜잭션의 상태

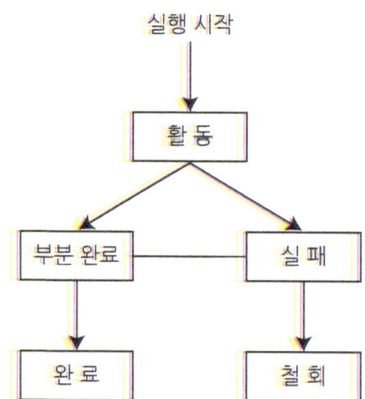

상태	설명
활동(Active)	트랜잭션이 실행 중인 상태를 나타낸다.
실패(Failed)	트랜잭션 실행 중 오류가 발생하여 중단된 상태를 의미한다.
철회(Aborted)	비정상적으로 종료된 트랜잭션이 Rollback 연산을 수행한 상태를 말한다.
부분 완료 (Partially Committed)	마지막 연산까지는 실행되었지만 Commit 연산이 아직 실행되지 않은 상태이다.
완료(Committed)	트랜잭션이 성공적으로 종료되어 Commit 연산이 실행된 상태이다.

Section 8. 병행제어와 데이터 전환

1. 병행제어

(1) 병행제어의 개념
- 여러 트랜잭션이 동시에 실행되면서도 데이터베이스의 일관성을 유지하도록 제어하는 기법이다.
- 동시에 실행되는 여러 트랜잭션 간의 상호작용을 제어하여, DB의 일관성이 손상되지 않도록 한다.

(2) 병행제어의 목적
- 데이터베이스의 공유도를 최대화한다.
- 시스템 활용도를 최대화한다.
- 응답 시간을 최소화한다.
- 단위 시간당 트랜잭션 처리 건수를 최대화한다.
- 데이터베이스의 일관성을 유지한다.

(3) 병행제어의 문제점

1) 갱신 분실(Lost Update)
- 여러 트랜잭션이 같은 데이터를 동시에 갱신할 때, 일부 갱신 결과가 손실되는 문제이다.

데이터	트랜잭션 1	트랜잭션 2
1000	READ(1000)	
1000		READ(1000)
1000	ADD(1000)	
1000		ADD(2000)
2000	STORE(2000)	
3000		STORE(3000)

2) 비완료 의존성(Uncommitted Dependency)
- 실패한 트랜잭션이 복구되기 전에 다른 트랜잭션이 그 결과를 참조하는 문제이다.

데이터	트랜잭션 1	트랜잭션 2
1000	READ(1000)	
1000	ADD(1000)	
2000	STORE(2000)	READ(2000)
1000	장애로 ROLLBACK	

3) 모순성(Inconsistency)
- 병행 수행 중 원치 않는 데이터를 사용하여 발생하는 문제이다.
- 갱신 분실과 비슷하지만, 여러 데이터를 참조할 때 발생한다.

4) 연쇄 복귀(Cascading Rollback)
- 하나의 트랜잭션이 실패하여 롤백되면, 이를 참조하던 다른 트랜잭션도 롤백되는 문제이다.

데이터	트랜잭션 1	트랜잭션 2
1000	READ(1000)	
1000	ADD(1000)	
2000	STORE(2000)	
2000		READ(2000)
2000		ADD(2000)
4000		STORE(4000)
1000	장애로 ROLLBACK	

(4) 병행제어 기법

1) 로킹(Locking)
- 트랜잭션이 데이터에 접근하기 위해서는 먼저 로킹(Locking)을 수행해야 한다.
- 로킹된 데이터는 다른 트랜잭션이 접근할 수 없다.
- 로킹 단위: 필드, 레코드, 파일, 데이터베이스 등 다양한 단위로 설정 가능하다.
- 로킹 단위에 따른 구분

구분	로크 수	병행성	오버헤드
로킹 단위가 크면	적어짐	낮아짐	감소
로킹 단위가 작으면	많아짐	높아짐	증가

2) 2단계 로킹 규약(Two-Phase Locking Protocol)
- 확장 단계: 새로운 Lock은 가능하나 Unlock은 불가능하다.
- 축소 단계: Unlock은 가능하나 새로운 Lock은 불가능하다.
- 직렬 가능성을 보장한다.
- 교착상태가 발생할 수 있다.

3) 타임스탬프(Time Stamp)
- 데이터 접근 시간을 미리 정해 트랜잭션이 순서대로 접근하도록 한다.
- 직렬 가능성을 보장한다.
- 교착상태가 발생하지 않는다.
- 연쇄 복귀(Cascading Rollback)가 발생할 가능성이 있다.

4) 낙관적 병행제어(Optimistic Concurrency Control)
- 트랜잭션 수행 중에는 충돌 검사를 하지 않고, 종료 시점에 일괄적으로 검사한다.

5) 다중 버전 병행제어(Multi-version, Concurrency Control)
- 데이터의 여러 버전을 사용하여 타임스탬프를 비교한 뒤, 직렬 가능성을 보장하는 타임스탬프를 선택한다.

2. 회복(Database Recovery)

(1) 회복의 개념
- 데이터베이스에서 장애로 인해 손상된 데이터를 이전의 정상 상태로 복구하는 작업이다.

(2) 장애의 유형

유형	설명
트랜잭션 장애	트랜잭션 실행 중 발생하는 논리적 오류
시스템 장애	하드웨어 시스템에서 발생하는 오류
미디어 장애	디스크 손상 등 외부 저장 장치의 물리적 오류로 발생

(3) Undo와 Redo

Undo	트랜잭션 로그를 이용하여 오류와 관련된 모든 변경 사항을 취소하여 복구
Redo	트랜잭션 로그를 이용하여 오류 발생 트랜잭션을 다시 실행하여 복구

(4) 로그 파일
- 트랜잭션이 데이터 변경 사항을 데이터베이스에 기록하기 전에 먼저 기록하는 별도의 파일이다.
- 장애 발생 시 로그 파일을 사용하여 트랜잭션의 상태를 확인하고 복구 작업을 수행한다.

(5) 회복 기법

1) 로그 기반 회복 기법

① 지연 갱신 회복 기법(Deferred Update)
- 트랜잭션이 커밋되기 전까지 변경 내용을 로그 파일에만 저장한다.
- 장애 발생 시 데이터베이스에 기록되지 않았으므로 UNDO가 필요하지 않으며, 미완료 로그는 폐기된다.

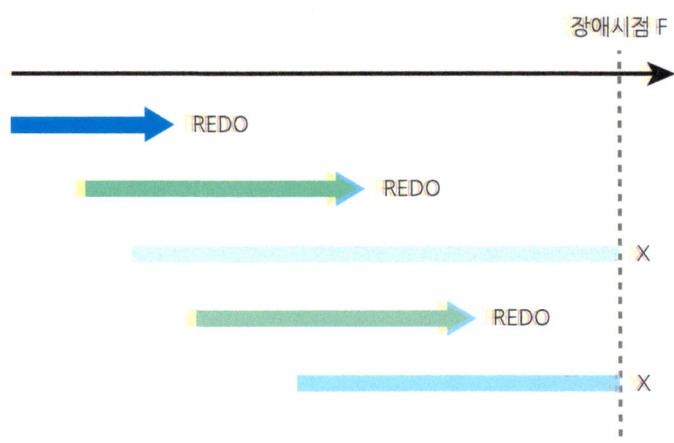

② 즉시 갱신 회복 기법(Immediate Update)
- 트랜잭션 수행 중 변경 내용을 데이터베이스에 즉시 기록한다.
- 커밋 이전의 변경 내용은 원자성이 보장되지 않는 미완료 상태로, 장애 발생 시 UNDO 작업이 필요하다.

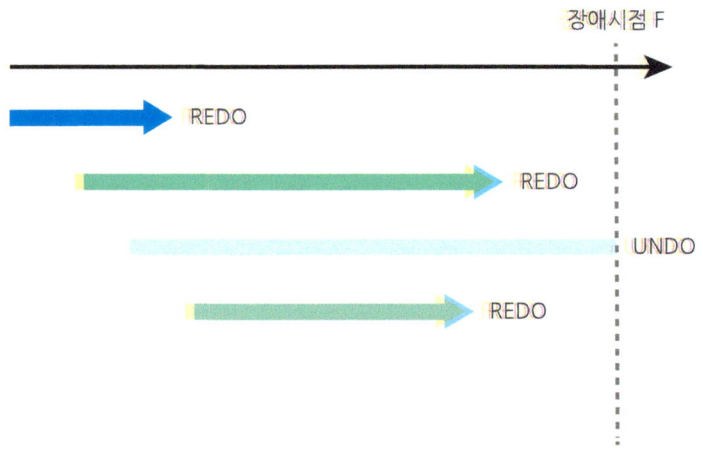

2) 검사점 회복 기법(Checkpoint Recovery)
- 장애 발생 시 검사점 이전에 처리된 트랜잭션은 회복 작업에서 제외된다.
- 검사점 이후 처리된 트랜잭션만 복구 작업을 수행한다.

3) 그림자 페이징 회복 기법(Shadow Paging Recovery)
- 트랜잭션 시작 시, Current Page Table과 동일한 Shadow Page Table을 생성한다.
- 트랜잭션이 성공적으로 완료되면 Shadow Page Table을 삭제하고, 실패하면 Current Page Table로 복구한다.

4) 미디어 회복 기법(Media Recovery)
- 비휘발성 저장 장치 손상에 대비하여 데이터를 별도 저장 장치에 백업한다.

5) ARIES 회복 기법(Algorithms for Recovery and Isolation Exploiting Semantics)
- ARIES는 REDO와 UNDO를 활용한 회복 기법으로, 3단계로 구성된다.
- 주요 3단계

단계	설명
분석 단계	장애가 발생한 시점에서 REDO를 시작해야 할 로그의 위치를 결정한다.
REDO 단계	REDO 시작 위치부터 로그의 끝까지 REDO 작업을 수행하며, 불필요한 REDO 연산이 발생하지 않도록 로그 레코드 리스트를 관리한다.
UNDO 단계	로그를 역순으로 읽으면서, 진행 중이던 트랜잭션의 연산을 역순으로 UNDO 한다.

3. ETL(Extraction, Transformation, Loading)

(1) ETL 개념
- 다양한 소스 시스템으로부터 데이터를 추출, 변환, 그리고 타깃 시스템에 적재하는 전체 과정을 의미한다.
- 데이터 웨어하우스를 구축할 때, 운영 시스템에서 데이터를 추출하여 가공(변환, 정제)한 뒤 데이터 웨어하우스에 적재하는 작업도 포함된다.
- ETL 과정에는 데이터 필터링, 정렬, 집계, 조인, 정리, 중복 제거, 유효성 검사 등 다양한 작업이 수행된다.

(2) ETL 기능

기능	설명
추출(Extraction)	하나 이상의 데이터 소스에서 데이터를 획득하는 과정
변환(Transformation)	데이터 클렌징, 형식 변환 및 표준화, 데이터 통합 등을 수행하는 과정
적재(Load)	변환된 데이터를 목표 시스템에 저장하는 과정

(3) 데이터 전환 절차
- 데이터 전환 계획 및 요건 정의
- 데이터 전환 설계
- 데이터 전환 개발
- 데이터 전환 테스트 및 검증
- 데이터 전환

(4) 데이터 전환이 필요한 이유

- 다양한 시스템을 하나로 통합하기 위해 필요하다.
- 비즈니스 성장이나 변화에 따른 새로운 데이터 요구사항을 수용하기 위해 필요하다.
- 조직 구조 변화에 따른 데이터 통합 또는 이관 작업이 필요할 때 사용된다.
- 새로운 시스템으로의 전환을 위해 필요하다.
- 클라우드, 가상화 등 새로운 기술 도입에 따른 데이터 이전 작업이 필요할 때 사용된다.
- 기존 시스템의 성능 개선 또는 안정성 확보를 위해 데이터 전환을 진행한다.

(5) 데이터 품질 관리 대상

대상	설명
데이터 값	데이터의 실제 내용
데이터 구조	데이터 처리의 각 단계에서 사용되는 데이터 구조
데이터 관리 프로세스	데이터 정의, 변경, 평가와 관련된 방법론과 절차

CHAPTER 02. SQL 활용

Section 1. 기본 SQL 작성

1. SQL(Structured Query Language)

(1) SQL의 개념
- 데이터베이스에서 데이터를 처리하기 위해 사용되는 구조적 질의 언어이다.
- 관계형 데이터베이스 관리 시스템(RDBMS)을 위해 설계된 특수 목적의 프로그래밍 언어이다.

(2) SQL의 특징
- 구문이 영어 문장과 유사하여 배우기 쉽고 사용이 편리하다.
- 데이터 연산은 절차적으로 처리되지 않으며, 집합 단위로 실행된다.
- SQL은 대소문자를 구별하지 않는다.

(3) SQL 문법의 종류

1) Data Definition Language(DDL) - 데이터 정의어
- 데이터베이스 객체를 정의하는 명령어이다.
- CREATE, ALTER, DROP, RENAME, TRUNCATE

2) Data Manipulation Language(DML) - 데이터 조작어
- 데이터베이스 내 데이터를 조작(조회, 추가, 수정, 삭제)하는 명령어이다.
- SELECT, INSERT, UPDATE, DELETE

3) Data Control Language(DCL) - 데이터 제어어
- 데이터베이스에 접근할 권한을 부여하거나 회수하는 명령어이다.
- GRANT, REVOKE

4) Transaction Control Language(TCL) - 트랜잭션 제어어
- 트랜잭션 단위로 작업 결과를 제어하는 명령어이다.
- COMMIT, ROLLBACK, SAVEPOINT

2. DDL(Data Definition Language) - 데이터 정의어

(1) 데이터 정의어의 개념
- 데이터를 저장하는 테이블 및 다양한 객체를 정의하는 데 사용되는 언어이다.
- 데이터를 담는 '그릇'을 정의하는 역할로, 데이터베이스의 구조를 생성, 수정, 삭제하는 명령어들을 포함한다.

(2) 데이터 정의어로 정의되는 객체 유형

종류	설명
테이블(Table)	데이터를 저장하는 공간이다.
뷰(View)	하나 이상의 물리적 테이블로부터 유도되는 가상의 논리 테이블이다.
인덱스(Index)	특정 컬럼에 대해 생성하며, 데이터 검색 속도를 높이기 위한 구조이다.

(3) 조작 방법

1) CREATE
- 데이터베이스 객체(테이블, 인덱스, 뷰 등)를 생성하는 명령어이다.
- 데이터베이스 생성

```
// db라는 이름의 데이터베이스 생성
CREATE DATABASE db;
```

- 테이블 생성

```
// 회원 테이블 생성
CREATE TABLE 회원 (
    USER_NO INT(11) NOT NULL AUTO_INCREMENT,
    NAME VARCHAR(50) NOT NULL,
    AGE TINYINT(4) DEFAULT '0',
    PRIMARY KEY (USER_NO)
);
```

- INDEX 생성

```
// 회원 테이블에 search_name 이름의 인덱스 생성
CREATE INDEX search_name
ON 회원 ( name );
```

- VIEW 생성

    ```
    // 회원 테이블에서 이름과 나이만 가져오는 VIEW 생성
    CREATE VIEW v_user
    AS
        SELECT name, age FROM 회원
    ;
    ```

2) ALTER

- 기존에 생성된 데이터베이스 객체의 구조를 변경하는 명령어이다.
- 속성 추가

    ```
    // 회원 테이블에 ADDR 속성 추가
    ALTER TABLE 회원 ADD ADDR VARCHAR(200) null;
    ```

- 속성 변경

    ```
    // 회원 테이블에 AGE 속성 INT로 변경
    ALTER TABLE 회원 MODIFY AGE INT(11);
    ```

- 속성 삭제

    ```
    // 회원 테이블에 AGE 속성 삭제
    ALTER TABLE 회원 DROP COLUMN AGE;
    ```

- INDEX 변경

    ```
    // 회원명 INDEX를 성명으로 변경
    ALTER INDEX 회원명 RENAME TO 성명
    // INDEX의 속도가 저하되거나 깨졌을 경우 INDEX 재구성
    ALTER INDEX 회원명 REBUILD
    // INDEX 비활성화
    ALTER INDEX 회원명 UNUSABLE
    ```

3) DROP
- 데이터베이스 객체를 삭제하는 명령어이다.
- 테이블 삭제

```
// 회원 테이블 삭제
DROP TABLE 회원;
```

4) TRUNCATE
- 테이블의 모든 데이터를 삭제하는 명령어로, 구조는 남기고 데이터만 비운다.
- 내용 삭제

```
// 회원 테이블 내용 삭제
TRUNCATE [TABLE] 회원;
```

(4) 제약조건 적용

제약조건	설명
PRIMARY KEY	• 하나의 테이블에서 유일하게 데이터를 식별할 수 있는 기본키를 정의한다. • 기본으로 NOT NULL, UNIQUE 제약이 포함
FOREIGN KEY	• 다른 테이블의 기본키를 참조하는 외래키를 정의한다. • 참조 무결성 위배 상황 발생 시 처리 방법으로 옵션 지정 가능 • 예) FOREIGN KEY (user_id) REFERENCES user(id) ON DELETE CASCADE;
UNIQUE	• 테이블 내에서 각 행의 해당 컬럼 값이 유일해야 함을 정의한다. • 예) USER_ID VARCHAR(10) UNIQUE NOT NULL
NOT NULL	• 해당 컬럼이 NULL 값을 허용하지 않도록 정의한다. • 예) USER_ID VARCHAR(10) NOT NULL
CHECK	• 개발자가 정의하는 특정 조건을 만족해야 하는 컬럼에 대한 제약을 설정한다. • 예) CONSTRAINT chk_성별 CHECK (성별 IN ('M', 'F'))

3. DML(Data Manipulation Language) – 데이터 조작어

(1) 데이터 조작어의 개념
- 데이터베이스에서 데이터를 조회, 추가, 삭제, 수정하기 위한 언어이다.

(2) INSERT
- 테이블에 데이터를 추가할 때 사용하는 명령어이다.
- 컬럼 순서와 값의 순서가 일치해야 데이터가 올바른 위치에 추가된다.
- 숫자 데이터는 따옴표를 생략할 수 있으나, 문자 데이터는 반드시 홑따옴표(')로 감싸야 한다.

```
// 회원 데이터 추가
INSERT INTO 회원 ( NAME, AGE )
VALUES ( '이흥직', 42 );

// 여러 행을 검색하여 추가
INSERT INTO 회원
SELECT NAME, AGE FROM 회원2
```

(3) SELECT
- 하나 이상의 테이블에서 데이터를 조회하는 명령어이다.
- 조건 지정, 그룹화, 정렬 등 다양한 키워드와 논리 연산자를 활용할 수 있다.
- 사용 키워드
  - WHERE: 조건에 맞는 데이터를 지정한다.
  - GROUP BY: 특정 속성을 기준으로 그룹화하며, 집계 함수를 사용할 수 있다.
  - HAVING: GROUP BY 절에 정의된 조건을 지정한다.
  - ORDER BY: 반환되는 행의 정렬 순서를 지정하며, 오름차순(기본) 또는 내림차순으로 설정할 수 있다.
- 논리 연산자
  - NOT: 조건이 거짓인 경우를 지정한다.
  - AND: 두 조건이 모두 참인 경우를 지정한다.
  - OR: 조건 중 하나 이상이 참인 경우를 지정한다.

- 사용 예

    《《사원정보》》

사번	부서	이름	직책	입사일	나이
0001	개발팀	이흥직	차장	2003	42
0002	영업팀	홍길동	과장	2005	38
0003	개발팀	김길	대리	(NULL)	32
0004	경영지원팀	김영희	차장	2002	43
0005	영업팀	이철수	대리	2012	28
0006	디자인팀	이창훈	사원	2010	26
0007	디자인팀	소찬휘	과장	2007	40
0008	기획팀	김명민	차장	2001	45

    - 모든 직원 정보 조회

    ```
    SELECT * FROM 사원정보;
    ```

    - 개발팀 직원 정보 조회(사번, 이름, 직책만)

    ```
    SELECT 사번, 이름, 직책 FROM 사원정보
    WHERE 부서 = '개발팀';
    ```

    - 개발팀이나 디자인팀 조회

    ```
    SELECT * FROM 사원정보
    WHERE 부서 = '개발팀'
    OR 부서 = '디자인팀';
    ```

    - 개발팀이나 디자인팀이면서 이씨만 조회

    ```
    SELECT * FROM 사원정보
    WHERE ( 부서 = '개발팀' OR 부서 = '디자인팀' )
    AND 이름 LIKE '이%';
    ```

    - 개발팀이나 디자인팀이면서 이씨로 시작하고 이름이 두 글자만 조회

    ```
    SELECT * FROM 사원정보
    WHERE ( 부서 = '개발팀' OR 부서 = '디자인팀' )
    AND 이름 LIKE '이_';
    ```

- 개발팀이면서 입사일이 NULL인 직원 조회

```
SELECT * FROM 사원정보
WHERE 부서 = '개발팀'
AND 입사일 IS NULL;
```

- 개발팀이면서 입사일이 NULL이 아닌 직원 조회

```
SELECT * FROM 사원정보
WHERE 부서 = '개발팀'
AND 입사일 IS NOT NULL;
```

- 입사일이 2010년 이후 직원조회

```
SELECT * FROM 사원정보
WHERE 입사일 >= 2010;
```

- 입사일이 2010년부터 2020년까지 출력

```
// WHERE && OR 사용 예
SELECT * FROM 사원정보
WHERE 입사일 >= 2010
AND 입사일 <= 2020;

// BETWEEN 사용 예
SELECT * FROM 사원정보
WHERE 입사일 BETWEEN 2010 AND 2020;
```

- 사원정보에서 부서만 출력

```
SELECT 부서 FROM 사원정보;
```

- 사원정보에서 부서만 중복 없이 출력

```
SELECT DISTINCT 부서 FROM 사원정보;
```

- 부서별 인원수 출력

```
SELECT 부서, COUNT(*) AS 인원수 FROM 사원정보
GROUP BY 부서;
```

- 부서별 인원수 출력(부서별 인원 2명 이상)

    ```
    SELECT 부서, COUNT(*) AS 인원수 FROM 사원정보
    GROUP BY 부서
    HAVING COUNT(*) >= 2;
    ```

- 부서별 인원수와 나이 합산

    ```
    SELECT 부서, COUNT(*) AS 인원수, SUM(나이) AS 나이
    FROM 사원정보
    GROUP BY 부서;
    ```

- 모든 직원 정보 조회 나이별 내림차순

    ```
    SELECT * FROM 사원정보
    ORDER BY 나이 DESC;
    ```

(4) UPDATE
- 테이블의 기존 데이터를 갱신하는 명령어이다.
- 특정 셀 단위로 데이터 갱신이 가능하다.
- WHERE 절을 생략하면 테이블의 모든 행이 갱신되므로 주의해야 한다.
- 사용 예
    - 모든 직원의 나이를 1살 증가

    ```
    UPDATE 사원정보
    SET
        나이 = 나이 + 1;
    ```

    - 개발팀의 부서명을 개발지원팀으로 변경

    ```
    UPDATE 사원정보
    SET
        부서 = '개발지원팀'
    WHERE 부서 = '개발팀';
    ```

(5) DELETE

- 테이블에서 데이터를 삭제하는 명령어이다.
- WHERE 절을 생략하면 테이블의 모든 행이 삭제되므로 신중히 사용해야 한다.
- 사용 예
    - 개발팀 직원만 삭제

    ```
    DELETE FROM 사원정보
    WHERE 부서 = '개발팀';
    ```

    - 디자인팀 '이창훈'만 삭제

    ```
    DELETE FROM 사원정보
    WHERE 부서 = '디자인팀'
    AND 이름 = '이창훈';
    ```

4. DCL(Data Control Language) – 데이터 제어어

(1) 데이터 제어어의 개념

- 데이터베이스에 접근하거나 객체에 대한 권한을 부여하거나 회수하는 역할을 하는 언어이다.
- 사용자 권한 생성, 삭제 등 권한 관리 작업을 수행한다.

(2) GRANT

- 데이터베이스 사용자에게 권한을 부여하는 명령어이다.
- 기본 형태: GRANT [권한] ON [객체명] TO [사용자 계정] [WITH GRANT OPTION];
- WITH GRANT OPTION: 부여받은 권한을 다른 사용자에게 추가로 부여할 수 있도록 허용한다.
- 사용 예
    - HUNGJIK 사용자에게 사원정보 SELECT 권한 부여

    ```
    GRANT SELECT ON 사원정보 TO HUNGJIK;
    ```

    - HUNGJIK 사용자에게 사원정보 SELECT 권한을 부여하고, 다른 사용자에게도 SELECT 권한을 부여할 수 있도록 함

    ```
    GRANT SELECT ON 사원정보 TO HUNGJIK WITH GRANT OPTION;
    ```

(3) REVOKE

- 데이터베이스 사용자로부터 권한을 회수하는 명령어이다.
- 기본 형태: REVOKE [권한] ON [객체명] FROM [사용자 계정] [CASCADE]
- CASCADE: 사용자가 부여한 다른 사용자들의 권한까지 함께 회수한다.
- 사용 예
    - HUNGJIK 사용자에게 사원정보 SELECT 권한 회수

    ```
    REVOKE SELECT ON 사원정보 FROM HUNGJIK;
    ```

5. TCL(Transaction Control Language) – 트랜잭션 제어어

(1) 트랜잭션 제어어의 개념

- 트랜잭션을 제어하기 위해 사용되는 명령어로, 주로 COMMIT, ROLLBACK, SAVEPOINT를 포함한다.
- 데이터베이스 작업 단위를 안전하게 관리하고 데이터의 일관성을 유지하기 위해 사용된다.

(2) 트랜잭션 제어어 종류

종류	설명
COMMIT	• 트랜잭션이 정상적으로 처리된 경우, 결과를 데이터베이스에 반영한다. • COMMIT 후에는 이전 상태로 되돌릴 수 없다.
ROLLBACK	• 트랜잭션 처리 중 오류 발생 또는 취소 시 변경 사항을 되돌리고 데이터를 복구한다. • ROLLBACK 후 해당 행의 잠금이 해제되어 다른 사용자들이 조작할 수 있다.
SAVEPOINT	• 트랜잭션 중 특정 지점에 저장점을 생성한다. • 오류가 발생한 경우, 전체 트랜잭션이 아닌 SAVEPOINT까지만 롤백할 수 있어 더 세밀한 제어가 가능하다.

Section 2. SELECT 쿼리 활용

1. 집합 연산자

(1) 집합 연산자
- 여러 SQL 쿼리 결과를 결합하여 데이터를 조회할 때 사용하는 연산자이다.
- 두 개 이상의 테이블에서 조인 없이 연관된 데이터를 조회할 수 있다.

(2) 집합 연산자 종류

종류	설명
UNION	여러 SQL문의 결과를 합집합으로 반환하며, 중복된 행은 제거된다.
UNION ALL	여러 SQL문의 결과를 합집합으로 반환하며, 중복된 행도 포함한다.
INTERSECT	여러 SQL문의 결과를 교집합으로 반환하며, 중복된 행은 제거된다.
EXCEPT(MINUS)	첫 번째 SQL문의 결과에서 두 번째 SQL문의 결과를 제외한 차집합을 반환하며, 중복된 행은 제거된다.

(3) 집합 연산자 사용 예

《《수강정보》》

순번	과목명	이름
0001	국어	이홍직
0002	영어	이홍직
0003	수학	이홍직
0004	도덕	이홍직
0005	국어	홍길동
0006	수학	홍길동
0007	사회	홍길동
0008	과학	홍길동

1) UNION

> SELECT 과목명 FROM 수강정보 WHERE 이름 = '이홍직'
> UNION
> SELECT 과목명 FROM 수강정보 WHERE 이름 = '홍길동'

《〈결과값〉》

과목명
국어
영어
수학
도덕
사회
과학

2) UNION ALL

> SELECT 과목명 FROM 수강정보 WHERE 이름 = '이홍직'
> UNION ALL
> SELECT 과목명 FROM 수강정보 WHERE 이름 = '홍길동'

《〈결과값〉》

과목명
국어
영어
수학
도덕
국어
수학
사회
과학

3) INTERSECT

```
SELECT 과목명 FROM 수강정보 WHERE 이름 = '이홍직'
INTERSECT
SELECT 과목명 FROM 수강정보 WHERE 이름 = '홍길동'
```

《〈결과값〉》

과목명
국어
수학

4) MINUS

```
SELECT 과목명 FROM 수강정보 WHERE 이름 = '이홍직'
MINUS
SELECT 과목명 FROM 수강정보 WHERE 이름 = '홍길동'
```

《〈결과값〉》

과목명
영어
도덕

2. JOIN

(1) JOIN의 개념
- 두 개 이상의 테이블을 결합하여 데이터를 검색하는 연산이다.
- 관련된 컬럼을 기준으로 행을 결합하여 데이터를 조회한다.

(2) JOIN의 종류

1) 내부 조인(Inner Join)
- 두 테이블에서 공통 데이터만 추출한다.

<<회원정보>>

회원번호	이름
0001	이홍직
0002	홍길동
0003	이창훈
0004	정광호

<<주문>>

주문번호	회원번호	상품
O_01	0001	상품1
O_02	0001	상품2
O_03	0003	상품1
O_04	0004	상품2

- 사용 예

```
SELECT * FROM 회원정보 INNER JOIN 주문
ON 회원정보.회원번호 = 주문.회원번호
```

<<결과>>

회원번호	이름	주문번호	회원번호	상품
0001	이홍직	O_01	0001	상품1
0001	이홍직	O_02	0001	상품2
0003	이창훈	O_03	0003	상품1
0004	정광호	O_04	0004	상품2

2) 자연 조인(Natural Join)
- 동일한 이름과 데이터 타입을 가진 컬럼을 기준으로 자동 조인한다.
- 공통 컬럼을 명시하지 않아도 자동으로 조인에 사용되며, 결과에는 공통 컬럼이 하나로 표시된다.
- 공통 컬럼의 데이터 타입이 다르면 오류가 발생한다.

<<R1>>

COL1	COL2
001	A
001	B
002	B
003	C

<<R2>>

COL2	COL3
B	B001
C	C001

- 사용 예

```
SELECT * FROM R1 NATURAL JOIN R2
```

<<결과>>

COL2	COL1	COL3
B	001	B001
B	002	B001
C	003	C001

3) 전체 외부 조인(Full Outer Join)

- 좌측 테이블과 우측 테이블의 모든 데이터를 포함하며, 중복된 데이터는 하나로 표시한다.

<<R1>>

COL1	COL2
W	2
X	2
Y	3
Z	4

<<R2>>

COL2	COL3
1	P
2	Q

- 사용 예

```
SELECT * FROM R1 Full Outer Join R2
ON R1.COL2 = R2.COL2
```

<<결과>>

COL1	COL2	COL2	COL3
W	2	2	Q
X	2	2	Q
Y	3	(NULL)	(NULL)
Z	4	(NULL)	(NULL)
(NULL)	(NULL)	1	P

4) 왼쪽 외부 조인(Left Outer Join)

- 좌측 테이블을 기준으로 조인하며, 우측 테이블에 일치하는 데이터가 없으면 NULL로 채운다.

<<R1>>

COL1	COL2
W	2
X	2
Y	3
Z	4

<<R2>>

COL2	COL3
1	P
2	Q

- 사용 예

```
SELECT * FROM R1 Left Outer Join R2
ON R1.COL2 = R2.COL2
```

<<결과>>

COL1	COL2	COL2	COL3
W	2	2	Q
X	2	2	Q
Y	3	(NULL)	(NULL)
Z	4	(NULL)	(NULL)

5) 오른쪽 외부 조인(Right Outer Join)

- 우측 테이블을 기준으로 조인하며, 좌측 테이블에 일치하는 데이터가 없으면 NULL로 채운다.

<<R1>>

COL1	COL2
W	2
X	2
Y	3
Z	4

<<R2>>

COL2	COL3
1	P
2	Q

- 사용 예

```
SELECT * FROM R1 Right Outer Join R2
ON R1.COL2 = R2.COL2
```

<<결과>>

COL1	COL2	COL2	COL3
(NULL)	(NULL)	1	P
W	2	2	Q
X	2	2	Q

6) 곱집합(Cross Join)
- 두 테이블의 모든 데이터 조합을 반환한다.
- 조인 조건이 없는 조인

<<R1>>

COL1	COL2
W	2
X	2
Y	3
Z	4

<<R2>>

COL2	COL3
1	P
2	Q

- 사용 예

```
SELECT * FROM R1 Cross Join R2
```

<<결과>>

COL1	COL2	COL2	COL3
W	2	1	P
X	2	1	P
Y	3	1	P
Z	4	1	P
W	2	2	Q
X	2	2	Q
Y	3	2	Q
Z	4	2	Q

7) 세타 조인(Theta Join)
- 두 테이블 간 조건식을 이용하여 조인한다.
- =뿐만 아니라 >, <, >=, <=, != 등 다양한 연산자를 사용할 수 있다.
- 자연 조인 및 내부 조인도 세타 조인의 일종으로 볼 수 있다.

3. 서브쿼리

(1) 서브쿼리의 개념
- SELECT 문 안에 또 다른 SELECT 문이 포함된 형태의 쿼리이다.

(2) 서브쿼리의 종류

1) 스칼라 서브쿼리(Scalar SubQuery)
- SELECT 절에 위치하며, 단일 행 또는 단일 값을 반환해야 한다.
- 사용 예

《《회원정보》》

회원번호	이름
0001	이흥직
0002	홍길동
0003	이창훈
0004	정광호

《《주문》》

주문번호	회원번호	상품
O_01	0001	상품1
O_02	0001	상품2
O_03	0003	상품1
O_04	0004	상품2

```
SELECT
    이름,
    (SELECT 주문번호 FROM 주문 WHERE 주문.회원번호 = 회원정보.회원번호) as 주문번호
FROM 회원정보
WHERE 회원번호 = '0003';
```

《《결과》》

이름	주문번호
이창훈	O_03

2) 인라인뷰 서브쿼리(Inline View SubQuery)
- FROM 절에 위치하며, 서브쿼리의 결과는 하나의 테이블처럼 반환된다.
- 사용 예

《《회원정보》》

회원번호	이름
0001	이흥직
0002	홍길동
0003	이창훈
0004	정광호

```
SELECT
    회원번호, 이름
FROM (
    SELECT * FROM 회원정보
    WHERE 이름 like '이%'
) TB_TEMP;
```

《결과》

회원번호	이름
0001	이홍직
0003	이창훈

3) 중첩 서브쿼리(Nested SubQuery)

- WHERE 절에 위치하며, 단일행 또는 다중행 서브쿼리 연산자를 사용할 수 있다.
- 단일행 서브쿼리 연산자: >, >=, <, <=, = 등
- 다중행 서브쿼리 연산자

연산자	설명
IN	서브쿼리의 결과값을 포함하고 있으면 해당 행을 출력한다.
EXISTS	서브쿼리 결과값이 존재하면 해당 행을 출력한다.
ANY(SOME)	서브쿼리 결과값 중 하나라도 조건을 만족하면 해당 행을 출력한다.
ALL	서브쿼리 결과값을 모두 만족하는 경우에만 해당 행을 출력한다.

- IN 사용 예

《회원정보》

회원번호	이름
0001	이홍직
0002	홍길동
0003	이창훈
0004	정광호

《주문》

주문번호	회원번호	상품
O_01	0001	상품1
O_02	0001	상품2
O_03	0003	상품1
O_04	0004	상품2

```
SELECT
    회원번호, 이름
FROM 회원정보
WHERE 회원번호 IN (
    SELECT 회원번호 FROM 주문
);
```

《《결과》》

회원번호	이름
0001	이흥직
0003	이창훈
0004	정광호

- EXISTS 사용 예

《《학생》》

학번	이름	학년	학과	주소
1000	김철수	1	전산	서울
2000	고영준	1	전기	경기
3000	유진호	2	전자	경기
4000	김영진	2	전산	경기
5000	정현영	3	전자	서울

《《성적》》

학번	과목번호	과목이름	학점	점수
1000	A100	자료구조	A	91
2000	A200	DB	A+	99
3000	A100	자료구조	B+	88
3000	A200	DB	B	85
4000	A200	DB	A	94
4000	A300	운영체제	B+	89
5000	A300	운영체제	B	88

```
SELECT 과목이름
FROM 성적
WHERE EXISTS (
    SELECT
        학번
    FROM 학생
    WHERE 학생.학번 = 성적.학번
    AND 학생.학과 IN ('전산', '전기')
    AND 학생.주소 = '경기'
);
```

《《결과》》

과목이름
DB
DB
운영체제

- ANY 사용 예

  《《상품》》

제품번호	단가	제조사
100	1000	A
200	1500	B
300	3000	C
400	900	D
500	2000	B
600	1000	C

  ```
  SELECT * FROM 상품
  WHERE 단가 > ANY (
      SELECT 단가 FROM 상품
      WHERE 제조사 = 'B'
  ) ;
  ```

  《《결과》》

제품번호	단가	제조사
300	3000	C
500	2000	B

- ALL 사용 예

  《《상품》》

제품번호	단가	제조사
100	1000	A
200	1500	B
300	3000	C
400	900	D
500	2000	B
600	1000	C

```
SELECT * FROM 상품
WHERE 단가 > ALL (
    SELECT 단가 FROM 상품
    WHERE 제조사 = 'B'
) ;
```

《결과》

제품번호	단가	제조사
300	3000	C

4. 그룹 함수와 집계 함수

(1) 그룹 함수

- 테이블의 전체 행을 지정된 컬럼 값에 따라 그룹화하고, 그룹별로 결과를 출력하는 함수이다.

종류	설명
ROLLUP	그룹별 중간 집계값을 생성한다.
CUBE	결합 가능한 값에 대한 다차원 집계를 생성한다.
GROUPING SETS	개별 집계를 생성하여 반환한다.

(2) 집계 함수

- 여러 행 또는 전체 행에서 하나의 결과값을 반환하는 함수이다.

종류	설명
COUNT	행의 개수를 반환한다.
SUM	특정 컬럼의 합계를 반환한다.
AVG	특정 컬럼의 평균을 반환한다.
MAX	특정 컬럼에서 최댓값을 반환한다.
MIN	특정 컬럼에서 최솟값을 반환한다.
STDDEV	특정 컬럼 간의 표준편차를 반환한다.
VARIAN	특정 컬럼 간의 분산을 계산하여 반환한다.

5. 그룹 함수 사용

《성적표》

학번	이름	학기	과목	점수
0001	이흥직	1	영어	80
0001	이흥직	1	수학	75
0002	김보연	1	영어	90
0002	김보연	1	수학	70
0001	이흥직	2	영어	95
0001	이흥직	2	수학	70
0002	김보연	2	영어	85
0002	김보연	2	수학	75

(1) GROUP BY

1) 학번별로 총점과 평균 구하기

```
SELECT
    학번,
    SUM(점수) AS 총점,
    AVG(점수) AS 평균
FROM 성적표
GROUP BY 학번
```

《결과》

학번	총점	평균
0001	320	80
0002	320	80

2) 학번/학기별로 총점과 평균 구하기

```
SELECT
    학번,
    학기,
    SUM(점수) AS 총점,
    AVG(점수) AS 평균
FROM 성적표
GROUP BY 학번, 학기
```

《결과》

학번	학기	총점	평균
0001	1	155	77.5
0001	2	165	82.5
0002	1	160	80
0002	2	160	80

(2) ROLLUP

1) 학번/학기별로 총점과 평균 구하기

```
SELECT
    학번,
    학기,
    SUM(점수) AS 총점,
    AVG(점수) AS 평균
FROM 성적표
GROUP BY ROLLUP(학번, 학기)
```

《결과》

학번	학기	총점	평균
0001	1	155	77.5
0001	2	165	82.5
0001	(NULL)	320	80
0002	1	160	80
0002	2	160	80
0002	(NULL)	320	80
(NULL)	(NULL)	640	80

(3) CUBE

- ROLLUP은 가능한 소계(Subtotal)만 생성하지만, CUBE는 결합 가능한 모든 값에 대해 다차원 집계를 생성한다.
- 데이터양이 많을 경우 시스템에 부담을 줄 수 있으므로 신중히 사용해야 한다.

```
SELECT
    학번,
    학기,
    SUM(점수) AS 총점,
    AVG(점수) AS 평균
FROM 성적표
GROUP BY CUBE(학번, 학기)
```

(4) GROUPING SETS

- ROLLUP과 CUBE처럼 계층 구조를 생성하지 않는다. 따라서 인자의 순서가 달라도 결과는 동일하다.
- GROUPING SETS는 괄호로 묶은 집합별로 별도의 집계를 구할 수 있다.

```
SELECT
    학번,
    학기,
    SUM(점수) AS 총점,
    AVG(점수) AS 평균
FROM 성적표
GROUP BY GROUPING SETS(학번, 학기)
```

PART 03

운영체제

CHAPTER 01 운영체제

Section 1. 운영체제 기초

1. 기억장치

(1) 기억장치의 개념
- 데이터, 프로그램, 연산의 중간 결과 등을 일시적 또는 영구적으로 저장하는 장치이다.

(2) 기억장치의 종류

1) 레지스터
- CPU 내부에 위치하며, 처리 속도가 CPU의 속도와 유사하다.
- 데이터 처리의 임시 저장 공간으로 사용된다.

2) 캐시 메모리
- CPU와 주기억장치 사이의 속도 격차를 줄이기 위해 사용된다.
- 실행 중인 프로그램의 자주 사용되는 명령어와 데이터를 저장한다.

3) 주기억장치
- CPU가 직접 접근하여 데이터를 읽고 쓸 수 있는 기억장치이다.
- 종류
  - ROM: 읽기 전용 메모리로, 비휘발성 메모리이다.
  - RAM: 읽고 쓰기가 가능한 휘발성 메모리이다.

4) 연관 메모리
- 주소가 아닌 내용으로 데이터를 검색하는 기억장치이다.

5) 보조기억장치
- 주기억장치에 비해 접근 속도는 느리지만, 저장 용량이 크다.

6) SSD
- SSD는 반도체 기반의 저장 장치로, 기계적인 움직임이 없다.

2. 시스템 소프트웨어

(1) 시스템 소프트웨어의 개념
- 시스템 소프트웨어는 응용 소프트웨어를 실행하기 위한 플랫폼을 제공한다.
- 컴퓨터 하드웨어의 작동과 접근을 관리하는 소프트웨어이다.
- 종류

종류	설명
로더	프로그램을 메모리에 적재하고 실행을 준비하는 역할
링커	목적 파일(Object File)을 실행 파일(Execute File)로 변환
유틸리티	하드웨어, 운영체제, 응용 소프트웨어 관리를 지원
번역기	특정 프로그래밍 언어를 다른 언어로 변환 (예: 컴파일러, 어셈블러)
운영체제	하드웨어 관리와 통신 등 다양한 기능을 제공

(2) 시스템 소프트웨어의 구성

1) 제어 프로그램

종류	설명
감시 프로그램 (Supervisor Program)	프로그램 실행과 시스템 상태를 감시/감독
작업 관리 프로그램 (Job Control Program)	스케줄 관리 및 시스템 자원 할당을 담당
데이터 관리 프로그램 (Data Control Program)	데이터 전송 및 파일 조작을 관리

2) 처리 프로그램

종류	설명
서비스 프로그램 (Service Program)	사용 빈도가 높은 프로그램을 포함
문제 프로그램 (Problem Program)	특정 업무를 해결하기 위해 사용자가 작성한 프로그램
언어 번역 프로그램 (Language Translator Program)	어셈블러, 컴파일러, 인터프리터 등 다양한 번역 소프트웨어

3. 운영체제

(1) 운영체제의 개념
- 응용 프로그램이 하드웨어를 제어하여 실행될 수 있도록 관리하는 소프트웨어이다.
- 컴퓨터 시스템의 자원을 효율적으로 관리하며, 사용자가 컴퓨터를 편리하게 사용할 환경을 제공한다.

(2) 운영체제의 종류

종류	설명
윈도우 (Windows)	• 마이크로소프트에서 개발한 운영체제로, MS-DOS에 멀티태스킹 기능과 GUI 환경을 제공한다. • 윈도우 95부터 시작하여 98, ME, XP, 7, 8, 10 등 다양한 버전으로 출시되었다.
리눅스 (Linux)	• 1991년, 리누스 토발즈가 개발한 오픈 소스 유닉스 호환 운영체제이다. • 다양한 배포판(예: 우분투, 센토스, 데비안)을 통해 여러 환경에서 사용된다.
유닉스 (Unix)	• 1969년, 미국 AT&T 벨 연구소에서 켄 톰슨이 개발한 운영체제이다. • 최초에는 어셈블리 언어로 개발되었으나, 1972년 데니스 리치가 C언어로 재작성하였다. • 현대적 운영체제의 원형으로, macOS, iOS 등 유닉스 계열 운영체제의 기반이 되었다.
macOS	• 애플(Apple Inc.)이 개발한 유닉스 기반 운영체제이다. • macOS는 애플의 다른 운영체제인 iOS, tvOS, watchOS와 많은 코드를 공유한다. • SwiftUI, Cocoa, Core Foundation 등의 시스템 API를 제공한다. • 애플 하드웨어에서만 공식적으로 구동 가능하며, 다른 x86-64 아키텍처 기반 컴퓨터에서 macOS를 실행하는 것을 해킨토시라고 부른다.
안드로이드 (Android)	• 구글(Google)에서 개발한 리눅스 커널 기반의 오픈 소스 모바일 운영체제이다. • 전 세계에서 가장 널리 사용되는 모바일 운영체제로, 다양한 기기 제조업체가 사용한다. • Java, Kotlin 등의 언어를 활용한 앱 개발이 주로 이루어진다.
iOS	• 애플(Apple Inc.)이 개발한 iPhone 및 iPad용 모바일 운영체제이다. • Swift, Objective-C를 활용한 앱 개발이 주로 이루어지며, App Store를 통해 앱을 배포한다. • 보안성과 안정성이 뛰어나며, 애플의 하드웨어에서만 구동된다.
Tizen	• 삼성전자와 리눅스 재단이 개발한 리눅스 기반 운영체제이다. • 주로 스마트워치, 스마트 TV 등 삼성의 IoT 기기에서 사용된다.
KaiOS	• 저사양 피처폰을 위한 경량 모바일 운영체제이다. • Firefox OS를 기반으로 개발되었으며, 저가형 기기에서 스마트 기능을 제공한다.
POSIX (Portable Operating System Interface)	• 운영체제 간 공통 인터페이스 규격으로, 유닉스 계열 운영체제를 기반으로 다양한 플랫폼에서 이식 가능한 소프트웨어 개발을 지원한다.

(3) 운영체제의 기능

기능	설명
프로세스 관리	프로세스의 생성, 실행 및 종료를 포함한 전반적인 프로세스 관리
메모리 관리	메모리 공간의 할당 및 회수를 관리
파일 관리	파일 시스템 운영 및 파일 저장을 효율적으로 관리
입출력 관리	입출력 장치의 동작을 관리하고, 사용자와 하드웨어 간의 연결을 담당
보조기억장치 관리	보조기억장치의 공간 할당 및 관리를 담당
네트워킹	컴퓨터 간의 통신을 제어하고 네트워크 연결을 관리
정보 보안 관리	사용자 인증 및 실행 권한을 관리하여 보안을 강화
명령해석 시스템	사용자 명령을 해석하고 실행하는 기능

(4) 운영체제 운용 기법

운용 기법	설명
일괄 처리 시스템 (Batch Processing System)	• 여러 작업을 묶어서 처리한다.
실시간 처리 시스템 (Real-Time Processing System)	• 요청된 작업을 즉시 수행하여 실시간 처리가 가능하다.
다중 프로그래밍 시스템 (Multi-Programming System)	• 하나의 작업이 입출력 중일 때 다른 작업을 처리한다. • 하나의 CPU로 마치 여러 프로그램이 동시에 실행되는 것처럼 보인다.
시분할 시스템 (Time Sharing System)	• 정해진 시간 동안 작업을 실행하여 다수 사용자가 시스템을 공유할 수 있도록 한다.
다중 처리 시스템 (Multi-Processing System)	• 여러 CPU를 이용해 동시에 여러 작업을 처리한다. • 병렬 처리 시스템(Parallel Processing System)이라고도 한다.
다중 모드 시스템 (Multi-Mode System)	• 다양한 운용 기법을 혼합하여 사용한다.

(5) 운영체제 성능 평가 기준

기능	설명
처리량 (Throughput)	• 일정 시간 내 처리할 수 있는 작업의 양을 나타낸다.
반환시간 (Turnaround Time)	• 작업 요청부터 결과 반환까지 소요되는 시간이다. • 대기시간 + 실행시간 + 응답시간으로 계산된다.
신뢰도 (Reliability)	• 작업 결과의 정확성과 신뢰성을 평가한다.
사용 가능도 (Availability)	• 시스템이 즉시 사용 가능한 정도를 나타낸다.
확장성 (Scalability)	• 시스템이 증가하는 부하나 요구사항에 맞춰 확장될 수 있는 능력을 평가한다.
보안 (Security)	• 시스템이 외부 위협으로부터 보호할 수 있는 능력을 나타낸다. • 데이터의 기밀성, 무결성, 가용성을 유지하는지 평가한다.
자원 활용도 (Resource Utilization)	• CPU, 메모리와 같은 시스템 자원이 얼마나 효과적으로 사용되고 있는지를 나타낸다.

4. 운영체제별 파일 시스템

(1) 파일 시스템의 개념

1) 파일 시스템의 개념

- 컴퓨터 시스템에서 데이터를 저장하고 검색하는 방법을 정의하는 데 사용되는 구조와 규칙의 집합이다.

2) 파일 시스템의 역할

역할	설명
데이터 저장 구조화	• 데이터를 파일과 디렉토리(또는 폴더)로 조직화한다. • 이를 통해 사용자와 운영체제가 데이터를 쉽게 관리하고 접근할 수 있도록 한다.
데이터 관리	• 파일 생성, 삭제, 읽기, 쓰기 등의 기본적인 파일 관리 기능을 제공한다. • 파일의 메타데이터(예: 파일 크기, 생성일, 수정일 등)를 관리한다.
보안 및 접근 제어	• 사용자 권한 및 접근 권한을 설정하여 파일과 디렉토리에 대한 보안을 관리한다.
데이터 무결성 및 복구	• 데이터의 정확성을 유지하고, 시스템 오류나 손상이 발생했을 때 데이터를 복구하는 기능을 제공한다.

(2) 운영체제별 파일 시스템

1) Windows

종류	설명
NTFS (New Technology File System)	• 대용량 드라이브와 큰 파일 지원 • 파일 암호화 및 보안 기능 제공
FAT32 (File Allocation Table 32)	• 단순한 구조로 넓은 호환성 제공 • 4GB 이상의 파일은 지원하지 않음

2) macOS

종류	설명
APFS (Apple File System)	• 저장 공간 관리가 최적화되어 있음 • 암호화 및 보안 기능이 뛰어남 • 스냅샷 및 클론 기능으로 데이터 관리 효율성 증가
HFS+ (Hierarchical File System Plus)	• macOS의 이전 버전에서 널리 사용됨 • 파일 캐싱 및 유니코드 지원 기능 제공

3) Linux

종류	설명
Ext4 (Fourth Extended Filesystem)	• 대용량 파일 및 파일 시스템 지원 • 저널링 기능으로 데이터 손실 방지 • 파일 시스템 체크 및 복구 속도가 개선됨
Btrfs (B-tree File System)	• 스냅샷 및 데이터 복제 기능 제공 • 동적 볼륨 관리 및 온라인 파일 시스템 조정 지원 • 고급 데이터 보호 및 복구 기능 제공

4) UNIX

종류	설명
UFS (UNIX File System)	• 전통적인 UNIX 시스템의 파일 시스템 • 파일 시스템 볼륨 관리 및 저널링 기능 지원

(3) 파일 디스크립터(FD, File Descriptor)

1) 파일 디스크립터 개요
- 프로세스가 파일에 접근할 때 사용하는 구조이다.
- 파일 제어 블록(File Control Block)이라고도 한다.
- 파일 관리에 필요한 정보를 포함하며, 보조기억장치에 저장되어 있다가 파일이 열릴 때 주기억장치로 이동된다.
- 각 파일마다 독립적으로 존재하며, 운영체제에 따라 구조가 다를 수 있다.
- 사용자가 파일 디스크립터를 직접 참조할 수 없다.

2) 파일 디스크립터 정보
- 파일 이름 및 파일 크기
- 보조기억장치에서의 파일 위치
- 파일 구조(순차 파일/색인 순차 파일/색인 파일 등)
- 보조기억장치의 유형(자기 디스크/자기 테이프 등)
- 액세스 제어 정보
- 파일 유형(텍스트 파일, 목적 프로그램 파일 등)
- 생성 날짜와 시간, 제거 날짜와 시간
- 최종 수정 날짜 및 시간
- 액세스한 횟수(파일 사용 횟수)

4. 유닉스(Unix)

(1) Unix 시스템의 구성

구성	설명
커널(Kernel)	• UNIX의 가장 핵심적인 부분 • 컴퓨터가 부팅될 때, 주기억장치에 적재된 후 상주하면서 실행 • 다양한 시스템 관리 기능을 수행
쉘(Shell)	• 명령어 해석기 • 사용자 명령어를 해석하여 프로그램을 호출하고 명령을 수행하는 인터페이스 • 공용 Shell(Bourne Shell, C Shell, Korn Shell)이나 사용자가 만든 Shell 사용 가능
유틸리티 프로그램 (Utility Program)	• 일반 사용자가 작성한 응용 프로그램을 처리하는 데 사용 • 에디터, 컴파일러, 인터프리터, 디버거 등

(2) Unix 파일 시스템

1) Unix 파일 시스템 특징

특징	설명
트리 구조	유닉스 파일 시스템은 트리 구조를 가지고 있다.
파일 처리	디렉토리와 주변장치도 파일로 취급되며, 파일의 생성 및 삭제, 보호 기능을 포함한다.
파일 형식	일반 파일, 디렉토리 파일, 특수 파일 형태를 제공한다.

2) Unix 파일 시스템의 구조

구조	설명
부트 블록	부팅 시 필요한 코드가 저장되는 블록
슈퍼 블록	전체 파일 시스템에 대한 정보가 저장된 블록
I-node 블록	각 파일이나 디렉토리에 대한 모든 정보가 저장된 블록
데이터 블록	실제 파일 데이터가 저장된 블록

(3) Unix 주요 명령어

명령어	설명
access	파일의 접근 가능 여부 결정
chmod	파일 또는 디렉토리에 대한 접근권한을 변경
close	FCB(File Control Block)를 닫는다.
chgrp	파일의 그룹명 변경
chown	파일의 소유자 변경
chdir	디렉토리 변경 명령
mkdir	디렉토리 생성 명령
rmdir	디렉토리 삭제 명령
mount	파일 시스템에 새로운 파일 시스템을 연결할 때 사용
umount	파일 시스템에서 서브 디렉토리 제거 시 사용
exit	프로세스 종료
kill	프로세스 제거
fork	새로운 프로세스를 생성, 복제하는 명령
getpid	자신의 프로세스명, 그룹명, 부 프로세스의 정보를 얻는다.
getppid	부모 프로세스의 ID를 얻는다.
sleep	프로세스를 일정 시간 동안 중단
uname	현재 운영체제의 버전 정보를 확인

명령어	설명
ps	프로세스 상태 출력
exec	새로운 프로그램을 수행시키는 명령
vi	편집기 명령어
cat	파일 내용을 화면에 출력
rm	파일이나 디렉토리 삭제
cp	파일을 복사
mv	파일 이동
grep	파일이나 프로세스를 찾는 명령
ls	파일 목록 확인
du	파일의 사용량 출력
finger	사용자 정보 표시

(4) Linux, Unix 파일 접근 권한 관리

1) 파일 확인 방법

- ls -al 명령을 사용하여 파일의 상세 정보와 접근 권한을 확인할 수 있다.

```
[root@db1 data]# ls -al
합계 2959848
drwxrwxr-x 2 srtplay srtplay         51 1월  7 2021 .
drwxrwxr-x 4 srtplay srtplay         30 1월  7 2021 ..
-rw-r--r-- 1 srtplay srtplay 1438807183 5월 18 2020 dump_0515.0834.sql
-rw-rw-r-- 1 srtplay srtplay 1592073446 5월 28 2020 dump_0527.sql
```

2) 필드별 의미

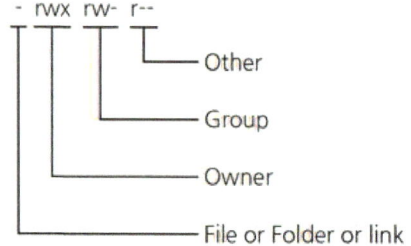

필드	설명
1번 필드	파일 타입: -(파일), d(디렉토리), l(링크)
2~4번 필드	소유주(USER) 권한: 파일 소유자의 권한
5~7번 필드	그룹(GROUP) 권한: 파일 소유자가 속한 그룹의 권한
8~10번 필드	나머지(OTHER) 권한: 그 외 사용자에 대한 권한

3) 권한별 값

구분	값	설명
R	4	읽기 권한
W	2	쓰기 권한
X	1	실행 권한
-	0	권한 없음

4) 권한 변경

① chmod 0751 file명
- 소유주: 읽기, 쓰기, 실행 권한
- 그룹: 읽기, 실행 권한
- 나머지: 실행 권한

② chmod 0775 file명
- 소유주: 읽기, 쓰기, 실행 권한
- 그룹: 읽기, 쓰기, 실행 권한
- 나머지: 읽기, 실행 권한

5) umask(접근 권한 마스크)

- 새로 만들어질 파일 및 디렉토리의 기본 권한을 설정한다.
- umask로 지정한 8진수 값은 제거할 권한을 의미한다.
- 예시: umask 022
- 새 파일: 644 권한 (소유주: 읽기, 쓰기 / 그룹 및 나머지: 읽기)
- 새 디렉토리: 755 권한 (소유주: 읽기, 쓰기, 실행 / 그룹 및 나머지: 읽기, 실행)

6) chown(소유주 변경)

- chown hungjik file명
- 파일의 소유주를 hungjik으로 변경한다.

Section 2. 메모리 관리

1. 기억장치 관리 전략

(1) 기억장치 관리 전략의 개념
- 보조기억장치에 저장된 프로그램이나 데이터를 주기억장치에 언제, 어디에 적재할지를 결정하는 방법이다.

(2) 기억장치 관리 전략

1) 반입(Fetch) 전략
- 보조기억장치에 있는 프로그램이나 데이터를 언제 주기억장치로 적재할지를 결정한다.

요구 반입 (Demand Fetch)	실행 중인 프로그램이 특정 데이터를 필요로 할 때 해당 데이터를 주기억장치로 적재
예상 반입 (Anticipatory)	프로그램이 미래에 참조할 것으로 예상되는 데이터를 미리 주기억장치로 적재

2) 배치(Placement) 전략
- 새로 반입되는 프로그램이나 데이터를 주기억장치의 어디에 배치할지를 결정한다.

최초 적합(First Fit)	사용 가능한 첫 번째 분할 영역에 프로그램이나 데이터를 배치
최적 적합(Best Fit)	단편화를 최소화하는 분할 영역에 배치
최악 적합(Worst Fit)	단편화를 최대화하는 분할 영역에 배치

- 다음 메모리 상태표에서 16K의 프로그램을 할당하였을 때, 배치 전략은 아래와 같다.

  《메모리 상태표》

영역 번호	크기
1	20K
2	16K
3	8K
4	40K

  《배치 전략》

배치 전략	영역 번호
최초 적합	1
최적 적합	2
최악 적합	4

3) 교체(Replacement) 전략
- 이미 사용 중인 주기억장치 영역 중에서 새로운 프로그램이나 데이터를 위해 어떤 영역을 교체할지를 결정한다.
- 종류: FIFO, OPT, LRU, LFU, NUR, SCR 등

2. 단편화

(1) 단편화의 개념
- 주기억장치에 프로그램을 할당하고 반납하는 과정에서 발생하는 빈 공간을 의미한다.

(2) 단편화의 종류

종류	설명
내부 단편화	프로그램 크기보다 주기억장치 공간이 커서, 할당 후 남아 있는 사용되지 않는 공간
외부 단편화	프로그램 크기가 주기억장치 공간보다 커서, 할당되지 못하고 남아 있는 공간

(3) 단편화 계산

영역	분할 크기	작업 크기	단편화 크기
1	20K	10K	내부:10K
2	50K	60K	외부:50K
3	120K	160K	외부:120K
4	200K	100K	내부:100K
5	300K	150K	내부:150K

(4) 단편화 해결 방법

1) 통합(Coalescing) 기법
- 인접한 빈 분할 공간을 하나로 통합하여 메모리의 효율성을 높이는 방법이다.

<<메모리 상태표>>

영역 번호	상태	상태
1	Used	20
2	Free	20
3	Free	10
4	Used	30
5	Free	10

<<통합 후>>

영역 번호	상태	상태
1	Used	20
2	Free	30
3	Used	30
4	Free	10

2) 압축(Compaction) 기법
- 주기억장치 내에 분산된 단편화 공간을 하나의 큰 빈 공간으로 만드는 작업이다.
- 가비지 컬렉션(Garbage Collection) 작업이라고도 한다.

<<메모리 상태표>>

영역 번호	상태	상태
1	Used	20
2	Free	20
3	Free	10
4	Used	30
5	Free	10

<<압축 후>>

영역 번호	상태	상태
1	Used	20
2	Used	30
3	Free	40

3) 재배치 기법(Relocation)
- 압축 과정에서 프로그램의 주소를 새롭게 지정하여, 프로그램이 새로운 메모리 공간에서 실행될 수 있도록 한다.

3. 가상기억장치

(1) 가상기억장치의 개념
- 보조기억장치(하드디스크)의 일부를 주기억장치처럼 사용하는 기법이다.
- 주기억장치 용량이 작더라도 가상기억장치를 통해 큰 용량처럼 사용할 수 있다.

(2) 블록 분할 방법

1) 페이징(Paging) 기법
- 가상기억장치를 같은 크기의 블록(페이지)으로 나누어 운용하는 기법이다.
- 외부 단편화는 발생하지 않으나, 내부 단편화는 발생한다.
- 페이지와 메모리 영역 구분

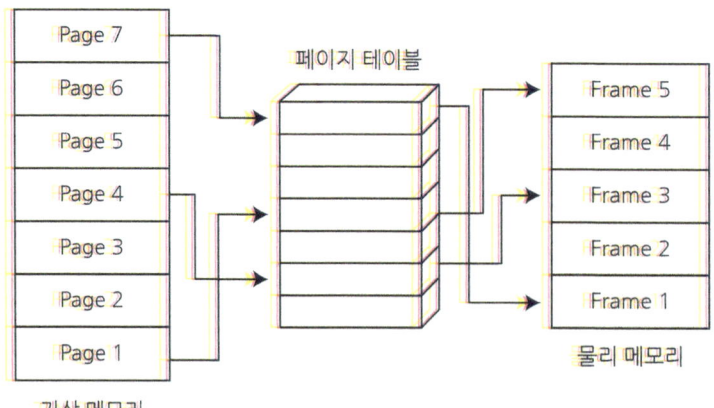

- 페이지 크기별 비교

페이지 크기	기억장소 효율	단편화	입출력 시간	맵 테이블
클수록	감소	증가	감소	감소
작을수록	증가	감소	증가	증가

2) 세그먼테이션(Segmentation) 기법

- 가상 메모리를 크기가 다른 논리적 단위(세그먼트)로 분할하여 메모리를 할당하는 기법이다.
- 세그먼트 테이블을 참조하여 주소 변환을 수행한다.
- 내부 단편화는 발생하지 않으나, 외부 단편화는 발생한다.
- 세그먼테이션 기법 주소 변환

순서	설명
1	가상 주소의 변위값과 세그먼트의 크기 비교
2	변위값이 작거나 같으면 기준 번지와 변위값을 더해 주기억장치에 접근
3	변위값이 크면 다른 영역을 침범하므로 실행 권한을 운영체제에 넘기고 트랩 발생

- 아래 세그먼트 테이블에서 S=(2, 100)의 실제 주소는 2100이다.

세그먼트 번호	크기	시작 주소
0	1200	4000
1	800	5700
2	1000	2000
3	500	3200

4. 가상기억장치 기타 관리사항

(1) 페이지 부재

- 프로세스 실행 중 필요한 페이지가 주기억장치에 없는 상황을 의미한다.
- 페이지 부재가 발생한 횟수를 페이지 부재 빈도(Page Fault Frequency)라고 한다.

(2) 지역성(Locality)

- 프로세스 실행 중 특정 페이지나 주소 공간이 집중적으로 참조되는 성질이다.
- 구역성의 종류

시간 구역성 (Temporal Locality)	• 하나의 페이지가 짧은 시간 동안 집중적으로 참조되는 성질 • 반복문(Loop), 스택(Stack), 서브루틴(Subroutine)
공간 구역성 (Spatial Locality)	• 특정 위치의 페이지들이 집중적으로 참조되는 성질 • 배열 순회, 순차적 코드 실행

(3) 워킹 셋(Working Set)
- 일정 시간 동안 자주 참조되는 페이지들의 집합을 의미한다.
- 워킹 셋을 주기억장치에 상주시켜 페이지 부재와 교체를 줄이고, 프로세스의 메모리 사용을 안정화한다.

(4) 스래싱(Thrashing)
- 프로세스 처리 시간보다 페이지 교체 시간이 더 많이 소요되는 현상을 의미한다.
- 페이지 부재가 빈번하여 시스템 성능이 심각하게 저하되는 상황이다.

5. 페이지 교체 알고리즘

(1) FIFO(First In First Out)
- 가장 먼저 메모리에 적재된 페이지를 먼저 교체하는 기법이다.
- 프레임 개수를 늘리면 부재 발생이 감소해야하나, 오히려 더 늘어나는 Belady's Anomaly 이상 현상이 발생한다.
- 페이지 프레임이 3개일 때, 페이지 결함 예

참조 페이지	1	2	3	1	2	4	1	2	5
페이지 프레임	1	1	1	1	1	4	4	4	5
		2	2	2	2	2	1	1	1
			3	3	3	3	3	2	2
페이지 부재	O	O	O	X	X	O	O	O	O

(2) OPT(OPTimal replacement, 최적 교체)
- 미래에 가장 오랫동안 사용되지 않을 페이지를 교체하는 기법이다.
- 이론적으로 페이지 부재 횟수를 최소화하지만, 실제로는 미래의 페이지 참조를 예측하기 어려워 구현이 어렵다.

(3) LRU(Least Recently Used)
- 가장 오랫동안 사용되지 않은 페이지를 교체하는 기법이다.
- 페이지 프레임이 3개일 때, 페이지 결함 예

참조 페이지	1	2	1	0	4	1	3
페이지 프레임	1	1	1	1	1	1	1
		2	2	2	4	4	4
				0	0	0	3
페이지 부재	O	O	X	O	O	X	O

(4) LFU(Least Frequently Used)
- 사용 빈도가 가장 적은 페이지를 교체하는 기법이다.
- 페이지 프레임이 3개일 때, 페이지 결함 예

참조 페이지	1	2	3	1	2	4	1	2	5
페이지 프레임	1	1	1	1	1	1	1	1	1
		2	2	2	2	2	2	2	2
			3	3	3	4	4	4	5
페이지 부재	O	O	O	X	X	O	X	X	O

(5) NUR(Not Used Recently)
- 각 페이지에 참조 비트와 변형 비트를 사용하여 최근 사용 여부를 확인한다.
- 참조되지 않고 수정되지 않은 페이지를 우선적으로 교체하는 기법이다.
- 다음 중 가장 나중에 교체될 페이지는 4번

번호	1	2	3	4
참조 비트	0	0	1	1
변형 비트	0	1	0	1

(6) SCR(Second Chance Replacement)
- FIFO의 단점을 보완한 기법이다.
- 가장 오래된 페이지 중에서도 자주 사용되는 페이지를 교체하지 않도록 방지한다.

Section 3. 프로세스

1. 프로세스

(1) 프로세스의 개념

- 컴퓨터에서 연속적으로 실행되고 있는 프로그램이다.
- 프로세스 제어 블록(PCB)을 가진 실행 가능한 프로그램이다.
- 운영체제가 관리하는 실행 단위이며, 프로세서가 할당되는 실체이다.

(2) 스레드(Thread)

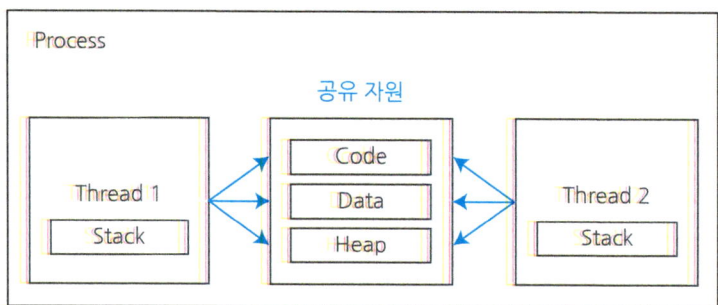

- 프로세스 내에서 실행되는 흐름의 단위이다.
- 하나의 프로세스는 최소 하나 이상의 스레드를 가지며, 스레드는 경량 프로세스라고 불린다.
- 각 스레드는 독립된 스택 영역을 가지지만, 부모 프로세스의 코드, 데이터, 힙 영역을 공유한다.

(3) 메모리상의 프로세스 영역

프로세스 영역	설명
코드 영역	실행할 프로그램의 코드가 저장되는 공간으로, 함수, 제어문, 상수 등이 포함된다.
데이터 영역	전역 변수와 정적 변수가 할당되는 공간으로, 프로그램 종료 시 메모리에서 소멸된다.
스택 영역	지역 변수와 함수 매개 변수가 저장되며, 함수 실행이 완료되면 정보는 사라진다.
힙 영역	동적 메모리 할당을 위해 프로그래머가 직접 관리하는 공간이다.

(4) 프로세스 상태 전이

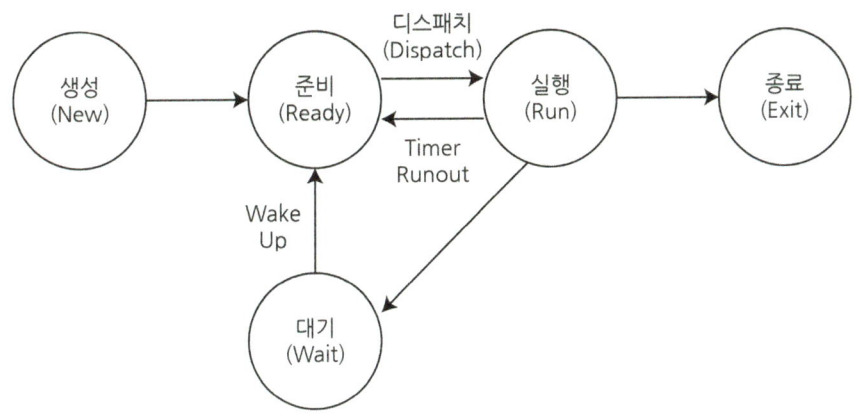

1) 프로세스 상태 전이 절차

상태	설명
제출(Submit)	사용자가 작업을 시스템에 제출한 상태이다.
접수(Hold)	제출된 작업이 디스크의 Spool 공간에 저장된 상태이다.
준비(Ready)	프로세스가 프로세서 할당을 기다리는 상태이다.
실행(Running)	프로세스가 프로세서를 할당받아 실행 중인 상태이다.
대기(Wait)	I/O 처리가 필요하여 실행을 중단하고 대기 중인 상태이다.
종료(Exit)	프로세스 실행이 끝나고 자원이 해제된 상태이다.

2) 프로세스 상태 전이 용어

용어	설명
Dispatch	준비 상태에서 실행 상태로 전이되는 과정이다.
Wake Up	대기 상태에서 준비 상태로 전이되는 과정이다.
Spooling	입/출력 데이터를 디스크에 모아뒀다가 한꺼번에 처리하는 과정이다.

(5) PCB(Process Control Block, 프로세스 제어 블록)

- 운영체제가 프로세스 정보를 저장하는 공간이다.
- 각 프로세스가 생성될 때 고유한 PCB가 생성되며, 프로세스 종료 시 PCB가 제거된다.

(6) 문맥 교환(Context Switching)
- 하나의 프로세스가 CPU 사용을 마치고, 다른 프로세스가 CPU를 사용하도록 전환하는 과정이다.
- 현재 실행 중인 프로세스의 상태(문맥)는 PCB에 저장되고, 새로운 프로세스의 상태는 PCB에서 읽어와 CPU 레지스터에 적재된다.
- 문맥 교환은 멀티태스킹(멀티 프로세싱)을 가능하게 하며, 여러 프로세스가 동시에 실행되는 것처럼 보이게 한다.

2. 프로세스 스케줄링

(1) 스케줄링(Scheduling)의 개념
- 메모리에 올라온 프로세스들 중 실행 순서를 정하는 과정이다.
- Ready Queue에 있는 프로세스들 중 CPU를 할당받을 프로세스를 결정한다.

(2) 스케줄링의 목적

목적	설명
공평성	모든 프로세스가 자원을 공평하게 배정받아야 한다.
효율성	시스템 자원을 최대한 활용하여 스케줄링을 진행해야 한다.
안정성	중요한 프로세스가 우선적으로 처리되어야 한다.
반응 시간 보장	프로세스의 요구에 적절한 시간 안에 반응해야 한다.
무한 연기 방지	특정 프로세스가 무한히 연기되지 않도록 해야 한다.

(3) 스케줄링 성능 척도
- 프로세서 차원
  - CPU 사용률
  - 처리량(Throughput)
- 프로세스 차원
  - 응답시간(Response Time) : 대기 상태에서 CPU를 최초로 얻기까지 걸리는 시간
  - 대기시간(Waiting Time) : CPU를 할당받기 전 대기하는 시간
  - 반환시간(Turn-around Time) : 프로세스 생성부터 종료 후 자원 반환까지 걸리는 시간

(4) 스케줄링 기법

1) 선점형 스케줄링(Preemptive)
- 운영체제가 실행 중인 프로세스로부터 CPU를 강제로 빼앗을 수 있는 방식이다.
- 문맥 교환으로 인해 오버헤드가 많이 발생할 수 있다.
- 종류: Round Robin, SRT, 다단계 큐(MLQ, Multi-Level Queue), 다단계 피드백 큐(MFQ, Multi-Level Feedback Queue) 등

2) 비 선점형 스케줄링(Non-Preemptive)
- 프로세스가 CPU를 점유 중이라면 이를 빼앗을 수 없는 방식이다.
- 공정성 보장 및 문맥 교환 오버헤드가 적지만, 처리율이 떨어질 수 있다.
- 종류: FCFS, SJF, HRN, 우선순위, 기한부 등

3) 기아현상과 에이징 기법

종류	설명
기아현상 (Starvation)	• 시스템 부하가 많아 우선순위가 낮은 프로세스가 무한정 대기하는 현상 • SJF, 우선순위, SRT, MLQ
에이징 기법 (Aging)	• 기아현상을 해결하기 위해 오랫동안 대기한 프로세스의 우선순위를 높이는 기법 • HRN, MLFQ

3. 스케줄링 알고리즘

(1) 선점형 기법

1) Round Robin
- 시간 단위(Time Quantum 또는 Time Slice)를 정하여 프로세스에 순서대로 CPU를 할당하는 방식이다.
- 컴퓨터 자원을 사용할 기회를 프로세스들에게 공정하게 부여하는 방법이다.

2) SRT(Shortest Remaining Time)
- Shortest Job First(SJF) 기법을 선점형으로 변형한 방식이다.
- 남아 있는 실행시간이 가장 짧은 프로세스에 CPU를 먼저 할당한다.

3) 다단계 큐(MLQ, Multi-Level Queue)
- 프로세스를 특정 그룹으로 분류하고, 각 그룹에 따라 별도의 준비 상태 큐를 사용하는 기법이다.
- 특정 그룹의 준비 상태 큐에 들어간 프로세스는 다른 큐로 이동할 수 없다.
- 하위 준비 상태 큐의 프로세스가 실행 중일 때, 상위 준비 상태 큐에 프로세스가 들어오면 상위 프로세스가 CPU를 우선 할당받는다.

4) 다단계 피드백 큐(MLFQ, Multi-Level Feedback Queue)
- 프로세스가 생성되면 가장 높은 우선순위의 준비 큐에 등록되고, FCFS 순서로 CPU를 할당받아 실행된다.
- 할당된 시간이 끝나면 프로세스는 다음 단계의 준비 큐로 이동한다.
- 단계가 내려갈수록 시간 할당량이 증가하며, 가장 하위 큐는 Round Robin 방식으로 운영된다.
- 적응 기법(Adaptive Mechanism)을 적용하여, 프로세스의 동작에 따라 위치를 동적으로 조정한다.

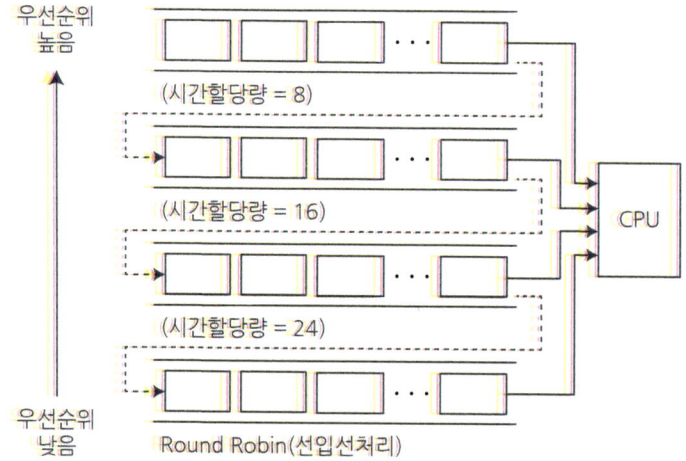

(2) 비 선점형 기법

1) FCFS(First Come First Serve)
- 먼저 도착한 프로세스를 먼저 처리하는 스케줄링 기법이다.
- 공평성은 유지되지만, 실행시간이 긴 프로세스가 먼저 도착할 경우 효율성이 떨어질 수 있다.

2) SJF(Shortest Job First)
- 실행시간이 가장 짧은 프로세스에게 CPU를 할당하는 기법이다.
- 평균 대기시간을 최소화하는 최적의 스케줄링 방식이지만, 기아현상이 발생할 수 있다.

3) HRN(Highest Response ratio Next)
- SJF의 기아현상 문제를 보완한 스케줄링 방식이다.
- 우선순위를 계산하여 프로세스의 실행 순서를 결정한다.
- 실행시간이 긴 프로세스는 대기 시간이 길어질수록 우선순위가 높아진다.
- 우선순위 = (대기시간 + 실행시간) / 실행시간

4) 우선순위(Priority)
- 각 프로세스에 우선순위를 부여하고, 높은 우선순위를 가진 프로세스에게 자원을 먼저 할당한다.
- 우선순위가 낮은 프로세스는 기아 상태에 빠질 위험이 있다.

5) 기한부(Deadline)
- 프로세스에게 일정한 시간을 주어 그 시간 내에 작업을 완료하도록 하는 기법이다.
- 시간 내에 작업을 완료하지 못하면 프로세스는 제거되거나 처음부터 다시 실행되어야 한다.

Section 4. 병행 프로세스와 교착 상태

1. 병행 프로세스

(1) 병행 프로세스의 개념
- 두 개 이상의 프로세스가 동시에 존재하며 실행 상태에 있는 것을 의미한다.
- 병행 프로세스는 자원 공유와 효율적인 작업 수행을 목표로 한다.

(2) 병행 프로세스의 문제점
- 한정된 자원에 대한 접근 순서 문제와 경쟁 상태(Race Condition)가 발생할 수 있다.
- 자원 충돌이나 데이터 무결성 문제가 생길 가능성이 있다.

2. 병행 프로세스 문제 해결책

(1) 임계 구역(Critical Section)
- 여러 프로세스가 공유하는 데이터나 자원에 대해 한 번에 하나의 프로세스만 접근 가능하도록 지정된 영역이다.
- 특정 프로세스가 독점할 수 없으며, 진입 요청 시 일정 시간 내에 진입을 허락해야 한다.

(2) 상호 배제(Mutual Exclusion)
- 한 프로세스가 공유 자원(메모리, 파일 등)을 사용 중일 때, 다른 프로세스가 접근하지 못하도록 제어하는 기법이다.
- 상호 배제 기법
    - 데커의 알고리즘(Dekker's Algorithm)
    - 피터슨의 알고리즘(Peterson's Algorithm)
    - 다익스트라 알고리즘(Dijkstra Algorithm)
    - 램포트의 베이커리 알고리즘(Lamport's Bakery Algorithm)

(3) 동기화 기법
- 스레드들 간의 작업 순서를 조정하거나, 하나의 자원에 대한 처리 권한을 제어하는 기법이다.
- 종류

종류	설명
세마포어 (Semaphore)	• 프로세스에 제어 신호를 전달하여 작업을 순서대로 수행하도록 하는 기법이다. • 다익스트라가 제안하였으며, P(들어가기 전)와 V(나올 때) 연산으로 동작한다. • 종류: 이진 세마포어, 계수 세마포어

종류	설명
모니터 (Monitor)	• 프로그래밍 언어 수준에서 동시성을 제어하는 상호 배제 기법이다. • 모니터 내의 자원을 공유하려면, 프로세스는 반드시 모니터의 진입부를 호출해야 한다. • 모니터 외부의 프로세스는 내부 데이터를 직접 액세스할 수 없다.

3. 교착 상태(Dead Lock)

(1) 교착 상태의 개념

- 상호 배제로 인해 발생하는 문제로, 여러 프로세스가 자원을 점유한 상태에서 서로 다른 프로세스의 자원을 요구하며 무한정 대기하는 현상이다.

(2) 교착 상태 발생 조건

발생 조건	설명
상호 배제 (Mutual Exclusion)	한 번에 한 개의 프로세스만 공유 자원을 사용할 수 있다.
점유와 대기 (Hold & Wait)	프로세스가 자원을 점유한 상태에서 다른 자원을 추가로 요구하며 대기한다.
비선점 (Non-Preemption)	프로세스에 할당된 자원은 사용이 끝날 때까지 강제로 빼앗을 수 없다.
환형대기 (Circular Wait)	각 프로세스가 순차적으로 다음 프로세스가 요구하는 자원을 점유한 상태이다.

(3) 교착 상태 해결 방법

해결 방법	설명
예방 기법 (Prevention)	교착 상태가 발생하지 않도록 사전에 제어하는 방법이다.
회피 기법 (Avoidance)	교착 상태의 발생 가능성을 피하는 방법으로, 은행원 알고리즘이 주로 사용된다.
발견 기법 (Detection)	시스템에 교착 상태가 발생했는지 점검하고, 교착 상태에 있는 프로세스와 자원을 발견하는 방법이다.
회복 기법 (Recovery)	교착 상태를 일으킨 프로세스를 종료하거나, 해당 프로세스에 할당된 자원을 선점하여 복구하는 방법이다.

Section 5. 디스크 스케줄링(Disk Scheduling)

1. 디스크 스케줄링

(1) 디스크 스케줄링 개념
- 하드 디스크에서 데이터에 접근하기 위해 디스크 헤드의 움직임을 최적화하는 기법이다.
- 여러 위치에 흩어져 있는 데이터를 효율적으로 액세스하기 위한 방법이다.

(2) 디스크 스케줄링 목표
- 하드 디스크 검색으로 인한 시간 소모를 최소화한다.
- 특정 프로세스의 입출력 요청에 우선순위를 부여한다.
- 정해진 기한 내에 프로세스의 요청을 처리한다.

(3) 디스크 스케줄링 종류

1) First Come First Served(FCFS)
- 요청이 들어온 순서대로 처리하는 방식이다.
- 장/단점

장점	알고리즘이 단순하고 공평하다.
단점	탐색 비용이 많이 들어 비효율적이다.

- FCFS 적용 예(현재 헤드의 위치가 53이라고 가정할 경우)

큐의 내용	98	183	37	122	14	124	65	67	합계
이동 순서	1	2	3	4	5	6	7	8	
이동 거리	45	85	146	85	108	110	59	2	640

2) Shortest Seek Time First(SSTF)
- 현재 헤드에서 가장 가까운 트랙의 요청을 먼저 처리하는 방식이다.
- 장/단점

장점	탐색 시간을 최소화하고 처리량을 극대화한다.
단점	안쪽 및 바깥쪽 트랙의 요청들이 기아 상태에 빠질 수 있다.

- SSTF 적용 예(현재 헤드의 위치가 53이라고 가정할 경우)

큐의 내용	98	183	37	122	14	124	65	67	합계
정렬	14	37	65	67	98	122	124	183	
이동 순서	4	3	1	2	5	6	7	8	
이동 거리	23	30	12	2	84	24	2	59	236

3) SCAN

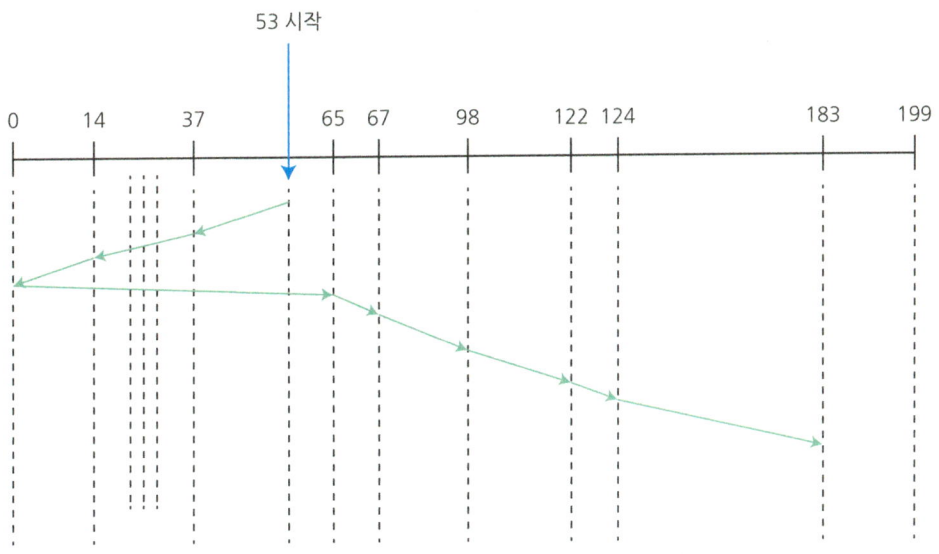

- 헤드가 진행 방향에 있는 요청을 처리하고, 반대 방향으로 이동하며 요청을 처리하는 방식이다.
- 엘리베이터 동작 원리와 비슷하여 엘리베이터 기법이라고도 한다.
- 장/단점

장점	SSTF의 기아 문제를 해결하고 응답 시간 편차를 줄인다.
단점	양쪽 끝 트랙의 대기 시간이 길어질 수 있다.

4) C-SCAN

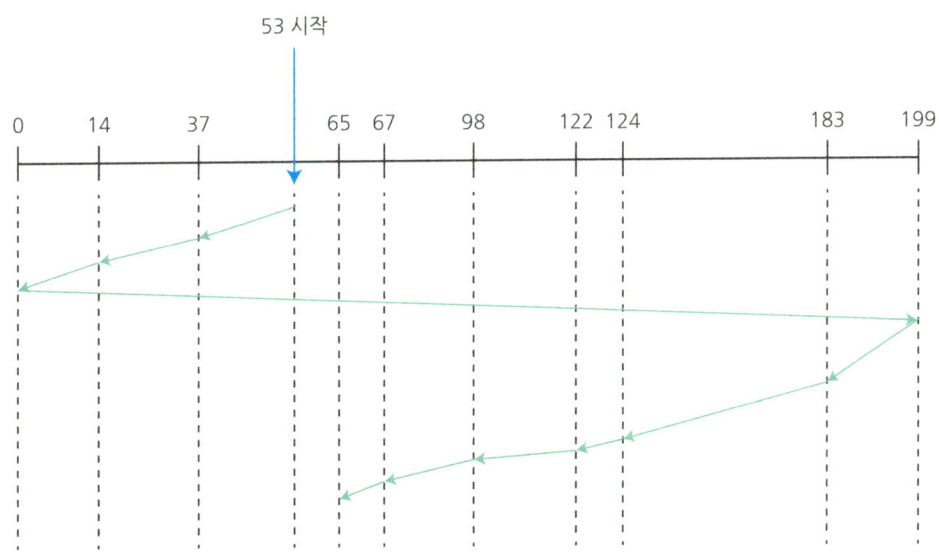

- 항상 한 방향으로만 진행하며 요청을 처리한 뒤, 끝까지 이동 후 다시 반대 방향으로 진행한다.
- SCAN의 변형으로, 시간 균등성이 더 좋다.
- 장/단점

장점	응답 시간의 편차가 적고 시간 균등성이 우수하다.
단점	처리할 요청이 없어도 헤드가 끝까지 이동하므로 비효율적일 수 있다.

5) LOOK
- SCAN 기법을 기반으로, 진행 방향의 마지막 요청을 처리한 뒤 반대 방향으로 이동하며 요청을 처리한다.

6) C-LOOK
- C-SCAN 기법을 기반으로 동작하며, 진행 방향의 마지막 요청까지 처리한 후 반대 방향으로 돌아와 다시 요청을 처리한다.
- C-SCAN 기법과 달리 끝까지 이동하지 않고, 마지막 요청 지점에서 반대로 방향을 전환한다.

7) N-STEP SCAN
- SCAN 기법을 기반으로, 시작 전에 대기 중인 요청을 우선 처리한 뒤, 처리 중 들어오는 요청은 반대 방향으로 이동할 때 처리한다.

8) 에션바흐(Eschenbach) 기법
- 항공 예약 시스템과 같은 부하가 큰 환경에서 사용된다.
- 탐색 시간과 회전 지연 시간을 최적화하는 데 초점을 둔다.

Section 6. 스토리지, 환경 변수, 로그 파일

1. 스토리지(Storage)

(1) 스토리지 개념
- 데이터를 저장하는 저장소로, 컴퓨터 시스템의 주요 부품이다.
- 컴퓨터 하드디스크와 유사한 기능을 수행한다.

(2) 스토리지 종류

구분	설명
DAS (Direct Attached Storage)	• PC나 서버에 직접 연결하는 방식이다. • 서버와 1:1로 연결되며, 각 서버가 파일 시스템을 관리한다. • 독립적으로 작동하여 별도의 네트워크 장치가 필요 없다. • 빠른 속도를 제공하지만, 확장성에 한계가 있다.
NAS (Network Attached Storage)	• 이더넷 등 LAN을 통해 서버와 연결한다. • 포트 수 제한이 없어 확장성과 유연성이 뛰어나다. • 네트워크 파일 시스템(NFS)을 통해 파일 공유가 가능하다. • 확장성이 우수하지만, 접속이 증가할 경우 성능 저하가 발생할 수 있다.
SAN (Storage Area Network)	• 서버와 저장 장치를 파이버 채널 스위치를 통해 연결한다. • 전용 파이버 채널을 사용하여 빠른 속도를 유지한다. • 고성능 및 대용량 스토리지 환경에 적합하다.

(3) RAID(Redundant Array of Inexpensive Disks)

1) RAID 개념
- 복수의 HDD를 하나의 드라이브로 인식하고 사용하는 방식이다.
- HDD의 신뢰성을 높이고, 데이터를 분산 저장하여 성능을 개선한다.

2) RAID 구성
- 스트라이핑(Striping): 데이터를 여러 디스크에 라운드로빈 방식으로 분산 저장하여 성능을 향상시킨다.
- 미러링(Mirroring): 데이터를 동일하게 복제하여 저장함으로써 신뢰성을 확보한다.

3) RAID 형태

형태	설명
RAID-0	• 스트라이핑을 사용하여 데이터를 분산 저장한다. • 모든 디스크 용량을 활용하지만, 하나의 디스크가 오류 나면 데이터 손실 위험이 존재한다.
RAID-1	• 미러링을 통해 데이터를 복제하여 신뢰성을 확보한다. • 가용 용량이 절반으로 줄어들지만, 하나의 디스크 오류가 발생해도 복구 가능하다.
RAID-2	• 해밍 코드를 사용하여 오류 정정을 지원한다.
RAID-3	• 한 디스크를 패리티 정보 저장용으로 사용하고, 나머지 디스크에 데이터를 분산 저장한다. • 하나의 디스크가 오류 나면 패리티를 이용해 복구가 가능하다.
RAID-4	• RAID-3과 유사하지만, 데이터를 블록 단위로 분산 저장한다.
RAID-5	• 세 개 이상의 디스크를 사용하며, 각 디스크에 패리티 정보를 포함한다. • 별도의 패리티 디스크를 사용하지 않아 병목 현상을 방지한다.
RAID-6	• 두 개의 패리티 정보를 디스크에 분산 저장한다. • 두 개의 디스크가 동시에 오류 나도 복구 가능하다.

2. 환경 변수

(1) 환경 변수의 개념
- 프로세스가 동작하는 방식에 영향을 미치는 동적인 값들의 모임이다.
- 운영체제가 프로세스를 생성할 때 참조하는 변수들이다.

(2) UNIX/Linux 환경 변수
- env, set, printenv 명령어를 사용하여 환경 변수와 그 값을 확인할 수 있다.
- export 명령을 사용하여 사용자 환경 변수를 전역 변수로 설정할 수 있다.
- 환경 변수 종류

종류	설명
$PATH	실행 파일의 경로들을 나타낸다.
$HOME	사용자의 홈 디렉토리 경로를 나타낸다.
$LANG	지원되는 기본 언어 설정을 나타낸다.
$USER	현재 로그인된 사용자 이름을 나타낸다.
$PWD	현재 작업 디렉토리를 나타낸다.
$DISPLAY	X 윈도우 시스템의 디스플레이 설정을 나타낸다.

(3) Windows 환경 변수
- 제어판을 통해 환경 변수 설정에 접근할 수 있으며, 커맨드 창에서 set 명령으로 확인할 수 있다.
- 환경 변수 종류

종류	설명
%HOMEDRIVE%	로그인한 계정 정보가 들어있는 드라이브를 나타낸다.
%SYSTEMDRIVE%	부팅된 운영체제가 들어있는 드라이브를 나타낸다.
%PROGRAMFILES%	기본 프로그램이 설치되는 폴더를 나타낸다.
%TEMP%	임시 파일이 저장되는 폴더를 나타낸다.
%USERPROFILE%	로그인한 사용자의 프로필 폴더를 나타낸다.
%PATH%	실행 참조용 폴더 목록을 나타낸다.

3. 로그 파일

(1) 로그의 개념
- 시스템의 모든 기록을 담고 있는 데이터이다.
- 시스템에서 발생하는 모든 활동과 사건들이 기록된다.

(2) 로그 데이터 정보
- 외부로부터의 침입을 감지하고 추적하는 데 사용된다.
- 시스템 성능 관리와 마케팅 전략에 활용된다.
- 시스템 장애 원인 분석과 취약점 분석에 중요한 정보를 제공한다.

(3) 로그 데이터 중요성
- 시스템 문제에 대한 유일한 단서를 제공한다.
- 오류 및 보안 결함을 검색하고 해결하는 데 사용된다.
- 잠재적인 시스템 문제를 예측하고 사전에 대비할 수 있다.
- 장애 발생 시 복구에 필요한 정보를 제공한다.
- 침해사고 발생 시 근거 자료로 활용된다.

(4) 리눅스 로그 종류

종류	설명
messages	시스템 로그 파일
secure	보안 인증에 관한 메시지를 기록한 로그 파일
maillog	메일 서비스 관련 로그 파일
xferlog	FTP 관련 로그 파일
dmesg	부팅 시 생성되는 시스템 로그
wtmp	전체 로그인 기록이 저장되는 파일
utmp	현재 로그인 사용자 정보가 저장되는 파일
btmp	로그인 실패 정보가 기록된 파일
lastlog	계정별 가장 최근 로그인 기록이 저장된 파일

PART 04

네트워크

CHAPTER 01 네트워크

Section 1. 네트워크 기본

1. 네트워크

(1) 네트워크 개념
- Net+Work의 합성어로, 컴퓨터와 같은 노드들이 통신 기술을 통해 그물망처럼 연결된 통신 형태를 의미한다.
- 2대 이상의 컴퓨터를 연결하여 서로 통신할 수 있는 환경을 제공한다.

(2) 네트워크의 장/단점

장점	• 네트워크를 통해 다양한 정보를 손쉽게 공유할 수 있다.
단점	• 바이러스나 악성코드로 인한 위험이 존재한다. • 해킹으로 인한 개인정보 유출 위험이 있다. • 데이터 변조 가능성이 있다.

(3) 거리 기반 네트워크

분류	설명
PAN (Personal Area Network)	5m 내외의 가까운 거리에서 통신이 가능한 네트워크 형태
LAN (Local Area Network)	사무실, 가정 등 소규모 공간 내에서 고속 통신이 가능한 근거리 네트워크
MAN (Metropolitan Area Network)	LAN과 WAN의 중간 형태로 도시 수준에서 네트워크를 연결
WAN (Wide Area Network)	광범위한 지역의 네트워크로, 여러 LAN을 연결하는 광대역 네트워크

2. 네트워크 토폴로지(Network Topology)

(1) 계층형(Tree)

- 계층적인 구조로, 한 노드가 여러 하위 노드를 가지는 형태이다.
- 관리는 쉽고 확장성이 좋다.
- 상위 노드가 고장나면 상위 네트워크와의 통신이 불가능하다.

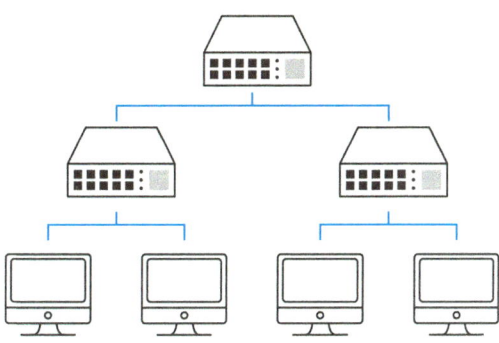

(2) 버스형(Bus)

- 모든 노드가 하나의 중앙 버스 라인에 연결된 형태이다.
- 설치가 간단하며 비용이 저렴하다.
- 네트워크에 문제가 발생하면 전체 네트워크에 영향을 미친다.

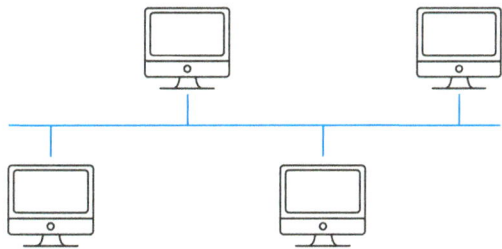

(3) 성형(Star)

- 모든 노드가 중앙 노드(예: 스위치, 허브)에 연결된 형태이다.
- 중앙 노드에 장애가 발생하면 전체 네트워크가 마비된다.
- 개별 링크에 문제가 생겨도 다른 노드에는 영향을 주지 않는다.

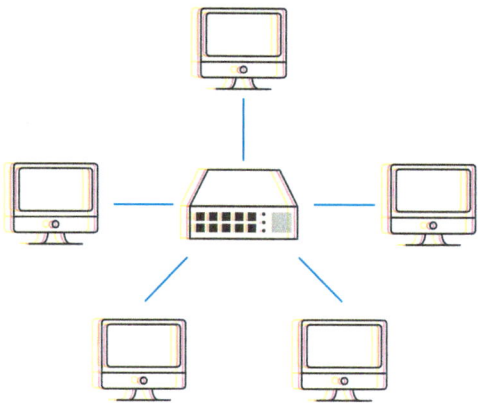

(4) 링형(Ring)

- 각 노드가 순환 형태로 두 개의 인접 노드와 연결된 형태이다.
- 일반적으로 토큰 패싱(토큰을 가진 장치만이 데이터를 전송) 방식을 사용하여 데이터를 전송한다.
- 한 노드나 연결이 고장나면 전체 네트워크에 영향을 미친다.

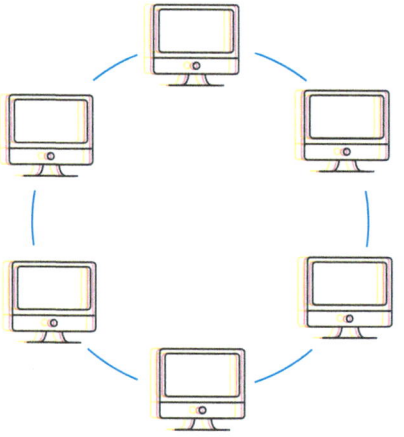

(5) 망형(Mesh)

- 노드들이 서로 광범위하게 연결된 구조이다.
- 매우 높은 신뢰성과 내결함성을 제공한다.
- 설치 및 유지보수 비용이 높다.

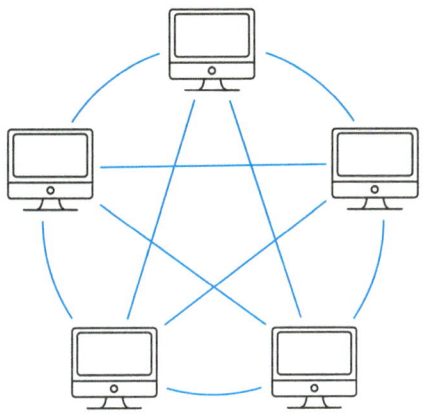

3. 데이터 전송

(1) 아날로그/디지털 전송

구분	설명
아날로그 전송	• 전송 매체를 통해 아날로그 신호 형태로 데이터를 전달한다. • 신호 감쇠가 심하고 오류 발생 확률이 높다.
디지털 전송	• 전송 매체를 통해 디지털 신호 형태로 데이터를 전달한다. • 거리로 인한 신호 감쇠는 없으나 장거리 전송 시 리피터 사용이 필요하다. • 신호 왜곡이 적어 정확한 데이터 전송이 가능하다.

(2) 방향에 따른 구분

구분	설명
단방향 통신 (Simplex)	일방적인 데이터 전송만 가능하다. (예: 라디오, TV)
반이중 통신 (Half Duplex)	양방향 데이터 전송이 가능하지만, 동시 전송은 불가능하다. (예: 무전기)
전이중 통신 (Full Duplex)	양방향 데이터를 동시에 송수신할 수 있다. (예: 전화)

(3) 직렬 전송/병렬 전송

구분	설명
직렬 전송 (Serial Transmission)	• 데이터를 한 번에 한 비트씩 순서대로 전송한다. • 데이터 전송 속도는 느리다. • 구축이 간단하고 경제적이다.
병렬 전송 (Parallel Transmission)	• 문자 단위 등 여러 비트를 동시에 전송하는 방식이다. • 데이터 전송 속도가 빠르다. • 병렬 데이터 간의 동기화를 위한 흐름 제어가 필요하다.

(4) 동기 전송/비동기 전송

구분	설명
동기식 전송 방식 (Synchronous Transmission)	• 여러 문자를 포함하는 데이터 블록 단위로 전송한다. • 모뎀이나 다중화기 등의 장치로 타이밍 조정이 필요하다. • 동기문자(SYN) 또는 플래그를 사용해 데이터 블록의 시작과 끝을 표시한다. • 전송 효율이 높아 고속 데이터 통신에 적합하며, 많은 통신 프로토콜에서 사용된다. • 문자 동기 방식과 비트 동기 방식으로 나뉜다.
비동기식 전송 방식 (Asynchronous Transmission)	• Start Bit와 Stop Bit를 이용하여 데이터의 시작과 끝을 표시한다. • 각 문자 사이에 휴지 기간이 존재하며, 스톱비트를 지속적으로 전송한다. • 구조가 단순하고 비용이 저렴하지만, 전송 효율이 상대적으로 낮다. • 저속 전송에 적합하며, 주로 300bps~1200bps 속도로 사용된다. • 데이터가 전송되지 않을 경우 통신 회선은 휴지 상태가 된다.

4. 데이터 교환 방식

(1) 회선망의 종류

종류	설명
전용 회선	• 항상 고정된 통신 회선을 사용하는 방식이다. • 빠른 전송 속도와 낮은 전송 오류를 제공한다. • 고장 발생 시 유지보수가 용이하지만, 구축 비용이 높다.
교환 회선	• 교환기를 통해 송신 측과 수신 측이 연결되는 방식이다. • 전용 회선에 비해 전송 속도가 느리다. • 보안 측면에서 기밀성과 무결성을 고려해야 한다. • 장치 및 회선 비용을 절감할 수 있다.

(2) **데이터 교환 방식**

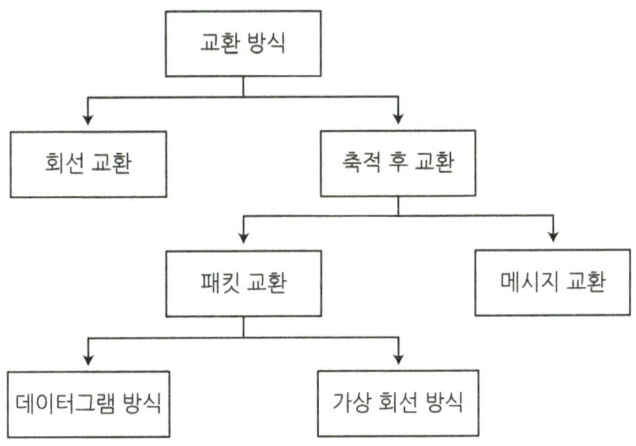

종류	설명
회선 교환	• 교환기를 이용해 두 지점을 물리적으로 연결하는 방식이다. • 연결이 이루어진 후 전용선처럼 사용된다. • 고정된 대역폭을 사용하며, 일정한 전송 속도를 유지한다.
메시지 교환	• 두 노드 간 통신 경로를 미리 설정하지 않고 데이터를 전송한다. • 메시지를 축적한 후 전송하는 방식이다. • 저속 통신 및 부가서비스, 비 실시간 전송에 적합하다.
데이터그램 방식	• 논리적 연결 없이 데이터 패킷을 독립적으로 전송하는 방식이다. • 각 패킷은 순서와 상관없이 전송되며, 전송 후 패킷의 재정렬이 필요하다.
가상 회선 방식	• 회선 교환과 데이터그램 방식의 장점을 결합한 방식이다. • 패킷 전송 전에 논리적 연결을 수행한다. • 고정된 경로를 통해 패킷을 전송한다. • 데이터그램 방식보다 빠르고 안정적이다. • 많은 사용자가 동시 사용하는 경우 한계가 있고, 별도의 호(Call) 설정 과정이 필요하다.

5. 다중화(Multiplexing)

(1) 다중화의 개념
- 하나의 통신 회선을 여러 가입자가 동시에 사용할 수 있게 하는 기능이다.
- 하나의 통신 회선에 여러 터미널이 공유 가능하다.
- 전송 효율을 높이기 위해 선로를 공동으로 이용한다.

(2) 다중화기(MUX, MUltipleXer)
- 여러 개의 터미널 신호를 하나의 통신 회선을 통해 전송할 수 있도록 하는 장치이다.

(3) 다중화기 종류

1) 주파수 분할 다중화기(FDM, Frequency Division Multiplexer)
- 물리적 통신 채널을 여러 주파수 채널로 나누어 사용한다.
- 다양한 주파수로 변조하여 데이터를 전송한다.
- 주파수 분할의 완충 지역으로 Guard Band를 사용하므로 대역폭 낭비가 발생한다.
- 라디오, TV 방송, CATV 등에 활용된다.

2) 시분할 다중화기(TDM, Time Division Multiplexer)
- 전송로의 데이터를 일정한 시간 폭으로 나누어 여러 채널에 차례로 분배하는 방식이다.
- 디지털 전송에 적합하며, 아날로그 신호를 디지털 신호로 변환할 때 PCM(Pulse Code Modulation) 방식을 사용한다.
- 각 채널은 고속 채널을 점유하는 것처럼 보이지만, 실제로는 배정된 시간 동안만 사용한다.
- 다중화 방식

동기식 시분할 다중화 (Synchronous TDM)	• 모든 채널에 타임 슬롯이 고정적으로 할당된다. • 데이터가 없는 경우에도 슬롯을 점유하므로 효율성이 떨어질 수 있다.
비동기식 시분할 다중화 (Asynchronous TDM)	• 데이터가 있는 채널에만 타임 슬롯을 할당한다. • 동기식보다 전송 효율이 높다. • 통계적 시분할 다중화 또는 지능형 다중화라고도 한다.

3) 코드 분할 다중화(CDM, Code Division Multiplexer)
- 고유 코드를 사용하여 여러 데이터 신호를 결합하는 다중화 방식이다.
- 공통 주파수 대역에서 여러 사용자가 동시에 데이터를 전송한다.
- 확산 스펙트럼 기술을 사용하여 전송 방해를 방지한다.
- CDMA(Code Division Multiple Access) 방식으로 단일 통신 채널을 여러 사용자가 공유한다.

4) 파장 분할 다중화(WDM, Wavelength Division Multiplexing)
- 여러 파장대를 사용하여 데이터를 동시에 전송하는 광 다중화 방식이다.
- 레이저 빛의 서로 다른 파장을 이용하여 여러 반송파 신호를 단일 광섬유에 적용한다.

5) 공간 분할 다중화(SDM, Space-Division Multiplexing)
- 시간(TDM)이나 주파수(FDM)가 아닌 공간 차원에서 다중화를 수행하는 기술이다.

(4) 역다중화기와 집중화기

1) 역다중화기(Inverse MUX)
- 하나의 고속 통신 회선으로부터 데이터를 받아 여러 개의 저속 회선으로 나누어 전송한다.
- 여러 저속 회선을 사용하여 광대역 전송 속도를 달성한다.

2) 집중화기(Concentrator)
- 여러 개의 저속 회선 데이터를 버퍼에 축적한 후, 이를 하나의 고속 회선으로 전송한다.
- 저속 회선들을 효과적으로 관리하며, 고속 회선의 사용률을 극대화한다.

Section 2. 근거리 통신망(LAN, Local Area Network)

1. LAN

(1) LAN의 개념

- 여러 대의 컴퓨터와 주변 장치가 통신 네트워크를 구성하여 통신하는 망이다.
- 학교, 건물, 사무실 등 가까운 거리에 한정된 네트워크를 의미한다.

(2) LAN의 전송 방식

구분	설명
베이스 밴드 (Base Band)	• 디지털 신호를 변조하지 않고 전송한다. • 간단한 송수신 장치를 사용하며, 비용이 저렴하다. • 전송 거리는 1~2km로 제한되며, 그 이상은 리피터를 사용한다. • 트위스트 페어 케이블, 동축 케이블을 사용한다.
브로드 밴드 (Broad Band)	• 디지털 데이터를 아날로그 데이터로 변조하여 전송한다. • 주파수 분할 다중화(FDM) 방식을 사용한다. • 동시에 여러 정보를 전송할 수 있다.

(3) LAN의 프로토콜

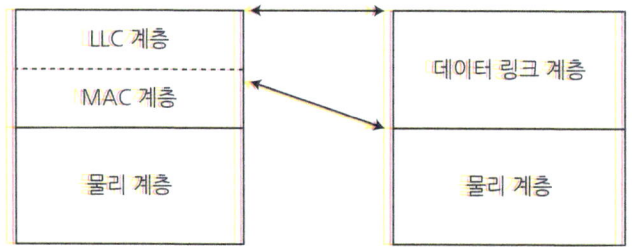

구분	설명
LLC (Logical Link Control)	• OSI 모델의 데이터 링크 계층에서 기능을 수행한다. • 흐름 제어, 오류 처리 등을 관리한다.
MAC (Medium Access Control)	• 물리적 전송 매체와의 연결 방식을 제어한다. • CSMA/CD, 토큰 링, 토큰 버스 등의 기술을 포함한다.

2. LAN의 표준 802.X 시리즈

표준	설명
802.1	LAN의 전체 구성과 OSI 참조 모델과의 관계, 네트워크 관리에 관한 표준 규약이다.
802.2	LLC(논리 링크 제어)에 관한 표준 규약이다.
802.3	CSMA/CD 방식에 기반한 이더넷 규약이다.
802.4	토큰 버스 네트워크에 관한 규약이다.
802.5	토큰 링 네트워크에 관한 규약이다.
802.11	무선 LAN(Wi-Fi)에 관한 규약이다.
802.15	무선 개인 영역 네트워크(WPAN)를 위한 표준으로, 블루투스 등이 포함된다.

(1) CSMA/CD(Carrier Sense Multiple Access with Collision Detection)

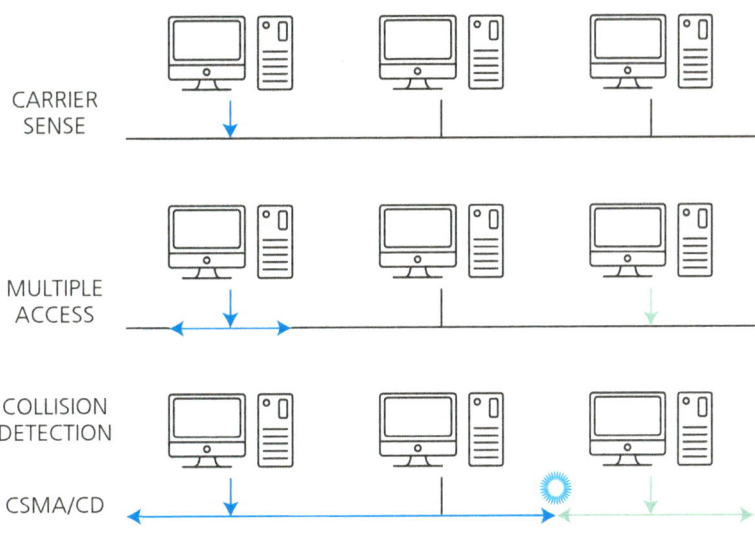

구분	설명
용도 및 적용	• IEEE 802.3 이더넷 LAN에서 사용되는 매체 접근 방식이다.
용어 설명	• CSMA: 다른 사용자의 채널 사용 여부를 확인한다. • CD: 데이터 충돌을 감지하고 제어한다.
기능	• 유선 네트워크에서 데이터 충돌을 감지하고 이를 관리한다. • Manchester 코드를 사용하여 데이터와 클럭 신호를 결합하여 전송한다.
작동 방식	• 네트워크 사용 여부를 확인 후 전송하거나 대기한다. • 충돌 발생 시 잼 신호를 보내고 임의의 시간 후 재전송한다.

(2) CSMA/CA(Carrier Sense Multiple Access with Collision Avoidance)

구분	설명
용도 및 적용	• IEEE 802.11 무선 LAN에서 사용되는 매체 접근 방식이다.
특징	• 무선 네트워크 특성상 충돌 감지가 어려워 충돌 회피 기능이 포함된 CSMA/CA를 사용한다. • 네트워크 사용 여부를 판단하여 사용 중이면 일정 시간 대기한다.

(3) 토큰 버스(Token Bus)

구분	설명
적용 환경	• 버스형 LAN에서 사용되는 통신 방식이다.
작동 방식	• 토큰이 논리적으로 형성된 링을 따라 각 노드를 차례로 순회한다. • 토큰을 가진 노드는 데이터를 전송하며, 전송 후 토큰을 다음 노드로 전달한다.
특징	• 각 노드가 공평한 송신 권한을 가진다. • 전송량이 많아도 안정적이며, 액세스 시간이 일정하다. • CSMA/CD 방식보다 장치 복잡도가 높고 평균 대기시간이 길다. • 노드나 통신 회선에 장애가 발생하면 전체 네트워크에 장애가 발생할 수 있다.

(4) 토큰 링(Token Ring)

구분	설명
적용 환경	• 링형 LAN에서 사용되는 통신 방식이다.
작동 방식	• 링 형태로 연결된 네트워크에서 순환하는 토큰을 이용해 송신 권리를 제어한다.
토큰 상태	• 프리 토큰(Free Token): 회선이 비어 있는 상태 • 비지 토큰(Busy Token): 회선이 데이터 전송에 사용 중인 상태

(5) 블루투스 규약(802.15)

버전	내용
802.15.1	Bluetooth를 기반으로 한 WPAN(Wireless Personal Area Network) 규격이다.
802.15.2	WPAN 및 WLAN 간의 상호 간섭 해소를 포함한 공존 규격이다.
802.15.3	20Mbps 이상의 고속 WPAN 규격이다.
802.15.4	저속, 저전력, 저가형 WPAN 규격이다.
802.15.5	WPAN에 의한 Mesh Network 구성을 지원한다.
802.15.6	체온, 심전도, 맥박 등을 측정하는 Body Area Network 규격이다.
802.15.7	가시광선 통신(Visible Light Communication)을 지원한다.

3. HDLC(High-level Data Link Control)

(1) 개념
- 데이터 링크 계층에서 사용되는 비트 지향 프로토콜이다.
- 신뢰성 있는 데이터 전송을 위해 설계되었으며, 포인트 투 포인트 및 멀티포인트 연결에서 널리 사용된다.

(2) 프레임 구조

구성	내용
플래그	• 각 프레임의 시작과 끝을 나타낸다.
주소 필드	• 프레임의 수신자를 식별한다.
제어 필드	• 프레임의 유형(정보, 감독, 비순서 프레임)을 식별한다. • 흐름 제어 및 오류 제어 정보를 포함한다.
데이터	• 실제 전송할 사용자 데이터를 포함한다.
FCS	• 오류 검출을 위한 필드이다.

(3) HDLC 프레임 유형

유형	내용
정보 프레임 (I-frame)	데이터 전송을 위한 프레임이다.
감독 프레임 (S-frame)	오류 검출 및 흐름 제어를 위해 사용된다.
비순서 프레임 (U-frame)	추가적인 제어 목적이나 특별한 상황에서 사용된다.

(4) HDLC 스테이션

유형	내용
주국 (Primary Station)	링크 제어의 책임을 갖고 명령을 내리는 스테이션이다.
종국 (Secondary Station)	주국 제어 하에 동작하며, 응답만 가능하다.
혼성국 (Combined Station)	주국과 종국의 특징을 결합하여 명령과 응답 모두 가능하다.

(5) HDLC 전송 모드

1) 정규 응답 모드(NRM, Normal Response Mode)
- 주국과 하나 이상의 종국으로 구성된다.
- 주국이 통신을 제어하며, 종국은 주국의 명령에만 응답한다.
- 중앙 집중식 네트워크에서 사용되며, 일방적 통신 제어가 필요한 환경에 적합하다.

2) 비동기 균형 모드(ABM, Asynchronous Balanced Mode)
- 가장 일반적으로 사용되는 HDLC 모드이다.
- 모든 단말이 주국 기능을 수행하며, 독립적으로 데이터 전송과 수신이 가능하다.
- 전이중(Full-Duplex) 통신을 지원하며, 대등한 네트워크 환경에 적합하다.

3) 비동기 응답 모드(ARM, Asynchronous Response Mode)
- 주국이 통신을 제어하지만, 종국도 자체적으로 데이터 전송을 시작할 수 있다.
- 주로 주국의 제어 하에 있는 비대칭 네트워크 환경에서 사용된다.
- NRM에 비해 유연하지만, 여전히 주국이 중심적인 역할을 수행한다.

Section 3. 인터넷

1. 인터넷

(1) 인터넷(Internet)의 개념
- TCP/IP 프로토콜을 기반으로 전 세계의 다양한 컴퓨터와 네트워크가 연결된 광범위한 통신망이다.
- 1960년대 미국 국방성의 군사 목적으로 시작된 ARPANET에서 유래되었다.

(2) 인터넷 서비스

종류	설명
WWW (World Wide Web)	• 텍스트, 이미지, 비디오, 오디오 등을 연결하는 종합 정보 서비스이다. • HTTP/HTTPS 프로토콜과 하이퍼텍스트를 기반으로 동작한다. • 웹 브라우저를 통해 정보에 접근한다.
전자우편 (E-MAIL)	• 텍스트, 이미지, 파일을 포함한 다양한 데이터를 송수신할 수 있는 서비스이다. • SMTP, IMAP, POP3 등의 프로토콜을 사용한다.
텔넷 (Telnet)	• 원격 위치의 컴퓨터에 접속하여 사용하는 서비스로, 주로 관리 목적으로 사용된다.
HTTP/HTTPS	• 하이퍼텍스트 문서 전송을 위한 프로토콜로, HTTPS는 보안이 강화된 버전이다.
FTP (File Transfer Protocol)	• 파일 전송에 사용되는 프로토콜로, 데이터 업로드와 다운로드에 적합하다.
클라우드 서비스	• Google Drive, OneDrive 등 인터넷을 통해 데이터 저장, 관리, 공유를 제공한다.
동영상 스트리밍	• YouTube, Netflix 등에서 제공하며, 고화질 비디오 및 라이브 스트리밍 서비스가 포함된다.
SNS (Social Networking Service)	• Facebook, Twitter, Instagram 등 개인 간의 소통과 네트워크 형성을 지원한다.
메신저 서비스	• KakaoTalk, Telegram 등을 통해 실시간 텍스트, 음성, 영상 통신을 지원한다.
온라인 쇼핑	• Amazon, eBay 등과 같은 전자상거래 플랫폼으로, 제품 구매 및 결제 서비스를 제공한다.
IoT 서비스	• 인터넷을 통해 다양한 기기를 연결하고 제어하며, 스마트홈이나 웨어러블 기기에서 주로 사용된다.

(3) URI 구조

구조	설명
Scheme	• 통신 방식이나 프로토콜을 결정한다. • 예) http, https, ftp, mailto 등
Domain	• 통신할 서버의 도메인명 또는 IP 주소를 나타낸다. • 예) eraonedu.com
Port	• 서버의 특정 프로세스에 접근하기 위해 필요한 번호이며 일반적으로 생략된다. • 예) http(80), https(443)
Path	• 리소스의 위치나 계층적 구조를 나타낸다. • 예) /articles/page1
Query String	• 웹 서버로 전달되는 key-value 형태의 문자열 데이터이다. • 예) ?id=123&name=test
Fragment	• 앵커 또는 해시태그라고도 불리며 메인 리소스 내 특정 서브 리소스에 바로 접근할 때 사용한다. • 예) #section1
Authority	• 사용자 정보, 호스트, 포트 번호를 포함한다. • 형식: [user-info@]host[:port] • 예) username:password@example.com:8080

2. IP

(1) IP(Internet Protocol address) 주소

1) IP의 개념
- 인터넷에서 컴퓨터나 네트워크 장치를 식별하기 위한 고유한 번호이다.
- IPv4와 IPv6 두 가지 형식이 있으며, 현재는 IPv4가 널리 사용된다.

2) IP의 특징
- 각 장치는 인터넷상에서 고유한 IP 주소를 가진다.
- IPv4는 32비트로 구성되며, IPv6는 128비트로 구성된다.
- 서브넷 마스크를 통해 네트워크와 호스트 부분을 구분한다.
- IPv4는 주소 공간 부족 문제로 인해 점진적으로 IPv6로 전환되고 있다.

(2) IPv4

1) IPv4의 개념
- 인터넷에서 컴퓨터나 네트워크 장치를 식별하기 위해 사용되는 32비트 크기의 인터넷 프로토콜 주소이다.
- 점으로 구분된 10진수 4옥텟 형식을 사용한다. (예: 192.168.0.1)
- 전 세계적으로 가장 널리 사용되었으나, 주소 공간 부족 문제로 IPv6로 전환이 진행 중이다.

2) 주소 분류

분류	설명
유니캐스트 (Unicast)	단일 송신자와 단일 수신자 간의 통신이다.
멀티캐스트 (Multicast)	단일 송신자가 다중 수신자에게 데이터를 전송하는 통신이다.
브로드캐스트 (Broadcast)	동일 네트워크에 있는 모든 장비에게 데이터를 전송하는 통신이다.

3) IP 주소 클래스

클래스	옥텟 IP	최상비트	호스트 수	네트워크 수	용도
A Class	0 ~ 127	0	16,777,216	128	국가/대형 통신망
B Class	128 ~ 191	10	65,536	16,384	중대형 통신망
C Class	192 ~ 223	110	256	2,097,152	소규모 통신망
D Class	224 ~ 239	1110			멀티캐스트용
E Class	240 ~ 255	1111			실험용

(3) IPv6

1) IPv6의 개념
- IPv4 주소 고갈 문제를 해결하기 위해 개발된 차세대 인터넷 프로토콜 주소이다.
- 총 128비트로 구성된 확장된 주소 체계를 가진다.

2) 특징
- 오버헤드를 최소화한 설계로 효율적인 데이터 전송이 가능하다.
- 128비트 주소로 광범위한 주소를 제공한다.
- IPv4와 달리 IPsec 등 보안 기능이 기본 제공된다.
- 향상된 품질 보장(QoS) 기능을 제공하여 서비스 품질을 높인다.
- 새로운 기능 추가와 프로토콜 확장이 용이하다.

3) 표시 형식

- 16비트씩 8부분으로 나뉘며, 콜론(:)으로 각 부분을 구분한다.
- 예) 2001:0DB8:1000:0000:0000:0000:1111:2222

4) 주소 분류

분류	설명
유니캐스트 (Unicast)	단일 송신자와 단일 수신자 간의 통신이다.
멀티캐스트 (Multicast)	단일 송신자가 다중 수신자에게 데이터를 전송하는 통신 방식이다.
애니캐스트 (Anycast)	그룹 내 가장 가까운 수신자에게 데이터를 전달하는 통신 방식이다.

(4) IPv4/IPv6 전환 기술

종류	설명
듀얼 스택 (Dual Stack)	• 장비들이 IPv4와 IPv6를 모두 지원하며, 두 프로토콜을 동시에 처리할 수 있는 기술이다.
터널링 (Tunneling)	• IPv6 패킷을 IPv4 패킷 속에 캡슐화하여 전송하는 기술이다. • IPv4 네트워크 환경에서도 IPv6 패킷 전송이 가능하다.
주소 변환 (Address Translation)	• IPv6 시스템과 IPv4 시스템 간의 헤더 변환을 통해 상호 운용성을 제공하는 기술이다.

3. 서브넷

(1) 서브넷, 서브넷 마스크

1) 서브넷(Subnet)

- 하나의 큰 네트워크를 더 작은 네트워크로 분할한 구조이다.
- 네트워크 관리를 용이하게 하고, 보안 강화와 트래픽 관리에 도움을 준다.

2) 서브네팅(Subnetting)

- 하나의 IP 네트워크를 더 작은 네트워크 영역으로 나누어 자원을 효율적으로 분배하고, 네트워크 성능을 보장하는 과정이다.
- 네트워크 영역과 호스트 영역을 구분하여 효율적으로 관리한다.

3) 서브넷 마스크(Subnet Mask)
- IP 주소에서 네트워크 부분과 호스트 부분을 구분하기 위해 사용된다.
- 서브넷 마스크와 IP 주소의 AND 연산을 통해 네트워크 주소를 결정한다.

(2) 서브네팅 예

1) 200.1.1.0/24를 7개의 서브넷으로 나눌 경우

번호	구분	범위	네트워크 주소	브로드캐스트 주소
1	000	200.1.1.0~200.1.1.31	200.1.1.0	200.1.1.31
2	001	200.1.1.32~200.1.1.63	200.1.1.32	200.1.1.63
3	010	200.1.1.64~200.1.1.95	200.1.1.64	200.1.1.95
4	011	200.1.1.96~200.1.1.127	200.1.1.96	200.1.1.127
5	100	200.1.1.128~200.1.1.159	200.1.1.128	200.1.1.159
6	101	200.1.1.160~200.1.1.191	200.1.1.160	200.1.1.191
7	110	200.1.1.192~200.1.1.223	200.1.1.192	200.1.1.223
8	111	200.1.1.224~200.1.1.255	200.1.1.224	200.1.1.255

2) 200.1.1.0/27의 서브넷 마스크
- 호스트 주소 중 3비트를 네트워크 아이디로 사용하여, 255.255.255.224 이 서브넷 마스크가 된다.

3) 같은 네트워크 영역인지 확인

범위	128	64	32	16	8	4	2	1
65	0	1	0	0	0	0	0	1
224	1	1	1	0	0	0	0	0
AND	0	1	0	0	0	0	0	0

범위	128	64	32	16	8	4	2	1
94	0	1	0	1	1	1	1	0
224	1	1	1	0	0	0	0	0
AND	0	1	0	0	0	0	0	0

범위	128	64	32	16	8	4	2	1
97	0	1	1	0	0	0	0	1
224	1	1	1	0	0	0	0	0
AND	0	1	1	0	0	0	0	0

4. IP 기타 기술

(1) NAT(Network Address Translation)

1) NAT의 개념

- 사설 IP 주소와 공인 IP 주소 간의 변환을 통해 내부 네트워크와 외부 인터넷 간의 통신을 가능하게 하는 기술이다.
- 한정된 공인 IP 주소를 효율적으로 사용한다.
- 내부 네트워크 구조를 외부에 노출하지 않아 보안을 강화한다.
- 주소 할당 방식에 따른 NAT 종류

종류	설명
Static NAT	공인 IP 주소와 사설 IP 주소를 1:1로 매칭
Dynamic NAT	여러 공인 IP 주소를 사설 IP 주소와 매칭할 때 사용
PAT (Port Address Translation)	한 개의 공인 IP 주소에 여러 개의 사설 IP 주소를 매핑, 포트 번호를 이용해 구분

(2) DNS(Domain Name System)

- 도메인 이름을 IP 주소로 변환하거나 그 반대 작업을 수행하는 시스템이다.
- DNS 서버는 도메인 이름과 해당 IP 주소의 데이터베이스를 유지하며, 이를 요청하는 컴퓨터에 제공한다.

(3) QoS(Quality Of Service)

- 네트워크 자원을 효율적으로 사용하여 특정 트래픽의 성능과 속도를 보장하는 기술이다.
- 이용자의 서비스 만족도를 유지하고 네트워크 성능을 최적화한다.

(4) VPN(Virtual Private Network)

- 공용 네트워크를 통해 사설 네트워크에 안전하게 접속할 수 있게 하는 기술이다.
- 데이터 암호화와 안전한 터널링을 통해 보안과 개인정보 보호를 제공한다.
- 원격 근무, 지사 연결 등에서 널리 사용된다.

(5) DHCP(Dynamic Host Configuration Protocol)

- 네트워크 장치에 IP 주소를 자동으로 할당하는 프로토콜이다.
- 네트워크 관리가 간소화되고, IP 주소 사용을 효율적으로 최적화할 수 있다.
- 자동 할당 방식을 통해 IP 충돌을 방지한다.

Section 4. 프로토콜

1. 프로토콜

(1) 프로토콜의 개념
- 컴퓨터나 통신 장비 간 원활한 데이터 교환을 위한 표준화된 통신 규약이다.
- 통신을 제어하기 위한 표준 규칙과 절차의 집합으로, 하드웨어, 소프트웨어, 문서 등을 포함한다.

(2) 통신 프로토콜의 기본 요소

기본 요소	설명
구문(Syntax)	데이터의 형식, 부호화, 신호 레벨 등을 규정한다.
의미(Semantics)	효율적이고 정확한 정보 전송을 위한 협조 사항 및 오류 관리 제어 정보를 규정한다.
타이밍(Timing)	통신 속도, 메시지 순서 제어 등을 규정한다.

(3) 프로토콜의 기능

분류	설명
단편화와 재결합	데이터를 작은 블록으로 나누는 단편화와, 수신 측에서 이를 원래 데이터로 모으는 재결합이다.
캡슐화 (Encapsulation)	데이터에 송/수신지 주소, 오류 검출 코드, 프로토콜 제어 정보를 추가하는 작업이다.
흐름 제어 (Flow Control)	수신 측 처리 능력에 따라 송신 측의 데이터 전송량이나 속도를 조절한다.
오류 제어 (Error Control)	데이터 전송 중 오류를 검출 및 정정하는 기능이다.
혼잡 제어 (Congestion Control)	네트워크 혼잡 발생 시 송신 데이터 전송 속도를 감소시킨다.
동기화 (Synchronization)	송신 측과 수신 측의 타이밍을 일치시킨다.
순서 제어 (Sequencing)	데이터 블록에 전송 순서를 부여하여 연결 위주의 전송 방식을 지원한다.
주소 지정 (Addressing)	데이터의 목적지 이름, 주소, 경로를 지정한다.
다중화 (Multiplexing)	하나의 통신 회선을 여러 가입자가 동시에 사용할 수 있게 한다.
경로 제어 (Routing)	최적의 패킷 교환 경로를 설정한다.

2. 흐름 제어와 오류 제어

(1) 흐름 제어

1) 흐름 제어의 개념
- 수신 측의 처리 능력에 맞춰 송신 측에서 데이터의 전송량이나 속도를 조절하는 기능이다.
- 송신 측과 수신 측 간의 데이터 처리 속도 차이를 해결하기 위한 기술이다.

2) Stop and Wait 방식

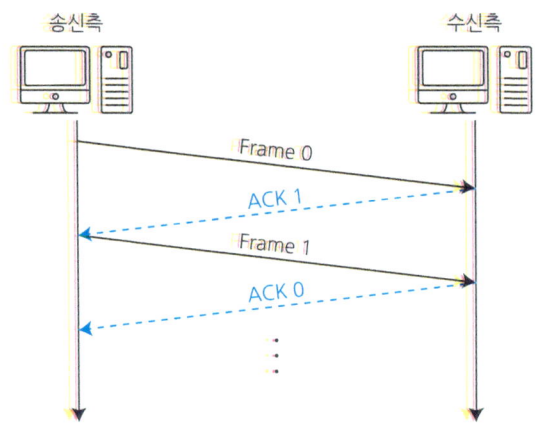

- 각 패킷을 전송한 후, 확인 응답(ACK)을 받고 나서 다음 패킷을 전송하는 방식이다.
- 전송 효율이 낮으며, 현대의 빠른 네트워크 환경에서는 거의 사용되지 않는다.

3) Sliding Window 방식
- 수신 측에서 설정한 윈도우 크기만큼 송신 측에서 확인 응답 없이 연속적으로 패킷을 전송할 수 있게 하는 방식이다.
- 전송된 패킷에 대한 ACK을 수신하면, 윈도우를 이동하여 새로운 패킷을 전송한다.
- 전송 효율을 크게 향상시키는 방식이다.
- Sliding Window 처리 방식(5개 윈도우 설정 시)
  - 송신 측에서 1~5까지의 프레임 전송 가능

  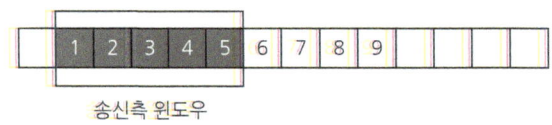

  - 데이터 1과 2를 전송하고, 3~5 데이터는 전송하지 않은 상태

  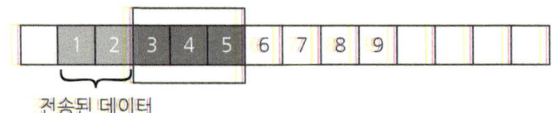

- 전송된 데이터에 대한 ACK 프레임 수신 후, ACK 된 프레임만큼 윈도우 이동

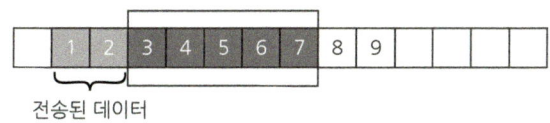

4) 피기배킹(Piggybacking)
- 양방향 통신에서 정보 프레임과 응답 프레임을 동시에 전송하는 방식이다.
- 수신 측이 별도의 ACK 프레임을 보내지 않고, 데이터 전송 프레임에 응답 기능을 포함시켜 효율을 높인다.

(2) 오류 제어

1) 오류 제어의 개념
- 데이터 전송 중 발생하는 오류를 검출하고, 이를 정정하는 기능이다.
- TCP 프로토콜은 ARQ(Automatic Repeat Request) 방식을 사용하여 재전송 기반 오류 제어를 수행한다.

2) Stop and Wait ARQ

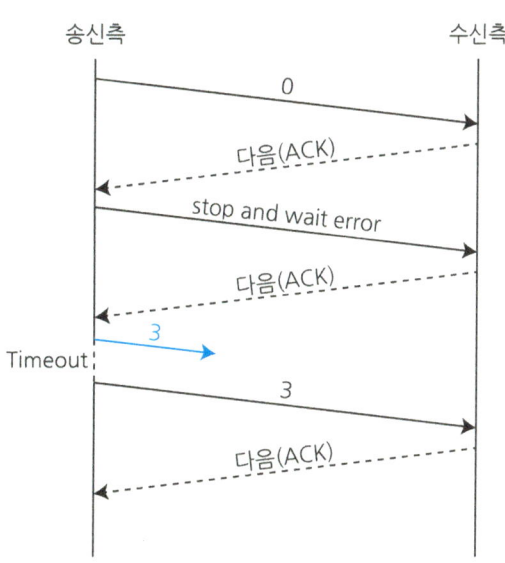

- 데이터 전송 후, 수신 측의 확인 응답(ACK)을 받을 때까지 대기한 후, 다음 데이터를 전송하는 방식이다.
- 간단한 방식이지만, 전송 속도가 느리다는 단점이 있다.

3) Go Back N ARQ

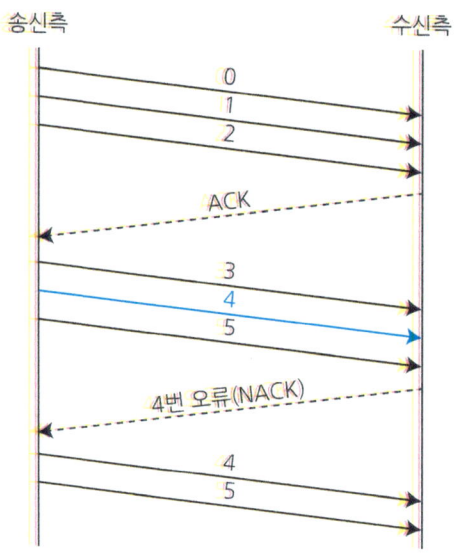

- 오류가 발생한 지점부터 모든 데이터를 재전송하는 방식이다.
- 오류가 발생하면 수신 측에서 NACK(Negative Acknowledgment) 신호를 송신 측으로 보내고, 오류 이후의 데이터를 폐기한 뒤 재전송을 요청한다.
- 중복 전송으로 인해 비효율적일 수 있다.

4) Selective Repeat ARQ

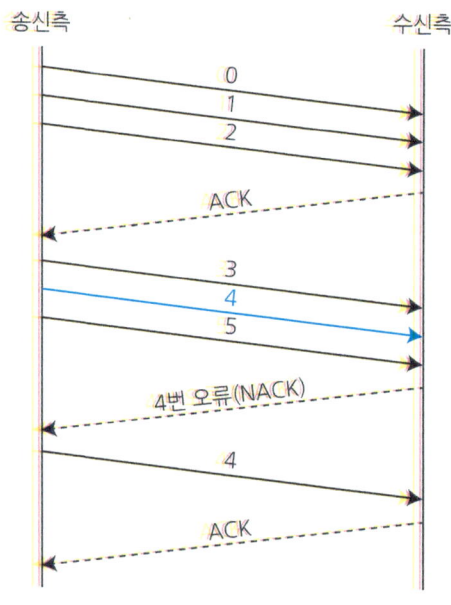

- 여러 프레임을 연속적으로 전송하며, 오류가 발생한 특정 프레임만 재전송하는 방식이다.
- Go Back N ARQ에 비해 전송 효율이 높다.

5) Adaptive ARQ
- 데이터 프레임 길이를 동적으로 조정하여 전송 효율을 최대화하는 방식이다.
- 네트워크 상태에 따라 데이터 프레임 크기를 조정한다.
- 높은 전송 효율을 제공하지만, 제어 회로가 복잡하고 비용이 많이 든다.

(3) 전송 오류 제어 방식

1) 전진 오류 수정(FEC, Forward Error Correction)
- 수신 측에서 재전송 요구 없이 스스로 오류를 검출하고 수정하는 방식이다.
- 오류가 발생해도 송신 측에 통보하지 않고, 수신 측에서 자체적으로 처리한다.
- 오류 정정을 위해 추가되는 제어 비트로 인해 전송 효율이 감소할 수 있다.
- 예) 해밍 코드, 상승 코드 등

2) 후진 오류 수정(BEC, Backward Error Correction)
- 오류가 발견되면 송신 측에 재전송을 요구하는 방식이다.
- 패리티 검사(Parity Check), CRC(Cyclic Redundancy Check), 블록 합(Block Sum) 등의 방법으로 오류를 검출한다.
- 오류 제어는 ARQ(Automatic Repeat Request)를 통해 수행된다.

(4) 오류 검출

1) 패리티(Parity) 검사
- 데이터 블록 끝에 추가되는 패리티 비트를 통해 오류를 검출한다.
- 홀수 개의 오류는 검출 가능하지만, 짝수 개의 오류는 검출할 수 없다.

2) 순환 중복 검사(CRC, Cyclic Redundancy Check)
- 데이터 뒤에 오류 검출 코드인 FCS(Frame Check Sequence)를 추가하는 방식이다.
- 집단적으로 발생하는 오류에 대해 신뢰성 높은 검출이 가능하다.

3) 체크섬(Checksum)
- 간단한 방법으로 데이터 오류를 검출한다.
- 데이터 워드의 순서 변경과 같은 오류는 검출하지 못하는 단점이 있다.

4) 해밍 코드(Hamming Code)
- 수신 측에서 오류를 검출하고 자동으로 수정하는 방식이다.
- 1비트 오류를 수정할 수 있다.
- 검출 가능한 최대 오류 수: 해밍 거리 - 1
- 정정 가능한 최대 오류 수: (해밍 거리 - 1) / 2

5) 상승 코드

- 순차적 디코딩과 한계값 디코딩을 사용한 오류 수정 방식이다.
- 해밍 코드와 유사하게 오류를 검출하고 정정한다.
- 여러 비트의 오류를 수정할 수 있다.

3. 라우팅 프로토콜

(1) 라우터(Router)

- 네트워크에서 데이터 패킷의 경로 설정(Path Determination)과 스위칭(Switching)을 담당하는 장비이다.
- 데이터 패킷이 목적지까지 이동하는 동안 최적의 경로를 판단하고 설정한다.
- 네트워크 간 라우팅 및 트래픽 관리를 수행하는 핵심 네트워크 장비이다.

(2) 라우팅 프로토콜

- 데이터 패킷이 목적지까지 도달하기 위한 경로를 결정하는 프로토콜이다.
- 네트워크의 다양한 경로 중 최적 경로 또는 가장 효율적인 경로를 선택하는 데 사용된다.

(3) 라우팅 프로토콜의 종류

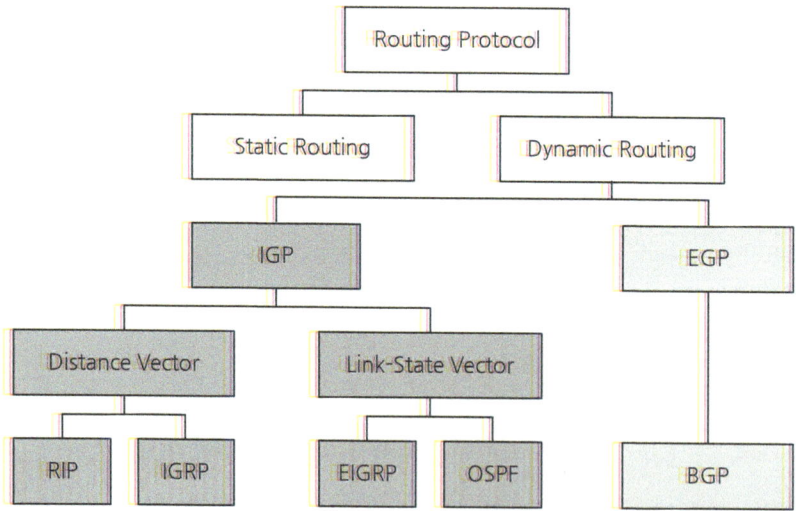

1) 라우팅 경로 고정 여부

종류	설명
정적 라우팅 프로토콜 (Static Routing Protocol)	• 경로를 네트워크 관리자가 수동으로 설정한다. • 라우터의 부하 감소와 고속 라우팅이 가능하다. • 관리자의 관리 부담이 증가하며, 고정된 경로에서 문제 발생 시 대체 경로 자동 설정이 불가능하다.
동적 라우팅 프로토콜 (Dynamic Routing Protocol)	• 라우터가 네트워크 상태에 따라 라우팅 경로를 자동으로 결정한다. • 종류: RIP, OSPF

2) 내/외부 라우팅

종류	설명
IGP (Interior Gateway Protocol)	• 하나의 자치 시스템(AS) 내에서 사용되는 라우팅 프로토콜이다. • 종류: RIP, OSPF
EGP (Exterior Gateway Protocol)	• 서로 다른 자치 시스템(AS) 간의 라우팅에 사용되는 프로토콜이다. • 종류: BGP, EGP

3) 라우팅 테이블 관리

종류	설명
거리 벡터 알고리즘 (Distance Vector Algorithm)	• 각 라우터가 인접 라우터까지의 거리(홉 수)와 방향 정보만 라우팅 테이블에 기록한다. • 종류: RIP(Routing Information Protocol)
링크 상태 알고리즘 (Link State Algorithm)	- 각 라우터가 전체 네트워크의 링크 상태 정보를 가지고, SPF(Shortest Path First) 알고리즘을 사용해 최적의 경로를 결정한다. • 종류: OSPF(Open Shortest Path First)

(4) 주요 라우팅 프로토콜

종류	설명
RIP (Routing Information Protocol)	• 거리 벡터 알고리즘 기반의 라우팅 프로토콜이다. • 최대 15홉까지 지원하며, 주로 소규모 네트워크에 적합하다. • 30초마다 라우팅 정보를 인접 라우터와 교환한다. • 경로 설정: ADCF
OSPF (Open Shortest Path First)	• 링크 상태 기반의 라우팅 프로토콜이다. • 다익스트라 알고리즘을 사용하여 최단 경로를 계산하며, 대규모 네트워크에서 효과적이다. • 링크 상태 변화 시에만 라우팅 정보를 전송하여 네트워크 부하를 줄인다.
BGP (Border Gateway Protocol)	• 대규모 네트워크(예: 인터넷)에 적합한 Path Vector 기반의 라우팅 프로토콜이다. • 경로 길이, 정책, 대역폭 등 다양한 경로 속성을 고려하여 최적의 경로를 결정한다.

Section 5. OSI 7계층

1. OSI(Open System Interconnection) 7계층

(1) OSI 7계층 개념
- 네트워크 프로토콜 설계와 통신 과정을 7개의 계층으로 나눈 모델이다.
- 국제표준화기구(ISO)에서 정립하였다.
- 통신 과정을 단계별로 파악하고 관리하기 쉽게 만든다.

(2) OSI 7계층 구조

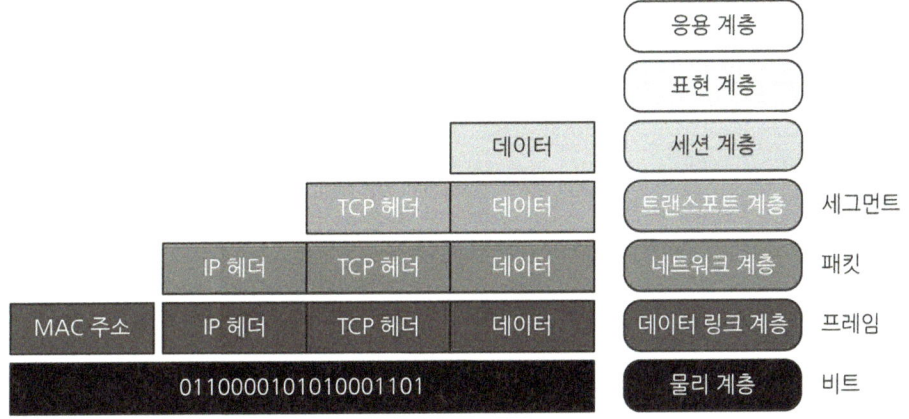

2. 계층별 특징

(1) 물리 계층(Physical Layer)
- 기능: 데이터를 전기적 신호로 변환하여 통신 매체를 통해 전송한다.
- 통신 단위: 비트(Bit, 0과 1로 구성)
- 주요 역할: 단순 데이터를 전달하며, 데이터의 내용이나 오류 처리 기능은 없다.
- 장비: 통신 케이블, 랜카드, 리피터, 허브

(2) 데이터 링크 계층(Data Link Layer)
- 기능: 물리 계층에서 발생할 수 있는 오류를 감지하고 수정하여 신뢰성 있는 데이터 전송을 보장한다.
- 오류 제어: CRC(Cyclic Redundancy Check)를 사용한다.
- 주소 지정: 물리 주소(MAC 주소) 기반
- 장비: 스위치, 브리지

(3) 네트워크 계층(Network Layer)
- 기능: 데이터를 목적지까지 라우팅하고 전송 경로를 설정한다.
- 주요 역할: 경로 설정 및 IP 주소를 통한 데이터를 전달한다.
- 장비: 라우터, L3 스위치

(4) 전송 계층(Transport Layer)
- 기능: 양 끝단 간 신뢰성 있는 데이터 전송을 담당한다.
- 프로토콜: TCP(Transmission Control Protocol), UDP(User Datagram Protocol)
- 오류 제어: 시퀀스 넘버를 사용하며, 오류 검출 및 복구, 흐름 제어를 수행한다.

(5) 세션 계층(Session Layer)
- 기능: 양 끝단 응용 프로세스 간의 세션 생성, 관리, 종료를 담당한다.
- 주요 역할: TCP/IP 세션을 관리하고 통신 연결 상태를 유지한다.

(6) 표현 계층(Presentation Layer)
- 기능: 서로 다른 데이터 표현 형식 간 변환을 담당한다.
- 주요 역할: 데이터 암호화, 디코딩, MIME(Multipurpose Internet Mail Extensions) 변환을 수행한다.

(7) 응용 계층(Application Layer)
- 기능: 사용자와 응용 프로그램 간 인터페이스를 제공하며, 응용 프로세스 간의 통신을 관리한다.
- 프로토콜: HTTP, FTP, SMTP, POP3, IMAP, Telnet 등
- 응용: 웹 브라우저, 이메일 클라이언트 등 사용자 접근 프로그램

3. 네트워크 장비

계층	설명
Lan 카드	• PC와 네트워크 간 데이터를 송수신하기 위해 사용되는 장치이다. • MAC 주소(48비트 물리적 주소)가 할당되어 있다. • PC 내부에 설치되어 데이터 전송의 출발점 역할을 한다.
허브(Hub)	• 네트워크에 연결된 여러 노드(컴퓨터 등)를 하나의 중앙 지점으로 연결하는 장치이다. • 연결된 모든 장치에 데이터를 브로드캐스트 방식으로 전달한다. • 데이터 충돌 및 트래픽 증가 가능성이 있다.

계층	설명
리피터(Repeter)	• 디지털 신호를 증폭하여 신호의 감쇠를 방지하고, 먼 거리까지 전송할 수 있도록 한다. • 주로 장거리 통신에서 중요한 역할을 한다.
브리지(Bridge)	• 두 개 이상의 LAN(Local Area Network)을 연결하여 하나의 확장된 네트워크를 형성한다. • 네트워크 트래픽을 분리하고, 효율적인 데이터 전달을 돕는다.
스위칭 허브 (Switching Hub)	• 허브의 기능에 더해 스위치 기능을 제공하여 효율적인 데이터 전송을 가능하게 한다. • 특정 목적지로 데이터 프레임을 전달하여 충돌을 방지한다. • 네트워크 성능을 개선한다.
라우터(Router)	• 데이터 패킷을 목적지까지 최적의 경로를 통해 전달하는 장치이다. • 네트워크 계층에서 동작하며, IP 주소를 사용한다.
게이트웨이 (Gateway)	• 서로 다른 네트워크 또는 프로토콜 간의 통신을 가능하게 하는 장치이다. • 다양한 프로토콜이나 데이터 형식을 변환하여 통신을 지원한다.

4. 백본(BackBone)

(1) 백본 네트워크

- 백본 네트워크는 대규모 패킷 통신망으로, 기간망이라고도 한다.
- 데이터를 빠르게 전송할 수 있는 고속 전송회선으로 구성된다.

(2) 백본 스위치

- 네트워크 중심부에 위치하여 모든 패킷이 통과하는 장치이다.
- 대량의 네트워크 트래픽을 처리하기 위해 고성능 기가급 장비가 사용된다.

(3) 스위치의 종류

종류	설명
L2 스위치	• 데이터 링크 계층에서 동작하며 MAC 주소를 기반으로 스위칭을 수행한다. • 상대적으로 단순한 스위칭 역할을 한다.
L3 스위치	• 네트워크 계층에서 동작하며 IP 주소를 기반으로 스위칭과 라우팅을 수행한다. • 라우터의 역할을 함께 수행하여 경로 설정 및 데이터 전달이 가능하다.
L4 스위치	• 전송 계층에서 동작하며 QoS(품질 서비스) 설정 및 로드 밸런싱을 수행한다. • 서버 또는 네트워크의 트래픽 분산에 주로 사용된다.
L7 스위치	• 응용 계층에서 동작하며, 응용 계층 데이터를 분석하여 트래픽을 처리한다. • 주로 웹 트래픽 관리, 보안 장비 등에서 사용된다.

Section 6. TCP/IP

1. TCP/IP(Transmission Control Protocol / Internet Protocol)

(1) TCP/IP 개념

- 현재 인터넷에서 가장 널리 사용되는 표준 프로토콜 모델이다.
- 시스템 간 네트워크 연결과 데이터 전송을 위한 기반이 되는 기술이다.
- TCP/IP는 인터넷 통신의 표준 프로토콜로 사용된다.

(2) TCP/IP 4계층 구조

OSI 7계층	TCP/IP 4계층	프로토콜
응용 계층	응용 계층	TCP · HTTP(80), FTP(20,21), SMTP(25), TELNET(23) UDP - DNS(53), SNMP(161, 162), DHCP(67)
표현 계층		
세션 계층		
전송 계층	전송 계층	TCP, UDP
네트워크 계층	인터넷 계층	IP, ICMP, IGMP, ARP, RARP
데이터 링크 계층	네트워크 엑세스 계층	Ethernet, X.25, RS-232C
물리 계층		

2. 계층별 특징

(1) 네트워크 액세스 계층(Network Access Layer)

- OSI 모델의 물리 계층과 데이터 링크 계층에 해당하며, 데이터 전송과 물리적 연결을 담당한다.
- 물리적 주소인 MAC 주소를 사용한다.
- 프로토콜

프로토콜	설명
Ethernet	물리 계층과 데이터 링크 계층에서 통신 접근 제어를 정의한다.
X.25	패킷 교환망을 통한 통신 인터페이스를 제공한다.
RS-232C	DTE(데이터 단말 장치)와 DCE(데이터 회선 종단 장치) 간 접속 규격이다.

(2) 인터넷 계층(Internet Layer)

- OSI 모델의 네트워크 계층에 해당하며, IP 패킷 전송과 라우팅을 담당한다.
- 프로토콜

프로토콜	설명
IP	비연결성 인터넷 프로토콜로, 데이터의 논리적 주소(IP 주소)를 사용한다.
ICMP	IP 패킷 전송 중 에러 메시지를 제공한다.
IGMP	멀티캐스트 그룹 구성원을 관리한다.
ARP	IP 주소를 MAC 주소로 변환한다.
RARP	MAC 주소를 통해 IP 주소를 추출한다.

(3) 전송 계층(Transport Layer)

- OSI 모델의 전송 계층에 해당하며, 종단 간 신뢰성 있는 데이터 전송을 관리한다.
- 프로토콜

프로토콜	설명
TCP	• 연결 지향적 프로토콜로, 클라이언트와 서버 간 데이터 송수신을 위해 3-way 및 4-way 핸드셰이킹을 사용한다. • 데이터 순서를 보장하고, 오류 발생 시 재전송하며 신뢰성을 보장한다.
UDP	• 비연결성 프로토콜로, 연결 설정 없이 빠른 데이터 전송이 가능하나 신뢰성이 낮다. • 데이터 유실 발생 시 재전송하지 않는다.

(4) 응용 계층(Application Layer)

- 사용자와 직접적으로 상호작용하는 계층으로, 응용 프로그램 간 데이터 교환과 네트워크 서비스 접근을 제공한다.
- 프로토콜

프로토콜		설명
TCP 프로토콜	HTTP	• 웹 서버와 클라이언트 간 하이퍼텍스트 문서 송수신을 위한 프로토콜 • 주로 80번 포트를 사용한다.
	FTP	• 파일 전송 프로토콜 • 데이터 전송에는 20번 포트, 제어 전송에는 21번 포트를 사용한다.
	SMTP	• 이메일 전송을 위한 프로토콜 • 25번 포트를 사용한다.

프로토콜		설명
UDP 프로토콜	DNS	• 도메인 이름을 IP 주소로 변환하는 프로토콜 • 53번 포트를 사용한다.
	SNMP	• 네트워크 장비 관리 프로토콜 • 일반 메시지는 161번, 트랩 메시지는 162번 포트를 사용한다.
	DHCP	• IP 주소 자동 할당 및 관리를 위한 프로토콜 • 목적지 포트는 67번, 출발지 포트는 68번을 사용한다.

3. TCP/IP 헤더

(1) IP(Internet Protocol)

1) IP의 특징
- 호스트 간의 통신을 담당하는 핵심 프로토콜이다.
- 패킷 교환 네트워크에서 데이터를 송수신하는 데 사용된다.
- 비신뢰성(Unreliability): 데이터 전송 성공 여부를 보장하지 않는다.
- 비연결성(Connectionlessness): 송신자와 수신자 간 연결을 설정하지 않는다.
- 흐름 제어나 오류 복구 기능이 없다.

2) IP 헤더

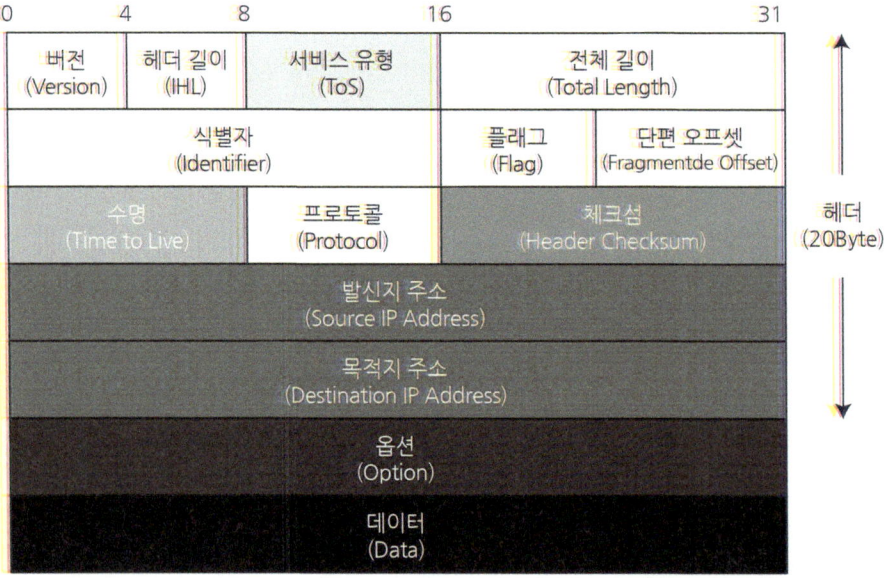

헤더	설명
버전(Version)	• 사용 중인 IP 프로토콜 버전을 나타낸다. (예: IPv4, IPv6)
헤더 길이 (Header Length)	• IP 헤더의 길이를 바이트 단위로 나타내며, 일반적으로 20Byte에서 60Byte 사이이다.
서비스 유형 (TOS, Type of Service)	• 요구되는 서비스 품질(QoS)을 지정한다.
전체 길이 (Total Packet Length)	• IP 헤더와 데이터를 포함한 전체 IP 패킷의 길이를 나타낸다.
식별자 (Identifier)	• 각 데이터그램을 구별하기 위한 식별자이며, 단편화된 데이터그램의 원래 그룹을 식별하는 데 사용된다.
플래그 (Flags)	• 데이터그램의 단편화 상태를 나타낸다.
단편 오프셋 (Fragmentation Offset)	• 단편화된 데이터그램의 순서를 지정한다.
수명 (TTL, Time to Live)	• 패킷이 네트워크를 통과할 수 있는 최대 라우터 수를 나타낸다. • 라우터를 지날 때마다 값이 감소하며, 0이 되면 패킷이 폐기된다.
프로토콜 (Protocol)	• 상위 계층의 프로토콜을 지정한다.
체크섬 (Header checksum)	• 헤더 필드의 오류를 검출하기 위한 정보를 포함한다.
발신지 주소 (Source IP address)	• 패킷을 보낸 노드의 IP 주소를 나타낸다.
목적지 주소 (Destination IP address)	• 패킷의 목적지 노드의 IP 주소를 나타낸다.

(2) TCP(Transmission Control Protocol)

1) TCP의 특징

- 연결형 서비스를 제공하는 전송 계층 프로토콜이다.
- 신뢰성 있는 데이터 전달과 흐름 제어를 수행한다.
- IP와 함께 사용되며 데이터 배달 처리, 패킷 추적, 관리를 담당한다.
- 데이터의 순서 보장과 오류 복구를 지원한다.

2) TCP 헤더

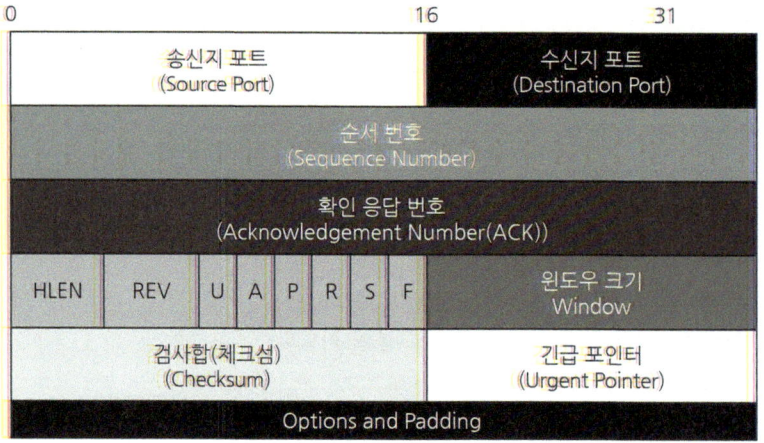

헤더	설명
송신지 포트 (Source Port)	• 출발지 포트 번호를 나타낸다.
수신지 포트 (Destination Port)	• 목적지 포트 번호를 나타낸다.
순서 번호 (Sequence Number)	• 바이트 단위로 순서화된 번호이다. • 신뢰성 있는 전송과 흐름 제어(Sliding Window) 기능에 사용된다.
확인 응답 번호 (Acknowledgment Number)	• 다음에 수신하길 기대하는 바이트 번호를 나타낸다.
헤더 길이 (Header length)	• TCP 헤더의 길이를 나타낸다.
예약된 필드 (Reserved)	• 예약된 필드로, 현재 사용되지 않는 필드이다.
윈도우 크기 (Window)	• 수신 버퍼의 여유 용량을 나타내는 필드이다.
검사합 (Checksum)	• TCP 패킷의 유효성을 계산하기 위한 필드이다.
긴급 포인터 (Urgent Pointer)	• 긴급 데이터가 시작되는 지점을 나타내며, TCP Flags의 U(Urgent) 플래그와 함께 사용된다.
TCP Flags	• U(Urgent): 긴급 데이터의 존재를 나타낸다. • A(Ack): 승인 비트, 응답 시 사용한다. • P(Push): 데이터의 즉각적인 전송을 요구하는 비트이다. • R(Reset): 연결 초기화 비트이다. • S(Syn): 연결 설정을 위한 동기화 비트이다. • F(Fin): 연결 종료를 나타내는 비트이다.

PART 05

정보보안

CHAPTER 01 정보보안

Section 1. SW개발 보안 설계

1. 정보보안

(1) 정보보안 개념
- 정보 및 정보 시스템을 무단 접근, 변경, 삭제 등으로부터 보호한다.
- 정보의 훼손, 변조, 유출 등을 방지하기 위해 관리적(정책, ISMS, PIMS) 및 기술적 방법(암호화, 접근 통제, 데이터 백업)을 포함한다.

(2) 정보보안 요소

요소	설명
기밀성 (Confidentiality)	• 인가된 사용자만 정보에 접근할 수 있도록 한다. • 방화벽, 암호화 기술 등이 사용된다.
무결성 (Integrity)	• 정보가 인가된 사용자에 의해서만 변경될 수 있도록 보장한다.
가용성 (Availability)	• 정보 자산에 언제든지 접근 가능하도록 보장한다.
인증 (Authentication)	• 사용자가 허가받은 사용자인지 확인하며, 전송된 메시지의 변조 여부를 확인한다.
부인 방지 (Non-repudiation)	• 정보를 보낸 사람이 나중에 정보 전송을 부인할 수 없도록 보장한다.

(3) AAA(Authentication, Authorization, Accounting)

요소	설명
인증 (Authentication)	사용자의 신원을 확인하는 과정이다.
권한 부여 (Authorization)	검증된 사용자에게 특정 수준의 권한과 서비스를 허용하는 과정이다.
계정 관리 (Accounting)	사용자의 자원 사용 정보를 수집하여 과금, 감사, 용량 증설, 리포팅 등에 활용한다.

(4) 정보보안 거버넌스(Information Security Governance)

1) 정보보안 거버넌스 정의
- 조직의 정보자산을 보호하고, 정보의 무결성, 기밀성, 가용성을 유지한다.
- 정보보안 전략을 기업의 전략과 연계하여 자원을 효율적으로 활용하고 실행한다.

2) 정보보안 거버넌스의 3요소

요소	설명
데이터 무결성 (Integrity of Data)	데이터의 정확성과 일관성을 보장하고, 무단 수정으로부터 보호한다.
서비스 연속성 (Service Continuity)	비즈니스 연속성 및 재해 복구 계획을 통해 핵심 서비스의 중단을 방지한다.
정보자산의 보호 (Protection of Information Asset)	정보자산을 무단 접근, 도용, 손상으로부터 보호하며, 기밀성과 가용성을 유지한다.

(5) 인증제도

1) ISMS(정보보호 관리체계 인증)
- 정보통신망의 안전성을 확보하기 위한 종합적인 정보보호 관리체계 인증이다.
- 기업 및 조직의 중요 정보자산을 안전하고 신뢰성 있게 관리한다.

2) PIMS(개인정보보호 관리체계)
- 기관 및 기업이 개인정보를 체계적·지속적으로 보호하고 있는지 심사하여 인증을 부여한다.
- 개인정보보호에 중점을 둔 관리체계 인증이다.

3) ISMS-P(정보보호 및 개인정보보호 관리체계 인증)
- 정보보호와 개인정보보호 활동이 인증 기준에 적합한지를 확인하여 인증한다.
- 인증은 한국인터넷진흥원(KISA) 또는 인증기관이 수행한다.

4) ITSEC(Information Technology Security Evaluation Criteria)
- 1980년대 영국, 프랑스, 독일, 네덜란드에서 개발된 보안성 평가 기준이다.

5) TCSEC(Trusted Computer System Evaluation Criteria)
- 미국의 신뢰성 있는 컴퓨터 시스템 평가 기준이다.

6) CC(Common Criteria)
- 국가별 상이한 평가 기준을 통합하고, 평가 결과를 상호 인증하기 위한 국제 평가 기준이다.

2. Secure SDLC(Software Development Life Cycle)

(1) Secure SDLC의 개념
- 기존 SDLC에 보안 강화 프로세스를 포함하여 소프트웨어 개발 전 단계에서 보안을 고려하는 방식이다.
- 소프트웨어 유지보수 단계에서 발생할 수 있는 보안 이슈 해결 비용을 최소화한다.
- 분석, 설계, 구현, 테스트, 유지보수 등 SDLC 전 단계에 걸쳐 보안 활동을 수행한다.

(2) Secure SDLC 방법론

1) CLASP(Comprehensive, Lightweight Application Security Process)
- SDLC 초기 단계에서 보안을 강화하기 위해 설계된 방법론이다.
- 운용 중인 시스템에 적용하기 적합하다.

2) MS-SDL
- 마이크로소프트가 개발한 안전한 소프트웨어 개발 방법론이다.

3) Seven Touchpoints
- 소프트웨어 보안의 모범 사례를 SDLC에 통합한 방법론이다.
- 위험 분석 및 테스트를 수행한다.

3. 보안 운영체제(Secure-OS), 신뢰성 운영체제(Trusted OS)

(1) 보안 운영체제 개념
- 컴퓨터 운영체제의 커널에 보안 기능을 추가한 운영체제이다.
- 사용자 식별 및 인증, 강제적 접근 통제, 임의적 접근 통제, 재사용 방지, 침입 탐지 등의 보안 기능을 제공한다.

(2) 보안 운영체제 목적

목적	설명
안정성	운영체제가 중단 없이 서비스를 지원하여 안정성을 보장한다.
신뢰성	중요 정보의 안전한 보호를 통해 시스템의 신뢰성을 확보한다.
보안성	침입 차단, 통합 보안 관리, 다양한 해킹 공격에 대한 효과적인 방어를 제공한다.

4. 시큐어 코딩(Secure Coding)

(1) OWASP(The Open Web Application Security Project)
- 오픈소스 기반의 웹 애플리케이션 보안 프로젝트이다.
- 웹 애플리케이션의 보안 취약점을 연구하고, 이를 해결하기 위한 정보와 도구를 제공한다.
- 빈번하고 영향력이 큰 웹 애플리케이션 취약점 상위 10가지를 선정하여 발표한다.

(2) 시큐어 코딩 가이드

1) 입력 데이터 검증 및 표현
- 프로그램 입력값에 대한 검증 누락, 부적절한 검증, 데이터 형식 지정 오류 등으로 인해 발생하는 보안 약점이다.
- 보안 약점 종류

종류	설명
SQL Injection	SQL 쿼리 삽입을 통해 데이터베이스 정보 열람 및 조작
XSS(크로스 사이트 스크립트)	사용자 측에서 실행되는 악의적 스크립트 삽입
자원 삽입	외부 입력값이 시스템 자원 접근 경로 또는 자원 제어에 사용
위험한 형식 파일 업로드	서버에서 실행 가능한 스크립트 파일 업로드로 발생
명령 삽입	운영체제 명령어 삽입 (예: XQuery, XPath, LDAP 삽입)
메모리 버퍼 오버플로우	입력값으로 인해 버퍼가 넘쳐 다른 메모리 공간 침범

2) 보안 기능
- 보안 기능이 부적절하게 구현될 경우 발생하는 보안 약점이다.
- 보안 약점 종류

종류	설명
적절한 인증 없이 중요 기능 허용	중요 정보(계좌, 개인정보 등)에 접근 시 인증 과정 부재
부적절한 인가	외부 입력값으로 중요 자원에 접근 가능
취약한 암호화 알고리즘 사용	DES, MD5 등 안전하지 않은 암호화 알고리즘 사용
하드코딩된 패스워드	소스 코드에 비밀번호가 포함되어 소스 코드 유출 시 노출 위험
패스워드 평문 저장	계정 정보 탈취 시 비밀번호가 쉽게 노출될 위험
취약한 패스워드 허용	비밀번호 규칙 부족으로 인한 보안 약점 발생

3) 시간 및 상태

- 병렬 시스템 및 프로세스 환경에서 시간 및 상태 관리가 부적절할 때 발생하는 보안 약점이다.
- 보안 약점 종류

종류	설명
경쟁 조건	동일 자원에 대한 검사 시점과 사용 시점이 달라 발생하는 동기화 오류 또는 교착 상태
종료되지 않는 반복문 또는 재귀 함수	종료 조건 미구현으로 무한 루프에 빠지며 자원 고갈 발생

4) 에러 처리

- 에러를 적절히 처리하지 않아 민감 정보가 노출되거나 오류 발생 시 시스템이 중단될 수 있다.
- 보안 약점 종류

종류	설명
오류 메시지 정보 노출	오류 메시지를 통해 민감 정보가 노출
오류 상황 대응 부재	예외 처리가 미구현된 상태에서 발생
부적절한 예외 처리	예외 조건에 대한 적절한 검사 및 처리가 누락됨

5) 코드 오류

- 개발 중 발생하는 코딩 오류로 인해 보안 약점이 발생할 수 있다.
- 보안 약점 종류

종류	설명
널 포인터 역참조	널 값을 고려하지 않은 코드에서 발생
부적절한 자원 해제	할당받은 자원을 반환하지 않아 발생
해제된 자원 사용	이미 해제된 메모리를 참조
초기화되지 않은 변수 사용	초기화되지 않은 지역변수를 사용

6) 캡슐화

- 중요한 데이터나 기능성이 충분히 캡슐화되지 않아 발생하는 보안 약점이다.
- 보안 약점 종류

종류	설명
잘못된 세션에 의한 정보 노출	멀티스레드 환경에서 서로 다른 세션 간 데이터가 공유될 가능성
제거되지 않은 디버그 코드	배포 단계에 남아 있는 디버그 코드로 인해 민감 정보 노출 위험
시스템 정보 노출	시스템 내부 데이터가 노출
잘못된 접근 지정자	잘못된 Private/Public 설정으로 민감 정보 노출

7) API 오용

- API를 의도와 다르게 사용하거나 보안에 취약한 API 사용으로 발생하는 보안 약점이다.
- 보안 약점 종류

종류	설명
DNS에 의존한 보안 결정	DNS 정보를 변조해 보안 우회 가능
취약한 API 사용	금지되거나 안전하지 않은 함수 사용

Section 2. SW개발 보안 구현

1. 암호 알고리즘

(1) 암호 알고리즘 용어

1) 평문(Plaintext)
- 사람이 읽을 수 있는 형태의 메시지로, 암호화되지 않은 상태의 데이터를 의미한다.

2) 암호문(Ciphertext)
- 사람이 읽을 수 없는 형태로 변환된 메시지로, 암호화된 데이터를 의미한다.

3) 암호화(Encryption)
- 평문을 암호문으로 변환하여 데이터를 보호하는 과정이다.

4) 복호화(Decryption)
- 암호문을 평문으로 변환하여 원래 데이터를 복원하는 과정이다.

5) 전자서명
- 인터넷상에서 본인임을 증명하기 위한 수단이다.

6) 양방향 암호화
- 평문을 암호문으로 변환하고, 다시 암호문을 평문으로 복호화할 수 있는 암호화 방식이다.

7) 단방향 암호화
- 해시 함수를 이용해 평문을 암호화하지만, 암호화된 값을 평문으로 복원할 수 없는 암호화 방식이다.

(2) 대칭키 암호(Symmetric Key)

1) 대칭키 암호 개념
- 암호화와 복호화에 동일한 키를 사용하는 암호화 방식이다.
- 혼돈(Confusion)과 확산(Diffusion)의 원리를 활용하여 평문을 암호화한다.

2) 장/단점

장점	• 암호화 속도가 빠르며, 대용량 데이터 암호화에 적합하다.
단점	• 키를 안전하게 공유해야 하는 어려움이 있다. • 사용자 수가 증가함에 따라 필요한 키의 개수가 $n(n-1)/2$로 늘어나 관리가 복잡하다.

3) 블록 암호 알고리즘

알고리즘	키 크기	블록 크기	라운드 수	특징
DES	56bit	64bit	16	Feistel 네트워크 구조를 기반
3-DES	112/168bit	64bit	48	DES를 3번 적용하여 보안 강화
AES	128/192/256bit	128bit	10/12/14	SPN(Substitution-Permutation) 구조
SEED	128/256bit	128bit	16	한국에서 개발한 표준 알고리즘
ARIA	128/192/256bit	128bit	12/14/16	AES와 유사, 한국 국가 표준 암호
IDEA	128bit	64bit	8	스위스에서 개발, Feistel-SPN 혼합 구조
LEA	128/192/256bit	128bit	24/28/32	경량 환경에 적합, 한국에서 개발
SKIPJACK	80bit	64bit	32	미국의 NSA에서 개발, 음성 암호화 용으로 개발

4) 스트림 암호 알고리즘

알고리즘	설명
LFSR	선형 연산 기반의 난수 생성, 경량 및 고속 처리
RC4	옥텟 단위 키스트림 생성, 빠른 실행 속도
A5	시프트 레지스터 기반, GSM 휴대폰 시스템에 사용

(3) 비대칭키 암호

1) 비대칭키 암호 개념
- 암호화와 복호화에 서로 다른 키를 사용하는 암호 방식이다.
- 공개키 암호 방식(Public Key Cryptography)이라고도 불린다.

2) 키의 종류
- 공개키(Public Key): 대중에게 공개된 키이다.
- 개인키(Private Key): 개인이 비밀로 관리하는 키이다.

3) 장/단점

장점	• 키의 분배와 관리가 대칭키 암호보다 용이하다. • 사용자 수가 증가해도 키 관리의 복잡성이 낮다. • 기밀성, 인증, 무결성 보장 및 부인 방지 기능을 제공한다.
단점	• 키 길이가 길어 연산 속도가 느리다. • 암호화 가능한 평문의 길이에 제한이 있다.

4) 비대칭키 알고리즘

구분		설명
소인수 분해 기반	RSA	가장 대표적인 공개키 암호 알고리즘
	Rabin	1979년 Rabin이 개발, RSA보다 빠르다.
이산대수 기반	Diffie-Hellman	키 관리 센터 없이 공개키를 안전하게 전달하는 데 사용
	DSA	미국의 전자서명 표준
	ELGamal	같은 평문에서 다른 암호문 생성이 가능한 암호 알고리즘
타원 곡선	ECC	타원 곡선상의 이산대수 문제를 활용한 암호화 방식

5) 전자서명

- 인증서 형태로 발급되는 디지털 인감 도장으로, 안전한 디지털 서명을 제공한다.
- 인터넷 환경에서 특정 사용자를 인증하는 데 사용된다.

(4) 단방향 암호화

1) 단방향 암호화 개념

- 해시(Hash)를 이용하여 평문을 암호화하는 과정이다.
- 암호화는 가능하지만 복호화가 불가능한 방식이다.

2) 해시 함수 특성

특성	설명
역상 저항성	주어진 해시 값으로부터 원래의 입력값을 찾아내는 것이 실질적으로 불가능해야 한다.
제2역상 저항성 (약한 충돌 저항성)	특정 입력값에 대해 동일한 해시 값을 생성하는 다른 입력값을 찾는 것이 어려워야 한다.
충돌 저항성	두 개의 다른 입력값이 동일한 해시 값을 가지지 않도록 해야 한다.

3) 해시 함수 종류

종류	설명
MD5	• 128비트 암호학적 해시 함수 • 1996년 암호학적 결함 발견, 2008년 SSL 인증서 변조 가능성이 보고됨
SHA	• 미국 국가안보국(NSA)에서 설계한 미국 국가 표준 • SHA-0, SHA-1, SHA-224, SHA-256, SHA-384, SHA-512 등이 포함됨
HAS-160	• 국내 표준 전자서명 알고리즘인 KCDSA에 사용되는 160비트 암호학적 해시 함수

4) 암호학적 해시 함수의 결점

- 무차별 대입 공격(Brute-force Attack)
  - 모든 가능한 문자열을 대입하여 암호를 해독하는 방식이다.
- Rainbow Table 공격
  - 미리 계산된 해시 값 테이블을 이용해 해시된 비밀번호를 역추적하는 방식이다.

5) 암호학적 해시 함수의 보완

- 키 스트레칭(Key Stretching)
  - 해시 과정을 여러 번 반복하여 암호학적 취약점을 줄이고, 무차별 대입 공격에 대한 저항력을 강화한다.
- 솔팅(Salting)
  - 데이터에 임의의 값을 추가하여 해시 값을 생성함으로써 Rainbow Table 공격에 대한 저항력을 강화한다.

(5) 전자우편 보안

1) 전자우편에 대한 보안 위협 요소

- E-mail 내용이 네트워크 전송 과정에서 외부로 유출될 가능성이 있다.
- 바이러스나 악성 프로그램이 첨부되어 전송될 위험이 있다.

2) 암호화 프로토콜

종류	설명
PGP (Pretty Good Privacy)	• 개발자: Phil Zimmermann • 암호화 알고리즘: IDEA와 RSA 조합 • 기능: 전자우편 암호화, 인증, 압축, 분할 기능 제공 • 특징: 인증기관 불필요, 키 링(Key Ring) 사용 • 보안 기능: 기밀성, 인증
PEM (Privacy Enhanced Mail)	• 암호화 목적: 메시지 내용 보호 • 보안 기능: 기밀성, 메시지 무결성, 사용자 인증, 부인 방지
S/MIME (Secure/Multipurpose Internet Mail Extensions)	• 기반 기술: MIME에 전자서명과 암호화 추가 • 암호화 알고리즘: RSA • 보안 목적: 첨부물 보안, 송수신자 인증, 메시지 무결성 • 보안 기능: 서명, 메시지 암호화, 기밀성
DKIM (Domain Keys Identified Mail)	• 목적: 메일 발신자 인증, 발신 정보 위장 방지 • 운영 방식: 발신지 도메인의 개인키로 이메일 서명 후, 수신 측은 DNS를 통해 공개키로 서명 검증 • 특징: 종단 사용자에게 투명한 인증

2. 코드 오류

(1) 코드의 유형

유형	설명
순차 코드 (Sequence Code)	• 자료의 발생순서, 크기 순 등 대상 항목을 일정한 순서에 따라 일련번호를 부여하는 코드 • 예) 교실 내의 학생들의 번호
블록 코드 (Block Code)	• 대상이 가진 공통 특징을 중심으로 집단을 나누고, 각 집단 내에서 순서대로 코드를 부여하는 방식 • 예) 시/군/구
10진 코드 (Decimal Code)	• 10진수 형태로 표현한 코드 • 예) 8104
그룹 분류 코드 (Group Classification Code)	• 대분류, 중분류, 소분류 등 분류 기준에 따라 단계적으로 번호를 부여하는 코드 • 예) 대분류코드-중분류코드-소분류코드
연상 코드 (Mnemonic Code)	• 대상의 명칭, 약어 등을 코드 일부에 포함하여 의미를 쉽게 이해할 수 있게 만든 코드 • 예) TV_2021_04
표의 숫자 코드 (Significant Digit Code)	• 대상의 물리적 특성(중량, 면적, 용량 등)을 숫자로 표현한 코드 • 예) 30-50-120(길이, 너비, 용량)
합성 코드 (Combined Code)	• 두 개 이상의 코드를 조합하여 만든 코드

(2) 코드의 오류 발생 형태

유형	설명
생략 오류 (Omission Error)	• 입력 시 한 자리를 빼놓고 기록한 경우 • 예) 1234 → 123
필사 오류 (Transcription Error)	• 입력 시 한 자리를 잘못 기록한 경우 • 예) 1234 → 1235
전위 오류 (Transposition Error)	• 입력 시 숫자의 좌우 자리를 바꿔 기록한 경우 • 예) 1234 → 1243
이중 오류 (Double Transposition Error)	• 전위 오류가 두 곳 이상에서 발생한 경우 • 예) 1234 → 2143
추가 오류 (Addition Error)	• 입력 시 한 자리를 추가로 기록한 경우 • 예) 1234 → 12345
임의 오류 (Random Error)	• 위의 오류 유형이 두 가지 이상 결합하여 발생한 경우 • 예) 1234 → 12367

3. 인증과 인가

(1) 인증(Authentication)

1) 인증의 개념
- 사용자가 제공한 정보를 확인하여 접근 권한을 검증하는 보안 절차이다.
- 주로 로그인 시 사용자의 신원을 확인하는 과정이다.

2) 인증 유형

유형	설명
지식 기반 인증	사용자가 기억하고 있는 정보를 이용한다. (예: 아이디, 비밀번호)
소유 기반 인증	사용자가 소유한 물건을 이용한다. (예: OTP, 신분증)
생체 기반 인증	사용자의 신체적 또는 행동적 특징을 이용한다. (예: 지문, 홍채, 얼굴 인식)
행위 기반 인증	사용자의 행동 정보를 이용한다. (예: 서명, 동작 패턴)
위치 기반 인증	인증을 시도하는 위치를 이용한다. (예: GPS 위치, IP 주소)

(2) 인가(Authorization)
- 인증된 사용자에게 특정 권한을 부여하는 과정이다.
- 사용자의 권한에 따라 접근할 수 있는 리소스나 기능이 제한된다.

(3) 인증 방식

1) 계정 정보를 요청 헤더에 넣는 방식
- HTTP 요청 헤더에 인증 정보를 넣어 전송하는 방식이다.
- 보안 수준이 낮은 인증 방식이다.

2) Cookie/Session 방식
- 세션 기반 인증 방식이다.
- 클라이언트는 서버로부터 세션 ID를 받아 쿠키에 저장하고, 서버는 세션 ID를 확인하여 인증 여부를 판단한다.

3) 토큰 기반 인증 방식(JWT, JSON Web Token)
- JSON Web Token(JWT) 형태의 암호화된 문자열을 이용한다.
- 클라이언트는 서버로부터 받은 토큰을 요청마다 포함하여 전송한다.

4) OAuth
- 한 서비스가 사용자의 자격 증명을 공유하지 않고도 다른 서비스에 접근할 수 있도록 돕는 인증 프로토콜이다.
- 주로 서드파티 애플리케이션에서 사용자 동의를 얻어 리소스에 접근할 때 사용한다.

5) SSO(Single Sign-On)
- 하나의 로그인으로 여러 애플리케이션에 접근할 수 있도록 하는 인증 방식이다.
- 기업 환경이나 포털 서비스에서 주로 사용된다.

6) 커버로스(Kerberos)
- 네트워크 환경에서 안전한 인증을 제공하는 프로토콜이다.
- 대칭키 암호화 체계를 사용하며, 서버와 클라이언트 간 안전한 통신을 위해 주로 사용된다.

7) 아이핀(i-PIN)
- 주민등록번호를 대체하는 인증 수단이다.
- 개인정보 유출을 최소화하기 위해 도입되었다.

4. 접근 통제

(1) 접근 통제 개념
- 정당한 사용자에게만 자원에 대한 접근 권한을 부여하고, 그 외의 사용자는 접근을 거부하는 보안 메커니즘이다.
- IP 주소와 서비스 포트는 접근 통제를 위한 기본적인 수단으로 활용된다.
- 네트워크 장비의 관리 인터페이스나 ACL(Access Control List)을 통해 IP 기반 접근을 제어한다.

(2) 접근 통제 과정

과정	설명
식별(Identification)	사용자가 자신의 ID를 명시적으로 제공하여 본인을 식별하는 단계이다.
인증(Authentication)	사용자가 제공한 인증 정보를 검증하여 신원을 확인하는 단계이다.
인가(Authorization)	인증된 사용자에게 자원에 대한 접근 권한(읽기, 쓰기 등)을 부여하는 단계이다.

(3) 접근 통제 정책

1) 강제적 접근 통제(MAC, Mandatory Access Control)
- 자원의 보안 레벨과 사용자의 보안 취급 인자를 비교하여 접근을 제어하는 모델이다.
- 기밀성이 강조되는 조직(예: 군사 기관)에서 사용된다.

2) 임의적 접근 통제(DAC, Discretionary Access Control)
- 자원의 소유자가 다른 사용자에게 접근을 허용하거나 제한할 수 있는 모델이다.
- 유연성이 높으며, 데이터 소유자가 직접 권한을 관리한다.

3) 역할 기반 접근 통제(RBAC, Role Based Access Control)
- 사용자의 역할(Role)을 기준으로 접근을 통제하는 모델이다.
- 사용자의 신분(Identity)이 아닌 조직 내에서 부여된 역할에 따라 접근 권한을 부여하거나 제한한다.

4) 정책별 내용

정책	MAC	DAC	RBAC
권한부여	시스템	데이터 소유자	중앙관리자
접근결정	보안등급(Label)	신분(Identity)	역할(Role)
정책변경	고정적(변경 어려움)	변경 용이	변경 용이
장점	안정적, 중앙 집중적	구현 용이, 유연함	관리 용이

(4) 접근 통제 모델

1) 벨-라파둘라 모델(BLP, Bell-LaPadula Confidentiality Model)
- 기밀성을 중점으로 하는 모델로, 주로 군사 및 국방 분야에서 사용된다.
- 정보가 높은 보안 레벨에서 낮은 레벨로 유출되지 않도록 방지한다.
- No Read Up: 낮은 보안 등급의 사용자는 높은 등급 정보를 읽을 수 없다.
- No Write Down: 높은 보안 등급의 사용자는 낮은 등급에 데이터를 쓸 수 없다.

2) 비바 모델(Biba Integrity Model)
- 무결성을 강조하는 모델로, 주로 상업 분야에서 사용된다.
- 정보의 무결성을 유지하기 위해 보안 레벨과 데이터 접근 권한을 엄격히 관리한다.
- No Read Down: 높은 보안 등급 사용자는 낮은 등급의 데이터를 읽을 수 없다.
- No Write Up: 낮은 보안 등급 사용자는 높은 등급에 데이터를 쓸 수 없다.

3) 클락-윌슨 모델(Clark-Wilson Integrity Model)
- 무결성에 중점을 둔 모델로, 상업적 응용 프로그램의 보안 요구사항에 초점을 맞춘다.
- 업무 처리 과정과 트랜잭션의 무결성을 유지하는 데 중점을 둔다.

4) 만리장성 모델(Chinese Wall Model, Breswer-Nash Model)
- 이해 충돌을 방지하기 위한 모델로, 특히 금융 서비스 제공 회사에서 널리 사용된다.
- 정보의 흐름을 차단하여 이해 충돌이 발생하지 않도록 보장한다.

Section 3. 시스템 보안 구현

1. 취약점 분석

(1) 보안 취약점
- 정보시스템에서 발생할 수 있는 다양한 위협 요소를 말한다.
- 주요 위협 유형

유형	설명
불법적인 접근	정보시스템에 비인가 사용자가 접근할 수 있는 위험
서비스 방해	정보시스템의 정상적인 서비스 제공을 방해하는 위험
데이터 위협	중요 데이터의 유출, 변조, 삭제와 같은 위험

(2) 보안 취약점 점검 분류

1) 관리적 관점
- 정보보호 관리체계에 근거하여 취약점을 점검한다.
- 주요 취약성

취약성	설명
운영적 취약성	운영상의 관리 부족으로 인한 문제
정보보호 관리 취약성	보안 정책 및 절차의 부재나 허술함
인적 관리 취약성	보안 의식 부족이나 인적 실수에서 발생하는 문제

2) 기술적 관점
- 서버, 네트워크, PC 등 기술적인 요소를 점검한다.
- 주요 취약성

취약성	설명
컴퓨터/통신 관련	운영체제, 네트워크 설정의 취약성
정보보호 시스템 관련	방화벽, IPS, IDS 등 보안 장비의 설정 및 운영 문제
시스템 개발 관련	소프트웨어 개발 시 발생하는 보안 약점

3) 물리적 관점

- 시설 및 환경적 요인을 점검하여 취약성을 확인한다.
- 주요 취약성

취약성	설명
출입 통제	출입 관리 시스템의 허점
환경적 요소	화재, 침수, 온도, 습도 등의 물리적 환경 관리 부족
문서 보안	문서 관리의 부재나 허점

2. 보안관제

(1) 보안관제 개념

- 정보자산을 보호하기 위해 24시간 모니터링하며, 외부 공격자가 전달하는 패킷을 분석하고 관찰하는 과정이다.
- 보안관제 인력은 법적으로 반드시 구성되어야 한다.
- 실제 침해사고 발생 시 CERT(Computer Emergency Response Team)가 대응한다.

(2) 통합로그 분석 장비

분석 장비	설명
ESM	• 엔터프라이즈 환경에서 다양한 보안 장비와 로그 데이터를 통합 관리하는 솔루션 • 각종 보안 이벤트를 한 곳에서 관리하고 분석이 가능하다.
SOAR	• 보안 프로세스 자동화 및 대응 체계 통합을 위한 솔루션 • 반복적인 보안 작업을 자동화하고, 위협에 신속히 대응할 수 있다.
SIEM	• 보안 이벤트와 로그 데이터를 수집하고, 이를 분석하여 실시간 위협 탐지와 대응을 지원하는 보안 솔루션 • 빅 데이터 기술을 활용해 대규모 로그 데이터를 효과적으로 처리하고 분석한다.

3. 보안 솔루션

(1) 방화벽(Firewall)
- 네트워크와 인터넷 간 정보 전송을 제어하여 외부 침입을 차단하는 시스템이다.
- 외부에서 내부로 들어오는 패킷을 검사하여 허가된 데이터만 통과시킨다.

(2) WAF(Web Application Firewall)
- 웹 기반 공격(예: SQL 삽입, XSS)을 방어하기 위한 웹 서버 특화 방화벽이다.

(3) 침입 탐지 시스템(IDS, Intrusion Detection System)
- 비정상적인 사용, 오용, 남용 등을 실시간으로 탐지하는 시스템이다.
- 침입탐지 방식에 따른 분류
  - 오용탐지: 미리 입력된 공격 패턴과 일치하는 경우 경고를 발생
  - 이상탐지: 평균적인 시스템 상태를 기준으로 비정상적인 행위나 자원 사용을 감지
- 침입탐지 대상에 따른 분류
  - 네트워크 기반 IDS(NIDS): 네트워크 패킷을 분석하여 침입 탐지
  - 호스트 기반 IDS(HIDS): 로그 분석 및 프로세스 모니터링으로 침입 탐지

(4) 침입 방지 시스템(IPS, Intrusion Prevention System)
- 방화벽과 IDS를 결합한 시스템으로, 탐지 후 능동적으로 방화벽을 작동하여 공격을 차단한다.

(5) 데이터 유출 방지(DLP, Data Leakage/Loss Prevention)
- 내부 정보가 외부로 유출되는 것을 방지하는 보안 솔루션이다.

(6) 가상 사설 통신망(VPN, Virtual Private Network)
- 공중 네트워크를 사용해 전용 회선처럼 보안 통신을 제공하는 솔루션이다.

(7) NAC(Network Access Control)
- 네트워크 접근을 통제하고 내부 PC의 보안 상태를 관리하는 솔루션이다.

(8) ESM(Enterprise Security Management)
- 엔터프라이즈 환경에서 다양한 보안 장비와 로그 데이터를 통합 관리하는 솔루션이다.

(9) SIEM(Security Information & Event Management)
- 보안 경고의 실시간 분석과 빅 데이터 기반 심층 분석을 제공하는 솔루션이다.
- 기존의 ESM이 단기 이벤트 중심 분석이었다면, SIEM은 빅 데이터 수준의 데이터를 장시간 심층적으로 분석한다.

⑩ SOAR(Security Orchestration, Automation and Response)

- 보안 프로세스를 자동화하고 대응 체계를 통합하여 IT 시스템을 보호하는 솔루션이다.

⑪ Sandbox

- 응용 프로그램을 가상 환경에서 독립적으로 실행하여 보안을 강화하는 기술이다.
- 앱 간 자원 전송은 시스템 API가 제공하는 기능을 통해서만 가능하다.

⑫ FDS(Fraud Detection System)

- 전자 금융 거래에서 발생하는 이상 거래를 탐지하고 차단하는 시스템이다.

⑬ Proxy Server

- 클라이언트를 대신하여 인터넷상의 다른 서버에 접속하는 시스템으로, 방화벽 및 캐시 기능을 수행한다.

4. 방화벽(Firewall)

(1) DMZ 구간(Demilitarized Zone)

- 내부 네트워크에 포함되지만 외부에서 접근이 가능한 구간이다.
- 주로 웹 서버, 메일 서버 등 외부 서비스를 제공하는 시스템이 위치한다.

(2) 구현 방식에 따른 유형

유형	설명
패킷 필터링 (Packet Filtering)	• 작동 계층: 네트워크 계층과 전송 계층 • 기능: IP 주소, 포트 주소 등을 기반으로 패킷 필터링 수행 • 특징: 다른 방화벽에 비해 속도가 빠름
애플리케이션 게이트웨이 (Application Gateway)	• 작동 계층: 응용 계층 • 특징: 로그 정보를 활용해 다양한 기능 추가 가능
회선 게이트웨이 (Circuit Gateway)	• 작동 계층: 응용 계층과 세션 계층 사이 • 기능: 특정 프로토콜이나 세션 정보를 기반으로 하는 필터링
상태 기반 패킷 검사 (Stateful Packet Inspection)	• 작동 계층: OSI 모델의 모든 계층에서 패킷 분석 및 차단 • 특징: 방화벽 중 가장 강력한 보안 기능 제공
혼합형 타입 (Hybrid Type)	• 서비스 종류에 따라 다양한 방화벽 기술을 복합적으로 구성

(3) 방화벽 시스템 구축 유형

1) 스크리닝 라우터(Screening Router)

- IP, TCP, UDP 헤더를 분석해 패킷 허용/거부를 결정한다.
- 비용이 효율적이지만, 패킷 내 데이터 분석에는 한계가 있다.

2) 베스천 호스트(Bastion Host)

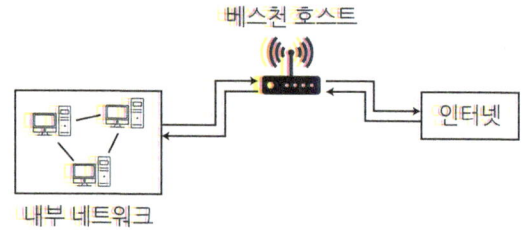

- 내부 네트워크 보호를 위한 전담 호스트로, 접근 제어, 프록시 기능, 인증, 로깅 등을 수행한다.
- 안전성이 높고 관리가 용이하지만, 손상 시 내부망이 위험해질 수 있다.

3) 듀얼 홈드 호스트(Dual-Homed Host)

- 두 개의 네트워크 인터페이스(NIC)를 가진 호스트이다.
- 하나의 NIC는 내부, 다른 NIC는 외부 네트워크에 연결된다.

4) 스크린드 호스트(Screened Host)

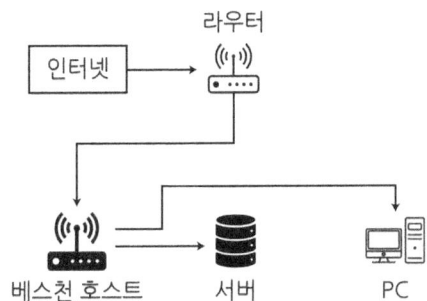

- 패킷 필터 라우터와 베스천 호스트의 조합이다.
- 두 단계 방어로 안전성이 높지만, 라우터 변경 시 보안 취약성이 증가할 수 있고 비용이 높다.

5) 스크린드 서브넷(Screened Subnet)

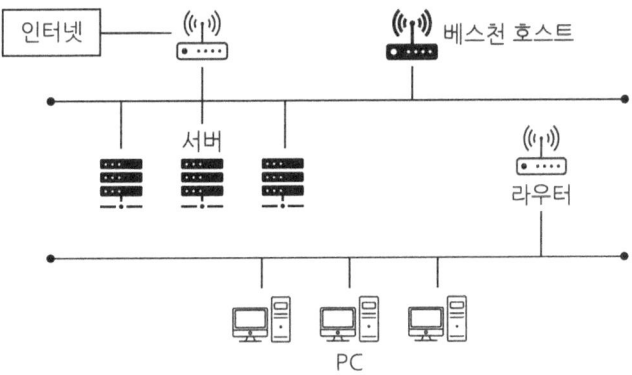

- 두 개의 스크리닝 라우터와 한 개의 베스천 호스트로 구성된다.
- 매우 안전한 구조를 제공하며, 스크린드 호스트의 장점을 유지하지만 설치 및 관리가 복잡하고 비용이 높다.

5. 보안 프로토콜

(1) SSH(Secure Shell Protocol)
- 원격 호스트에 안전하게 접속하기 위한 보안 프로토콜이다.
- 기존의 텔넷(Telnet)을 대체하며, 암호화를 제공해 보안성을 강화한다.
- 22번 포트를 사용한다.

(2) SSL(Secure Socket Layer)
- 웹 브라우저와 웹 서버 간 안전한 데이터 전송을 위한 프로토콜이다.
- SSL이 적용된 웹 페이지는 URL이 https로 시작하며, 443번 포트를 사용한다.

(3) TLS(Transport Layer Security)
- 전송 계층 보안을 제공하는 프로토콜로, SSL의 후속 버전이다.
- 데이터의 기밀성(Confidentiality)과 무결성(Integrity)을 제공한다.

(4) IPSec
- IP 계층(네트워크 계층)의 보안을 제공하기 위한 프로토콜이다.
- 동작 모드

동작 모드	설명
전송 모드 (Transport Mode)	• IP 헤더를 제외한 IP 패킷의 페이로드(Payload)만 보호한다. • 트래픽 경로가 노출될 수 있다.
터널 모드 (Tunneling Mode)	• IP 패킷 전체를 암호화해 보호한다.

- 프로토콜

프로토콜	설명
AH (Authentication Header)	• 메시지 인증 코드(MAC)를 이용하여 무결성과 인증을 제공한다. • 암호화는 제공하지 않는다.
ESP (Encapsulating Security Payload)	• 무결성과 인증 외에 대칭키 암호화를 통해 기밀성도 제공한다.
IKE (Internet Key Exchange)	• IPSec에서 키 교환에 사용되는 프로토콜이다.

(5) S-HTTP (Secure HTTP)

- HTTP의 보안 확장판으로, 웹상에서 트래픽을 암호화하여 안전하게 파일을 교환할 수 있게 한다.

(6) RadSec

- RADIUS 데이터를 TCP 또는 TLS를 사용해 안전하게 전송하기 위한 프로토콜이다.

6. 고가용성(HA, High Availability)

- 서버, 네트워크, 프로그램 등 정보 시스템이 오랜 기간 지속적으로 정상적으로 운영될 수 있는 능력을 말한다.
- 시스템의 가용성을 최대한 높여 서비스 중단 시간을 최소화하는 것을 목표로 한다.
- 일반적으로 중복성(Redundancy)을 통해 고가용성을 실현한다. (2개 이상의 서버 연결)

Section 4. 서비스 공격 유형

1. DoS(Denial of Service) 공격

(1) DoS 공격의 개념
- 대상 시스템이 정상적인 서비스를 수행하지 못하도록 방해하는 공격이다.
- 서비스의 가용성을 저하시켜 사용자 접근을 차단하는 것이 주된 목적이다.

(2) 공격 목표
- 물리적인 파괴(디스크 및 시스템 파괴)
- 시스템 자원 공격(CPU, Memory, Disk의 자원고갈)
- 네트워크 자원 공격(대역폭 고갈)

(3) DoS 공격 유형

1) Smurf Attack
- IP와 ICMP 프로토콜의 특성을 이용한 공격이다.
- 공격자는 자신의 IP 주소를 공격 대상의 IP로 위장한 뒤, ICMP Echo Request 패킷을 브로드캐스트로 전송한다.

2) Ping Of Death
- 정상 크기를 초과하는 ICMP 패킷을 전송하여 시스템을 마비시키는 공격이다.
- 공격 대상이 초대형 패킷을 처리하는 과정에서 부하가 발생하고, 이로 인해 서비스가 중단된다.

3) Land Attack
- 출발지 IP와 목적지 IP가 동일한 패킷을 생성하여 전송하는 공격이다.

4) Teardrop Attack
- 재조립 가능한 Fragment Number를 위조하여 서버를 마비시키는 공격이다.
- 데이터 재조립 과정을 방해하여 시스템이 다운된다.

5) SYN Flooding
- TCP 연결 과정의 취약점을 이용한 공격이다.
- 공격자는 다량의 SYN 신호를 전송한 뒤, ACK 응답을 보내지 않아 서버의 Backlog Queue를 가득 채운다.

6) UDP Flooding
- 대량의 UDP 패킷을 전송하여 네트워크 자원을 고갈시키는 공격이다.

7) Ping Flooding
- 대량의 ICMP Echo 요청 패킷을 특정 서버로 전송하는 공격이다.
- 서버가 모든 자원을 응답에 소모해 정상적인 작동을 방해한다.

2. DDoS(Distributed Denial of Service attack) 공격

(1) DDoS 공격의 개념
- 특정 서버나 네트워크 장비에 대량의 데이터를 발생시켜 서비스 장애를 유발하는 대표적인 서비스 거부(DoS) 공격이다.
- 분산된 다수의 좀비 PC를 이용해 공격 대상 시스템의 서비스를 마비시키는 형태이다.

(2) DDoS 공격 구성

구성	설명
공격자(Attacker)	해커의 시스템으로, 좀비 PC를 생성하고 C&C(Command and Control)에 명령을 전달한다.
명령 제어 (C&C, Command and Control)	공격자로부터 명령을 받아 좀비 PC에게 전달하는 중간 시스템이다.
좀비(Zombie) PC	C&C의 명령을 받고 실제 공격을 수행하는 다수의 PC이다.
공격 대상(Target)	좀비 PC가 공격을 수행하는 대상 시스템이다.

(3) DDoS 공격 툴의 종류

종류	설명
트리누 (Trinoo)	• Master/Agent 구조로 구성된다. • UDP Flooding 공격을 수행하며, 대량의 UDP 패킷으로 목표 시스템을 다운시킨다.
TFN (Tribal Flood Network)	• Master와 Agent 간 통신에 ICMP ECHO-REPLY 메시지를 사용한다. • UDP Flooding, TCP Flooding, ICMP 브로드캐스트 공격 가능
슈타첼드라트 (Stacheldraht)	• Trinoo의 네트워크 구조와 TFN의 다양한 공격 방식을 결합한 도구이다.

3. 기타 해킹 기법

- 웜(Worm)
  - 네트워크를 통해 자신을 복제하고 전파할 수 있는 독립적인 악성 프로그램
- 바이러스(Virus)
  - 파일, 부트 섹터, 메모리 영역 등에서 자신을 복제하는 악성 프로그램으로, 다른 파일에 숨어 이동한다.
- 트로이목마(Trojan)
  - 겉으로는 해를 끼치지 않는 것처럼 보이지만, 실제로는 바이러스나 기타 위험 요소를 숨기고 있는 악성 프로그램
- 스턱스넷(Stuxnet)
  - 2010년 6월에 발견된 웜 바이러스
  - 단순히 PC를 감염시키는 것이 아니라 물리적인 피해를 입히는 목적
  - 공항, 발전소, 철도 등 기간시설을 파괴할 목적으로 제작된 컴퓨터 바이러스
- 루팅(Rooting)
  - 핸드폰 운영체제의 루트(Root) 관리자 계정을 획득하는 것
- 루트킷(Rootkit)
  - 시스템에 전반적으로 접근할 수 있는 루트 권한을 쉽게 얻게 해주는 킷(Kit)
- 혹스(Hoax)
  - 가짜 바이러스 또는 거짓 경보로, 사용자를 속이거나 장난을 치는 것이 목적
- 스니핑 공격(Sniffing Attack)
  - 네트워크를 통해 전송되는 데이터 패킷을 도청하는 공격
- IP Spoofing
  - 공격자가 자신의 IP 주소를 다른 주소로 위장하여 접속하는 공격 방식
- ARP Spoofing
  - ARP 프로토콜의 취약점을 이용하여 공격자의 MAC 주소를 다른 컴퓨터의 것으로 위장하는 공격
- DNS Spoofing
  - DNS 질의를 가로채 변조된 결과를 반환하는 중간자 공격의 일종
- 파밍(Pharming)
  - 사용자의 컴퓨터를 악성코드에 감염시켜, 정상적인 웹 사이트 접속 시도 시 피싱 사이트로 유도하는 공격
- 타이포스쿼팅(Typosquatting)
  - 사용자가 웹 사이트의 URL을 잘못 입력하는 실수를 이용한 공격 방법
  - 사용자가 실수로 접속한 유사한 URL의 사이트를 통해 민감한 정보를 획득하거나 악성코드를 설치하려는 의도를 가진다.
- Smishing(SMS phishing)
  - 문자 메시지를 이용해 개인정보를 빼내는 피싱 공격

- Qshing
  - QR 코드를 이용하여 사용자를 악성 링크로 유도하거나 직접 악성코드를 심는 금융 범죄 기법
- 포트 스캐닝(Port Scanning)
  - 서버에 열려 있는 포트를 탐색하고 해당 포트의 취약점을 이용한 공격
  - Nmap과 같은 도구를 사용하여 열린 포트, 호스트, 서비스 버전 등을 탐지할 수 있다.
- 세션 하이재킹(Session Hijacking)
  - 이미 인증 받고 세션을 유지하는 연결을 빼앗는 공격
  - 대책: ACK Storm 탐지, 데이터 암호화, MAC 주소 고정, 비동기화 상태 탐지, 패킷의 유실 및 재전송 증가 탐지 등
- 버퍼 오버플로우(Buffer Overflow)
  - 프로그램 실행 시 입력 값이 버퍼를 초과하여 메모리를 침범하는 현상이나 이를 이용한 공격 방법
- Format String Attack
  - 문자열 출력 포맷의 애매모호한 설정을 이용해 메모리의 RET 위치에 악성코드 주소를 입력하여 공격하는 기법
- SQL injection
  - 클라이언트의 입력 값을 조작하여 서버의 데이터베이스를 공격하는 코드 인젝션 기법
- XSS(Cross-Site Scripting)
  - 악의적인 사용자가 타 사이트에 스크립트를 삽입하여 사용자의 쿠키 정보나 세션을 탈취하는 공격
- CSRF(Cross-Site Request Forgery)
  - 사용자가 자신의 의지와 무관하게 공격자가 의도한 행위를 특정 웹 사이트에 요청하도록 만드는 해킹 공격
- Backdoor
  - 정상적인 인증 절차 없이 시스템에 접근할 수 있게 하는 프로그램
  - 취약점을 이용하거나 악성코드를 삽입하여 공격
  - 탐지 방법: 프로세스 및 열린 포트 확인, SetUID 파일 검사, 무결성 검사 등
- Password Cracking
  - 다양한 도구를 이용해 시스템의 비밀번호를 알아내는 공격 기법
- Rainbow Table
  - 다양한 해시 함수를 이용하여 생성 가능한 값들을 대량으로 저장한 테이블
- APT(Advanced Persistent Threat)
  - 지속적이고 체계적인 해킹 공격
- Nucking
  - 특정 IP 주소에 대량의 패킷을 보내 인터넷 접속을 끊는 크래킹의 한 형태
- 부채널 공격(Side Channel Attack)
  - 암호 알고리즘을 대상으로 한 물리적 공격 기법

- Brute Force
  - 무차별 대입 공격으로, 가능한 모든 문자열 조합을 시도하여 공격
- Dictionary Attack
  - 사전에 정의된 일반적으로 사용되는 패스워드 패턴을 이용한 공격 방식
- Key Logger Attack
  - 사용자의 키보드 입력을 기록하여 개인 정보를 훔치는 공격
- 스파이웨어(Spyware)
  - 사용자 동의 없이 사용자 정보를 수집하는 프로그램
- 애드웨어(Adware)
  - 프로그램 실행 중에 광고를 보여주는 소프트웨어로, 사용자가 광고를 본 대가로 프로그램 비용을 대신 지불
- 트랙웨어(Trackware)
  - 사용자의 시스템 작업을 추적하고 정보를 수집하여 다른 조직에 전달하는 소프트웨어
- 그레이웨어(Grayware)
  - 사용자 동의를 얻어 설치되지만 사용자에게 불편을 주는 일종의 악성 소프트웨어
- 크라임웨어(Crimeware)
  - 불법 온라인 활동을 용이하게 하는 소프트웨어로, 스파이웨어, 키로거, 금융 정보 탈취 등을 위해 사용
- 랜섬웨어(Ransomware)
  - 시스템 접근을 제한하고 사용자에게 몸값을 요구하는 악성 소프트웨어
- 제로데이 공격(Zero-Day Attack)
  - 아직 알려지지 않은 소프트웨어 취약점을 이용한 공격
- 사회공학(Social Engineering)
  - 기술적인 방법이 아닌 사람들 간의 기본적인 신뢰를 기반으로 사람을 속여 비밀정보를 획득하는 기법
- Evil Twin Attack
  - 가짜 WiFi AP를 구축하여 사용자 정보를 중간에서 가로채는 공격
- BlueBug
  - 블루투스 연결 취약점을 이용한 공격
- BlueSnarf
  - 블루투스 취약점을 이용해 장비의 파일에 접근하는 공격
- BluePrinting
  - 블루투스 장비를 탐색하는 활동
- BlueJacking
  - 개인이 특정 반경 내에서 Bluetooth 지원 장치로 익명 메시지를 보낼 수 있는 해킹 방법

- Switch Jamming
  - 위조된 MAC 주소를 이용해 네트워크 스위치를 혼란시키는 공격
- Honeypot
  - 공격자를 유인하기 위해 의도적으로 설치된 시스템
- 블루킵(Bluekeep)
  - 원격 데스크톱 서비스의 취약점을 이용한 공격
- 인포데믹스(Infodemics)
  - 잘못된 정보나 소문이 빠르게 확산되어 대중의 두려움을 증폭시키는 현상
- 살라미(Salami)
  - 금융기관이나 인터넷에서 작은 금액을 조금씩 빼내는 기법
- 다크 데이터(Dark Data)
  - 수집되었지만 분석되지 않고 저장만 되어 있는 대량의 데이터
- 킬 스위치(Kill Switch)
  - 분실한 정보기기의 데이터를 원격으로 삭제하고 사용을 중지시키는 기능
- 트러스트존(TrustZone)
  - 중요 정보를 보호하기 위해 별도의 독립적인 보안 구역을 두는 하드웨어 기반의 보안 기술

PART
06

신기술 용어

CHAPTER 01 신기술 용어

Section 1. S/W 개발 동향

1. 중앙 집중식 인프라, 클라우드 서비스

(1) 클라우드 서비스 개념
- 인터넷 기반의 컴퓨팅 환경을 제공하는 방식이다.
- 타사 제공 업체가 호스팅하며, 인프라, 플랫폼, 소프트웨어 등을 인터넷을 통해 사용자에게 제공한다.

(2) 장점
- 서버의 위치, 전력, 확장성 등을 고려할 필요 없이 쉽게 이용 가능하다.
- 데이터 센터에 준비된 서버를 활용하므로 신속한 운영이 가능하다.
- 서버 설정에 신경 쓰지 않고 서비스 운영에 집중할 수 있다.

(3) 서비스 제공 형태

형태	설명
퍼블릭 클라우드 (Public Cloud)	• 인터넷에 접속 가능한 모든 사용자를 위한 서비스 모델이다. • 클라우드 서비스 제공자(CSP)가 하드웨어와 소프트웨어를 관리한다.
프라이빗 클라우드 (Private Cloud)	• 특정 기업이나 사용자만을 대상으로 하는 클라우드이다. • 자원과 데이터가 기업 내부에 저장되며, 온프레미스라고도 한다.
하이브리드 클라우드 (Hybrid Cloud)	• 퍼블릭 클라우드와 프라이빗 클라우드를 병행하여 사용하는 방식이다. • 클라우드(가상 서버)와 온프레미스(물리 서버)를 결합한 형태이다.

(4) 서비스 유형

유형	설명
IaaS (Infrastructure as a Service)	클라우드로 IT 인프라 자원(서버, 스토리지 등)을 제공하는 서비스이다.
PaaS (Platform as a Service)	사용자가 소프트웨어를 개발할 수 있는 클라우드 컴퓨팅 플랫폼이다.
SaaS (Software as a Service)	사용자가 필요로 하는 소프트웨어를 인터넷상에서 제공받는 클라우드 서비스이다.

유형	설명
BaaS (Blockchain as a Service)	블록체인 기술 기반의 응용 서비스 개발과 관리를 클라우드에서 지원한다.
SecaaS (Security as a Service)	클라우드 시스템에서 보안 서비스를 제공하는 서비스이다.
DaaS (Desktop as a Service)	인터넷만 연결되면 기업 내부망에 접속하여 가상 데스크톱을 이용할 수 있다.

(5) 도커(Docker)

- 컨테이너 응용 프로그램의 배포를 자동화하는 오픈 소스 엔진이다.
- 소프트웨어 컨테이너 내에 응용 프로그램을 배치하고 관리하는 작업을 자동화한다.

(6) 하이퍼바이저(컴퓨팅 가상화 솔루션)

- 하나의 컴퓨터에서 다수의 운영체제를 동시에 구동시킬 수 있는 가상화 소프트웨어 플랫폼이다.

2. 소프트웨어 정의 기술(SDx/SDE, Software-Defined Everything)

(1) 소프트웨어 정의 기술 개념

- 컴퓨터, 통신망, 데이터 센터 등을 소프트웨어로 제어할 수 있게 하는 기술을 통칭하는 용어다.
- 가상화와 지능화를 실현하여 비용 절감, 유연성, 상호 운용성을 통한 효율적인 운영 관리가 가능하다.

(2) 종류

종류	설명
SDN (Software-Defined Networking)	네트워크를 소프트웨어로 제어하는 기술이다.
SDS (Software-Defined Storage)	하드웨어에서 스토리지 소프트웨어를 분리한 스토리지 아키텍처이다.
SDC (Software-Defined Computing)	컴퓨팅 자원을 소프트웨어로 제어하여 효율성을 극대화한다.
SDDC (Software-Defined Data Center)	데이터센터의 모든 인프라(네트워크, 스토리지, 컴퓨터, 보안 등)를 가상화하여 서비스로 제공한다.

3. 양자컴퓨터(Quantum Computer)

- 양자역학의 원리(양자 얽힘, 중첩, 텔레포테이션 등)를 활용하여 계산을 수행하는 컴퓨터다.
- 기존 컴퓨터가 0과 1로 이루어진 이진수 상태만을 구분할 수 있는 반면, 양자컴퓨터는 0과 1이 동시에 공존할 수 있는 상태를 처리할 수 있다.
- 현존하는 최고의 슈퍼컴퓨터보다 훨씬 빠르게 복잡한 문제를 해결할 수 있다.
- 양자컴퓨터에서 자료의 양은 큐비트(Qubit)로 측정된다.

4. 인공지능(Artificial Intelligence)

(1) 인공지능 개념

- 인간의 지적 능력을 인공적으로 구현한 것이다.
- 인간의 학습 능력, 추론 능력, 지각 능력을 컴퓨터 과학 기술을 통해 재현하려는 분야다.

(2) 인공지능 분야의 기술

기술	설명
기계 학습 (Machine Learning)	• 데이터에서 규칙을 자동으로 학습하는 알고리즘을 연구하는 분야다.
인공 신경망	• 인간 뇌의 뉴런 구조를 모방하여 만든 기계 학습 모델이다.
딥 러닝 (Deep Learning)	• 머신러닝 알고리즘 중 인공 신경망을 기반으로 한 방법들을 통칭한다. • 텐서플로(TensorFlow)와 파이토치(PyTorch)는 이 분야의 대표적인 라이브러리다.

5. 신속한 애플리케이션 개발

(1) No Code

- 코드를 사용하지 않고 애플리케이션을 개발하는 방법이다.
- 코딩 지식이 없는 사람도 직관적인 도구를 활용해 쉽게 애플리케이션을 개발할 수 있다.

(2) Low-Code

- 필요한 부품을 간단한 명령으로 조합하여 시스템을 개발하는 방법이다.
- 약간의 기술 지식을 가진 디자이너, 제품 담당자, 창업자, 엔지니어가 사용할 수 있다.

6. 온톨로지(Ontology)

- 사람들의 세계 인식을 컴퓨터가 이해할 수 있는 형태로 표현한 지식 모델이다.
- 인간과 프로그램 간 지식을 효과적으로 공유할 수 있도록 돕는다.
- 정보 시스템에서 자원의 개념과 관계를 명확히 정의하여 보다 정확한 정보 검색을 가능하게 한다.
- 시맨틱 웹을 구현하는 데 사용되는 중요한 도구 중 하나다.
- RDF(Resource Description Framework), OWL(Web Ontology Language), SWRL(Semantic Web Rule Language) 등의 표준 언어를 사용한다.

7. 시맨틱 웹(Semantic Web)

- 인터넷과 같은 분산 환경에서 리소스(웹 문서, 파일, 서비스 등)와 자원 간의 의미 정보를 기계가 처리할 수 있는 온톨로지 형태로 표현하는 기술이다.
- 이 정보를 자동화된 기계(컴퓨터)가 처리할 수 있도록 설계된 프레임워크이자 기술이다.

8. 기타 용어 정리

- 블록체인(Blockchain)
  - 분산 컴퓨팅 기술을 기반으로 한 데이터 위변조 방지 기술이다.
  - 개인과 개인 간 거래(P2P)의 데이터가 기록되는 장부이다.
  - 공공 거래 장부 또는 분산 거래 장부라고도 한다.
  - 비트코인 시스템 개발 과정에서 발생하는 문제를 해결하기 위해 블록체인 기술이 개발되었다.
- 비트코인(Bitcoin)
  - 블록체인 기술을 기반으로 한 최초의 암호 화폐이다.
  - 탈중앙화된 공개형 블록체인에 거래 기록을 저장하고, 이 기록은 변경 불가능하며, 모든 참여자에게 공개된다.
- 매시업(Mashup)
  - 다양한 웹 기반 자원과 서비스를 결합하여 새로운 서비스나 애플리케이션을 만드는 방법이다.
  - 기존의 웹 서비스나 데이터를 활용하므로 새로운 서비스 개발 비용이 낮다.
- 디지털 트윈(Digital Twin)
  - 물리적 객체, 시스템, 또는 프로세스의 디지털 복제본을 만드는 기술이다.
  - 실제 자산의 성능 모니터링, 유지보수 예측, 고장 분석 등에 활용된다.
- 메타버스(Metaverse)
  - Meta(가상)와 Universe(세계)의 합성어로, 가상 세계에서의 다양한 경험과 상호작용을 제공하는 디지털 환경이다.

- 가상현실(VR), 증강현실(AR), 소셜 미디어, 소셜 네트워크 등이 포함된다.
- 코드 커터족(Cord Cutters)
  - 전통적인 케이블 TV 구독 대신, 인터넷 기반 스트리밍 서비스로 방송 콘텐츠를 시청하는 소비자를 의미한다.
  - 케이블 TV 산업의 변화를 요구하며, 넷플릭스, 유튜브, 아마존 프라임 비디오와 같은 스트리밍 서비스의 성장을 촉진한다.
- 핀테크(FinTech)
  - 금융 서비스에 첨단 기술을 접목시킨 산업 및 서비스를 말한다.
  - 모바일 결제, 블록체인, 로보어드바이저, 빅 데이터 분석 등이 포함된다.
- 포스퀘어(Foursquare)
  - 위치 정보를 기반으로 한 소셜 네트워킹 서비스이다.
- 디지털 발자국(Digital Footprint)
  - 사용자의 온라인 활동을 통해 남는 흔적이나 기록을 말한다.
  - 웹 사이트 방문, 소셜 미디어 활동, 온라인 거래, 검색 기록 등이 포함된다.
- 노모포비아(Nomophobia)
  - 휴대전화가 없을 때 불안감이나 무력감을 느끼는 현상을 말한다.
  - 스마트폰 의존도가 높아짐에 따라 현대인의 흔한 공포증으로 자리 잡았다.
- 소셜 다이닝(Social Dining)
  - 소셜 미디어나 플랫폼을 통해 관심사가 비슷한 사람들이 함께 식사를 하는 활동이다.
- 디지털 포렌식(Digital Forensics)
  - 디지털 장치에서 데이터를 분석 및 복구하여 범죄 수사에 활용하는 기술이다.
- 위치 기반 SNS(LBSNS)
  - 사용자의 위치 정보를 기반으로 한 소셜 네트워킹 서비스이다.
- 디지털 프로슈머(Digital Prosumer)
  - 소비자이면서 콘텐츠 생산자 역할을 하는 사람을 말한다.
  - 인터넷 커뮤니티에서 적극적으로 참여하며, 정보를 공유하고 영향력을 행사한다.
- 크리슈머(Cresumer)
  - 제품이나 서비스에 창의적 아이디어를 더해 새로운 가치를 창출하는 소비자를 말한다.
- 인포러스트(Infolust)
  - 정보에 대한 강한 열망을 가진 사람을 지칭한다.
  - 정보를 단순히 소비하지 않고, 자신의 블로그나 SNS에 공유하여 정보 전파에 기여한다.
- 커넥티드 카(Connected Car)
  - 인터넷 연결 기능을 갖춘 자동차로, 다양한 온라인 서비스를 제공한다.
  - 자율 주행차와 결합하여 더욱 향상된 운전 경험을 제공할 전망이다.
- 웨버홀리즘(Webaholism)
  - 인터넷 중독을 의미하며, 온라인 상태가 아닐 때 불안감을 느끼는 현상을 말한다.

Section 2. 네트워크 / 데이터베이스 신기술 용어

1. 네트워크 신기술 용어

(1) 기본 네트워크 통신 기술

- 사물 인터넷(IoT, Internet of Things)
  - 실세계의 다양한 사물들을 인터넷을 통해 서로 연결하여 우리의 생활을 더 편리하고, 효율적으로 만드는 기술이다.
  - 센서를 통해 정보를 수집하고, 그 정보를 유무선 통신을 통해 다른 장치나 서비스로 전달한다.
- 사물 통신(M2M, Machine to Machine)
  - 기계와 기계가 직접 서로 통신하는 기술을 말한다.
  - 다양한 장치들이 유무선 네트워크를 통해 정보를 주고받으며 자동으로 작동하게 하는 기술이다.
  - 스마트 미터나 자동차가 서버와 데이터를 주고받아 효율적인 관리가 가능해진다.
  - M2M은 자동화된 기계 조작이 주된 목적인 반면, IoT는 수집된 데이터를 통해 사용자 경험을 향상시키고 새로운 서비스를 창출하는 데 집중한다.
- 무선 사설망(WPAN, Wireless Personal Area Network)
  - 개인 주변에서 사용되는 다양한 전자 장비를 무선으로 연결하는 근거리 네트워크이다.
  - 개인의 작업 공간 내에서 PC, 스마트폰, 프린터, 헤드셋 등 여러 기기를 편리하게 연결하여 사용할 수 있도록 돕는다.
  - 개인의 일상생활이나 작업 환경에서 편리한 무선 접속을 제공하여, 다양한 기기의 사용성과 접근성을 향상시킨다.

(2) 특수 통신 프로토콜과 네트워크

- 저전력 블루투스(BLE, Bluetooth Low Energy)
  - 전력 소모가 매우 적은 무선 통신 기술이다.
  - 2.4GHz 주파수 대역을 사용하여 데이터를 송수신한다.
  - 적은 데이터양을 효율적으로 전송하는 데 최적화되어 있다.
  - 스마트 워치, 스마트 홈 센서, 장난감, 비컨 등 다양한 웨어러블 기기 및 휴대용 장비에 사용된다.
  - 배터리를 자주 교체하기 어려운 장치에서 매우 유용하다.
- 근접 무선 통신(NFC, Near Field Communication)
  - 매우 가까운 거리에서 무선 데이터를 교환할 수 있는 통신 기술이다.
  - 13.56MHz 주파수 대역을 사용하며, 자기 유도결합 방식을 통해 작동한다.
  - 수 센티미터 이내의 매우 짧은 거리에서만 통신이 가능하다.
  - 두 장치가 직접 데이터를 교환할 수 있는 P2P(피어 투 피어) 통신을 지원한다.
  - RFID(무선 주파수 식별) 기술을 활용하여 RFID 태그의 데이터를 읽거나 기록하는 데 사용된다.

- 전파 식별(RFID, Radio Frequency IDentification)
  - 전파 신호를 이용하여 태그에 부착된 정보를 비접촉식으로 읽고 처리하는 기술이다.
  - 태그, 리더, 그리고 데이터 처리 시스템으로 구성되어 있다.
  - 물리적 접촉 없이도 정보를 읽을 수 있어, 빠르고 편리하게 다양한 항목을 식별할 수 있다.
- 지그비(ZigBee)
  - 저속, 저비용, 저전력을 목표로 하는 무선 통신 기술이다.
  - 짧은 거리에서 작은 데이터 패킷을 전송하는 데 최적화되어 있다.
  - 스마트 홈, 의료 모니터링, 센서 네트워크와 같은 환경에서 널리 사용된다.
  - 보통 250Kbps에서 최대 1Mbps의 데이터 전송 속도를 제공하며, 이는 일반적으로 BLE보다 낮다.
- 초 광대역 기술(UWB, Ultra-WideBand technology)
  - 3.1~10.6GHz의 주파수 대역을 사용하는 무선 통신 기술이다.
  - 매우 넓은 주파수 범위를 사용하여 낮은 전력으로 높은 데이터 전송 속도를 달성한다.
  - 주로 근거리에서 사용되며, 뛰어난 속도와 효율성을 제공한다.
  - 빠른 데이터 전송이 요구되는 다양한 애플리케이션에 적합하며, 특히 정밀 위치 추적, 이미지 전송, 멀티미디어 애플리케이션 등에서 유용하게 사용된다.
- 와이-선(Wi-Sun)
  - 지능형 유틸리티 네트워크, 특히 스마트 그리드와 같은 환경을 위해 개발된 무선 통신 기술이다.
  - 안정적이고 확장 가능한 무선 솔루션을 제공하여 네트워크의 효율성을 높이고, 신뢰성을 강화한다.
  - 전력, 가스, 수도 등의 유틸리티 회사에서 네트워크의 자동화와 효율성을 높이기 위해 사용된다.
  - 스마트 그리드 내 다양한 장치들이 서로 효율적으로 통신할 수 있으며, 신뢰성 있는 데이터 전송을 보장한다.
- VoIP(Voice over Internet Protocol)
  - 인터넷을 통해 음성을 전송하는 기술이다.
  - 전통적인 전화망 대신 데이터 네트워크를 사용하여 음성 통신을 가능하게 한다.
  - 특정한 통신 프로토콜과 네트워크 기술을 사용하여 음성 데이터를 패킷으로 캡슐화하고, 이를 인터넷을 통해 전송한다.

(3) 고급 네트워크 설계 및 최적화

- 애드 혹 네트워크(Ad-hoc Network)
  - 별도의 고정된 네트워크 구조 없이 노드들이 서로 직접 통신을 통해 자율적으로 구성하는 네트워크이다.
  - 중앙 관리 장비나 서버가 필요 없이, 각 노드가 네트워크를 형성하고 데이터를 전송하는 역할을 수행한다.
  - 인프라가 손상되었거나 접근이 어려운 지역에서 빠르게 통신 네트워크를 구축할 필요가 있을 때 효과적이다.
  - 긴급 구조 활동, 긴급 회의, 군사 작전 등 특정 상황에서 임시적으로 네트워크를 구성하는 데 유용하다.

- 펨토셀(Femto Cell)
  - 소형 기지국의 일종으로, 특히 가정이나 소규모 사무실과 같은 실내 공간에서 이동통신 신호를 향상시키기 위해 사용된다.
  - 기존의 광대역 인터넷 연결(예: DSL, 케이블)을 통해 모바일 네트워크 연산자의 시스템에 연결되어, 해당 공간 내에서 휴대전화 신호 범위와 품질을 향상시키는 역할을 한다.
- 메시 네트워크(Mesh Network)
  - 다수의 무선 장치들이 서로 연결되어 큰 네트워크를 형성하는 기술이다.
  - 이 네트워크는 각 장치가 데이터를 서로 전달하고 중계할 수 있어, 네트워크의 커버리지를 확장하고 연결의 안정성을 향상시킬 수 있다.
  - 큰 사무실, 대학 캠퍼스, 스마트 홈 시스템 등 넓은 영역에 걸쳐 안정적인 무선 연결이 필요한 환경에서 사용된다.
- 자동 구성 네트워크(SON, Self-Organizing Network)
  - 주변 환경이나 조건에 따라 스스로 망을 구성하고 최적화하는 지능형 네트워크이다.
  - 통신망의 커버리지를 자동으로 확장하고, 전송 용량을 조절하여 네트워크의 효율성을 극대화한다.
  - 주로 이동 통신망에서 많이 사용되며, 네트워크의 복잡성과 운영 비용을 줄이는 데 크게 기여하고 있다.
  - SON은 복잡한 알고리즘을 사용하여 네트워크를 지능적으로 관리하는 반면, 애드혹 네트워크는 임시적이고 자발적인 연결에 초점을 맞춘다.
- 지능형 초연결망
  - 소프트웨어 정의 기술(SDE)을 네트워크 전체에 적용하여 구축된 차세대 국가망 기술이다.
  - 네트워크의 모든 구성요소를 소프트웨어로 관리하고 제어할 수 있다.
  - 네트워크의 효율성과 반응성을 크게 향상시켜, 더욱 스마트하고 연결된 미래를 가능하게 한다.
- 지능형 전력망
  - 전통적인 전력망에 정보 기술(IT)을 통합하여 전력의 효율성을 증대시키고, 전력 품질을 고도화하며, 전체 시스템의 안정성을 향상시키는 새로운 개념의 전력망이다.
  - 전력 소비자와 공급자 모두에게 이점을 제공하며, 에너지 관리를 더욱 스마트하고 효율적으로 만들어준다.
  - 스마트 그리드라고도 불린다.

(4) 데이터 관리 및 분석 네트워크

- 데이터 중심 네트워크(NDN, Named Data Networking)
  - 데이터 자체의 '이름'을 기반으로 정보를 전송하고 라우팅하는 네트워크 접근 방식이다.
  - 데이터가 특정 위치에 묶여 있지 않고, 요청하는 측이 데이터의 이름을 지정하여 필요한 정보를 얻을 수 있다.
  - 모든 데이터는 고유한 이름으로 식별되고, 이 이름을 사용하여 데이터를 요청하고 전송받을 수 있다.
- 지리 정보 시스템(GIS, Geographical Information System)
  - 지도의 정보를 컴퓨터로 처리하고 분석하는 기술이다.

- 지리적 위치에 관련된 정보를 수집하고, 이를 데이터베이스에 저장하여 관리한다.
- 저장된 정보를 기반으로 지리적 패턴, 관계, 추세 등을 분석할 수 있다.
- 지도 위에 데이터를 표현하여 사용자가 정보를 쉽게 이해하고 해석할 수 있도록 돕는다.
- 도시 계획, 환경 관리, 교통 시스템 분석, 재난 관리 및 대응 등 다양한 분야에서 활용된다.
- USN(Ubiquitous Sensor Network)
  - 각종 센서를 통해 수집된 정보를 무선으로 전송하고 관리하는 네트워크 시스템이다.
  - 다양한 환경에서 센서를 통해 얻은 데이터를 중앙 시스템이나 데이터 처리 플랫폼으로 전송한다.
  - 일상생활의 다양한 영역에서 정보를 실시간으로 수집하고 분석하여 보다 지능적이고 효율적인 의사 결정을 가능하게 한다.

(5) 통신 플랫폼 및 서비스

- IMS(IP Multimedia Subsystem)
  - All IP(Internet Protocol) 기반으로, 유무선 네트워크에서 멀티미디어 서비스를 제공하기 위한 통신 플랫폼이다.
  - 음성 통화, 비디오 통화, 메시징 서비스, 영상 스트리밍 등의 서비스를 IP 기반으로 통합하여, 당신이 어떤 네트워크(와이파이, LTE 등)에 연결되어 있든 간에 일관된 경험을 제공한다.
  - 사용자에게 끊김 없는 서비스 경험을 제공하고, 통신사에는 다양한 서비스를 보다 효율적으로 관리할 수 있는 방법을 제공한다.
- MQTT(Message Queuing Telemetry Transport)
  - TCP/IP 네트워크를 기반으로 하는 메시징 프로토콜이다.
  - 발행-구독 모델을 기반으로 하며, 이 모델을 통해 메시지를 발행하는 장치와 구독하여 메시지를 받는 장치 간의 통신을 관리한다.
  - 간단하고 효율적인 구조 덕분에 저전력 IoT 기기나 제한된 네트워크 환경에서 매우 유용하게 사용된다.
- 엔-스크린(N-Screen)
  - 동일한 콘텐츠를 TV, PC, 태블릿 PC, 스마트폰 등 다양한 이종 단말기에서 자유롭게 이용할 수 있도록 하는 서비스이다.
  - 여러 종류의 디지털 기기에서 콘텐츠를 접근하고 이용할 수 있다.
  - 한 기기에서 콘텐츠를 시청하다가 다른 기기로 전환하더라도 중단된 지점부터 계속해서 시청할 수 있다.
  - 어느 기기에서나 일관된 사용자 인터페이스와 경험을 제공한다.
- 가상랜(Vlan, Virtual Local Area Network)
  - 물리적 위치에 상관없이 네트워크 사용자와 장비들을 논리적으로 그룹화하여 LAN을 구성하는 기술이다.
  - 하나의 물리적 네트워크 안에서 여러 독립적인 가상 네트워크를 운영할 수 있다.
  - 네트워크를 여러 개의 독립된 세그먼트로 나눌 수 있어, 다른 그룹의 데이터 트래픽이 서로 간섭하지 않는다.

- 각 VLAN은 다른 VLAN의 네트워크 리소스에 접근할 수 없어 보안성이 향상된다.
- VLAN은 네트워크 내부에서 트래픽과 사용자 그룹을 논리적으로 분리하는 데 사용되고, VPN은 외부에서 안전하게 내부 네트워크에 접근할 수 있도록 하는 데 사용된다.
- 피코넷(Piconet)
  - 블루투스나 초 광대역(UWB) 같은 무선 통신 기술을 사용하여 소규모의 독립된 통신 장치들이 서로 연결되어 형성하는 무선 네트워크이다.
  - 몇 대의 장치가 서로 직접 통신하며, 고정된 기반 구조 없이 동적으로 네트워크를 구성한다.
  - 블루투스 장치들이 서로 정보를 교환하거나 협력하는 데 사용되며, 간편하고 유연한 무선 통신 솔루션을 제공한다.
- 이동 컴퓨팅(Mobile Computing)
  - 휴대 가능한 기기를 사용하여 어디에서나 네트워크에 접속하고 업무를 처리할 수 있는 기술 환경을 말한다.
  - 이 기술을 통해 사용자는 위치에 구애받지 않고 데이터를 접근하고, 정보를 교환하며, 다양한 작업을 수행할 수 있다.
  - 비즈니스와 개인의 일상생활에서 더 큰 유연성과 편리함을 제공한다.

2. 데이터베이스 신기술 용어

- 빅 데이터(Big Data)
  - 대량의 데이터를 다루는 것으로, 기존의 데이터베이스 관리 시스템의 처리 능력을 넘어서는 규모와 복잡성을 지닌다.
  - 데이터의 양이 급증함에 따라 보다 효과적인 저장, 관리, 분석 기술이 필요하다.
  - 빅 데이터의 특징 : 규모(Volume), 다양성(Variety), 속도(Velocity), 정확성(Veracity), 가치(Value)
  - 사용 사례 : 제품 개발, 예측적 유지보수, 고객 경험, 머신러닝, 운영 효율성, 혁신 주도
- 정형 데이터(Structured Data)
  - 미리 정해진 형식과 구조에 따라 데이터베이스 시스템 등에 저장된 데이터이다.
  - 데이터가 열과 행을 가진 테이블 형태로 구성되며, SQL 같은 질의 언어를 사용하여 쉽게 접근하고 관리할 수 있다.
- 비정형 데이터(Unstructured Data)
  - 정해진 구조가 없어 표준 데이터베이스나 스프레드시트로 쉽게 정리, 저장, 분석할 수 없는 데이터이다.
  - 비정형 데이터는 텍스트, 이미지, 비디오, 이메일 내용, 소셜 미디어 활동 등 다양한 형태를 포함한다.
  - 데이터의 양이 방대하고 다루기 복잡할 수 있다.
- 메타 데이터(Meta Data)
  - 데이터에 대한 데이터로서, 다른 데이터를 설명하고 구조화하는 데 사용된다.

- 메타 데이터는 데이터의 내용, 사용 목적, 제약조건, 생성 날짜 등의 정보를 제공하여 데이터의 관리, 검색, 사용을 용이하게 한다.
- 데이터 웨어하우스(Data Warehouse)
    - 기간 시스템에서 추출한 데이터를 공통 형식으로 통합하여 관리하는 대규모 데이터베이스이다.
    - 다양한 소스에서 오는 데이터를 통합하여 정보에 입각한 의사결정을 지원하는 중앙 레포지토리 역할을 한다.
- 데이터 마트(Data Mart)
    - 데이터 웨어하우스의 하위 집합으로, 특정 부서나 사용자 그룹의 요구에 맞춘 데이터를 포함하는 소규모 데이터 웨어하우스이다.
    - 특정 주제나 부서에 관련된 정보에 초점을 맞추어 더 빠르고 효과적인 데이터 접근을 제공한다.
- 데이터 마이닝(Data Mining)
    - 대규모 데이터 집합에서 체계적으로 통계적 규칙이나 패턴을 찾아내는 과정이다.
    - 대량의 데이터로부터 새로운 관계, 패턴, 추세를 발견하여 의사결정을 지원한다.
    - 마케팅, 금융, 헬스케어, 소매 등 다양한 분야에서 사용되어 비즈니스 인텔리전스, 고객 관계 관리, 리스크 관리 등에 기여한다.
- 텍스트 마이닝(Text Mining)
    - 비정형 텍스트 데이터에서 패턴이나 관계를 체계적으로 추출하여 의미 있는 정보를 도출하는 과정이다.
    - 대량의 텍스트 데이터를 분석하여 숨겨진 패턴, 추세, 관계를 발견하고 이를 통해 유용한 지식을 추출한다.
    - 소셜 미디어 분석, 감성 분석, 고객 의견 분석, 제품 리뷰 분석 등에 사용되며, 문서 분류, 요약, 검색 시스템의 성능 향상에 기여한다.
- 하둡(Hadoop)
    - 대용량 데이터를 효율적으로 저장하고, 처리할 수 있는 분산 처리 프레임워크이다.
    - Hadoop 분산 파일 시스템(HDFS)을 사용하여 데이터를 여러 서버에 걸쳐 분산 저장한다.
    - MapReduce 알고리즘을 이용해 데이터를 병렬로 처리하여 빠른 분석 및 처리가 가능하다.
- Sqoop(SQL to Hadoop)
    - 관계형 데이터베이스 시스템과 Hadoop 사이의 데이터를 효율적으로 전송할 수 있는 도구이다.
    - SQL 데이터베이스의 데이터를 Hadoop의 HDFS로 이전하거나, 반대로 HDFS의 데이터를 SQL 데이터베이스로 전송한다.
    - 데이터 전송 작업을 자동화하여, 데이터 이동 시 발생할 수 있는 오류를 최소화하고 처리 속도를 높인다.
- 맵리듀스(MapReduce)
    - 대용량 데이터를 병렬로 처리할 수 있는 소프트웨어 프레임워크이다.
    - 맵(Map) 단계: 입력 데이터를 분할하고, 각 부분에 대해 동시에 처리할 수 있는 작업(맵 작업)을 정의하여 여러 머신에서 분산 실행한다.
    - 리듀스(Reduce) 단계: 맵 단계에서의 결과를 종합하여 최종 결과를 도출하는 단계이다.
- 타조(Tajo)

- 하둡(Hadoop) 기반의 분산 데이터 웨어하우스 시스템이다.
- 대규모 데이터 세트를 효율적으로 저장하고 분석하는 데 사용된다.
- SQL과 호환되는 쿼리 인터페이스를 제공하여, 복잡한 데이터 웨어하우스 작업을 쉽게 수행할 수 있다.
- 하둡 생태계와 완벽하게 통합되어, 빅 데이터 처리에 최적화된 성능을 제공한다.
- 데이터 적재, 쿼리, 저장, 분석 등의 기능을 포함한다.

- R
  - 대규모 데이터를 통계적으로 분석하는 프로그래밍 언어 및 환경이다.
  - 데이터 마이닝, 통계 분석, 그래픽 표현 등 다양한 데이터 분석 작업을 지원한다.
  - 다양한 통계적 테크닉과 그래픽 옵션을 제공하여, 복잡한 통계적 분석 및 데이터 시각화가 가능하다.
  - 오픈 소스이며, 강력한 커뮤니티 지원을 받고 있어 다양한 분석 패키지와 도구가 지속적으로 개발되고 있다.

- OLAP(On-Line Analytical Processing)
  - 사용자가 직접 대량의 데이터를 검색하고 분석할 수 있게 하는 분석형 애플리케이션 개념이다.
  - 복잡한 쿼리와 분석, 보고를 실시간으로 처리하여, 사용자가 데이터에서 통찰력을 얻을 수 있도록 지원한다.
  - 다차원 데이터 모델을 사용하여 데이터를 조직적으로 관리한다.
  - 대규모 데이터 세트에 대한 빠른 데이터 분석 및 쿼리 성능을 제공한다.

- NoSQL(Not only SQL)
  - 관계형 데이터베이스 관리 시스템(RDBMS)의 전통적인 구조를 벗어나 다양한 데이터 모델을 지원하는 데이터베이스 시스템이다.
  - 대규모 분산 데이터 환경에서 유연성, 확장성, 고성능을 제공한다.
  - 스키마가 없거나 유연한 스키마를 사용하여, 다양한 데이터 유형과 대규모 데이터 세트를 효율적으로 처리한다.
  - 비정형 데이터 처리에 탁월하여, 소셜 미디어, 빅 데이터 및 실시간 웹 애플리케이션에 적합하다.
  - 예) 아파치 카산드라, 하둡, 몽고디비

3. 소프트웨어 공학 관련 용어

- 브룩스의 법칙
  - 지체되는 소프트웨어 개발 프로젝트에 인력을 추가하면 개발이 더 늦어진다는 법칙이다.
- 파레토 법칙
  - 소프트웨어 테스트 원리 중 20%의 모듈에서 80%의 결함이 발견된다는 결함 집중의 원리를 말한다.
- Boehm의 법칙
  - 초기 개발 단계에서 결함을 발견하면 많은 시간과 비용을 절약할 수 있지만, 나중 단계에서 발견하면 비용이 크게 증가한다는 법칙이다.
- 무어의 법칙
  - 반도체 집적회로의 성능이 18~24개월마다 2배로 증가한다는 법칙이다.

PART 07

계산식 특강

CHAPTER 01 서브넷

IP 클래스

001 IP 주소체계에서 192.1.2.3이 속하는 클래스를 쓰시오.

> **해설**
> 각 클래스의 최상위 비트는 A 클래스 0, B 클래스 10, C 클래스 110, D 클래스 1110, E 클래스 1111이다. 가장 앞에 있는 옥텟 192는 2진수로 11000000이고, C 클래스에 해당한다.

정답   C 클래스

002 인터넷 IP 주소가 십진법으로 129.6.8.4일 때, 이 주소는 어느 클래스에 속하는지 쓰시오.

> **해설**
> 각 클래스의 최상위 비트는 A 클래스 0, B 클래스 10, C 클래스 110, D 클래스 1110, E 클래스 1111이다. 가장 앞에 있는 옥텟 129는 2진수로 10000001이고, 10으로 시작하기 때문에 B 클래스에 해당한다.

정답   B 클래스

003 다음 IP 주소들이 어느 클래스에 속하는지를 알맞게 연결하여 쓰시오.

① 165.132.124.65
② 210.150.165.140
③ 65.80.158.57

> **해설**
> 각 클래스의 최상위 비트는 A 클래스 0, B 클래스 10, C 클래스 110, D 클래스 1110, E 클래스 1111이다.
> ① 165는 10100101이고, 10으로 시작하기 때문에 B 클래스이다.
> ② 210은 11010010이고, 110으로 시작하기 때문에 C 클래스이다.
> ③ 65는 01000001이고, 0으로 시작하기 때문에 A 클래스이다.

정답   ① B 클래스, ② C 클래스, ③ A 클래스

004 IPv4에서 B클래스의 경우 IP 주소 범위를 쓰시오.

> **해설**
> B 클래스의 IP 주소는 첫 번째 옥텟이 128에서 191 사이에 위치한다.
> 시작 주소는 128.0.0.0이고, 마지막 주소는 191.255.255.255이다.

정답　128.0.0.0 ~ 191.255.255.255

005 IP Address가 '165.132.10.21'일 때 해당 Class와 사설 IP 대역을 바르게 짝지은 것을 보기에서 고르시오. (단, 서브넷 마스크는 Class에 맞는 기본 서브넷 마스크를 사용한다.)

① B Class, 사설 IP 대역: 172.16.0.0 ~ 172.31.255.255
② B Class, 사설 IP 대역: 162.32.0.0 ~ 162.192.255.255
③ A Class, 사설 IP 대역: 10.0.0.0 ~ 10.255.255.255
④ C Class, 사설 IP 대역: 192.168.0.0 ~ 192.168.255.255

> **해설**
> 165.132.10.21의 첫 번째 옥텟을 기준으로 클래스를 결정한다.
> 128~191 사이는 B 클래스에 해당하고, 165.132.10.21은 B 클래스의 IP 주소이다.
>
> A 클래스의 사설 IP 대역: 10.0.0.0 ~ 10.255.255.255
> B 클래스의 사설 IP 대역: 172.16.0.0 ~ 172.31.255.255
> C 클래스의 사설 IP 대역: 192.168.0.0 ~ 192.168.255.255

정답　①

서브넷 마스크

001 IPv4 주소 A클래스에 대한 표준 네트워크 서브넷 마스크를 쓰시오.

> **해설**
> A 클래스 주소는 IPv4 주소의 첫 번째 옥텟(8비트)을 네트워크 주소로 사용하고, 나머지 세 옥텟(24비트)은 호스트 주소로 사용한다.
> 즉, A 클래스의 기본 네트워크 서브넷 마스크는 255.0.0.0이다.
> 이 서브넷 마스크는 첫 번째 옥텟을 네트워크 부분으로 설정하고, 나머지 세 옥텟은 호스트 부분으로 구분하는 방식이다.

정답　255.0.0.0

002 IP 주소가 B Class이고, 전체를 하나의 네트워크망으로 사용하고자 할 때 적절한 서브넷 마스크를 쓰시오.

> **해설**
> B 클래스 IP 주소는 첫 두 옥텟(16비트)이 네트워크 부분을 나타내고, 나머지 두 옥텟(16비트)이 호스트 부분을 나타낸다.
> 전체를 하나의 네트워크망으로 사용하려면, 서브넷 마스크를 255.255.0.0으로 설정해야 한다.
> 이렇게 하면 첫 두 옥텟은 네트워크 영역으로, 나머지 두 옥텟은 호스트 영역으로 구분된다.

정답 255.255.0.0

003 IP Address 체계의 C class의 기본 서브넷 마스크를 쓰시오.

> **해설**
> C 클래스 IP 주소는 첫 세 옥텟(24비트)이 네트워크 부분을 나타내고, 마지막 옥텟(8비트)이 호스트 부분을 나타낸다.
> 기본적으로 서브넷 마스크는 255.255.255.0으로 설정되며, 이를 통해 첫 세 옥텟은 네트워크 영역, 마지막 옥텟은 호스트 영역으로 구분된다.

정답 255.255.255.0

004 192.168.0.1/25가 의미하는 서브넷 마스크 값을 쓰시오.

> **해설**
> 92.168.0.1/25에서 /25는 서브넷 마스크의 길이를 나타낸다.
> 이는 IPv4 주소(32비트) 중 처음 25비트를 네트워크 영역으로 사용하고, 나머지 7비트를 호스트 영역으로 사용한다는 의미이다.
> 서브넷 마스크를 2진수로 표현하면 11111111.11111111.11111111.10000000이 되며, 이를 10진수로 변환하면 255.255.255.128이 된다.

정답 255.255.255.128

005 203.76.25.1/26이 의미하는 서브넷 마스크 값을 쓰시오.

> **해설**
> 203.76.25.1/26에서 /26은 서브넷 마스크의 길이를 나타낸다.
> 이는 IPv4 주소(32비트) 중 처음 26비트를 네트워크 부분으로 사용하고, 나머지 6비트를 호스트 부분으로 사용한다는 의미이다.
> 서브넷 마스크를 2진수로 표현하면 11111111.11111111.11111111.11000000이 되며, 이를 10진수로 변환하면 255.255.255.192가 된다.

정답 255.255.255.192

006 IP 주소가 117.17.23.253/27인 호스트의 서브넷 마스크 값을 쓰시오.

> **해설**
>
> 117.17.23.253/27에서 /27은 서브넷 마스크의 길이를 나타낸다.
> 이는 IPv4 주소(32비트) 중 처음 27비트를 네트워크 영역으로, 나머지 5비트를 호스트 영역으로 사용한다는 의미이다.
> 서브넷 마스크를 2진수로 표현하면 11111111.11111111.11111111.11100000이 되며, 이를 10진수로 변환하면 255.255.255.224가 된다.

정답   255.255.255.224

007 IPv4의 C 클래스 네트워크를 26개의 서브넷으로 나누고, 각 서브넷에는 4~5개의 호스트를 연결하려고 한다. 이러한 서브넷을 구성하기 위한 서브넷 마스크 값을 쓰시오.

> **해설**
>
> C 클래스 네트워크의 기본 서브넷 마스크는 255.255.255.0 (/24)이다.
> 기본적으로 C 클래스 네트워크는 1개의 네트워크에 총 256개의 호스트 주소(0~255)를 제공한다.
> 이 네트워크를 26개의 서브넷으로 나누기 위해 필요한 비트를 계산한다.
> 26개의 서브넷을 생성하려면 26에 가장 가까운 2의 거듭제곱인 2^5(32)가 필요하며, 이를 위해 네트워크 영역에 5비트를 추가로 할당해야 한다.
> 서브넷 마스크를 /24에서 5비트 확장하면 /29가 된다.
> 이렇게 하면 8개의 주소 중 2개는 네트워크와 브로드캐스트 주소로 사용되므로, 각 서브넷에는 최대 6개의 호스트 주소가 할당될 수 있다.
> /29 서브넷 마스크를 2진수로 표현하면 11111111.11111111.11111111.11111000이며, 이를 10진수로 변환하면 255.255.255.248이 된다.

정답   255.255.255.248

008 클래스 B 주소를 가지고 서브넷 마스크 255.255.255.240으로 서브넷을 만들었을 때 나오는 서브넷의 수와 사용 가능한 호스트의 수를 적으시오. (단, IP Subnet-zero를 적용했다고 가정한다.)

> **해설**
>
> 클래스 B의 기본 서브넷 마스크는 255.255.0.0 (/16)이다.
> 지정된 서브넷 마스크는 255.255.255.240 (/28)이며, 이는 기존 /16에서 12비트(28-16)를 추가로 서브넷에 사용한다는 의미이다.
> 서브넷 수 계산: 추가된 12비트로 생성 가능한 서브넷 수는 2^{12} = 4096개이다.
> 호스트 수 계산: 남은 호스트 비트는 32-28 = 4비트이며, 이를 통해 2^4 = 16개의 IP 주소를 사용할 수 있다. 그러나 네트워크 주소와 브로드캐스트 주소를 제외해야 하므로, 사용 가능한 호스트 수는 14개가 된다.

정답   서브넷 4096
　　　　호스트 14

009 B Class 네트워크에서 6개의 서브넷이 필요할 때, 가장 많은 호스트를 사용할 수 있는 서브넷 마스크 값을 쓰시오.

> **해설**
>
> 클래스 B의 기본 서브넷 마스크는 255.255.0.0 (/16)이다.
> 6개의 서브넷을 생성하려면, 가장 가까운 2의 거듭제곱인 $2^3 = 8$을 사용해야 하므로, 네트워크 부분에 3비트를 추가로 할당해야 한다.
> 기존 /16에서 3비트를 추가하면 서브넷 마스크는 /19가 된다.
> 이를 2진수로 표현하면 11111111.11111111.11100000.00000000이며, 이를 10진수로 변환하면 255.255.224.0이 된다.

정답   255.255.224.0

010 클래스 A 주소 10.0.0.0에서 100개의 서브넷을 생성하려고 한다. 각 서브넷에서 최대한 많은 호스트를 수용할 수 있도록 서브넷 마스크를 구하시오.

> **해설**
>
> 클래스 A의 기본 서브넷 마스크는 255.0.0.0 (/8)이다.
> 100개의 서브넷을 생성하려면, 100에 가장 가까운 2의 거듭제곱인 $2^7 = 128$을 사용해야 하므로, 네트워크 부분에 7비트를 추가해야 한다.
> 기본 마스크 (/8)에 7비트를 추가하면 서브넷 마스크는 /15가 된다.
> 2진수로 표현하면 11111111.11111110.00000000.00000000, 이를 10진수로 변환하면 255.254.0.0이다.

정답   255.254.0.0

011 IP Address '172.16.0.0'인 경우에 이를 14개의 서브넷으로 나누어 사용하고자 할 경우 서브넷 마스크 값을 쓰시오.

> **해설**
>
> IP 주소 172.16.0.0은 클래스 B 주소에 해당하므로, 이를 기준으로 계산한다.
> 14개의 서브넷을 생성하려면, 14에 가장 가까운 2의 거듭제곱은 $2^4 = 16$이다.
> 따라서 4비트를 추가로 네트워크 영역에 할당해야 한다.
> 클래스 B의 기본 서브넷 마스크는 255.255.0.0 (/16)이다.
> 여기에 4비트를 추가하면 서브넷 마스크는 /20이 된다.
> 이를 2진수로 표현하면 11111111.11111111.11110000.00000000이며, 10진수로 변환하면 255.255.240.0이 된다.

정답   255.255.240.0

012 네트워크 ID가 ´203.253.55.0´인 네트워크에서 각 서브넷은 25개 호스트가 필요하고 가장 많은 서브넷 유지를 원할 때 가장 적절한 서브넷 마스크을 쓰시오.

> **해설**
> IP 주소 203.253.55.0은 클래스 C 주소에 해당하며, 이를 기준으로 계산한다.
> 각 서브넷에서 25개의 호스트가 필요하므로, 네트워크 주소와 브로드캐스트 주소를 포함해 최소 27개의 주소가 필요하다. 이를 위해 호스트 부분에 5비트를 할당해야 한다($2^5 = 32$).
> 클래스 C의 기본 서브넷 마스크는 255.255.255.0 (/24)이다. 호스트 부분에 5비트를 할당하면, 네트워크 부분은 32-5 = 27비트가 된다.
> 이를 2진수로 표현하면 11111111.11111111.11111111.11100000이며, 10진수로 변환하면 255.255.255.224가 된다.

정답 255.255.255.224

---

013 C Class의 네트워크를 서브넷으로 나누어 각 서브넷에 4~5대의 PC를 접속해야 할 때, 서브넷 마스크 값을 쓰시오.

> **해설**
> C 클래스 네트워크에서 각 서브넷에 4~5대의 PC(호스트)를 연결하려면, 네트워크 주소와 브로드캐스트 주소를 포함하여 최소 6~7개의 IP 주소가 필요하다. 이를 충족하려면 가장 가까운 2의 거듭제곱인 $2^3 = 8$을 사용해야 한다.
> 호스트 부분에 3비트를 할당하면, 나머지 비트는 네트워크 부분에 할당된다.
> 총 32비트 중 3비트를 호스트로 사용하므로, 네트워크 부분은 32-3 = 29비트 (/29)가 된다.
> /29를 2진수로 표현하면 11111111.11111111.11111111.11111000이며, 이를 10진수로 변환하면 255.255.255.248이 된다.

정답 255.255.255.248

---

014 클래스 B 네트워크 135.45.0.0을 사용하며, 각 서브넷에 1,000개의 호스트를 연결하려고 한다. 필요한 서브넷 마스크 값과 생성 가능한 서브넷의 수를 쓰시오.

> **해설**
> 1,000개의 호스트를 수용하려면, 호스트 부분에 10비트가 필요하다.($2^{10} = 1024$)
> 기본 서브넷 마스크는 255.255.0.0 (/16)이며, 호스트에 10비트를 남기려면 네트워크 부분은 32-10 = 22비트가 된다.
> 서브넷 마스크는 /22, 10진수로 표현하면 255.255.252.0이다.
> 생성 가능한 서브넷 개수는 추가된 6비트 (22-16)로 계산하며, $2^6 = 64$개이다.

정답 서브넷 마스크: 255.255.252.0
생성 가능한 서브넷: 64개

015 255.255.255.224인 서브넷에 최대 할당 가능한 호스트 수를 쓰시오.

> 해설
>
> 서브넷 마스크 255.255.255.224는 /27을 의미한다.
> /27은 32비트 중 처음 27비트가 네트워크 영역, 나머지 5비트가 호스트 영역으로 사용된다는 뜻이다.
> 호스트 부분에 남은 5비트로 생성할 수 있는 IP 주소의 총개수는 $2^5 = 32$개이다.
> 이 중 네트워크 주소와 브로드캐스트 주소를 제외하면, 실제로 사용 가능한 호스트 주소는 30개이다.

정답   30개

016 IP 주소 210.100.100.3이 속한 네트워크를 3개의 작은 서브 네트워크로 나누기 위해 서브넷 마스크를 255.255.255.192로 설정하였다. 이때 각 서브 네트워크의 호스트 개수를 쓰시오.

> 해설
>
> 서브넷 마스크 255.255.255.192는 /26을 의미한다.
> /26은 32비트 중 처음 26비트가 네트워크 영역, 나머지 6비트가 호스트 영역으로 사용된다는 뜻이다.
> 호스트 부분의 6비트로 생성할 수 있는 총 주소 개수는 $2^6 = 64$개이다.
> 이 중 네트워크 주소와 브로드캐스트 주소는 사용할 수 없으므로, 실제로 사용 가능한 호스트 수는 62개이다.

정답   62개

017 Class C 네트워크 200.13.94.0의 서브넷 마스크가 255.255.255.0일 경우 사용 가능한 최대 호스트 수를 쓰시오.

> 해설
>
> 클래스 C 네트워크 200.13.94.0의 서브넷 마스크가 255.255.255.0인 경우, 이는 기본 클래스 C 네트워크의 서브넷 마스크로 /24를 의미한다.
> /24 서브넷 마스크에서는 마지막 옥텟(8비트)이 호스트 영역으로 사용된다.
> 호스트 부분의 8비트로 생성할 수 있는 총 주소 개수는 $2^8 = 256$개이다.
> 이 중 네트워크 주소와 브로드캐스트 주소는 사용할 수 없으므로, 실제로 사용 가능한 호스트 수는 254개이다.

정답   254개

018 C Class인 네트워크의 서브넷 마스크가 '255.255.255.192'이라면 둘 수 있는 서브넷의 개수를 쓰시오.

> 해설
>
> C 클래스 네트워크의 서브넷 마스크 255.255.255.192는 /26을 의미한다.
> /26은 기본 클래스 C 네트워크 마스크인 /24에서 2비트를 추가로 서브넷 영역에 사용한다는 뜻이다.
> 추가된 2비트를 통해 생성할 수 있는 서브넷의 개수는 $2^2 = 4$개이다.

정답   4개

019 어떤 회사의 한 부서가 155.16.32.*, 155.16.33.*, 155.16.34.*, 155.16.35.*로만 이루어진 IP 주소들만으로 호스트를 구성할 때, 서브넷 마스크를 구하시오.

> **해설**
>
> 주어진 IP 주소 범위는 155.16.32., 155.16.33., 155.16.34.*, 155.16.35.이며, 첫 두 옥텟인 155.16은 동일하다.
> 세 번째 옥텟이 32, 33, 34, 35로 다양하며, 이를 2진수로 변환하면 다음과 같다.
> 32: 00100000
> 33: 00100001
> 34: 00100010
> 35: 00100011
> 이 범위를 포괄하려면 세 번째 옥텟의 처음 6비트가 네트워크 영역에 속하고, 나머지 2비트가 서브넷을 구분해야 한다.
> 세 번째 옥텟의 서브넷 마스크는 11111100(252)이 되며, 전체 서브넷 마스크는 255.255.252.0이 된다.

정답 255.255.252.0

서브넷 계산

001 192.168.1.0/24 네트워크를 FLSM 방식으로 4개의 Subnet으로 나누고 IP Subnet-zero를 적용했다. 이때 Subnetting된 네트워크 중 4번째 네트워크의 4번째 사용 가능한 IP를 쓰시오.

① 192.168.1.192　　② 192.168.1.195
③ 192.168.1.196　　④ 192.168.1.198

> **해설**
>
> 4개의 서브넷으로 나누기 위해 2개의 비트가 필요하다.
> 네트워크 비트: 24비트, 서브넷 비트 추가: 2비트
> 새로운 서브넷 마스크: /26 (즉, 255.255.255.192)
> 각 서브넷은 64개의 IP 주소를 가지며, 그중 2개(네트워크 주소와 브로드캐스트 주소)는 사용할 수 없다. 따라서 사용 가능한 IP 주소는 62개이다.
>
> | 번호 | 구분 | 서브넷 범위 | 네트워크 주소 | 브로드캐스트 주소 |
> |---|---|---|---|---|
> | 1 | 00 | 192.168.1.0~192.168.1.63 | 192.168.1.0 | 192.168.1.0.63 |
> | 2 | 01 | 192.168.1.64~192.168.1.127 | 192.168.1.64 | 192.168.1.127 |
> | 3 | 10 | 192.168.1.128~192.168.1.191 | 192.168.1.128 | 192.168.1.191 |
> | 4 | 11 | 192.168.1.192~192.168.1.255 | 192.168.1.192 | 192.168.1.255 |
>
> 4번째 서브넷은 192.168.1.192 ~ 192.168.1.255 범위이고, 4번째 사용 가능한 IP는 192.168.1.196이다.

정답 192.168.1.196

002 200.1.1.0/24 네트워크를 FLSM 방식을 이용하여 10개의 Subnet으로 나누고 IP Subnet-zero를 적용했다. 이때 서브네팅(Subnetting) 된 네트워크 중 10번째 네트워크의 Broadcast IP 주소를 쓰시오.

> **해설**
> 10개의 서브넷으로 나누기 위해서는 4개의 비트가 필요하다.
> 네트워크 비트: 24비트, 서브넷 비트 추가: 4비트
> 새로운 서브넷 마스크: /28 (즉, 255.255.255.240)
> 각 서브넷은 16개의 IP 주소를 가지며, 그중 2개(네트워크 주소와 브로드캐스트 주소)는 사용할 수 없다.
>
> | 번호 | 구분 | 범위 | 네트워크 주소 | 브로드캐스트 주소 |
> |---|---|---|---|---|
> | 1 | 0000 | 200.1.1.0~200.1.1.15 | 200.1.1.0 | 200.1.1.15 |
> | 2 | 0001 | 200.1.1.16~200.1.1.31 | 200.1.1.16 | 200.1.1.31 |
> | 3 | 0010 | 200.1.1.32~200.1.1.47 | 200.1.1.32 | 200.1.1.47 |
> | 4 | 0011 | 200.1.1.48~200.1.1.63 | 200.1.1.48 | 200.1.1.63 |
> | 5 | 0100 | 200.1.1.64~200.1.1.79 | 200.1.1.64 | 200.1.1.79 |
> | 6 | 0101 | 200.1.1.80~200.1.1.95 | 200.1.1.80 | 200.1.1.95 |
> | 7 | 0110 | 200.1.1.96~200.1.1.111 | 200.1.1.96 | 200.1.1.111 |
> | 8 | 0111 | 200.1.1.112~200.1.1.127 | 200.1.1.112 | 200.1.1.127 |
> | 9 | 1000 | 200.1.1.128~200.1.1.143 | 200.1.1.128 | 200.1.1.143 |
> | 10 | 1001 | 200.1.1.144~200.1.1.159 | 200.1.1.144 | 200.1.1.159 |
>
> 10번째 서브넷은 200.1.1.144~200.1.1.159 범위이고, 브로드캐스트 주소는 200.1.1.159이다.

정답   200.1.1.159

003 네트워크 주소가 192.168.100.128이며, 서브넷 마스크가 255.255.255.192인 네트워크가 있다. 이 네트워크에서 사용 가능한 마지막 IP 주소를 쓰시오.

> **해설**
> 서브넷 마스크를 이용하여, 해당 네트워크 주소가 어느 서브넷에 포함되는지 확인해야 한다.
> 서브넷 마스크가 255.255.255.192이고, 네트워크 비트는 26비트, 호스트 비트는 6비트이다.
> 마지막 2비트를 이용해서 서브넷하게 되면 아래와 같은 범위가 나오게 된다.
>
> | 번호 | 구분 | 범위 | 네트워크 주소 | 브로드캐스트 주소 |
> |---|---|---|---|---|
> | 1 | 00 | 192.168.100.0~192.168.1.63 | 192.168.100.0 | 192.168.100.0.63 |
> | 2 | 01 | 192.168.100.64~192.168.1.127 | 192.168.100.64 | 192.168.100.127 |
> | 3 | 10 | 192.168.100.128~192.168.1.191 | 192.168.100.128 | 192.168.100.191 |
> | 4 | 11 | 192.168.100.192~192.168.1.255 | 192.168.100.192 | 192.168.100.255 |
>
> 192.168.100.128이 포함된 영역은 3번 서브넷 영역이고, 사용 가능한 맨 마지막 주소는 브로드캐스트 주소 바로 이전인 192.168.100.190이 된다.

정답   192.168.100.190

004 다음 조건일 때 사용되는 브로드캐스트 주소를 쓰시오.

> IP 주소: 192.168.3.157
> 서브넷 마스크 값: 255.255.255.192

해설

서브넷 마스크를 이용하여, 해당 네트워크 주소가 어느 서브넷에 포함되는지 확인해야 한다.
서브넷 마스크가 255.255.255.192이고, 네트워크 비트는 26비트, 호스트 비트는 6비트이다.
마지막 2비트를 이용해서 서브넷하게 되면 아래와 같은 범위가 나오게 된다.

번호	구분	범위	네트워크 주소	브로드캐스트 주소
1	00	192.168.3.0~192.168.3.63	192.168.3.0	192.168.3.63
2	01	192.168.3.64~192.168.3.127	192.168.3.64	192.168.3.127
3	10	192.168.3.128~192.168.3.191	192.168.3.128	192.168.3.191
4	11	192.168.3.192~192.168.3.255	192.168.3.192	192.168.3.255

192.168.3.157이 포함된 영역은 3번 서브넷 영역이고, 브로드캐스트 주소는 192.168.3.191이다.

정답   192.168.3.191

005 다음과 같은 조건일 때 설정되는 브로드캐스트 주소를 쓰시오.

> IP 주소 및 서브넷 마스크: 192.168.3.65/26

해설

서브넷 마스크를 이용하여, 해당 네트워크 주소가 어느 서브넷에 포함되는지 확인해야 한다.
사이더 표기법으로 /26은, 네트워크 비트는 26비트, 호스트 비트는 6비트이다.
마지막 2비트를 이용해서 서브넷하게 되면 아래와 같은 범위가 나오게 된다.

번호	구분	범위	네트워크 주소	브로드캐스트 주소
1	00	192.168.3.0~192.168.3.63	192.168.3.0	192.168.3.63
2	01	192.168.3.64~192.168.3.127	192.168.3.64	192.168.3.127
3	10	192.168.3.128~192.168.3.191	192.168.3.128	192.168.3.191
4	11	192.168.3.192~192.168.3.255	192.168.3.192	192.168.3.255

192.168.3.65가 포함된 영역은 2번 서브넷 영역이고, 브로드캐스트 주소는 192.168.3.127이다.

정답   192.168.3.127

006 다음과 같은 조건일 때 설정되는 브로드캐스트 주소를 쓰시오.

> IP 주소 및 서브넷 마스크: 100.168.3.65/25

해설

서브넷 마스크 /25는 255.255.255.128이다.
네트워크 비트는 25비트, 호스트 비트는 7비트이다.
네트워크당 IP 개수는 2^7=128개이고, 네트워크 주소 1개와 브로드캐스트 주소 1개를 제외하면, 126개의 사용 가능한 IP가 있다.
마지막 1비트를 이용해서 서브넷하게 되면 아래와 같은 범위가 나오게 된다.

번호	구분	범위	네트워크 주소	브로드캐스트 주소
1	0	100.168.3.0~100.168.3.127	100.168.3.0	100.168.3.127
2	1	100.168.3.128~100.168.3.255	100.168.3.128	100.168.3.255

100.168.3.65가 포함된 영역은 0번 서브넷 영역이고, 브로드캐스트 주소는 100.168.3.127이다.
100으로 시작하는 A 클래스라 하더라도, 네트워크는 기본적으로 주어진 서브넷 마스크(/25)에 의해 나뉜다.
마지막 1비트는 서브넷 개수를 설정하기 위한 서브넷 비트로 사용되며, 이 비트를 통해 네트워크를 2개의 서브넷으로 나누는 것이 이 문제의 요구사항이다.

정답 100.168.3.127

---

007 C 클래스인 192.168.5.0 대역을 할당받아서 서브넷 마스크를 255.255.255.128로 설정하였다. 두 번째 서브 네트워크에 속하면서 할당 가능한 IP 주소 중 가장 작은 값을 쓰시오.

해설

서브넷 마스크가 255.255.255.128 (/25)이면, 네트워크 비트는 25비트, 호스트 비트는 7비트이다.
1비트를 네트워크 비트로 추가했기 때문에, 총 2개의 서브넷이 생성된다.

번호	구분	범위	네트워크 주소	브로드캐스트 주소
1	0	192.168.5.0~192.168.5.127	192.168.5.0	192.168.5.127
2	1	192.168.5.128~192.168.5.255	192.168.5.128	192.168.5.255

두 번째 서브넷에 속하는 아이피의 범위는 192.168.5.128~192.168.5.255이고, 네트워크 주소를 제외한 첫 번째 IP인 192.168.5.129가 할당 가능한 가장 작은 IP 주소가 된다.

정답 192.168.5.129

008 네트워크 관리자인 A 씨는 ISP로부터 100.100.100.0/24를 할당받았다. 네트워크의 효율성을 위하여 최소 6개 서브넷으로 분리하여 네트워크를 구성하되, 각 네트워크에는 최소 20대 이상의 호스트가 존재할 수 있도록 네트워크를 구성하고자 한다. 이때 사용해야 하는 추가 서브넷 비트 수를 구하시오. (단, 추가로 이용된 비트 수만 적으시오.)

> **해설**
> 필요한 서브넷 개수는 최소 6개이다.
> 서브넷 비트를 추가하면 서브넷의 개수는 2^서브넷 비트 수로 증가하게 된다.
> 2^2=4 (4개의 서브넷) → 불가능
> 2^3=8 (8개의 서브넷) → 가능
> 따라서, 3비트를 서브넷 비트로 추가해야 최소 6개의 서브넷을 만들 수 있다.
> 각 서브넷에서 호스트 IP는 네트워크 주소와 브로드캐스트 주소를 제외하고 사용 가능하다.
> 네트워크 비트(24+3=27)를 제외한 5비트는 2^5이고, 30(네트워크 및 브로드캐스트 주소 제외)개의 호스트가 존재할 수 있다.
> 추가로 사용되는 비트는 3개이다.

정답 3

009 10.0.0.0 네트워크 전체에서 마스크 값으로 255.240.0.0을 사용할 경우, 유효한 서브네트 ID를 다음 보기에서 골라서 적으시오.

① 10.16.0.0
② 10.0.0.32
③ 10.1.16.3
④ 10.48.0.0

> **해설**
> 서브넷 마스크가 255.240.0.0 (/12)이면, 네트워크 비트는 12비트이다.
> 첫 옥텟(8비트)은 고정이고, 두 번째 옥텟의 상위 4비트는 네트워크 비트, 나머지 4비트는 호스트 비트이다.
> 네트워크 주소는 두 번째 옥텟의 상위 4비트로 결정된다.
> 두 번째 옥텟의 네트워크 ID만 보면, 0, 16, 32, 48, ... 이렇게 증가하게 된다.
> ② 10.0.0.32: 두 번째 옥텟 값이 0이지만, 세 번째 옥텟이 네트워크 범위가 아니다.
> ③ 10.1.16.3: 두 번째 옥텟 값이 16의 배수가 아니다.

정답 ①, ④

010 IPv4 주소체계 기반의 어떤 네트워크상에서 두 컴퓨터 A, B가 각각 192.168.0.1과 192.168.0.65의 주소를 사용할 때, 이 두 컴퓨터가 서로 다른 서브넷(Subnet)상에 존재하기 위해 사용해야 하는 서브넷 마스크(Subnet Mask)로 가장 옳은 것을 보기에서 찾아 쓰시오.

① 0.0.0.0
② 255.255.255.0
③ 255.255.255.192
④ 255.255.255.128

> **해설**
> ① 0.0.0.0: 서브넷 마스크를 설정하지 않는 경우를 의미하며, 모든 IP가 동일한 네트워크로 간주된다.
> ② 255.255.255.0: 이 서브넷 마스크는 256개의 IP 주소(0~255)를 포함하며, 기본적으로 192.168.0.x의 모든 주소가 같은 서브넷에 속한다.
> 두 컴퓨터 A와 B는 동일한 서브넷에 존재하게 되므로, 조건에 맞지 않는다.
> ③ 255.255.255.192: 이 서브넷 마스크는 64개의 IP 주소를 포함하며, 각 서브넷의 범위는 다음과 같다.
> 첫 번째 서브넷: 192.168.0.0~192.168.0.63
> 두 번째 서브넷: 192.168.0.64~192.168.0.127
> 컴퓨터 A(192.168.0.1)는 첫 번째 서브넷에 속하고, 컴퓨터 B(192.168.0.65)는 두 번째 서브넷에 속한다.
> 따라서, A와 B는 서로 다른 서브넷에 속하며 조건을 만족한다.
> ④ 255.255.255.128: 이 서브넷 마스크는 128개의 IP 주소를 포함하며, A와 B 모두 첫 번째 서브넷에 속하기 때문에, 조건에 맞지 않는다.

정답 ③

---

011 어떤 네트워크가 172.16.0.0/20 서브넷으로 구성되어 있다. IP 주소 172.16.7.50이 속한 서브넷에서 사용할 수 있는 첫 번째 호스트 IP를 구하시오.

> **해설**
> 서브넷 마스크 /20은 255.255.240.0에 해당한다.
> 이는 네트워크 비트가 20비트이고, 호스트 비트가 12비트가 된다.
> 각 서브넷은 2^12=4096개의 호스트를 가질 수 있다. (네트워크와 브로드캐스트 주소 포함)
> 172.16.7.50은 172.16.0.0~172.16.15.255 범위에 속하고, 첫 번째 호스트 IP는 네트워크 주소 바로 다음인 172.16.0.1이다.

정답 172.16.0.1

주기억장치 관련 계산식

001 주기억장치 배치 전략 기법으로 First Fit 방법을 사용할 경우, 다음과 같은 기억장소 리스트에서 10K 크기의 작업은 어느 영역에 할당되는가? (단, 탐색은 위에서 아래로 한다.)

영역 번호	영역 크기	상태
A	11K	사용 중
B	5K	공백
C	15K	공백
D	30K	공백
E	12K	사용 중
F	25K	공백

해설

위에서 아래로 탐색할 때, 10K 크기의 작업을 수용할 수 있는 첫 번째 공백 영역은 C이다.
A는 사용 중이고, B의 크기는 10K 요청을 충족시키지 못한다. 따라서 10K 크기의 작업은 영역 C에 할당된다.

정답 C

002 메모리 관리 기법 중 Worst Fit 방법을 사용할 경우, 10K 크기의 프로그램 실행을 위해서는 어느 부분에 할당되는가?

영역 번호	메모리 크기	사용여부
NO.1	8K	FREE
NO.2	12K	FREE
NO.3	10K	IN USE
NO.4	20K	IN USE
NO.5	16K	FREE

해설

Worst Fit 방법은 사용 가능한 영역 중 가장 큰 영역을 선택해야 한다. 이 리스트에서 가장 큰 사용 가능한 영역은 NO.5(16K, FREE)이다. 따라서 10K 크기의 프로그램은 NO.5 영역에 할당된다.

정답 NO.5

003 다음 표는 고정 분할에서의 기억 장치 Fragmentation 현상을 보이고 있다. External Fragmentation은 총 얼마인가?

작업	분할 크기	작업 크기
A	20K	10K
B	50K	60K
C	120K	160K
D	200K	100K
E	300K	150K

> **해설**
>
> | 작업 | 단편화 분류 | 단편화 크기 |
> |---|---|---|
> | A | 내부 | 10K |
> | B | 외부 | 50K |
> | C | 외부 | 120K |
> | D | 내부 | 100K |
> | E | 내부 | 150K |
>
> 총 외부 단편화: 50K+120K=170K

정답 170K

---

004 페이지 기억장치 할당 기법에서 한 페이지의 크기가 512바이트이고 페이지 번호는 0부터 시작한다면 논리적인 주소 1224번지는 어디로 변환되는가?

> **해설**
>
> 페이지 크기가 512바이트이므로, 각 페이지는 512바이트의 메모리 공간을 차지한다.
> 페이지 번호는 논리적 주소를 페이지 크기로 나눈 몫으로, 변위는 논리적 주소를 페이지 크기로 나눈 나머지로 계산된다.
> 페이지 번호=1224/512=2(정수 나눗셈)
> 변위=1224%512=200

정답 페이지 2, 변위 200

005 다음 조건을 만족하는 가상기억장치에서 가상 페이지 번호(Virtual Page Number)와 페이지 오프셋의 비트 수를 쓰시오.

- 페이징 기법을 사용하며, 페이지 크기는 2,048바이트이다.
- 가상 주소는 길이가 32비트이고, 가상 페이지 번호와 페이지 오프셋으로 구분된다.

해설

페이지 크기가 2,048바이트(2KB)이므로, 페이지 오프셋을 나타내기 위한 비트 수를 결정해야 한다.
2KB는 2^{11}바이트와 같다. 이는 페이지 오프셋을 나타내기 위해 11비트가 필요함을 의미한다.
가상 주소의 길이가 32비트이며, 이 중 페이지 오프셋이 11비트를 차지하므로, 나머지 32-11=21비트가 가상 페이지 번호를 나타내는 데 사용된다.

정답 가상 페이지 번호: 21
페이지 오프셋: 11

006 다음과 같은 세그먼트 테이블을 가지는 시스템에서 논리 주소(2, 176)에 대한 물리 주소는?

세그먼트 번호	시작 주소	길이(바이트)
0	670	248
1	1752	422
2	222	198
3	996	604

해설

물리 주소는 세그먼트의 시작 주소 + 오프셋이다.
2번 세그먼트 번호를 가진 시작 주소 222에 176을 더해서 398이 실제 물리 주소이다.

정답 398

CHAPTER 03 페이지 교체 알고리즘

FIFO(First In First Out)

001 3개의 페이지 프레임을 갖는 시스템에서 페이지 참조 순서가 1, 2, 1, 0, 4, 1, 3일 경우, FIFO 알고리즘에 의한 페이지 교체의 경우 프레임의 최종 상태를 쓰시오.

> **해설**
>
> | 참조 페이지 | 1 | 2 | 1 | 0 | 4 | 1 | 3 |
> |---|---|---|---|---|---|---|---|
> | 페이지 프레임 | 1 | 1 | 1 | 1 | 4 | 4 | 4 |
> | | | 2 | 2 | 2 | 2 | 1 | 1 |
> | | | | | 0 | 0 | 0 | 3 |
> | 페이지 부재 | O | O | X | O | O | O | O |

정답 4, 1, 3

002 3개의 페이지 프레임(Frame)을 가진 기억장치에서 페이지 요청을 다음과 같은 페이지 번호 순으로 요청했을 때 교체 알고리즘으로 FIFO 방법을 사용한다면 몇 번의 페이지 부재(Fault)가 발생하는지 쓰시오. (단, 현재 기억장치는 모두 비어 있다고 가정한다.)

> 요청된 페이지 번호의 순서: 2, 3, 2, 1, 5, 2, 4, 5, 3, 2, 5, 2

> **해설**
>
> | 참조 페이지 | 2 | 3 | 2 | 1 | 5 | 2 | 4 | 5 | 3 | 2 | 5 | 2 |
> |---|---|---|---|---|---|---|---|---|---|---|---|---|
> | 페이지 프레임 | 2 | 2 | 2 | 2 | 5 | 5 | 5 | 5 | 3 | 3 | 3 | 3 |
> | | | 3 | 3 | 3 | 3 | 2 | 2 | 2 | 2 | 2 | 5 | 5 |
> | | | | | 1 | 1 | 1 | 4 | 4 | 4 | 4 | 4 | 2 |
> | 페이지 부재 | O | O | X | O | O | O | O | X | O | X | O | O |

정답 9번

003 3개의 페이지를 수용할 수 있는 주기억장치가 있으며, 초기에는 모두 비어 있다고 가정한다. 다음의 순서로 페이지 참조가 발생할 때 FIFO 페이지 교체 알고리즘을 사용할 경우, 몇 번의 페이지 결함이 발생하는가?

> 페이지 참조 순서: 1, 2, 3, 1, 2, 4, 1, 2, 5

해설

참조 페이지	1	2	3	1	2	4	1	2	5
페이지 프레임	1	1	1	1	1	4	4	4	5
		2	2	2	2	2	1	1	1
			3	3	3	3	3	2	2
페이지 부재	O	O	O	X	X	O	O	O	O

정답 7번

004 페이지 프레임(Page Frame)의 수가 4이고 가상 페이지(Virtual Page)의 수가 8인 가상 메모리에서 선입선출(FIFO) 페이지 교체 정책이 사용된다. 처음에 4개의 페이지 프레임들이 비어 있다고 가정했을 때 페이지 참조 열이 0, 1, 7, 2, 3, 2, 7, 1, 0, 3이라면 페이지 부재 횟수와 페이지 교체 횟수를 쓰시오.

해설

참조 페이지	0	1	7	2	3	2	7	1	0	3
페이지 프레임	0	0	0	0	3	3	3	3	3	3
		1	1	1	1	1	1	1	0	0
			7	7	7	7	7	7	7	7
				2	2	2	2	2	2	2
페이지 부재	O	O	O	O	O	X	X	X	O	X
페이지 교체	X	X	X	X	O	X	X	X	O	X

정답 페이지 부재: 6회
　　　페이지 교체: 2회

LRU(Least Recently Used)

001 3개의 페이지를 수용할 수 있는 주기억장치가 있으며, 초기에는 모두 비어 있다고 가정한다. 다음의 순서로 페이지 참조가 발생할 때 LRU(Least Recently Used) 페이지 교체 알고리즘을 사용할 경우, 몇 번의 페이지 결함이 발생하는지 쓰시오.

> 페이지 참조 순서: 1, 2, 3, 1, 2, 4, 1, 2, 5, 4

해설

참조 페이지	1	2	3	1	2	4	1	2	5	4
페이지 프레임	1	1	1	1	1	1	1	1	1	4
		2	2	2	2	2	2	2	2	2
			3	3	3	4	4	4	5	5
페이지 부재	O	O	O	X	X	O	X	X	O	O

정답 6번

002 3개의 페이지 프레임을 갖는 시스템에서 페이지 참조 순서가 1, 2, 1, 0, 4, 1, 3일 경우 LRU(Least Recently Used) 알고리즘에 의한 페이지 대치의 최종 결과는?

해설

참조 페이지	1	2	1	0	4	1	3
페이지 프레임	1	1	1	1	1	1	1
		2	2	2	4	4	4
				0	0	0	3
페이지 부재	O	O	X	O	O	X	O

정답 1, 4, 3

003 4개의 페이지를 수용할 수 있는 주기억장치가 있으며, 초기에는 모두 비어 있다고 가정한다. 다음의 순서로 페이지 참조가 발생할 때, LRU 페이지 교체 알고리즘을 사용할 경우 몇 번의 페이지 결함이 발생하는가?

> 페이지 참조 순서: 1, 2, 3, 1, 2, 4, 1, 2, 5

해설

참조 페이지	1	2	3	1	2	4	1	2	5
페이지 프레임	1	1	1	1	1	1	1	1	1
		2	2	2	2	2	2	2	2
			3	3	3	3	3	3	5
						4	4	4	4
페이지 부재	O	O	O	X	X	O	X	X	O

정답 5번

004 가상 메모리의 교체 정책 중 LRU(Least Recently Used) 알고리즘으로 구현할 때 최종 대치 상태를 쓰시오. (단, 고정 프레임이 적용되어 프로세스에 3개의 프레임이 배정되어 있다.)

> 페이지 참조 순서: B, C, B, A, D

해설

참조 페이지	B	C	B	A	D
페이지 프레임	B	B	B	B	B
		C	C	C	D
				A	A
페이지 부재	O	O	X	O	O

정답 B, D, A

005 LRU 교체 기법에서 페이지 프레임이 3일 경우 페이지 호출 순서가 3인 곳(화살표 부분)의 최종 대치 상태를 쓰시오.

4	2	0	5	2	1	7	↓ 3
4	4	4	5	5	5	7	
	2	2	2	2	2	2	
		0	0	0	1	1	

해설

참조 페이지	4	2	0	5	2	1	7	3
페이지 프레임	4	4	4	5	5	5	7	7
		2	2	2	2	2	2	3
			0	0	0	1	1	1
페이지 부재	O	O	O	O	X	O	O	O

정답   7, 3, 1

LFU(Least Frequently Used)

001 3개의 페이지 프레임으로 구성된 기억장치에서 다음과 같은 순서대로 페이지 요청이 일어날 때, 페이지 교체 알고리즘으로 LFU(Least Frequently Used)를 사용한다면 몇 번의 페이지 부재가 발생하는가? (단, 초기 페이지 프레임은 비어있다고 가정한다.)

> 요청된 페이지 번호의 순서: 2, 3, 1, 2, 1, 2, 4, 2, 1, 3, 2

해설

참조 페이지	2	3	1	2	1	2	4	2	1	3	2
페이지 프레임	2	2	2	2	2	2	2	2	2	2	2
		3	3	3	3	3	4	4	4	3	3
			1	1	1	1	1	1	1	1	1
페이지 부재	O	O	O	X	X	X	O	X	X	O	X

정답 5번

002 4개의 페이지 프레임으로 구성된 기억장치에서 다음과 같은 순서대로 페이지 요청이 일어날 때, 페이지 교체 알고리즘으로 LFU(Least Frequently Used)를 사용한다면 페이지 대치의 최종 결과를 쓰시오. (단, 초기 페이지 프레임은 비어있다고 가정한다.)

> 요청된 페이지 번호의 순서: 2, 3, 1, 3, 1, 2, 4, 5

해설

참조 페이지	2	3	1	3	1	2	4	5
페이지 프레임	2	2	2	2	2	2	2	2
		3	3	3	3	3	3	3
			1	1	1	1	1	1
							4	5
페이지 부재	O	O	O	X	X	X	O	O

정답 2, 3, 1, 5

CHAPTER 04 프로세스 스케줄링

FCFS(First Come First Served)

001 다음과 같은 상황에서 FCFS(First Come First Service) 알고리즘을 적용하였을 때 프로세스 완료 순서를 쓰시오.

프로세스	실행 시간
P1	24
P2	3
P3	3
P4	20

해설

FCFS는 프로세스가 도착한 순서대로 CPU 서비스를 받는 것이다. 도착시간이 제시되지 않았기 때문에 프로세스 순서대로 CPU에 할당하면 된다.

정답 P1 → P2 → P3 → P4

002 다음은 CPU에 서비스를 받으려고 도착한 순서대로 프로세스와 그 서비스 시간을 나타낸다. FCFS(First Come First Served) CPU Scheduling에 의해서 프로세스를 처리한다고 했을 경우 프로세스의 평균 대기시간을 구하시오.

프로세스	버스트 시간(초)
P1	24
P2	3
P3	3

> **해설**
>
> FCFS는 프로세스가 도착한 순서대로 CPU 서비스를 받는다.
> 비선점형 방식으로, CPU를 할당받은 프로세스는 자신의 작업을 끝낼 때까지 CPU를 독점한다.
> 대기시간은 프로세스가 CPU를 할당받기 전까지 기다린 시간이다.
> P1, 첫 번째로 도착하므로 바로 실행되고, 대기시간은 0초이다.
> P2, P1의 실행이 끝난 후 실행되고, 대기시간은 P1의 실행 시간 24초이다.
> P3, P1과 P2의 실행이 끝난 후 실행되고, 대기시간은 24+3=27초이다.
> 평균 대기시간은 (0+24+27)/3=17초가 된다.

정답 17

003 다음과 같은 3개의 작업에 대하여 FCFS 알고리즘을 사용할 때, 임의의 작업 순서로 얻을 수 있는 최대 평균 반환시간을 T, 최소 평균 반환시간을 t라고 가정했을 경우 T-t의 값은?

프로세스	실행 시간
P1	9
P2	3
P3	12

> **해설**
>
> 최소 평균 반환시간은 실행 시간이 빠른 것부터 처리한 후의 반환시간이고, 최대 평균 반환시간은 실행 시간이 느린 것들을 먼저 처리한 후의 반환시간이다.
> 최소 평균 반환시간으로 구하게 되면,
> - P2, 3초를 실행하고, 대기시간 없이 3초의 반환시간을 가진다.
> - P1, 9초를 실행하고, 대기시간 3초, 12초의 반환시간을 가진다.
> - P3, 12초를 실행하고, 대기시간 12초, 24초의 반환시간을 가진다.
> - 최소 평균 반환시간: (3+12+24)/3=13
>
> 최대 평균 반환시간을 구하게 되면,
> - P3, 12초를 실행하고, 대기시간 0초, 12초의 반환시간을 가진다.
> - P1, 9초를 실행하고, 대기시간 12초, 21초의 반환시간을 가진다.
> - P2, 3초를 실행하고, 대기시간 21초, 24초의 반환시간을 가진다.
> - 최대 평균 반환시간: (12+21+24)/3=19

정답 6

004 다음과 같은 3개의 작업에 대하여 FCFS 알고리즘을 사용 할 때, 임의의 작업 순서로 얻을 수 있는 최대 평균 반환시간을 T, 최소 평균 반환시간을 t라고 가정했을 경우 T-t의 값은?

프로세스	실행 시간
P1	9
P2	6
P3	12

해설

최소 평균 반환시간은 실행 시간이 빠른 것부터 처리한 후의 반환시간이고, 최대 평균 반환시간은 실행 시간이 느린 것들을 먼저 처리한 후의 반환시간이다.
최소 평균 반환시간으로 구하게 되면,
- P2, 6초를 실행하고, 대기시간 없이 6초의 반환시간을 가진다.
- P1, 9초를 실행하고, 대기시간 6초, 15초의 반환시간을 가진다.
- P3, 12초를 실행하고, 대기시간 15초, 27초의 반환시간을 가진다.
- 최소 평균 반환시간: (6+15+27)/3=16

최대 평균 반환시간을 구하게 되면,
- P3, 12초를 실행하고, 대기시간 0초, 12초의 반환시간을 가진다.
- P1, 9초를 실행하고, 대기시간 12초, 21초의 반환시간을 가진다.
- P2, 6초를 실행하고, 대기시간 21초, 27초의 반환시간을 가진다.
- 최대 평균 반환시간: (12+21+27)/3=20

정답 4

SJF(Shortest Job First)

001 다음과 같은 프로세스가 차례로 큐에 도착했을 때 SJF 정책을 사용할 경우, 가장 먼저 처리되는 작업은?

프로세스	실행 시간
P1	6
P2	8
P3	4
P4	3

> **해설**
>
> SJF는 실행 시간이 짧은 프로세스를 먼저 실행하는 방식이다.
> 현재 대기큐에 있는 프로세스들 중 P4가 가장 실행 시간이 작기 때문에, P4→P3→P1→P2 순서대로 처리한다.

정답   P4

002 다음과 같은 프로세스들이 차례로 준비상태 큐에 들어왔을 경우 SJF 스케줄링 기법을 이용하여 제출시간(도착시간)이 없는 경우의 평균 실행 시간은?

프로세스	P1	P2	P3
실행 시간(초)	18	6	9

> **해설**
>
> SJF는 실행 시간이 짧은 프로세스를 먼저 실행하는 방식이다.
> 현재 대기큐에 있는 프로세스들 중 P2가 가장 실행 시간이 작기 때문에, P2→P3→P1 순서대로 처리한다.
> P2는 6초를 실행하고, 대기시간은 0초, 반환시간은 6초이다.
> P3은 9초를 실행하고, 대기시간은 6초, 반환시간은 15초이다.
> P1은 18초를 실행하고, 대기시간은 15초, 반환시간은 33초이다.
> 문제에서는 평균 실행 시간을 구하라고 했고, 각 프로세스의 실행 시간 (18+6+9)/3을 해주면 된다.

정답   11

003 다음과 같은 작업들이 차례로 준비상태 큐에 들어왔다고 가정할 경우, SJF 기법으로 스케줄링한다면 프로세스 2의 대기시간은?

〈프로세스 목록〉

프로세스	도착시간	실행 시간
1	0	7
2	1	3
3	2	5

> **해설**
>
> 프로세스 1이 가장 먼저 도착했기 때문에 CPU에 할당되고, 작업이 종료된 후 프로세스 2와 3 중 실행 시간이 짧은 프로세스 2가 CPU에 할당된다.
> 프로세스 2는 프로세스 1이 수행되는 7초 동안 대기했지만, 도착시간은 1초이기 때문에 6초 동안 대기하게 된다.

정답   6

CHAPTER 04. 프로세스 스케줄링

004 다음과 같은 Task List에서 SJF방식으로 Scheduling할 경우 Task 2가 종료되는 시간을 구하시오.

<Task List>

Task	도착시간	실행 시간
Task 1	0	6
Task 2	1	3
Task 3	2	4

해설

Task1이 도착했을 때, 다른 프로세스들이 없기 때문에 가장 먼저 수행된다.
Task1이 수행되는 도중 Task2와 Task3이 도착했고, Task1이 끝난 시점에 실행 시간이 가장 빠른 Task2를 수행한다.
Task2는 3초의 수행 시간을 가지기 때문에 9초에 작업이 끝나게 된다.

정답 9

---

005 대기하고 있는 프로세스 p1, p2, p3, p4의 처리시간은 24[ms], 9[ms], 15[ms], 10[ms]일 때, 최단 작업 우선(SJF, Shortest-Job-First) 스케줄링으로 처리했을 때 평균 대기시간은 얼마인가?

해설

SJF는 실행 시간이 짧은 프로세스를 먼저 실행하는 방식이다.
현재 대기큐에 있는 프로세스들 중 p2가 가장 실행 시간이 작기 때문에, p2→p4→p3→p1 순서대로 처리한다.

프로세스	대기시간	실행 시간	반환시간
p2	0	9	9
p4	9	10	19
p3	19	15	34
p1	34	24	58

평균 대기시간: (0+9+19+34)/4=15.5

정답 15.5

---

006 SJF(Shortest Job First) 스케줄링에서 다음과 같은 작업들이 준비상태 큐에 있을 때 평균 반환 시간과 평균 대기시간을 구하시오.

프로세스	실행 시간
P1	6
P2	3
P3	8
P4	7

> **해설**
>
> SJF는 실행 시간이 짧은 프로세스를 먼저 실행하는 방식이다.
> 현재 대기큐에 있는 프로세스들 중 P2가 가장 실행 시간이 작기 때문에, P2→P1→P4→P3 순서대로 처리한다.
>
> | 프로세스 | 대기시간 | 실행 시간 | 반환시간 |
> |---|---|---|---|
> | P2 | 0 | 3 | 3 |
> | P1 | 3 | 6 | 9 |
> | P4 | 9 | 7 | 16 |
> | P3 | 16 | 8 | 24 |
>
> 평균 대기시간: (0+3+9+16)/4=7
> 평균 반환시간: (3+9+16+24)/4=13
>
> **정답** 평균 반환시간: 13
> 평균 대기시간: 7

007 다음과 같이 P1, P2, P3, P4 프로세스가 동시에 준비상태 큐에 도착했을 때 SJF(Shortest Job First) 스케줄링 알고리즘에서 평균 반환시간과 평균 대기시간을 쓰시오. (단, 프로세스 간 문맥 교환에 따른 오버헤드는 무시하며, 주어진 4개의 프로세스 외에 처리할 다른 프로세스는 없다고 가정한다.)

<프로세스 목록>

프로세스	실행 시간
P1	5
P2	6
P3	4
P4	9

> **해설**
>
> SJF는 실행 시간이 짧은 프로세스를 먼저 실행하는 방식이다.
> 현재 대기큐에 있는 프로세스들 중 P3이 가장 실행 시간이 작기 때문에, P3→P1→P2→P4 순서대로 처리한다.
>
> | 프로세스 | 대기시간 | 실행 시간 | 반환시간 |
> |---|---|---|---|
> | P3 | 0 | 4 | 4 |
> | P1 | 4 | 5 | 9 |
> | P2 | 9 | 6 | 15 |
> | P4 | 15 | 9 | 24 |
>
> 평균 대기시간: (0+4+9+15)/4=7
> 평균 반환시간: (4+9+15+24)/4=13
>
> **정답** 평균 반환시간: 13
> 평균 대기시간: 7

008 다음은 프로세스가 준비상태 큐에 도착한 시간과 프로세스를 처리하는 데 필요한 실행 시간을 보여준다. 비 선점형 SJF(Shortest Job First) 스케줄링 알고리즘을 사용할 경우, 프로세스들의 대기 시간 총합을 구하시오. (단, 프로세스 간 문맥 교환에 따른 오버헤드는 무시하며, 주어진 4개 프로세스 외에 처리할 다른 프로세스는 없다고 가정한다.)

〈프로세스 목록〉

프로세스	도착시간	실행 시간
P1	0	30
P2	5	10
P3	10	15
P4	15	10

해설

대기큐에 들어오는 프로세스에서 도착시간과 실행 시간을 고려했을 때의 처리 순서는 P1→P2→P4→P3 순이다.

프로세스	도착시간	대기시간	실행 시간	반환시간
P1	0	0	30	30
P2	5	25	10	35
P4	15	25	10	35
P3	10	40	15	55

정답 90

HRN(Highest Response-ratio Next)

001 HRN 스케줄링 기법에서 우선순위를 구하는 식을 쓰시오.

> **해설**
> HRN은 (대기시간 + 서비스시간) / 서비스시간을 계산하여 높은 것부터 처리하게 된다.

정답 (대기시간 + 서비스시간) / 서비스시간

002 HRN(Highest Response-ratio Next) 방식으로 스케줄링할 경우, 입력된 작업이 다음과 같을 때 우선순위가 가장 높은 작업은?

작업	대기시간	서비스시간
A	8	2
B	10	6
C	15	7
D	20	8

> **해설**
> HRN은 (대기시간 + 서비스시간) / 서비스시간을 계산하여 높은 것부터 처리하게 된다.
>
> | 작업 | 우선순위 |
> |---|---|
> | A | (8+2)/2=5 |
> | B | (10+6)/6=2.66 |
> | C | (15+7)/7=3.14 |
> | D | (20+8)/8=3.5 |

정답 A

003 HRN 스케줄링 방식에서 입력된 작업이 다음과 같을 때 우선순위가 가장 높은 것은?

작업	대기시간	서비스(실행)시간
A	5	20
B	40	20
C	15	45
D	20	2

해설

작업	우선순위
A	(5+20)/20=1.25
B	(40+20)/20=3
C	(15+45)/45=1.33
D	(20+2)/2=11

정답   D

004 HRN 방식으로 스케줄링 할 경우, 입력된 작업이 다음과 같을 때 우선순위가 높은 순서부터 차례로 옳게 나열한 것은?

작업	대기시간	서비스(실행)시간
A	40	20
B	20	20
C	70	10
D	120	30

해설

작업	우선순위
A	(40+20)/20=3
B	(20+20)/20=2
C	(70+10)/10=8
D	(120+30)/30=5

정답   C → D → A → B

SRT(Shortest Remaining Time)

001 다음 표는 단일 CPU에 진입한 프로세스의 도착시간과 처리하는 데 필요한 실행 시간을 나타낸 것이다. 프로세스 간 문맥 교환에 따른 오버헤드는 무시한다고 할 때, SRT(Shortest Remaining Time) 스케줄링 알고리즘을 사용한 경우, 네 프로세스의 평균 반환시간(Turnaround Time)을 쓰시오.

프로세스	도착시간	실행 시간
P1	0	8
P2	2	4
P3	4	1
P4	6	4

해설

SRT는 선점형 방식으로 실행 시간이 빠른 프로세스를 먼저 처리한다.
처리 도중에 실행 시간이 빠른 프로세스가 도착하게 되면, 실행 시간이 빠른 프로세스 먼저 처리하게 된다.

프로세스	P1	P2	P3	P2	P4	P1
수행시간	2	2	1	2	4	6
남은시간	6	2	0	0	0	0

프로세스	도착시간	대기시간	반환시간
P1	0	9	17
P2	2	1	5
P3	4	0	1
P4	6	1	5

정답 7

002 다음 표는 단일 CPU에 진입한 프로세스의 도착시간과 처리하는 데 필요한 실행 시간을 나타낸 것이다. 프로세스 간 문맥 교환에 따른 오버헤드는 무시한다고 할 때, SRT(Shortest Remaining Time) 스케줄링 알고리즘을 사용한 경우, 네 프로세스의 평균 반환시간(Turnaround Time)을 쓰시오.

프로세스	도착시간	실행 시간
P1	0	7
P2	2	4
P3	4	1
P4	5	4

> **해설**
>
> SRT는 선점형 방식으로 실행 시간이 빠른 프로세스를 먼저 처리한다.
> 처리 도중에 실행 시간이 빠른 프로세스가 도착하게 되면, 실행 시간이 빠른 프로세스 먼저 처리하게 된다.
>
> | 프로세스 | P1 | P2 | P3 | P2 | P4 | P1 |
> |---|---|---|---|---|---|---|
> | 수행시간 | 2 | 2 | 1 | 2 | 4 | 5 |
> | 남은시간 | 5 | 2 | 0 | 0 | 0 | 0 |
>
> | 프로세스 | 도착시간 | 대기시간 | 반환시간 |
> |---|---|---|---|
> | P1 | 0 | 9 | 16 |
> | P2 | 2 | 1 | 5 |
> | P3 | 4 | 0 | 1 |
> | P4 | 5 | 2 | 6 |

정답 7

003 다음은 프로세스가 준비상태 큐에 도착한 시간과 프로세스를 처리하는 데 필요한 실행 시간을 보여준다. 선점형 스케줄링 알고리즘인 SRT(Shortest Remaining Time) 알고리즘을 사용할 경우, 프로세스들의 대기시간 총합은? (단, 프로세스 간 문맥 교환에 따른 오버헤드는 무시하며, 주어진 4개 프로세스 외에 처리할 다른 프로세스는 없다고 가정한다.)

프로세스	도착시간	실행 시간
P1	0	30
P2	5	10
P3	10	15
P4	15	10

> **해설**
>
> SRT는 선점형 방식으로 실행 시간이 빠른 프로세스를 먼저 처리한다.
> 처리도중에 실행 시간이 빠른 프로세스가 도착하게 되면, 실행 시간이 빠른 프로세스 먼저 처리하게 된다.
>
> | 프로세스 | P1 | P2 | P4 | P3 | P1 |
> |---|---|---|---|---|---|
> | 수행시간 | 5 | 10 | 10 | 15 | 25 |
> | 남은시간 | 25 | 0 | 0 | 0 | 0 |
>
> | 프로세스 | 도착시간 | 대기시간 | 반환시간 |
> |---|---|---|---|
> | P1 | 0 | 35 | 65 |
> | P2 | 5 | 0 | 10 |
> | P3 | 10 | 15 | 30 |
> | P4 | 15 | 0 | 10 |

정답 50

라운드 로빈(Round Robin)

001 라운드 로빈(Round-Robin) 방식으로 스케줄링 할 경우, 입력된 작업이 다음과 같고 각 작업의 CPU 할당 시간이 4시간일 때, 모든 작업을 완료하기 위한 CPU의 사용 순서를 옳게 나열하시오.

작업	입력시간	수행시간
A	10:00	5시간
B	10:30	10시간
C	12:00	15시간

[해설]

RR(Round-Robin)은 선점형 방식으로 시간을 할당하여 프로세스들을 처리한다.

프로세스	A	B	C	A	B	C	B	C	C
수행시간	4	4	4	1	4	4	2	4	3
남은시간	1	6	11	0	2	7	0	3	0

[정답] A B C A B C B C C

002 라운드 로빈(Round-Robin) 방식으로 스케줄링 할 경우, 입력된 작업이 다음과 같고 각 작업의 CPU 할당 시간이 3시간일 때, CPU의 사용 순서를 나열하시오.

작업	입력시간	수행시간
A	10:00	5시간
B	10:30	10시간
C	12:00	15시간

[해설]

RR(Round-Robin)은 선점형 방식으로 시간을 할당하여 프로세스들을 처리한다.

프로세스	A	B	C	A	B	C	B	C	B	C	C
수행시간	3	3	3	2	3	3	3	3	1	3	3
남은시간	2	7	12	0	4	9	1	6	0	3	0

[정답] A B C A B C B C B C C

003 준비상태 큐에 프로세스 A, B, C가 차례로 도착하였다. 라운드 로빈(Round Robin)으로 스케줄링할 때 타임 슬라이스를 4초로 한다면 평균 반환시간을 구하시오. (단, 도착시간은 염두에 두지 않는다.)

프로세스	A	B	C
실행 시간(초)	17	4	5

해설

RR(Round-Robin)은 선점형 방식으로 시간을 할당하여 프로세스들을 처리한다.

프로세스	A	B	C	A	C	A	A	A
수행시간	4	4	4	4	1	4	4	1
남은시간	13	0	1	9	0	5	1	0

프로세스	도착시간	대기시간	반환시간
A	0	9	26
B	0	4	8
C	0	12	17

정답 17

004 프로세스들의 도착시간과 실행 시간이 다음과 같다. CPU 스케줄링 정책으로 라운드 로빈(Round-Robin) 알고리즘을 사용할 경우 평균 대기시간을 구하시오. (단, 시간 할당량은 10초이다.)

작업	도착시간	실행
P1	0	10
P2	6	18
P3	14	5
P4	15	12
P5	19	1

해설

RR(Round-Robin)은 선점형 방식으로 시간을 할당하여 프로세스들을 처리한다.

프로세스	P1	P2	P3	P4	P5	P2	P4
수행시간	10	10	5	10	1	8	2
남은시간	0	8	0	2	0	0	0

프로세스	도착시간	대기시간	반환시간
P1	0	0	10
P2	6	20	38
P3	14	6	11
P4	15	19	31
P5	19	16	17

정답 12.2

---

005 다음 표와 같이 작업이 제출되었을 때, 라운드 로빈 정책을 사용하여 스케줄링할 경우 평균 반환시간을 구하시오. (단, 작업할당 시간은 4시간으로 한다.)

작업	제출시간	실행 시간
P1	0	8
P2	1	4
P3	2	9
P4	3	5

해설

RR(Round-Robin)은 선점형 방식으로 시간을 할당하여 프로세스들을 처리한다.

프로세스	P1	P2	P3	P4	P1	P3	P4	P3
수행시간	4	4	4	4	4	4	1	1
남은시간	4	0	5	1	0	1	0	0

프로세스	도착시간	대기시간	반환시간
P1	0	12	20
P2	1	3	7
P3	2	15	24
P4	3	17	22

정답 18.25

006 다음과 같이 3개의 프로세스가 있다고 가정한다. 각 프로세스의 도착시간과 프로세스의 실행에 필요한 시간은 아래 표와 같다. CPU 스케줄링 알고리즘으로 RR(Round Robin)을 사용한다고 가정한다. 3개의 프로세스가 CPU에서 작업을 하고 마치는 순서는? (단, CPU를 사용하는 타임 슬라이스는 2이다.)

작업	도착시간	실행
P1	0	5
P2	1	7
P3	3	4

해설

RR(Round-Robin)은 선점형 방식으로 시간을 할당하여 프로세스들을 처리한다.

프로세스	P1	P2	P1	P3	P2	P1	P3	P2	P2
수행시간	2	2	2	2	2	1	2	2	1
남은 시간	3	5	1	2	3	0	0	1	0

정답   P1, P3, P2

007 아래의 프로세스 P1, P2, P3을 시간 할당량(Time Quantum)이 2인 RR(Round-Robin) 알고리즘으로 스케줄링할 때, 평균 응답시간으로 옳은 것은? (단, 응답시간이란 프로세스의 도착시간부터 처리가 종료될 때까지의 시간을 말한다. 계산 결과값을 소수점 둘째 자리에서 반올림한다.)

프로세스	도착시간	실행 시간
P1	0	3
P2	1	4
P3	3	2

> **해설**
>
> RR(Round-Robin)은 선점형 방식으로 시간을 할당하여 프로세스들을 처리한다.
>
> | 프로세스 | P1 | P2 | P1 | P3 | P2 |
> |---|---|---|---|---|---|
> | 수행시간 | 2 | 2 | 1 | 2 | 2 |
> | 남은시간 | 1 | 2 | 0 | 0 | 0 |
>
> | 프로세스 | 도착시간 | 대기시간 | 반환시간 |
> |---|---|---|---|
> | P1 | 0 | 2 | 5 |
> | P2 | 1 | 4 | 8 |
> | P3 | 3 | 2 | 4 |

정답   5, 7

008 다음 표에서 보인 4개의 프로세스들을 시간 할당량(Time Quantum)이 5인 라운드 로빈(Round-Robin) 스케줄링 기법으로 실행시켰을 때 평균 반환시간을 구하시오.

프로세스	도착시간	실행 시간
P1	0	10
P2	1	15
P3	3	6
P4	6	9

> **해설**
>
> RR(Round-Robin)은 선점형 방식으로 시간을 할당하여 프로세스들을 처리한다.
>
> | 프로세스 | P1 | P2 | P3 | P1 | P4 | P2 | P3 | P4 | P2 |
> |---|---|---|---|---|---|---|---|---|---|
> | 수행시간 | 5 | 5 | 5 | 5 | 5 | 5 | 1 | 4 | 5 |
> | 남은시간 | 5 | 10 | 1 | 5 | 4 | 5 | 0 | 0 | 0 |
>
> | 프로세스 | 도착시간 | 대기시간 | 반환시간 |
> |---|---|---|---|
> | P1 | 0 | 10 | 20 |
> | P2 | 1 | 24 | 39 |
> | P3 | 3 | 22 | 28 |
> | P4 | 6 | 20 | 29 |

정답   29

CHAPTER 05 디스크 스케줄링

FCFS(First Come First Served)

001 디스크 대기 큐에 다음과 같은 순서(왼쪽부터 먼저 도착한 순서임)로 트랙의 액세스 요청이 대기 중이다. 모든 트랙을 서비스하기 위하여 FCFS 스케줄링 기법이 사용되었을 때, 모두 트랙의 헤드 이동이 생기는가? (단, 현재 헤드의 위치는 50 트랙이다.)

대기큐: 10, 40, 55, 35

해설

FCFS 방식은 이동 거리를 모두 더해준다.

위치	50	10	40	55	35
이동거리		40	30	15	20

정답 105

002 디스크 입/출력 요청 대기 큐에 다음과 같은 순서로 기억되어 있다. 현재 헤드가 53에 있을 때, 이들 모두를 처리하기 위한 총 이동 거리는 얼마인가? (단, FCFS 방식을 사용한다.)

대기큐: 98, 183, 37, 122, 14, 124, 65, 67

해설

FCFS 방식은 이동 거리를 모두 더해준다.

위치	53	98	183	37	122	14	124	65	67
이동거리		45	85	146	85	108	110	59	2

정답 640

SSTF(Shortest Seek Time First)

001 초기 헤드 위치가 50이며 트랙 0 방향으로 이동 중이다. 디스크 대기 큐에 다음과 같은 순서의 액세스 요청이 대기 중일 때, SSTF 스케줄링을 사용하여 모든 처리를 완료하고자 한다. 가장 먼저 처리되는 트랙을 쓰시오. (단, 가장 안쪽 트랙 0, 가장 바깥쪽 트랙 200)

대기큐: 100, 180, 40, 120, 0, 130, 55, 80, 51, 200

해설

SSTF 방식은 헤더와 가까운 트랙으로 이동하게 된다.

위치	40	51	55	80	100	120	130	180	200
방문순서	3	1	2	4	5	6	7	8	9
이동거리	15	1	4	40	20	20	10	50	20

정답 51

002 디스크 큐에 다음과 같이 I/O 요청이 들어와 있다. 최소탐색시간 우선(SSTF) 스케줄링 적용 시 발생하는 총 헤드 이동 거리를 구하시오. (단, 추가 I/O 요청은 없다고 가정한다. 디스크 헤드는 0부터 150까지 이동 가능하며, 현재 위치는 50이다.)

대기큐: 80, 20, 100, 30, 70, 130, 40

해설

SSTF 방식은 헤더와 가까운 트랙으로 이동을 하게 된다.

위치	20	30	40	70	80	100	130
방문순서	3	2	1	4	5	6	7
이동거리	10	10	10	50	10	20	30

정답 140

003 현재 헤드의 위치가 50에 있고 트랙 0번 방향으로 이동하며, 요청 대기 열에는 아래와 같은 순서로 들어 있다고 가정할 때 SSTF(Shortest Seek Time First) 스케줄링 알고리즘에 의한 헤드의 총 이동거리를 구하시오.

> 대기큐: 100, 180, 40, 120, 0, 130, 70, 80, 150, 200

해설

SSTF 방식은 헤더와 가까운 트랙으로 이동을 하게 된다.

위치	0	40	70	80	100	120	130	150	180	200
방문순서	10	1	2	3	4	5	6	7	8	9
이동거리	200	10	30	10	20	20	10	20	30	20

정답 370

004 사용자가 요청한 디스크 입·출력 내용이 다음과 같은 순서로 큐에 들어 있을 때 SSTF 스케줄링을 사용한 경우의 처리 순서를 쓰시오. (단, 현재 헤드 위치는 53이고, 제일 안쪽이 1번, 바깥쪽이 200번 트랙이다.)

> 대기큐: 98, 183, 37, 122, 14, 124, 65, 67

해설

SSTF 방식은 헤더와 가까운 트랙으로 이동을 하게 된다.

위치	14	37	65	67	98	122	124	183
방문순서	4	3	1	2	5	6	7	8
이동거리	23	30	12	2	84	24	2	59

정답 53-65-67-37-14-98-122-124-183

SCAN

001 디스크 스케줄링에서 SCAN기법을 사용할 경우, 다음과 같은 작업대기 큐의 작업들을 수행하기 위한 헤드의 총 트랙 이동 거리는? (단, 초기 헤드의 위치는 30이고, 현재 0번 트랙으로 이동 중이다.)

> 대기큐: 7, 46, 15, 38, 3

해설

SCAN 방식은 한쪽 방향으로 이동한 후에 다시 반대편으로 이동하면서 처리해 준다.

위치	0	3	7	15	38	46
방문순서	4	3	2	1	5	6
이동거리	3	7(왕복)	8	15	35	8

정답 76

---

002 디스크 스케줄링 기법 중 SCAN을 사용하여 다음 작업대기 큐의 작업을 모두 처리하고자 할 경우, 가장 최후에 처리되는 트랙은? (단, 현재 디스크 헤드는 50 트랙에서 40 트랙으로 이동해 왔다고 가정한다.)

> 대기큐: 7, 55, 15, 38, 3

해설

SCAN 방식은 한쪽 방향으로 이동한 후에 다시 반대편으로 이동하면서 처리해 준다.
50에서 40으로 안쪽 방향으로 이동하게 되며, 이동 순서는 아래와 같다.
38→15→7→3→0→55

정답 55

---

003 디스크에서 헤드가 70트랙을 처리하고 60트랙으로 이동해 왔다. 디스크 스케줄링 기법으로 SCAN 방식을 사용할 때 다음 디스크 대기큐에서 가장 먼저 처리되는 트랙은?

> 대기큐: 20, 50, 95, 100

해설

SCAN 방식은 한쪽 방향으로 이동한 후에 다시 반대편으로 이동하면서 처리해 준다.
70에서 60으로 안쪽 방향으로 이동하게 되며, 이동순서는 아래와 같다.
50→20→0→95→100

정답 50

C-SCAN

001 트랙 번호가 0부터 199인 200개의 트랙을 가진 디스크가 있다. 디스크 스케줄링 기법 중 C-SCAN을 사용하여 다음과 같은 작업 대기 큐(디스크 큐)의 작업을 처리하고자 하는 경우, 처리되는 트랙의 순서를 바르게 나열하시오. (단, 현재 디스크 헤드는 트랙 35에서 트랙 47로 이동해 왔다고 가정한다.)

> 대기큐: 139, 22, 175, 86, 13, 158

해설

C-SCAN 방식은 한쪽 방향으로 이동하면서 처리하고, 마지막까지 이동했으면 반대의 끝까지 처리 없이 이동한다. 그 이후에 다시 한쪽 방향으로 처리해 준다.
트랙이 35에서 47방향으로 이동을 한건 바깥쪽 방향으로 처리가 되고 있는 상태이고, 86→139→158→175→199 바깥쪽으로 이동하며 처리한다. 끝까지 가면 반대 방향의 끝인 0번으로 처리 없이 이동하고, 다시 바깥쪽 방향으로 처리한다.

정답 47→86→139→158→175→199→0→13→22

002 현재 헤드의 위치가 50에 있고, 요청 대기열의 순서가 다음과 같을 경우, C-SCAN 스케줄링 알고리즘에 의한 헤드의 총 이동거리는 얼마인가? (단, 현재 헤더의 이동 방향은 안쪽이며, 안쪽의 위치는 0으로 가정한다.)

> 대기큐: 100, 180, 40, 120, 0, 130, 70, 80, 150, 200

해설

위치	0	40	70	80	100	130	150	180	200
방문순서	2	1	9	8	7	6	5	4	3
이동거리	40	10	10	20	30	20	30	20	200

정답 380

003 표의 내용은 0 ~ 199번의 200개 트랙으로 이루어진 디스크 시스템에서, 큐에 저장된 일련의 입출력 요청들과 어떤 디스크 스케줄링(Disk Scheduling) 방식에 의해 처리된 서비스 순서이다. 이 디스크 스케줄링 방식을 쓰시오. (단, 표의 숫자는 입출력할 디스크 블록들이 위치한 트랙 번호를 의미하며, 현재 디스크 헤드의 위치는 트랙 50번이라고 가정한다.)

> 요청 큐: 99, 182, 35, 121, 12, 125, 64, 66
> 서비스 순서: 64, 66, 99, 121, 125, 182, 0, 12, 35

해설 한쪽 방향으로만 처리가 이루어지고 있고, 한쪽 방향의 처리가 끝난 후 반대 방향 끝으로 이동하는 디스크 스케줄링 기법은 C-SCAN이다.

정답 C-SCAN

LOOK

001 디스크 스케줄링 방법 중 LOOK 방식을 사용할 때 현재 헤드가 60에서 50으로 이동해 왔다고 가정할 경우 다음과 같은 디스크 큐에서 가장 먼저 처리되는 것은?

> 대기큐: 70, 80, 100, 90

해설 LOOK 기법은 SCAN 기법을 기초로 하며, 진행 방향의 마지막 요청을 처리한 후 반대 방향으로 처리한다. 현재 안쪽 방향으로 이동 중이고, 안쪽 방향으로 처리할 대상이 없으므로 방향을 틀어서 70부터 처리해 준다. 70→80→90→100 순으로 처리된다.

정답 70

002 다음과 같은 트랙이 요청되어 큐에 도착하였다. 모든 트랙을 서비스하기 위하여 LOOK 스케줄링 기법이 사용되었을 때 모두 몇 트랙의 헤드 이동이 생기는가? (단, 현재 헤드의 위치는 50트랙이고, 헤드는 트랙 0 방향으로 움직이고 있다.)

> 대기큐: 10, 40, 55, 35

해설
LOOK 기법으로 처리했을 경우, 40→35→10→55 순으로 처리된다.

정답 85

C-LOOK

001 디스크의 서비스 요청 대기 큐에 도착한 요청이 다음과 같을 때 C-LOOK 스케줄링 알고리즘에 의한 헤드의 총 이동거리는 얼마인가? (단, 현재 헤드의 위치는 50에 있고, 헤드의 이동방향은 0에서 199방향이다.)

> 대기큐: 65, 112, 40, 16, 90, 170, 165, 35, 180

해설
C-LOOK 기법은 C-SCAN 기법을 기초로 하며, 바깥쪽에서 안쪽 방향의 모든 요청을 처리한 후 가장 바깥쪽으로 이동한 후 다시 안쪽 방향으로 서비스한다.

위치	16	35	40	65	90	112	165	170	180
방문순서	7	8	9	1	2	3	4	5	6
이동거리	164	19	5	15	25	22	53	5	10

정답 318

Eschenbach

001 다음에서 설명하는 디스크 스케줄링 기법을 쓰시오.

> 헤드가 진행하는 과정에서 각 실린더에 대해 디스크팩의 한 번의 회전 시간 동안만 입출력 요구들을 처리하는 기법이다. 즉, 한 회전 동안 서비스를 받지 못하는 요구들에 대한 처리는 다음으로 미루는 것이다. 이를 위해서는 한 실린더 내의 트랙이나 섹터들에 대한 요구들을 별도로 순서화하는 메커니즘이 필요하다. 결국, 탐구시간의 최적화와 회전 지연 시간의 최적화를 동시에 추구하는 기본적인 기법인 것이다.

해설
에션바흐(Eschenbach) 기법은 부하가 큰 항공 예약 시스템을 위해 개발된 기법으로, 탐색 시간과 회전 지연 시간을 최적화하는 데 사용된다.

정답   에션바흐(Eschenbach) 스케줄링

N-step SCAN

001 SCAN의 무한 대기 발생 가능성을 제거한 것으로 SCAN보다 응답시간의 편차가 적고, SCAN과 같이 진행 방향상의 요청을 서비스하지만, 진행 중에 새로이 추가된 요청은 서비스하지 않고 다음 진행 시에 서비스하는 디스크 스케줄링 기법을 쓰시오.

해설
N-step SCAN은 SCAN 기법을 기초로 하며, 시작 전 대기 중인 요청을 우선적으로 처리하고, 처리 과정 중 들어오는 요청은 이후에 반대 방향으로 진행할 때 처리한다.

정답   N-step SCAN 스케줄링

CHAPTER 06 기타 계산식

크론 표현식

001 어떠한 작업을 주기적으로 실행시키기 위한 리눅스 명령과 데몬을 쓰시오.

> **해설**
> crontab, 크론 작업을 관리하기 위한 텍스트 파일이다. 사용자는 crontab -e 명령어를 사용해 크론탭 파일을 편집할 수 있으며, 이 파일에 작업 스케줄을 설정하면 된다.
> crond, 시간 기반 작업 스케줄러 데몬이다. 사용자가 설정한 스케줄에 따라 자동으로 스크립트나 명령어를 실행하도록 한다.

정답 crontab, crond

002 다음 crontab 설정에 대해서 약술하시오.

```
*/30 * * * * /etc/backup.sh
```

> **해설**
> */30: 분 필드에 있으며, 30분마다 실행한다는 의미이다. 시, 일, 월, 요일에 모두 *가 있기 때문에 30분마다 실행한다는 의미이다.

정답 backup.sh가 30분마다 동작을 한다.

003 매주 월요일 오전 10시에 /etc/check.sh가 실행되도록 설정하는 cron을 작성하시오.

정답 0 10 * * 1 /etc/check.sh

004 일요일부터 화요일까지 오후 4시 30분에 /etc/batch.sh가 실행되도록 설정하는 cron을 작성하시오.

정답 30 16 * * 0-2 /etc/batch.sh

005 일요일부터 목요일까지 오전 2시 30분, 오후 2시 30분에 /etc/batch.sh가 실행되도록 설정하는 cron을 작성하시오.

정답   30 02,14 * * 0-4 /etc/batch.sh

006 1월부터 12월까지 2개월마다 1일, 오전 1시 10분에 /etc/batch.sh가 실행되도록 설정하는 cron을 작성하시오.

정답   10 1 1 1-12/2 * /etc/batch.sh

007 매주 금요일 오후 6시 50분에 /etc/batch.sh가 실행되도록 설정하는 cron을 작성하시오.

정답   50 18 * * 5 /etc/batch.sh

퍼미션

001 test.txt 파일이 다음과 같은 권한을 가지기 위해 실행할 명령을 쓰시오.

```
-rwxrw-r-x
```

정답   chmod 765 test.txt

002 test.txt에 대해 사용자는 읽기, 쓰기, 실행 권한을 부여하고, 그룹과 다른 사용자는 읽기와 실행 권한만을 지정하는 명령을 쓰시오.

정답   chmod 755 test.txt

003 test.txt 파일이 다음과 같은 권한을 가지기 위해 실행할 명령을 쓰시오.

> -rwxr-xr--

정답　chmod 754 test.txt

004 umask 값이 022로 설정되었다. 파일을 생성하였을 때, 파일의 접근 권한을 쓰시오.

정답　rw-r--r--

005 umask 값이 022로 설정되었다. 디렉토리를 생성하였을 때, 디렉토리의 접근 권한을 쓰시오.

정답　rwxr-xr-x

006 리눅스에서 생성된 파일 권한이 644일 경우 umask 값을 쓰시오.

정답　022

007 리눅스 명령을 이용하여 a 유저에게 test.sh 파일의 사용자로 지정하는 명령을 작성하시오.

정답　chown a test.sh

LOC 기법

001 상향식 비용 산정 기법 중 LOC(원시 코드 라인 수) 기법에서 예측치를 구하기 위해 사용하는 항목을 쓰시오.

> 해설
> 낙관치(Optimistic Estimate): 이 추정치는 모든 것이 가장 잘 진행될 때의 시나리오를 가정한다.
> 기대치(Most Likely Estimate): 이 추정치는 정상적인 조건하에서 가장 가능성이 높은 시나리오를 반영한다.
> 비관치(Pessimistic Estimate): 이 추정치는 모든 것이 최악으로 진행될 때의 시나리오를 가정한다.

정답　낙관치, 기대치, 비관치

002 LOC 기법에 의하여 예측된 총 라인수가 36,000라인, 개발에 참여할 프로그래머가 6명, 프로그래머들의 평균 생산성이 월간 300라인일 때 개발에 소요되는 기간을 구하시오.

> **해설**
> 36,000라인을 6명이 개발한다고 가정했을 때, 한 사람이 6,000라인을 개발해야 한다. 한 사람이 월간 300라인을 개발한다고 하면, 6,000라인을 개발하기 위해서 20개월이 소요된다.

정답 20개월

003 LOC(Lines Of Code) 기법에 의해 예측된 프로젝트의 총 라인 수가 80,000LOC이고, 투입 개발자는 8명, 개발자 1인당 월 평균 생산성이 500LOC일 경우, 개발에 소요되는 시간을 쓰시오.

> **해설**
> 80,000라인을 8명이 개발한다고 가정했을 때, 한 사람이 10,000라인을 개발해야 한다. 한 사람이 월간 500라인을 개발한다고 하면, 10,000라인을 개발하기 위해서 20개월이 소요된다.

정답 20개월

004 LOC 기법에 의하여 예측된 총 라인수가 50,000라인, 프로그래머의 월 평균 생산성이 200라인, 개발에 참여할 프로그래머가 10인일 때, 개발 소요 기간은?

> **해설**
> 50,000라인을 10명이 개발한다고 가정했을 때, 한 사람이 5,000라인을 개발해야 한다. 한 사람이 월간 200라인을 개발한다고 하면, 5,000라인을 개발하기 위해서 25개월이 소요된다.

정답 25개월

005 LOC 기법에 의하여 예측된 총 라인수가 50,000라인, 개발 참여 프로그래머가 5인, 프로그래머의 월 평균 생산성이 200라인일 때, 개발 소요 기간을 쓰시오.

> **해설**
> 50,000라인을 5명이 개발한다고 가정했을 때, 한 사람이 10,000라인을 개발해야 한다. 한 사람이 월간 200라인을 개발한다고 하면, 10,000라인을 개발하기 위해서 50개월이 소요된다.

정답 50개월

임계 경로

001 CPM 네트워크가 다음과 같을 때 임계 경로의 소요기일을 쓰시오.

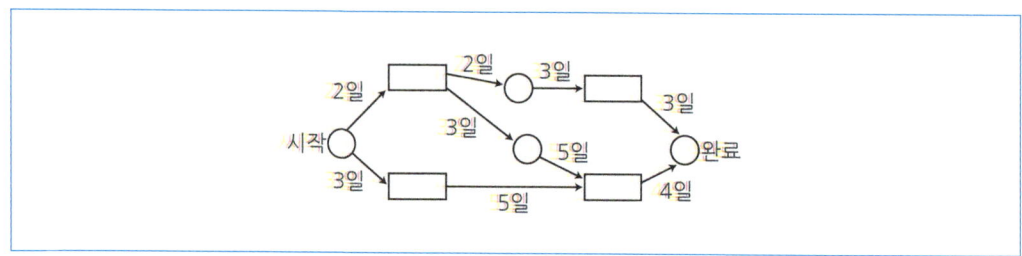

> **해설**
> 임계 경로는 작업을 완료할 수 있는 최소의 시간이다.
> 각 경로에서 가장 오래 걸리는 경로가 임계 경로이다.

정답 14일

002 다음 간선작업 네트워크 추상화에서 임계 경로의 소요기일을 쓰시오.

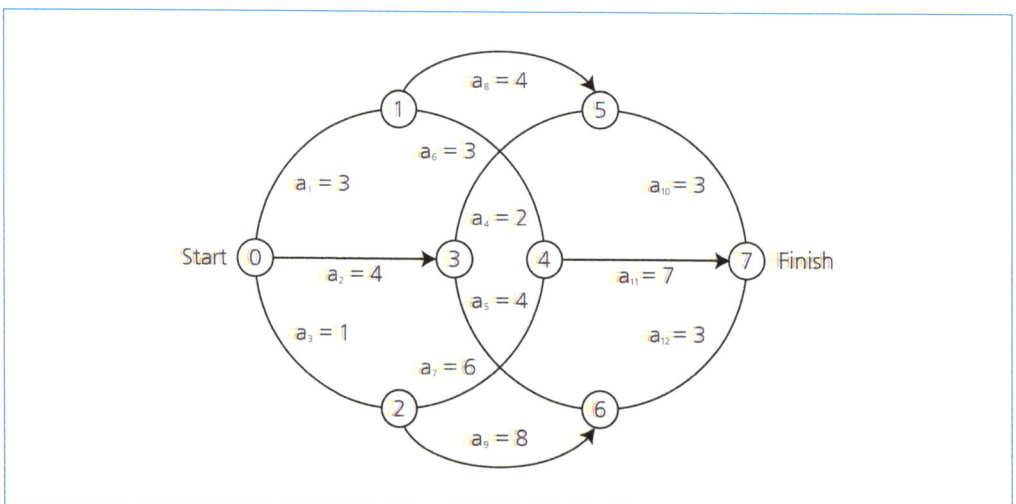

> **해설**
> a3, a7, a11 경로로 가게 되면 14일의 시간이 걸리게 된다.

정답 14일

003 다음 CPM(Critical Path Method) 네트워크에 나타난 임계 경로(Critical Path)의 전체 소요 기간을 쓰시오.

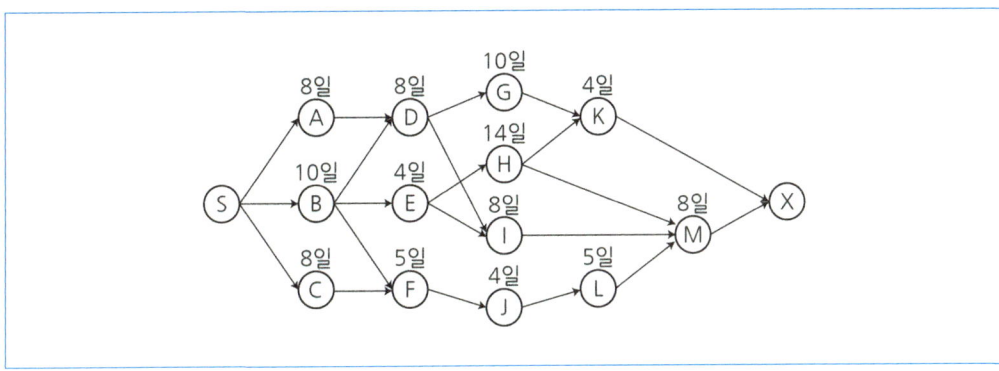

해설

B, E, H, M의 경로가 가장 긴 경로로 36일이 소요된다.

정답 36일

004 다음은 소작업 리스트에서 작업 C의 가장 빠른 착수일, 가장 늦은 착수일, 여유 기간(Slack Time)을 순서대로 쓰시오.

작업	선행 작업	소요 기간
A	-	15
B	-	10
C	A, B	10
D	B	25
E	C	15

해설

- 가장 빠른 착수일(EST, Earliest Start Time): 작업 C는 작업 A와 B를 선행 작업으로 한다. 따라서 작업 C의 가장 빠른 착수일은 작업 A와 B가 끝나는 가장 빠른 시간이 된다. 작업 C는 A와 B가 모두 끝난 후 시작할 수 있으므로, 가장 빠른 착수일은 두 작업 중 가장 늦게 끝나는 시간 15일이 된다.
- 가장 늦은 착수일(LST, Latest Start Time): 작업 C의 가장 늦은 착수일을 알기 위해서는 프로젝트의 전체 기간을 먼저 구해야 한다. 임계 경로는 40일이고, C는 임계 경로 상에 있기 때문에 선행 작업이 끝나면 바로 착수해야 한다.
- 여유 기간(Slack Time): 여유 기간은 작업의 가장 늦은 착수일과 가장 빠른 착수일의 차이로 계산된다. 현재 가장 빠른 착수일과 가장 느린 착수일이 같기 때문에 여유기간은 0이 된다.

정답 15일, 15일, 0일

005 다음은 프로젝트의 계획 단계에서 수립한 CPM 네트워크의 작업 목록표이다. 프로젝트 완료에 필요한 최소 시간은?

작업	선행 작업	소요 기간
A	D	15
B	A, D, E	10
C	E	15
D	-	5
E	-	10
F	A, B	20
G	B, C	15

해설
D, A, B, F로 작업을 하게 되면 50일이 계산된다.

정답 50일

PART

08

데이터베이스 특강

CHAPTER 01 관계대수 & 관계해석

001 다음이 설명하는 관계대수 연산자의 기호를 쓰시오.

> 두 릴레이션 A, B에 대해 B 릴레이션의 모든 조건을 만족하는 튜플들을 릴레이션 A에서 분리해 내어 프로젝션 하는 연산

정답 ÷

002 테이블에서 특정 속성에 해당하는 열을 선택하는 데 사용되며 결과로는 릴레이션의 수직적 부분집합에 해당하는 관계대수 연산자를 쓰시오.

정답 π

003 조건을 만족하는 릴레이션의 수평적 부분집합으로 구성하며, 행을 선택할 때 사용하는 관계대수 연산자를 쓰시오.

정답 σ

004 관계대수 연산에서 두 릴레이션이 공통으로 가지고 있는 속성을 이용하여 두 개의 릴레이션을 하나로 합쳐서 새로운 릴레이션을 만드는 연산자를 쓰시오.

정답 ⋈

※ [문 05~08] 다음 《《고객》》 릴레이션에 대한 관계대수를 작성하시오.

《《고객》》

고객아이디	이름	나이	등급	직업
hoho	이순신	29	gold	교사
grace	홍길동	24	gold	학생
mango	삼돌이	27	silver	학생
juce	갑순이	31	gold	공무원
orange	강감찬	23	silver	군인

005 고객 릴레이션에서 등급이 gold인 고객들을 검색하는 관계대수를 작성하시오.

정답   σ 등급 = 'gold' (고객)

006 고객 릴레이션에서 등급이 gold이고 나이가 25 이상인 고객들을 검색하는 관계대수를 작성하시오.

정답   σ 등급 = 'gold' ∧ 나이 ≥ 25 (고객)

007 고객 릴레이션에서 고객아이디와 등급을 가져오는 관계대수를 작성하시오.

정답   π 고객아이디, 등급 (고객)

008 고객 릴레이션에서 등급이 gold인 고객의 고객아이디와 등급을 가져오는 관계대수를 작성하시오.

정답   π 고객아이디, 등급 (σ 등급 = 'gold' (고객))

※ [문 09~11] 다음 [R], [S] 테이블에 대한 관계대수의 결과를 작성하시오.

[R] 테이블

sid	name	address	year
1	문제훈	광양	7
2	김형진	대구	6
3	유제현	서울	9
4	박진우	서울	8
5	김현호	서울	2
6	정승완	서울	5
7	박성욱	부산	1

[S] 테이블

sid	score	dept
1	80	100
2	80	200
3	90	300
4	70	400
6	100	500

009 다음 관계대수의 결과를 쓰시오.

σ address='서울' (R) - σ year≥6 (R)

정답

sid	name	address	year
5	김현호	서울	2
6	정승완	서울	5

010 다음 관계대수의 결과를 쓰시오.

π name, address, year, score (σ year≥6 (R⋈S))

정답

name	address	year	score
문제훈	광양	7	80
김형진	대구	6	80
유제현	서울	9	90
박진우	서울	8	70

011 다음 관계대수의 결과를 쓰시오.

π score, dept (σ score≥90(S))

정답

score	dept
90	300
100	500

012 다음 SQL문과 동일한 관계대수의 의미를 약술하시오.

π 이름 (σ 학과='물리학과' (학생))

정답   학생 테이블에서 물리학과인 학생 이름 조회

013 다음 SQL문과 동일한 관계대수를 작성하시오.

SELECT 이름 FROM 학생 WHERE 학과='교육';

정답   π 이름 (σ 학과='교육' (학생))

014 다음 SQL문과 동일한 관계대수를 작성하시오.

```
SELECT SNO, NAME
FROM STUDENT
WHERE AGE > 20;
```

정답   π SNO, NAME (σ AGE>20 (STUDENT))

015 다음 SQL문과 동일한 관계대수를 작성하시오.

```
SELECT name, dept FROM student WHERE year >= 3;
```

정답   π name, dept (σ year≥3 (student))

016 다음 SQL문과 동일한 관계대수를 작성하시오.

```
SELECT SNO, NAME
FROM T1, T2
ON T1.SNO = T2.SNO;
```

정답   π SNO, NAME (T1 ⋈T1.SNO = T2.SNO T2)

017 다음 관계대수식을 적용한 결과를 작성하시오.

[직원] 테이블

직원번호	이름	부서
10	김	B20
20	이	A10
30	박	A10
40	최	C30

[부서] 테이블

부서번호	부서명
A10	기획
B20	인사
C30	총무

[정책] 테이블

정책번호	정책명	제안자
100	인력양성	40
200	주택자금	20
300	친절교육	10
400	성과금	10
500	신규고용	20

π 이름, 부서명, 정책명 (부서 ⋈ 부서번호 = 부서 (π 정책명, 이름, 부서 (정책 ⋈ 제안자 = 직원번호 직원)))

해설

첫 번째로 정책 릴레이션과 직원 릴레이션을 조인하여 제안자와 직원번호가 같은 정책명, 이름, 부서를 가져온다.

정책명	이름	부서
인력양성	최	C30
주택자금	이	A10
친절교육	김	B20
성과금	김	B20
신규고용	이	A10

두 번째로 부서 릴레이션과 위의 결과값을 조인하여 이름, 부서명, 정책명을 가져온다.

이름	부서명	정책명
최	총무	인력양성
이	기획	주택자금
김	인사	친절교육
김	인사	성과금
이	기획	신규고용

정답

이름	부서명	정책명
최	총무	인력양성
이	기획	주택자금
김	인사	친절교육
김	인사	성과금
이	기획	신규고용

018 아래의 R과 S, 두 테이블에 대한 R ÷ S의 결과와 DIVISION 연산의 결과를 쓰시오.

[R] 테이블

D1	D2	D3
a	1	A
b	1	A
a	2	A
c	2	B

[S] 테이블

D2	D3
1	A

해설

÷ 연산자는 릴레이션 S의 조건에 만족하는 릴레이션 R에서 튜플을 분리하는 관계대수이다.

D1
a
b

정답

D1
a
b

019 다음의 테이블 R1과 R2에 대한 관계대수 R1 ÷ R2의 결과 테이블을 작성하시오.

[R1] 테이블

C1	C2
1	A
2	C
1	E
1	B
3	J
4	R
3	B
2	B
5	R
3	A
4	A

[R2] 테이블

C2
A
B

> **해설**
> C2 컬럼에 있는 A와 B가 모두 있는 C1의 항목은 1과 3이다.

정답

C1
1
3

※ [문 20~22] 다음 [A], [B] 릴레이션에 대한 관계대수의 결과를 작성하시오.

[A] 테이블

name	dept
강감찬	국어
안중근	영어
윤동주	과학
이순신	영어

[B] 테이블

name	dept
강감찬	국어
안창호	과학
윤동주	과학
이순신	영어

020 다음 관계대수의 결과를 쓰시오.

A ∪ B

정답

name	dept
강감찬	국어
안중근	영어
윤동주	과학
이순신	영어
안창호	과학

021 다음 관계대수의 결과를 쓰시오.

A ∩ B

정답

name	dept
강감찬	국어
윤동주	과학
이순신	영어

022 다음 관계대수의 결과를 쓰시오.

A - B

정답

name	dept
안중근	영어

023 다음 설명의 괄호 안에 내용을 채우시오.

(①)은(는) 원하는 정보와 그 정보를 어떻게 유도하는가를 기술하는 절차적인 특징을 가지며, (②)은(는) 원하는 정보가 무엇이라는 것만 정의하는 비절차적인 특징을 가진다. 그러나 (②)와(과) (①)은(는) 관계 데이터베이스를 처리하는 기능과 능력 면에서 동등하다. (②)은(는) 원래 수학의 프레디킷 해석에 기반을 두고 있으며, 관계 데이터 모델의 제안자인 Codd가 특별히 관계 데이터베이스에 적용할 수 있도록 설계, 제안하였다.

해설
관계대수는 절차적인 특성을 가지고, 관계해석은 비절차적인 특성을 가진다.

정답 ① 관계대수
      ② 관계해석

024 관계해석에 관한 설명으로 옳은 내용을 보기에서 골라 쓰시오.

> ㉠ 프레디키트 해석(Predicate Calculus)으로 질의어를 표현한다.
> ㉡ 튜플 관계해석과 도메인 관계해석이 있다.
> ㉢ 기본적으로 관계해석과 관계대수는 관계 데이터베이스를 처리하는 기능과 능력 면에서 동등하다.
> ㉣ 원하는 정보와 그 정보를 어떻게 유도하는가를 기술하는 절차적인 언어이다.

해설
관계해석은 비절차적인 언어이다.

정답   ㉠, ㉡, ㉢

025 관계해석 연산자

구분	기호	설명
연산자	∨	OR 연산
	∧	AND 연산
	ㄱ	NOT 연산
정량자	∀	모든 가능한 튜플 "For All"
	∃	어떤 튜플 하나라도 존재

CHAPTER 02 DDL(Data Definition Language)

CREATE

001 테이블 생성 예제

```sql
// ORDER INFO 테이블을 생성
CREATE TABLE ORDER_INFO (
    ORDER_ID NUMBER NOT NULL,
    USER_ID NUMBER NOT NULL,
    USER_NM VARCHAR(20) NOT NULL,
    ADDRESS VARCHAR(200) NOT NULL,
    TOT_PRICE NUMBER DEFAULT 0, -- 값이 들어오지 않을 경우 기본값 0
    GENDER CHAR(1) NOT NULL,
    ORDER_CI VARCHAR(100) NULL,

    -- ORDER_ID 속성에 대해 기본키 지정(개체 무결성 제약조건)
    CONSTRAINT ORDER_PK PRIMARY KEY (ORDER_ID),
    -- ORDER_CI 속성에 대해 고유값 제약 지정
    CONSTRAINT UNIQUE_CI UNIQUE (ORDER_CI),
    -- GENDER 속성에 대해 M, F 값만 받도록 설정(도메인 무결성 제약조건)
    CONSTRAINT CHK_GENDER CHECK (GENDER IN ('M', 'F'))
);

CREATE TABLE ORDER_ITEM (
    ITEM_ID NUMBER NOT NULL,
    ORDER_ID NUMBER NOT NULL,
    PRODUCT_ID NUMBER NOT NULL,
    PRICE NUMBER DEFAULT 0,

    -- ITEM_ID 속성에 대해 기본키 지정(개체 무결성 제약조건)
    PRIMARY KEY (ITEM_ID),
```

```
        -- ORDER_ID 속성에 대해 외래키 지정 (참조 무결성 제약조건)
        -- 대상은 ORDER_INFO 테이블에 ORDER_ID 속성을 지정
        -- ORDER_INFO 테이블 ORDER_ID 수정 시 제한속성, 삭제 시 연쇄삭제 지정
        CONSTRAINT FK_ORDER_ID FOREIGN KEY (ORDER_ID) REFERENCES ORDER_INFO(ORDER_ID)
            ON DELETE CASCADE
);
```

002 INDEX 생성 예제

```
// ORDER_INFO테이블에 인덱스 생성
// 인덱스 테이블에 들어갈 속성은 USER_NM 컬럼과 GENDER 컬럼
// USER_NM은 오름차순, GENDER는 내림차순으로 인덱스 테이블에 추가됨
CREATE INDEX idx_order ON ORDER_INFO (USER_NM ASC, GENDER DESC);
```

003 VIEW 생성 예제

```
// 성별이 여성인 회원의 회원정보를 가져오는 VIEW 생성
CREATE OR REPLACE VIEW V_ORDER_INFO_F AS
SELECT
    ORDER_ID, USER_ID, USER_NM
FROM ORDER_INFO
WHERE GENDER = 'F';

// 성별이 남성인 회원의 회원정보를 가져오는 VIEW 생성
CREATE OR REPLACE VIEW V_ORDER_INFO_M AS
SELECT
    ORDER_ID, USER_ID, USER_NM
FROM ORDER_INFO
WHERE GENDER = 'M';
```

004 트리거 생성 예제

```
// INSERT가 된 이후 TB_GOODS의 nStock 개수와 새롭게 등록된 nStock의 개수를 더해서
업데이트해 준다.
CREATE TRIGGER TRIGGER_GOODS_STOCK
AFTER INSERT ON TB_GOODS_STOCK FOR EACH ROW
BEGIN
    UPDATE TB_GOODS
    SET
        nStock = nStock + NEW.nStock
    WHERE idx = NEW.p_idx;
END
```

005 프로시저 생성 예제

```
CREATE OR REPLACE PROCEDURE 프로시저명
( 변수1 IN 변수타입, 변수2 OUT 변수타입, 변수3 IN OUT 변수타입.... )
IS
    변수 처리부
BEGIN
    처리내용
EXCEPTION
    예외 처리부
END;
```

006 파티션 생성 예제

```sql
-- 범위 분할 파티션
CREATE TABLE TB_USER (
    id INT,
    year INT
)
PARTITION BY RANGE (year) (
    PARTITION U1 VALUES LESS THAN (2000),
    PARTITION U2 VALUES LESS THAN (2010),
    PARTITION U3 VALUES LESS THAN (2020)
);

-- 목록 분할 파티션
CREATE TABLE TB_STUDENT (
    id INT,
    grade INT
)
PARTITION BY LIST (grade) (
    PARTITION high_grade VALUES IN (1, 2, 3),
    PARTITION low_grade VALUES IN (4, 5, 6)
);
```

DROP

001 테이블 삭제

```
// 회원 테이블 삭제
DROP TABLE 회원;
```

002 뷰 삭제

```
// USER_VIEW 삭제
DROP VIEW USER_VIEW;
```

003 인덱스 삭제

```
// USER_INDEX 삭제
DROP INDEX USER_INDEX;
```

ALTER

001 속성 추가

```
// 회원 테이블에 ADDR 속성 추가
ALTER TABLE 회원 ADD ADDR VARCHAR(200) null;
```

002 속성 변경

```
// 회원 테이블에 AGE 속성 INT로 변경
ALTER TABLE 회원 MODIFY AGE INT(11);
```

003 속성 삭제

```
// 회원 테이블에 AGE 속성 삭제
ALTER TABLE 회원 DROP COLUMN AGE;
```

004 INDEX 변경

```
// 회원명 INDEX를 성명으로 변경
ALTER INDEX 회원명 RENAME TO 성명;
// INDEX의 속도가 저하되거나 깨졌을 경우 INDEX 재구성
ALTER INDEX 회원명 REBUILD;
// INDEX 비활성화
ALTER INDEX 회원명 UNUSABLE;
```

TRUNCATE

001 테이블 내용 비우기

```
// 회원 테이블 내용 삭제
TRUNCATE [TABLE] 회원;
```

CHAPTER 03 DCL(Data Control Language)

GRANT & REVOKE

001 GRANT와 REVOKE 명령에 대해 간단히 서술하시오.

> 정답 GRANT: 데이터베이스 사용자의 사용 권한을 부여한다.
> REVOKE: 이미 부여된 데이터베이스 객체의 권한을 취소한다.

002 DBA가 사용자 Park에게 테이블 A의 데이터를 갱신할 수 있는 시스템 권한을 부여하고자 하는 SQL문을 작성하고자 한다. 다음에 주어진 SQL문의 빈칸에 알맞게 채우시오.

> GRANT ㉠ ㉡ 테이블A To Park;

> 해설 갱신할 수 있는 권한은 UPDATE이고, 테이블A에 대해 권한을 주기 때문에 ON을 사용한다.

> 정답 ㉠ UPDATE
> ㉡ ON

003 STUDENT에 대한 권한을 부여하는 ㉠과 회수하는 ㉡을 SQL로 쓰시오.

> ㉠ 테이블 student에 대한 SELECT, INSERT 권한을 Kim과 Lee에게 부여한다.
> ㉡ 테이블 student에 대한 SELECT, INSERT 권한을 Lee로부터 회수한다.

> 정답 ㉠ GRANT SELECT, INSERT ON student TO Kim, Lee;
> ㉡ REVOKE SELECT, INSERT ON student FROM Lee;

004 권한(Authorization)을 부여하는 ㉠과 회수하는 ㉡을 SQL로 작성하시오.

> ㉠ 테이블 EMPLOYEE에 대한 SELECT 권한을 계정 Mary와 John에게 부여한다.
> ㉡ 테이블 EMPLOYEE에 대한 SELECT 권한을 계정 John으로부터 회수한다.

정답
㉠ GRANT SELECT ON EMPLOYEE TO Mary, John;
㉡ REVOKE SELECT ON EMPLOYEE FROM John;

005 STUDENT 릴레이션에 대한 SELECT 권한을 모든 사용자에게 허가하는 SQL 명령을 쓰시오.

정답
GRANT SELECT ON STUDENT TO PUBLIC;

006 사용자 X1에게 department 테이블에 대한 검색 연산을 회수하는 명령을 쓰시오.

정답
REVOKE SELECT ON department FROM X1;

007 관계 데이터베이스에서 테이블 조작을 위한 권한부여 명령을 다음과 같이 수행하였다. 명령을 수행한 후의 테이블에 대한 권한을 서술하시오.

> [DBA] GRANT SELECT ON T1 TO USER1 WITH GRANT OPTION;
> [USER1] GRANT SELECT ON T1 TO USER2 WITH GRANT OPTION;
> [USER2] GRANT SELECT ON T1 TO USER3;
> [USER1] REVOKE SELECT ON T1 FROM USER2 CASCADE;

정답
① DBA가 USER1에게 T1 테이블에 대한 SELECT 권한을 주면서 다른 사용자에게도 권한을 부여할 수 있도록 설정
② USER1이 USER2에게 T1 테이블에 대한 SELECT 권한을 주면서 다른 사용자에게도 권한을 부여할 수 있도록 설정
③ USER2가 USER3에게 T1 테이블에 대한 SELECT 권한을 부여
④ USER1이 USER2에게 부여한 SELECT 권한을 회수하면서, USER2가 USER3에게 부여한 권한도 같이 회수

008 다음과 같이 사용자 A가 WITH GRANT OPTION으로 사용자 B에게 GRANT 명령어를 실행하고, B는 C에게, C는 D에게 실행했을 때, 사용자 A가 B로부터 REVOKE 명령어를 실행하면 EMPLOYEE에 대한 검색(SELECT) 권한이 있는 사용자를 모두 쓰시오.

> A: GRANT SELECT ON EMPLOYEE TO B WITH GRANT OPTION;
> B: GRANT SELECT ON EMPLOYEE TO C WITH GRANT OPTION;
> C: GRANT SELECT ON EMPLOYEE TO D WITH GRANT OPTION;
> A: REVOKE SELECT ON EMPLOYEE FROM B;

정답 사용자 A, 사용자 C, 사용자 D

009 Kim이 테이블 R(A, B, C)을 생성하고, 보기와 같은 권한 SQL 명령문을 수행하였다. 실행할 수 없는 SQL문을 골라서 쓰시오. (단, A, B, C는 정수형이다.)

> Kim: GRANT SELECT, INSERT, DELETE ON R TO Han, Lee WITH GRANT OPTION;
> Han: GRANT SELECT, INSERT ON R TO Park;
> Kim: REVOKE GRANT OPTION FOR DELETE ON R FROM Lee;
> Kim: REVOKE INSERT, DELETE ON R FROM Han CASCADE;

① Park: SELECT * FROM R WHERE A>100 AND B=10;
② Han: INSERT INTO R VALUES (100, 200, 300);
③ Kim: DELETE FROM R WHERE C<100;
④ Lee: GRANT INSERT ON R TO Park;

정답 ②

CHAPTER 04 DML(Data Manipulation Language)

INSERT

001 EMP 테이블 USER_NO, USER_NAME 컬럼에 각각 '001', 'USER1'을 삽입하는 SQL문을 작성하시오.

> 정답 INSERT INTO EMP (USER_NO, USER_NAME) VALUES ('001', 'USER1');

002 다음 SQL(Structured Query Language)문으로 생성한 테이블에 내용을 삽입할 때 올바르게 동작하지 않는 SQL문을 고르시오.

```
CREATE TABLE Book (
    ISBN CHAR(17) PRIMARY KEY,
    TITLE VARCHAR(30) NOT NULL,
    PRICE INT NOT NULL,
    PUBDATE DATE,
    AUTHOR VARCHAR(30)
);
```

① INSERT INTO Book (ISBN, TITLE, PRICE, AUTHOR) VALUES ('978-89-1', '데이터베이스 개론', 20000, '홍길동');
② INSERT INTO Book VALUES ('978-89-2', '데이터베이스 개론', 20000, '2022-06-18', '홍길동');
③ INSERT INTO Book (ISBN, TITLE, PRICE) VALUES ('978-89-3', '데이터베이스 개론', 20000);
④ INSERT INTO Book (ISBN, TITLE, AUTHOR) VALUES ('978-89-4', '데이터베이스 개론', '홍길동');
⑤ INSERT INTO Book VALUES ('978-89-2', '데이터베이스 개론', 20000, '2022-08-19', '김길동');

> 해설
> ④ PRICE 컬럼은 NOT NULL로 지정되어 있어서 NULL이 삽입될 수 없다.
> ⑤ ISBN은 기본키 속성으로 중복을 허용하지 않는다.

정답   ④, ⑤

003 다음과 같은 SQL이 실행되었을 때 CSTUDENT에 삽입되지 않는 것을 고르시오.

```
CREATE TABLE STUDENT (
    SNO INT NOT NULL,
    NAME VARCHAR(10),
    YEAR INT,
    DEPT VARCHAR(10),
    PRIMARY KEY (SNO)
);
INSERT INTO STUDENT VALUES (1001, 'KIM', 4, 'COMPUTER');
INSERT INTO STUDENT VALUES (1002, 'LEE', 4, 'COMPUTER');

CREATE VIEW CSTUDENT (SNO, NAME, YEAR)
AS
    SELECT SNO, NAME, YEAR
    FROM STUDENT
    WHERE DEPT = 'COMPUTER'
```

① INSERT INTO CSTUDENT VALUES (1003, 'PARK', 3);
② INSERT INTO CSTUDENT (SNO, NAME) VALUES (1003, 'PARK');
③ INSERT INTO CSTUDENT (SNO, YEAR) VALUES (1003, 3);
④ INSERT INTO CSTUDENT (NAME, YEAR) VALUES ('PARK', 3);
⑤ INSERT INTO CSTUDENT (SNO, NAME) VALUES (1002, 'CHO');

> 해설
> ④ SNO는 기본키 속성이기 때문에, NULL을 허용하지 않고, 중복을 허용하지 않는다.
> ⑤ SNO에 이미 1002가 삽입되어 있기 때문에 명령을 수행하면 오류가 발생한다.

정답   ④, ⑤

004 다음 SQL문은 오류가 발생한다. 오류 원인과 올바른 SQL을 작성하시오. (단, STUDENT 테이블에는 ID, NAME, GRADE, DEPT로 구성되어 있다고 가정한다.)

> INSERT STUDENT INTO VALUES(100, '홍길동', 2, '전산과')

정답　INSERT INTO의 형태로 사용해야 한다.
　　　INSERT INTO STUDENT VALUES (100, '홍길동', 2, '전산과');
　　　혹은
　　　INSERT INTO STUDENT(ID, NAME, GRADE, DEPT) VALUES (100, '홍길동', 2, '전산과');

005 학생 테이블은 학번, 성명, 학과의 컬럼으로 구성되어 있다. 학번은 150, 성명은 이순신, 학과는 전산과인 학생을 삽입하는 SQL을 작성하시오.

정답　INSERT INTO 학생 VALUES (150, '이순신', '전산과');
　　　혹은
　　　INSERT INTO 학생 (학번, 성명, 학과) VALUES (150, '이순신', '전산과');

006 주소록 테이블에서 거래처번호가 NULL이 아닌 레코드를 모두 거래처 테이블에 삽입하려고 한다. 알맞은 SQL문을 작성하시오. (단, 두 테이블은 동일한 데이터 형식과 필드 순서를 가지고 있다.)

정답　INSERT INTO 거래처 SELECT * FROM 주소록 WHERE 거래처번호 IS NOT NULL;

UPDATE

001 EMP 테이블 USER_NO가 1000인 고객의 USER_NAME을 '이흥직'으로 변경하는 SQL문을 작성하시오.

정답
```
UPDATE EMP
SET
    USER_NAME = '이흥직'
WHERE USER_NO = '1000';
```

002 EMP 테이블 USER_NO가 1000인 고객의 USER_NAME을 '이흥직'으로, AGE를 45로 변경하는 SQL문을 작성하시오.

정답
```
UPDATE EMP
SET
    USER_NAME = '이흥직',
    AGE = 45
WHERE USER_NO = 1000;
```

003 학생 테이블에서 이름이 홍길동, 나이가 17인 학생의 학년을 3으로 수정하는 SQL문을 작성하시오.

정답
```
UPDATE 학생
SET
    학년 = 3
WHERE 이름 = '홍길동'
AND 나이 = 17;
```

004 아래의 고객계좌 테이블에서 잔고가 1,000원에서 3,000원 사이인 고객들의 등급을 '우대고객'으로 변경하고자 아래와 같은 SQL문을 작성하였다. ①과 ②에 순서대로 들어갈 내용을 쓰시오.

```
UPDATE 고객계좌
(①) 등급 = '우대고객'
WHERE 잔고 (②) 1000 AND 3000;
```

정답
① SET
② BETWEEN

005 다음과 같이 '인사'로 시작하는 모든 부서에 속한 직원들의 봉급을 10% 올리고자 SQL문을 작성하였다. ①과 ②의 내용을 쓰시오.

```
UPDATE 직원
SET 봉급 = 봉급*1.1
WHERE 부서번호 ① (
    SELECT 부서번호
    FROM 부서
    WHERE 부서명 ② '인사%'
);
```

정답   ① IN
      ② LIKE

006 STUDENT 테이블에서 GRADE를 1씩 증가하는 SQL문을 작성하시오.

정답   UPDATE STUDENT
      SET
          GRADE = GRADE + 1;

007 STUDENT 테이블에서 SNO가 1000인 학생의 GRADE를 1씩 증가하는 SQL문을 작성하시오.

정답   UPDATE STUDENT
      SET
          GRADE = GRADE + 1
      WHERE SNO = 1000;

DELETE

001 EMP 테이블 USER_NO가 1000인 고객을 삭제하는 SQL문을 작성하시오.

정답   DELETE FROM EMP WHERE USER_NO = '1000';

002 STUDENT 테이블에서 GRADE가 6 이상인 행들을 삭제하는 SQL문을 작성하시오.

정답   DELETE FROM STUDENT WHERE GRADE >= '6';

003 STUDENT 테이블에서 이름이 NULL인 행들을 삭제하는 SQL문을 작성하시오.

정답   DELETE FROM STUDENT WHERE 이름 IS NULL;

004 STUDENT 테이블에서 점수가 70 이상 80 이하인 행들을 삭제하는 SQL문을 작성하시오.

정답   DELETE FROM STUDENT WHERE 점수 BETWEEN 70 AND 80;
또는
DELETE FROM STUDENT WHERE 점수 >= 70 AND 점수 <= 80;

SELECT

001 다음 SQL문에서 사용된 BETWEEN 연산의 의미와 동일하게 AND를 이용하여 SQL문을 작성하시오.

```
SELECT *
FROM 성적
WHERE (점수 BETWEEN 90 AND 95)
AND 학과 = '컴퓨터공학과';
```

정답 점수 >= 90 AND 점수 <= 95

002 직원 테이블에서 10,000,000원 이상의 급여를 받는 직원의 이름과 급여를 검색하는 SQL문을 작성하시오.

정답 SELECT 이름, 급여 FROM 직원
WHERE 급여 >= 10000000;

003 학적 테이블에서 전화번호가 NULL값인 학생의 학번과 학생명을 검색하는 SQL문을 작성하시오.

정답 SELECT 학번, 학생명 FROM 학적
WHERE 전화번호 IS NULL;

004 학생 테이블에서 학과의 중복을 제거하고 검색하는 SQL문을 작성하시오.

정답 SELECT DISTINCT 학과 FROM 학생;

005 [성적] 테이블에서 '언어' 필드와 '수리' 필드를 더한 후 합계라는 이름으로 표시하고자 한다. 다음 중 SQL문의 괄호 안에 들어갈 내용을 작성하시오.

```
SELECT 언어+수리 (  ) FROM 성적;
```

정답 AS 합계

006 학생(학번, 이름, 학과) 릴레이션에 수학과 학생이 60명, 화학과 학생이 40명, 물리과 학생이 30명, 학과가 정해지지 않은(NULL) 학생이 10명으로 구성되어 있을 때, 각각의 실행 결과 튜플 수를 쓰시오. (단, 밑줄 속성은 기본키를 표시한다.)

> 가. SELECT 학과 FROM 학생;
> 나. SELECT DISTINCT 학과 FROM 학생;
> 다. SELECT COUNT(*) FROM 학생 GROUP BY 학과;

정답   가. 140
          나. 4
          다. 4

007 STUDENT 테이블에 독일어과 학생 50명, 중국어과 30명, 영어영문학과 학생 50명의 정보가 저장되어 있을 때, 다음 두 SQL문의 실행 결과 튜플 수는? (단, DEPT 칼럼은 학과명)

> 가. SELECT DEPT FROM STUDENT;
> 나. SELECT DISTINCT DEPT FROM STUDENT;

정답   가. 130
          나. 3

008 다음 중 성적(학번, 이름, 학과, 점수) 테이블의 레코드 수가 10개, 평가(학번, 전공, 점수) 테이블의 레코드 수가 5개일 때, 아래 SQL의 총 레코드 수를 쓰시오.

> SELECT 학번, 학과, 점수FROM 성적
> UNION ALL
> SELECT 학번, 전공, 점수FROM 평가
> ORDER BY 학번;

정답   15

009 다음 R, S 테이블에 대해 SQL 명령을 실행한 결과를 쓰시오.

[R] 테이블

A	B
1	A
3	B

[S] 테이블

A	B
1	A
2	B

```
SELECT A FROM R
UNION ALL
SELECT A FROM S;
```

정답

A
1
3
1
2

010 테이블 R1, R2에 대하여 다음 SQL문의 결과를 쓰시오.

[R1] 테이블

학번	학점 수
20201111	15
20202222	20

[R2] 테이블

학번	과목 번호
20202222	CS200
20203333	CS300

```
SELECT 학번 FROM R1
INTERSECT
SELECT 학번 FROM R2;
```

정답

학번
20202222

011 아래 [급여] 테이블에서 이름이 NULL인 직원의 수를 구하는 SQL 쿼리를 작성하시오.

[급여] 테이블

사원번호	이름	부서
1	가	기획
2	나	영업
3	다	기획
4	NULL	개발

정답 SELECT COUNT(*) FROM 급여 WHERE 이름 IS NULL;

012 다음 [급여] 테이블에 대해 ①~③의 SQL 명령을 실행한 결과를 쓰시오. (단, 표 형태로 작성하지 말고, 결과로 나오는 값만 작성하시오.)

[급여] 테이블

사원번호	성명	가족수
1	가	2
2	나	4
3	다	NULL

① SELECT COUNT(*) FROM 급여;
② SELECT COUNT(사원번호) FROM 급여;
③ SELECT COUNT(가족수) FROM 급여;

정답 ① 3
② 3
③ 2

013 다음 [상품] 테이블에 대해 ①~②의 SQL 명령을 실행한 결과를 쓰시오. (단, 표 형태로 작성하지 말고, 결과로 나오는 값만 작성하시오.)

[상품] 테이블

상품번호	상품명	재고수량	가격
1	A	5	10
2	B	NULL	20
3	C	8	NULL
4	D	NULL	NULL

① SELECT SUM(재고수량) AS 합계 FROM 상품;
② SELECT AVG(가격) AS 평균 FROM 상품;

정답   ① 13
       ② 15

※ [문 14~17] 다음 학생 테이블에 대한 SQL의 결과를 작성하시오.

[학생] 테이블

학번	이름	학년	점수	출석일수
1	김영수	1	90	30
2	박미선	2	80	25
3	이정훈	3	70	20
4	최지혜	1	85	10
5	정수빈	2	60	5

014 다음 SQL의 결과를 쓰시오.

SELECT 이름, 학년, 점수
FROM 학생
WHERE 학년 = 1 AND 점수 > 85 AND 출석일수 > 20;

정답

이름	학년	점수
김영수	1	90

015 다음 SQL의 결과를 쓰시오.

```
SELECT 이름, 학년, 점수
FROM 학생
WHERE 학년 = 1 OR 점수 > 85 OR 출석일수 > 20;
```

정답

이름	학년	점수
김영수	1	90
박미선	2	80
최지혜	1	85

016 다음 SQL의 결과를 쓰시오.

```
SELECT 이름, 학년, 점수
FROM 학생
WHERE 학년 = 1 AND 점수 > 85 OR 출석일수 > 20;
```

정답

이름	학년	점수
김영수	1	90
박미선	2	80

017 다음 SQL의 결과를 쓰시오.

```
SELECT 이름, 학년, 점수
FROM 학생
WHERE 학년 = 1 OR 점수 > 70 AND 출석일수 > 20;
```

정답

이름	학년	점수
김영수	1	90
박미선	2	80
최지혜	1	85

018 다음 테이블을 보고 강남지점의 판매량이 많은 제품부터 출력되도록 하려고 한다. 알맞은 SQL문을 작성하시오. (단, 출력은 제품명과 판매량이 출력되도록 한다.)

[푸드] 테이블

지점명	제품명	판매량
강남지점	비빔밥	500
강북지점	도시락	300
강남지점	도시락	200
수원지점	미역국	550
인천지점	비빕밥	600

정답   SELECT 제품명, 판매량 FROM 푸드
       WHERE 지점명 = '강남지점'
       ORDER BY 판매량 DESC ;

019 다음과 같은 STUDENT(SNO, SNAME, YEAR, DEPT) 테이블에서 아래와 같은 결과를 얻어내기 위한 SQL문을 작성하시오.

[STUDENT] 테이블

SNO	SNAME	YEAR	DEPT
100	홍길동	4	컴퓨터
200	이동욱	3	전기
300	김응식	1	컴퓨터
400	박강철	4	컴퓨터
500	최성길	3	산업공학

[결과] 테이블

SNO	SNAME
100	홍길동
400	박강철

정답   SELECT SNO, SNAME FROM STUDENT WHERE DEPT='컴퓨터' AND YEAR=4;

020 다음 중 주문 테이블에서 결과 테이블을 나타내는 가장 적절한 SQL문을 작성하시오.

[주문] 테이블

주문번호	주문고객	주문제품	수량
001	A	P03	10
002	M	P01	5
003	B	P06	45
004	C	P04	5
005	A	P03	35

[결과]

주문고객	주문제품	수량
A	P03	35
A	P03	10
B	P06	45
C	P04	5
M	P01	5

정답   SELECT 주문고객, 주문제품, 수량 FROM 주문
ORDER BY 주문고객 ASC, 수량 DESC;

021 [평균성적] 테이블에서 '평균' 필드 값이 90 이상인 학생들을 검색하여 '학년' 필드를 기준으로 내림차순, '반' 필드를 기준으로 오름차순 정렬하여 표시하고자 한다. 다음 중 아래 SQL문의 각 괄호를 채워 넣으시오.

SELECT 학년, 반, 이름 FROM 평균성적 WHERE 평균 >= 90 (㉠) 학년 (㉡), 반 (㉢);

정답   ㉠ ORDER BY
㉡ DESC
㉢ ASC

022 다음 SQL을 실행하였을 때, 결과를 쓰시오.

[R1] 테이블

학번	이름	학년	학과	주소
1000	홍길동	1	컴퓨터공학	서울
2000	김철수	1	전기공학	경기
3000	강남길	2	전자공학	경기
4000	오말자	2	컴퓨터공학	경기
5000	장미화	3	전자공학	서울

[R2] 테이블

학번	과목번호	과목이름	학점	점수
1000	C100	컴퓨터구조	A	91
2000	C200	데이터베이스	A+	99
3000	C100	컴퓨터구조	B+	89
3000	C200	데이터베이스	B	85
4000	C200	데이터베이스	A	93
4000	C300	운영체제	B+	88
5000	C300	운영체제	B	82

[SQL]
SELECT 과목번호, 과목이름 FROM RI, R2
WHERE R1.학번 = R2. 학번
AND R1.학과 = '전자공학'
AND R1.이름 = '강남길';

정답

과목번호	과목이름
C100	컴퓨터구조
C200	데이터베이스

023 다음 SQL을 실행하였을 때, 결과를 쓰시오.

[BIB] 테이블

A	B	C	D
김대한	정보학개론	도서관협회	2010
김민국	운영체제론	홍릉과학	2008
김국희	정보학개론	태일사	2013
김도서	정보통신론	구미무역	2019

[SQL]
SELECT A, B FROM BIB WHERE B like '%정보%';

정답

A	B
김대한	정보학개론
김국희	정보학개론
김도서	정보통신론

024 도서명에 '액세스'라는 단어가 포함된 도서 정보를 검색하려고 할 때, 아래 SQL문의 WHERE절에 들어갈 조건을 쓰시오.

SELECT 도서명, 저자, 출판년도, 가격
FROM 도서
WHERE (   );

정답   도서명 LIKE '%액세스%'

025 다음 SQL을 실행하였을 때, 결과를 쓰시오.

[CUSTOMER] 테이블

ID	NAME	FIELD
1	Sally	Comp. Sci
2	Mozart	Music
3	Nick	History
4	Brook	Physics
5	Katz	Fiction
6	Jenny	Finance
7	Crick	Health

[SQL]
SELECT count(DISTINCT ID) AS CNT FROM customer
WHERE FIELD like '%ic%';

정답

CNT
3

026 [회원] 테이블에서 '나이' 필드의 값이 20 이상 30 이하이고, '이름' 필드에서 김으로 시작하며 두 글자인 회원을 검색하는 SQL문을 작성하시오.

정답   SELECT * FROM 회원 WHERE 나이 Between 20 And 30 And 이름 like '김_';

027 두 릴레이션 R1(A, B), R2(B, C)를 왼쪽 외부조인(Left Outer Join)을 한 결과를 쓰시오. (이때, 중복된 열인 B는 한 열로 표시하시오.)

[R1] 테이블

A	B
1	2
4	2
7	8

[R2] 테이블

B	C
2	3
2	4
6	7

> **해설**
> R1 릴레이션 첫 번째 행과 두 번째 행은 R2의 두 행씩 연결이 되므로, 각각 두 개의 행으로, 총 4개 행이 만들어진다.
> R1 릴레이션의 마지막 행의 B 값은 8이고, R2에 8을 가진 데이터가 없기 때문에, R1 릴레이션의 값만 표현하고, C열은 NULL값을 가지게 된다.

정답

A	B	C
1	2	3
1	2	4
4	2	3
4	2	4
7	8	(NULL)

028 그림과 같이 S 테이블과 T 테이블이 있을 때, SQL 실행 결과를 쓰시오.

[S] 테이블

A	B
1	가
2	나
3	다

[T] 테이블

C	D
나	X
다	Y
라	Z

```
SELECT S.A, S.B, T.D FROM S LEFT OUTER JOIN T
ON S.B = T.C;
```

정답

A	B	D
1	가	(NULL)
2	나	X
3	다	Y

029 두 릴레이션 R1(A, B), R2(B, C)를 오른쪽 외부조인(Right Outer Join)을 한 결과를 쓰시오. (이때, 중복된 열인 B는 한 열로 표시하시오.)

[R1] 테이블

A	B
1	2
4	2
7	8

[R2] 테이블

B	C
2	3
2	4
6	7

해설

R2 릴레이션 첫 번째 행과 두 번째 행은 R1의 두 행씩 연결이 되기 때문에 각각 두 개의 행으로, 총 4개 행이 만들어진다.
R2 릴레이션의 마지막 행의 B 값은 6이고, R1에 6을 가진 데이터가 없기 때문에 R2 릴레이션의 값만 표현하고, A열은 NULL값을 가지게 된다.

정답

A	B	C
1	2	3
1	2	4
4	2	3
4	2	4
(NULL)	6	7

030 두 릴레이션 R1(A, B), R2(B, C)를 전체 외부조인(FULL Outer Join)을 한 결과를 쓰시오. (이때, 중복된 열인 B는 한 열로 표시하시오.)

[R1] 테이블

A	B
1	2
4	2
7	8

[R2] 테이블

B	C
2	3
2	4
6	7

해설

R1 릴레이션 첫 번째 행과 두 번째 행은 R2의 두 행씩 연결이 되기 때문에 각각 두 개의 행으로, 총 4개 행이 만들어진다.
R1 릴레이션의 마지막 행의 B 값은 8이고, R2에 8을 가진 데이터가 없기 때문에 R1 릴레이션의 값만 표현하고, C열은 NULL값을 가지게 된다.

R2 릴레이션의 마지막 행의 B 값은 6이고, R1에 6을 가진 데이터가 없기 때문에 R2 릴레이션의 값만 표현하고, A열은 NULL값을 가지게 된다.

정답

A	B	C
1	2	3
1	2	4
4	2	3
4	2	4
(NULL)	6	7
7	8	(NULL)

031 다음 중 두 테이블에서 조인(Join)된 필드가 일치하는 레코드만 결합하는 조인일 때, 괄호 안에 알맞은 명령을 쓰시오.

SELECT 필드목록 FROM 테이블1 ( ) JOIN 테이블2
ON 테이블1.필드=테이블2.필드;

정답 INNER

032 회원(회원번호, 사원번호, 이름) 테이블과 사원(사원번호, 이름, 부서) 테이블을 다음과 같이 조인하여 질의한 결과를 쓰시오.

[회원] 테이블

회원번호	사원번호	이름
M101	E101	홍길동
M102	E104	강감찬
M105	E107	일이삼

[사원] 테이블

사원번호	이름	부서
E101	홍길동	관리부
E104	강감찬	총무부
E105	이순신	영업부

SELECT 회원.*, 사원.* FROM 회원 INNER JOIN 사원
ON 회원.사원번호 = 사원.사원번호;

정답

회원번호	사원번호	이름	사원번호	이름	부서
M101	E101	홍길동	E101	홍길동	관리부
M102	E104	강감찬	E104	강감찬	총무부

033 보기의 SQL문을 실행하면 레코드 수와 필드 수는 얼마가 되는지 쓰시오. (단, 테이블 A의 필드와 레코드 수는 각각 2, 5개이고, 테이블 B의 필드와 레코드 수는 3, 5개이다.)

```
SELECT * FROM A, B;
```

정답   필드 수: 5개, 레코드 수: 25개

034 두 릴레이션 T1, T2를 이용하여 SQL을 실행하였을 때, 나타나는 결과를 쓰시오.

```
SELECT COUNT(*) AS CNT FROM T1 CROSS JOIN T2
WHERE T1.NAME LIKE T2.RULE;
```

[T1] 테이블

NAME
ALLEN
SCOTT
SMITH

[T2] 테이블

RULE
S%
%T%

해설

CROSS JOIN을 이용하게 되면, 모든 교차 조합을 리턴하게 된다.
조건절과 COUNT를 하지 않은 결과는 아래와 같다.

NAME	RULE
ALLEN	S%
ALLEN	%T%
SCOTT	S%
SCOTT	%T%
SMITH	S%
SMITH	%T%

조건에서 LIKE 연산을 사용하게 되면 ALLEN은 S로 시작하지도 않고, T가 포함되지 않기 때문에 2개 행을 제외한 4개가 출력된다.

정답

CNT
4

035 두 릴레이션 R1(A, B), R2(B, C)를 CROSS JOIN한 결과를 쓰시오.

[R1] 테이블

A	B
1	2
4	2

[R2] 테이블

B	C
2	3
2	4
6	7

정답

A	B	B	C
1	2	2	3
1	2	2	4
1	2	6	7
4	2	2	3
4	2	2	4
4	2	6	7

036 두 릴레이션 R1(A, B, C), R2(B, C, D)를 자연 조인한 결과를 쓰시오.

[R1] 테이블

A	B	C
a1	b1	c1
a2	b1	c2
a3	b2	c2

[R2] 테이블

B	C	D
b1	c1	d1
b1	c1	d2
b2	c3	d3

정답

A	B	C	D
a1	b1	c1	d1
a1	b1	c1	d2

037 결과값이 아래와 같을 때 SQL문을 작성하시오. (단, WHERE 조건에 LIKE 연산자를 사용해야 한다.)

[공급자] 테이블

공급자 번호	공급자명	위치
16	대신공업사	수원
27	삼진사	서울
39	삼양사	인천
62	진아공업사	대전
70	신촌상사	서울

[결과]

공급자 번호	공급자명	위치
16	대신공업사	수원
70	신촌상사	서울

정답 SELECT * FROM 공급자
　　　WHERE 공급자명 LIKE '%신%';

038 COMPANY 테이블에서 소재지가 '서울', '수원'인 회사의 NAME과 ADDR을 검색하는 SQL문을 작성하시오.

정답 SELECT NAME, ADDR FROM COMPANY
　　　WHERE 소재지 IN ('서울', '수원');

039 다음 질의에 대한 SQL문을 작성하시오. (단, IN 연산자를 이용해야 한다.)

「프로젝트번호(PNO) 1, 2, 3 에서 일하는 사원의 주민등록번호(JUNO)를 검색하라.」
(단, 사원 테이블(WORKS)은 프로젝트번호(PNO), 주민등록번호(JUNO) 필드로 구성된다.)

정답 SELECT JUNO FROM WORKS WHERE PNO IN (1, 2, 3);

040 사원(사번, 성명, 거주지, 기본급, 부서명) 테이블에서 거주지가 '서울'이나 '인천'이 아닌 사원 중에 기본급의 최대값을 구하는 SQL을 작성하시오.

정답　SELECT MAX(기본급) AS 최댓값 FROM 사원 WHERE 거주지 NOT IN ('서울', '인천');

041 다음 SQL을 실행했을 때 나오는 결과를 약술하시오.

```
SELECT 사원명 FROM 사원
WHERE 부서 = '영업부'
AND 거주지 IN (
    SELECT 거주지 FROM 사원 WHERE 부서 = '개발부'
);
```

정답　개발부 사원들과 같은 거주지에 사는 영업부 사원명

042 아래와 같은 테이블 구조를 가진 데이터베이스에서 부서명이 '인사부'인 직원들의 정보를 조회하는 SQL문을 작성하시오. (단, 서브쿼리 형태로 IN 연산자를 사용해야 한다.)

부서(부서번호, 부서명)
직원(사번, 사원명, 부서번호)

정답　SELECT * FROM 직원 WHERE 부서번호 IN (SELECT 부서번호 FROM 부서 WHERE 부서명='인사부');

043 다음 중 주어진 [학생] 테이블을 참조하여 아래의 SQL문을 실행한 결과를 작성하시오.

```
SELECT AVG(나이) AS 평균 FROM 학생
WHERE 전공 NOT IN ('수학', '회계');
```

[학생] 테이블

학번	전공	학년	나이
100	국사	4	21
150	회계	2	19
200	수학	3	30
250	국사	3	31
300	회계	4	25
350	수학	2	19
400	국사	1	23

해설

수학과 회계를 전공한 학생을 제외하면, 100, 250, 400 세 명의 학생이다.
세 학생의 나이를 더하면 21+31+23=75이고, 평균을 구하게 되면 25이다.

정답

평균
25

044 아래의 SQL문을 실행한 결과를 작성하시오.

```
SELECT 이름
FROM R1
WHERE 학번 IN
(
    SELECT 학번
    FROM R2
    WHERE 과목번호 = 'C100'
);
```

[R1] 테이블

학번	이름	학년	학과	주소
1000	홍길동	4	컴퓨터	서울
2000	김철수	3	전기	경기
3000	강남길	1	컴퓨터	경기
4000	오말자	4	컴퓨터	경기
5000	장미화	2	전자	서울

[R2] 테이블

학번	과목번호	성적	점수
1000	C100	A	91
1000	C200	A	94
2000	C300	B	85
3000	C400	A	90
3000	C500	C	75
3000	C100	A	90
4000	C400	A	95
4000	C500	A	91
4000	C100	B	80
4000	C200	C	74
5000	C400	B	85

해설

서브쿼리에서 가져온 학번은, 1000, 3000, 4000이다.
해당 학번을 가진 학생의 이름은 홍길동, 강남길, 오말자이다.

정답

이름
홍길동
강남길
오말자

045 상품 테이블에서 B 제조사 단가보다 하나라도 높은 단가를 가진 제품을 모두 출력하는 SQL문을 작성하시오.

[상품] 테이블

제품번호	단가	제조사
100	1000	A
200	1500	B
300	3000	C
400	900	D
500	2000	B
600	1000	C

[결과]

제품번호	단가	제조사
300	3000	C
500	2000	B

정답

```
SELECT * FROM 상품
WHERE 단가 > ANY (
    SELECT 단가 FROM 상품
    WHERE 제조사 = 'B'
);
```

046 상품 테이블에서 B 제조사 단가보다 모두 높은 단가를 가진 제품을 모두 출력하는 SQL문을 작성하시오.

[상품] 테이블

제품번호	단가	제조사
100	1000	A
200	1500	B
300	3000	C
400	900	D
500	2000	B
600	1000	C

[결과]

제품번호	단가	제조사
300	3000	C

정답
```
SELECT * FROM 상품
WHERE 단가 > ALL (
    SELECT 단가 FROM 상품
    WHERE 제조사 = 'B'
);
```

047 '갑' 테이블의 속성 A가 1, 2, 3, 4, 5의 도메인을 가지고 있고, '을' 테이블의 속성 A가 0, 2, 3, 4, 6의 도메인을 가지고 있다고 가정할 때 다음 SQL문의 실행 결과는?

SELECT A FROM 갑 UNION SELECT A FROM 을;

정답   0, 1, 2, 3, 4, 5, 6

048 다음 질의문 실행의 결과는?

[도서] 테이블

책번호	책명
1111	운영체제
2222	세계지도
3333	생활영어

[도서가격] 테이블

책번호	가격
1111	15000
2222	23000
3333	7000
4444	5000

SELECT 가격 as 판매가격 FROM 도서가격
WHERE 책번호 =(SELECT 책번호 FROM 도서 WHERE 책명='운영체제');

정답

판매가격
15000

049 다음 SQL문의 실행 결과를 쓰시오.

[학생] 테이블

학번	이름	학년	학과	주소
1000	김철수	1	전산	서울
2000	고영준	1	전기	경기
3000	유진호	2	전자	경기
4000	김영진	2	전산	경기
5000	정현영	3	전자	서울

[성적] 테이블

학번	과목번호	과목이름	학점	점수
1000	A100	자료구조	A	91
2000	A200	DB	A+	99
3000	A100	자료구조	B+	88
3000	A200	DB	B	85
4000	A200	DB	A	94
4000	A300	운영체제	B+	89
5000	A300	운영체제	B	88

```
SELECT 과목이름
FROM 성적
WHERE EXISTS (
    SELECT 학번
    FROM 학생
    WHERE 학생.학번=성적.학번
    AND 학생.학과 IN ('전산', '전기')
    AND 학생.주소='경기'
);
```

정답

과목이름
DB
DB
운영체제

050 다음 SQL문의 실행 결과를 쓰시오.

[직원] 테이블

사원번호	이름	직책	부서번호
2106	김철수	대리	20
3426	박영희	과장	10
3900	이민수	부장	30
1004	조민의	사원	20

[부서] 테이블

부서번호	부서명	위치
10	영업	8층
20	기획	10층
30	개발	9층
40	총무	7층

```
SELECT 이름 FROM 직원
WHERE EXISTS (
    SELECT *
    FROM 부서
    WHERE 직원.부서번호=부서.부서번호
    AND (부서명='영업' OR 부서명='개발')
);
```

정답

이름
박영희
이민수

051 다음 SQL문의 실행 결과를 쓰시오.

[제품] 테이블

제품ID	제품명	가격
1	노트북	1500000
2	스마트폰	800000
3	태블릿	500000
4	모니터	300000

[재고] 테이블

제품ID	재고수량
1	5
3	10
4	0

SELECT 제품ID, 제품명, 가격
FROM 제품
WHERE EXISTS (SELECT 1 FROM 재고 WHERE 제품.제품ID = 재고.제품ID AND 재고수량 > 0);

정답

제품ID	제품명	가격
1	노트북	1500000
3	태블릿	500000

052 다음 릴레이션에서 부양가족이 없는 직원의 이름을 검색하라는 SQL 질의를 다음과 같이 작성하고자 할 때, ①~③에 들어갈 내용을 작성하시오. (단, EMPLOYEE의 SSN은 기본키, DEPENDENT의 SSN은 외래키이다.)

[EMPLOYEE] 직원 정보 저장 릴레이션(NAME, SSN, ADDR, PHONE)
[DEPENDENT] 부양가족 정보 저장 릴레이션(SSN, DEPNAME, AGE)

SELECT NAME
FROM EMPLOYEE
WHERE ① (SELECT ② FROM DEPENDENT WHERE ③);

정답   ① NOT EXISTS
       ② *
       ③ EMPLOYEE.SSN = DEPENDENT.SSN

※ [문 53~55] 다음 사원 릴레이션에 대한 SQL의 결과를 작성하시오.

[사원] 테이블

사번	이름	성별	급여	부서번호
1	홍길동	남	3000	2
2	장영실	남	5000	5
3	강감찬	남	2000	4
4	류관순	여	3000	(NULL)
5	김좌진	남	4000	2
6	이몽령	남	4000	4
7	이산	남	5000	1
8	이순신	남	3000	(NULL)

053 다음 SQL의 결과를 쓰시오.

```
SELECT 부서번호, AVG(급여)
FROM 사원
GROUP BY 부서번호;
```

정답

부서번호	AVG(급여)
NULL	3000
1	5000
2	3500
4	3000
5	5000

054 다음 SQL의 결과를 쓰시오.

```
SELECT 이름, 급여
FROM 사원
WHERE 부서번호 IN (
    SELECT 부서번호 FROM 사원
    GROUP BY 부서번호
    HAVING COUNT(*) >= 2
);
```

정답

이름	급여
홍길동	3000
강감찬	2000
김좌진	4000
이몽룡	4000

055 다음 SQL의 결과를 쓰시오.

```
SELECT 이름, 급여
FROM 사원
WHERE 급여 = (SELECT MAX(급여) FROM 사원);
```

정답

이름	급여
장영실	5000
이산	5000

056 다음의 성적 테이블에서 성명과 학생의 평균점수를 구하는 SQL문을 작성하시오.

[성적] 테이블

성명	과목	점수
홍길동	국어	80
홍길동	영어	68
홍길동	수학	97
강감찬	국어	58
강감찬	영어	97
강감찬	수학	65

정답 SELECT 성명, AVG(점수) FROM 성적 GROUP BY 성명;

057 다음은 〈질의〉를 〈SQL〉로 표현한 것이다. 빈칸 ㉠에 들어갈 내용을 쓰시오.

〈질의〉
사원 릴레이션에서 사원이 7명 이상인 부서에 대해서 부서명과 평균 급여를 구하시오. (단, 사원 릴레이션의 스키마는 (사원번호, 사원명, 부서명, 급여)이고, 기본키는 사원번호이다.)

〈SQL〉
SELECT 부서명, AVG(급여)
FROM 사원
GROUP BY 부서명
(㉠   );

정답 HAVING COUNT(*)>=7

058 다음 질의문에 대한 SQL문을 작성하시오.

부서별 평균 봉급이 6900보다 많은 부서들의 부서명과 평균 봉급을 구하시오.

[직원] 테이블

번호	이름	부서명	봉급
100	이영자	영업부	8000
110	김철수	영업부	7000
130	고영준	영업부	6000
210	김영옥	회계부	7000
220	유진호	회계부	6000
310	박용철	생산부	9000
320	최민수	생산부	6000

정답 SELECT 부서명, AVG(봉급) FROM 직원
　　　GROUP BY 부서명 HAVING AVG(봉급) > 6900;

059 다음 테이블 R에 대해 아래 SQL을 수행한 결과를 작성하시오.

[R] 테이블

A	B
3	1
2	4
3	2
2	5
3	3
1	5

SELECT SUM(B) FROM R
GROUP BY A
HAVING COUNT(B) = 2;

정답

SUM(B)
9

060 다음의 student 테이블을 이용하여 아래의 SQL을 수행하였을 때 결과를 쓰시오.

[student] 테이블

id	name	grade	subject	score
2017001	Ryu	2	math	60
2017002	Cho	1	kor	80
2019006	Kim	1	kor	55
2018002	Yang	3	eng	85
2018004	Park	2	math	45
2016003	Choi	3	eng	55
2016003	Kang	3	eng	60

SELECT count(*) as CNT FROM student
GROUP BY subject
HAVING count(*) > 2;

정답

CNT
3

061 다음의 student 테이블을 이용하여 아래의 SQL을 수행하였을 때 결과를 쓰시오.

[student] 테이블

id	name	grade	subject	score
2017001	Ryu	2	math	60
2017002	Cho	1	kor	80
2019006	Kim	1	kor	55
2018002	Yang	3	eng	85
2018004	Park	2	math	45
2016003	Choi	3	eng	55
2016003	Kang	3	eng	60

SELECT count(*) as CNT FROM (
    SELECT count(*) FROM student
    GROUP BY subject
    HAVING count(*) > 2
);

정답

CNT
1

062 다음 과제 테이블은 학년별 동아리에 가입한 학생 수와 제출한 과제 수를 저장하고 있다. 다음 SQL을 수행하였을 때 결과를 쓰시오.

[과제] 테이블

학년	동아리	학생수	과제수
1	A	20	20
1	B	10	20
1	C	5	8
2	A	15	10
2	B	15	20
3	A	5	15
3	B	12	20
3	C	8	15

SELECT 동아리, SUM(과제수) as 과제수 FROM 과제
GROUP BY 동아리
HAVING SUM(학생수) >= 20;

정답

동아리	과제수
A	45
B	60

063 직원(사원번호, 부서명, 직급, 급여, 이름, 나이, 주소)의 테이블에서 직급별 급여 평균금액과, 총합계가 다음과 같이 출력되기 위한 SQL을 작성하시오. (단, 급여평균을 기준으로 내림차순 정렬한다.)

[결과]

직급	급여평균	급여총계
과장	1,840,000	3,680,000
대리	1,450,000	2,900,000
사원	990,000	4,950,000

정답   SELECT 직급, AVG(급여) AS 급여평균, SUM(급여) AS 급여총계 FROM 직원
        GROUP BY 직급
        ORDER BY 급여평균 DESC;

064 사원 릴레이션에 대해 아래와 같은 SQL 질의를 수행하였다. 결과 릴레이션을 쓰시오.

[사원] 테이블

사원번호	부서번호	연봉
E1	D1	25000
E2	D2	10000
E3	D3	30000
E4	D4	25000
E5	D1	15000
E6	D1	30000
E7	D2	20000
E8	D3	20000

SELECT 부서번호, count(*) AS CNT
FROM 사원
WHERE 연봉 > 20000
AND 부서번호 IN (
    SELECT 부서번호
    FROM 사원 GROUP BY 부서번호
    HAVING count(*) >= 2
) GROUP BY 부서번호;

정답

부서번호	CNT
D1	2
D3	1

065 다음 EMP 테이블에 ㉠~㉢의 SQL문을 차례대로 모두 실행한 최종 결과를 쓰시오.

[EMP] 테이블

NAME	DEPT	SALARY
김직원	1	200
이직원	2	100
박지원	2	300

㉠ INSERT INTO EMP VALUES ('정직원', 2, 200);
㉡ UPDATE EMP SET DEPT = 1 WHERE NAME LIKE '박%';
㉢ INSERT INTO EMP VALUES ('최직원', 3, 400);
㉣ SELECT DEPT, AVG(SALARY) AS ASAL
　 FROM EMP
　 GROUP BY DEPT
　 HAVING COUNT(*) >= 2
　 ORDER BY DEPT ASC;

정답

DEPT	ASAL
1	250
2	150

에듀콕스(educox)는 책에 관한 소재와 원고를 설레는 마음으로 기다리고 있습니다.
책으로 만들고 싶은 좋은 소재와 기획이 있으신 분은 이메일(educox@hanmail.net)로 간단한 개요와 취지,
연락처 등을 보내주시면 됩니다.

2025년 홍달쌤의
정보처리기사 실기 & 프로그래밍 언어

초판 2쇄 2025년 3월 20일
초판 발행 2025년 1월 20일
편 저 자 이흥직
발 행 인 이상옥
발 행 처 에듀콕스(educox)
출판등록번호 제25100-2018-000073호
주   소 서울시 관악구 신림로23길 16 일성트루엘 907호
팩   스 02)6499-2839
홈페이지 www.educox.co.kr
이 메 일 educox@hanmail.net

저자와의
협의하에
인지생략

이 책에 실린 내용에 대한 저작권은 에듀콕스(educox)에 있으므로 함부로 복사 · 복제
할 수 없습니다.

정가 37,000원 (전2권)
ISBN 979-11-93666-24-1

정보처리기사, 산업기사, 기능사, 전산직,
학부 프로그램 언어 시험대비

흥달쌤의
프로그래밍
언어

이홍직 편저

현직 개발자가 쉽게 알려주는 프로그래밍 언어 합격 Tip!

C언어, JAVA, Python의 이해와 기출 확인 문제 해설

▶ 흥달쌤 에서 다양한 프로그램 언어 **특강 진행**

흥달쌤 동영상강의
이라온에듀닷컴 | 1억뷰엔잡

Preface
이 책의 머리말

안녕하세요, 홍달쌤입니다.

저는 C, JAVA, Python 등 프로그래밍 언어를 강의하는 강사로, 20년차 경력을 가진 개발자입니다. 그동안 다양한 프로젝트와 강의를 통해 실력을 쌓았고, 특히 프로그래밍 언어 학습을 효과적으로 지도하기 위한 노하우를 개발해 왔습니다.
2019년부터는 깨알 자바 특강을 시작으로 C언어 특강, 정보처리기사 강의 등 다양한 수업을 진행하며 많은 학습자들과 함께했습니다.

이번 교재는 프로그래밍 언어 시험에 초점을 맞춘 교재로, 시험에서 출제되는 문제를 풀기 위한 실력을 배양하는 데 중점을 두고 있습니다.
C, JAVA, Python이라는 대표적인 언어를 다루며, 각 언어의 기초부터 시험에 나오는 주요 문제 유형과 풀이 방법까지 체계적으로 구성되어 있습니다.

이 교재는 실무에 바로 적용하는 기술보다는 시험 합격을 목표로 합니다.
프로그래밍 초보자도 학습할 수 있도록 쉽고 상세한 설명을 제공하며, 다양한 예제와 실습 문제를 통해 이론을 이해하고 문제 해결 능력을 키울 수 있습니다.
학습자들이 효율적으로 학습할 수 있도록 다음과 같은 내용으로 구성되어 있습니다.

- **C언어**: 기본 문법, 자료형, 조건문과 반복문, 함수, 배열 등
- **JAVA**: 객체 지향 개념, 클래스와 객체, 상속, 인터페이스 등
- **Python**: 자료형, 제어문, 함수, 람다 함수와 같은 특별한 문제 유형 등
- **시험 문제 풀이**: 각 언어별로 시험에서 자주 등장하는 문제를 풀이하며 문제 접근법을 익히는 과정

학습 순서는 언어별 기본 개념부터 문제 풀이까지 단계적으로 진행하도록 설계되었습니다.
반복적으로 문제를 풀고 익숙해질 수 있도록 충분한 문제를 포함하고 있으며, 스스로 문제를 해결하는 과정을 통해 실력을 쌓을 수 있도록 구성되었습니다.
또한, 학습 후에는 반드시 직접 문제를 다시 풀어보며 이해도를 점검하고 익숙해지는 연습을 병행하는 것이 중요합니다.

프로그래밍 언어를 처음 접하는 학습자도 꾸준히 학습한다면 충분히 좋은 결과를 얻을 수 있습니다.
어렵게 느껴지더라도 포기하지 않고 한 걸음씩 나아가길 바랍니다.
홍달쌤은 여러분들의 학습을 응원하며, 언제든지 도움을 드릴 준비가 되어 있습니다.
이 교재와 함께 프로그래밍 언어 시험을 성공적으로 준비하시길 바랍니다.
감사합니다!

2025년 1월 홍달쌤

Contents
이 책의 목차

PART 01 C언어

- **chapter 01** 자료형과 변수 ·················8
  - 문제풀이 ·················11
- **chapter 02** 입출력 함수 / 연산자 ·················12
  - 문제풀이 ·················19
- **chapter 03** 제어문 ·················44
  - 문제풀이 ·················47
- **chapter 04** 반복문 ·················66
  - 문제풀이 ·················75
- **chapter 05** 함수 / 변수의 유효범위 ·················98
  - 문제풀이 ·················103
- **chapter 06** 재귀함수 ·················133
  - 문제풀이 ·················135
- **chapter 07** 선행 처리기 ·················160
  - 문제풀이 ·················162
- **chapter 08** 배열과 포인터 ·················167
  - 문제풀이 ·················174
- **chapter 09** 구조체와 공용체 ·················270
  - 문제풀이 ·················275
- **chapter 10** 프로세스 생성 ·················296
  - 문제풀이 ·················298
- **chapter 11** C언어 주요 함수 ·················303
  - 문제풀이 ·················310

PART 02 JAVA

- **chapter 01** 클래스와 객체 생성 ·················324
  - 문제풀이 ·················333
- **chapter 02** 상속과 생성자 ·················348
  - 문제풀이 ·················354
- **chapter 03** 메서드 오버로딩 / 메서드 오버라이딩 / 하이딩 ·················364
  - 문제풀이 ·················368
- **chapter 04** 변수의 유효범위 ·················398
  - 문제풀이 ·················402
- **chapter 05** static 변수와 메서드 ·················419
  - 문제풀이 ·················422
- **chapter 06** 예외처리 ·················435
  - 문제풀이 ·················437
- **chapter 07** 추상 클래스 / Interface ·················450
  - 문제풀이 ·················453
- **chapter 08** 문자열 메서드 ·················458
  - 문제풀이 ·················460
- **chapter 09** 기타 문법 문제 ·················467

PART 03
파이썬

chapter 01　Python 기본 ·················488
- 문제풀이 ·················494

chapter 02　파이썬 문자열 처리 ·················501
- 문제풀이 ·················506

chapter 03　파이썬 자료구조 ·················513
- 문제풀이 ·················517

chapter 04　파이썬 클래스 / 함수 ·················530
- 문제풀이 ·················535

chapter 05　리스트 컴프리헨션 / 람다 함수　549
- 문제풀이 ·················552

PART
01

C언어

CHAPTER 01 자료형과 변수

1. 자료형

(1) 자료형의 개념
- 효율적인 메모리 사용을 위해 여러 종류의 자료형이 존재한다.
- 자료형은 변수에 저장할 데이터의 종류와 범위를 결정한다.

(2) C언어 자료형

종류	데이터 타입	크기	허용 범위
문자형	char	1Byte	-128~127
	unsigned char	1Byte	0~255
정수형	short	2Byte	-32,768~32,767
	int	4Byte	-2,147,483,648~2,147,483,647
	long	4Byte	-2,147,483,648~2,147,483,647
	long long	8Byte	
실수형	float	4Byte	
	double	8Byte	
	long double	12~16Byte	

2. 변수

(1) 변수의 개념
- 변수는 값이 저장되는 기억 공간이다.
- 변수에 저장된 값은 변경 가능하다.
- 변수는 정해진 자료형과 할당된 값을 가진다.

(2) 변수명 작성 규칙
- 변수는 선언 후 사용해야 한다.
- 변수명은 영문자 또는 언더바(_)로 시작해야 한다.
- 변수명에 숫자와 언더바(_)는 사용할 수 있으나, 공백은 사용할 수 없다.
- 언더바(_)를 제외한 특수문자는 사용할 수 없다.

- 대소문자를 구분한다.
- 예약어는 변수명으로 사용할 수 없다.

(3) C언어 예약어

구분	종류
자료형	char, int, float, double, enum, void, struct, union, short, long, signed, unsigned 등
기억분류	auto, register, static, extern
제어문	if, else, for, while, do, switch, case, default, break, continue, return, goto
기타	sizeof, const, volatile

(4) 변수의 종류

1) 지역변수(Local Variable)
- 함수 내부나 중괄호 내부에서 선언되고 사용하는 변수이다.
- 지역변수의 유효 범위는 함수 내부 또는 중괄호 내부로 제한된다.
- 함수가 종료되거나, 중괄호를 벗어나면 사라진다.
- 초기값을 지정하지 않으면 컴파일 에러가 발생하거나 쓰레기 값이 저장될 수 있다.
- 스택(Stack) 영역에 저장된다.

2) 전역변수(Global Variable)
- 어느 범위에서든 참조할 수 있는 변수이다.
- 전처리기 아래에 선언되며, 모든 함수에서 공통으로 사용된다.
- 초기값을 지정하지 않으면 0으로 자동 초기화된다.
- 프로그램 종료 전까지 메모리에서 소멸되지 않는다.
- 데이터(Data) 영역에 저장된다.

3) 정적변수(Static Variable)
- 지역변수와 전역변수의 특징을 모두 가진다.
- 함수가 종료되어도 사라지지 않고 유지된다.
- 초기값을 지정하지 않으면 0으로 자동 초기화된다.
- 프로그램 종료 전까지 메모리에서 소멸되지 않는다.
- 데이터(Data) 영역에 저장된다.

4) 동적변수(Dynamic Variable)
- 프로그램 실행 도중 동적으로 메모리 공간을 할당받는 변수이다.
- malloc 함수 등을 이용해 메모리 공간을 확보한다.
- 힙(Heap) 영역에 저장된다.

5) 외부변수(Extern Variable)

- 다른 파일에서 선언된 전역변수를 참조하는 변수이다.
- extern 키워드를 사용하여 외부 파일의 전역변수를 참조한다.

(5) 변수의 선언

```c
int sum;   // 전역변수
int add(int x, int y){
    static int count = 0; // 정적변수
    int sum = 0;   // 지역변수
    sum = x + y;
    count++;
    printf("%d\n", count);
    return sum;
}
int main(void){
    int a = add( 10, 20 );
    int b = add( 20, 30 );
    int c = add( 5, 8 );
    printf("%d, ", a);
    printf("%d, ", b);
    printf("%d", c);
}
```

[실행 결과]
1
2
3
30, 50, 13

문제풀이

001 다음 보기의 설명과 관계가 있는 C언어의 변수들의 종류를 쓰시오.

> 프로그램의 실행 시작 시점에 기억장소를 할당받아 실행이 끝날 때까지 지속적으로 기억장소를 유지한다.

해설
지역변수는 스택 영역에 저장되며, 범위를 벗어나거나 함수가 종료되면 사라진다.
동적변수는 힙 영역에 저장되며, 프로그램 실행 중에 메모리에 할당된다.

정답 전역변수, 정적변수

002 다음 변수 선언 중 올바르지 않은 변수명을 골라 적으시오.

> ㉠ LHJ_
> ㉡ $TIME
> ㉢ 1_1
> ㉣ name and address
> ㉤ long
> ㉥ doublk
> ㉦ h_birth
> ㉧ __ok
> ㉨ start*key

해설
예약어(키워드)는 사용할 수 없다.
공백을 포함할 수 없다.
첫 글자는 영문과 언더바(_)만 사용이 가능하다.
언더바(_) 이외의 특수문자는 사용할 수 없다.
대소문자를 구분한다.

정답 ㉡, ㉢, ㉣, ㉤, ㉨

CHAPTER 02 입출력 함수 / 연산자

1. 입출력 함수

(1) 표준 출력 함수

표준 출력 함수	기능
printf()	화면에 여러 종류의 자료를 출력한다.
putchar()	화면에 한 개의 문자를 출력한다.
puts()	화면에 문자열을 출력한다.

(2) 표준 입력 함수

표준 입력 함수	기능
scanf()	키보드를 통해 한 개 이상의 자료를 입력받는다.
getchar()	키보드를 통해 한 개의 문자를 입력받는다.
gets()	키보드를 통해 문자열을 입력받는다.

(3) 출력 변환 문자

구분	설명	사용 예	출력값
%d	10진수	printf("%d", 10);	10
%o	8진수	printf("%o", 10);	12
%x	16진수	printf("%x", 10);	a
%f	실수	printf("%f", 1.3);	1.300000
%c	문자 1개	printf("%c", 'A');	A
%s	문자열	printf("%s", "abcde");	abcde

(4) 이스케이프 시퀀스

구분	의미	설명
\n	새 줄(Line Feed)	출력 위치를 다음 줄로 이동시킨다.
\t	탭(Tab)	수평 탭 간격만큼 출력 위치를 이동시킨다.
\r	캐리지 리턴(Carriage Return)	출력 위치를 현재 줄의 맨 앞으로 이동시킨다.
\b	백스페이스(Backspace)	출력 위치를 왼쪽으로 한 칸 이동시킨다.

구분	의미	설명
\f	폼 피드(Form Feed)	출력 위치를 다음 페이지로 넘긴다.
\'	작은따옴표(Single Quote)	문자 그대로 작은따옴표(')를 출력한다.
\"	큰따옴표(Double Quote)	문자 그대로 큰따옴표(")를 출력한다.

(5) 표준 입출력 함수 사용

1) printf() / scanf()

```c
#include<stdio.h>
int main() {
    int sum;
    printf("input : ");
    scanf("%d", &sum);
    printf("output : %d \n", sum);
    return 0;
}
```

[실행 조건]
- 프로그램 시작 시 scanf() 함수 적용으로 입력을 기다리는 커서 표시
- 5를 입력하고 엔터키 적용

[실행 결과]
input : 5(사용자가 키보드로 입력한 값)
output : 5

2) getchar() / putchar()

```c
#include<stdio.h>
int main() {
    char c;
    c = getchar();
    printf("%d\n", c);
    printf("%c\n", c);
    putchar('A');
    printf("\n");
    putchar(65);
    return 0;
}
```

[실행 조건]
- 프로그램 시작 시 getchar() 함수 적용으로 입력을 기다리는 커서 표시
- A를 입력하고 엔터키 적용
[실행 결과]
65
A
A
A

3) gets() / puts()

```
#include<stdio.h>
int main() {
    char str[20];
    gets(str);
    puts(str);
    return 0;
}
```

[실행 조건]
- 프로그램 시작 시 gets() 함수 적용으로 입력을 기다리는 커서 표시
- Hello World!를 입력하고 엔터키 적용
[실행 결과]
Hello World!

2. 진법 변환

(1) 10진수를 2, 8, 16진수로 표현

10진수	2진수	8진수	16진수
1	0001	1	1
2	0010	2	2
3	0011	3	3
4	0100	4	4
5	0101	5	5
6	0110	6	6
7	0111	7	7
8	1000	10	8
9	1001	11	9
10	1010	12	A
11	1011	13	B
12	1100	14	C
13	1101	15	D
14	1110	16	E
15	1111	17	F
16	10000	20	10
17	10001	21	11
100	1100100	144	64

(2) 10진수를 2진수로 변환

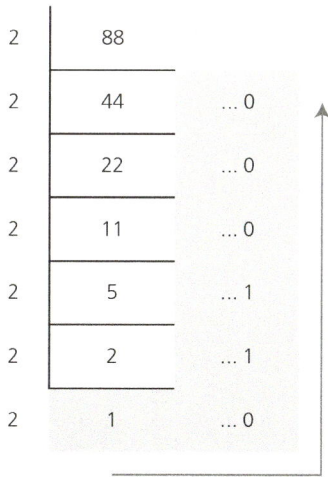

(3) 2진수를 8진수로 변환

자릿수	1	4	2	1	4	2	1
2진수	1	0	1	1	0	0	0
8진수	1		3		0		

(4) 2진수를 16진수로 변환

자릿수	4	2	1	8	4	2	1
2진수	1	0	1	1	0	0	0
16진수		5			8		

(5) 2진수를 10진수로 변환

자릿수	64	32	16	8	4	2	1
2진수	1	0	1	1	0	0	0
10진수				88			

3. 연산자

(1) 산술 연산자

연산자	기능	산술 연산식	결과
+	더하기	10 + 5	15
-	빼기	10 - 3	7
*	곱하기	3 * 7	21
/	나누기	7 / 3	2
%	나머지	7 % 3	1
++	1증가		
--	1감소		

(2) 관계 연산자

연산자	기능	관계 연산식	결과
>	크다	10 > 1	1, true
>=	크거나 같다	10 >= 10	1, true
<	작다	10 < 1	0, false
<=	작거나 같다	10 <= 10	1, true
==	같다	10 == 5	0, false
!=	같지 않다	10 != 5	1, true

(3) 논리 연산자

연산자	기능	논리 연산식	결과
&&	AND	10 && 0	0, false
||	OR	10 || 0	1, true
!	NOT	!1	0, false

(4) 비트 연산자

연산자	기능	비트 연산식	결과
&	비트 AND	10 & 7	2
|	비트 OR	10 | 7	15
~	비트 not	~10	-11
^	비트 XOR	10 ^ 7	13
<<	좌 비트 이동	10 << 2	40
>>	우 비트 이동	10 >> 2	2

(5) 삼항 연산자

연산자	기능	삼항 연산식	결과
? :	3항 연산	10 > 3 ? 10 : 3	10

(6) 대입 연산자

연산자	기능	대입 연산식	결과
+=	덧셈 후 대입	a += 10;	
-=	뺄셈 후 대입	a -= 10;	
*=	곱셈 후 대입	a *= 10;	
/=	나눗셈 후 대입	a /= 10;	
%=	나머지 후 대입	a %= 10;	

(7) 연산자 우선순위

우선순위	분류	종류
1	단항 연산자	++, --, !
2	산술 연산자	*, /, +, -
3	시프트 연산자	<<, >>
4	관계 연산자	>, <, >=, <=, ==, !=
5	비트 연산자	&, ^, |
6	논리 연산자	&&, ||
7	삼항 연산자	? :
8	대입 연산자	=, +=, -=, *=, /=, %=

문제풀이

001 다음 C언어 프로그램의 출력 결과를 쓰시오.

```c
#include <stdio.h>
int main() {
    int number = 42;
    float pi = 3.14159;
    char letter = 'G';

    printf("Integer: %d \n", number);
    printf("Float: %.2f \n", pi);
    printf("Character: %c \n", letter);

    return 0;
}
```

해설

number, pi, letter 변수에는 각각의 값이 대입되어 있고, %d(정수형), %.2f(소수점 둘째 자리까지 표현한 실수형), %c(문자)를 출력한다.

정답
Integer: 42
Float: 3.14
Character: G

002 다음 C언어 프로그램의 출력 결과를 쓰시오.

```c
#include <stdio.h>
int main() {
    char* greeting = "안녕하세요!";
    printf("인사: %s \n", greeting);
    return 0;
}
```

> **해설**
> char형 포인터 변수 greeting에 문자열이 대입된다.
> 문자열 출력 변환기호 %s는 주소값을 받아, null 문자를 만날 때까지 출력을 해준다.

정답 인사: 안녕하세요!

003 다음 C언어 프로그램의 출력 결과를 쓰시오.

```c
#include <stdio.h>
int main() {
    double weight = 65.5;
    int age = 30;
    printf("나이: %d, 몸무게: %.1fkg \n", age, weight);
    return 0;
}
```

> **해설**
> %d는 정수를 출력하고, %.1f는 소수점 한자리까지 표현하는 출력변환 기호이다.

정답 나이: 30, 몸무게: 65.5kg

004 다음 C언어 프로그램의 출력 결과를 쓰시오.

```c
#include<stdio.h>
int main() {
    printf("|%d|\n", 123);
    printf("|%5d|\n", 123);
    printf("|%-5d|\n", 123);
    printf("|%05d|\n", 123);
    printf("|%6.1f|\n", 123.17);
    printf("|%07.2f|\n", 123.45);
    printf("|%3.1f|\n", 123.45);
    return 0;
}
```

> **해설**
>
> %5d의 의미는 5개의 공간을 만들고 우측부터 출력값을 채워 나간다.
> %-5d는 5개의 공간을 만들고 좌측부터 출력값을 채워 나간다.
> %05d는 5개의 공간을 만들고 우측부터 출력값을 채워 나가는데, 좌측의 빈 공간을 0으로 대체한다.
> %6.1f는 소수점 포함 6개의 공간을 만들고 소수점 한 자리만 표현하게 된다. 이때 반올림이 발생한다.
> %07.2f는 소수점 포함 7개의 공간을 만들고 소수점 두 자리까지 표현한다. 좌측의 나머지 공간은 0으로 채운다.
> %3.1f에서 총 3개의 공간을 확보하지만, 정수 부분은 공간에 상관없이 출력되어야 한다.

정답 |123|
| 123|
|123 |
|00123|
| 123.2|
|0123.45|
|123.5|

005 다음 C언어 프로그램의 출력 결과를 쓰시오.

```c
#include<stdio.h>
int main() {
    double d_value;
    float f_value = 5.65;
    int n;
    d_value = f_value;
    d_value = d_value+0.5;
    n = (int)d_value;
    printf("%3.1f, %d", d_value, n);
    return 0;
}
```

> **해설**
>
> d_value=f_value;에서 5.65를 d_value에 대입한다.
> d_value의 값을 0.5 증가시켜 6.15를 만든다.
> n 변수에는 6.15를 형변환시켜 정수값인 6만 n에 대입한다.
> 출력 시 %3.1f는 3개의 공간을 확보하고, 한 자리의 소수점을 표현하는데, 반올림이 발생하여 6.2가 출력된다.

정답 6.2, 6

006 다음 C언어 프로그램의 출력 결과를 쓰시오.

```c
#include<stdio.h>
int main() {
    int sum;
    sum = (int)18.2 + (int)19.9;
    printf("%d, ", sum);
    sum = (int)(18.2 + 19.9);
    printf("%d", sum);
    return 0;
}
```

해설

첫 번째, sum에는 18.2를 정수형으로 형변환한 값 18과, 19.9를 정수형으로 형변환한 값 19를 더하여 37을 출력하게 된다.
두 번째, sum에는 18.2와 19.9를 더하여 38.1을 만들고, 정수형으로 형변환하여 38을 출력하게 된다.

정답   37, 38

007 다음 C언어 프로그램의 출력 결과를 쓰시오.

```c
#include<stdio.h>
int main() {
    char c = 'A';
    char d = '0';
    int i = 10, j = 20, k = 30;
    printf("출력 프로그램\n");
    printf("c=%c\n", c);
    printf("c=%d\n", c);
    printf("d=%c\n", d);
    printf("d=%d\n", d);
    printf("i=%d, j=%d, k=%d", i, j, k);
    return 0;
}
```

> **해설**
>
> 문자 하나를 정수형으로 출력하게 되면 해당 문자에 해당하는 ASCII 코드 값이 출력된다.
> A의 ASCII 코드 값은 65이고, 0의 ASCII 코드 값은 48이다.

정답 출력 프로그램
　　　 c=A
　　　 c=65
　　　 d=0
　　　 d=48
　　　 i=10, j=20, k=30

008 다음 C언어 프로그램의 출력 결과를 쓰시오.

```c
#include <stdio.h>
int main() {
    char a;
    a = 'A' + 1;
    printf("%c, %d", a, a);
    return 0;
}
```

> **해설**
>
> %c는 문자를 받아, 하나의 문자를 출력하고, %d는 정수를 출력하게 된다.
> 대문자 A는 ASCII 코드 65값을 가지고 있고, A에 1을 더하면 다음 문자인 B를 가리키게 된다.

정답 B, 66

009 다음 C언어 프로그램의 출력 결과를 쓰시오.

```
#include<stdio.h>
int main() {
    int a = ( 10, 20 );
    printf("%d, ", a);

    int b = ( 10, 20, 30 );
    printf("%d, ", b);

    int c = ( 10, (20, 30), 40 );
    printf("%d", c);
    return 0;
}
```

해설

콤마 연산자는 맨 오른쪽의 값을 참조하게 된다.

정답   20, 30, 40

010 10진수 57을 2진수로 변환하시오.

해설

57÷2=28 (나머지 1)
28÷2=14 (나머지 0)
14÷2=7 (나머지 0)
7÷2=3 (나머지 1)
3÷2=1 (나머지 1)
1÷2=0 (나머지 1)
역순으로 111001이 된다.

정답   111001

011 16진수 2a를 8진수로 변환하시오.

해설

16진수 2a를 2진수로 변경하면, 2=0010, a=1010이 된다.
2진수 00101010을 8진수로 변경할 때 3비트씩 그룹화하게 되고, 오른쪽부터 세자리씩 끊어서, 101(5), 010(2)로 변환되어 8진수 52가 된다.

정답   52

012 2진수 101011을 10진수로 변환하시오.

> **해설**
>
> $101011 = 1 \times 2^5 + 0 \times 2^4 + 1 \times 2^3 + 0 \times 2^2 + 1 \times 2^1 + 1 \times 2^0 = 32 + 0 + 8 + 0 + 2 + 1 = 43$

정답   43

013 8진수 74를 16진수로 변환하시오.

> **해설**
>
> 8진수 74를 2진수로 변경하면, 7=111, 4=100이 된다.
> 2진수 111100을 16진수로 변경할 때 4비트씩 그룹화하게 되고, 0011(3), 1100(c)로 변환되어 16진수 3c가 된다.

정답   3C

014 10진수 45.1875를 2진수로 변환하시오.

> **해설**
>
> 정수 부분의 변환은 2로 나눠주다가 더 이상 나눠지지 않으면 역순으로 나열하면 된다.
> 45÷2=22 (나머지 1)
> 22÷2=11 (나머지 0)
> 11÷2=5   (나머지 1)
> 5÷2=2 ... 1 (나머지 1)
> 2÷2=1 ... 0 (나머지 0)
> 1÷2=0 ... 1 (나머지 1)
> 역순으로 101101이 된다.
>
> 소수 부분 변환은 2로 곱해서 정수로 값이 넘어가면 1을 취하면 된다.
> 0.1875×2=0.375 (0)
> 0.375×2=0.75 (0)
> 0.75×2=1.5 (1)
> 0.5×2 = 1.0 (1)
> 순서대로 0011로 표현한다.

정답   101101.0011

015 2진수 10101001.110000111을 16진수로 변환하시오.

> **해설**
> 2진수를 16진수로 변환하려면 2진수를 네 자리씩 그룹으로 나누고, 각 그룹을 16진수로 변환하면 된다.
> 정수 부분: 10101001 → 1010 1001
> 소수 부분: 110000111 → 1100 0011 1 → 1100 0011 1000 (오른쪽에 0 추가)

정답   A9.C38

016 다음 C언어 프로그램의 출력 결과를 쓰시오.

```
#include<stdio.h>
int main() {
    int a = 16;
    printf("%d, ", a);
    printf("%o, ", a);
    printf("%x ", a);

    int b = 17;
    printf("\n%d, ", b);
    printf("%o, ", b);
    printf("%x ", b);
    return 0;
}
```

> **해설**
> • 16을 2진수로 바꾸면, 10000이다.
> 8진수 출력하게 되면 세 자리씩 자르게 되고, 010, 000 이렇게 두 자리로 나뉘고, 결과는 20으로 출력된다.
> 16진수 출력하게 되면 네 자리씩 자르게 되고, 0001, 0000 이렇게 두 자리로 나뉘고, 결과는 10으로 출력된다.
> • 17을 2진수로 바꾸면, 10001이다.
> 8진수 출력하게 되면 세 자리씩 자르게 되고, 010, 001 이렇게 두 자리로 나뉘고, 결과는 21로 출력된다.
> 16진수 출력하게 되면 네 자리씩 자르게 되고, 0001, 0001 이렇게 두 자리로 나뉘고, 결과는 11로 출력된다.

정답   16, 20, 10
       17, 21, 11

017 다음과 같은 C언어 문장에서 모든 변수가 int형이라고 가정할 때, 문장을 실행한 결과 각 변수(x, y)들의 값은 얼마인지 쓰시오. (답안 작성 시, 변수와 값을 구분할 수 있게만 작성하시오.)

```
y = 3 + 2 * ( x = 7 / 2 );
```

해설

연산자 우선순위에 의해 괄호 안의 식을 먼저 계산하여, x 변수에는 3이 대입된다. (정수/정수=정수)
그 이후 수식을 보면 3+2*3이 되기 때문에 y에는 9가 대입된다.

정답   x = 3, y = 9

018 다음 C언어 프로그램의 출력 결과를 쓰시오.

```c
#include<stdio.h>
int main() {
    printf("%d", (10/3) );
    return 0;
}
```

해설

정수/정수의 결과는 정수가 반환된다.

정답   3

019 다음 C언어 프로그램의 실행 결과는 1이다. ①에 들어갈 적합한 연산자를 쓰시오.

```c
#include <stdio.h>
int main() {
    int a = 25, b = 3;
    int result = a ① b;
    printf("%d", result); // 출력: 1

    return 0;
}
```

> **해설**
> 25를 3으로 나눈 나머지값은 1이 된다. 나머지 연산자 %를 사용하면 결과값 1이 출력된다.

정답   %

020 다음 C언어 프로그램의 출력 결과를 쓰시오.

```
#include<stdio.h>
int main() {
    float a;
    int b ;
    a = 1 / 2;
    b = 4 * a;
    printf("%d", b);
    return 0;
}
```

> **해설**
> a 변수에는 1/2의 결과값 0이 대입된다. 정수/정수의 결과를 먼저 구하고, a에 대입하기 때문에, a의 자료형이 실수형이라고 해도, 0.5가 아닌 0값을 대입하게 된다.
> b 변수에는 4*0의 값 0이 대입된다.

정답   0

021 C 프로그램에서 한 행의 수식 a=++b*c;를 두 행으로 표현하시오.

> **해설**
> ++b 증감 연산은 먼저 증가시키라는 의미이기 때문에, b=b+1을 먼저 수행한 후 b*c의 값을 a에 대입하게 된다.

정답   b = b + 1;
        a = b * c;

022 다음 C언어 프로그램의 출력 결과를 쓰시오.

```c
#include<stdio.h>
int main() {
    int a = 5, b = 9;
    printf("%d, ", ++a);
    printf("%d, ", a++);
    printf("%d, ", --b);
    printf("%d\n", b--);
    return 0;
}
```

해설

첫 번째 출력에서 a를 먼저 증가시킨 후 출력하여 6이 출력되고, a는 6값을 가진다.
두 번째 출력에서 a를 먼저 출력한 후 증가시키기 때문에 현재 6값이 출력되고, a는 7값을 가진다.
세 번째 출력에서 b를 먼저 감소시킨 후 출력하여 8이 출력되고, b는 8값을 가진다.
네 번째 출력에서 b를 먼저 출력한 후 감소시키기 때문에 현재 8값이 출력되고 b는 7값을 가진다.

정답 6, 6, 8, 8

---

023 다음 C언어 프로그램의 출력 결과를 쓰시오.

```c
#include<stdio.h>
int main() {
    int a = 5, b = 5;
    a *= 3 + b++;
    printf("%d, %d", a, b) ;
    return 0;
}
```

해설

a *= 3 + b++;의 처리 순서는 먼저 3+b 수행 후, b 변수의 값을 1 증가시킨다.
마지막으로 대입 연산자가 수행된다.

정답 40, 6

024 다음 C언어 프로그램의 출력 결과를 쓰시오.

```c
#include<stdio.h>
int main() {
    int a = 3+5, b=1, c;
    int ap, bp;
    ap = a++;
    bp = ++b;
    b = 3 * (ap == 8);
    c = 5 * (ap != 8);
    printf("%d %d %d %d %d", a, b, c, ap, bp);
    return 0;
}
```

해설

초기값으로 변수 a는 8, 변수 b는 1이 대입된다.
ap에는 a 변수의 값 8을 대입하고, a 변수를 후위 증가하여 a는 9가 된다.
bp에는 b 변수의 값 1을 선 증가하여 대입하기 때문에, bp와 b 변수 모두 2가 된다.
b에는 3*(ap==8), 괄호 연산을 먼저 수행하여 참값이 리턴되고, 3*1이 b에 대입된다.
c에는 5*(ap!=8), 괄호 연산을 먼저 수행하여 거짓값이 리턴되고, 5*0이 c에 대입된다.

정답   9 3 0 8 2

025 다음 C언어 프로그램의 출력 결과를 쓰시오.

```c
#include<stdio.h>
int main() {
    int i, j, k, m, n;
    i=j=k=m=n=3;
    i += ++j + 3;
    k %= m = 1 + n / 2;
    printf("%d, ", i);
    printf("%d, ", k);
    printf("%d", m);
    return 0;
}
```

> **해설**
>
> i, j, k, m, n에 모두 3을 대입한다.
> i+=++j+3;
> 대입 연산자는 가장 나중에 실행이 되고 가장 먼저 실행되는 연산은 ++j + 3을 하게 된다.
> j를 선 증가해서 4+3이 되고, 그 후에 i = i + 7;
> i에는 최종적으로 10이 대입된다.
> k %= m = 1 + n / 2;
> 가장 먼저 수행되는 것은 3/2, 정수/정수이기 때문에 정수값 1을 가진다.
> 1+1한 값을 m에 대입한 후에 k=k%2;를 수행한다.
> 3/2한 이후에 나머지값이 1을 k에 대입하게 된다.

정답　　10, 1, 2

026 다음 C언어 프로그램의 출력 결과를 쓰시오.

```
#include<stdio.h>
int main() {
    int a = 10, b = 20;
    int sum = 0;
    sum = ++a + b++;
    printf("%d, ", sum);
    sum = a-- + --b;
    printf("%d", sum);
    return 0;
}
```

> **해설**
>
> • sum = ++a + b++;
> 먼저 a 변수의 값을 증가하여 11을 만든다.
> b는 더하기 연산을 수행 후에 1이 증가된다.
> sum=11+20; 수행되고, a와 b의 값은 각각 11과 21이 된다.
> • sum = a-- + --b;
> a 변수의 현재 저장된 값 11을 가지고 연산하고 연산 수행 후에 1이 감소한다.
> b는 먼저 감소 후에 연산을 하게 된다.
> sum=11+20; 수행되고, a와 b의 값은 각각 10과 20이 된다.

정답　　31, 31

027 아래 C 프로그램의 실행 결과는? (단, 입력값은 3, 4, 5를 차례대로 입력했다고 가정하고, 입력을 받기 위해 안내되는 출력은 결과에 표시하지 마시오.)

```c
#include <stdio.h>
int main() {
    int x, y, z;
    printf("세 개의 정수를 입력하라 (x, y, z): ");
    scanf("%d %d %d", &x, &y, &z);

    int result1 = ++x + y--;
    int result2 = z-- * x++;

    printf("result1: %d\n", result1);
    printf("result2: %d\n", result2);
    printf("x: %d, y: %d, z: %d\n", x, y, z);

    return 0;
}
```

해설

x는 3, y는 4, z는 5를 입력받는다.
result1에는 x를 먼저 증가시킨 값 4와 y의 값 4를 더해서 result1에 대입한다.
이때, x와 y는 ++라는 단항 연산자를 사용했기 때문에, 1씩 증가된 값으로 변경된다.
result2에는 z의 값 5와 x의 값 4를 곱한 20을 대입한다.
이때, z는 1 감소된 값이, x는 1 증가된 값이 대입된다.

정답   result1: 8
result2: 20
x: 5, y: 3, z: 4

028 다음 C언어 프로그램의 출력 결과를 쓰시오.

```c
#include <stdio.h>
int main() {
    int a = 5, b = 10, c;
    c = a++ + --b + a;
    printf("c: %d\n", c);
    return 0;
}
```

해설

코드에는 증감 연산자가 포함되어 있다. 연산은 왼쪽에서 오른쪽으로 진행되지만, 증감 연산자의 전위(--b)와 후위(a++)의 동작 차이로 인해 값이 달라질 수 있다.
a++: 현재 값(5)을 사용한 뒤 a=6으로 증가한다.
--b: 먼저 b를 감소(10 → 9)하고 사용한다.
이후 a는 증가된 값(6)으로 사용된다.

정답 c: 20

029 다음 C언어 프로그램의 출력 결과를 쓰시오.

```c
#include <stdio.h>
int main() {
    int x = 7, y = 3;
    x += y *= x -= 2;
    printf("x: %d, y: %d\n", x, y);
    return 0;
}
```

해설

복합 대입 연산자 -=와 *=의 우선순위는 같다.
연산은 오른쪽에서 왼쪽으로 평가되기 때문에, x-=2부터 계산된다.
x=x-2의 결과는 5, y=y*x의 결과는 15, x=x+y의 결과는 20이 된다.
최종적으로 x와 y에는 20과 15가 대입된다.

정답 x: 20, y: 15

030 다음 C언어 프로그램의 출력 결과를 쓰시오.

```c
#include <stdio.h>
int main(void) {
    int a = 5, b = 3, c = 12;
    int t1, t2, t3;
    t1 = a && b;
    t2 = a || b;
    t3 =! c;
    printf("%d", t1 + t2 + t3);
    return 0;
}
```

해설

t1에 대입되는 값은 a와 b의 AND(&&) 연산이다.
&& 연산은 좌항과 우항이 모두 참일 때 참값을 리턴하게 되고, a와 b에 각각 5와 3이 있기 때문에 참으로 간주해서 참값인 1을 t1에 대입하게 된다.
t2에 대입되는 값은 a와 b의 OR(||) 연산이다.
|| 연산은 좌항과 우항 둘 중 하나만 참이면 참값을 리턴하게 되고, a와 b에 모두 값이 있는 참이므로 참값인 1을 t2에 대입하게 된다.
t3에는 c의 값을 NOT(!)연산하라는 의미로, 현재 c값에는 12라는 값이 대입되어 있는 참이므로, 이것을 비트 반전하게 되면 거짓값인 0이 대입된다.

정답   2

---

031 다음 C언어 프로그램의 출력 결과를 쓰시오.

```c
#include <stdio.h>
int main(void) {
    int a = 3, b = 4, c = 2;
    int r1, r2;

    r1 = b <= 4 || c == 2;
    r2 = (a > 0) && (b < 5);

    printf("%d", r1+r2);
    return 0;
}
```

> 해설
>
> b <= 4 || c == 2 이 결과값을 r1에 대입한다.
> || 연산자는 좌항과 우항 둘 중 하나만 참이 되어도 참값이 리턴된다.
> b <= 4, b는 4보다 작진 않지만, 같기 때문에 참값을 리턴하고, c == 2, c는 2가 저장되어 있어 참값을 리턴한다.
> r1에는 참값인 1이 대입된다.
>
> (a > 0) && (b < 5) 이 결과값을 r2에 대입한다.
> && 연산자는 좌항과 우항 모두 참이 되어야 참값이 리턴된다.
> a > 0, a의 값 3은 0보다 크기 때문에 참값을 리턴하고, b < 5, b의 값 4는 5보다 작기 때문에 참값을 리턴한다.
>
> 출력문에서 r1의 값 1과, r2의 값 1, 두 변수의 값을 더해서 2가 출력된다.

정답   2

032 다음 C언어 프로그램의 출력 결과를 쓰시오.

```c
#include <stdio.h>
int main(void) {
    int n1 = 1, n2 = 2, n3 = 3;
    int r1, r2, r3;

    r1 = ( n2 <= 2) || ( n3 > 3 );
    r2 = !n3;
    r3 = ( n1 > 1 ) && ( n2 < 3 );

    printf("%d", r3 - r2 + r1 );
    return 0;
}
```

> 해설
>
> 첫 번째, r1에는 좌항과 우항 둘 중 하나만 참이면 참값이 대입된다.
> 좌항 2 <= 2는 참이고, 우항 3 > 3은 거짓이다.
> 좌항이 참이므로 r1은 참값을 가지게 된다.
>
> 두 번째, r2는 n3을 비트 반전했고, n3에는 값이 들어가 있는 참이므로 비트 반전시켜 거짓값을 가진다.
>
> 세 번째, r3은 좌항과 우항 모두 참이면 참값이 대입된다.
> 좌항 1 > 1은 거짓이고, 우항 2 < 3은 참이다.
> 좌항이 거짓이기 때문에 r3은 거짓값을 가지게 된다.
>
> 0-0+1 출력으로 1 값이 출력된다.

정답   1

033 다음 C언어 프로그램의 출력 결과를 쓰시오.

```c
#include <stdio.h>
int main(void) {
    int x = 3, y = 4, z = 0, rs;
    rs = x || y && z;
    printf("rs = %d", rs);
    return 0;
}
```

> **해설**
> || 연산자는 좌항과 우항 둘 중 하나만 참이면 참값을 리턴한다.
> x에는 3이라는 참값이 들어있고, y에는 4라는 참값이 들어있다.
> z에는 0이라는 거짓값이 들어있다.
> 뒤에 && 연산자가 있다고 하더라도, 앞의 || 연산에서 어느 것이든 참이면 되기 때문에 rs에는 참값인 1이 대입된다.

정답　rs = 1

034 다음 C언어 프로그램의 출력 결과를 쓰시오.

```c
#include <stdio.h>
int main() {
    int x = 3, y = 0, z = 5;
    int flag = (x && y) || (z && !y);
    printf("flag: %d\n", flag);
    return 0;
}
```

> **해설**
> x와 y의 논리연산 결과는 0이다.
> z와 !y의 논리연산 결과는 1이다.
> 두 결과를 논리연산 OR를 이용해서 나온 결과는 1이 된다.

정답　flag: 1

035 다음 C언어는 두 수의 비트별 AND, OR, XOR을 구하는 프로그램이다. 실행 결과를 쓰시오.

```
#include <stdio.h>
int main(int argc, char *argv[]) {
    int a = 3, b = 6;
    int c, d, e;
    c = a & b;
    d = a | b;
    e = a ^ b;
    printf("%d, %d, %d", c, d, e);
    return 0;
}
```

해설

먼저 a 변수와 b 변수의 값을 이진수로 변환한다.
a 변수는 0011, b 변수는 0110
c에는 두 변수의 값을 & 연산하게 되고, 0010이 대입된다.
d에는 두 변수의 값을 | 연산하게 되고, 0111이 대입된다.
e에는 두 변수의 값을 ^ 연산하게 되고, 0101이 대입된다.

정답 2, 7, 5

---

036 다음 C언어 프로그램의 출력 결과를 쓰시오.

```
#include<stdio.h>
int main() {
    int x = 0x11;
    int y, z;
    y = x & 0x0f;
    z = x | 0x0f;
    printf("x=%d, y=%d, z=%d", x, y, z);
    return 0;
}
```

> **해설**
>
> x 변수에는 16진수 11이 대입되고, 이를 2진수로 바꾸면, 0001 0001이 된다.
> y 변수에 x의 값 0001 0001과 0000 1111을 & 연산하여 대입하게 되면, 0000 0001이 대입된다.
> z 변수에 x의 값 0001 0001과 0000 1111을 비트OR(|) 연산하여 대입하게 되면, 0001 1111이 대입된다.
> 이를 10진수 형태로 출력하면 아래와 같은 답이 출력된다.

정답   x=17, y=1, z=31

037 다음 C언어 프로그램의 출력 결과를 쓰시오.

```c
#include <stdio.h>
int main(int argc, char *argv[]) {
    int a = 4;
    int b = 7;
    int c = a | b;

    printf("%d", c);
    return 0;
}
```

> **해설**
>
> a 변수의 값 4를 2진수로 변경하면 0100, b 변수의 값 7을 2진수로 변경하면 0111, 이를 | 연산하게 되면 0111이고, c 변수에 대입한다.
> c 변수의 값을 10진수로 형태로 출력하면 7이 된다.

정답   7

038 C언어에서 정수 변수 a, b에 각각 1, 2가 저장되어 있을 때 다음 식의 연산 결과를 쓰시오.

```
a < b + 2 && a << 1 <= b
```

> **해설**
>
> 논리 연산자 &&를 기준으로 좌항과 우항으로 나누어 참 거짓을 확인한다.
> a < b + 2에서 산술 연산자가 우선순위가 높기 때문에, 1 < 4로 비교하여 참값을 리턴한다.
> a << 1 <= b에서 시프트 연산자가 우선순위가 높기 때문에 a 값 1을 좌 시프트 1 해서 2 <= 2를 비교하게 되고, 참값을 리턴한다.
> 좌항과 우항이 모두 참이기 때문에 최종적으로 참값인 1을 리턴한다.

정답   1

039 다음 C언어 프로그램의 출력 결과를 쓰시오.

```c
#include <stdio.h>
int main(int argc, char *argv[]) {
    int a = 15, b = 32;
    int c, d;
    c = a >> 2;
    d = b << 2;
    printf("%d, %d", c, d);
    return 0;
}
```

해설

먼저 a 변수와 b 변수의 값을 이진수로 변환한다.
a 변수는 001111, b 변수는 100000
c에는 a 변수의 값을 우 시프트하여 두 개를 삭제시켜 000011이 대입된다.
d에는 b 변수의 값을 좌 시프트하여 두 개를 추가시켜 10000000이 대입된다.

정답 3, 128

040 다음 C언어 프로그램의 출력 결과를 쓰시오.

```c
#include <stdio.h>
int main() {
    int a = 5;
    int b = 3;

    a = a << b;
    b = a >> 1;

    printf("%d,", a);
    printf("%d\n", b);

    return 0;
}
```

> **해설**
> 변수 a에 5, 변수 b에 3을 대입한다.
> a 변수에 있는 값 5를 좌 시프트 3 해서 나온 결과 40을 a에 대입한다.
> b 변수에는 a에서 변경된 40을 가지고, 우 시프트 1 해서 나온 결과 20을 대입한다.

정답   40, 20

041 C에서 "^"는 비트 간 XOR 연산을 나타낸다. 5^13의 결과를 쓰시오.

> **해설**
> 5를 2진수로 변환하면 0101, 13을 2진수로 변환하면 1101, XOR 연산을 하게 되면 두 비트가 다를 때 1을 리턴하기 때문에 2진수 1000, 10진수 8을 출력한다.

정답   8

042 다음 C언어 프로그램의 출력 결과를 쓰시오.

```c
#include <stdio.h>
int main() {
    int num1 = 5;
    int num2 = -5;
    printf("%d, %d", ~num1, ~num2);
    return 0;
}
```

> **해설**
> 비트 NOT 연산자를 사용하게 되면 양수일 때는 부호와 상관없이 1 증가 후 음수로 변환하고, 음수일 때는 부호와 상관없이 1 감소 후 양수로 변환한다.

정답   -6, 4

043 다음 C언어 프로그램의 출력 결과를 쓰시오.

```c
#include <stdio.h>
int main() {
    int a = 6;
    int b = 5;
    int result = (a & b) | (~a);
    printf("result: %d\n", result);
    return 0;
}
```

해설

변수 a에는 6이 대입되고, 2진수는 0110이 된다.
변수 b에는 5가 대입되고, 2진수는 0101이 된다.
a와 b를 & 연산하게 되면, 4가 된다.
4와 ~a의 연산을 하게 되면, -3이 된다.
~는 비트 NOT 연산자이고, 모든 비트를 반전시키게 된다.
int는 32비트로 구성되어 있기 때문에
4는 00000000 00000000 00000000 00000100
~a는 11111111 11111111 11111111 11111001
이 값들을 비트 OR 연산을 하게 되면, 11111111 11111111 11111111 111111101이 된다.
맨 앞 부호비트가 1이기 때문에 해당 값은 음수가 되고, 음수를 해석하기 위해서는 2의 보수로 계산한다.
1의 보수로 변경하면, 0000000 00000000 00000000 000000010이 되고, 2의 보수로 변경하면, 0000000 00000000 00000000 000000011이 된다.
이 값은 3이고, 맨 앞 부호비트가 1이기 때문에 -3이 된다.

정답 -3

---

044 다음 C언어 프로그램의 출력 결과를 쓰시오.

```c
#include <stdio.h>
int main() {
    int a = -6;
    int b = 5;
    int result = (a & b) | (~a);
    printf("result: %d\n", result);
    return 0;
}
```

> **해설**
>
> 변수 a에는 -6이 대입되고, 2진수로 표현하면, 11111111 11111111 11111111 11111010이 된다.
> 변수 b에는 5가 대입되고, 2진수는 00000000 00000000 00000000 00000101이 된다.
> a와 b를 & 연산하게 되면, 0이 된다.
> 0과 ~a의 연산을 하게 되면, 5가 된다.
> ~는 비트 NOT 연산자이고, 모든 비트를 반전시키게 된다.
> int는 32비트로 구성되어 있기 때문에
> 0은 00000000 00000000 00000000 00000000
> ~a는 00000000 00000000 00000000 00000101
> 이 값들을 비트 OR 연산을 하게 되면, 00000000 00000000 00000000 00000101이 된다.
> 맨 앞 부호비트가 0이기 때문에, 해당 값은 양수 5가 된다.

정답   5

045 다음 C언어 프로그램의 출력 결과를 쓰시오.

```
#include <stdio.h>
int main() {
    int x = 0x15213F10 >> 4;
    char y = (char) x;
    unsigned char z = (unsigned char) x;
    printf("%d, %u", y, z);
    return 0;
}
```

> **해설**
>
> 이런 형태의 문제는 x의 10진수 값을 구하는 형태는 아니다.
> 처음 x에 시프트 연산으로 4비트를 제거하게 되면, 0x15213F1이 남게 된다.
> y에 x의 값을 형변환하여 넣으려고 할 때, char는 1Byte이기 때문에 뒤에 F1의 값만 들어가게 된다.
> y에 저장된 2진수를 보게 되면, 11110001이 되고, 맨 앞에 있는 1은 부호비트를 나타내기 때문에 음수이다.
> 음수는 2의 보수 형태로 저장이 되고, 1110001을 1의 보수로 먼저 변형하여 1110000, 이것을 원래의 2진수로 변경하면 00011111이 된다.
> y에는 -15가 저장된 형태가 된다.
> z는 unsigned 형태로 값을 대입하는데, unsigned는 절대값의 표현이 되기 때문에 11110001의 10진수 값 241을 가지게 된다.

정답   -15, 241

046 다음 C언어 프로그램의 출력 결과를 쓰시오.

```c
#include <stdio.h>
int main(void) {
    int a, b;
    a = 20;
    b = ( a > 10 ) ? a+a : a*a;
    printf("b=%d \n", b);
    return 0;
}
```

해설

삼항 연산자는 조건항을 비교하여 참일 때는 참항, 거짓일 때는 거짓항을 수행한다.
a>10, a는 20을 가지고 있고, 조건이 참이기 때문에, 참항의 수행 a+a를 수행하여 b 변수에 40을 대입한다.

정답 b=40

---

047 다음 C언어 프로그램의 출력 결과를 쓰시오.

```c
#include <stdio.h>
int main() {
    int x = 4, y = 6, z = 10;
    int result = (x > y) ? (y + z) : (x > z ? x : z);
    printf("%d\n", result);
    return 0;
}
```

해설

조건(x > y)은 false이기 때문에, 두 번째 조건 (x > z)로 진행한다.
조건(x > z)은 false이기 때문에, z가 최종값으로 선택된다.

정답 10

CHAPTER 03 제어문

1. 제어문

(1) if

1) 단순 if 문

```
if( 조건 ){
    // 조건이 참일 때의 처리;
}
```

2) if~else 문

```
if( 조건 ){
    // 조건이 참일 때의 처리;
}
else{
    // 조건이 거짓일 때의 처리;
}
```

3) 다중 if 문

```
if( 조건1 ){
    // 조건1이 참일 때의 처리;
}
else if( 조건2 ){
    // 조건2가 참일 때의 처리;
}
else if( 조건3 ){
    // 조건3이 참일 때의 처리;
}
else{
    // 모든 조건이 만족하지 않을 때의 처리;
}
```

4) 예제

```
int main(){
    int score = 65;
    // score 값이 60 이상일 때와 그렇지 않을 때를 비교한다.
    if( score >= 60 ){
        printf("합격하셨습니다.");
    }
    else{
        printf("아쉽게도 불합격하셨습니다.");
    }
}
```

```
// 점수를 입력받아 해당 점수별로 등급을 출력한다.
int main() {
    int score;
    printf("점수를 입력하세요: ");
    scanf("%d", &score);
    if (score >= 90) {
        printf("A 등급입니다.\n");
    }
    else if (score >= 80) {
        printf("B 등급입니다.\n");
    }
    else if (score >= 70) {
        printf("C 등급입니다.\n");
    }
    else {
        printf("F 등급입니다.\n");
    }
    return 0;
}
```

(2) switch

1) 문법

```
switch(변수){
    case 값1 :
        명령문;
        break;
    case 값2 :
        명령문;
        break;
    default :
        명령문;
}
```

2) 예제

```
char ch = 'A';
switch(ch){
    case 'A' :
        printf("ch의 값은 A입니다.");
        break;
    case 'B' :
        printf("ch의 값은 B입니다.");
        break;
    default :
        printf("ch의 값은 A와 B가 아닌 다른 문자입니다.");
}
```

문제풀이

001 다음 프로그램 조건문에 대해 삼항 조건 연산자를 사용하여 표현하시오.

```
int i = 7, j = 9;
int k;
if (i > j)
    k = i - j;
else
    k = i + j;
```

해설

삼항 연산자는 조건항 ? 참항 : 거짓항으로 구성이 된다.
i > j는 조건항으로, i - j는 참항, i + j는 거짓항으로 구분해 준다.

정답   k = (i > j)?(i - j):(i + j);

002 다음 C언어 프로그램의 출력 결과를 쓰시오.

```
#include <stdio.h>
int main() {
    int a = 10, b = 20;
    if( a > b ){
        a = a + 10;
        printf("a=%d\n", a);
    }
    b = b + 20;
    printf("b=%d", b);
    return 0;
}
```

해설

if 조건에서 10 > 20, 10은 20보다 크지 않기 때문에 해당 if 블록을 건너뛴다.

정답   b=40

003 다음 C언어 프로그램의 출력 결과를 쓰시오.

```c
#include <stdio.h>
int main() {
    int a, b, max;
    a = 10;
    b = 5;
    if( a > b ){
        max = a;
    }
    else{
        max = b;
    }
    printf("max=%d", max);
    return 0;
}
```

해설

if 조건에서 a와 b를 비교하여 a가 크면 max 변수에 a의 값을, 그렇지 않다면 max 변수에 b 값 대입 a의 값이 크기 때문에 참 블록을 수행한다.

정답   max=10

004 다음 C언어 프로그램의 출력 결과를 쓰시오.

```c
#include <stdio.h>
int main() {
    float i;
    int j, k, m;
    int v1 = 1;
    int v2 = 2;
    i = 100 / 300;
    j = v1 & v2;
    k = v1 | v2;
    if( j && k || i ) m = i + j;
    else m = j + k;
    printf("i = %.1f  j = %d  k = %d  m = %03d \n", i, j, k, m);
    return 0;
}
```

해설

i에는 100을 300으로 나눠서 대입된다. 이때 정수/정수=정수이므로 0값이 대입된다.
VALUE1을 2진수로 변경하면, 0001
VALUE2를 2진수로 변경하면, 0010
j에는 VALUE1과 VALUE2를 & 연산하여 0값이 대입된다.
k에는 VALUE1과 VALUE2를 | 연산하여 3값이 대입된다.
조건문에서 순서대로 j && k 연산을 수행한다. j에 0값이 들어있으므로 false가 되고, 그다음 연산 flase || i를 수행한다.
i에도 0값이 대입되어 있으므로 해당 결정포인트는 거짓이 된다.
m에는 조건에서 거짓에 해당하는 j+k 값을 수행하여 3값을 대입한다.

정답   i = 0.0 j = 0 k = 3 m = 003

005 다음 C언어 프로그램의 출력 결과를 쓰시오.

```c
#include <stdio.h>
int main() {
    int i = 7, j = 9;
    int k;
    if (i > j)
        k = i - j;
    else
        k = i + j;
    printf("%d", k);
    return 0;
}
```

해설

조건절에서 7 > 9는 거짓이 되므로, k값에는 7+9를 수행한 16이 대입된다.

정답　16

006 다음 C언어 프로그램의 출력 결과를 쓰시오.

```c
#include <stdio.h>
int main() {
    int a, b;
    a = b = 1;

    if( a == 2 )
        b = a + 1;
    else if( a == 1 )
        b = b + 1;
    else
        b = 10;
    printf("%d, %d\n", a, b);
    return 0;
}
```

> **해설**
>
> a, b 변수에 모두 1을 대입한다.
> 첫 번째 비교에서 a == 2는 만족하지 않고, 두 번째 비교 a == 1을 만족하기 때문에 해당 조건 블록을 수행한다.
> b를 1 증가시켜 b 변수에는 2가 대입된다.
> 해당 블록 수행 후, if 전체 블록을 빠져나오고, a의 값 1과 b의 값 2를 출력한다.

정답   1, 2

007 다음 C언어 프로그램의 출력 결과를 쓰시오.

```c
#include <stdio.h>
int main() {
    int a=10;

    if( a >= 0 ){
        if( a == 0 ){
            printf("0 입니다.");
        }
        else{
            printf("양수 입니다.");
        }
    }
    else{
        printf("음수 입니다.");
    }
    return 0;
}
```

> **해설**
>
> 첫 번째 비교에서 a는 0보다 크기 때문에 if 조건에 만족하는 블록을 수행한다.
> 해당 블록에서는 a가 0인지를 비교하고, 0이 아니기 때문에 else 블록을 수행하여 출력한다.

정답   양수 입니다.

008 다음 C언어 프로그램의 출력 결과를 쓰시오.

```c
#include <stdio.h>
int main() {
    int i, j;
    i = 10;
    j = 20;

    if( i == 10 ){
        if( j == 10 ){
            printf("%d, ", i = i + j);
        }
        else{
            printf("%d, ", i = i - j);
        }
        printf("%d, %d", i, j);
    }
    return 0;
}
```

해설

첫 번째 비교에서 i는 10과 같기 때문에 if 블록을 수행한다.
if 블록 안에서 다시 j값을 비교하고, j는 10이 아니기 때문에, else 블록을 수행한다.
i=i-j;를 수행하여 i 값에 -10을 저장하고 출력한다.
if 블록을 빠져나와 현재 i와 j의 값을 출력해 준다.

정답 -10, -10, 20

009 다음은 어느 학생이 C언어로 작성한 학점 계산 프로그램이다. 출력 결과를 쓰시오.

```c
#include <stdio.h>
int main()
{
    int score = 85;
    char grade;
    if (score >= 90) grade='A';
    if (score >= 80) grade='B';
    if (score >= 70) grade='C';
    if (score < 70) grade='F';
    printf("학점 : %c\n", grade);
    return 0;
}
```

해설

score에는 85가 대입되고,
첫 번째 if 문은 85 >= 90, 거짓이다.
두 번째 if 문은 85 >= 80, 참이기 때문에 grade에 B를 대입한다.
세 번째 if 문은 85 >= 70, 참이기 때문에 grade에 C를 대입한다.
네 번째 if 문은 85 < 70, 거짓이다.
if 문들이 다중 if로 묶인 것이 아니라, 개별적으로 조건을 확인하기 때문에 모든 if를 수행하게 된다.

정답   학점 : C

010 다음 C언어 프로그램의 출력 결과를 쓰시오. (단, 점수는 85를 입력하였고, 입력을 받기 위해 안내되는 출력문은 결과에 표시하지 마시오.)

```c
#include <stdio.h>
int main() {
    int jumsu=0;
    printf("점수를 입력해주세요:");
    scanf("%d", &jumsu);
    if( jumsu > 90 )
        printf("학점은 A");
    else if( jumsu > 80 )
        printf("학점은 B");
    else if( jumsu > 70 )
        printf("학점은 C");
    else if( jumsu > 60 )
        printf("학점은 D");
    else
        printf("학점은 F");
    return 0;
}
```

해설

입력받은 85를 가지고 첫 번째 비교를 하게 된다.
85 > 90에 만족하지 않기 때문에, 다음 조건을 비교한다.
85 > 80에 만족하기 때문에 해당 내용을 수행하여 '학점은 B'라고 출력한다.
출력 후에는 해당 if 블록을 빠져나오게 된다.

정답   학점은 B

011 다음 C언어 프로그램의 출력 결과를 쓰시오.

```c
#include <stdio.h>
int main() {
    int score = 85;
    if (score >= 60) {
        printf("A\n");
        printf("B\n");
    }
    return 0;
}
```

해설

score 변수에는 85가 대입되어 있고, 85는 60보다 크거나 같기 때문에, if 안쪽에 있는 내용이 수행된다.

정답   A
          B

012 다음 C언어 프로그램의 출력 결과를 쓰시오.

```c
#include <stdio.h>
int main() {
    int score = 55;
    if (score >= 60)
        printf("A\n");
    printf("B\n");

    return 0;
}
```

해설

중괄호가 없는 if 문의 경우, 조건이 만족하면 다음에 있는 하나의 명령만 if에 속하게 된다.
score >= 60은 조건에 만족하지 않았지만, B를 출력하는 건 if의 범위를 벗어나기 때문에 실행이 된다.

정답   B

013 다음 C언어 프로그램의 출력 결과를 쓰시오.

```c
#include <stdio.h>
int main() {
    int score = 55;

    if (score >= 60)
        printf("A\n");
    printf("B\n");
    printf("C\n");

    return 0;
}
```

해설

중괄호가 없는 if 문의 경우, 조건이 만족하면 다음에 있는 하나의 명령만 if에 속하게 된다.
score >= 60은 조건에 만족하지 않았지만, B와 C를 출력하는 건 if의 범위를 벗어나기 때문에 실행이 된다.

정답 B
C

014 다음 C언어 프로그램의 출력 결과를 쓰시오.

```c
#include <stdio.h>
int main() {
    int score = 55;

    if (score >= 60){
        printf("A\n");
        printf("B\n");
    }
    printf("C\n");

    return 0;
}
```

해설

score >= 60의 조건은 거짓이기 때문에, 중괄호 안에 있는 내용들은 실행되지 않는다.

정답 C

015 다음 C언어 프로그램의 출력 결과를 쓰시오.

```c
#include <stdio.h>
int main() {
    int a = 0, b = 0;
    if (++a && ++b) {
        printf("a = %d, b = %d \n", a, b);
    } else {
        printf("a = %d, b = %d \n", a, b);
    }
    return 0;
}
```

해설

a와 b에는 각각 0이 대입되어 있다.
if 조건에서 a와 b는 선 증가하기 때문에, 조건은 if(1 && 1)이 된다.
조건의 결과가 참이고, a와 b에는 증가된 값이 대입되어 있기 때문에, 증가된 값이 출력된다.

정답   a = 1, b = 1

016 다음 C언어 프로그램의 출력 결과를 쓰시오.

```c
#include <stdio.h>
int main() {
    int a = 1, b = 0;
    if (a++ || ++b) {
        printf("a = %d, b = %d \n", a, b);
    } else {
        printf("a = %d, b = %d \n", a, b);
    }
    return 0;
}
```

해설

a와 b에는 각각 1과 0이 대입되어 있다.
if 조건에서 사용된 논리 연산자는 OR 연산이고, OR의 경우 좌항이 만족하면 우항을 처리할 필요가 없기 때문에, a++만 가지고 참이 된다.
a 값만 증가시키고, ++b는 처리가 되지 않았기 때문에, a에는 2, b에는 0이 그대로 남아있게 된다.

정답   a = 2, b = 0

017 다음 C언어 프로그램의 출력 결과를 쓰시오.

```
#include<stdio.h>
int main()
{
    int i = 3;
    int j = 4;
    if( (++i > j--) && (i++ < --j) ) i = i-- + ++j;
    else j = i-- - --j;
    printf("%d %d\n", i, j);
    return 0;
}
```

해설

첫 번째 조건에서 ++i > j--를 수행한다.
i는 전위 연산이기 때문에 4를 가지고 비교하고, j는 후위 연산이기 때문에 현재값 4를 가지고 비교하고, 1을 감소시킨다.
4 > 4라는 조건이 성립되고 거짓값이 된다.
이후에 우항을 실행해야 하지만, && 논리연산은 좌항과 우항 모두 참이 되어야 하는 연산자이고, 이미 좌항에서 거짓값이 나왔기 때문에 우항의 연산을 실행하지 않고 종료한다.
else 구문에서 j에 i-- - --j를 수행하게 되면
4-2를 하여 j에 2값을 대입하고, i 값은 후위 연산이기 때문에 3이 된다.

정답   3 2

018 다음 C언어 프로그램의 출력 결과를 쓰시오.

```
#include<stdio.h>
int main()
{
    int i = 3;
    int j = 4;
    if( (++i > j--) || (i++ < --j) ) i = i-- + ++j;
    else j = i-- - --j;
    printf("%d %d\n", i, j);
    return 0;
}
```

해설

첫 번째 조건에서 ++i > j--를 수행한다.
i는 전위 연산이기 때문에 4를 가지고 비교하고, j는 후위 연산이기 때문에 현재값 4를 가지고 비교하고, 1을 감소시킨다.
4 > 4라는 조건이 성립이 되고 거짓이 된다.
좌항이 거짓이지만 || 연산을 수행하기 때문에 우항도 수행을 하게 된다.
i는 후위 연산이기 때문에 4를 가지고 비교하게 되고, j는 전위 연산이기 때문에 2값을 가지고 비교하게 된다.
4 < 2를 수행하게 되면 거짓이 되고, j = i-- - --j;를 수행한다.
j = 5-- - --2;를 수행하고, j는 5-1의 결과값 4가 대입되고, i는 연산 수행 후에 4가 대입된다.

정답   4 4

019 다음 C언어 프로그램의 출력 결과를 쓰시오.

```c
#include<stdio.h>
int main()
{
    int a = 20, b = 30;
    if( a++ <= 20 || ++b > 30 )
        b++;
    printf("%d, %d\n", a++, b );
    return 0;
}
```

해설

조건문의 좌항에서는 a가 후위 연산이기 때문에, 20 <= 20을 수행 후 a 값을 1 증가시키게 된다.
좌항은 참이라는 결과값이 나오게 되고, || 연산이기 때문에 우항은 수행하지 않는다.
참값의 실행 b++를 수행하여 b에는 31을 대입하게 된다.
a는 조건 실행 후 1을 증가했기 때문에 21이 출력되고, b는 참이라는 조건에 의해서 31이라는 결과가 출력된다.

정답   21, 31

020 다음 C언어 프로그램의 출력 결과를 쓰시오.

```c
#include<stdio.h>
int main()
{   int x = 15, y = 25, z = 10;
    if( x++ < 15 && ++y > 25 || z-- > 5 )
        x += 2;
    else
        y -= 2;
    printf("%d, %d, %d\n", x, y, z);
    return 0;
}
```

해설

x++ < 15는 false (x는 15이고 조건 평가 후 16으로 증가)
++y > 25는 실행되지 않음 (&&에서 앞 조건이 false라 단축 평가 발생)
z-- > 5는 true (z는 10이고 조건 평가 후 9로 감소)
최종 조건식은 false || true이므로 true가 되고, x+=2;를 실행한다.

정답   18, 25, 9

021 다음 C언어 프로그램의 출력 결과를 쓰시오.

```c
#include<stdio.h>
int main()
{
    int a = 10, b = 5, c = 15;
    if( --a > 10 || b++ < 6 && ++c > 15 )
        c += a;
    else
        b += c;
    printf("%d, %d, %d\n", a, b, c);
    return 0;
}
```

해설

--a > 10은 false(a는 먼저 감소하여 9가 된다.)
b++ < 6은 true(b는 5로 조건 평가 후 6으로 증가)
++c > 15는 true(c는 16으로 증가)
최종 조건식은 false || true && true이므로 true가 되고, c+=a;를 실행한다.

정답   9, 6, 25

022 다음 C언어 프로그램의 출력 결과를 쓰시오. (단, 사용자 입력값은 75라고 가정하고, 입력을 위한 안내 문구의 출력은 제외한다.)

```c
#include<stdio.h>
int main()
{
    int n;
    printf("숫자를 입력하세요");
    scanf("%d", &n);
    printf("%d\n", n=n%2);
    switch(n){
        case 0: printf("나머지는 0\n"); break;
        case 1: printf("나머지는 1\n"); break;
        case 2: printf("나머지는 2\n"); break;
        default: printf("나머지는 다른 값입니다."); break;
    }
}
```

해설

정수 75를 입력받아 나머지를 구하고 출력을 해준다.
출력을 하면서 n 변수에 나머지값을 대입한다.
나머지값이 1이기 때문에 case 1번부터 수행하고, break를 만날 때까지 수행이 된다.
'나머지는 1' 출력 후 break를 만났기 때문에 해당 switch 블록을 종료한다.

정답   1
        나머지는 1

023 다음 C언어 프로그램의 출력 결과를 쓰시오. (단, 사용자 입력값은 60이라고 가정하고, 입력을 위한 안내 문구의 출력은 제외한다.)

```c
#include<stdio.h>
int main()
{
    int n;
    printf("숫자를 입력하세요");
    scanf("%d", &n);
    printf("%d\n", n=n%2);
    switch(n){
        case 0: printf("나머지는 0\n");
        case 1: printf("나머지는 1\n");
        case 2: printf("나머지는 2\n");
        default: printf("나머지는 다른 값입니다.");
    }
    return 0;
}
```

해설

정수 60을 입력받아 나머지를 구하고 출력을 해준다.
출력을 하면서 n 변수에 나머지값을 대입한다.
나머지값이 0이기 때문에 case 0번부터 수행하고, break를 만날 때까지 수행이 된다.
소스상에 break가 없기 때문에 모든 문장이 수행된다.

정답   0
          나머지는 0
          나머지는 1
          나머지는 2
          나머지는 다른 값입니다.

024 다음 C언어 프로그램의 출력 결과를 쓰시오.

```c
#include <stdio.h>
int main() {
    int a = 17;
    switch( a % 3 ){
        case 0: printf("A");
        case 1: printf("B");
        case 2: printf("C");
        case 3: printf("D");
        default: printf("E");
    }
    return 0;
}
```

해설

17을 3으로 나누게 되면 몫은 5이고, 나머지는 2이기 때문에 case 2번부터 break를 만날 때까지 수행하게 된다. break가 없기 때문에 case 2번부터 default까지 모두 수행된다.

정답   CDE

025 다음 C언어 프로그램의 출력 결과를 쓰시오.

```c
#include <stdio.h>
int main() {
    int a = 17;
    switch( a % 3 ){
        case 0: printf("A");
        case 1: printf("B"); break;
        case 2: printf("C");
        case 3: printf("D"); break;
        default: printf("E");
    }
    return 0;
}
```

> **해설**
> 17을 3으로 나누게 되면 몫은 5이고, 나머지는 2이기 때문에 case 2번부터 break를 만날 때까지 수행하게 된다. case 3에 break가 있기 때문에, CD 출력 후 switch 문을 빠져나온다.

정답   CD

026 다음 C언어 프로그램의 출력 결과를 쓰시오.

```
#include <stdio.h>
int main() {
    int a = 27;
    switch( a % 6 ){
        case 0: printf("A"); break;
        case 1: printf("B"); break;
        case 2: printf("C"); break;
        default: printf("D");
    }
    return 0;
}
```

> **해설**
> 27을 6으로 나누게 되면 몫은 4, 나머지는 3이 되고, case에 3값이 없기 때문에 default를 수행하게 된다.

정답   D

027 다음 C언어 프로그램의 출력 결과를 쓰시오.

```
#include <stdio.h>
int main() {
    int a=0, b=1;
    switch( a ) {
        case 0 : printf("%d \n", b++); break;
        case 1 : printf("%d \n", ++b); break;
        default : printf("%d \n", b); break;
    }
    return 0;
}
```

> 해설
>
> a의 값은 0이므로, case 0번부터 break를 만날 때까지 수행한다.
> case 0번에서 출력을 할 때, b의 값을 먼저 출력 후 1 증가시키기 때문에 1이 출력되고, b 변수의 값은 2가 된다.

정답   1

028 다음 C언어 프로그램의 출력 결과를 쓰시오.

```c
#include <stdio.h>
int main() {
    int c = 1;
    switch (3) {
        case 1: c += 3;
        case 2: c++;
        case 3: c = 0;
        case 4: c += 3;
        case 5: c -= 10;
        default: c--;
    }
    printf("%d", c);
    return 0;
}
```

> 해설
>
> switch 제어문에 3값이 들어왔기 때문에 case 3부터 break를 만날 때까지의 구문을 수행한다.
> 해당 프로그램에는 break가 없기 때문에 case 3부터 default까지 모든 구문을 수행한다.
> c 변수에 0값 대입 => 0
> c 변수에 3을 증가 => 3
> c 변수에서 10을 감소 => -7
> c 변수에서 1을 감소 => -8

정답   -8

CHAPTER 04 반복문

1. for 문

(1) for 문의 활용
- 반복 횟수가 정해진 경우에 가장 적합한 반복문으로, 초기식, 조건식, 증감식을 포함하는 구조를 가진다.

(2) 구조

```
for (초기식; 조건식; 증감식)
{
    // 반복 실행할 코드
}
```

1) 초기식
- 반복문이 시작되기 전에 한 번만 실행된다.
- 반복 제어 변수의 초기값을 설정한다.
- 예: int i = 0 (i를 0으로 초기화)

2) 조건식
- 반복 여부를 결정한다.
- 조건식이 참(True)이면 본문 실행, 거짓(False)이면 반복문을 종료한다.
- 예: i < 10 (i가 10보다 작을 때만 실행)

3) 증감식
- 반복 제어 변수의 값을 변화시킨다.
- 반복이 끝날 때마다 실행된다.
- 예: i++ (i를 1 증가)

(3) 예제

1) 배열 순회

```c
int arr[] = {1, 2, 3, 4, 5};
for (int i = 0; i < 5; i++) {
    printf("%d ", arr[i]);
}
```

[실행 결과]
1 2 3 4 5

2) 합계 계산

```c
int sum = 0;
for (int i = 1; i <= 10; i++) {
    sum += i;
}
printf("Sum: %d\n", sum);
```

[실행 결과]
Sum: 55

3) 별 출력

```c
for (int i = 1; i <= 5; i++) {
    for (int j = 1; j <= i; j++) {
        printf("*");
    }
    printf("\n");
}
```

[실행 결과]
```
*
**
***
****
*****
```

2. while 문

(1) while 문의 활용
- 특정 조건을 만족할 때까지 반복 실행하는 반복문이다.
- 조건식이 참(True)일 때 계속 실행된다.
- 반복 횟수가 사전에 정해지지 않은 경우에 적합하다.

(2) 구조

```
while (조건식) {
    // 반복 실행할 코드
}
```

1) 조건식
- 반복 실행 여부를 결정한다.
- 조건식이 참(True)이면 본문 실행, 거짓(False)이면 반복문을 종료한다.
- 예: x > 0 (x가 0보다 클 때 반복 실행)

2) 본문
- 조건식이 참인 경우 실행되는 명령문 블록이다.
- 본문 실행 후 조건식이 다시 평가된다.

(3) 예제

1) 기본 형태

```c
int x = 3;
while (x > 0) {
    printf("%d\n", x);
    x--;   // x를 감소시켜 조건 변경
}
```

[실행 결과]
3
2
1

2) 조건 변경이 없는 무한 루프

```c
int x = 1;
while (x > 0) {
    printf("무한 루프입니다!\n");
}
// 프로그램이 종료되지 않음
```

3) 특정 조건에서 종료

```c
int x = 10;
while (x > 0) {
    if (x == 5) {
        printf("중간에 종료\n");
        break;   // 반복문 강제 종료
    }
    printf("%d\n", x);
    x--;
}
```

```
[실행 결과]
10
9
8
7
6
중간에 종료
```

3. do~while 문

(1) do~while 문의 활용
- 무조건 한 번 반복을 실행한 후 조건식을 검사하여 조건이 참(True)일 때 반복 실행한다.
- 조건식이 거짓(False)이더라도 최소 한 번은 본문이 실행되는 특징이 있다.

(2) 구조

```
do {
    // 반복 실행할 코드
} while (조건식);
```

1) 본문
- 반복문 실행 시 항상 처음 한 번은 실행된다.
- 조건식 검사 여부와 관계없이 무조건 실행된다.

2) 조건식
- 본문 실행 후 조건을 평가한다.
- 조건식이 참(True)이면 반복 실행, 거짓(False)이면 반복문을 종료한다.
- 예: x > 0 (x가 0보다 크면 반복)

(3) 예제
1) 기본 형태

```c
int x = 5;
do {
    printf("%d\n", x);
    x--;
} while (x > 0);
```

[실행 결과]
5
4
3
2
1

2) 조건이 처음부터 거짓인 경우

```
int x = -1;
do {
    printf("조건과 관계없이 한 번은 실행\n");
} while (x > 0);
```

[실행 결과]
조건과 관계없이 한 번은 실행

4. continue 문

(1) continue 문의 활용
- 반복문의 나머지 코드를 건너뛰고 바로 다음 반복으로 이동하도록 한다.
- continue 문 아래에 있는 명령문은 실행되지 않고, 반복문의 조건 확인 단계로 돌아간다.

(2) 구조

```
for (초기식; 조건식; 증감식) {
    if (조건) {
        continue;
    }
    // 이 부분은 조건을 만족하면 실행되지 않음
}
```

(3) 예제

1) 특정 조건에서 건너뛰기

```
#include <stdio.h>
int main() {
    for (int i = 1; i <= 5; i++) {
        if (i == 3) {
            continue; // i가 3일 때 아래 코드를 건너뜀
        }
        printf("%d ", i);
    }
```

```
        return 0;
}
```

[실행 결과]
1 2 4 5

2) 짝수만 출력

```
#include <stdio.h>
int main() {
    int i = 0;
    while (i < 10) {
        i++;
        if (i % 2 != 0) {
            continue; // 홀수일 경우 아래 코드를 건너뜀
        }
        printf("%d ", i);
    }
    return 0;
}
```

[실행 결과]
2 4 6 8 10

3) 중첩 반복문에서의 continue

```
#include <stdio.h>
int main() {
    for (int i = 0; i < 3; i++) {
        for (int j = 0; j < 3; j++) {
            if (j == 1) {
                continue; // j가 1일 때 아래 코드를 건너뜀
            }
            printf("i: %d, j: %d\n", i, j);
        }
    }
    return 0;
}
```

[실행 결과]
i: 0, j: 0
i: 0, j: 2
i: 1, j: 0
i: 1, j: 2
i: 2, j: 0
i: 2, j: 2

5. break 문

(1) break 문의 활용
- 반복문이나 switch 문에서 실행 흐름을 즉시 종료시키는 역할을 한다.
- 반복문 내에서 break를 만나면 반복문이 종료되고, 반복문 이후의 명령문이 실행된다.

(2) 구조

```
for (초기식; 조건식; 증감식) {
    if (조건) {
        break; // 조건이 참일 때 반복문 종료
    }
    // 이 부분은 break를 만나지 않은 경우에만 실행
}
```

(3) 예제
1) 특정 조건에서 반복 종료

```c
#include <stdio.h>
int main() {
    for (int i = 1; i <= 5; i++) {
        if (i == 3) {
            break; // i가 3일 때 반복문 종료
        }
        printf("%d\n", i);
    }
    printf("반복문 종료 후 실행\n");
```

```
        return 0;
}
```

[실행 결과]
1
2
반복문 종료 후 실행

2) 중첩 반복문에서의 break

```
#include <stdio.h>
int main() {
    for (int i = 0; i < 3; i++) {
        for (int j = 0; j < 3; j++) {
            if (j == 1) {
                break; // 내부 반복문 종료
            }
            printf("i: %d, j: %d\n", i, j);
        }
    }
    return 0;
}
```

[실행 결과]
i: 0, j: 0
i: 1, j: 0
i: 2, j: 0

문제풀이

001 다음 C언어 프로그램의 출력 결과를 쓰시오.

```c
#include <stdio.h>
int main() {
    int i, sum=0;
    for( i = 0; i <= 5; i++ ){
        sum += i;
    }
    printf("1부터 %d까지의 합=%d", i-1, sum);
    return 0;
}
```

해설

i 값이 0부터 5까지 증가하면서 반복을 수행한다.
반복문 블록에서는 sum 변수에 i 값을 누적산하게 된다.
최종적으로 i 값이 6을 가지고 비교 후 반복을 빠져나오는 것을 꼭 확인해야 한다.

정답   1부터 5까지의 합=15

002 다음 C언어 프로그램의 출력 결과를 쓰시오.

```c
#include <stdio.h>
int main() {
    int i = 0;
    for (; i < 5; ) {
        printf("%d ", i);
        i++;
    }
    return 0;
}
```

해설

for 반복문에서 초기값과 증감 영역이 비어있지만 i 값의 초기화는 for 바깥쪽에서, 증감은 for문 수행 부분에서 처리가 된다.

정답   0 1 2 3 4

003 다음 C언어 프로그램의 출력 결과를 쓰시오.

```c
#include <stdio.h>
int main() {
    int i, sum=0;
    for( i = 1; i <= 10; i+=2 ){
        sum += i;
        printf("%d, ", i);
    }
    printf("%d", sum);
    return 0;
}
```

해설

i 값을 1을 가지고 초기화시킨다.
i 값을 2씩 증가시키면서 10보다 작거나 같을 때까지 반복하며, 현재 i 값을 출력하고, i 값을 sum에 누적산한다.
반복문을 빠져나와서 최종 sum 값을 출력한다.

정답   1, 3, 5, 7, 9, 25

004 다음 C언어 프로그램의 출력 결과를 쓰시오.

```c
#include <stdio.h>
int main() {
    int j;
    int sum = 0;
    for( j = 2; j <= 30; j += 5 )
        sum = sum + 1;
    printf("%d, %d", j, sum);
    return 0;
}
```

해설

2부터 70까지 5씩 증가하면서 sum 변수에 1씩 누적산을 하게 된다.
i 값의 변화는 2, 7, 12, 17, 22, 27 이런 형태로 변화한다.

정답   32, 6

005 다음 C언어 프로그램의 출력 결과를 쓰시오.

```c
#include <stdio.h>
int main() {
    int a, b, c, sum;
    a=b=1;
    sum = a + b;
    for( int i = 3; i <= 5; i++) {
        c  = a + b;
        sum += c;
        a = b;
        b = c;
    }
    printf("%d", sum);
    return 1;
}
```

해설

초기값으로 a와 b를 1로 설정하고, 초기 합 sum에 a+b=2를 저장한다.
for 루프는 3번째 항부터 5번째 항까지 반복하며, 현재 항 c를 이전 두 항(a와 b)의 합으로 계산한다. 이후 sum에 c를 누적하고, a와 b 값을 갱신하여 다음 피보나치 항 계산에 사용한다.
루프가 종료된 후, sum은 피보나치 수열의 첫 5개 항(1, 1, 2, 3, 5)의 합이 되어 출력된다.

정답   12

---

006 다음 C언어 프로그램의 출력 결과를 쓰시오.

```c
#include <stdio.h>
int main(){
    int c=0;
    for(int i=1; i<=2023; i++) {
        if(i%4 == 0) c++;
    }
    printf("%d", c);
    return 0;
}
```

> **해설**
> 2023까지 4의 배수를 구하는 문제이다. 2023을 4로 나누면 505가 나오게 된다.

정답 505

007 숫자 0부터 n까지 n을 포함한 합을 구하는 함수를 C언어로 구현하고자 한다. 이때 n은 0보다 크거나 같은 경우만 고려한다. 다음에 주어진 프로그램에서 /* 공란 */으로 표시된 곳에 채워져야 할 코드를 작성하시오. (단, for 문을 활용하여 답안을 작성해야 한다.)

```c
int sum(int n) {
    int sum = 0;
    scanf("%d", &n);
    /* 공란 */

    return sum;
}
```

> **해설**
> for 문의 형태는 초기값; 조건; 증감값이다.
> 0부터 n까지 1씩 증가하는 반복문 형태이기 때문에, int i = 0; i <= n; i++ 형태로 작성한다.

정답
```
for( int i = 0; i <= n; i++ ) {
    sum = sum + i;
}
```

008 다음 C언어 프로그램의 출력 결과를 쓰시오.

```c
#include <stdio.h>
int main() {
    int i;
    for( i = 2; i <= 10; i++ ){
        if( i == 3 ){
            break;
        }
        printf("%d", i);
    }
    return 0;
}
```

> **해설**
> i 값이 2부터 10까지 1씩 증가하면서 반복문을 수행한다.
> 첫 번째 i 값은 2이기 때문에 2를 출력하고, 두 번째 i 값은 3이고, 조건문이 참을 만족해서 break를 수행한다.
> break를 만나게 되면 해당 블록의 반복문을 벗어나게 된다.

정답 2

009 다음 C언어 프로그램의 출력 결과를 쓰시오.

```c
#include <stdio.h>
int main() {
    int count, sum = 0;
    for( count = 1; count <= 10; count++ ){
        if( (count % 2) == 0 )
            continue;
        else
            sum += count;
    }
    printf("%d\n", sum);
    return 0;
}
```

> **해설**
> count 값을 1부터 10보다 작거나 같을 때까지 1씩 증가시키면서 반복문을 수행한다.
> 조건절에서 count 변수를 2로 나눠 나머지가 0일 때는 반복의 다음 순서로 바로 이동하게 된다.
> 홀수일 경우 홀수의 값을 sum 변수에 누적산하게 된다.

정답 25

010 다음 C언어 프로그램의 출력 결과를 쓰시오.

```c
#include <stdio.h>
int main() {
    int i, sum=0;
    for( i=1; i <= 10; i+=2 ) {
        if( i % 2 && i %3 ) continue;
        sum += i;
    }
    printf("%d", sum);
    return 0;
}
```

해설

i 값이 1부터 10보다 작거나 같을 때까지, 2씩 증가하면서 반복문을 수행한다.
i = 1, 2로 나누어 나머지는 1, 3으로 나누어 나머지는 1이므로 continue 명령을 수행해 증감으로 올라간다.
i = 3, 2로 나누어 나머지는 1, 3으로 나누어 나머지가 0이므로 sum에 3값을 누적산한다.
i = 5, 2로 나누어 나머지는 1, 3으로 나누어 나머지가 2이므로 continue 명령을 수행해 증감으로 올라간다.
i = 7, 2로 나누어 나머지는 1, 3으로 나누어 나머지가 1이므로 continue 명령을 수행해 증감으로 올라간다.
i = 9, 2로 나누어 나머지는 1, 3으로 나누어 나머지가 0이므로 sum에 9값을 누적산한다.
i = 11은 조건에 만족하지 않기 때문에 for 블록을 벗어난다.

정답   12

011 다음 C언어 프로그램의 출력 결과를 쓰시오.

```c
#include <stdio.h>
int main() {
    for (int i = 0; i < 10 && i % 2 == 0; i += 2) {
        printf("%d ", i);
    }
    return 0;
}
```

해설

i가 0부터 10보다 작으면서 짝수일 때 i 값을 출력한다.

정답   0 2 4 6 8

012 1부터 100까지 짝수의 합을 구하려고 할 때, 빈칸에 들어갈 명령어를 쓰시오.

```c
#include <stdio.h>
int main() {
    int i, sum;
    for( i = 1; i <= 100; i++ ){
        if( ㉠ ){
            sum += i;
        }
    }
    printf("%d", sum);
    return 0;
}
```

해설

짝수의 합을 구하기 위해서 여러 방법이 존재하지만, i 값을 가지고 2로 나눴을 때 나머지가 0이면 짝수이기 때문에 i%2를 0과 비교한다.

정답 i % 2 == 0

013 다음 C언어 프로그램의 출력 결과를 쓰시오.

```c
#include <stdio.h>
int main() {
    int i, j;
    for( i = 2; i <= 3; i++ ){
        printf("i = %d\n", i);
        for( j = 1; j <= 9; j++ ){
            printf("%d * %d = %d\n", i, j, (i*j) );
            if( j == 2 ){
                break;
            }
        }
    }
    return 0;
}
```

> **해설**
> 위 문제와 같이 2~3단 구구단을 작성하는 프로그램이다.
> 내부에 있는 for 문에서 j 값이 2일 때 break 문을 실행하게 되고, 해당 break를 만난 블록의 반복을 탈출하게 된다.

정답
```
i = 2
2 * 1 = 2
2 * 2 = 4
i = 3
3 * 1 = 3
3 * 2 = 6
```

014 다음 C언어 프로그램의 출력 결과를 쓰시오.

```c
#include <stdio.h>
int main() {
    int i, j, sum=0;
    for( i = 1; i < 5; i++ ) {
        for(  j = 1; j < 5; j++ ) {
            if( j % 3 == 0 ) continue;
            if( i % 4 == 0 ) break;
            sum++;
        }
    }
    printf("%d", sum);
    return 0;
}
```

> **해설**
> i 값이 1~4를 반복하면서, j도 1~4까지 반복 수행된다.
> i = 1, j = 1, 2, 4일 때, sum 값 증가(sum = 3)
> i = 2, j = 1, 2, 4일 때, sum 값 증가(sum = 6)
> i = 3, j = 1, 2, 4일 때, sum 값 증가(sum = 9)
> i = 4일 때는 break를 만나기 때문에 sum 값을 증가시키지 않는다.

정답   9

015 다음 C언어 프로그램의 출력 결과를 쓰시오.

```c
#include <stdio.h>
int main() {
    int count = 2;
    int sum = 0;
    while( count <= 10 ) {
        sum += count;
        count += 2;
    }
    printf("%d", sum);
    return 0;
}
```

해설

while 반복문은 조건이 만족하는 동안 반복하게 되고, 조건은 count 값이 10보다 작거나 같을 때까지이다. count의 변화는 2, 4, 6, 8, 10으로 변화가 되고, 해당 값들을 누적산하여 sum에 대입하게 된다.

정답 30

016 다음 C언어 프로그램의 출력 결과를 쓰시오.

```c
#include <stdio.h>
int main() {
    int c=0;
    int i=0;
    while(i<10) {
        i++;
        c *= i;
    }
    printf("%d", c);
    return 0;
}
```

해설

i 값을 0부터 10보다 작을 때까지 반복을 돌리게 된다.
i 값은 1씩 증가되지만, c의 값은 c = c * i;이고, c 값은 0으로 초기화되어 있기 때문에 최종 결과는 0이 된다.

정답 0

CHAPTER 04. 반복문

017 다음 C언어 프로그램의 출력 결과를 쓰시오.

```c
#include <stdio.h>
int main() {
    int x = 0;
    while (x < 10) {
        x += 3;
        printf("%d ", x);
    }
    return 0;
}
```

해설

x가 10보다 작은 조건일 경우, x에 3을 더하고 해당값을 출력한다.

정답 3 6 9 12

018 다음 C언어 프로그램의 출력 결과를 쓰시오.

```c
#include <stdio.h>
int main() {
    int x = 5;
    while (x--) {
        printf("%d ", x);
    }
    return 0;
}
```

해설

x--는 반복 후 감소하며, 0이 되면 반복을 멈춘다.

정답 4 3 2 1 0

019 다음 C언어 프로그램의 출력 결과를 쓰시오.

```c
#include <stdio.h>
int main(int argc, char *argv[])   {
    int i = 0;
    while(1){
        if(i==4){
            break;
        }
        ++i;
    }
    printf("i = %d", i);
    return 0;
}
```

해설

while의 조건은 1이므로 무조건 참이 된다.
i 값이 4와 같으면 break 명령어를 수행해서 while 블록을 탈출한다.

정답   i = 4

020 다음 C언어 프로그램의 출력 결과를 쓰시오.

```c
#include <stdio.h>
int main() {
    int a, b;
    a = 2;
    while( a-- > 0 ) {
        printf("a = %d \n", a);
    }
    for( b = 0; b < 2; b++  ) {
        printf("a = %d \n", a++);
    }
    return 0;
}
```

> **해설**
> 첫 번째 while 반복에서는 a가 0보다 클 때 반복을 수행한다.
> a를 비교할 때, 후위 증감이기 때문에 먼저 2값을 가지고 비교하게 된다.
> 두 번째 for 반복에서는 0부터 2보다 작을 때까지 반복하면서 a 값을 출력한다.
> 출력할 때, a를 후위 증감하기 때문에 a 값을 먼저 출력하고, 1 증가시킨다.

정답   a = 1
          a = 0
          a = -1
          a = 0

021 다음 C언어 프로그램의 출력 결과를 쓰시오.

```c
#include <stdio.h>
int main() {
    int a=120, b=45;
    while( a != b ) {
        if( a > b ) a = a - b;
        else b = b - a;
    }
    printf("%d", a);
    return 0;
}
```

> **해설**
> while 반복에서는 a 변수의 값과 b 변수의 값이 다른 동안 반복하게 된다.
> 첫 번째 반복에서 조건은, 120 > 45 참이기 때문에 a=a-b; a는 75
> 두 번째 반복에서 조건은, 75 > 45 참이기 때문에 a=a-b; a는 30
> 세 번째 반복에서 조건은, 30 > 45 거짓이기 때문에 b=b-a; b는 15
> 네 번째 반복에서 조건은, 30 > 15 참이기 때문에 a=a-b; a = 15
> a와 b가 같아졌기 때문에 반복문을 탈출한다.

정답   15

022 다음 C언어 프로그램의 출력 결과를 쓰시오.

```c
#include<stdio.h>
int main() {
    int a=1, sum = 0;
    while (a++ <= 5) {
        if (a%2 != 0)
            continue;
        sum = sum+a;
    }
    printf("%d", sum);
    return 0;
}
```

해설

a=1, sum=0으로 대입한다.
a++ <= 5 동안 반복 실행되며, a는 반복할 때마다 1씩 증가한다.
a % 2 != 0(a가 홀수인 경우)라면 continue를 만나 아래 코드를 건너뛴다.
짝수인 a만 sum=sum+a에 더한다.
최종적으로 짝수 a 값들(2, 4, 6)이 더해진 sum을 출력한다.

정답 12

023 다음 C언어 프로그램의 출력 결과를 쓰시오.

```c
#include <stdio.h>
int main(int argc, char *argv[])   {
    int num = 29;
    int b;
    while(num > 0){
        b = num %2;
        num /= 2;
        printf("%d",b);
    }
    return 0;
}
```

> **해설**
>
> num의 값이 0보다 큰 동안 while 반복을 수행한다.
> b 변수에 num 값을 나누어 나머지값을 대입하고, num 값을 2로 나누어 저장한다.
> 이때, 정수/정수의 결과는 정수를 반환하게 된다.

정답   10111

024 다음 C언어의 결과를 쓰시오.

```c
#include <stdio.h>
int main() {
    int x = 10, y = 5;
    while (x > 0 && y < 10) {
        printf("x: %d, y: %d\n", x, y);
        x -= 2;
        y++;
    }
    return 0;
}
```

> **해설**
>
> x > 0 && y < 10 이 조건식으로, x가 0보다 크고, 동시에 y가 10보다 작을 때만 실행된다.
> 논리 연산자 &&는 두 조건이 모두 참(True)이어야만 반복을 계속한다.

정답   x: 10, y: 5
　　　　x: 8, y: 6
　　　　x: 6, y: 7
　　　　x: 4, y: 8
　　　　x: 2, y: 9

025 다음 프로그램의 실행 결과를 쓰시오.

```c
#include <stdio.h>
int main() {
    int a =0, sum = 0;
    while( a < 5 ) {
        if( ++a % 2 == 1 )
            continue;
        sum += a;
    }
    printf("%d", sum);
    return 1;
}
```

해설

변수 a는 0으로 초기화되어 while (a < 5) 조건이 참일 때 루프를 실행한다.
루프 안에서 ++a는 a를 먼저 1 증가시킨 후 해당 값을 사용한다.
증가된 a가 홀수인지 확인하기 위해 if (++a % 2 == 1) 조건을 비교한다.
a가 5보다 작을 때까지 위 과정을 반복한다.

정답 6

026 다음 C언어의 결과를 쓰시오.

```c
#include <stdio.h>
int main() {
    int a = 1, count = 0;
    while (a < 10) {
        if (a++ % 3 == 0 && ++a % 2 == 0) {
            count++;
        }
    }
    printf("%d", count);
    return 0;
}
```

> **해설**
> a 변수는 1로 초기화가 되고, count는 0으로 초기화된다.
> a가 10보다 작을 때까지 반복하며 조건을 비교하고, count 값을 증가시키게 된다.
> 첫 번째 조건, a++ % 3 == 0은 비교를 수행한 후에 a 값을 1 증가시킨다.
> 두 번째 조건, ++a % 2 == 0은 a를 먼저 1 증가시키고, 비교를 수행한다.

정답   1

027 다음 프로그램의 실행 결과를 쓰시오.

```c
#include <stdio.h>
int main() {
    int a = 1, count = 0;
    while (a < 10) {
        if (a % 2 == 0 && a % 3 == 0) {
            count++;
        }
        a++;
    }
    printf("%d", count);
    return 0;
}
```

> **해설**
> 변수 a는 1로 초기화되어 while (a < 10) 조건을 만족할 동안 반복을 수행한다.
> count는 조건을 만족하는 수의 개수를 저장하는 변수로 초기값은 0이다.
> a를 2로 나눈 나머지가 0이고, a를 3으로 나눈 나머지가 0인 경우(즉, a가 2와 3의 공배수일 경우) count 값을 1 증가시킨다.
> 각 루프가 끝날 때마다 a++를 통해 a의 값을 1 증가시킨다.

정답   1

028 다음 프로그램의 실행 결과를 쓰시오.

```c
#include<stdio.h>
int main() {
    int a = 1, sum = 0;
    while (a < 7) {
        if (a++ % 2 == 0 || a++ == 5) {
            sum += a;
        }
    }
    printf("%d", sum);
    return 0;
}
```

해설

a를 1부터 6까지 증가시키면서 특정 조건을 만족할 때마다 sum에 값을 누적한다.
루프는 a < 7 조건에서 실행되며, 조건문은 a++ % 2 == 0 (짝수) 또는 a++ == 5 (앞에서 증가된 a가 5인지 확인) 중 하나라도 참일 경우 sum에 현재 a 값을 더한다.
a++로 인해 조건 평가와 a 값 증가가 번갈아 이루어진다.

정답 0

---

029 다음 C언어 프로그램의 출력 결과를 쓰시오.

```c
#include <stdio.h>
int main() {
    int i=0, sum=0;
    do{
        sum = sum + i;
        i++;
    } while( i <= 5 );
    printf("%d", sum);
    return 0;
}
```

해설

i 값이 5보다 작은 동안 do~while 문을 반복한다.
do~while은 무조건 한번 수행 후 비교하는 것만 확인하면 된다.

정답 15

030 다음 C언어 프로그램의 출력 결과를 쓰시오.

```c
#include <stdio.h>
int main() {
    int i=10, sum=0;
    do{
        sum = sum + i;
        i++;
    } while( i < 10 );
    printf("%d", sum);
    return 0;
}
```

해설

i 값이 10보다 작은 동안 do~while 문을 반복한다.
do~while 문은 무조건 반복으로 한번 들어가기 때문에 sum 값에 10을 더해주고 조건을 비교 후, 반복문을 탈출하게 된다.
만약 while 문으로 구현하여,
while(i < 10)
{
    sum = sum + i;
    i++;
}
printf("%d", sum);
이렇게 했을 경우, 조건에 만족하지 않기 때문에 반복문을 한 번도 수행하지 않아 0이 출력된다.

정답   10

---

031 다음 C언어 프로그램의 출력 결과를 쓰시오.

```c
#include <stdio.h>
int main() {
    int x = 5;
    do {
        printf("x: %d\n", x);
        x--;
        if (x == 2) x = -1;
    } while (x > 0);
    return 0;
}
```

> **해설**
> 이 코드는 do-while 문을 사용하여 조건이 참일 동안 반복 실행되는 프로그램이다. do 블록 내에서 변수 x의 값을 감소시키며, 특정 조건에서 x의 값을 조정해 반복을 제어한다.

정답   x: 5
       x: 4
       x: 3

032 다음의 출력 결과를 참고하여, ①에 들어갈 알맞은 답을 작성하시오.

```
10 9 8 7 6 5 4 3 2 1 0
```

```c
#include <stdio.h>
int main() {
    int n = 10;
    while (n ① 0) {
        printf("%d ", n);
        n--;
    }

    return 0;
}
```

> **해설**
> 출력에서 0을 포함한 출력이기 때문에, >= 연산자를 사용해야 한다.

정답   ① >=

033 다음은 입출력장치로부터 학생들의 점수를 입력받아서 총점과 평균을 구하는 C 프로그램이다. 다음 출력 화면을 참고하여, ①~④에 들어갈 알맞은 답을 작성하시오. (단, 100보다 큰 수를 출력했을 때, 입력을 완료하고 출력을 해야 한다.)

```
학생의 점수를 입력하시오. 87
학생의 점수를 입력하시오. 95
학생의 점수를 입력하시오. 78
학생의 점수를 입력하시오. 67
학생의 점수를 입력하시오. 200

입력 학생수는 4 입니다.
점수 합계는 327 입니다.
평균 점수는 81 입니다.
```

```c
int score=0, m=0, sum=0;
while(1) {
    printf("학생의 점수를 입력하시오.");
    scanf("%d", &score);
    if( ① )
        ② ;
    m = ③ ;
    sum = sum + score;
}
 printf( " \n입력 학생수는 %d 입니다. \n " , m);
 printf( " 점수 합계는 %d 입니다. \n " , sum);
 printf( " 평균 점수는 %d 입니다. \n " , ④ );
```

해설

① 100보다 큰 수를 입력했을 때, 반복을 종료해야 하기 때문에 score > 100을 넣어준다.
② 반복을 종료하기 위해서 break 명령을 사용한다.
③ 100보다 큰 수가 아니라면, 학생수를 구해야 하고, m+1을 넣어준다.
④ 평균 점수를 구하기 위해서 sum/4를 넣어준다.

정답   ① score > 100
　　　　② break
　　　　③ m + 1
　　　　④ sum / m

034 다음은 입출력장치로부터 양의 정수 1개를 입력받아, 0부터 입력받은 수까지 짝수의 합을 구하는 C 프로그램이다. 다음 출력 화면을 참고하여, ①~②에 들어갈 알맞은 답을 작성하시오.

```
값을 입력하시오.
5

입력한 값은 5입니다.
0부터 5까지 짝수의 합은 6입니다.
```

```
int i = 0,
j = 0,
sum = 0;
printf("값을 입력하시오. \n");
①
printf(" \n입력한 값은 %d입니다. \n " , j);
while ( ② ) {
    sum = sum + i;
    i = i + 2;
}
printf("0부터 %d까지 짝수의 합은 %d입니다. \n", j, sum);
```

해설

① 여기서는 값을 받아야 하기 때문에, 값을 받는 명령은 scanf를 사용해야 한다.
② 입력받은 값보다 작을 때까지 반복을 수행해야 하기 때문에, i <= j를 넣어준다.

정답 ① scanf("%d", &j);
② i <= j

035 다음은 입출력장치로부터 양의 정수를 입력받아, 정수의 자릿수를 계산하는 C 프로그램이다. 다음 출력 화면을 참고하여, ①~②에 들어갈 알맞은 답을 작성하시오.

```
정수를 입력하시오.
12345

입력한 정수는 12345입니다.
입력한 정수의 자릿수는 5입니다.
```

```c
#include <stdio.h>
int main() {
    int n, count = 0;
    printf("정수를 입력하시오.\n");
    ①
    printf("\n입력한 정수는 %d입니다.\n", n);
    do {
        n = n / 10;
        count++;
    } while (②);
    printf("입력한 정수의 자릿수는 %d입니다.\n", count);
    return 0;
}
```

해설

① 여기서는 값을 받아야 하기 때문에, 값을 받는 명령은 scanf를 사용해야 한다.
② do-while 문에서 n이 0이 아닐 때까지 반복한다. n이 0이 되면 모든 자릿수를 센 것이므로 반복을 종료한다.

정답   ① scanf("%d", &n);
　　　　　② n != 0

036 다음 코드는 이진수를 십진수로 변환하는 코드이다. 빈칸에 알맞은 답을 쓰시오.

```c
#include <stdio.h>
int main(void) {
    int input = 101110;
    int di = 1;
    int sum = 0;
    while (1) {
        if (input == 0) break;
        else {
            sum = sum + (input ① ②) * di;
            di = di * 2;
            input = input / 10;
        }
    }
    printf("%d", sum);
    return 0;
}
```

해설

첫 번째 반복, sum = sum + (101110 % 10 * 1), sum = 0
두 번째 반복, sum = sum + (10111 % 10 * 2), sum = 2
세 번째 반복, sum = sum + (1011 % 10 * 4), sum = 6
네 번째 반복, sum = sum + (101 % 10 * 8), sum = 14
다섯 번째 반복, sum = sum + (10 % 10 * 16), sum = 14
여섯 번째 반복, sum = sum + (1 % 10 * 32), sum = 46

정답   ① %
        ② 10 or 5 or 2

CHAPTER 05 함수 / 변수의 유효범위

1. 함수

(1) 함수의 정의
- 반복적으로 수행해야 하는 작업을 정의해 놓은 작은 프로그램 단위이다.
- 코드의 재사용성과 가독성을 높이기 위해 사용된다.

(2) 함수 선언
- 함수는 사용 전에 선언(프로토타입)하거나, 정의하여야 한다.
- 기본 형태

   ```
   반환형 함수명(매개변수 목록){
   }
   ```

- 예제

   ```
   int add(int a, int b){
       //처리할 내용
   }
   ```

(3) 함수의 종류

1) 사용자 정의 함수
- 사용자가 구현하고자 하는 특정 기능을 정의한 함수이다.
- 변수명처럼 명명 규칙을 따라 이름을 정의하며, 함수의 역할을 잘 나타내는 이름을 사용한다.

2) 표준 함수(라이브러리 함수)
- C언어의 표준으로 제공되는 기능과 사용법이 정의된 함수이다.
- 라이브러리에 포함되어 있으며, 필요한 경우 #include 지시문으로 호출해 사용한다.

(4) 자료의 전달 방법

1) 값에 의한 호출(Call by Value)
- 함수 호출 시 값을 복사하여 전달하는 방식이다.
- 전달된 변수의 값을 함수의 매개변수에 복사하여 사용한다.
- 원본 변수와 복사된 변수는 별개의 메모리 공간을 사용한다.
- 함수 내에서 매개변수 값을 변경해도 원본 변수에는 영향을 미치지 않는다.

- 예제

```c
#include <stdio.h>
void add(int a) {
    a++; // 복사된 변수만 증가
    printf("add: %d\n", a);
}
int main() {
    int x = 5;
    add(x);
    printf("main: %d\n", x);
    return 0;
}
```

[실행 결과]
add: 6
main: 5

2) 참조에 의한 호출(Call by Reference)
- 함수 호출 시 변수의 주소값을 전달하는 방식이다.
- 전달된 주소값을 사용하므로, 함수에서 원본 변수의 값을 직접 수정이 가능하다.
- 전달된 변수와 매개변수는 같은 메모리 공간을 참조한다.
- 함수 내에서 매개변수 값을 변경하면 원본 변수도 영향을 받는다.
- 예제

```c
#include <stdio.h>
void add(int *a) {
    (*a)++; // 원본 변수 값 증가
    printf("add: %d\n", *a);
}
int main() {
    int x = 5;
    add(&x);
    printf("main: %d\n", x);
    return 0;
}
```

[실행 결과]
add: 6
main: 6

2. 변수의 유효범위

(1) 변수의 유효범위 개념
- 변수가 프로그램 내에서 참조 가능하거나 유효한 범위를 의미한다.
- C언어에서는 변수가 선언된 위치에 따라 접근 가능 여부가 달라진다.

(2) 변수의 종류와 유효범위

1) 지역변수(Local Variable)
- 함수 또는 블록 내부에서 선언된 변수이다.
- 해당 블록 내에서만 유효하며, 블록이 종료되면 메모리에서 사라진다.
- 동일한 이름의 변수를 다른 블록에서 사용할 수 있다.
- 예제

```c
#include <stdio.h>
int main() {
    int a = 10; // 지역변수
    if (1) {
        int b = 20; // 다른 블록 내 지역변수
        printf("a: %d, b: %d\n", a, b);
    }
    // printf("%d", b); // 오류: b는 이 블록에서 유효하지 않음
    return 0;
}
```

[실행 결과]
a: 10, b: 20

2) 전역변수(Global Variable)
- 함수 외부에서 선언된 변수이다.
- 프로그램 전체에서 접근 가능하며, 모든 함수에서 공유된다.
- 프로그램이 종료될 때까지 메모리에 유지된다.
- 예제

```c
#include <stdio.h>
int a = 10; // 전역변수
void print() {
    printf("print: %d\n", a);
}
```

```
int main() {
    print();
    a = 20; // 전역변수 수정
    print();
    printf("main: %d\n", a);
    return 0;
}
```

[실행 결과]
print: 10
print: 20
main: 20

3) 정적변수(Static Variable)

- static 키워드로 선언된 변수이다.
- 선언된 블록 내에서만 유효하지만, 프로그램이 종료될 때까지 메모리에 유지된다.
- 초기화 값은 프로그램 실행 중 한 번만 설정된다.
- 값을 유지하며, 다음 호출 시 이전 값이 그대로 남아 있다.
- 예제

```
#include <stdio.h>
void counter() {
    static int count = 0; // 정적변수
    count++;
    printf("C: %d\n", count);
}
int main() {
    counter();
    counter();
    counter();
    return 0;
}
```

[실행 결과]
C: 1
C: 2
C: 3

4) 매개변수(Parameter Variable)
- 함수 호출 시 전달된 값을 저장하는 임시 변수이다.
- 함수 내부에서만 유효하며, 함수가 종료되면 메모리에서 소멸된다.
- 예제

```c
#include <stdio.h>
void add(int a, int b) { // 매개변수
    int result = a + b; // 지역변수
    printf("Sum: %d\n", result);
}
int main() {
    add(10, 20); // 매개변수 a = 10, b = 20
    return 0;
}
```

[실행 결과]
Sum: 30

문제풀이

001 아래 설명의 함수 헤더 부분 정의를 쓰시오.

> 정수형 인자 a와 b를 가지고, 실수형의 값을 되돌려주는 sum 함수

정답   double sum(int a, int b)

002 다음 C언어 프로그램의 출력 결과를 쓰시오.

```
#include<stdio.h>
int sum(int a, int b)
{
    int c = a + b;
    return c;
}
int main(void){
    int data = sum(10, 20);
    printf("%d", data);
    return 0;
}
```

해설

main 함수에서 data 변수에 sum 함수를 호출하여 값을 리턴받는다.
sum 함수를 호출할 때 10, 20을 인자로 전달한다.
sum 함수로 제어권이 넘어오고, a 변수에 10, b 변수에 20값이 대입된다.
두 값을 더하여 리턴하고, 함수에서 선언되었던 지역변수 a, b, c는 메모리에서 사라진다.

정답   30

003 다음 C언어 프로그램의 출력 결과를 쓰시오.

```c
#include <stdio.h>
int add(int x, int y) {
    return x + y;
}
int multiply(int x, int y) {
    return x * y;
}
int main() {
    int result = multiply(2, add(3, 4));
    printf("%d", result);
    return 0;
}
```

> **해설**
>
> add(3, 4)는 7을 반환하고, multiply(2, 7)은 14를 반환한다.

정답 14

004 다음 C언어 프로그램의 출력 결과를 쓰시오.

```c
#include <stdio.h>
int square(int x) {
    return x * x;
}
int main() {
    int result = square(square(3));
    printf("%d", result);
    return 0;
}
```

> **해설**
>
> main() 함수에서는 square(square(3))를 계산하여 result에 저장한다.
> 먼저, square(3)이 실행되고, 3*3=9를 반환한다.
> 그다음 square(9)가 실행된다.
> square(9)sms 9*9=81을 반환한다.

정답 81

005 다음 C언어 프로그램의 출력 결과를 쓰시오.

```c
#include<stdio.h>
int r1(){
    return 4;
}
int r10(){
    return (30+r1());
}
int r100(){
    return (200+r10());
}
int main(){
    printf("%d\n", r100());
     return 0;
}
```

해설

main 함수에서 r100 함수를 호출한다.
r100 함수는 내부에서 r10 함수를 호출하기 때문에 다시 r10 함수로 제어권을 넘기게 된다.
r10 함수는 r1 함수를 호출하기 때문에 제어권이 r1로 넘어가게 된다.
r1 함수에서는 4라는 값을 나를 호출한 곳으로 리턴해 주게 된다.
r10으로 다시 제어권이 넘어오고 30+4를 수행하여 나를 호출한 곳으로 다시 리턴해 주게 된다.
r100으로 제어권이 넘어오고, 200+34를 수행하여 나를 호출한 main 함수로 234를 리턴해 준다.

정답   234

006 다음 C언어 프로그램의 출력 결과를 쓰시오.

```c
#include<stdio.h>
int sum(int a, int b, int c) {
    int tot;
    tot = a + b + c;
    return tot;
}
int main(void){
    int i = 100, avg;
    avg = sum(i, 107, 110) / 3;
    printf("%d", avg);
    return 0;
}
```

해설

100, 107, 110 세 개의 값을 인자로 하여 sum 함수를 호출한다.
sum 함수에서는 세 값을 더해서 317을 리턴한다.
317/3의 결과값은 105.66이지만, 정수/정수=정수이므로, 105가 avg 변수에 저장된다.

정답 105

007 다음 C언어 프로그램의 출력 결과를 쓰시오.

```c
#include<stdio.h>
int mul(int a, int b) {
    int ret;
    ret = a * b;
    return ret;
}
int main(void){
    int a=10, b=20;
    printf("%d * %d = %d", a, b, mul(a, b));
    return 0;
}
```

> 해설

10, 20값을 가지고 mul 함수를 호출한다.
mul 함수에서는 두 값을 곱해서 200값을 리턴해 준다.

정답   10 * 20 = 200

008 다음 C언어 프로그램의 출력 결과를 쓰시오.

```c
#include<stdio.h>
int func(int n);
int main(void){
    int num;
    printf("%d\n", func(5));
    return 0;
}
int func(int n){
    if( n < 2 )
        return n;
    else {
        int i, tmp, curent = 1, last = 0;
        for( i = 2; i <= n; i++ ) {
            tmp = curent;
            curent += last;
            last = tmp;
        }
        return curent;
    }
}
```

> 해설

함수 func(int n)은 입력값 n이 2 미만일 경우, n 자체를 반환한다.
반복 과정,
i = 2: tmp = 1, curent = 1 + 0 = 1, last = 1
i = 3: tmp = 1, curent = 1 + 1 = 2, last = 1
i = 4: tmp = 2, curent = 2 + 1 = 3, last = 2
i = 5: tmp = 3, curent = 3 + 2 = 5, last = 3

정답   5

009 다음 C언어 프로그램의 출력 결과를 쓰시오.

```c
#include<stdio.h>
int func(int base, int exp);
int main(){
    int res;
    res = func(2, 5);
    printf("%d",res);
    return 0;
}

int func(int base, int exp) {
    int res = 1;
    for(int i=0; i < exp; i++){
        res = res * base;
    }

    return res;
}
```

해설

매개변수 base는 밑(base)을, exp는 지수(exponent)를 나타낸다.
반환값은 base를 exp번 곱한 결과로, base^exp(base의 exp 제곱)을 의미한다.
반복 과정,
첫 번째 반복: res = 1 * 2 = 2
두 번째 반복: res = 2 * 2 = 4
세 번째 반복: res = 4 * 2 = 8
네 번째 반복: res = 8 * 2 = 16
다섯 번째 반복: res = 16 * 2 = 32

정답 32

010 다음 C언어 프로그램의 출력 결과를 쓰시오.

```c
#include<stdio.h>
int C(int v) {
    printf("%d ", v);
    return 1;
}
int main() {
    int a = -2;
    int b = !a;
    printf("%d %d %d %d ", a, b, a&&b, a||b);
    if(b && C(10))
        printf("A ");
    if(b & C(20))
        printf("B ");
    return 0;
}
```

해설

a=-2, b=0이므로 a && b는 0, a || b는 1이 된다.
if(b && C(10))에서 b가 0이므로 C(10)이 호출되지 않고 A는 출력되지 않는다.
if(b & C(20))에서 b가 0이므로 C(20)이 호출되지만 비트 연산 결과가 0이 되어 B는 출력되지 않는다.

정답   -2 0 0 1 20

011 다음 C언어 프로그램의 출력 결과를 쓰시오.

```c
#include<stdio.h>
int F(int v) {
    printf("%d ", v);
    return 2;
}
int main() {
    int x = 3;
    int y = !x;
    printf("%d %d %d %d ", x, y, x&&y, x||y);

    if(y && F(5))
        printf("X ");
    if(y | F(15))
        printf("Y ");

    return 0;
}
```

해설

F() 함수는 1 대신 2를 반환하며 v 값을 출력한다.
변수 x는 3, y는 !x로 0이 된다.
if(y && F(5))는 y가 0이므로 F(5)는 호출되지 않지만, F(5)를 호출하는 y && F(5)의 경우 &&는 y가 0일 때 앞에서 계산이 종료되므로 F(5)의 출력은 나타나지 않는다.
if(y | F(15))는 | 연산자에 의해 F(15)가 호출되며, F(15)는 15를 출력하고 2를 반환한다.

정답 3 0 0 1 15 Y

012 다음은 C언어로 구현된 100을 넘지 않는 소수의 개수를 구하는 프로그램이다. 괄호에 해당하는 가장 적합한 명령을 쓰시오.

```c
#include<stdio.h>
int isprime(int number) {
    for(int i = 2; i < number; i++) {
        if(  ①  )
            return 0;
    }
    return 1;
}
int main() {
    int number = 100, cnt = 0;
    for( int i = 2; i < number; i++ ) {
        cnt = cnt + isprime(i);
    }
    printf("소수의 개수 : %d", cnt);
}
```

해설

main() 함수에서 2부터 99까지의 수에 대해 isprime(i)를 호출한다.
각 수에 대해 isprime() 함수는 그 숫자가 소수인지 확인한다.
루프가 끝나면, cnt에는 2부터 99까지의 소수 개수가 저장된다.
마지막으로, printf("소수의 개수 : %d", cnt);가 실행되어 소수의 개수가 출력된다.

정답   number % i == 0

013 다음 C언어의 출력과 코드를 보고, 괄호에 들어갈 코드를 작성하시오.

```
<<출력 결과>>
value = 40
value = 30
value = 20
```

```c
int stack[10];
int top = -1;

void push(int data) {
    if( top >= ① ) {
        printf("full");
    }
    else {
        stack[++top] = ②;
    }
}
int pop() {
    if( top == ③ ) {
        printf("empty");
    }
    else {
        return stack[④];
    }
}
```

```c
int isempty() {
    if( top == ③ )
        return 1;
    else
        return 0;
}
int main() {
    push(20);
    push(30);
    push(40);
    while(!isempty()) {
        int e = pop();
        printf("value=%d \n", e);
    }
}
```

해설

main() 함수는 스택에 데이터를 넣고(push), 스택에서 데이터를 꺼내서(pop) 출력하는 부분이다.
먼저 push(20), push(30), push(40)을 호출하여 20, 30, 40을 스택에 차례대로 넣는다.
그 후 while(!isempty()) 루프에서 isempty() 함수가 0을 반환할 때까지 pop() 함수를 호출하여 스택에서 데이터를 하나씩 꺼내어 출력한다.
꺼내는 데이터는 후입 선출(LIFO) 순서로 출력된다.

정답   ① 9 or sizeof(stack) / sizeof(int) - 1
② data
③ -1
④ top--

014 다음 C언어 프로그램의 출력 결과를 쓰시오.

```c
#include<stdio.h>
void swap(int a, int b)
{
    int temp;
    temp = a;
    a = b;
    b = temp;
}
int main(void){
    int a, b;
    a = 10;
    b = 20;
    printf("Before : %d, %d\n", a, b);
    swap(a, b);
    printf("After : %d, %d\n", a, b);
    return 0;
}
```

해설

main 함수의 a, b 변수에 각각 10과 20을 대입한다.
함수 호출 전에 현재 a, b의 값을 출력하면 10, 20이 출력된다.
swap 함수를 a와 b 변수의 값을 가지고 호출하게 된다.
이때, 10과 20이라는 값을 복사하여, swap 함수의 a, b 변수에 대입해 준다.
swap 함수에서는 두 변수의 값을 바꿔주어, a는 20, b는 10이 대입된다.
swap 함수가 종료되면서 함수에서 선언되었던 지역변수 a, b, temp는 메모리에서 사라진다.
함수 호출 후에 현재 a, b 값을 출력하면 10, 20이 출력된다.
값만 복사해서 swap 함수를 호출하였고, 해당 값들은 swap 함수 지역변수에서 사용되다가 사라지게 되었으므로, main 함수의 a, b 변수에는 영향을 미치지 못한다.

정답　Before : 10, 20
　　　　After : 10, 20

015 다음 C언어 프로그램의 출력 결과를 쓰시오.

```c
#include<stdio.h>
int main(void){
    int a=10, b=5;
    {
        int a=20, b;
        b = a + 20;
        printf("%d, %d\n", a, b);
    }
    printf("%d, %d\n", a, b);
    return 0;
}
```

해설

외부 블록에는, a와 b를 각각 10과 5로 초기화한다.
내부 블록에는, a와 b를 새롭게 선언했고, 내부 블록의 변수는 외부에 선언된 변수들과는 별개의 변수이다.
내부 블록에서 a는 20으로, b는 a+20의 결과로 초기화되며, b=20+20=40이 된다.
내부 블록이 끝난 뒤에는, 내부에서 선언된 a와 b 변수는 메모리에서 사라지게 된다.

정답   20, 40
           10, 5

016 다음 C언어 프로그램의 출력 결과를 쓰시오.

```c
#include<stdio.h>
int main(void) {
    int x = 5, y = 10;
    {
        int x = 20;
        {
            int y = 30;
            {
                int x = 40;
                printf("%d, ", x);
            }
            printf("%d, ", y);
        }
        printf("%d, ", x);
    }
    printf("%d, ", y);
    return 0;
}
```

해설

1번 출력, 가장 내부 블록에서 선언된 x=40을 출력한다.
2번 출력, 중첩된 블록에서 선언된 y=30을 출력한다.
3번 출력, 한 단계 위 블록의 x=20을 출력한다.
4번 출력, 최상위 블록에서 선언된 y=10을 출력한다.

정답 40, 30, 20, 10,

017 다음 C언어 프로그램의 출력 결과를 쓰시오.

```c
#include<stdio.h>
int main(void) {
    int a = 1, b = 2, c = 3;
    {
        int b = 4, c = 5;
        a = b;
        {
            int c;
            c = b;
        }
        printf("%d %d %d\n", a, b, c);
        return 0;
    }
}
```

해설

main 영역에서 a, b, c 함수를 선언한다.
첫 번째 중괄호 영역에 b, c 변수를 선언하고, a 변수에 b 값을 대입한다.
이때 a 변수는 첫 번째 중괄호에 없기 때문에, main 영역에 선언된 a 변수에 4값을 대입한다.
두 번째 중괄호 영역에 c 변수를 선언하고, c 변수에 b 값을 대입한다.
두 번째 중괄호 영역이 끝나면 두 번째 중괄호에서 선언된 지역변수 c는 메모리에서 사라진다.
출력 구문 첫 번째, a는 main 영역의 a 변수를 참조하여 4를 출력한다.
두 번째, b는 첫 번째 중괄호 안에 있는 변수의 값 4를 출력한다.
세 번째, c는 첫 번째 중괄호 안에 있는 변수의 값 5를 출력한다.

정답 4 4 5

018 다음 C언어 프로그램의 출력 결과를 쓰시오.

```c
#include<stdio.h>
int main(void) {
    int a = 3, b = 5;
    {
        int a = 1, b = 6, c = 20;
        printf("%d %d %d\n", a, b, c);
        a = c;
        {
            int c;
            c = b;
            printf("%d %d %d\n", a, b, c);
        }
    }
    printf("%d %d\n", a, b);
    return 0;
}
```

해설

첫 번째 출력에서는 첫 번째 중괄호에 있는 a, b, c 변수를 참조하여 출력한다.
두 번째 출력에서는 첫 번째 중괄호에 있는 a, b 변수와 두 번째 중괄호에 있는 c 변수를 참조하여 출력한다.
세 번째 출력에서는 main에 있는 a, b 변수를 참조하여 출력한다.

정답 1 6 20
20 6 6
3 5

019 다음 C언어 프로그램의 출력 결과를 쓰시오.

```c
#include<stdio.h>
int main(void) {
    int i = 1, j = 2;
    {
        int i = 3;
        {
            int i = 4;
            printf("%d, ", i);
            printf("%d, ", j);
        }
        printf("%d, ", i);
    }
    printf("%d\n", i);
    return 0;
}
```

해설

첫 번째 출력에서는 첫 번째 중괄호에 있는 a, b, c 변수를 참조하여 출력한다.
두 번째 출력에서는 첫 번째 중괄호에 있는 a, b 변수와 두 번째 중괄호에 있는 c 변수를 참조하여 출력한다.
세 번째 출력에서는 main에 있는 a, b 변수를 참조하여 출력한다.

정답   4, 2, 3, 1

020 다음 C언어 프로그램의 출력 결과를 쓰시오. (해당 코드를 실행하면 오류가 발생한다. 오류가 없는 부분은 출력을 쓰고, 오류가 발생하는 부분은 오류발생이라고 쓰시오.)

```
#include <stdio.h>
int main() {
    {
        int a = 10;
        printf("a: %d \n", a);
    }
    printf("a: %d \n", a);
    {
        int a = 20;
        printf("a: %d \n", a);
    }
    return 0;
}
```

해설

첫 번째 printf("a: %d \n", a);에서 a는 첫 번째 코드 블록에서 선언되었기 때문에 10을 출력한다.
두 번째 printf("a: %d \n", a);는 에러를 발생시킨다.
a가 이미 첫 번째 코드 블록에서만 유효했기 때문에, 그 이후에는 a가 정의되지 않아서 참조할 수 없기 때문이다.
세 번째 printf("a: %d \n", a);에서는 두 번째 코드 블록에서 a가 선언되었기 때문에 20이 출력된다.

정답 a: 10
오류발생
a: 20

021 다음 C언어 프로그램의 출력 결과를 쓰시오.

```c
#include <stdio.h>
int main() {
    int x = 10;
    printf("x: %d \n", x);
    {
        int y = 20;
        printf("x: %d, y: %d \n", x, y);
        {
            int x = 30;
            int z = 40;
            printf("x: %d, y: %d, z: %d \n", x, y, z);
        }
    }
    printf("x: %d \n", x);
    return 0;
}
```

해설

코드에서 중괄호를 사용하여 여러 블록을 만들었고, 각 블록 안에서 x, y, z가 서로 다른 범위(Scope)를 갖는다.
바깥쪽 블록의 x는 10, 두 번째 블록에서는 y가 20, 세 번째 블록에서 x가 30으로 정의된다.

정답
x: 10
x: 10, y: 20
x: 30, y: 20, z: 40
x: 10

022 다음 C언어 프로그램의 출력 결과를 쓰시오.

```c
#include<stdio.h>
int a=1, b=2, c=3;
int f(void);
int main(void) {
    printf("%3d \n", f());
    printf("%3d%3d%3d \n", a, b, c);
    return 0;
}
int f(void) {
    int b, c;
    a=b=c=4;
    return (a+b+c);
}
```

해설

전역변수 a=1, b=2, c=3이 선언된다.
이 변수들은 모든 함수에서 접근 가능하며, 별도의 지역변수가 선언되지 않는 한 참조된다.
함수 f 내에서는 새로운 지역변수 b와 c가 선언된다.
이 지역변수들은 함수 f 내에서만 유효하며, 전역변수 b와 c를 가린다.
a는 지역변수로 선언되지 않았으므로, 전역변수 a가 참조된다.
이후, a, b, c 모두 4로 할당되고, a는 전역변수이므로 전역변수 a의 값이 4로 변경된다.
함수는 a+b+c=4+4+4=12를 반환한다.
main에서는 f()의 반환값인 12를 출력한다.
이후 전역변수 a, b, c를 출력한다.
a는 f 함수에서 변경이 되었기 때문에, 변경된 4가 출력된다.

정답 12
　　　　 4 2 3

023 다음 C언어 프로그램의 출력 결과를 쓰시오.

```c
#include<stdio.h>
int star = 10;
void printStar(){
    printf("%d\n", star);
}
int main(){
    int star = 5;
    printStar();
    printf("%d\n", star);
    return 0;
}
```

해설

전역변수 star를 선언하고 10을 대입한다.
main 함수에서 지역변수 star를 선언하고 5를 대입한다.
printStar 함수를 호출한다.
printStart 함수에서 star를 출력하는데, 함수 내에는 star 변수가 없기 때문에, 전역변수로 선언된 star의 값 10을 출력한다.
main 함수로 제어권이 넘어오고, star를 출력하게 되면 main 함수에서 선언된 star의 값 5가 출력된다.

정답   10
　　　　　 5

024 다음 C언어 프로그램의 출력 결과를 쓰시오.

```c
#include <stdio.h>
int a = 10;
int b = 20;
int c = 30;
void func(void) {
    static int a = 100;
    int b = 200;
    a++;
    b++;
    c = a;
}
int main() {
    func();
    func();
    printf("a=%d, b=%d, c=%d \n", a, b, c);
}
```

해설

전역변수 a, b, c를 선언하고, 각각 10, 20, 30을 대입한다.
func 함수는 정적변수 a와 지역변수 b를 선언한다.
func 함수에서는 a와 b는 자신의 함수에서 선언된 a, b를 사용하고, c는 전역변수의 c를 사용하게 된다.
자신과 가까이 있는 변수를 사용하는 것은 정적변수도 변함이 없다.
첫 번째 func 함수, 정적변수 a의 값 100을 1 증가시켜서 101, 지역변수 b의 값 200을 1 증가시켜서 201, 전역변수 c에 a의 값 101을 대입한다.
두 번째 func 함수, 정적변수 a의 값 101을 1 증가시켜서 102, 지역변수 b의 값 200을 1 증가시켜서 201, 전역변수 c에 a의 값 102를 대입한다.
main 함수에서 출력 구분을 보면, 전역변수의 a, b, c를 출력하게 된다.
func 함수에서 사용된 a 변수는 해당 함수에서만 사용된다는 것을 확인해야 한다.

정답   a = 10, b = 20, c = 102

025 다음 C언어 프로그램의 출력 결과를 쓰시오.

```c
#include<stdio.h>
int a;
int f(){
    return a++;
}
int main(void) {
    for(int i=0; i < 3; i++){
        printf("%d  ", f() );
    }
    printf("%d", a);
    return 0;
}
```

해설

전역변수 a를 선언하고, 초기값을 주지 않았다.
전역변수에 초기값이 없으면 0으로 대체된다.
main 함수에서 0부터 3보다 작을 때까지 반복하며 출력문을 수행한다.
f 함수에서는 전역변수의 값 a를 먼저 리턴한 후 1 증가시켜 주게 된다.
i=0일 때, 0을 리턴받는다.
i=1일 때, 1을 리턴받는다.
i=2일 때, 2를 리턴받는다.
반복문을 빠져나와서 전역변수 a의 최종값을 출력한다.

정답 0 1 2 3

026 다음 C언어 프로그램의 출력 결과를 쓰시오.

```c
#include <stdio.h>
int func();
int main(void) {
    for(int i=0; i<5; i++)
        printf( "%d  ", func() );
    return 0;
}
int func() {
    static int num;
    num++;
    return num;
}
```

해설

func 함수에서는 정적변수 num을 선언했다.
정적변수에 초기값을 할당하지 않으면 0값이 자동으로 할당된다.
main 함수에서 i 값이 0부터 5보다 작을 때까지 반복문을 수행하여 출력한다.
i=0일 때 num=1, i=1일 때 num=2, i=2일 때 num=3, i=3일 때 num=4, i=4일 때 num=5
정적변수는 최초 한번 초기값이 할당된 후, 프로그램이 종료될 때까지 메모리상에 남아있게 된다.

정답 1 2 3 4 5

027 다음 C언어 프로그램의 출력 결과를 쓰시오.

```c
#include <stdio.h>
void funCount();
int main(void) {
    int num;
    for(num=0; num<3; num++)
        funCount();
    return 0;
}
void funCount() {
    int num = 0;
    static int count;
    printf("num=%d, count=%d \n", ++num, count++);
}
```

해설

main 함수에서 num 값을 0부터 3보다 작을 때까지 반복하면서 funCount 함수를 호출한다.
funCount에는 지역변수와 정적변수가 존재한다.
지역변수는 funCount 함수가 종료되면 메모리에서 사라지지만, 정적변수는 처음 한번 초기값을 설정한 후, 프로그램이 끝날 때까지 메모리에 남아있게 된다.
num=0일 때, 지역변수 num을 선 증가하여 1 출력, 정적변수 count는 0 출력 후 1 증가,
num=1일 때, 지역변수 num을 선 증가하여 1 출력, 정적변수 count는 1 출력 후 1 증가,
num=2일 때, 지역변수 num을 선 증가하여 1 출력, 정적변수 count는 2 출력 후 1 증가,
지역변수 num은 funCount 함수를 호출할 때 생성되고, 함수가 끝나면 사라지기 때문에 계속 1만 출력하게 된다.
count는 정적변수이기 때문에 계속 메모리상에 남게 되어, 누적산 된 결과가 출력된다.

정답 num=1, count=0
num=1, count=1
num=1, count=2

028 다음 C언어 프로그램의 출력 결과를 쓰시오.

```c
#include <stdio.h>
int foo(void) {
    int var1 = 1;
    static int var2 = 1;
    return (var1++) + (var2++);
}
int main() {
    int i=0, sum=0;
    while( i < 3 ) {
        sum = sum + foo();
        i++;
    }
    printf("sum=%d \n", sum);
}
```

해설

while 반복문을 이용해, i 값이 0부터 3보다 작을 때까지 반복을 수행한다.
i=0일 때, sum=0+2, i=1,
i=1일 때, sum=2+3, i=2,
i=2일 때, sum=5+4, i=3,
최종 sum 값은 9가 저장된다.

foo 함수에서는 var1 지역변수와, var2 정적변수를 선언하였다.
main 함수에서 foo 함수를 호출할 때, var1은 매번 메모리에 새로 생성이 되고, 항상 1값만 대입된다.
var2는 처음 한번 1을 대입한 후, 메모리상에 계속 남아있게 된다.

정답   sum=9

029 다음 C언어 프로그램의 출력 결과를 쓰시오.

```c
#include<stdio.h>
int increase() {
    static int x = 0;
    x += 2;
    return x;
}
int main() {
    int x = 1;
    int sum = 0;
    for(int i = 0; i < 3; i++) {
        x += 2;
        sum += increase();
    }
    printf("%d\n", sum);
    return 0;
}
```

해설

x=1: 지역변수로 main 내부에서만 사용한다.
i가 0부터 3보다 작을 때까지 반복하며 x를 2 증가시키지만, increase 함수와 관련이 없다.
sum += increase(): increase 함수가 반환하는 값을 누적한다.
increase 함수 호출 과정,
첫 번째 호출: x=0+2=2 → 반환값 2
두 번째 호출: x=2+2=4 → 반환값 4
세 번째 호출: x=4+2=6 → 반환값 6

정답 12

030 다음 C언어 프로그램의 출력 결과를 쓰시오.

```c
#include<stdio.h>
int x = 50;
void func() {
    int y = 10;
    static int z = 20;
    printf("%d, %d, %d \n", x++, y++, z++);
}
int main() {
    func();
    func();
    func();
    return 0;
}
```

해설

전역변수 x는 프로그램 시작 시 선언되고 초기화되며, 모든 함수에서 접근 가능하다.
전역변수는 함수 호출 간 값을 유지하며, func 호출마다 값이 증가(x++)한다.
지역변수 y는 함수 내부에서 선언되며, 함수 호출이 끝나면 소멸한다.
func가 호출될 때마다 새로 생성되어 초기값 10으로 시작하며, 각 호출 동안 값이 증가(y++)한다.
하지만 다음 호출 시 새롭게 초기화된다.
정적변수 z는 함수 내부에서 선언되었지만, 정적변수이므로 프로그램 실행 중 값을 유지한다.
함수 호출 간에도 값이 유지되며, func가 호출될 때마다 값이 증가(z++)한다.

정답 50, 10, 20
51, 10, 21
52, 10, 22

031 다음 C언어 프로그램의 출력 결과를 쓰시오.

```c
#include <stdio.h>
int funcA(int n) {
    static int s = 1;
    s *= n;
    return s;
}
int funcB(int n) {
    int s = 1;
    s *= n;
    return s;
}
int main() {
    int s1, s2;
    s1 = funcA(2);
    printf("F1 = %d, ", s1);
    s1 = funcA(3);
    printf("F2 = %d, ", s1);
    s2 = funcB(2);
    printf("F3 = %d, ", s2);
    s2 = funcB(3);
    printf("F4 = %d  ", s2);
}
```

해설

funcA는 정적변수 s를 가지고 있고, 최초 1값을 초기값으로 설정하고, 프로그램이 종료될 때까지 메모리상에 남아있게 된다.
funcB는 지역변수 s를 가지고 있고, 호출할 때마다 s변수에 1값을 초기화하고, 함수가 종료되면 메모리에서 사라지게 된다.
funcA 함수 호출, n=2, s=1*2,
funcA 함수 호출, n=3, s=2*3,
funcB 함수 호출, n=2, s=1*2,
funcB 함수 호출, n=3, s=1*3,
funcA는 정적변수, funcB는 지역변수가 사용된다는 것을 확인해야 한다.

정답 F1 = 2, F2 = 6, F3 = 2, F4 = 3

032 다음 C언어 프로그램의 출력 결과를 쓰시오.

```c
#include <stdio.h>
static int snum = 0;
int inum = 0;
void func() {
    snum++;
    inum++;
    printf("snum=%d, inum=%d\n", snum, inum);
}
int main() {
    func();
    snum++;
    inum++;
    func();
}
```

해설

정적변수를 전역변수처럼 사용하게 되면 전역변수라고 생각하면 된다.
첫 번째 func 함수 호출을 하게 되면, snum 1 증가, inum 1 증가 후 출력한다.
main 함수에서 정적변수 snum 1 증가, 전역변수 1 증가
두 번째 func 함수 호출을 하게 되면, snum 1 증가, inum 1 증가 후 출력한다.

정답 snum=1, inum=1
snum=3, inum=3

033 다음 C언어 프로그램의 출력 결과를 쓰시오.

```c
#include <stdio.h>
int g = 5;
void func1(int n) {
    static int s = 2;
    s += n;
    g += n;
    printf("%d, %d\n", s, g);
}
void func2() {
    int g = 10;   // 지역변수
    g += 5;
    printf("%d\n", g);
}
int main() {
    func1(3);
    func2();
    func1(4);
    func2();
    printf("%d\n", g);
    return 0;
}
```

해설

func2에서 선언된 g는 지역변수로, 전역변수 g와 독립적으로 동작한다.
하지만 func1에서는 전역변수 g를 참조하고 수정한다.
func1 내의 정적변수 s는 호출 간 값을 유지하며, 매번 n값을 더한다.
func1 호출 시 s와 전역변수 g의 값이 업데이트된다.
func2는 전역변수가 아닌 지역변수 g를 수정하여 출력에 영향을 준다.

정답
5, 8
15
9, 12
15
12

CHAPTER 06 재귀함수

1. 재귀함수

(1) 재귀함수의 정의
- 함수 내부에서 자기 자신을 다시 호출하는 함수이다.
- 문제를 반복적으로 처리하며, 호출된 함수는 스택 메모리에 차곡차곡 쌓인 뒤 반환 과정을 통해 처리한다.

(2) 재귀함수의 특징
- 재귀함수는 반드시 종료 조건이 있어야 한다.
- 종료 조건이 없으면 함수는 무한히 호출되어 스택 오버플로우(Stack Overflow)가 발생한다.
- 함수가 자기 자신을 호출하며, 매번 호출할 때 입력값이 변해야 한다.
- 일반적으로 호출 과정에서 문제를 더 작게 나누어 처리한다.
- 함수 호출 시 스택 메모리에 호출 정보를 저장한다.
- 모든 호출이 끝나면 스택에서 호출 정보를 하나씩 꺼내며 반환한다.

(3) 재귀함수의 장단점

1) 장점
- 코드가 간결하며, 복잡한 문제를 논리적으로 쉽게 구현할 수 있다.
- 트리 탐색이나 분할 정복 문제 같은 경우 매우 유용하다.

2) 단점
- 호출마다 스택 메모리를 사용하므로 깊은 호출은 메모리 사용량이 커진다.
- 반복문으로 해결 가능한 문제는 재귀를 사용하면 성능이 떨어질 수 있다.
- 잘못된 설계로 스택 오버플로우 위험이 있다.

(4) 예제

1) 팩토리얼 계산

```c
int factorial(int n) {
    if (n == 0) return 1;   // 기저 조건
    return n * factorial(n - 1);   // 재귀 호출
}
```

2) 피보나치 수열

```c
int fibonacci(int n) {
    if (n == 0 || n == 1) return n;   // 기저 조건
    return fibonacci(n - 1) + fibonacci(n - 2);   // 재귀 호출
}
```

문제풀이

001 다음 C언어 프로그램의 출력 결과를 쓰시오.

```c
#include <stdio.h>
int factorial(int n) {
    if( n == 1 ){
        return 1;
    }
    return n * factorial(n-1);
}
int main() {
    int ft = factorial(5);
    printf("%d", ft);
    return 0;
}
```

해설

입력값 n이 1일 때 종료 조건에 도달하며 1을 반환한다.
그렇지 않은 경우, n과 factorial(n-1)의 결과를 곱하여 반환한다.
호출 과정에서 factorial(n-1)은 계속해서 자기 자신을 호출하며 n 값을 줄여간다.
재귀 호출이 종료된 후 반환 값을 차례로 곱하면서 결과를 계산한다.
factorial(5) = 5 * factorial(4)
factorial(4) = 4 * factorial(3)
factorial(3) = 3 * factorial(2)
factorial(2) = 2 * factorial(1)
factorial(1) = 1 (종료 조건 도달)
반환값은 역순으로 계산된다.
1 → 2 → 6 → 24 → 120

정답 120

002 다음 C언어 프로그램의 출력 결과를 쓰시오.

```c
#include <stdio.h>
double func(double a, int num) {
    if( num == 0 ){
        return 1;
    }
    return a * func(a, num-1);
}
int main() {
    int sum = func(2, 5);
    printf("%d", sum);
    return 0;
}
```

해설

num == 0이면, 재귀 호출을 멈추고 1을 반환한다.
num > 0이면, 현재의 a 값에 func(a, num-1)의 반환 값을 곱하여 결과를 계산한다.
함수 호출은 num이 0에 도달할 때까지 계속된다.
재귀 호출은 다음과 같이 진행된다.
func(2, 5) = 2 * func(2, 4)
func(2, 4) = 2 * func(2, 3)
func(2, 3) = 2 * func(2, 2)
func(2, 2) = 2 * func(2, 1)
func(2, 1) = 2 * func(2, 0)
func(2, 0) = 1 (종료 조건)
반환 과정에서 값을 차례로 곱하며 결과가 계산된다.
1 → 2 → 4 → 8 → 16 → 32

정답 32

003 다음 C언어 프로그램의 출력 결과를 쓰시오.

```c
#include <stdio.h>
int recursion( int n ) {
    if( n < 5 ) return 1;
    else if( n % 5 == 1 )
        return n + recursion(n-1);
    else
        recursion(n-1);
}
int main() {
    int n = recursion(16);
    printf("%d", n);
    return 0;
}
```

해설

재귀 호출은 다음과 같이 진행된다.
n = 16 → 16 % 5 == 1, 반환: 16 + recursion(15)
n = 15 → 15 % 5 != 1, 호출: recursion(14)
n = 14 → 14 % 5 != 1, 호출: recursion(13)
n = 13 → 13 % 5 != 1, 호출: recursion(12)
n = 12 → 12 % 5 != 1, 호출: recursion(11)
n = 11 → 11 % 5 == 1, 반환: 11 + recursion(10)
n = 10 → 10 % 5 != 1, 호출: recursion(9)
n = 9 → 9 % 5 != 1, 호출: recursion(8)
n = 8 → 8 % 5 != 1, 호출: recursion(7)
n = 7 → 7 % 5 != 1, 호출: recursion(6)
n = 6 → 6 % 5 == 1, 반환: 6 + recursion(5)
n = 5 → 5 % 5 != 1, 호출: recursion(4)
n = 4 → 종료 조건, 반환: 1
그래서 recursion(6) = 6+1=7 → recursion(11) = 11+7=18 → recursion(16) = 16+18 = 34
함수는 최종적으로 34을 반환하여 변수 n에 저장된다.

정답 34

004 다음 C언어 프로그램의 출력 결과를 쓰시오.

```c
#include <stdio.h>
void digitVal(int num)
{
    if( num < 2 ){
        printf("%d", num);
    }
    else{
        digitVal(num/2);
        printf("%d", num % 2);
    }
}
int main() {
    digitVal(10);
    return 0;
}
```

해설

입력된 정수 num이 2보다 작으면(즉, num == 0 또는 num == 1), 이를 출력하고 종료한다.
num >= 2인 경우, digitVal(num / 2)를 호출하여 정수를 2로 나눈 몫을 재귀적으로 처리한다.
재귀 호출이 끝난 후, num % 2(2로 나눈 나머지)를 출력하여 2진수의 각 자릿값을 출력한다.
재귀 호출은 다음과 같이 진행된다.
digitVal(10) → 몫: 5, 나머지: 0
digitVal(5) → 몫: 2, 나머지: 1
digitVal(2) → 몫: 1, 나머지: 0
digitVal(1) → 출력: 1 (종료 조건)
출력 순서는 재귀 호출의 반환 순서에 따라 2진수의 자리 순서대로 출력된다.
1 → 0 → 1 → 0

정답 1010

005 다음 C언어 프로그램의 출력 결과를 쓰시오.

```c
#include <stdio.h>
void reverseNum(int num)
{
    if( num < 10 ){
        printf("%d", num);
    }
    else{
        printf("%d", num % 10);
        reverseNum(num / 10);
    }
}
int main() {
    reverseNum(1234);
    return 0;
}
```

해설

입력된 num이 한 자릿수(즉, num < 10)이면, 그 값을 출력하고 재귀 호출을 종료한다.
num >= 10인 경우, num % 10을 출력하여 num의 마지막 자릿수를 출력한다.
그런 다음, reverseNum(num / 10)을 호출하여 num에서 마지막 자릿수를 제외한 값을 다시 처리한다.
재귀 호출은 다음과 같이 진행된다.
reverseNum(1234) → 출력: 4, 재귀 호출: reverseNum(123)
reverseNum(123) → 출력: 3, 재귀 호출: reverseNum(12)
reverseNum(12) → 출력: 2, 재귀 호출: reverseNum(1)
reverseNum(1) → 출력: 1 (종료 조건)
호출이 끝난 후 모든 자릿수가 역순으로 출력된다.

정답   4321

006 다음 C언어 프로그램의 출력 결과를 쓰시오.

```c
#include <stdio.h>
int func( int num ) {
    if(num == 1)
        return 1;
    else
        return num * func(num-1);
}
int main() {
    int i;
    for( i = 5; i >= 0; i-- )
    {
        if( i % 2 == 1 )
            printf( "func(%d) : %d \n", i, func(i) );
    }
    return 0;
}
```

해설

종료 조건으로 num == 1일 때 1을 반환한다.
그렇지 않으면 num * func(num - 1)을 반환하며 재귀적으로 팩토리얼을 계산한다.
for 루프를 사용하여 i=5부터 i=0까지 반복한다.
각 반복에서 i가 홀수일 때만 func(i)를 호출하여 i의 팩토리얼 값을 계산하고 출력하고, 짝수인 경우 아무 동작 없이 건너뛴다.
재귀 호출은 다음과 같이 진행된다.
func(5)는 5*4*3*2*1=120
func(3)는 3*2*1=6
func(1)은 1

정답　func(5) : 120
　　　　func(3) : 6
　　　　func(1) : 1

007 다음 C언어 프로그램의 출력 결과를 쓰시오.

```c
#include <stdio.h>
int f( int n ) {
    if( n > 0 )
        return n % 10 + f(n / 10);
    else
        return 0;
}
int main() {
    int result;
    result = f(123);
    printf("%d \n", result);
    return 0;
}
```

해설

입력값 n이 0보다 클 경우, n % 10을 통해 n의 마지막 자릿수를 구한다.
나머지 자릿수를 처리하기 위해 f(n / 10)을 호출한다.
종료 조건으로 0을 반환하여 재귀 호출을 멈춘다.
재귀 호출은 다음과 같이 진행된다.
f(123) → 3 + f(12)
f(12) → 2 + f(1)
f(1) → 1 + f(0)
f(0) → 0 (종료 조건에 도달)
각 호출이 종료된 후 반환값을 차례로 더하여 최종 결과를 계산한다.

정답   6

008 다음 C언어 프로그램의 출력 결과를 쓰시오.

```
#include <stdio.h>
int func( int n ) {
    if( n%2==1 )
        n=n-1;
    if( n==0 )
        return 0;
    return (func(n-2)+n);
}
int main() {
    int result;
    result = func(19);
    printf("result=%d \n", result);
    return 0;
}
```

해설

입력된 n이 홀수(n % 2 == 1)인 경우, n을 n-1로 변경하여 짝수로 만든다.
이후, n == 0이 되면 종료 조건으로 0을 반환한다.
n > 0일 경우, 현재 n 값을 반환값에 더하고 func(n - 2)를 호출하여 다음 작은 짝수를 처리한다.
이러한 방식으로 모든 짝수들을 더해 최종 결과를 반환한다.
func(19)를 호출하여 19보다 작거나 같은 짝수의 합을 계산한다.
재귀 호출은 다음과 같이 진행된다.
입력값 19는 홀수이므로 n=18로 조정된다.
func(18) → 18 + func(16)
func(16) → 16 + func(14)
...
func(2) → 2 + func(0)
func(0) → 0 (종료 조건 도달)
반환 과정에서 짝수들을 모두 더한 후, 반환하게 된다.

정답 result=90

009 다음 C언어 프로그램의 출력 결과를 쓰시오.

```c
#include <stdio.h>
int funa(int n) {
    if(n > 1)
        return (n + (funa(n-2)));
    else
        return (n % 2);
}
int main() {
    printf("%d, %d", funa(5), funa(6));
    return 0;
}
```

해설

입력값 n이 1보다 크면, n을 포함하고 funa(n - 2)를 호출하여 n보다 작고 홀수인 값들을 더한다.
입력값 n이 1 이하일 경우, n % 2를 반환한다.
즉, n == 1일 때는 1을 반환, n == 0일 때는 0을 반환한다.
funa(5) 계산 과정은,
funa(5) → 5 + funa(3)
funa(3) → 3 + funa(1)
funa(1) → 1 (종료 조건)
funa(6) 계산 과정은,
funa(6) → 6 + funa(4)
funa(4) → 4 + funa(2)
funa(2) → 2 + funa(0)
funa(0) → 0 (종료 조건)
종료 조건 도달 후, 역순으로 값들을 계산하게 된다.

정답 9, 12

010 다음 C언어 프로그램의 출력 결과를 쓰시오.

```c
#include <stdio.h>
int resp(int n)
{
    if (n < 1) return 0;
    else if (n % 3 == 0) return n + resp(n - 1);
    else if (n % 2 == 0) return n + 1 + resp(n - 1);
    else return resp(n - 1);
}
int main() {
    int i;
    i = 4;
    printf("resp: %d \n\r", resp(i));
    return 0;
}
```

해설

n < 1일 경우 0을 반환하며 재귀 호출을 종료한다.
n % 3 == 0, n이 3의 배수일 경우 n을 결과에 더하고 resp(n - 1)을 호출하여 다음 값을 처리한다.
n % 2 == 0, n이 짝수(단, 3의 배수는 아님)일 경우, n + 1을 결과에 더하고 resp(n - 1)을 호출한다.
나머지 경우, 값은 결과에 추가하지 않고 resp(n - 1)을 호출한다.

정답   resp: 11

011 다음 C언어 프로그램의 출력 결과를 쓰시오.

```c
#include <stdio.h>
int repeat(int a, int b){
    if(b == 0)
        return a;
    else if(b % 2 == 0)
        return repeat(a+a, b/2);
    else
        return repeat(a+a, b/2) + a;
}
int main() {
    printf("%d", repeat(3,6));
    return 0;
}
```

해설

b == 0일 경우, 0을 반환하며 계산을 종료한다.
b가 짝수일 경우, repeat(a+a, b/2)를 호출하여 a를 두 배로 늘리고 b를 절반으로 줄인다.
b가 홀수일 경우, repeat(a+a, b/2)를 호출하여 처리한 결과에 a를 추가한다.

정답   42

012 다음 C언어 프로그램의 출력 결과를 쓰시오.

```c
#include <stdio.h>
int my( int i, int j ) {
    if( i < 3 ) i=j=1;
    else {
        i = i-1;
        j = j-i;
        printf("%d, %d, ", i, j );
        return my(i,j);
    }
}
int main() {
    my( 5, 14 );
    return 0;
}
```

해설

i < 3인 경우, i와 j를 1로 설정하고 종료한다.
그렇지 않은 경우 i를 i-1로 감소시키고, j를 j-i로 갱신한 뒤 현재 i와 j 값을 출력하고, 갱신된 값을 사용해 my(i, j)를 다시 호출한다.
재귀 호출은 i가 3 미만이 될 때까지 계속된다.
재귀 호출은 다음과 같이 진행된다.
첫 호출: i=5, j=14 → 갱신: i=4, j=10 → 출력: 4, 10
두 번째 호출: i=4, j=10 → 갱신: i=3, j=7 → 출력: 3, 7
세 번째 호출: i=3, j=7 → 갱신: i=2, j=5 → 출력: 2, 5
네 번째 호출: i=2 → 종료 조건 도달 (i < 3), 함수 종료

정답 4, 10, 3, 7, 2, 5,

013 다음 C언어 프로그램의 출력 결과를 쓰시오.

```c
#include <stdio.h>
void reverseNum(int num)
{
    if( num < 10 ){
        printf("%d", num);
    }
    else{
        reverseNum(num / 10);
        printf("%d", num % 10);
    }
}
int main() {
    reverseNum(1234);
    return 0;
}
```

해설

입력된 num이 한 자리 수(즉, num < 10)이면, 이를 출력하고 재귀 호출을 종료한다.
num >= 10인 경우, reverseNum(num / 10)을 먼저 호출하여 정수의 앞자리를 처리한다.
이후 printf를 사용하여 num % 10을 출력하여 숫자의 뒷자리를 출력한다.
재귀 호출은 다음과 같이 진행된다.
reverseNum(1234) → 호출: reverseNum(123)
reverseNum(123) → 호출: reverseNum(12)
reverseNum(12) → 호출: reverseNum(1)
reverseNum(1) → 출력: 1

정답   1234

014 다음 C언어 프로그램의 출력 결과를 쓰시오.

```c
#include <stdio.h>
void fn(int n) {
    printf("%d", n);
    if(n > 1)
        fn(n-1);
    printf("%d", n);
}

int main( ) {
    fn(3);
    return 0;
}
```

해설

함수는 입력값 n을 출력한 뒤, n > 1일 경우 재귀적으로 fn(n-1)을 호출한다.
재귀 호출이 종료된 이후, 다시 n을 출력한다.
이 구조로 인해 재귀 호출 전과 후에 각각 n이 출력된다.
출력은 순방향 호출에서 값을 출력하고, 역방향 반환에서도 동일한 값을 출력한다.

정답   321123

015 다음 C언어 프로그램의 출력 결과를 쓰시오.

```c
#include <stdio.h>
void fun(int a, int b, int c)
{
    if( c != 0 ) {
        fun(b, a+b, c-1);
        printf("%d, %d, %d \n", a, b, c);
    }
}
int main() {
    int i = 1, j = 1, k = 3;
    fun(i, j, k);
    return 0;
}
```

해설

c != 0일 경우, 재귀 호출: fun(b, a+b, c-1)을 호출하여 매개변수 a, b, c를 갱신하고, 재귀적으로 처리한다.
재귀 호출이 종료된 뒤, 현재의 a, b, c 값을 출력한다.
c == 0일 경우, 재귀 호출이 중단되며, 함수 실행이 종료된다.
재귀 호출 흐름,
첫 번째 호출: fun(1, 1, 3) → 호출: fun(1, 2, 2)
두 번째 호출: fun(1, 2, 2) → 호출: fun(2, 3, 1)
세 번째 호출: fun(2, 3, 1) → 호출: fun(3, 5, 0)
네 번째 호출: fun(3, 5, 0) → 종료 (출력 없음)
반환하면서 각 단계에서 값 출력,
세 번째 호출 반환: 출력 2, 3, 1
두 번째 호출 반환: 출력 1, 2, 2
첫 번째 호출 반환: 출력 1, 1, 3

정답 2, 3, 1
        1, 2, 2
        1, 1, 3

016 다음 C언어 프로그램의 출력 결과를 쓰시오.

```c
#include <stdio.h>
int f( int n ) {
    int tmp;
    if( n < 1 ){
        return 2;
    }
    else{
        tmp = 2 * f(n-1) + 1;
        printf("%d, ", tmp);
        return tmp;
    }
}
int main(void) {
    printf("\n%d", f(3));
    return 0;
}
```

해설

입력값 n이 0보다 작으면 종료 조건으로 2를 반환한다.
그렇지 않을 경우, 함수는 2*f(n-1)+1을 계산하여, 이전 단계(f(n-1))의 값을 두 배로 늘리고 1을 더한 값을 반환한다.
이 과정에서 tmp를 계산 후 출력하며, 최종적으로 f(n) 값을 반환한다.
f(3)을 호출하여 n=3부터 시작하여 재귀적으로 값을 계산한다.
재귀 호출은 다음과 같이 진행된다.
f(3) → tmp=2*f(2)+1
f(2) → tmp=2*f(1)+1
f(1) → tmp=2*f(0)+1
f(0) → 종료 조건 반환 2
반환 과정에서 계산된 값은,
f(1)=2*2+1=5 (출력: 5)
f(2)=2*5+1=11 (출력: 11)
f(3)=2*11+1=23 (출력: 23)
main에서는 최종 반환값 23을 출력한다.

정답 5, 11, 23,
23

017 다음 C언어 프로그램의 출력 결과를 쓰시오.

```c
#include <stdio.h>
int func(int i, int j) {
    if (i < 3) {
        i = j = 1;
        return i + j;
    } else {
        int temp_i = i - 1;
        int temp_j = j - temp_i;
        int result = func(temp_i, temp_j);
        printf("%d, %d, ", temp_i, temp_j);
        return result;
    }
}
int main() {
    printf("%d", func(6, 20));
    return 0;
}
```

해설

입력값 i가 3보다 작으면, i와 j를 1로 설정하고 i+j=2를 반환하며 재귀 호출을 종료한다.
i가 3 이상인 경우, temp_i=i-1로 i를 감소시킨다.
temp_j=j-temp_i로 j를 갱신한다.
func(temp_i, temp_j)를 호출하여 다음 단계로 이동한다.
재귀 호출이 종료된 후, 갱신된 temp_i와 temp_j를 출력한다.

정답   2, 6, 3, 8, 4, 11, 5, 15, 2

018 다음 C언어 프로그램의 출력 결과를 쓰시오.

```c
#include <stdio.h>
void foo(int n) {
    if (!n) return;
    foo(n>>1);
    printf("%d", n%2);
}
int main(void) {
    int a = 110;
    foo(a);
    return 0;
}
```

해설

입력값 n이 0일 경우, 바로 반환하여 재귀 호출을 종료한다.
그렇지 않으면 foo(n >> 1)을 호출한다.
n >> 1은 n을 오른쪽으로 한 비트 시프트하는 연산으로, 이는 n을 2로 나눈 몫을 계산하는 것과 같다.
재귀 호출이 종료된 후, printf("%d", n % 2)를 실행하여 현재 n을 2로 나눈 나머지를 출력한다.
재귀 호출 흐름, foo(110) → foo(55) → foo(27) → foo(13) → foo(6) → foo(3) → foo(1) → foo(0) 반환 과정에서 나머지값을 출력한다.

정답 1101110

019 다음의 출력 결과를 참고하여, ①에 들어갈 알맞은 답을 작성하시오.

> 출력 : 15

```c
#include <stdio.h>
int sum(int n){
    if (n <= 0)
        return 0;
    else
        return n + sum(①);
}
int main(){
    int result = sum(5);
    printf("출력 : %d", result);
}
```

해설

재귀함수에서 sum(n)은 주어진 숫자 n까지의 합을 계산하기 위해 작성된 함수이다.
이를 위해 각 단계에서 현재 숫자 n을 더하고, 나머지 숫자들을 처리하기 위해 다음 단계의 값을 재귀 호출로 넘겨야 한다.
재귀적으로 호출할 때, n-1을 넘기는 것은 문제를 작게 만드는 과정이다.
매번 n을 줄여 나가며, n=0일 때 종료 조건으로 재귀 호출을 멈춘다.
결과적으로,
sum(5) → 5 + sum(4)
sum(4) → 4 + sum(3)
sum(3) → 3 + sum(2)
sum(2) → 2 + sum(1)
sum(1) → 1 + sum(0)
sum(0) → 0 (종료 조건)
if (n <= 0) 조건은 n이 0 이하일 때 0을 반환하여 재귀 호출을 종료한다.

정답   ① n-1

020 다음 C언어 프로그램의 출력 결과를 쓰시오.

```
#include <stdio.h>
int recur( int a, int b ) {
    if( a <= 1 )
        return a * b;
    else
        return a * recur(a-1, b+1) + recur(a-1, b);
}
int main() {
    int a = 3, b = 2;
    printf("%d \n", recur(a, b));
}
```

해설

a <= 1일 경우, a*b를 반환하여 재귀 호출을 종료한다.
a > 1일 경우, 두 가지 호출을 수행하여 결과를 합산한다.
초기값 a=3, b=2로 recur(3, 2)를 호출한다.

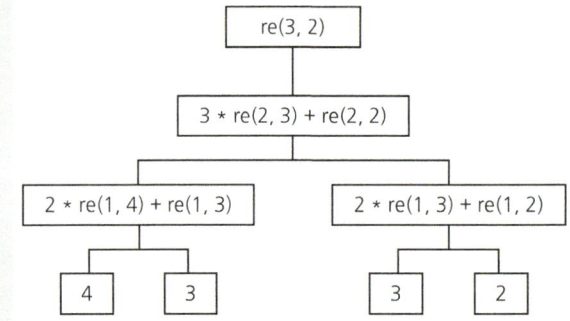

위와 같은 형태로 모든 함수가 상수값이 나올 때까지 피라미드 형태로 그림을 그려주고, 연산을 시작한다.
좌측에 있는 식은 2*4+3=11, 우측에 있는 식은 2*3+2=8, 중앙에 있는 식은 3*11+8=41
main에서 호출한 re(3, 2)로 리턴되는 값은 41이라는 결과값이다.

정답   41

021 다음 C언어 프로그램의 출력 결과를 쓰시오.

```
#include <stdio.h>
int sub( int n ) {
    if( n == 0 ) return 0;
    if( n == 1 ) return 1;
    return ( sub(n-1) + sub(n-2));
}
int main() {
    int a = 0;
    a = sub(4);
    printf("%d", a);
    return 0;
}
```

해설

main 함수에서 sub 함수를 4 인자값을 가지고 호출한다.
sub 함수에서 인자로 받은 n값이 0이면 상수 0을, 1이면 상수 1을 리턴한다.
그렇지 않으면 재귀함수를 수행한다.
이때 사용된 재귀함수는 하나의 식에 두 개의 중복 재귀함수가 존재하므로 피라미드를 그려 문제를 해결한다.

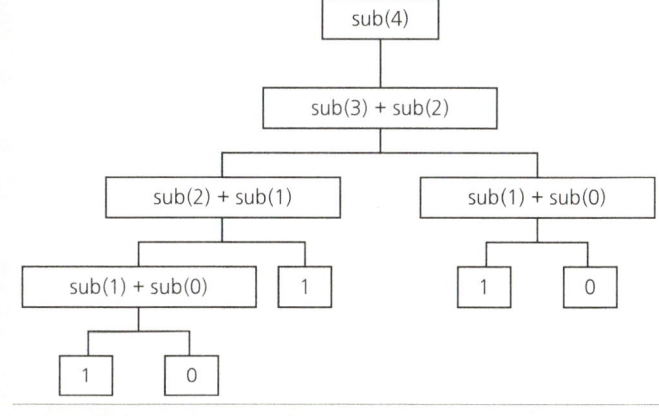

정답 3

022 다음 C 프로그램에서 main() 함수를 실행할 때 fib() 함수가 호출되는 횟수는?

```
#include <stdio.h>
int fib( int n ) {
    if( n == 0 ) return 0;
    if( n == 1 ) return 1;
    return ( fib(n-1) + fib(n-2) );
}
int main() {
    fib(5);
    return 0;
}
```

해설

main 함수에서 fib 함수를 5 인자값을 가지고 호출한다.
fib 함수에서 인자로 받은 n값이 0이면 상수 0을, 1이면 상수 1을 리턴한다.
그렇지 않으면 재귀함수를 수행한다.
이때 사용된 재귀함수는 하나의 식에 두 개의 중복 재귀함수가 존재하므로 피라미드를 그려 문제를 해결한다.

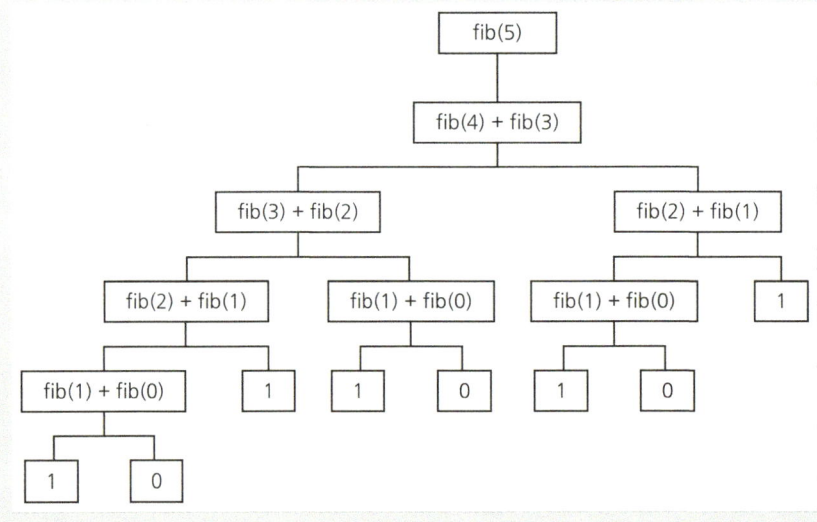

fib 함수를 호출한 개수를 세어보면 총 15번 호출이 되었다.
처음 main 함수에서 fib(5)를 호출하는 것도 실수하면 안 된다.

정답 15번

023 다음 C언어 프로그램의 출력 결과를 쓰시오.

```c
#include <stdio.h>
int fun(int n) {
    printf("%d ", n);
    if(n < 3) return 1;
    return (fun(n - 3) + fun(n - 2));
}
int main() {
    int k;
    k = fun(5);
    printf("%d\n", k);
    return 0;
}
```

해설

main 함수에서 fun 함수를 5 인자값을 가지고 호출한다.
fun 함수에서 인자로 받은 n값을 출력하고, n이 3보다 작으면 상수값을 리턴한다.
그렇지 않으면 재귀함수를 수행한다.

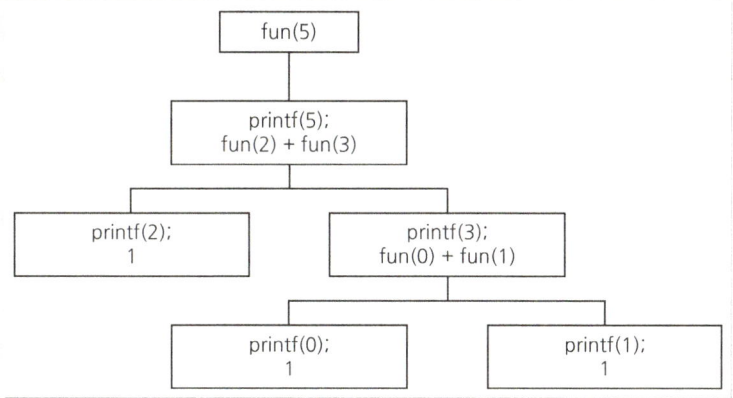

최초에 fun(5)를 호출하게 되면 먼저 출력하게 되므로 5를 출력해 주고, 3보다 크기 때문에 fun(2)+fun(3)을 수행한다.
fun(2)를 호출하면 2를 먼저 출력하고, 3보다 작기 때문에 1을 리턴하게 된다.
fun(3)을 호출하면 3을 먼저 출력하고, 3보다 작지 않기 때문에 fun(0)+fun(1)을 수행한다.
fun(0)을 호출하면 0을 먼저 출력하고, 3보다 작기 때문에 1을 리턴하게 된다.
fun(1)을 호출하면 1을 먼저 출력하고, 3보다 작기 때문에 1을 리턴하게 된다.
여기서 나온 1값을 모두 더하면 3이고, 3을 fun(5)로 리턴해 준다.

정답 5 2 3 0 1 3

024 다음 C언어 프로그램의 출력 결과를 쓰시오.

```c
#include <stdio.h>
int fun(int n) {
    printf("%d ", n);
    if(n < 3) return 1;
    return (fun(n - 3) + fun(n - 2));
}
int main() {
    int k;
    k = fun(8);
    printf("%d\n", k);
    return 0;
}
```

해설

이전 문제와 동일하게 피라미드를 그려주고 출력을 해주게 된다.
단, 좌측에 있는 것들이 모두 수행이 된 후에 우측에 있는 내용들이 출력된다.

정답   8 5 2 3 0 1 6 3 0 1 4 1 2 7

025 다음 C언어 프로그램의 출력 결과를 쓰시오.

```c
#include <stdio.h>
int fun(int n) {
    if (n < 3) return 1;
    int result = fun(n - 3) + fun(n - 2);
    printf("%d ", n);
    return result;
}
int main() {
    int k;
    k = fun(8);
    printf("%d\n", k);
    return 0;
}
```

해설

두 개의 재귀함수가 있을 경우, 좌측에 있는 재귀를 모두 끝내야 우측의 재귀를 처리할 수 있다.
이때, 좌측이 종료되면 좌측 내용의 남은 부분을 모두 처리하기 때문에, 먼저 값을 출력하는 결과와는 다른 값이 출력되게 된다.

정답   3 5 3 4 6 8 7

CHAPTER 07 선행 처리기

1. 선행 처리기

(1) 선행 처리기 개념
- 컴파일 이전 단계에서 프로그램 상단에 선언된 지시자(Directive)를 처리하는 역할을 수행하는 도구이다.
- 컴파일러가 실제로 소스 코드를 번역하기 전에, 선행 처리기가 특정 작업을 수행하여 최종적으로 컴파일러가 처리할 코드를 준비한다.

(2) 주요 기능

1) 매크로 처리
- 코드에서 반복적으로 사용되는 값을 정의하거나 간단한 코드 조각을 매크로로 정의하여 사용한다.
- 예: #define PI 3.14159

2) 파일 포함
- 다른 파일을 현재 소스 코드에 포함시키는 역할을 한다.
- 예: #include <stdio.h>는 표준 입출력 라이브러리 파일을 포함한다.

3) 조건부 컴파일
- 특정 조건에 따라 코드의 일부를 포함하거나 제외한다.

4) 문자열 치환
- 매크로로 정의된 심볼 이름을 해당 값으로 치환한다.
- 예: #define SQUARE(x) ((x) * (x))

2. 매크로 정의

(1) 매크로 개념
- 선행 처리기에서 #define을 사용하여 단순 치환되는 자료를 말한다.
- 프로그램 작성 시 명령이나 수식 또는 상수값이 자주 사용될 때 정의하여 사용한다.

(2) 매크로 종류

1) 매크로 상수
- 미리 정의한 매크로 상수명이 프로그램에서 사용되면, 매크로 확장 문자열로 치환한다.
- 예: define N 10

2) 매크로 함수
- 전달된 인자의 형태를 가지고 치환하는 동작을 한다.
- 예: SQR(x) x*x

3. 조건부 컴파일

(1) 조건부 컴파일 개념
- 조건이 만족될 때 특정 문장을 컴파일 한다.

(2) 조건부 컴파일 구문

구문	설명
#if 조건	조건이 참일 때 컴파일 수행될 문장
#else	조건이 거짓일 때 컴파일 수행될 문장
#elif	#else와 #if가 같이 있는 문장(else if와 같은 역할)
#endif	조건의 끝이 되는 문장

문제풀이

001 다음 C언어 프로그램의 출력 결과를 쓰시오.

```
#include <stdio.h>
#define NAME "홍달쌤"
#define AGE 43
int main() {
    printf("NAME is %s\n", NAME);
    printf("Age is %d", AGE);
    return 0;
}
```

해설
전처리 구문에 매크로 변수로 NAME과 AGE를 선언하고, 홍달쌤과 43이라는 값을 대입한다.
전처리 구문에 선언이 되면 앞으로 사용되는 모든 NAME은 홍달쌤으로, AGE는 43으로 치환된다.

정답
NAME is 홍달쌤
Age is 43

002 다음 C언어 프로그램의 출력 결과를 쓰시오.

```
#include <stdio.h>
#define NAME "홍달쌤"
#define AGE 43
int main() {
    int AGE = 42;
    printf("NAME is %s\n", NAME);
    printf("Age is %d", AGE);
    return 0;
}
```

해설

전처리 구문에 매크로 변수로 NAME과 AGE를 선언하고, 홍달쌤과 43이라는 값을 대입한다.
main 함수에서 정수형 AGE를 선언하려고 할 때, 오류가 발생한다.
전처리기에서 int AGE = 42;를 int 43 = 42;로 변경하려고 하는데, 숫자로 변수를 선언할 수 없기 때문이다.
만약, 매크로 변수 AGE에 A43을 대입하면 오류는 발생하지 않는다.
오류가 발생하지 않게 만들고, AGE를 출력하면 42가 출력되고, printf("%d", A43); 할 때도 42가 출력된다.
극단적인 예시일 뿐, 이런 구문은 실제로 사용하지 않는다.

정답   오류발생

003 다음 C언어 프로그램의 출력 결과를 쓰시오.

```
#include <stdio.h>
#define CAT(X, Y, Z) X##Y##Z
int main() {
    printf("%d", CAT(11,22,33));
    return 0;
}
```

해설

매크로 함수 CAT을 선언했고, CAT은 인자로 받은 X, Y, Z 값을 받아서 문자열을 붙여서 리턴해 준다.
연산자는 전처리기 연산자로 토큰 결합 연산자이다.

정답   112233

004 다음 C언어 프로그램의 출력 결과를 쓰시오.

```
#include <stdio.h>
#define N 10
#define SQR(X) X * X
int main() {
    printf("%d, ", N);
    printf("%d", SQR(N));
    return 0;
}
```

> [해설]
> 전처리 구문에 매크로 변수 N을 선언하고, 10이라는 값을 대입한다.
> 매크로 함수 SQR을 선언했고, SQR은 인자 X 값을 받아서 X*X를 수행한 후 값을 리턴한다.

정답   10, 100

005 다음 C언어 프로그램의 출력 결과를 쓰시오.

```c
#include <stdio.h>
#define PI 3.14
#define AREA(X) 2 * X * PI
int main() {
    printf("%.3f", AREA(10));
    return 0;
}
```

> [해설]
> 전처리 구문에 매크로 변수 PI를 선언하고, 3.14값을 대입한다.
> 매크로 함수 AREA를 선언했고, AREA 매크로 함수는 인자 X 값을 받아서 2*X*PI를 수행한 후 값을 리턴한다.

정답   62.800

006 다음 C언어 프로그램의 출력 결과를 쓰시오.

```c
#include <stdio.h>
#define ADD(X, Y) X + Y
int main() {
    int x = 10;
    int y = 20;
    printf("%d + %d = %d", x, y, ADD(x, y));
    return 0;
}
```

> [해설]
> 매크로 함수 ADD을 선언했고, AREA 매크로 함수는 인자 X, Y 값을 받아서 X+Y를 수행한 후 값을 리턴한다.

정답   10 + 20 = 30

007 다음 C언어 프로그램의 출력 결과를 쓰시오.

```
#include <stdio.h>
#define SQR(X) X*X
int main() {
    int x = 10;
    printf("%d", SQR(x+1));
    return 0;
}
```

해설

매크로 함수 SQR을 선언했고, SQR 매크로 함수는 인자 X 값을 받아서 X*X를 수행한 후 값을 리턴한다.
이때, 인자로 넘어온 값을 그대로 처리해 주게 되는데, X+1을 11로 인식하지 않고, X에 그대로 치환을 해주게 된다.
X+1*X+1 이런 형태로 치환이 된다.
연산자 우선순위에 의해서 X+(1*X)+1, 곱하기를 먼저 수행해 준다.
10+(1*10)+1 이런 형태로 계산이 수행되어, 21이 리턴된다.
매크로 함수에서는 인자로 전달된 값이 그대로 치환된다는 것을 주의해야 한다.

정답   21

008 다음 C언어 프로그램의 출력 결과를 쓰시오.

```
#include <stdio.h>
#define MUL(X, Y) X*Y
int main() {
    int x = 3;
    int y = 5;

    printf("%d", MUL(x+2, y-1));
    return 0;
}
```

해설

매크로 함수 MUL을 선언했고, MUL 매크로 함수는 인자 X, Y 값을 받아서 X*Y를 수행한 후 값을 리턴한다.
이때, 인자로 넘어온 값을 그대로 처리해 주게 된다.
매크로 함수에서 수행되는 식은 3+2*5-1이 되고, 연산자 우선순위에 맞춰서 계산하게 되면 12라는 값이 리턴된다.

정답   12

009 다음 C언어 프로그램의 출력 결과를 쓰시오.

```c
#include <stdio.h>
#define MUL(X, Y) (X)*(Y)
int main() {
    int x = 3;
    int y = 5;

    printf("%d", MUL(x+2, y-1));
    return 0;
}
```

> **해설**
> 매크로 함수 MUL을 선언했고, MUL 매크로 함수는 인자 X, Y값을 받아서 (X)*(Y)를 수행한 후 값을 리턴한다.
> 매크로 함수에서 수행되는 식은 (3+2)*(5-1)이 되고, 연산자 우선순위에 맞춰서 계산하게 되면 20라는 값이 리턴된다.
> 매크로 함수에서는 인자로 받은 값을 그대로 대입하게 되고, 괄호가 있기 때문에 3+2, 5-1을 수행 후 해당 값을 연산한다.
> 매크로 함수에서는 인자로 전달된 값이 그대로 치환된다는 것을 주의해야 한다.

정답   20

---

010 다음 C언어 프로그램의 출력 결과를 쓰시오.

```c
#include <stdio.h>
#define MAX(x, y) x > y ? x : y
int main() {
    int i = 2;
    int result = MAX(i--, 0);
    printf("%d", result);
    return 0;
}
```

> **해설**
> MAX(i--, 0)은 다음과 같이 치환된다.
> i-- > 0 ? i-- : 0
> i--는 후위 감소 연산자로, 현재 값을 사용한 뒤 i를 감소시킨다.
> 첫 번째 i-- > 0에서 i는 2로 평가된 뒤 감소하여 1이 된다.
> 조건이 참이므로 두 번째 i--가 실행되어, 현재 값인 1을 반환한 뒤 i는 다시 감소하여 0이 된다.
> 조건문 i-- > 0의 결과로 반환된 값은 두 번째 i--의 결과, 즉 1이고, result에 저장된다.

정답   1

CHAPTER 08 배열과 포인터

1. 배열

(1) 배열의 개념
- 동일한 자료형으로 이루어진 물리적으로 연속된 메모리 공간이다.
- 구성요소
  - 배열 요소: 배열을 구성하는 각각의 값
  - 인덱스: 배열 요소의 위치를 나타내는 숫자

(2) 배열의 선언

1) 1차원 배열

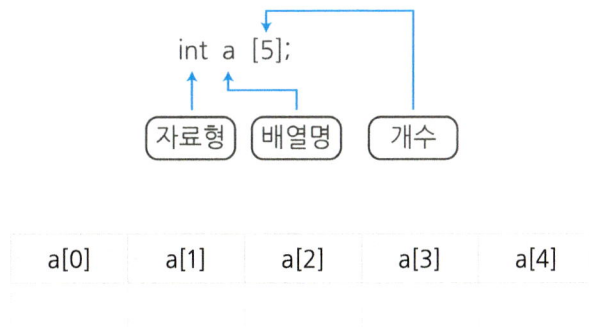

2) 2차원 배열

3) 배열과 초기화

- int arr[3]; // 3개의 요소 공간 생성, 초기값은 쓰레기값
- int arr[3]={}; // 3개의 요소를 0으로 초기화
- int arr[3] = {10, 20, 30}; // 초기값 10, 20, 30으로 설정
- int arr[] = {10, 20, 30}; // 초기값에 따라 크기를 자동 설정
- int arr[3][3]; // 3행 3열의 공간 생성
- int arr[3][3] = {1, 2, 3, 4, 5, 6, 7, 8, 9}; // 9개의 공간에 순차적으로 초기값을 지정
- int arr[3][3] = {{1,2,3},{4,5,6},{7,8,9}}; // 9개의 공간에 각 행에 맞춰 초기값을 지정

(3) 배열 예제

1) 1차원 배열

```c
#include <stdio.h>
int main() {
    int arr[5] = {10, 20, 30, 40, 50}; // 초기화된 1차원 배열
    // 배열 요소 출력
    for (int i = 0; i < 5; i++) {
        printf("arr[%d] = %d\n", i, arr[i]);
    }
    return 0;
}
```

[실행 결과]
arr[0] = 10
arr[1] = 20
arr[2] = 30
arr[3] = 40
arr[4] = 50

2) 2차원 배열

```c
#include <stdio.h>
int main() {
    int arr[2][3] = {{1, 2, 3}, {4, 5, 6}}; // 초기화된 2차원 배열
    // 배열 요소 출력
    for (int i = 0; i < 2; i++) {
        for (int j = 0; j < 3; j++) {
            printf("arr[%d][%d] = %d\n", i, j, arr[i][j]);
        }
    }
    return 0;
}
```

[실행 결과]
arr[0][0] = 1
arr[0][1] = 2
arr[0][2] = 3
arr[1][0] = 4
arr[1][1] = 5
arr[1][2] = 6

3) 배열 요소의 합 구하기

```c
#include <stdio.h>
int main() {
    int arr[5] = {1, 2, 3, 4, 5}; // 초기화된 1차원 배열
    int sum = 0;
    // 배열 요소 합계 계산
    for (int i = 0; i < 5; i++) {
        sum += arr[i];
    }
    printf("SUM : %d\n", sum);
    return 0;
}
```

[실행 결과]
SUM : 15

4) 2차원 배열로 테이블 출력

```c
#include <stdio.h>
int main() {
    int table[3][3] = {
        {1, 2, 3},
        {4, 5, 6},
        {7, 8, 9}
    };
    // 2차원 배열 출력
    for (int i = 0; i < 3; i++) {
        for (int j = 0; j < 3; j++) {
            printf("%d ", table[i][j]);
        }
        printf("\n");
    }
    return 0;
}
```

[실행 결과]
1 2 3
4 5 6
7 8 9

2. 포인터 변수

(1) 포인터 변수 개념

- 변수의 메모리 주소를 저장하는 변수이다.
- 포인터를 사용하면 특정 변수의 메모리 공간에 직접 접근할 수 있다.
- 값을 저장하는 대신 메모리 주소를 저장하여 해당 주소에 있는 데이터를 참조하거나 수정할 수 있다.

(2) 포인터 변수의 선언과 초기화

1) 포인터 변수 선언

- 자료형 뒤에 *를 붙여 선언한다.
- 예: int* ptr; // int형 데이터를 가리키는 포인터 변수 ptr 선언

2) 포인터 변수 초기화

- 변수의 주소를 저장하여 초기화한다.
- 예제

```
int a = 10;
int* ptr = &a; // 변수 a의 주소를 ptr에 저장
```

(3) 포인터 변수의 기본 동작

1) 주소 연산자(&)

- 변수의 메모리 주소를 구할 때 사용한다.
- 예제

```
int a = 10;
int* ptr = &a; // 변수 a의 주소를 ptr에 저장
```

2) 역참조 연산자(*)

- 포인터가 가리키는 주소의 값을 참조하거나 수정할 때 사용한다.
- 예제

```
int a = 10;
int* ptr = &a; // 변수 a의 주소를 ptr에 저장
printf("%d\n", *ptr); // ptr이 가리키는 값 출력
```

(4) 포인터 변수의 특징

- 포인터는 변수의 주소를 저장한다.
- 포인터를 사용하면 변수를 간접적으로 참조할 수 있다.
- 포인터는 자료형에 따라 선언되어야 한다.

(5) 포인터 변수 예제

1) 값 변경

```
int a = 10;
int* ptr = &a;
*ptr = 20; // 포인터를 통해 a의 값을 20으로 변경
printf("%d\n", a); // 출력: 20
```

2) 배열 처리

```c
int arr[3] = {1, 2, 3};
int* ptr = arr; // 배열의 첫 번째 요소 주소 저장
printf("%d\n", *(ptr + 1)); // 출력: 2
```

3) 이중 포인터

```c
int a = 10;          // 일반 변수
int* ptr = &a;       // a를 가리키는 포인터
int** dptr = &ptr;   // ptr을 가리키는 이중 포인터
// 값 출력
printf("%d\n", a);      // 10
printf("%d\n", *ptr);   // 10
printf("%d\n", **dptr); // 10
```

[실행 결과]
10
10
10

3. 포인터 배열

(1) 포인터 배열의 개념

- 포인터 배열이란 배열의 요소가 포인터(메모리 주소)로 이루어진 배열이다.
- 배열의 각 요소가 변수나 다른 데이터 구조를 가리키는 주소를 저장한다.
- 포인터 배열은 다차원 배열, 문자열 배열, 함수 포인터 등 다양한 상황에서 활용된다.

(2) 포인터 배열의 선언과 초기화

- 선언: 자료형* 배열명[크기];
- 초기화 예제

```c
int a = 10, b = 20, c = 30;
int* arr[3] = {&a, &b, &c};
```

(3) 포인터 배열의 기본 동작

```
int a = 10, b = 20, c = 30;
int* arr[3] = {&a, &b, &c};

printf("%d\n", *arr[0]); // 첫 번째 요소가 가리키는 값 출력
for (int i = 0; i < 3; i++) {
    printf("%d\n", *arr[i]); // 각 요소가 가리키는 값 출력
}
```

4. 배열 포인터

(1) 배열 포인터의 개념
- 배열의 시작 주소를 저장할 수 있는 포인터이다.
- 배열의 전체를 가리키는 포인터로, 단일 요소가 아닌 배열 자체를 대상으로 한다.
- 배열의 크기와 자료형을 고정적으로 가리키는 특징이 있다.

(2) 배열 포인터의 선언과 사용

1) 배열 포인터 선언
- 자료형 (*포인터명)[배열 크기];
- 예제
  ```
  int (*ptr)[3];
  ```

2) 배열 포인터 초기화
- 배열의 시작 주소를 저장하여 초기화한다.
- 예제
  ```
  int arr[3] = {10, 20, 30};
  int (*ptr)[3] = &arr; // 배열 arr의 시작 주소를 배열 포인터 ptr에 저장
  ```

문제풀이

001 다음 C언어 프로그램의 출력 결과를 쓰시오.

```c
#include <stdio.h>
int main() {
    int num[] = {1, 2, 3, 4, 5 };
    int i;
    for (i = 0; i < 5; i++) {
        printf("num[%d] = %d \n", i, num[i]);
    }
    return 0;
}
```

해설

정수 배열 num이 {1, 2, 3, 4, 5}로 초기화된다. 배열의 크기는 5이다.
for 반복문을 사용하여 배열의 각 요소를 순차적으로 출력한다.
출력 형식은 num[i]=[값]이며, 배열의 인덱스와 해당 값을 함께 출력한다.

정답
```
num[0] = 1
num[1] = 2
num[2] = 3
num[3] = 4
num[4] = 5
```

002 다음 C언어 프로그램의 출력 결과를 쓰시오.

```c
#include <stdio.h>
int main() {
    char ch[5];
    char str[] = "abcde";
    int num[] = {1, 2, 3, 4, 5};
    printf("%d, ", sizeof(ch));
    printf("%d, ", sizeof(str));
    printf("%d, ", sizeof(num));
    printf("%d\n", sizeof(num)/sizeof(int));
    return 0;
}
```

해설

char ch[5]: 크기가 5인 문자형 배열로, 초기화되지 않는다.
char str[] = "abcde": 문자열 abcde를 저장하는 배열로, 마지막에 널 문자(\0)를 포함해 크기가 6이다.
int num[] = {1, 2, 3, 4, 5}: 5개의 정수를 포함하는 정수형 배열이다.
sizeof(ch): 배열 ch의 크기를 계산, 각 char의 크기가 1바이트이므로, 결과는 5이다.
sizeof(str): 문자열 배열 str의 크기를 계산, abcde와 널 문자를 포함하여 결과는 6이다.
sizeof(num): 배열 num의 전체 크기를 계산, int의 크기가 4바이트이므로, 결과는 20이다.
sizeof(num)/sizeof(int): 배열 num의 전체 크기를 하나의 요소 크기로 나눠 요소 개수를 계산, 결과는 5이다.

정답   5, 6, 20, 5

003 다음 C언어 프로그램의 출력 결과를 쓰시오.

```c
#include <stdio.h>
int main() {
    int num[] = {1, 2, 3, 4, 5};
    int size = sizeof(num) / sizeof(num[0]);
    int temp;
    int i;
    for (i = 0; i < size / 2; i++) {
        temp = num[i];
        num[i] = num[size - 1 - i];
        num[size - 1 - i] = temp;
    }
    for (i = 0; i < size; i++) {
        printf("num[%d] = %d \n", i, num[i]);
    }
    return 0;
}
```

해설

배열 num은 {1, 2, 3, 4, 5}로 초기화된다.
sizeof(num) / sizeof(num[0])를 사용하여 배열의 요소 개수를 계산한다.
for 반복문에서 배열의 앞쪽과 뒤쪽 요소를 순서대로 교환한다.
첫 번째와 마지막 요소 교환: {5, 2, 3, 4, 1}
두 번째와 네 번째 요소 교환: {5, 4, 3, 2, 1}
가운데 요소는 교환하지 않는다.

정답
num[0] = 5
num[1] = 4
num[2] = 3
num[3] = 2
num[4] = 1

004 다음 C언어 프로그램의 출력 결과는 5 4 3 2 1이다. 출력 결과를 참고하여 프로그램을 완성하시오.

```c
#include <stdio.h>
int main() {
    int arr[] = {1, 2, 3, 4, 5};
    int n = sizeof(arr) / sizeof(arr[0]);
    for (int i = n - 1; i ① 0; i--) {
        printf("%d ", ②);
    }

    return 0;
}
```

해설

배열 arr은 {1, 2, 3, 4, 5}로 초기화된다.
배열의 크기 n은 sizeof(arr) / sizeof(arr[0])를 통해 계산되며, 값은 5이다.
for 반복문은 배열의 마지막 인덱스(n - 1, 즉 4)부터 시작하여, 첫 번째 인덱스(0)까지 순회한다.
조건 ①은 >=로 작성되어야 배열의 모든 요소를 포함한다.
출력 구문에서 ②는 arr[i]로 작성되어야 현재 인덱스의 값을 출력한다.

정답 ① >=
      ② arr[i]

005 다음 C언어 프로그램의 출력 결과는 1101이다. 출력 결과를 참고하여 프로그램을 완성하시오.

```c
#include <stdio.h>
int main() {
    int num = 13;
    int binary[20], i = 0;
    while (num > 0) {
        binary[i++] = num ① 2;
        num ② 2;
    }
    for (int j = i - 1; j >= 0; j--) {
        printf("%d", binary[j]);
    }
    return 0;
}
```

> **해설**
>
> 정수 num은 13으로 초기화된다.
> 배열 binary[20]은 이진수를 저장하기 위해 선언되며, i는 배열의 인덱스로 사용된다.
> 반복문에서, num > 0일 때, 정수를 2로 나눈 나머지를 binary[i]에 저장한다.
> num을 2로 나누어 몫을 계산하며, 이를 반복하여 이진수의 각 자릿수를 구한다.

정답 ① %
   ② /=

006 다음 C언어 프로그램의 출력 결과를 쓰시오.

```c
#include <stdio.h>
int main(){
    int n[3] = {73, 95, 82};
    int sum = 0;
    for (int i=0; i<3; i++){
        sum += n[i];
    }
    switch(sum/30){
        case 10:
        case 9: printf("A");
        case 8: printf("B");
        case 7:
        case 6: printf("C");
        default: printf("D");
    }
    return 0;
}
```

> **해설**
>
> sum 변수에 배열의 값을 모두 더해서 250을 대입한다.
> switch는 해당 값의 case로 이동하게 되고, 250/30=8.33이지만, 정수/정수=정수이기 때문에 case 8로 이동한다.
> B 출력 후, break가 없기 때문에 case 7로 내려간다.
> case7은 아무 명령이 없고, break도 없기 때문에 case 6으로 내려간다. C를 출력하고, break가 없기 때문에 default까지 내려가서 D를 출력한다.

정답 BCD

007 다음 C언어 프로그램의 출력 결과를 쓰시오.

```c
#include <stdio.h>
int main() {
    int x[] = {1, 2, 3, 4};
    int i, sum;
    for( i = 0; i < 4; i++ ){
        sum += x[i];
    }
    printf("%d", sum);
    return 0;
}
```

해설

배열 x를 선언하고, 초기값으로 1, 2, 3, 4를 대입한다.
반복문을 돌면서 sum 변수에 x 배열 요소들의 합을 구하고 출력하게 된다.
i=0일 때, sum=1
i=1일 때, sum=3
i=2일 때, sum=6
i=3일 때, sum=10
i=4일 때, 조건을 만족하지 않아 반복문을 빠져나온다.

정답   10

008 다음 C언어 프로그램의 출력 결과를 쓰시오.

```c
#include <stdio.h>
int main() {
    int i, sum;
    float avg;
    int jumsu[3];
    jumsu[0] = 90;
    jumsu[1] = 85;
    jumsu[2] = 94;

    for( i = 0; i < 3; i++ ){
        sum += jumsu[i];
    }
    avg = sum / 3.0;
    printf("총점 : %d, 평균 : %.2f", sum, avg);
    return 0;
}
```

해설

정수형 변수 i, sum을 선언한다.
실수형 변수 avg를 선언한다.
정수형 배열 jumsu를 선언하고 3개의 요소를 담을 수 있는 공간을 만든다.
각 요소에 90, 85, 94라는 점수를 대입한다.
jumsu[0]=90, jumsu[1]=85, jumsu[2]=94가 대입된다.
jumsu 배열을 반복하면서 합계를 sum 변수에 누적산한다.
반복을 빠져나와 평균을 구한다.
평균을 구할 때, sum/3을 해주게 되면 정수/정수=정수이므로 정수값만 리턴되는 점을 유의해야 한다.
지금은 정수/실수이기 때문에 실수를 리턴한다.

정답   총점 : 269, 평균 : 89.67

009 다음 C언어 프로그램의 출력 결과를 쓰시오.

```c
#include <stdio.h>
int main() {
    int arr[4] = {1, 2};
    for( int i = 0; i < 4; i++ ){
        printf("%d", arr[i]);
        if( i < 3 ){
            printf(", ");
        }
    }
    return 0;
}
```

> **해설**
>
> int형 배열 arr 생성하고 4개의 공간을 확보한다.
> 초기값을 0, 1 인덱스에 각각 1을 할당한다.
> 초기값이 할당되지 않은 공간에는 0값이 기본으로 할당되어 반복을 돌면서 출력하게 되면, 1, 2, 0, 0이 출력된다.

정답   1, 2, 0, 0

010 다음 C언어 프로그램의 출력 결과를 쓰시오.

```c
#include <stdio.h>
int main() {
    char arr[4] = {'A', 'B'};
    for( int i = 0; i < 4; i++ ){
        printf("%c", arr[i]);
        if( i < 3 ){
            printf(", ");
        }
    }
    printf("\n|%s|", arr);
    return 0;
}
```

> **해설**
>
> char형 배열 arr을 생성하고 4개의 공간을 확보한다.
> 초기값을 0, 1 인덱스에 각각 A, B를 할당한다.
> 초기값이 할당되지 않은 공간에는 null 값이 기본으로 할당된다.
> char형으로 할당된 구조를 보면 아래와 같다. (₩0은 null을 의미한다.)

| A | B | ₩0 | ₩0 |

> 반복을 돌면서 출력하게 되면, A, B, ,이 출력된다.
> %s를 이용해 문자열을 출력하게 되면 |AB|가 출력이 되는데, %s는 null을 만날 때까지의 문자열을 출력하기 때문이다.

정답   A, B, ,
       |AB|

011 다음 C언어 프로그램의 출력 결과를 쓰시오.

```
#include <stdio.h>
int main() {
    char msg[50] = "Hello World!";
    int i = 2, number = 0;
    while( msg[i] != '!' ) {
        if( msg[i] == 'e' || msg[i] == 'o' || msg[i] == 'd' )
            number++;
        i++;
    }
    printf("%d", number);
    return 0;
}
```

> **해설**
>
> 문자열 msg는 Hello World!로 초기화되어 있다.
> 문자열의 인덱스 2부터 시작하여 ! 문자가 나올 때까지 반복문이 실행된다.
> 현재 문자가 e, o, d 중 하나라면, 카운터 변수 number를 증가시킨다.
> 조건에 해당하는 문자의 개수를 출력한다.

정답   3

012 다음 C언어 프로그램의 출력 결과를 쓰시오.

```c
#include <stdio.h>
int main() {
    int i;
    char ch;
    char str[7] = "nation";
    for( i = 0; i < 4; i++ ) {
        ch = str[5-i];
        str[5-i] = str[i];
        str[i] = ch;
    }
    printf("%s \n", str);
    return 0;
}
```

해설

문자열 str은 nation으로 초기화되어 있다. 크기는 7로 선언되며, null 문자(\0)를 포함한다.
for 반복문을 통해 문자열의 앞과 뒤에서 하나씩 문자를 교환한다.
인덱스 i가 증가함에 따라, str[5-i]와 str[i]의 문자가 교환된다.
반복문은 인덱스 0~3까지 실행되어 총 4번의 교환이 이루어진다.

정답   notian

013 다음 C언어 프로그램의 출력 결과를 쓰시오.

```c
#include <stdio.h>
void func(int arr[], int size) {
    for (int i = 0; i < size; i++) {
        arr[i] *= 2;
    }
}
int main() {
    int myArray[5] = {1, 2, 3, 4, 5};
    func(myArray, 5);
    for (int i = 0; i < 5; i++) {
        printf("%d ", myArray[i]);
    }
    return 0;
}
```

> **해설**
>
> main 함수에서 크기 5인 배열 myArray를 {1, 2, 3, 4, 5}로 초기화한다.
> 함수 func는 매개변수로 배열과 크기를 받아 배열의 각 요소를 순회하며 두 배로 만든다.
> 배열은 함수에 참조(주소)로 전달되므로, 함수 내부에서의 변경이 원본 배열에 반영된다.
> main 함수에서 반복문을 사용하여 변환된 배열의 요소들을 출력한다.

정답   2 4 6 8 10

014 다음 C언어 프로그램의 출력 결과를 쓰시오.

```c
#include <stdio.h>
int main() {
    int x[] = {1, 2, 3, 4};
    int sum = fnc_sum(x, sizeof(x) / sizeof(int));
    printf("%d", sum);
}
int fnc_sum(int arr[], int size){
    int sum = 0;

    for( int i = 0; i < size; i++ ){
        sum += arr[i];
    }
    return sum;
}
```

> **해설**
>
> 배열 x는 {1, 2, 3, 4}로 초기화된다. 배열의 크기는 4이다.
> fnc_sum 함수가 호출되어 배열 x와 배열 크기(sizeof(x) / sizeof(int))가 전달된다.
> 함수는 배열 arr의 요소를 반복문으로 순회하며 합산한다.
> 합계는 변수 sum에 저장되어 함수 종료 시 반환된다.

정답   10

015 다음 C언어 프로그램의 출력 결과를 쓰시오.

```c
#include <stdio.h>
void modifyArray(int arr[], int size) {
    for (int i = 0; i < size; i++) {
        if (i % 2 == 0) {
            arr[i] += 5;
        } else {
            arr[i] -= 2;
        }
    }
}
void modifyElement(int value) {
    value *= 3;
}
int main() {
    int numbers[6] = {1, 2, 3, 4, 5, 6};
    modifyArray(numbers, 6);
    for (int i = 0; i < 6; i++) {
        modifyElement(numbers[i]);
    }
    for (int i = 0; i < 6; i++) {
        printf("%d ", numbers[i]);
    }
    return 0;
}
```

해설

modifyArray 함수는 배열을 참조하여 직접 수정한다.
modifyElement 함수는 배열 요소를 복사하여 사용하며, 원본 배열에 영향을 미치지 않는다.
main 함수에서 두 개의 반복문을 사용하여 배열을 처리한 후 결과를 출력한다.

정답   6 0 8 2 10 4

016 다음 C언어 프로그램의 출력 결과를 쓰시오.

```c
#include <stdio.h>
void align(int a[ ]) {
    int temp;
    for (int i = 0; i < 4; i++) {
        for (int j=0; j < 4 - i; j++) {
            if (a[j]> a[j+1]) {
                temp = a[j];
                a[j] = a[j+1];
                a[j+1] = temp;
            }
        }
    }
}
int main() {
    int a[ ] = { 85, 75, 50, 100, 95 };
    align(a);
    for (int i = 0; i < 5; i++)
        printf("%d ", a[i]);
    return 0;
}
```

> **해설**
>
> 정렬 함수에서는 정수형 배열 a[]를 매개변수로 받는다.
> 이중 반복문을 사용하여 배열의 요소를 순회하며 인접한 두 요소를 비교한다.
> 만약 앞 요소가 뒷 요소보다 크다면 두 요소를 교환한다.
> 이 과정을 반복하여 배열의 가장 큰 값이 맨 뒤로 이동하며 정렬이 완료된다.
> 정렬은 배열 크기에 따라 반복 횟수가 달라진다.
> 입력된 배열을 오름차순으로 정렬하여 출력한다.

정답   50 75 85 95 100

017 다음은 삽입 정렬 C언어 코드이다. 오름차순 정렬이 될 수 있게 괄호 안에 있는 코드를 작성하시오.

```c
#include <stdio.h>
int main() {
    int arr[] = {34, 8, 50, 11, 18};
    int i, j, key;
    for (i = 1; i < 5; i++) {
        key = arr[i];
        j = i - 1;
        while (j >= 0 && arr[j] ① key) {
            arr[j + 1] = arr[j];
            j = j - 1;
        }
        arr[②] = key;
    }
    for(i = 0; i < 5; i++)
        printf("%d, ", ③);
}
```

해설

정렬 함수에서는 정수형 배열 a[]를 매개변수로 받는다.
이중 반복문을 사용하여 배열의 요소를 순회하며 인접한 두 요소를 비교한다.
만약 앞 요소가 뒷 요소보다 크다면 두 요소를 교환한다.
이 과정을 반복하여 배열의 가장 큰 값이 맨 뒤로 이동하며 정렬이 완료된다.
정렬은 배열 크기에 따라 반복 횟수가 달라진다.
입력된 배열을 오름차순으로 정렬하여 출력한다.

정답   ① >
       ② j + 1
       ③ arr[i]

018 다음 C 프로그램을 실행하면서 사용자가 1, 2, 3, 4를 차례대로 입력했을 때, 출력 결과를 쓰시오.

```c
#include <stdio.h>
int main() {
    int ary[4];
    int sum = 0;
    int i;

    for(i = 0; i < 4; i++){
        scanf("%d", &ary[i]);
    }
    for(i = 3; i > 0; i--)
        sum += ary[i];
    printf("%d\n", sum);
    return 0;
}
```

해설

크기가 4인 정수 배열 ary를 선언한다.
변수 sum은 합계를 저장하며, 초기값은 0이다.
첫 번째 for 반복문에서 사용자로부터 배열의 4개 요소를 입력받아 ary에 저장한다.
두 번째 for 반복문에서 배열의 마지막 요소(ary[3])부터 두 번째 요소(ary[1])까지 합산하여 sum에 저장한다.
반복 조건에서 ary[0]은 포함되지 않는다.

정답   9

019 다음 C언어 프로그램은 입력값 중에서 최소값을 찾는 프로그램이다. 괄호를 채워 프로그램을 완성하시오.

```c
#include <stdio.h>
int main() {
    int num[10];
    int min = 9999, i;
    for( i = 0; i < 10; i++ ) {
        scanf("%d", &num[i]);
    }
    for( i = 0; i < 10; ++i) {
        if( min > ① ) {
            min = num[i];
        }
    }
    printf("가장 작은 값은 %d 입니다.", min);
    return 0;
}
```

해설

코드는 사용자가 입력한 10개의 정수 중 가장 작은 값을 찾는 프로그램이다.
크기가 10인 정수 배열을 선언하여, 사용자로부터 입력받은 정수를 저장한다.
최소값을 저장할 변수 min을 큰 값(9999)으로 초기화한다.
첫 번째 반복문을 통해 사용자로부터 10개의 정수를 입력받아 배열 num에 저장한다.
두 번째 반복에서는 최소값보다 작은 배열 요소가 있으면 해당 값이 min 값이 되고, min 변수에 값을 갱신하게 된다.

정답 num[i]

020 다음 C언어 프로그램은 최소값과 최대값을 찾는 프로그램이다. 괄호를 채워 프로그램을 완성하시오.

```c
#include <stdio.h>
int main() {
    int a[] = {10, 30, 50, 7, 90 };
    int max, min;
    max = a[0];
    min = a[0];
    for( int i = 0; i < 5; i++ ) {
        if( ① > max )
            max = a[i];
        if( ② < min )
            min = a[i];
    }
    printf("Max:%d, Min:%d", max, min);
    return 0;
}
```

해설

배열 a는 {10, 30, 50, 7, 90}로 초기화된다. 크기는 5이다.
max와 min은 배열의 첫 번째 요소 a[0] 값인 10으로 초기화된다.
반복문(for)을 사용해 배열의 모든 요소를 순회하며, 각 요소를 max와 min과 비교한다.
① > max → 배열 요소의 값이 max보다 크면 max를 갱신한다.
② < min → 배열 요소의 값이 min보다 작으면 min을 갱신한다.
최종적으로 배열의 모든 값을 검사한 후 max에는 최대값이, min에는 최소값이 저장된다.

정답   ① a[i]
           ② a[i]

021 5개의 정수를 입력받아, 그 중 홀수의 개수를 구하여 출력하는 알고리즘이다. 괄호에 들어갈 알맞은 코드를 작성하시오.

```c
#include <stdio.h>
int main() {
    int a[5], cnt=0;
    for( int i = 0; i < 5; i++ ) {
        scanf("%d", &a[i]);
    }
    for( int i = 0; i < 5; ++i ) {
        if( a[i] % 2 ① 0 ) {
            ++cnt;
        }
    }
    printf("odd:%d", cnt);
    return 0;
}
```

해설

크기가 5인 정수 배열 a를 선언한다.
반복문(for)을 통해 사용자로부터 5개의 정수를 입력받아 배열 a에 저장한다.
변수 cnt를 0으로 초기화하여 홀수의 개수를 저장한다.
두 번째 반복문(for)에서 배열의 각 요소를 확인하며, 조건에 따라 cnt를 증가시킨다.
배열의 값이 2로 나뉘어 떨어지지 않는 경우(홀수) cnt를 1씩 증가시켜야 하고, a[i] % 2 != 0으로 작성되어야 한다.

정답 ① != or >

022 다음 C언어 프로그램은 hello 문자열을 역순으로 olleh로 출력된다. 올바른 출력 결과가 나올 수 있게 괄호에 들어갈 알맞은 코드를 작성하시오.

```
#include <stdio.h>
#include <string.h>
int main() {
    char str[] = "hello";
    int len = strlen(str);
    char reversed[6];
    for (int i = 0; i < len; i++) {
        reversed[i] = str[①];
    }
    reversed[len] = '\0';
    printf("%s", reversed); // 출력: olleh
    return 0;
}
```

해설

문자열 str은 hello로 초기화된다.
문자열 길이 len은 strlen(str)을 사용해 계산되며, 값은 5이다.
새로운 배열 reversed를 선언하여 역순으로 변환된 문자열을 저장한다.
for 반복문을 사용해 원본 문자열 str의 마지막 문자부터 첫 번째 문자까지 순서대로 접근하여 reversed에 저장한다.
괄호 ①에 들어갈 코드는 len-1-i로, 문자열의 마지막 문자를 가리키며 반복문을 통해 점차 앞쪽 문자로 이동한다.
반복문 이후, 문자열 끝에 널 문자(\0)를 추가하여 문자열의 종료를 표시한다.

정답   len - 1 - i

023 다음 C언어로 구현된 프로그램의 결과를 확인하여, 괄호에 들어갈 코드를 완성하시오.

```c
#include <stdio.h>
int main() {
    char ch, str[] = "12345000";
    int i, j;
    for( i = 0; i < 8; i++ ) {
        ch = str[i];
        if( ① )
            break;
    }
    i--;
    for( j = 0; j < i; j++ ) {
        ch = str[j];
        str[j] = str[i];
        str[i] = ch;
        i--;
    }
    printf("%s", str);
    return 0;
}
```

<<출력 결과>>
54321000

해설

이 프로그램은 문자열 str에서 처음으로 0이 등장하기 전까지의 부분 문자열을 뒤집고, 나머지 부분은 그대로 유지한 채 최종 문자열을 출력한다.
문자열 str은 12345000으로 초기화되며, 널 문자(\0)가 자동으로 추가된다.
문자열을 순회하며, str[i]가 0인 위치를 찾는다.
i는 첫 번째 0의 인덱스를 가리키며, 이후 i--로 0 바로 앞의 인덱스로 이동한다.
두 번째 반복에서, 문자열의 첫 번째부터 i까지를 역순으로 뒤집는다.
j는 왼쪽에서, i는 오른쪽에서 시작하여 중앙으로 이동하며 문자들을 교환한다.

정답   ch == '0'

024 다음은 C언어로 구현된 버블 정렬 소스 코드이다. 괄호에 들어갈 코드를 완성하시오. (단, 소스 코드에서 사용된 변수명을 이용해야 한다.)

```c
#include<stdio.h>
void swap( int ary[], int idx1, int idx2){
    int tmp = ary[idx1];
    ary[idx1] = ary[idx2];
    ary[①] = tmp;
}
void sort( int ary[], int len ){
    for( int i = 0; i < len; i++ ){
        for( int j = 0; j < len - i - 1; j++ ){
            if( ary[j] > ary[j+1]  ){
                swap(ary, j, j+1);
            }
        }
    }
}
int main(){
    int ary[] = {15, 5, 20, 11, 8};
    int nx = 5;
    sort(ary, ②);
    for(int i = 0; i < nx; i++){
        printf("%d\n", ary[i]);
    }
    return 0;
}
```

해설

swap 함수는 ary 배열의 idx1과 idx2 위치의 값을 교환한다.
마지막 단계에서 임시 변수 tmp에 저장된 값을 다시 ary[idx2]에 넣는다.
따라서 ①에는 idx2가 들어간다.
sort 함수는 배열과 배열의 크기를 입력받아 정렬을 수행한다.
main 함수에서 배열 크기(nx)가 변수로 선언되어 있으며, 이는 len에 해당한다.
따라서 ②에는 nx가 들어간다.

정답 ① idx2
　　　　② nx

025 다음은 C언어로 내림차순 버블 정렬 알고리즘을 구현한 함수이다. ㉠에 들어갈 if문의 조건으로 올바른 것은? (단, size는 1차원 배열인 value의 크기이다.)

```c
void BubbleSorting(int *value, int size) {
    int x, y, temp;
    for(x = 0; x < size; x++) {
        for(y = 0; y < size - x - 1; y++) {
            if( ㉠ ) {
                temp = value[y];
                value[y] = value[y+1];
                value[y+1] = temp;
            }
        }
    }
}
```

해설

버블 정렬 알고리즘은 인접한 두 요소의 값을 비교하게 된다.
value[y]와 그다음 요소인 value[y+1]을 비교한다.
이때 value[y] < value[y+1] 이렇게 하면 내림차순으로 정렬이 되고, value[y] > value[y+1] 이렇게 하면 오름차순으로 정렬이 된다.

정답   value[y] < value[y+1]

026 다음은 입출력장치로부터 학생들의 키를 입력받아 키의 평균과 구간별 학생의 수를 구하는 프로그램이다. 다음 출력 화면을 참고하여, ①~④에 들어갈 알맞은 답을 작성하시오.

```
1번 학생의 키를 입력하세요 : 175
2번 학생의 키를 입력하세요 : 189
3번 학생의 키를 입력하세요 : 163
4번 학생의 키를 입력하세요 : 151
5번 학생의 키를 입력하세요 : 147

우리 반 학생 평균키 : 165
170cm 이상의 학생수 : 2
151~169cm의 학생수 : 2
150cm 이하의 학생수 : 1
```

```c
int i, sum = 0, cnt_1 = 0, cnt_2 = 0, cnt_3 = 0;
int height[5];
int size = sizeof(height) / sizeof(height[0]);
for(i = 0; i < size; i++) {
    printf("%d번 학생의 키를 입력하세요 : ", ① );
    scanf("%d", ② );
    sum += height[i];
    if( ③ )
        cnt_1 += 1;
    else if(height[i] > 150)
        cnt_2 += 1;
    else
        cnt_3 += 1;
}

printf(" \n");
printf("우리 반 학생 평균키 : %d \n", ④ );
printf("170cm 이상의 학생수 : %d \n", cnt_1);
printf("151~169cm의 학생수 : %d \n", cnt_2);
printf("150cm 이하의 학생수 : %d \n", cnt_3);
```

> **해설**
>
> ①에서는 몇 번 학생인지 표시를 해줘야 하기 때문에 i+1을 넣어준다.
> ②는 scanf 함수로 주소값이 인자로 들어가야 한다. height[i]는 해당 요소의 값이고, 주소값을 표현하기 위해서 &height[i]를 넣어줘야 한다.
> ③은 170 이상 학생의 수를 구하기 위해서 height[i] >= 170을 넣는다.
> ④는 학생의 평균키를 구하기 위해서 누적한 sum 값을 size로 나눈다.

정답 ① i + 1
   ② &height[i]
   ③ height[i] >= 170
   ④ sum / size

027 다음은 입출력장치로부터 학생들의 점수를 입력받아서 총점과 평균을 구하는 C 프로그램이다. 다음 출력 화면을 참고하여, ①~④에 들어갈 알맞은 답을 작성하시오. (단, 100보다 큰 수를 출력했을 때, 입력을 완료하고 출력을 해야 한다.)

```
학생의 점수를 입력하시오. 87
학생의 점수를 입력하시오. 95
학생의 점수를 입력하시오. 78
학생의 점수를 입력하시오. 67
학생의 점수를 입력하시오. 200

입력 학생수는 4 입니다.
점수 합계는 327 입니다.
평균 점수는 81 입니다.
```

```c
int score=0, m=0, sum=0;
while(1) {
    printf("학생의 점수를 입력하시오. ");
    scanf("%d", &score);
    if( ① )
        ② ;
    m = ③ ;
    sum = sum + score;
}
 printf(" \n입력 학생수는 %d 입니다. \n" , m);
 printf(" 점수 합계는 %d 입니다. \n" , sum);
 printf(" 평균 점수는 %d 입니다. \n" , ④ );
```

> **해설**
> ① 100보다 큰 수를 입력했을 때, 반복을 종료해야 하기 때문에 score > 100을 넣어준다.
> ② 반복을 종료하기 위해서 break 명령을 사용한다.
> ③ 100보다 큰 수가 아니라면 학생수를 구해야 하고, m + 1을 넣어준다.
> ④ 평균점수를 구하기 위해서 sum / 4를 넣어준다.

정답   ① score > 100
        ② break
        ③ m + 1
        ④ sum / m

028 다음은 입출력장치로부터 양의 정수 1개를 입력받아, 0부터 입력받은 수까지 짝수의 합을 구하는 C 프로그램이다. 다음 출력 화면을 참고하여, ①~②에 들어갈 알맞은 답을 작성하시오.

```
값을 입력하시오.
5

입력한 값은 5입니다.
0부터 5까지 짝수의 합은 6입니다.
```

```
int i = 0,
    j = 0,
    sum = 0;
printf("값을 입력하시오. \n");
①
printf(" \n입력한 값은 %d입니다. \n ", j);
while ( ② ) {
    sum = sum + i;
    i = i + 2;
}
printf("0부터 %d까지 짝수의 합은 %d입니다. \n", j, sum);
```

> **해설**
> ① 여기서는 값을 받아야 하기 때문에, 값을 받는 명령은 scanf를 사용해야 한다.
> ② 입력받은 값보다 작을 때까지 반복을 수행해야 하기 때문에, i <= j를 넣어준다.

정답   ① scanf("%d", &j);
        ② i <= j

029 다음 C언어 프로그램의 출력 결과를 쓰시오.

```c
#include <stdio.h>
int main() {
    int num[2][3] = {{10, 20, 30}, {40, 50, 60}};
    for(int i = 0; i < 2; i++){
        for( int j = 0; j < 3; j++ ){
            printf("%d, ", num[i][j]);
        }
        printf("\n");
    }
}
```

해설

크기가 2행 3열인 2차원 배열 num을 초기화한다.
첫 번째 for 반복문(i)은 행을 순회하고, 두 번째 for 반복문(j)은 해당 행의 각 요소를 순회하며 출력한다.
각 요소를 출력한 후 쉼표를 붙이고, 한 행이 끝나면 줄바꿈(\n)을 추가한다.

정답   10, 20, 30,
           40, 50, 60,

030 다음 C언어 프로그램의 출력 결과를 쓰시오.

```c
#include <stdio.h>
void func(int matrix[3][3]) {
    for (int i = 0; i < 3; i++) {
        for (int j = 0; j < 3; j++) {
            if (i == j) {
                matrix[i][j] *= 2;
            } else if (i < j) {
                matrix[i][j] += 1;
            } else {
                matrix[i][j] -= 1;
            }
        }
    }
}
int main() {
    int matrix[3][3] = {{1, 2, 3},{4, 5, 6},{7, 8, 9}};
    func(matrix);
    for (int i = 0; i < 3; i++) {
        for (int j = 0; j < 3; j++) {
            printf("%d ", matrix[i][j]);
        }
        printf("\n");
    }
    return 0;
}
```

해설

main 함수에서 3x3 행렬 matrix를 초기화한다.
func 함수는 2차원 배열을 참조하여 다음 규칙에 따라 각 요소를 변환한다.
대각선 요소(i == j): 값을 두 배로 변경한다.
상삼각형 요소(i < j): 값을 1 더한다.
하삼각형 요소(i > j): 값을 1 뺀다.
변환된 행렬을 반복문으로 출력한다.

정답 2 3 4
      3 10 7
      6 7 18

031 다음 C언어 프로그램의 출력 결과를 쓰시오.

```c
#include <stdio.h>
void main() {
    int num[3][3] = {{5, 9, 7}, {9, 2, 3}, {3, 9, 4}};
    for(int i = 0; i < 3; i++){
        for( int j = 0; j < 3; j++ ){
            if( num[i][j] % 2 != 0 ){
                printf("%d, ", num[i][j]);
            }
            else{
                break;
            }
        }
        printf("\n");
    }
}
```

해설

3행 3열 크기의 배열 num을 초기화한다.
외부 for 반복문(i)은 배열의 각 행을 순회한다.
내부 for 반복문(j)은 해당 행의 각 요소를 순회하며 다음 조건에 따라 처리한다.
홀수: 값을 출력하고 쉼표를 추가한다.
짝수: 출력 중단(break)으로 해당 행의 남은 요소를 건너뛴다.
한 행의 처리가 끝나면 줄바꿈(\n)을 추가한다.

정답 5, 9, 7,
9,
3, 9,

032 다음 C언어 프로그램의 출력 결과를 쓰시오.

```
#include <stdio.h>
void main() {
    char str[][5] = {"ABC", "123", "QWE"};
    for(int i = 0; i < 3; i++){
        printf("%s", str[i]);
    }
}
```

해설

배열 str은 3개의 문자열(ABC, 123, QWE)을 저장하고 있다.
각 문자열의 최대 길이는 4글자(마지막에 null 문자 포함)로 제한된다.
for 반복문을 통해 배열의 각 문자열을 순회하며 출력한다.
str[i]는 i 번째 문자열의 시작 주소를 나타내며, 이를 %s 형식으로 출력한다.

정답 ABC123QWE

033 다음 C언어 프로그램의 출력 결과를 쓰시오.

```
#include <stdio.h>
void main() {
    char str[][20] = {"ABC", "123", "QWE"};
    for(int i = 0; i < 3; i++){
        printf("%s", str[i]+i);
    }
}
```

해설

배열 str은 3개의 문자열(ABC, 123, QWE)을 저장하며, 각 문자열은 최대 20글자까지 저장 가능하다.
for 반복문으로 2차원 배열의 각 문자열을 순회한다.
str[i] + i는 i 번째 문자열에서 i 번째 인덱스 이후의 부분 문자열을 가리킨다.
이를 %s로 출력하므로, 각 문자열의 일부만 출력된다.

정답 ABC23E

034 다음 C언어 프로그램의 출력 결과를 쓰시오.

```c
#include <stdio.h>
void main() {
    char str[][10] = {"ABC\0DEF", "12\0XYZ", "QWE\0RTY"};
    for (int i = 0; i < 3; i++) {
        printf("%s", str[i] + i);
    }
}
```

해설

str은 크기가 10인 문자열 배열로, 세 개의 문자열을 저장한다.
각 문자열은 널 문자(\0)를 포함하며, 초기화된 내용은 다음과 같다.
for 반복문으로 str 배열의 각 문자열을 순회하며 str[i] + i를 출력한다.
str[i] + i는 문자열의 시작 주소에서 i만큼 이동한 위치를 가리킨다.
str[0] + 0 → ABC 출력
str[1] + 1 → 2 출력 (널 문자 이후 문자열은 출력되지 않음)
str[2] + 2 → E 출력 (널 문자 이후 문자열은 출력되지 않음)

정답 ABC2E

---

035 배열의 첫 번째 요소 arr[0]의 주소가 100번지라고 가정했을 때, 출력 결과를 쓰시오.

```c
#include <stdio.h>
int main() {
    int arr[5] = {10, 20, 30, 40, 50};
    printf("%p\n", &arr[0]);
    printf("%p\n", &arr[3]);
    return 0;
}
```

해설

arr[i]의 주소는 arr[0]의 주소에서 i * sizeof(데이터형)을 더한 값이 된다.
arr[0]이 100번지이고 데이터형이 int(4바이트)라면, arr[3]=100+(3*4)=112번지가 된다.

정답 100
112

036 배열의 첫 번째 요소 arr[0]의 주소가 100번지라고 가정했을 때, 출력 결과를 쓰시오.

```
#include <stdio.h>
int main(void) {
    int ary[]={14, 22, 30, 38};
    printf("%u, ", &ary[2]);
    printf("%u", ary);
    return 0;
}
```

해설
&ary[2], 배열의 시작 위치가 100번지이기 때문에, 세 번째 요소의 주소는 108번지가 된다.
배열의 이름 ary는 배열의 첫 번째 요소의 주소를 나타내기 때문에, 100번지가 된다.

정답 108, 100

---

037 배열의 첫 번째 요소 arr[0][0]의 주소가 100번지라고 가정했을 때, 출력 결과를 쓰시오.

```
#include <stdio.h>
int main() {
    int arr[3][4] = {
        {1, 2, 3, 4},
        {5, 6, 7, 8},
        {9, 10, 11, 12}
    };
    printf("%p\n", &arr[0][0]);
    printf("%p\n", &arr[2][1]);
    return 0;
}
```

해설
arr[i][j]의 주소는 arr[0][0]의 주소에서 (i * 열의 개수 + j) * sizeof(데이터형)을 더한 값이 된다.
arr[2][1]이 3행 4열 배열에서 데이터형 int(4바이트)라면 arr[2][1]=100+((2*4)+1)*4=100+36=136번지가 된다.

정답 100
　　　 136

038 다음 C언어 프로그램의 출력 결과를 쓰시오.

```c
#include <stdio.h>
int main() {
    int A = 10, B;
    int *C = &B;

    B = A--;
    B += 20;
    printf("%d", *C);
    return 0;
}
```

해설

정수형 변수 A는 10으로 초기화되고, 변수 B는 초기화되지 않았다.
포인터 C는 변수 B의 주소를 가리킨다.
변수 B에 A의 현재 값 10을 대입한 후, A는 후위 감소 연산자로 인해 9로 감소한다.
B에 20을 더하여 B의 최종값은 30이 된다.
*C는 포인터 C가 가리키는 변수 B의 값을 참조한다.
따라서 출력값은 B의 최종값 30이 된다.

정답 30

039 다음 C언어 프로그램의 출력 결과를 쓰시오.

```c
#include <stdio.h>
int main() {
    int a = 10, b = 20;
    int *p;
    p = &a;
    *p = 30;
    p = &b;
    *p = 40;
    printf("a = %d, b = %d\n", a, b);
    return 0;
}
```

> **해설**
>
> 정수형 변수 a는 10, b는 20으로 초기화된다.
> 포인터 변수 p는 아직 초기화되지 않았다.
> 포인터 p가 변수 a의 주소를 가리킨다.
> 포인터 p를 통해 변수 a의 값을 30으로 변경한다.
> 포인터 p가 변수 b의 주소를 가리킨다.
> 포인터 p를 통해 변수 b의 값을 40으로 변경한다.
> 변수 a와 b의 최종값은 각각 30과 40이다.

정답   a = 30, b = 40

040 다음 C언어 프로그램의 출력 결과를 쓰시오.

```c
#include <stdio.h>
int main() {
    int code = 65;
    int *p = &code;
    printf("%c", (*p)++);
    return 0;
}
```

> **해설**
>
> 정수형 변수 code는 65로 초기화된다.
> 포인터 변수 p는 code의 주소를 가리킨다.
> 포인터 p가 가리키는 값(code)을 참조하여 문자 형식(%c)으로 출력한다.
> (*p)++는 후위 증가 연산자로, 현재 값을 출력한 후 code의 값을 1 증가시킨다.
> ASCII 코드 65는 문자 A에 해당한다.
> (*p)++에 의해 code의 값은 66으로 증가하지만, 이 값은 출력되지 않는다.

정답   A

041 다음 C언어 프로그램의 출력 결과를 쓰시오.

```c
#include <stdio.h>
int main() {
    int a = 10, b = 30;
    int *pa, *pb;
    pa = &a;
    pb = &b;
    *pa = 2 * a;
    *pb = 3 * a;
    printf("%d, %d, %d, %d", a, b, *pa, *pb);
    return 0;
}
```

해설

정수형 변수 a는 10, b는 30으로 초기화된다.
포인터 변수 pa와 pb는 각각 a와 b의 주소를 가리킨다.
포인터 pa를 통해 a의 값을 2 * a로 업데이트한다.
결과적으로 a의 값은 20이 된다.
포인터 pb를 통해 b의 값을 3 * a로 업데이트한다.
현재 a의 값이 20이므로, b의 값은 60이 된다.
출력문은 변수 a, b, 그리고 포인터를 통해 접근한 *pa, *pb의 값을 출력한다.

정답   20, 60, 20, 60

042 다음 C언어 프로그램의 출력 결과를 쓰시오.

```c
#include <stdio.h>
int main() {
    int a = 10, b = 20;
    int *p1 = &a, *p2 = &b;
    *p1 = *p2;
    *p2 = *p2 + 5;
    printf("%d, %d\n", a, b);
    return 0;
}
```

> **해설**
> 정수형 변수 a와 b는 각각 10과 20으로 초기화된다.
> 포인터 변수 p1과 p2는 각각 a와 b의 주소를 가리킨다.
> 포인터 p1을 통해 변수 a의 값을 포인터 p2가 가리키는 b의 값으로 변경한다.
> 이 연산 후, a는 20이 된다.
> 포인터 p2를 통해 변수 b의 값에 5를 더한다.
> 이 연산 후, b는 25가 된다.

정답　20, 25

043 다음 C언어 프로그램의 출력 결과를 쓰시오.

```c
#include <stdio.h>
void addFive(int *ptr) {
    *ptr += 5;
}

int main() {
    int number = 10;
    printf("변경 전: %d \n", number);
    addFive(&number);
    printf("변경 후: %d \n", number);

    return 0;
}
```

> **해설**
> 정수형 변수 number는 10으로 초기화된다.
> 함수 호출 전 출력은, 변수 number의 초기값 10을 출력한다.
> 함수 호출 후 출력은, 변수 number의 주소를 매개변수로 받아, 포인터를 통해 변수의 값을 간접적으로 수정했기 때문에, 15를 출력한다.

정답　변경 전: 10
　　　변경 후: 15

044 다음 C언어 프로그램의 출력 결과를 쓰시오.

```c
#include <stdio.h>
void swap(int *x, int *y) {
    int temp = *x;
    *x = *y;
    *y = temp;
}
int main() {
    int a = 5, b = 10;
    swap(&a, &b);
    printf("%d, %d\n", a, b);
    return 0;
}
```

해설

- swap 함수
두 정수형 변수의 주소를 매개변수로 받아, 포인터를 통해 변수 값을 교환한다.
temp 변수에 *x의 값을 임시 저장한 후, *x와 *y의 값을 서로 바꾼다.
- main 함수
정수형 변수 a와 b를 각각 5와 10으로 초기화한다.
swap 함수에 a와 b의 주소를 전달하여 두 변수의 값을 교환한다.
교환 후, a와 b의 값은 각각 10과 5가 된다.

정답 10, 5

045 다음 C언어 프로그램의 출력 결과를 쓰시오.

```c
#include <stdio.h>
int main() {
    int x = 5, y = 10;
    int *p = &x, *q = &y;
    p = q;
    *p = *p + 5;
    printf("%d, %d\n", x, y);
    return 0;
}
```

> **해설**
>
> 정수형 변수 x와 y는 각각 5와 10으로 초기화된다.
> 포인터 변수 p와 q는 각각 x와 y의 주소를 가리킨다.
> 포인터 p는 더 이상 x의 주소를 가리키지 않고, y의 주소를 가리키게 된다.
> 포인터 p를 통해 y의 값을 간접적으로 변경한다.
> 현재 y의 값 10에 5를 더하여, y의 값은 15가 된다.
> 변수 x는 포인터 p가 더 이상 가리키고 있지 않으므로 초기값 5를 유지한다.
> 변수 y는 포인터 p를 통해 값이 15로 변경된다.

정답   5, 15

046 다음 C언어 프로그램의 출력 결과를 쓰시오.

```c
#include <stdio.h>
int main() {
    int a = 2, b = 4;
    int *p1 = &a, *p2 = &b;
    *p1 = *p2;
    p2 = p1;
    *p2 = *p2 + 3;

    printf("%d, %d\n", a, b);
    return 0;
}
```

> **해설**
>
> 정수형 변수 a와 b는 각각 2와 4로 초기화된다.
> 포인터 p1과 p2는 각각 a와 b의 주소를 가리킨다.
> 포인터 p1을 통해 a의 값을 p2가 가리키는 b의 값으로 변경한다.
> 이 연산 후, a는 4가 된다.
> 포인터 p2는 b의 주소를 가리키는 대신, 이제 a의 주소를 가리키게 된다.
> 포인터 p2를 통해 a의 값을 간접적으로 변경한다.
> 현재 a의 값은 4이므로, a는 4+3=7이 된다.
> 변수 a는 7로 최종값이 변경된다.
> 변수 b는 4로 초기값을 유지한다.

정답   7, 4

047 다음 C언어 프로그램의 출력 결과를 쓰시오. (단, value의 주소값은 100번지로 가정한다.)

```c
#include <stdio.h>

int main() {
    int value = 10;
    int *ptr;
    ptr = &value;
    printf("value: %d \n", value);
    printf("ptr 값: %d \n", ptr);
    printf("ptr의 값: %d \n", *ptr);

    *ptr = 20;
    printf("value: %d \n", value);

    return 0;
}
```

해설

정수형 변수 value는 10으로 초기화된다.
포인터 변수 ptr은 초기화된 후 value의 주소를 가리킨다. (ptr = &value)
printf("value: %d \n", value); 변수 value의 초기값 10을 출력한다.
printf("ptr 값: %d \n", ptr); 포인터 ptr에 저장된 주소 값(value의 주소)을 출력한다.
printf("ptr 의 값: %d \n", *ptr); 포인터 ptr이 가리키는 값(value의 값)을 출력, 초기값 10
포인터 ptr을 사용하여 value의 값을 20으로 수정한다.
printf("value: %d \n", value); 포인터를 통해 수정된 value의 새로운 값 20을 출력한다.

정답
value: 10
ptr 값: 100
ptr의 값: 10
value: 20

048 다음 C언어 프로그램의 출력 결과를 쓰시오. (단, 아래의 scanf() 함수의 입력으로 90을 타이핑했다고 가정한다.)

```
#include <stdio.h>
int main() {
    int i = 10;
    int j = 20;
    int *k = &i;

    scanf("%d", k);
    printf("%d, %d, %d \n", i, j, *k);
    return 0;
}
```

해설

정수형 변수 i는 10, j는 20으로 초기화된다.
포인터 변수 k는 i의 주소를 가리킨다. (k = &i)
사용자 입력값 90을 포인터 k를 통해 변수 i에 저장한다.
이로 인해 i의 값이 90으로 변경된다.

정답   90, 20, 90

---

049 다음 C언어 프로그램의 출력 결과를 쓰시오. (단, 아래의 scanf() 함수의 입력으로 30을 타이핑했다고 가정한다.)

```
#include <stdio.h>
int main() {
    int a = 15, b = 25;
    int *p1 = &a, *p2 = &b;
    scanf("%d", &b);
    *p1 = *p1 + *p2;
    printf("%d, %d, %d \n", a, b, *p1);
    return 0;
}
```

해설

정수형 변수 a는 15, b는 25로 초기화된다.
포인터 p1은 변수 a의 주소를, p2는 변수 b의 주소를 가리킨다.
사용자 입력값 30이 변수 b에 저장된다.
포인터 p1이 가리키는 변수 a의 값과 p2가 가리키는 변수 b의 값을 더한다.
a: 변수 a의 값은 포인터 연산 후 45
b: 변수 b의 값은 입력값 30
*p1: 포인터 p1이 가리키는 값, 즉 변수 a의 값은 45

정답   45, 30, 45

---

050 다음 C언어 프로그램의 출력 결과를 쓰시오.

```c
#include <stdio.h>
int main() {
    int a = 10;
    int* ptr = &a;
    int** dptr = &ptr;

    printf("%d, ", a);
    printf("%d, ", *ptr);
    printf("%d\n", **dptr);

    **dptr = 20;
    printf("%d, ", a);
    printf("%d, ", *ptr);
    printf("%d\n", **dptr);

    return 0;
}
```

해설

정수형 변수 a는 10으로 초기화된다.
포인터 ptr은 변수 a의 주소를 가리킨다.
이중 포인터 dptr은 포인터 ptr의 주소를 가리킨다.
printf("%d, ", a); 변수 a의 초기값 10을 출력한다.
printf("%d, ", *ptr); 포인터 ptr이 가리키는 값(*ptr = a)을 출력한다.
printf("%d\n", **dptr); 이중 포인터 dptr이 가리키는 포인터 ptr을 통해 참조한 값(**dptr = *ptr = a)을 출력한다.
이중 포인터 dptr을 통해 변수 a의 값을 20으로 수정한다.

> printf("%d, ", a); 변수 a의 값이 20으로 변경되었음을 확인한다.
> printf("%d, ", *ptr); 포인터 ptr이 가리키는 값(*ptr)도 20으로 변경된다.
> printf("%d\n", **dptr); 이중 포인터 dptr을 통해 참조한 값(**dptr)도 20

정답   10, 10, 10
       20, 20, 20

051 다음 C언어 프로그램의 출력 결과를 쓰시오.

```
#include <stdio.h>
int main() {
    int x = 5, y = 10;
    int *p1 = &x;
    int *p2 = &y;
    int **dptr = &p1;

    **dptr += 2;
    *dptr = p2;
    **dptr *= 3;

    printf("%d, %d, %d, %d\n", x, y, *p1, *p2);

    return 0;
}
```

해설

정수형 변수 x는 5, y는 10으로 초기화된다.
포인터 p1은 x를 가리키고, 포인터 p2는 y를 가리킨다.
이중 포인터 dptr은 포인터 p1의 주소를 가리킨다.
**dptr += 2; 이중 포인터를 통해 x의 값을 2 증가시킨다.
*dptr = p2; 이중 포인터 dptr이 가리키는 포인터를 p2로 변경한다.
**dptr *= 3; 이중 포인터를 통해 y의 값을 3배로 수정한다.
변수 x와 y의 최종값, 포인터 p1과 p2가 가리키는 값을 각각 출력한다.

정답   7, 30, 30, 30

052 다음은 포인터를 사용하여 두 변수의 값을 교체하는 코드이다. 빈칸에 알맞은 코드를 쓰시오. (단, 변수는 포인터 변수 형태를 사용해서 작성해야 한다.)

```
int a=10, b=20, t;
int *pa = &a;
int *pb = &b;
t = *pa;
[ ]
*pb = t;
```

해설

먼저, t = *pa를 통해 a의 값을 임시 변수 t에 저장한다.
*pa = *pb를 통해 a에 b의 값을 복사한다. (빈칸에 들어갈 코드)
마지막으로 *pb = t를 통해 b에 임시 저장된 a의 값을 복사한다.

정답   *pa = *pb;

---

053 double형 포인터 변수 ptr의 번지가 1000번지라고 가정했을 때, ptr+3의 실제 번지를 쓰시오.

해설

double형은 8Byte이고, 1번지당 8Byte를 이동하므로 실제 주소는 1024번지가 된다.

정답   1024

---

054 32비트 컴퓨터에서 int형 포인터 변수 ptr의 번지가 1000번지라고 가정했을 때, ptr+3의 실제 번지를 쓰시오.

해설

32비트 컴퓨터에서 int형은 4Byte이고, 1번지당 4Byte를 이동하므로 실제 주소는 1012번지가 된다.

정답   1012

055 다음 C언어 프로그램의 출력 결과를 쓰시오.

```c
#include <stdio.h>
int main(void) {
    int n = 4;
    int* pt = NULL;
    pt=&n;

    printf("%d", &n + *pt - *&pt + n);
    return 0;
}
```

해설

정수형 변수 n은 4로 초기화된다.
포인터 변수 pt는 초기화 시 NULL로 설정되었다가, 이후 n의 주소를 가리키도록 설정된다. (pt = &n)
&n + *pt - *&pt + n 이 식의 평가 과정은 &n: 변수 n의 주소
*pt: 포인터 pt가 가리키는 값(n의 값, 즉 4)
*&pt: pt의 값을 역참조한 뒤 다시 주소를 참조하므로, pt와 동일한 값(n의 주소)
n: 변수 n의 값, 즉 4
최종적으로 계산된 값 8이 출력된다.

정답 8

056 다음 C언어 프로그램의 출력 결과를 쓰시오.

```c
#include <stdio.h>

int main() {
    char str[10] = "abcd";
    char *p = str;
    *(p+2) = 'x';
    printf("%s \n", str);
    return 0;
}
```

> [해설]
>
> 문자열 배열 str은 abcd로 초기화된다.
> 포인터 p는 문자열 배열 str의 시작 주소를 가리킨다. (p = str)
> *(p+2) = 'x';
> p+2는 배열의 세 번째 요소(str[2] = c)를 가리킨다.
> 해당 위치의 값을 x로 변경한다.
> 수정 후 배열 str은 abxd가 된다.

정답   abxd

057 다음 C언어 프로그램의 출력 결과를 쓰시오.

```c
int main(void) {
    char str[] = "PROGRAM";
    char *p = str;
    printf("%s \n", p);
    printf("%s \n", p + 3);
    printf("%c \n", *(p + 5));
    *p = 'X';
    printf("%s \n", p);
    return 0;
}
```

> [해설]
>
> 문자열 배열 str은 PROGRAM으로 초기화된다.
> 포인터 p는 문자열 배열 str의 시작 주소를 가리킨다. (p = str)
> printf("%s \n", p); 포인터 p가 가리키는 문자열 전체를 출력한다.
> printf("%s \n", p + 3); p + 3은 문자열의 네 번째 문자(G)를 시작으로 출력한다.
> printf("%c \n", *(p + 5)); *(p + 5)는 문자열의 여섯 번째 문자(A)를 참조한다.
> *p = 'X'; 포인터 p가 가리키는 첫 번째 문자(str[0])를 X로 변경한다.
> printf("%s \n", p); 수정된 문자열 str을 출력한다.

정답   PROGRAM
       GRAM
       A
       XROGRAM

058 다음 C언어 프로그램의 출력 결과를 쓰시오.

```
int main(void) {
    char str[] = "EXAMPLE";
    char *p = str;
    *(p + 1) = 'Z';
    *(p + 4) = 'X';
    printf("%s \n", p);
    return 0;
}
```

해설

문자열 배열 str은 EXAMPLE로 초기화된다.
포인터 p는 문자열 배열 str의 시작 주소를 가리킨다. (p = str)
*(p + 1) = 'Z'; p + 1은 배열의 두 번째 요소(str[1])를 가리키고, str[1]의 값을 Z로 변경한다.
*(p + 4) = 'X'; p + 4는 배열의 다섯 번째 요소(str[4])를 가리키고, str[4]의 값을 X로 변경한다.

정답 EZAMXLE

059 다음 C언어 프로그램의 출력 결과를 쓰시오.

```
#include <stdio.h>
int main(void) {
    char *p = "KOREA";
    printf("%s\n", p) ;
    printf("%s\n", p+ 3) ;
    printf("%c\n", *p) ;
    printf("%c\n", *(p+ 3)) ;
    printf("%c\n", *p+ 2) ;
    return 0;
}
```

해설

포인터 p는 문자열 "KOREA"의 시작 주소를 가리킨다.
printf("%s\n", p); 포인터 p가 가리키는 문자열 전체를 출력한다.
printf("%s\n", p + 3); 문자열에서 세 번째 인덱스 이후(p + 3)의 부분 문자열을 출력한다.
printf("%c\n", *p); 포인터 p가 가리키는 첫 번째 문자를 출력한다.
printf("%c\n", *(p + 3)); 문자열에서 세 번째 인덱스(p + 3)의 문자를 출력한다.
printf("%c\n", *p + 2); 포인터 p가 가리키는 첫 번째 문자의 ASCII 값에 2를 더한 문자를 출력한다.
K의 ASCII 값 75에 2를 더하면 77, 이는 문자 M에 해당한다.

정답
KOREA
EA
K
E
M

060 다음 C언어 프로그램의 출력 결과를 쓰시오.

```c
#include <stdio.h>
int main(void) {
    char *p = "HELLO";
    printf("%c\n", *(p + 1));
    printf("%s\n", p + 2);
    printf("%c\n", *p + 4);
    printf("%c\n", *(p + 4));
    printf("%s\n", p);
    return 0;
}
```

해설

포인터 p는 문자열 HELLO의 시작 주소를 가리킨다.
printf("%c\n", *(p + 1)); 문자열의 두 번째 문자를 가리킨다.
printf("%s\n", p + 2); 문자열의 세 번째 문자부터 출력한다.
printf("%c\n", *p + 4); *p는 문자열의 첫 번째 문자 H를 가리킨다.
'H'의 ASCII 값(72)에 4를 더하면 76, 이는 문자 L에 해당한다.
printf("%c\n", *(p + 4)); p + 4는 문자열의 다섯 번째 문자(O)를 가리킨다.
printf("%s\n", p); 포인터 p가 가리키는 문자열 전체를 출력한다.

정답
E
LLO
L
O
HELLO

061 다음 C언어 프로그램의 출력 결과를 쓰시오.

```
#include <stdio.h>
int main(void) {
    char *ptr;
    char str[] = "computer";
    ptr = str;
    printf("%s, ", ptr+3);
    printf("%c",*(ptr+3));
    return 0;
}
```

해설

배열 str은 문자열 computer로 초기화된다.
포인터 ptr은 str의 시작 주소를 가리킨다.
ptr+3은 문자열의 네 번째 문자(p)부터 시작하는 부분 문자열을 가리킨다.
해당 부분 문자열은 puter이다.
*(ptr+3)은 네 번째 문자 p를 가리킨다.
역참조(*)를 통해 해당 문자를 출력한다.

정답 puter, p

---

062 다음 C언어 프로그램의 출력 결과를 쓰시오.

```
#include <stdio.h>
int main(void) {
    char a[] = "Art";
    char* p = NULL;
    p = a;
    printf("%s\n", a);
    printf("%c\n", *p);
    printf("%c\n", *a);
    printf("%s\n", p);
    for(int i = 0; a[i] != '\0'; i++)
        printf("%c", a[i]);
    return 0;
}
```

해설

문자열 배열 a는 Art로 초기화된다.
포인터 p는 NULL로 초기화되었다가 a의 시작 주소를 가리키도록 설정된다. (p = a)
printf("%s\n", a); 배열 a를 문자열로 출력한다.
printf("%c\n", *p); 포인터 p가 가리키는 첫 번째 문자(A)를 출력한다.
printf("%c\n", *a); 배열 a의 첫 번째 문자(A)를 출력한다.
printf("%s\n", p); 포인터 p가 가리키는 문자열 전체를 출력한다.
for 반복문에서는, 문자열 배열 a를 순회하며 각 문자를 출력한다.

정답   Art
         A
         A
         Art
         Art

063 다음 C언어 프로그램의 출력 결과를 쓰시오.

```c
#include <stdio.h>
int main(void) {
    char arr[] = "COMPUTER";
    char *ptr;
    ptr = arr+2;
    printf("%c, ", *ptr);
    printf("%c, ", *ptr+1);
    printf("%c", *(ptr+1));
    return 0;
}
```

해설

문자열 배열 arr은 COMPUTER로 초기화된다.
포인터 ptr은 arr+2로 설정되어, 배열 arr의 세 번째 문자(M)를 가리킨다.
printf("%c, ", *ptr); 포인터 ptr이 가리키는 문자(M)를 출력한다.
printf("%c, ", *ptr+1); *ptr은 문자 M이고, ASCII 값 77에 1을 더해 문자 N(78)을 출력한다.
printf("%c", *(ptr+1)); ptr+1은 배열의 네 번째 문자(P)를 가리키고, 이를 출력한다.

정답   M, N, P

064 다음 C언어 프로그램의 출력 결과를 쓰시오.

```c
#include <stdio.h>
int main(void) {
    char str[] = "REVERSE";
    char *p = str;
    for(int i = 6; i >= 0; i--) {
        printf("%c", *(p + i));
    }
    printf("\n");
    return 0;
}
```

해설

문자열 배열 str은 REVERSE로 초기화된다.
포인터 p는 배열 str의 시작 주소를 가리킨다. (p = str)
i를 배열의 마지막 유효 문자 인덱스(6)부터 시작하여, 첫 번째 문자(0)까지 감소시키며 반복한다.
포인터 p로부터 i만큼 떨어진 위치의 문자를 참조하여, 문자열을 역순으로 출력한다.

정답   ESREVER

065 다음 C언어 프로그램의 출력 결과를 쓰시오.

```c
#include <stdio.h>
#include <ctype.h>
int main() {
    char p[] = "It is 8";
    char result[20];
    int i;
    for(i=0; p[i]!='\0'; i++){
        if(isupper(p[i]))
            result[i] = (p[i]-'A'+5) % 26 + 'A';
        else if(islower(p[i]))
            result[i] = (p[i]-'a'+10) % 26 + 'a';
        else if(isdigit(p[i]))
            result[i] = (p[i]-'0'+3) % 10 + '0';
        else
            result[i] = p[i];
    }
    result[i] = '\0';
    printf("%s\n",result);

    return 0;
}
```

해설

문자열 p는 It is 8로 초기화한다.
문자열 p를 순회하며, 각 문자에 대해 다음과 같은 규칙으로 변환한다.
대문자(A-Z): A 기준으로 5칸 이동 후, 알파벳 순환(% 26)하여 대문자로 변환한다.
소문자(a-z): a 기준으로 10칸 이동 후, 알파벳 순환(% 26)하여 소문자로 변환한다.
숫자(0-9): 아스키 코드값 48(0의 아스키 코드)을 기준으로 3칸 이동 후, 숫자 순환(% 10)하여 숫자로 변환한다.
그 외 문자: 변환 없이 그대로 복사한다.

정답 Nd sc 1

066 다음 C언어 프로그램의 출력 결과를 쓰시오.

```c
#include <stdio.h>
void reverse(char*str){
    int len = strlen(str);
    char*p1 = str;
    char*p2 = str + len - 1;
    while(p1<p2){
        char t = *p1;
        *p1 = *p2;
        *p2 = t;
        p1++;
        p2--;
    }
}

int main(int argc, char*argv[]){
    char str[100] = "ABCDEFGH";
    reverse(str);
    int len = strlen(str);
    for(int i=1; i<len; i+=2){
        printf("%c",str[i]);
    }
    printf("\n");

    return 0;
}
```

해설

- reverse 함수
문자열 포인터 p1은 문자열의 시작(str), p2는 문자열의 끝(str + len - 1)을 가리킨다.
while 루프를 사용하여 p1과 p2가 만나거나 교차하기 전까지, *p1과 *p2를 교환(swap)한다.
p1은 앞으로 이동, p2는 뒤로 이동한다.
결과적으로 입력 문자열이 뒤집힌 상태로 저장된다.
- main 함수
str은 ABCDEFGH로 초기화한다.
reverse(str) 호출로 문자열이 뒤집혀 HGFEDCBA가 된다.
뒤집힌 문자열의 길이를 계산하고, for 루프를 사용해 홀수 인덱스(1, 3, 5, ...)에 위치한 문자를 출력한다.

정답   GECA

067 다음 C언어 프로그램의 출력 결과를 쓰시오.

```c
#include <stdio.h>
int main() {
    int num[] = { 100, 200, 300, 400, 500 };
    int *pt;
    pt = num;
    printf("%d\n", *(pt+3) + 100);
    return 0;
}
```

해설

정수형 배열 num은 {100, 200, 300, 400, 500}으로 초기화된다.
배열의 각 요소는 인덱스 0부터 4까지 순서대로 저장된다.
포인터 pt는 배열 num의 시작 주소를 가리킨다. (pt = num)
따라서 pt는 num[0]을 가리키며, *(pt + n)은 num[n]을 참조한다.
pt + 3은 배열의 네 번째 요소(num[3])를 가리킨다.
*(pt + 3)은 해당 요소의 값(400)을 참조한다.
*(pt + 3) + 100의 결과는 500이 된다.

정답 500

---

068 다음 C언어 프로그램의 출력 결과를 쓰시오.

```c
#include <stdio.h>
int main() {
    int i;
    int a[] = { 10, 20, 30, 40, 50, 60, 70, 80, 90, 100 };
    int *ptr = a + 3;
    for( i = 0; i < 5; ++i ) {
        printf("%d ", *(ptr+i)-3);
    }
    return 0;
}
```

> **해설**
>
> 정수형 배열 a는 {10, 20, 30, 40, 50, 60, 70, 80, 90, 100}으로 초기화된다.
> 배열의 각 요소는 인덱스 0부터 9까지 저장된다.
> 포인터 ptr은 배열 a의 네 번째 요소(a[3])를 가리키도록 초기화된다. (ptr = a + 3)
> 반복문은 i = 0부터 i < 5까지 실행되며, 총 5번 반복된다.
> 각 반복에서 *(ptr + i) - 3을 계산하여 출력한다.
> ptr + i는 배열의 네 번째 요소부터 순차적으로 다섯 번째 요소까지 접근하여, 해당 요소 값에서 3을 뺀 값을 출력한다.

정답　37 47 57 67 77

069 다음 C언어 프로그램의 출력 결과를 쓰시오.

```c
#include <stdio.h>
int main(int argc, char *argv[])   {
    int ary[3];
    int s = 0;
    *(ary + 0) = 1;
    ary[1] = *(ary + 0) + 2;
    ary[2] = *ary + 3;
    for(int i = 0; i < 3; i++) {
        s = s + ary[i];
    }
    printf("%d", s);
    return 0;
}
```

> **해설**
>
> 정수형 배열 ary는 크기가 3인 배열로 선언되었다.
> 초기값은 설정되지 않았으므로 프로그램에서 값을 설정한다.
> *(ary + 0) = 1; 배열의 첫 번째 요소(ary[0])를 1로 설정한다.
> ary[1] = *(ary + 0) + 2; 배열의 두 번째 요소(ary[1])를 첫 번째 요소 값(1)에 2를 더한 값으로 설정한다. (1+2=3)
> ary[2] = *ary + 3; 배열의 세 번째 요소(ary[2])를 첫 번째 요소 값(1)에 3을 더한 값으로 설정한다. (1+3=4)
> 최종 배열 상태는 {1, 3, 4}가 된다.

정답　8

070 다음 C언어 프로그램의 출력 결과를 쓰시오.

```c
#include <stdio.h>
int main(void) {
    int a[] = { 1, 2, 4, 8 };
    int *p = a;
    p[1] = 3;
    a[1] = 4;
    p[2] = 5;
    printf("%d %d \n", a[1] + p[1], a[2] + p[2]);
    return 0;
}
```

해설

정수형 배열 a는 {1, 2, 4, 8}로 초기화된다.
포인터 p는 배열 a의 시작 주소를 가리킨다. (p = a)
p[1] = 3; 포인터 p를 통해 배열의 두 번째 요소(a[1])를 3으로 수정한다.
a[1] = 4; 배열의 두 번째 요소(a[1])를 직접 4로 수정한다.
p[2] = 5; 포인터 p를 통해 배열의 세 번째 요소(a[2])를 5로 수정한다.
a[1] + p[1], 배열의 두 번째 요소(a[1] = 4)와 포인터를 통해 접근한 두 번째 요소(p[1] = 4)의 합
a[2] + p[2], 배열의 세 번째 요소(a[2] = 5)와 포인터를 통해 접근한 세 번째 요소(p[2] = 5)의 합

정답   8 10

071 다음 C언어 프로그램의 출력 결과를 쓰시오.

```c
#include <stdio.h>
int main(void) {
    int arr[] = { 10, 20, 30, 40, 50 };
    int *ptr;
    ptr = arr;
    printf("%d, ", *ptr + *(ptr+1));
    printf("%d, ", *ptr + *(ptr+2));
    printf("%d, ", *ptr + *(ptr+3));
    printf("%d", *ptr + 5);
    return 0;
}
```

> **해설**
>
> 정수형 배열 arr은 {10, 20, 30, 40, 50}으로 초기화된다.
> 포인터 ptr은 배열 arr의 시작 주소를 가리킨다. (ptr = arr)
> *ptr, 배열의 첫 번째 요소(arr[0] = 10)
> *(ptr+1), 배열의 두 번째 요소(arr[1] = 20)
> *(ptr+2), 배열의 세 번째 요소(arr[2] = 30)
> *(ptr+3), 배열의 네 번째 요소(arr[3] = 40)
> *ptr+5, *ptr은 배열의 첫 번째 요소(arr[0] = 10) + 5

정답   30, 40, 50, 15

072 다음 C언어 프로그램의 출력 결과를 쓰시오.

```c
#include <stdio.h>
int main(void) {
    int a[] = { 1, 2, 4, 8 };
    int *p = a+1;
    p[1] = 3;
    a[1] = 4;
    p[2] = 5;
    printf("%d, %d, %d, %d, ", a[0], a[1], a[2], a[3]);
    printf("%d, %d \n", a[1] + p[1], a[2] + p[2]);
    return 0;
}
```

> **해설**
>
> 정수형 배열 a는 {1, 2, 4, 8}로 초기화된다.
> 포인터 p는 배열 a의 두 번째 요소(a[1])를 가리킨다. (p = a + 1)
> p[1] = 3; 포인터 p를 통해 배열의 세 번째 요소(a[2])를 3으로 수정한다.
> a[1] = 4; 배열의 두 번째 요소(a[1])를 직접 4로 수정한다.
> p[2] = 5; 포인터 p를 통해 배열의 네 번째 요소(a[3])를 5로 수정한다.
> printf("%d, %d, %d, %d, ", a[0], a[1], a[2], a[3]); 수정된 배열 상태(1, 4, 3, 5)를 출력한다.
> a[1] + p[1], 배열의 두 번째 요소(a[1] = 4)와 포인터로 접근한 두 번째 요소(p[1] = 3)의 합
> a[2] + p[2], 배열의 세 번째 요소(a[2] = 3)와 포인터로 접근한 세 번째 요소(p[2] = 5)의 합

정답   1, 4, 3, 5, 7, 8

073 다음 C언어 프로그램의 출력 결과를 쓰시오.

```c
#include <stdio.h>
int main(void) {
    int arr[] = {10, 20, 30, 40, 50};
    int *ptr;
    ptr = arr;
    printf("%d, ", *ptr + *(ptr+2));
    ptr = ptr+2;
    printf("%d, ", *ptr + *(ptr+2));
    printf("%d", ptr[0] + ptr[1]);
    return 0;
}
```

해설

정수형 배열 arr은 {10, 20, 30, 40, 50}으로 초기화된다.
포인터 ptr은 배열 arr의 시작 주소를 가리킨다. (ptr = arr)
• 첫 번째 출력
*ptr, 배열의 첫 번째 요소(arr[0] = 10)
*(ptr+2), 배열의 세 번째 요소(arr[2] = 30)
ptr = ptr+2; 포인터 ptr은 배열의 세 번째 요소(arr[2])를 가리키게 된다.
• 두 번째 출력
*ptr, 현재 포인터 ptr이 가리키는 요소(arr[2] = 30)
*(ptr+2), 배열의 다섯 번째 요소(arr[4] = 50)
• 세 번째 출력
ptr[0], 현재 포인터 ptr이 가리키는 요소(arr[2] = 30)
ptr[1]은 그다음 요소(arr[3] = 40)

정답   40, 80, 70

074 다음 C언어 프로그램의 출력 결과를 쓰시오.

```
#include <stdio.h>
int main(void) {
    int a[4] = { 10, 20, 30 };
    int *p = a;
    p++;
    *p++ = 100;
    *++p = 200;
    printf("a[0]=%d, a[1]=%d, a[2]=%d \n", a[0], a[1], a[2] );
    return 0;
}
```

해설

정수형 배열 a는 {10, 20, 30, 0}로 초기화된다.
네 번째 요소는 명시적으로 초기화되지 않았으므로 0으로 초기화된다.
포인터 p는 배열 a의 시작 주소를 가리킨다. (p = a)
p++, 포인터 p가 배열의 두 번째 요소(a[1])를 가리키게 된다.
*p++ = 100, 현재 p가 가리키는 요소(a[1])에 100을 저장한 후, 포인터 p는 세 번째 요소(a[2])로 이동한다.
*++p = 200, 포인터 p를 한 칸 더 이동시켜 네 번째 요소(a[3])를 가리키게 한 뒤, 해당 위치에 200을 저장한다.
배열의 첫 세 요소(a[0], a[1], a[2])를 출력한다.

정답   a[0]=10, a[1]=100, a[2]=30

075 다음 C언어 프로그램의 출력 결과를 쓰시오.

```
#include <stdio.h>
int main() {
    int num[4] = { 1, 2, 3, 4 };
    int *pt = num;
    pt++;
    *pt++= 5;
    *pt++= 10;
    pt--;
    *pt+++= 20;
    printf("%d %d %d %d", num[0], num[1], num[2],num[3] );
    return 0;
}
```

해설

정수형 배열 num은 {1, 2, 3, 4}로 초기화된다.
포인터 pt는 배열 num의 시작 주소를 가리킨다. (pt = num)
pt++, 포인터 pt가 배열의 두 번째 요소(num[1])를 가리키게 된다.
*pt++ = 5, 현재 pt가 가리키는 두 번째 요소(num[1])에 5를 저장한 후, 포인터 pt는 세 번째 요소(num[2])로 이동한다.
*pt++ = 10, 현재 pt가 가리키는 세 번째 요소(num[2])에 10을 저장한 후, 포인터 pt는 네 번째 요소(num[3])로 이동한다.
pt--, 포인터 pt가 다시 세 번째 요소(num[2])를 가리키게 된다.
*pt++ += 20, 현재 pt가 가리키는 세 번째 요소(num[2])의 값에 20을 더해 저장한 후, 포인터 pt는 네 번째 요소로 이동한다.
출력에서는 모든 배열 요소를 출력한다.

정답 1 5 30 4

---

076 다음 C언어 프로그램의 출력 결과를 쓰시오.

```c
#include <stdio.h>
int main()
{
    int arr[]={8, 5, 3, 1, 2, 7, 9};
    int *p=arr+2, a=0, b=0;
    
    a=*++p;
    b=(*p)++;
    printf("%d, %d\n", a, b);
    return 0;
}
```

해설

정수형 배열 arr은 {8, 5, 3, 1, 2, 7, 9}로 초기화된다.
포인터 p는 배열의 세 번째 요소(arr[2]=3)를 가리킨다. (p=arr+2)
- a = *++p
++p는 포인터 p를 한 칸 이동시켜 네 번째 요소(arr[3]=1)를 가리키게 한다.
*p는 현재 포인터가 가리키는 값(1)을 참조하여 변수 a에 저장한다.
a의 결과는 1이 된다.
- b = (*p)++
*p는 현재 포인터 p가 가리키는 값(1)을 참조하여 변수 b에 저장한다.
후위 증가 연산(++)으로 *p의 값을 1 증가시켜 배열의 네 번째 요소를 2로 수정한다.
b에는 1값이 대입되고, arr[3]은 2가 대입된다.

정답 1, 1

077 다음 C언어 프로그램의 출력 결과를 쓰시오.

```c
#include <stdio.h>
int main()
{
    int a[4] = {1, 2, 3};
    int *p = a;

    p++;
    *p++ = 10;
    *p += 10;
    printf("%d, %d, %d\n", a[0], a[1], a[2]);
    return 0;
}
```

해설

정수형 배열 a는 {1, 2, 3, 0}로 초기화된다.
네 번째 요소는 명시적으로 초기화되지 않았으므로 0으로 설정된다.
포인터 p는 배열 a의 시작 주소를 가리킨다. (p=a)
p++, 포인터 p를 배열의 두 번째 요소(a[1])로 이동시킨다.
*p++ = 10, 현재 p가 가리키는 두 번째 요소(a[1])에 10을 저장한 후, 포인터 p를 세 번째 요소(a[2])로 이동시킨다.
*p += 10, 현재 p가 가리키는 세 번째 요소(a[2])의 값에 10을 더한다.
배열의 첫 세 요소(a[0], a[1], a[2])를 출력한다.

정답 1, 10, 13

078 다음 C 프로그램에서 밑줄 친 코드의 실행 결과와 동일한 결과를 출력하는 코드로 옳은 것을 모두 고르시오.

```
#include <stdio.h>
int main()
{
    int ary[5] = {10, 11, 12, 13, 14};
    int *ap;
    ap = ary;
    printf("%d", ary[1]);
    return 0;
}
```
ㄱ. printf("%d", ary+1);
ㄴ. printf("%d", *ap+1);
ㄷ. printf("%d", *ary+1);
ㄹ. printf("%d", *ap++);
ㅁ. printf("%d", ++*ap);
ㅂ. printf("%d", *++ap);

해설

배열 ary는 {10, 11, 12, 13, 14}로 초기화된다.
ary[1]은 배열의 두 번째 요소(11)이다.
ㄱ. ary+1은 값이 아니라 주소를 출력하므로, 결과가 ary[1]의 값 11과 다르다.
ㄴ. *ap는 10이고, 여기에 1을 더했기 때문에 11이 된다.
ㄷ. *ary는 10이고, 여기에 1을 더했기 때문에 11이 된다.
ㄹ. *ap++는 현재 포인터 ap가 가리키는 값(10)을 출력한 후, ap를 다음 요소로 이동시킨다.
ㅁ. *ap가 가리키는 값(ary[0]=10)이 11로 변경되어 출력된다.
ㅂ. *++ap는 포인터 ap를 다음 요소로 이동시키고(ap=ap+1), 이동된 위치의 값을 참조한다.

정답   ㄴ, ㄷ, ㅁ, ㅂ

079 다음 C언어 프로그램의 출력 결과를 쓰시오.

```c
#include <stdio.h>
int main() {
    int code[] = {10, 20, 30};
    int *p = code;

    printf("%d, ", ++*p);
    printf("%d, ", *p);
    printf("%d, ", *++p);
    printf("%d\n", *p);

    return 0;
}
```

해설

정수형 배열 code는 {10, 20, 30}으로 초기화된다.
포인터 p는 배열 code의 시작 주소를 가리킨다. (p=code)
++*p, ++*p는 code[0]의 값을 1 증가시키고, 증가된 값을 출력한다.
*++p, ++p는 포인터 p를 다음 요소로 이동시키고(p=p+1), p가 가리키는 값을 참조한다.

정답   11, 11, 20, 20

080 다음 C언어 프로그램의 출력 결과를 쓰시오.

```c
#include <stdio.h>
int main() {
    int code[] = {10, 20, 30};
    int *p = code;

    printf("%d, ", *(p++));
    printf("%d, ", *p);
    printf("%d, ", *(++p));
    printf("%d\n", *p);

    return 0;
}
```

> **해설**
>
> 정수형 배열 code는 {10, 20, 30}으로 초기화된다.
> 포인터 p는 배열 code의 시작 주소를 가리킨다. (p=code)
> *(p++), *p는 현재 포인터 p가 가리키는 배열의 첫 번째 요소(code[0]=10)를 참조하고, 후위 증가한다.
> *(++p), ++p는 포인터 p를 배열의 세 번째 요소(code[2])로 이동시키고, 이동된 위치의 값을 참조한다.

정답   10, 20, 30, 30

081 다음 C언어 프로그램의 출력 결과를 쓰시오.

```c
#include <stdio.h>
int main() {
    int code[] = {10, 20, 30};
    int *p = code;

    printf("%d, ", *p++);
    printf("%d, ", *p);
    printf("%d, ", (*p)++);
    printf("%d\n", *p);

    return 0;
}
```

> **해설**
>
> 정수형 배열 code는 {10, 20, 30}으로 초기화된다.
> 포인터 p는 배열 code의 시작 주소를 가리킨다. (p=code)
> *p++, *p는 현재 포인터 p가 가리키는 첫 번째 요소(code[0]=10)를 참조하고, 후위 증가한다.
> (*p)++, *p는 현재 포인터 p가 가리키는 값(code[1]=20)을 참조하고, 후위 증가한다.

정답   10, 20, 20, 21

082 다음 C언어 프로그램의 출력 결과를 쓰시오.

```c
#include <stdio.h>
int main() {
    int nums[5] = {1, 2, 3, 4, 5};
    int *p1 = &nums[1];
    int *p2 = &nums[3];
    int temp = *p1;
    *p1 = *p2;
    *p2 = temp;

    for (int i = 0; i < 5; i++) {
        printf("%d ", nums[i]);
    }
    return 0;
}
```

해설

정수형 배열 nums는 {1, 2, 3, 4, 5}로 초기화된다.
p1은 배열의 두 번째 요소(nums[1]=2)를 가리킨다.
p2는 배열의 네 번째 요소(nums[3]=4)를 가리킨다.
*p1의 값(nums[1]=2)을 임시 변수 temp에 저장한다.
*p2의 값(nums[3]=4)을 *p1에 대입하여 nums[1]의 값을 4로 변경한다.
임시 변수 temp의 값(2)을 *p2에 대입하여 nums[3]의 값을 2로 변경한다.
교환 결과는 {1, 4, 3, 2, 5}가 된다.

정답 1 4 3 2 5

083 다음 C언어 프로그램의 출력 결과를 쓰시오. (단, 입력은 홍길동, 김철수, 박영희 순으로 입력받았다고 가정한다.)

```c
#include <stdio.h>
char n[30];
char* getname(){
    gets(n);
    return n;
}
int main() {
    char* n1 = getname();
    char* n2 = getname();
    char* n3 = getname();
    printf("%s\n",n1);
    printf("%s\n",n2);
    printf("%s\n",n3);
    return 0;
}
```

해설

전역 배열 n은 크기가 30인 문자 배열로 선언되었다. 모든 입력 문자열은 이 배열에 저장된다.
getname 함수는 표준 입력 함수 gets를 사용하여 문자열을 입력받아 배열 n에 저장한다.
입력된 문자열의 시작 주소(n)를 반환한다.
첫 번째 호출, 사용자 입력 문자열을 배열 n에 저장하고, 반환된 주소를 포인터 n1에 저장한다.
두 번째 호출, 새로운 문자열을 입력받아 배열 n에 덮어쓰고, 반환된 주소를 포인터 n2에 저장한다.
세 번째 호출, 또 다른 문자열을 입력받아 배열 n에 덮어쓰고, 반환된 주소를 포인터 n3에 저장한다.
printf로 n1, n2, n3을 각각 출력하지만, 모든 포인터가 동일한 전역 배열 n을 가리키므로, 마지막 입력된 문자열이 세 번 출력된다.

정답 박영희
박영희
박영희

084 다음 C언어 프로그램의 출력 결과를 쓰시오.

```c
#include <stdio.h>
int main() {
    int num[3][3] = {{1, 2, 3}, {4, 5, 6}, {7, 8, 9}};
    int *ptr = num[0];
    ptr += 5;
    while( *ptr != 9 ){
        printf("%d, ", *ptr);
        ptr++;
    }
    return 0;
}
```

해설

배열 num을 3행 3열로 만들고, 초기화시킨다.
포인터 ptr은 배열 num의 첫 번째 요소(num[0][0])를 가리킨다.
ptr += 5: 포인터를 다섯 번째 요소(num[1][2], 값 6)로 이동시킨다.
포인터 ptr이 가리키는 값이 9가 아닐 때 반복하면서, 현재 포인터가 가리키는 값을 출력하고, 포인터를 다음 요소로 이동시킨다.

정답 6, 7, 8,

---

085 다음 C언어 프로그램의 출력 결과를 쓰시오.

```c
#include <stdio.h>
int main() {
    int data[ ][3] = {1, 3, 4, 5, 2, 9, 6, 8, 7};
    int *p = data[1];
    int x, y;
    x = *p;
    y = *(p+2);
    printf("x=%d, y=%d \n", x, y);
    return 0;
}
```

> 해설

배열 data를 3행 3열로 만들고, 초기화시킨다.
포인터 p는 배열 data의 두 번째 행(data[1])을 가리킨다. 즉, p는 {5, 2, 9}의 시작 주소를 가리킨다.
*p는 현재 포인터 p가 가리키는 첫 번째 값(data[1][0] = 5)을 참조하여 x에 저장한다.
*(p+2)는 포인터 p로부터 두 번째 위치를 이동한 값(data[1][2] = 9)을 참조하여 y에 저장한다.
변수 x와 y의 값을 출력한다.

정답   x = 5, y = 9

086 다음 C언어 프로그램의 출력 결과를 쓰시오.

```c
#include <stdio.h>
int main(int argc, char *argv[]) {
    int num[2][2] = {{11, 22},{44, 55}};
    int i, sum = 0;
    int *p;
    p= num[0];
    for(i = 1;i < 4; i++)
        sum += *(p + i);
    printf("%d", sum);
    return 0;
}
```

> 해설

배열 num을 2행 2열로 만들고, 초기화시킨다.
포인터 p는 배열 num의 첫 번째 행(num[0])을 가리킨다. 즉, p는 배열의 시작 주소(&num[0][0])를 가리킨다.
반복문은 i = 1부터 i < 4까지 실행되며, 포인터 연산을 통해 배열 요소를 순회한다.
*(p + i)는 배열의 (i+1)번째 요소를 참조한다.
계산 과정,
i = 1: *(p + 1) = num[0][1] = 22, sum = 0 + 22 = 22
i = 2: *(p + 2) = num[1][0] = 44, sum = 22 + 44 = 66
i = 3: *(p + 3) = num[1][1] = 55, sum = 66 + 55 = 121
변수 sum의 최종값 121을 출력한다.

정답   121

087 다음 C언어 프로그램의 출력 결과를 쓰시오.

```
#include <stdio.h>
int main() {
    int data[2][4] = { {10, 20, 30, 40}, {50, 60, 70, 80} };
    int *p = data[0];
    int x = *(p + 5);
    int y = *(p + 3);
    printf("x=%d, y=%d \n", x, y);
    return 0;
}
```

해설

배열 data를 2행 2열로 만들고, 초기화시킨다.
포인터 p는 배열 data의 첫 번째 행(data[0])을 가리킨다.
- x = *(p + 5)
포인터 p로부터 다섯 번째 위치로 이동하여 배열 요소를 참조한다.
*(p + 5)는 data[1][1] = 60을 참조한다.
- y = *(p + 3)
포인터 p로부터 세 번째 위치로 이동하여 배열 요소를 참조한다.
*(p + 3)는 data[0][3] = 40을 참조한다.

정답 x=60, y=40

---

088 다음 C언어 프로그램의 출력 결과를 쓰시오.

```
#include <stdio.h>
int main(int argc, char *argv[]) {
    int num[2][3] = { {-3, 14, 5}, {1, -10, 8} };
    int *p = num[1];
    printf("%d, ", *(++p));
    printf("%d", *(--p-2));
    return 0;
}
```

> **해설**
>
> 배열 num을 2행 3열로 만들고, 초기화시킨다.
> 포인터 p는 배열의 두 번째 행(num[1])의 첫 번째 요소(num[1][0])를 가리킨다.
> printf("%d, ", *(++p)); ++p는 포인터를 다음 위치로 이동시켜 배열의 두 번째 행의 두 번째 요소 (num[1][1])를 가리킨다.
> *(++p)는 해당 요소의 값(-10)을 참조한다.
> printf("%d", *(--p-2)); --p는 포인터를 이전 위치로 이동시켜 배열의 두 번째 행의 첫 번째 요소(num[1][0])를 가리킨다.
> p - 2는 포인터를 두 칸 뒤로 이동시켜 배열의 첫 번째 행의 두 번째 요소(num[0][1])를 가리킨다.
> *(--p - 2)는 해당 요소의 값(14)을 참조한다.

정답 -10, 14

089 다음 C언어 프로그램의 출력 결과를 쓰시오.

```c
#include <stdio.h>
int main() {
    int arr[2][3] = { {10, 20, 30}, {40, 50, 60} };
    int sum1;
    sum1 = *arr[0] + *arr[1];
    int sum2;
    sum2 = *(*arr + 0) + *(*arr + 1) + *(*arr + 2);

    printf("%d, %d\n", sum1, sum2);
    return 0;
}
```

> **해설**
>
> 배열 arr을 2행 3열로 만들고, 초기화시킨다.
> sum1 = *arr[0] + *arr[1];
> *arr[0] + *arr[1]은 배열의 첫 번째 행과 두 번째 행의 첫 번째 요소들의 합을 계산한다.
> sum2 = *(*arr + 0) + *(*arr + 1) + *(*arr + 2);
> *(*arr + 0) + *(*arr + 1) + *(*arr + 2)는 포인터 연산을 통해 배열의 첫 번째 행의 모든 요소를 합산하는 방식이다.

정답 50, 60

090 다음 C언어 프로그램의 출력 결과를 쓰시오.

```c
#include <stdio.h>
int main() {
    int darr[3][3] = { {1,2,3}, {4,5,6}, {7,8,9} };
    int sum1, sum2;
    sum1 = *(*darr+1) + *(*darr+2);
    sum2 = *darr[1] + *darr[2];
    printf("%d, %d", sum1, sum2);
    return 0;
}
```

해설

배열 darr을 3행 3열로 만들고, 초기화시킨다.
sum1 = *(*darr + 1) + *(*darr + 2);
*darr은 배열의 첫 번째 행(darr[0])의 첫 번째 요소(1)를 가리킨다.
*(*darr + 1)은 darr[0][1] = 2를 참조
*(*darr + 2)는 darr[0][2] = 3을 참조
sum2 = *darr[1] + *darr[2];
*darr[1]은 darr[1][0] = 4를 참조
*darr[2]는 darr[2][0] = 7을 참조
sum1에는 5, sum2에는 11이 대입된다.

정답   5, 11

091 다음 C언어 프로그램의 출력 결과를 쓰시오.

```c
#include <stdio.h>
int main() {
    int darr[3][3] = { {1, 2, 3}, {4, 5, 6}, {7, 8, 9} };
    int sum1;
    sum1 = *darr[0] + *darr[1] + *darr[2];
    int sum2;
    sum2 = *(*darr + 0) + *(*darr + 1) + *(*darr + 2);

    printf("%d, %d\n", sum1, sum2);
    return 0;
}
```

> 해설

배열 darr을 3행 3열로 만들고, 초기화시킨다.
sum1 = *darr[0] + *darr[1] + *darr[2];
darr[0]은 배열의 첫 번째 행({1, 2, 3})을 가리키고, *darr[0]은 첫 번째 요소 1을 참조
darr[1]은 배열의 두 번째 행({4, 5, 6})을 가리키고, *darr[1]은 첫 번째 요소 4를 참조
darr[2]는 배열의 세 번째 행({7, 8, 9})을 가리키고, *darr[2]는 첫 번째 요소 7을 참조
sum2 = *(*darr + 0) + *(*darr + 1) + *(*darr + 2);
*darr은 배열의 첫 번째 행({1, 2, 3})을 가리킨다. *(*darr + 0)은 1, *(*darr + 1)은 2, *(*darr + 2)는 3을 참조
sum1에는 12, sum2에는 6이 대입된다.

정답   12, 6

092 다음 C언어 프로그램의 출력 결과를 쓰시오.

```
#include <stdio.h>
int main(int argc, char *argv[]) {
    char num[3][3] = {{11, 22, 33},{44, 55, 66}, {77, 88, 99}};
    int i, sum = 0;
    printf("%d, ", *(*num+1));
    printf("%d, ", **(num+1));
    printf("%d", *(num[1]+1));
    return 0;
}
```

> 해설

배열 num을 3행 3열로 만들고, 초기화시킨다.
*(*num + 1),
*num은 배열의 첫 번째 행({11, 22, 33})의 주소를 가리킨다.
(*num + 1)은 배열의 두 번째 요소(22)를 가리킨다.
*(*num + 1)은 해당 요소의 값 22를 참조한다.
**(num + 1),
num + 1은 배열의 두 번째 행({44, 55, 66})의 주소를 가리킨다.
**(num + 1)은 두 번째 행의 첫 번째 요소(44)를 참조한다.
*(num[1] + 1),
num[1]은 두 번째 행({44, 55, 66})을 가리킨다.
(num[1] + 1)은 두 번째 요소(55)를 가리킨다.
*(num[1] + 1)은 해당 요소의 값 55를 참조한다.

정답   22, 44, 55

093 다음 C언어 프로그램의 출력 결과를 쓰시오.

```c
#include <stdio.h>
int main() {
    static char *c[] = {"aaa", "bbb", "ccc"};
    printf("%s", *(c+1));
    return 0;
}
```

해설

static char *c[]는 문자열을 가리키는 정적 포인터 배열이다.
배열의 구성은,
c[0] = "aaa"
c[1] = "bbb"
c[2] = "ccc"
printf("%s", *(c+1)); c+1은 배열의 두 번째 요소(c[1])를 가리킨다.
*(c+1)은 배열의 두 번째 요소가 가리키는 문자열(bbb)을 참조한다.

정답 bbb

094 다음 C언어 프로그램의 출력 결과를 쓰시오.

```c
#include<stdio.h>
int main() {
    char *array1[2] = {"Good morning", "C language" };
    printf("%s, ", array1[0]+5);
    printf("%c ", *(array1[1]+6));
    return 0;
}
```

해설

array1은 두 개의 문자열을 가리키는 포인터 배열로 초기화된다.
array1[0]은 문자열 Good morning의 시작 주소를 가리킨다.
array1[0]+5는 문자열의 다섯 번째 문자(m)부터 시작하는 부분(morning)을 참조한다.
array1[1]은 문자열 C language의 시작 주소를 가리킨다.
array1[1]+6은 문자열의 여섯 번째 문자(u)를 가리킨다.
*(array1[1]+6)은 해당 문자를 참조하여 출력한다.

정답 morning, u

095 다음 C언어 프로그램의 출력 결과를 쓰시오. (단, 알 수 없는 문자열이 출력되는 경우, 알 수 없음으로 표시하시오.)

```c
#include <stdio.h>
int main() {
    char *kia[] = {"k3", "k5", "k7"};
    printf("%s\n", kia);
    printf("%s\n", *kia);
    printf("%s\n", *kia+1);
    printf("%s\n", *(kia+1));
    return 0;
}
```

해설

kia는 세 개의 문자열을 가리키는 포인터 배열로 초기화된다.
printf("%s\n", kia); kia는 포인터 배열의 시작 주소를 의미하기 때문에, 알 수 없는 출력이 된다.
printf("%s\n", *kia); *kia는 배열 kia의 첫 번째 요소(kia[0])를 참조하여, k3을 출력한다.
printf("%s\n", *kia+1); *kia는 첫 번째 문자열 "k3"을 가리키고, *kia + 1은 문자열 k3의 두 번째 문자(3)부터 시작하는 문자열을 참조한다.
printf("%s\n", *(kia+1)); kia+1은 배열의 두 번째 요소(kia[1])를 가리키고, *(kia+1)은 두 번째 문자열 k5를 참조한다.

정답   알 수 없음
        k3
        3
        k5

096 다음 C언어 프로그램의 출력 결과를 쓰시오.

```c
#include <stdio.h>
int main() {
    int *arr[3];
    int a = 12, b = 24, c = 36;
    arr[0] = &a;
    arr[1] = &b;
    arr[2] = &c;

    printf("%d \n", *arr[1] + **arr + 1);
    return 0;
}
```

해설

세 개의 정수형 변수 a, b, c가 각각 12, 24, 36으로 초기화된다.
포인터 배열 arr은 각 변수의 주소를 저장한다.
*arr[1]: 포인터 배열의 두 번째 요소(arr[1])가 가리키는 값(b=24)
**arr: 포인터 배열의 첫 번째 요소(arr[0])가 가리키는 값(a=12)
최종, 24 + 12 + 1의 연산 결과 37이 출력된다.

정답   37

097 다음 C언어 프로그램의 출력 결과를 쓰시오.

```c
#include <stdio.h>
int main() {
    int val1[3] = {10, 20, 30};
    int val2[3] = {90, 80, 70};

    int *ptr[2] = {val1, val2};

    printf("%d, ", *ptr[0] + 3);
    printf("%d, ", *(ptr[0]+1) + 3);
    printf("%d, ", *ptr[1] + 7);
    printf("%d ", *(ptr[1]+2) + 7);
    return 0;
}
```

해설

val1 배열을 선언하고, 초기값으로 10, 20, 30을 대입한다.
val2 배열을 선언하고, 초기값으로 90, 80, 70을 대입한다.
ptr[0] = val1: 포인터 배열의 첫 번째 요소는 val1의 시작 주소를 가리킨다.
ptr[1] = val2: 포인터 배열의 두 번째 요소는 val2의 시작 주소를 가리킨다.
printf("%d, ", *ptr[0] + 3); *ptr[0]은 val1[0](10)을 참조하고, 3을 더해서 13이 출력된다.
printf("%d, ", *(ptr[0]+1) + 3); ptr[0] + 1은 val1[1](20)을 가리키고, 3을 더해서 23이 출력된다.
printf("%d, ", *ptr[1] + 7); *ptr[1]은 val2[0](90)을 참조하고, 7을 더해서 97이 출력된다.
printf("%d ", *(ptr[1]+2) + 7); ptr[1] + 2는 val2[2](70)을 가리키고, 7을 더해서 77이 출력된다.

정답   13, 23, 97, 77

098 다음 C언어 프로그램의 출력 결과를 쓰시오.

```c
#include<stdio.h>
int main() {
    int a[2][3] = { {-3, 14, 5 }, {1, -10, 8 } };
    int *b[] = {a[0], a[1] };
    int *p = b[1];
    printf("%d, ", *b[1]);
    printf("%d, ", *(++p));
    printf("%d", *(--p-2));
    return 0;
}
```

해설

2행 3열의 2차원 배열 a를 선언하고, 초기값을 대입한다.
b는 포인터 배열로, 배열 a의 각 행 시작 주소를 저장한다.
p는 배열 a[1]의 시작 주소를 가리킨다.
printf("%d, ", *b[1]); b[1]은 a[1]의 시작 주소를 가리키므로 *b[1]은 a[1][0](1)을 참조하여 1을 출력한다.
printf("%d, ", *(++p)); ++p는 p를 다음 위치(a[1][1])로 이동하고, 해당 위치의 값 -10을 출력한다.
printf("%d", *(--p-2)); --p는 포인터 p를 이전 위치(a[1][0])로 이동하고, -2를 해서 a[0][1](14)를 출력한다.

정답 1, -10, 14

099 다음 C언어 프로그램의 출력 결과를 쓰시오.

```c
#include<stdio.h>
int main() {
    int a[3][4] = { {1, 2, 3, 4}, {5, 6, 7, 8}, {9, 10, 11, 12} };
    int *b[] = {a[0], a[1], a[2]};
    int *p = b[0];
    printf("%d ", *b[2]);
    printf("%d ", *(p + 2));
    printf("%d ", *(++p + 1));
    printf("%d", *(--p + 3));
    return 0;
}
```

> **해설**
>
> 3행 4열의 2차원 배열 a를 선언하고, 초기값을 대입한다.
> b는 포인터 배열로, 배열 a의 각 행 시작 주소를 저장한다.
> 포인터 p는 배열 a[0]의 시작 주소를 가리킨다.
> *b[2], b[2]는 배열 a[2]의 시작 주소를 가리키므로, *b[2]는 a[2][0]=9를 참조한다.
> *(p + 2), p는 배열 a[0]의 시작 주소를 가리키고, p + 2는 배열 a[0]의 세 번째 요소(a[0][2]=3)를 참조한다.
> *(++p + 1), ++p는 p를 배열의 두 번째 요소(a[0][1])로 이동하고, ++p + 1은 배열 a[0][2](3)를 참조한다.
> *(--p + 3), --p는 포인터를 배열의 첫 번째 요소(a[0][0])로 되돌리고, --p + 3은 배열의 네 번째 요소(a[0][3])를 참조한다.

정답   9 3 3 4

100 다음 C언어 프로그램의 출력 결과를 쓰시오.

```c
#include <stdio.h>

int main() {
    int arr[3][3] = {1, 2, 3, 4, 5, 6, 7, 8, 9};
    int* darr[2] = {arr[1], arr[2]};
    printf("%d", darr[1][1] + *(darr[1]+2) + **darr);

    return 0;
}
```

> **해설**
>
> arr[3][3]은 3행 3열 정수 배열로 초기화된다.
> darr[2]는 두 개의 정수형 포인터를 저장하는 배열이다.
> darr[0]은 arr[1](두 번째 행: {4, 5, 6})을 가리킨다.
> darr[1]은 arr[2](세 번째 행: {7, 8, 9})를 가리킨다.
> darr[1][1]: darr[1]이 세 번째 행을 가리키므로, 세 번째 행의 두 번째 요소(8)를 참조한다.
> *(darr[1] + 2): darr[1]의 시작 주소에서 2칸 이동한 요소(9)를 참조한다.
> **darr: darr[0](두 번째 행의 시작 주소)을 참조하며, 해당 주소의 값(4)을 참조한다.

정답   21

101 다음 C언어 프로그램의 출력 결과를 쓰시오.

```c
#include<stdio.h>
int main(int argc, char *argv[]) {
    int arr[2][3]={1,2,3,4,5,6};
    int (*p)[3]=NULL;
    p=arr;
    printf("%d, ", *(p[0]+1) + *(p[1]+2) );
    printf("%d", *(*(p+1)+0) + *(*(p+1)+1));
    return 0;
}
```

해설

arr은 2행 3열의 배열로 초기화된다.
p는 2차원 배열 포인터로 선언되며, arr의 주소를 가리킨다.
*(p[0]+1), p[0]은 배열 arr[0]의 시작 주소를 가리키고, p[0]+1은 배열의 두 번째 요소(arr[0][1]=2)를 참조한다.
*(p[1]+2), p[1]은 배열 arr[1]의 시작 주소를 가리키고, p[1]+2는 배열의 세 번째 요소(arr[1][2]=6)를 참조한다.
((p+1)+0), p+1은 배열 arr[1]의 시작 주소를 가리키고, *(p+1)은 배열 arr[1]을 참조하고, *(*(p+1)+0)은 배열 arr[1][0]=4를 참조한다.
((p+1)+1), *(p+1)은 배열 arr[1]을 참조하고, *(*(p+1)+1)은 배열 arr[1][1]=5를 참조한다.

정답   8, 9

102 다음 C언어 프로그램의 출력 결과를 쓰시오.

```c
#include <stdio.h>
int main(int argc, char *argv[]) {
    int arr[2][3]={1,2,3,4,5,6};
    int (*p)[2]=NULL;
    p=arr;
    printf("%d, ", *(p[0]+1) + *(p[1]+2) );
    printf("%d", *(*(p+1)+0) + *(*(p+1)+1));
    return 0;
}
```

> **해설**
>
> arr은 2행 3열의 배열로 초기화된다.
> p는 2차원 배열 포인터로 선언되며, 초기화된 배열 arr의 주소를 가리킨다.
> 2차원 배열 포인터 2는 arr을 3열이 아닌, 2열로 보고 값을 계산하게 된다.
> p의 구조를 다시 재구성하면 아래와 같다.
>
> | p
(100) | p[0] | 1 | 2 |
> |---|---|---|---|
> | | p[1] | 3 | 4 |
> | | p[2] | 5 | 6 |

정답 7, 7

103 다음 C언어 프로그램의 출력 결과를 쓰시오.

```c
#include<stdio.h>
#include<stdlib.h>
#define N 3
int main(void) {
    int (*in)[N], *out, sum=0;
    in = (int (*)[N]) malloc( N * N * sizeof(int) );
    out = (int *) in;
    for(int i = 0; i < N * N; i++) out[i] = i;
    for(int i = 0; i < N; i++)
        sum += in[i][i];
    printf("%d", sum);
    return 0;
}
```

> **해설**
>
> 매크로 N은 3으로 정의되었고, 3행 3열의 2차원 배열을 동적으로 할당한다.
> in은 3x3 배열을 가리키는 포인터로 동적 메모리를 할당받는다.
> 2차원 배열 in을 1차원 포인터 out으로 캐스팅하여 모든 요소에 직렬 접근이 가능하게 한다.
> out을 통해 0부터 8까지의 값을 배열에 순차적으로 값을 저장한다.
> 두 번째 반복에서는 대각선 요소, in[0][0], in[1][1], in[2][2]의 값을 합산한다.

정답 12

104 다음 C언어 프로그램의 출력 결과를 쓰시오.

```c
#include<stdio.h>
void callByValue(int x) {
    x += 10;
    printf("x=%d\n", x);
}
void callByReference(int *x) {
    *x += 10;
    printf("x=%d\n", *x);
}
int main() {
    int a = 20, b = 30;
    printf("a=%d\n", a);
    callByValue(a);
    printf("a=%d\n", a);
    printf("\nb=%d\n", b);
    callByReference(&b);
    printf("b=%d\n", b);
    return 0;
}
```

해설

- callByValue(int x)
전달된 x의 값만 함수 내부에서 변경된다.
함수 호출 이후 원래 변수에는 영향이 없다.
- callByReference(int *x)
전달된 변수의 주소를 통해 값을 직접 변경한다.
함수 호출 이후 원래 변수의 값이 바뀐다.

정답
a=20
x=30
a=20

b=30
x=40
b=40

105 다음 C언어 프로그램의 출력 결과를 쓰시오.

```c
#include<stdio.h>
int get_avg(int num[], int n) {
    int i, sum = 0;
    for(i = 0; i < n; i++)
        sum += num[i];
    return sum / n;
}
int main() {
    int num[3] = { 1, 2, 5 };
    printf("%d\n", get_avg(num, 3));
    return 0;
}
```

> **해설**
>
> • get_avg 함수의 동작
> for 루프를 통해 배열의 각 요소를 sum에 누적하여 합산한다.
> 최종적으로 sum/n을 반환하여 평균값을 계산한다.
> • main 함수의 동작
> 배열 초기화 후, get_avg(num, 3) 호출하여, 배열의 평균 계산을 요청한다.

정답   2

106 다음 C언어 프로그램의 출력 결과를 쓰시오.

```c
#include<stdio.h>
int f( int *i, int j ) {
    *i += 5;
    return ( 2 * *i + ++j );
}
int main(void) {
    int x = 10, y = 20;
    printf( "%d ", f( &x, y ) );
    printf( "%d %d \n", x, y );
}
```

> **해설**
>
> 정수형 변수 x와 y가 각각 10과 20으로 초기화된다.
> 함수 f가 호출되어, x의 주소(&x)와 y의 값(20)이 전달된다.
> f 함수 내부 동작, *i += 5; 포인터 i가 가리키는 값(x = 10)에 5를 더해 x는 15가 된다.
> return (2 * *i + ++j); 2 * 15 + 21의 결과 51을 반환한다.
> 반환된 값 51이 첫 번째 출력으로 출력한다.
> 함수 호출 후 x는 포인터를 통해 수정되었기 때문에 15로 변경되어 출력하고, y는 그대로 20을 출력한다.

정답   51 15 20

107 다음 C언어 프로그램의 출력 결과를 쓰시오.

```c
#include<stdio.h>
int foo( int a, int *b ) {
    int c;
    *b = a + 1;
    c = a - 1;
    return c;
}
int main() {
    int a = 5;
    int b = 3;
    int c = 0;
    b = foo( a, &c );
    c = foo( b, &a );
    printf("a=%d b=%d c=%d", a, b, c );
    return 0;
}
```

> **해설**
>
> foo 함수는 전달된 정수 a와 포인터 *b를 입력받아, 포인터 *b에 a+1을 저장하고, 함수의 반환값으로 a-1을 반환한다.
> main 함수는 a를 5, b를 3, c를 0으로 초기화한다.
> foo 함수 호출로 b와 c의 값을 변경한다.
> 첫 번째 호출: b = foo(a, &c); → b는 4, c는 6
> 두 번째 호출: c = foo(b, &a); → c는 3, a는 5
> 최종적으로 a=5, b=4, c=3을 출력한다.

정답   a=5 b=4 c=3

108 다음 C언어 프로그램의 출력 결과를 쓰시오.

```c
#include<stdio.h>
int main(void) {
    int a=10, b=20, c=30, d=40;
    change( &a, &b, c, d );
    printf("a=%d, b=%d, c=%d, d=%d", a, b, c, d);
}
void change(int *px, int *py, int pc, int pd) {
    *px = *py + pd;
    *py = pc + pd;
    pc = *px + pd;
    pd = *px + *py;
}
```

해설

- change 함수의 동작

포인터 *px, *py는 호출 시 전달된 변수(a, b)의 주소를 참조하여 값을 직접 변경한다.
pc, pd는 값으로 전달되므로 함수 내부에서만 변경되고, 호출자(main)에 영향을 미치지 않는다.

- change 함수 내부에서 수행되는 작업

*px = *py + pd → a=b+d=20+40=60
*py = pc + pd → b=c+d=30+40=70
pc와 pd는 내부에서만 변경되므로 main에 영향을 미치지 않는다.

- main 함수의 동작

a, b, c, d는 각각 10, 20, 30, 40으로 초기화된다.
change 함수 호출 후, a와 b는 변경되지만, c와 d는 그대로 유지된다.

정답 a=60, b=70, c=30, d=40

109 다음 C언어 프로그램의 출력 결과를 쓰시오.

```c
#include<stdio.h>
void modify(int *x, int *y, int z) {
    *x = *y + z;
    *y = *x - z;
    z = *x + *y;
}

int main() {
    int a = 10, b = 20, c = 30;
    modify(&a, &b, c);
    printf("a=%d, b=%d, c=%d\n", a, b, c);
    c = a + b;
    modify(&b, &c, a);
    printf("a=%d, b=%d, c=%d\n", a, b, c);
    return 0;
}
```

해설

- modify 함수의 동작
포인터 *x와 *y를 통해 호출된 변수의 값을 직접 수정하고, 정수 z는 값으로 전달되어 함수 내부에서만 변경된다.
- main 함수의 동작
a, b, c를 각각 10, 20, 30으로 초기화한다.
- 첫 번째 modify(&a, &b, c) 호출
a는 b+c=20+30=50
b는 a-c=50-30=20
c는 값 전달이므로 그대로 유지(30)
c를 a+b로 갱신: c=50+20=70
- 두 번째 modify(&b, &c, a) 호출
b는 c+a=70+50=120
c는 b-a=120-50=70
a는 값 전달된 z로 변화 없음(50)

정답   a=50, b=20, c=30
            a=50, b=120, c=70

110 다음 C언어 프로그램의 출력 결과를 쓰시오.

```c
#include<stdio.h>
void main() {
    int value = 3, list[4] = {1, 3, 5, 7 };
    int i;
    swap( value, &list[0] );
    swap( list[2], &list[3] );
    swap( value, &list[value] );
    for( i = 0; i < 4; i++ )
        printf("%d ", list[i] );
}
void swap( int a, int *b ) {
    int temp;
    temp = a;
    a = *b;
    *b = temp;
}
```

해설

- swap 함수의 동작
두 개의 인수 a(값 전달)와 *b(참조 전달)를 받아 a와 *b의 값을 교환한다.
내부에서 temp를 이용해 값 교환을 수행하며, a의 값은 함수 내부에서만 바뀌고, *b의 값은 호출자에게 영향을 미친다.
- main 함수의 동작
변수 value와 배열 list가 초기화된다.
첫 번째 swap(value, &list[0]), value(3)와 list[0](1)의 값을 교환한다.
두 번째 swap(list[2], &list[3]), list[2](5)와 list[3](7)의 값을 교환한다.
세 번째 swap(value, &list[value]), value(3)와 list[3](5)의 값을 교환한다.

정답 3 3 5 3

111 다음 C언어 프로그램의 출력 결과를 쓰시오.

```c
#include<stdio.h>
double h(double *f, int d, double x) {
    int i;
    double res = 0.0;
    for( i = d-1; i >= 0; i-- ) {
        res = res * x + f[i];
    }
    return res;
}
int main() {
    double f[] = { 1, 2, 3, 4 };
    printf("%3.1f \n", h( f, 4, 2));
    return 0;
}
```

해설

• h 함수의 동작
입력받은 배열 f에 저장된 계수를 사용하여 다항식을 계산하는 함수
d는 배열 f의 크기(다항식 항의 수)를 나타낸다.
x는 다항식에서 대입할 값이다.
함수는 반복문을 통해 배열의 끝에서부터 순차적으로 계산하며, 최종 결과를 반환한다.
• main 함수의 동작
h(f, 4, 2) 호출 결과 49.0을 계산하여 출력한다.

정답   49.0

112 다음 C언어 프로그램의 출력 결과를 쓰시오.

```c
#include<stdio.h>
void func(int *a, int b, int *c) {
    int x;
    x = *a;
    *a = x++;
    x = b;
    b = ++x;
    --(*c);
}
int main() {
    int a, b, c[1];
    a = 20;
    b = 20;
    c[0] = 20;
    func( &a, b, c );
    printf("a=%d b=%d c=%d", a, b, c[0]);
    return 0;
}
```

해설

- func 함수의 동작
x = 20 (포인터 *a의 값)
*a = 20으로 설정 후, x는 21로 증가 (a는 20으로 유지)
x = 20 (값 전달로 b의 값 복사)
x를 21로 증가시키고, b = 21로 설정(값 전달이므로 호출자에 영향 없음)
c[0] 값 감소: c[0] = 19
- main 함수의 동작
func(&a, b, c)를 호출하여,
a = 20 (포인터로 전달된 값이 변경 후 그대로)
b = 20 (값 전달로 원래 값 유지)
c[0] = 19 (포인터로 전달된 값이 변경됨)

정답   a = 20 b = 20 c = 19

113 다음 C언어 프로그램의 출력 결과를 쓰시오.

```c
#include<stdio.h>
void func(int *m, int *x, int y) {
    int i = 0, n = 0;
    y = *x;
    n = *(m+1) + (*m + 2);
    *x = ++n;
}
int main(void) {
    int num[3] = { 1, 3, 6 };
    int a = 10, b = 30;
    func( num, &a, b );
    printf("a=%d, b=%d \n", a, b);
    return 0;
}
```

해설

• func 함수의 동작
*x는 참조된 변수 a를 가리키므로, y = 10 (값 전달로 b는 호출자에 영향을 미치지 않음)
*(m+1)은 num[1]의 값(3), *m은 num[0]의 값(1), *m + 2 = 1 + 2 = 3
결과적으로 n = 3 + 3 = 6
n을 증가시켜 n = 7로 설정하고, 이를 참조된 변수 a에 저장한다. (결과 a = 7)
• main 함수의 동작
func(num, &a, b)를 호출하여,
a = 7: 참조 전달로 변경된다.
b = 30: 값 전달로 변경되지 않는다.
num 배열은 수정되지 않는다.

정답   a = 7, b = 30

114 다음 C언어 프로그램의 출력 결과를 쓰시오.

```c
#include<stdio.h>
void modify_array(int** arr, int size) {
    for(int i = 0; i < size; i++) {
        *(*arr + i) = (*(*arr + i) * (i + 1)) % size;
    }
}
void update_value(int* value, int* arr, int size) {
    *value = arr[*value % size] + *value;
}
int main() {
    int arr[] = {2, 4, 6, 8, 10};
    int* p = arr;
    int** pp = &p;
    int value = 7;
    modify_array(pp, 5);
    update_value(&value, arr, 5);

    printf("%d", value);
    return 0;
}
```

해설

modify_array 함수의 동작, 배열의 각 요소를 반복적으로 계산하여 값을 수정한다.
update_value 함수의 동작, 입력된 value를 배열에서 특정 인덱스로 접근한 값과 더해 업데이트한다.

정답 10

115 다음은 C언어로 구현된 버블 정렬 소스 코드이다. 괄호에 들어갈 코드를 완성하시오. (단, 배열명을 이용한 답안을 작성해야 한다.)

```
#include <stdio.h>
void swap(int *lt, int *gt){
    int tmp;
    tmp = *lt;
    *lt = *gt;
    *gt = tmp;
}
int main() {
    int arr[] = {34, 8, 50, 11, 18};
    int i, j;
    for (i = 0; i < 5 - 1; i++)
        for (j = 0; j < 5 - i - 1; j++)
            if (arr[j] > arr[j + 1])
                swap(①, ②);
    for(i = 0; i < 5; i++)
        printf("%d, ", arr[i]);

    return 0;
}
```

해설

num 포인터 변수로 3개의 배열 공간을 확보한다.
a 함수를 이용하여, 각 배열 요소에 2, 1, 4를 각각 대입한다.
b 함수는 선택정렬을 하는 알고리즘으로, c 함수로 넘기는 인자가 주소값이기 때문에, lt+1 혹은 &lt[a], lt+b 혹은 &lt[b]를 넘겨주면 된다.

정답
① &arr[j]
② &arr[j+1]
or
① arr+j
② arr+j+1

116 다음 C언어 프로그램의 출력 결과를 쓰시오.

```c
void change(char *s, int n) {
    char temp;
    int i;
    int j=(strlen(s)-1);
    for (i=n; i < j; i++) {
        temp = *(s+i);
        *(s+i) = *(s+j);
        *(s+j) = temp;
    }
}
int main(void) {
    char codes[2][20] = {
        "topic", "enough"
    };
    int c;
    for (c = 0; c < 2; c++) {
        change(codes[c], c);
        printf("%s \n", codes[c]);
    }
    return 0;
}
```

해설

인자로 전달된 문자열을 길이만큼 반복하면서 위치를 변경하는 프로그램이다.
반복을 돌면서 해당 위치의 문자열을 바꿔주면 ctopi, ehnoug로 변경이 된다.

정답 ctopi
　　　　ehnoug

117 다음 C언어 프로그램의 출력 결과를 쓰시오.

```c
#include<stdio.h>
int *func( int a, int *x ) {
    a = a + 10;
    x = x + 1;
    *x = *x * 2;
    return x;
}
int main() {
    int i;
    int x = 10;
    int *p;
    int a[100];
    for( i = 0; i < 100; i++ )
        a[i] = i * 10;
    p = func( x, a );
    printf("sum=%d", x + a[0] + a[1] + p[0] + p[1]);
}
```

해설

- func 함수의 동작
함수 내부에서만 a = a + 10으로 변경되며, 호출자에 영향을 주지 않는다.
x = x + 1: 포인터를 배열의 두 번째 요소로 이동 (x가 a[1]을 가리킴)
*x = *x * 2: a[1]의 값을 두 배로 변경 (a[1] = 10 * 2 = 20)
반환값: x(현재 a[1]의 주소)
- main 함수의 동작
p = func(x, a): p는 a[1]의 주소를 반환받음
- printf에서 출력
x: 그대로 10 (값 전달로 변경되지 않음)
a[0]: 배열 초기값 0
a[1]: func에서 두 배로 변경되어 20
p[0]: a[1] = 20
p[1]: a[2] = 20 (초기값)

정답   sum=70

118 다음 C언어 프로그램의 출력 결과를 쓰시오.

```c
#include <stdio.h>
int *find(int *arr, int size) {
    for (int i = 0; i < size; i++) {
        if (arr[i] % 2 == 0) {
            return arr + i;
        }
    }
    return NULL;
}
int main() {
    int nums[6] = {11, 5, 8, 6, 13};
    int *idx = find(nums, 5);
    if (idx) {
        printf("Value: %d, Index: %ld\n", *idx, idx - nums);
    } else {
        printf("No Data.\n");
    }
    return 0;
}
```

해설

nums[6]은 {11, 5, 8, 6, 13}으로 초기화된 정수 배열이다.
find 함수를 호출하여, 짝수의 첫 번째 위치값을 리턴받아, 해당 값과 인덱스를 출력하게 된다.

정답 Value: 8, Index: 2

119 다음 C언어 프로그램의 출력 결과를 쓰시오.

```c
#include<stdio.h>
int *find_max(int *arr, int size) {
    int *max_ptr = arr;
    for (int i = 1; i < size; i++) {
        if (*(arr + i) > *max_ptr) {
            max_ptr = arr + i;
        }
    }
    return max_ptr;
}
int main() {
    int nums[5] = {10, 50, 30, 70, 20};
    int *max_value = find_max(nums, 5);
    printf("Max: %d, index: %ld\n", *max_value, max_value - nums);
    return 0;
}
```

해설

find_max 함수의 동작, 첫 번째 요소를 초기 최대값(max_ptr)으로 설정한다.
배열을 순회하며 더 큰 값이 발견되면 max_ptr을 해당 값의 주소로 업데이트한다.
리턴값은 최대값의 주소를 리턴하게 된다.
최대값(*max_value)과 배열 내 해당 인덱스(max_value - nums)를 계산하여 출력한다.

정답   Max: 70, index: 3

120 다음 C언어 코드는 배열의 주소값을 출력하는 코드이다. 배열의 첫 번째 주소를 100번지로 가정했을 때, 출력으로 나오는 주소값을 쓰시오. (단, main 함수에서 수행되는 소스 코드라고 가정한다.)

```
int a[5] = {1, 2, 3, 4, 5};
printf("%p \n", a);
printf("%p \n", &a);
printf("%p \n", &a[0]);
printf("%p \n", a+1);
printf("%p \n", &a[0]+1);
printf("%p \n", a+2);
printf("%p \n", &a[2]);
printf("%p \n", a+4);
printf("%p \n", &a+1);
```

해설

printf("%p \n", a); a는 배열의 첫 번째 원소 a[0]의 주소값이다. (100)
printf("%p \n", &a); &a는 배열 전체의 주소를 가리키며, 첫 번째 원소의 주소와 동일하다. (100)
printf("%p \n", &a[0]); &a[0]은 배열의 첫 번째 원소의 주소를 나타낸다. (100)
printf("%p \n", a+1); a + 1은 배열의 두 번째 원소의 주소를 나타낸다. (104)
printf("%p \n", &a[0]+1); &a[0] + 1은 배열의 첫 번째 원소의 주소에서 1만큼 이동한 주소로, 두 번째 원소의 주소를 나타낸다. (104)
printf("%p \n", a+2); a + 2는 배열의 세 번째 원소의 주소를 나타낸다. (108)
printf("%p \n", &a[2]); &a[2]는 배열의 세 번째 원소의 주소를 나타낸다. (108)
printf("%p \n", a+4); a + 4는 배열의 다섯 번째 원소의 주소를 나타낸다. (116)
printf("%p \n", &a+1); &a + 1은 배열 전체의 주소에 배열 크기만큼 이동한 주소를 나타낸다. 배열 크기가 5*4=20바이트이므로, 주소값은 100+20=120이다.

정답 100
100
100
104
104
108
108
116
120

121 다음 C언어 코드는 배열의 자료형의 크기를 출력하는 코드이다. 출력으로 나오는 자료형의 크기를 쓰시오. (단, main 함수에서 수행되는 소스 코드라고 가정한다.)

```
int b[6] = {1, 2, 3, 4, 5, 6};
printf("%d \n", sizeof(b));
printf("%d \n", sizeof(&b));
printf("%d \n", sizeof(*b));
printf("%d \n", sizeof(b[0]));
printf("%d \n", sizeof(*(b+1)));
printf("%d \n", sizeof(b+1));
printf("%d \n", sizeof(&b[0]));
printf("%d \n", sizeof(&b+1));
printf("%d \n", sizeof(b[0]+1));
printf("%d \n", sizeof(*b+1));
```

해설

printf("%d \n", sizeof(b)); b는 배열 이름으로, 배열의 전체 크기를 반환한다. (24)
printf("%d \n", sizeof(&b)); &b는 배열의 주소를 가리키는 포인터이다. (8)
printf("%d \n", sizeof(*b)); 배열의 첫 번째 요소를 역참조한 값으로, 타입은 int이다. (4)
printf("%d \n", sizeof(b[0])); 배열의 첫 번째 요소이며, 타입은 int이다. (4)
printf("%d \n", sizeof(*(b+1))); 배열의 두 번째 요소의 값이다. (4)
printf("%d \n", sizeof(b+1)); b+1은 배열의 두 번째 요소의 주소이며, 타입은 int*이다. (8)
printf("%d \n", sizeof(&b[0])); &b[0]은 배열의 첫 번째 요소의 주소이며, 타입은 int*이다. (8)
printf("%d \n", sizeof(&b+1)); &b는 배열의 주소를 나타내며, &b+1은 배열 크기만큼 이동한 새로운 주소를 가리킨다. (8)
printf("%d \n", sizeof(b[0]+1)); b[0] + 1은 배열의 첫 번째 요소의 값에 1을 더한 값이다. (4)
printf("%d \n", sizeof(*b+1)); *b + 1은 첫 번째 요소의 값에 1을 더한 값으로, 타입은 int이다. (4)

정답 24
8
4
4
4
8
8
8
4
4

122 다음 C언어 코드는 배열의 주소값을 출력하는 코드이다. 배열의 첫 번째 주소를 100번지로 가정했을 때, 출력으로 나오는 주소값을 쓰시오. (단, main 함수에서 수행되는 소스 코드라고 가정한다.)

```
int a[2][3] = { {1,2,3}, {4,5,6} };
printf("%p \n", a);
printf("%p \n", &a);
printf("%p \n", a[0]);
printf("%p \n", *a);
printf("%p \n", &a[0][0]);
printf("%p \n", a[0]+1);
printf("%p \n", *a+1);
printf("%p \n", &a[0][0]+1);
printf("%p \n", &a[0]+1);
printf("%p \n", a+1);
printf("%p \n", &a+1);
```

해설

printf("%p \n", a); 배열 a는 첫 번째 행(a[0])의 시작 주소를 가리킨다. (100)
printf("%p \n", &a); 배열 &a는 전체 배열 a의 시작 주소를 가리킨다. (100)
printf("%p \n", a[0]); a[0]은 배열의 첫 번째 행의 시작 주소를 가리킨다. (100)
printf("%p \n", *a); *a는 a[0]과 동일하며, 첫 번째 행의 시작 주소를 가리킨다. (100)
printf("%p \n", &a[0][0]); &a[0][0]은 첫 번째 요소의 주소를 가리킨다. (100)
printf("%p \n", a[0]+1); a[0]+1은 첫 번째 행의 두 번째 요소의 주소를 가리킨다. (104)
printf("%p \n", *a+1); *a+1은 a[0]+1과 동일하며, 첫 번째 행의 두 번째 요소의 주소를 가리킨다. (104)
printf("%p \n", &a[0][0]+1); &a[0][0]+1은 첫 번째 요소의 다음 요소 주소를 가리킨다. (104)
printf("%p \n", &a[0]+1); &a[0]+1은 두 번째 행(a[1])의 시작 주소를 가리킨다. (112)
printf("%p \n", a+1); a+1은 두 번째 행(a[1])의 시작 주소를 가리킨다. (112)
printf("%p \n", &a+1); &a+1은 전체 배열 a[2][3] 다음 위치의 주소를 가리킨다. (124)

정답
100
100
100
100
100
104
104
104
112
112
124

123 다음 C언어 코드는 배열의 자료형의 크기를 출력하는 코드이다. 출력으로 나오는 자료형의 크기를 쓰시오. (단, main 함수에서 수행되는 소스 코드라고 가정한다.)

```
int a[2][3] = { {1,2,3}, {4,5,6} };
printf("%d \n", sizeof(a));
printf("%d \n", sizeof(&a));
printf("%d \n", sizeof(*a));
printf("%d \n", sizeof(a[0]));
printf("%d \n", sizeof(*(a+1)));
printf("%d \n", sizeof(a[1]));
printf("%d \n", sizeof(*a+1));
printf("%d \n", sizeof(a[0]+1));
printf("%d \n", sizeof(a[0][0]));
printf("%d \n", sizeof(a[0][0]+1));
```

해설

printf("%d \n", sizeof(a)); a는 배열 전체를 의미한다.(24)
printf("%d \n", sizeof(&a)); &a는 배열 전체의 주소이고, 주소값 크기는 포인터 크기를 가진다.(8)
printf("%d \n", sizeof(*a)); *a는 배열 a의 첫 번째 행(a[0])을 가리킨다.(12)
printf("%d \n", sizeof(a[0])); a[0]은 첫 번째 행을 의미하며, 1차원 배열이다.(12)
printf("%d \n", sizeof(*(a+1))); a+1은 배열 a의 두 번째 행을 가리킨다.(12)
printf("%d \n", sizeof(a[1])); a[1]은 두 번째 행을 의미하며, 1차원 배열이다.(12)
printf("%d \n", sizeof(*a+1)); *a+1은 첫 번째 행의 두 번째 요소(a[0][1])를 가리키는 주소이다.(8)
printf("%d \n", sizeof(a[0]+1)); a[0]+1은 첫 번째 행의 두 번째 요소의 주소를 가리킨다.(8)
printf("%d \n", sizeof(a[0][0])); a[0][0]은 배열의 첫 번째 요소로, 정수형(int) 값이다.(4)
printf("%d \n", sizeof(a[0][0]+1)); a[0][0]은 정수형 값이고, a[0][0]+1은 정수형 값을 의미한다.(4)

정답
24
8
12
12
12
12
8
8
4
4

CHAPTER 09 구조체와 공용체

1. 구조체

(1) 구조체의 개념
- 구조체는 다양한 자료형으로 이루어진 데이터를 하나의 단위로 묶는 사용자 정의 자료형이다.
- 한 사람의 정보를 저장할 때 이름(문자열), 나이(정수), 키(실수) 등을 하나의 구조체로 묶어 관리할 수 있다.

(2) 구조체 선언 및 정의
- 구조체는 struct 키워드를 사용하여 선언한다.
- 예제

```
struct Student {
    char name[50];    // 이름
    int age;          // 나이
    float grade;      // 학점
};
```

(3) 구조체 변수 선언 및 초기화

1) 구조체 변수 선언
- 구조체 변수를 선언하여 데이터를 저장한다.
- 예제

```
struct Student {
    char name[50];    // 이름
    int age;          // 나이
    float grade;      // 학점
};
struct Student s1, s2;
```

2) 구조체 변수 초기화

- 구조체 변수는 선언 시 초기화하거나 이후에 값을 할당할 수 있다.
- 예제

```c
struct Student {
    char name[50];    // 이름
    int age;          // 나이
    float grade;      // 학점
};
struct Student s1 = {"Lee", 45, 3.5};
```

(4) 구조체 멤버 접근

- 구조체 멤버는 . (점 연산자)를 사용하여 접근한다.
- 예제

```c
#include <stdio.h>
struct Student {
    char name[50];
    int age;
    float grade;
};
int main() {
    struct Student s1 = {"Lee", 20, 3.5};

    printf("Name: %s\n", s1.name);
    printf("Age: %d\n", s1.age);
    printf("Grade: %.2f\n", s1.grade);
    return 0;
}
```

[실행 결과]
Name: Lee
Age: 20
Grade: 3.50

(5) 구조체 배열

- 구조체는 배열로 선언하여 여러 데이터를 저장할 수 있다.
- 예제

```c
#include <stdio.h>
struct Student {
    char name[50];
    int age;
    float grade;
};
int main() {
    struct Student st[3] = {
        {"Lee", 19, 3.8},
        {"Kim", 21, 3.2},
        {"Park", 20, 3.9}
    };
    for (int i = 0; i < 3; i++) {
        printf("%s, %d, %.2f\n", st[i].name, st[i].age, st[i].grade);
    }
    return 0;
}
```

[실행 결과]
Lee, 19, 3.80
Kim, 21, 3.20
Park, 20, 3.90

(6) 구조체 포인터

- 구조체를 포인터로도 사용할 수 있다.
- -> (화살표 연산자)를 사용하여 멤버에 접근한다.
- 예제

```c
#include <stdio.h>
struct Student {
    char name[50];
    int age;
    float grade;
};
```

```
int main() {
    struct Student s1 = {"Lee", 20, 3.5};
    struct Student *ptr = &s1;
    printf("%s\n", ptr->name); // 화살표 연산자로 접근
    return 0;
}
```

[실행 결과]
Lee

(7) typedef와 구조체

- typedef를 사용하여 구조체에 별칭을 붙이면, struct 키워드 없이 구조체를 간단히 사용할 수 있다.
- 예제

```
#include <stdio.h>
int main() {
    typedef struct {
        char name[50];
        int age;
        float grade;
    } Student;
    Student s1 = {"Kim", 19, 3.8};
    printf("%s\n", s1.name);
    return 0;
}
```

[실행 결과]
Kim

(8) 중첩 구조체

- 구조체 안에 또 다른 구조체를 포함할 수 있다.
- 예제

```
#include <stdio.h>
int main() {
    struct Address {
        char city[50];
        int zipCode;
```

```
    };
    struct Person {
        char name[50];
        struct Address address;
    };
    struct Person p = {"Lee", {"Wonju", 12345}};
    printf("%s, %s, %d\n", p.name, p.address.city, p.address.zipCode);
    return 0;
}
```

[실행 결과]
Lee, Wonju, 12345

2. 공용체

(1) 공용체의 개념
- 공용체는 여러 멤버를 정의할 수 있지만, 가장 큰 멤버의 크기만큼의 메모리만 할당된다.
- 하나의 메모리 공간을 공유하기 때문에, 한 시점에 하나의 멤버만 값을 저장할 수 있다.
- 메모리 사용이 제한적인 시스템에서 메모리 효율성을 극대화하기 위해 사용된다.

(2) 공용체 선언 및 정의
- 공용체는 union 키워드를 사용하여 선언한다.
- 예제

```
union Data {
    int i;          // 4바이트
    float f;        // 4바이트
    char str[20];   // 20바이트
};
// 이 공용체의 크기는 20바이트이다.
```

(3) 공용체의 장점
- 메모리 사용량을 최소화할 수 있다.
- 다양한 데이터 타입을 하나의 메모리 공간에서 처리할 수 있다.

문제풀이

001 다음 C언어 프로그램의 출력 결과를 쓰시오.

```c
#include <stdio.h>
struct person{
    char *name;
    int age;
};
int main(void) {
    struct person user1;
    user1.name = "hungjik";
    user1.age = 43;

    struct person user2;
    user2.name = "hoon";
    user2.age = 13;

    printf("%s, %d\n", user1.name, user1.age);
    printf("%s, %d\n", user2.name, user2.age);

    return 0;
}
```

해설

struct person은 name(문자열 포인터)과 age(정수형 변수)를 포함하는 구조체이다.
user1과 user2라는 두 개의 struct person 변수를 선언한다.
user1에 이름 hungjik과 나이 43을 저장한다.
user2에 이름 hoon과 나이 13을 저장한다.
user1과 user2의 name과 age를 각각 출력한다.

정답   hungjik, 43
       hoon, 13

002 다음 C언어 프로그램의 출력 결과를 쓰시오.

```c
#include <stdio.h>
int main(void) {
    struct person{
        char *name;
        int age;
    }u1, *u2;
    u1.name = "A";
    u1.age = 30;

    u2 = (struct person *)malloc(sizeof(struct person));
    u2->name = "B";
    u2->age = 40;

    printf("%s, %d\n", u1.name, u1.age);
    printf("%s, %d\n", u2->name, u2->age);

    free(u2);
    return 0;
}
```

해설

struct person은 이름(name)과 나이(age)를 저장하는 구조체이다.
u1은 구조체 변수로 선언되었으며, u1.name에 A, u1.age에 30을 저장한다.
u2는 구조체 포인터로 선언되었으며, malloc을 사용해 구조체 크기만큼의 메모리를 동적으로 할당받는다.
u2->name에 B, u2->age에 40을 저장한다.
u1과 u2의 멤버 값을 각각 출력한다.

정답   A, 30
        B, 40

003 다음 C언어 프로그램의 출력 결과를 쓰시오.

```c
#include <stdio.h>
int main(void) {
    struct rgb{
        int red;
        int green;
        int blue;
    };

    struct rgb data[2] = {{10, 20}, {40, 50}};

    for(int i = 0; i < 2; i++){
        printf("%d, %d, %d\n", data[i].red, data[i].green, data[i].blue);
    }

    return 0;
}
```

해설

struct rgb는 red, green, blue 세 가지 정수형 멤버를 포함하여 RGB 색상을 나타낸다.
struct rgb data[2]는 두 개의 rgb 데이터를 저장하는 배열이다.
배열의 첫 번째 요소 {10, 20}으로 초기화되며, blue 값은 명시적으로 초기화되지 않아 기본값 0으로 설정된다.
배열의 두 번째 요소 {40, 50}도 동일하게 초기화된다.
for 반복문을 통해 배열의 각 요소를 순회하면서 red, green, blue 값을 출력한다.

정답 10, 20, 0
40, 50, 0

004 다음 C언어 프로그램의 출력 결과를 쓰시오.

```c
#include <stdio.h>
int main(void) {
    struct rgb{
        int red;
        int green;
        int blue;
    };

    struct rgb data[2] = {10, 20, 30, 40};

    for(int i = 0; i < 2; i++){
        printf("%d, %d, %d\n", data[i].red, data[i].green, data[i].blue);
    }

    return 0;
}
```

해설

struct rgb는 red, green, blue 세 가지 정수형 멤버를 포함하여 RGB 색상을 표현한다.
struct rgb data[2] 배열은 두 개의 rgb 데이터를 저장한다.
배열 초기화에서 총 네 개의 값이 주어졌으므로, 첫 번째 요소: {10, 20, 30}, 두 번째 요소: {40, 0, 0} (초기화 되지 않은 멤버는 기본값 0으로 설정)
for 반복문을 사용하여 배열의 각 요소를 순회하며, 각 구조체의 red, green, blue 값을 출력한다.

정답   10, 20, 30
          40, 0, 0

005 다음 C언어 프로그램의 출력 결과를 쓰시오.

```c
#include <stdio.h>
int main(void) {
    struct point{
        int x;
        int y;
    };
    struct point x[3] = {{1, 2}, {3,4}, {5, 6}};
    struct point *p;
    p = x;

    printf("%d, %d", (p+1)->x, (p+2)->y);

    return 0;
}
```

해설

struct point는 x와 y라는 두 개의 정수 멤버를 가지는 구조체이다.
struct point x[3] 배열을 선언하고 { {1, 2}, {3, 4}, {5, 6} }으로 초기화하였다.
구조체 포인터 p를 선언하고, 배열 x의 시작 주소를 p에 저장하였다.
p+1은 배열 x의 두 번째 요소를 가리킨다. (p+1)->x는 두 번째 구조체의 x 값을 반환한다.
p+2는 배열 x의 세 번째 요소를 가리킨다. (p+2)->y는 세 번째 구조체의 y 값을 반환한다.
(p+1)->x는 3이고, (p+2)->y는 6이다.

정답 3, 6

006 다음 C언어 프로그램의 출력 결과를 쓰시오.

```c
#include<stdio.h>
int main(void) {
    struct point{
        int x;
        int y;
    };
    struct point x[4] = {{1, 2}, {3,4}, {5, 6}, {7, 8}};
    struct point *p;
    p = x;

    printf("%d, ", (p++)->x);
    printf("%d", (p+2)->y);

    return 0;
}
```

해설

struct point는 2차원 좌표를 표현하는 x와 y 두 개의 정수형 멤버를 포함한다.
x[4] 배열에는 네 개의 좌표({1, 2}, {3, 4}, {5, 6}, {7, 8})가 저장된다.
포인터 p는 구조체 배열 x의 시작 주소를 가리킨다.
(p++)->x, 현재 p가 가리키는 첫 번째 구조체의 x 값 1을 출력한 후, p는 다음 구조체를 가리키도록 이동한다.
(p+2)->y, 현재 p 기준으로 두 번째 요소를 건너뛴 네 번째 구조체의 y 값 8을 출력한다.

정답 1, 8

007 다음 C언어 프로그램의 출력 결과를 쓰시오.

```c
#include<stdio.h>
int main() {
    struct list {
        int *fp;
    } data, *p;
    int x[] = { 100, 200, 300, 400 };
    p = &data;
    p->fp = x + 1;
    printf("%d", *(++p->fp));
    return 0;
}
```

해설

struct list는 정수형 포인터(int *fp)를 멤버로 가진다.
구조체 변수 data와 구조체 포인터 p가 선언된다.
정수 배열 x는 {100, 200, 300, 400}으로 초기화된다.
p는 구조체 변수 data의 주소를 가리킨다.
p->fp는 배열 x의 두 번째 요소(x + 1, 값: 200)를 가리킨다.
++p->fp, p->fp를 한 칸 증가시켜 배열의 세 번째 요소(x + 2, 값: 300)를 가리키도록 이동한다.
*(++p->fp), 증가된 p->fp가 가리키는 값을 역참조하여 출력한다.

정답   300

008 다음 C언어 프로그램의 출력 결과를 쓰시오.

```c
#include<stdio.h>
struct person {
    char name[10];
    int age;
};
int main() {
    struct person s[] = {"Kim",28,"Lee",38,"Seo",50,"Park",35};
    struct person *p;
    p = s;
    p++;
    printf("%s, ", p->name);
    printf("%d\n", p->age);

    return 0;
}
```

해설

struct person은 이름(name)과 나이(age)를 멤버로 가진다.
s[] 배열에는 네 명의 정보를 초기화({"Kim",28,"Lee",38,"Seo",50,"Park",35})하여 저장한다.
구조체 포인터 p가 선언되고, 구조체 배열 s의 시작 주소를 가리킨다.
p++를 통해 포인터 p를 다음 구조체 요소(s[1], "Lee", 38)로 이동시킨다.
p->name: 현재 포인터(s[1])가 가리키는 구조체의 name 값 "Lee"를 출력한다.
p->age: 현재 포인터(s[1])가 가리키는 구조체의 age 값 38을 출력한다.

정답 Lee, 38

009 다음 C언어 프로그램의 출력 결과를 쓰시오.

```c
#include <stdio.h>
struct student {
    char name[12];
    int math, english, science;
    int total;
};
int main() {
    struct student s[3] = {
        {"학생1", 85, 90, 78},
        {"학생2", 88, 76, 92},
        {"학생3", 95, 89, 84}
    };
    struct student *p = s;
    int sum = 0; // 모든 학생의 총합

    for (int i = 0; i < 3; i++) {
        (p + i)->total = (p + i)->math + (p + i)->english + (p + i)->science;
        sum += (p + i)->total;
    }

    printf("Tot: %d\n", sum);
    printf("Avg: %.2f\n", sum / 3.0);

    return 0;
}
```

해설

struct student는 학생 이름(name), 세 과목 점수(math, english, science), 그리고 총점(total)을 저장한다.
배열 s[3]에는 세 명의 학생 데이터가 초기화되어 있다.
구조체 포인터 p가 배열 s의 시작 주소를 가리킨다.
반복문에서 p를 사용하여 각 학생의 총점을 계산한다.
첫 번째 학생: 85 + 90 + 78 = 253
두 번째 학생: 88 + 76 + 92 = 256
세 번째 학생: 95 + 89 + 84 = 268
sum에 모든 학생의 총점을 누적하고, 반복을 빠져나와 총점과 평균을 출력한다.

정답   Tot: 777
            Avg: 259.00

010 다음 C언어 프로그램의 출력 결과를 쓰시오.

```c
#include<stdio.h>
struct jumsu {
    char name[12];
    int os, db, hab, hhab;
};

int main(){
    struct jumsu s[3] = {{"데이터1", 95, 88},
                         {"데이터2", 84, 91},
                         {"데이터3", 86, 75}};
    struct jumsu* p;
    p = &s[0];

    (p + 1)->hab = (p + 1)->os + (p + 2)->db;
    (p + 1)->hhab = (p + 1)->hab + p->os + p->db;

    printf("%d\n", (p + 1)->hab + (p + 1)->hhab);
}
```

해설

struct jumsu는 이름(name), 점수(os, db), 합계(hab), 누적 합계(hhab)를 저장한다.
s[3] 배열에는 3개의 데이터가 초기화된다.
구조체 포인터 p는 배열 s[0]의 주소를 가리킨다.
(p + 1)->hab, 두 번째 요소(s[1])의 hab 멤버에 두 번째 요소의 os와 세 번째 요소(s[2])의 db를 합산한 값을 저장한다.
(p + 1)->hhab, 두 번째 요소의 hhab 멤버에 두 번째 요소의 hab, 첫 번째 요소(s[0])의 os, db를 합산한 값을 저장한다.
(p + 1)->hab + (p + 1)->hhab을 계산하여 출력한다.

정답 501

011 다음 C언어 프로그램의 출력 결과를 쓰시오.

```c
#include<stdio.h>
struct node {
    int data;
    struct node *link;
};
int main() {
    struct node *first = NULL;
    struct node p1 = {1, 0 };
    struct node p2 = {2, 0 };
    struct node p3 = {3, 0 };
    first = &p1;
    p1.link = &p2;
    p2.link = &p3;
    printf("%d", first->link->link->data);
}
```

해설

struct node는 두 개의 멤버를 가진다.
세 개의 노드(p1, p2, p3)가 생성되고 초기화된다.
first는 연결 리스트의 시작 노드를 가리키는 포인터로 설정되며, p1의 주소를 저장한다.
p1.link = &p2, p1이 p2를 가리키도록 설정한다.
p2.link = &p3, p2가 p3을 가리키도록 설정한다.
first->link->link->data는 연결 리스트를 따라가며 데이터에 접근한다.

정답 3

012 다음 C언어 프로그램의 출력 결과를 쓰시오.

```c
#include<stdio.h>
struct node {
    int data;
    struct node *link;
};
int main() {
    struct node *first = NULL;
    struct node nodes[3] =
        { {1, NULL}, {2, NULL}, {3, NULL} };
    first = &nodes[0];
    nodes[0].link = &nodes[1];
    nodes[1].link = &nodes[2];
    printf("%d", first->link->link->data);
    return 0;
}
```

해설

struct node는 두 개의 멤버를 가진다.
nodes[3] 배열은 세 개의 노드를 저장하며 초기값은 다음과 같다.
첫 번째 노드: data = 1, link = NULL
두 번째 노드: data = 2, link = NULL
세 번째 노드: data = 3, link = NULL
첫 번째 노드(nodes[0])를 first 포인터로 설정하여 연결 리스트의 시작점으로 지정한다.
nodes[0].link = &nodes[1]: 첫 번째 노드가 두 번째 노드를 가리킨다.
nodes[1].link = &nodes[2]: 두 번째 노드가 세 번째 노드를 가리킨다.
first->link->link->data는 연결 리스트를 따라가며 데이터를 참조한다.

정답   3

013 다음 C언어 프로그램의 출력 결과를 쓰시오.

```c
#include<stdio.h>
struct Node {
    int value;
    struct Node* next;
};
void f(struct Node* node) {
    while (node != NULL && node->next != NULL) {
        int t = node->value;
        node->value = node->next->value;
        node->next->value = t;
        node = node->next->next;
    }
}
int main() {
    struct Node n1 = {1, NULL};
    struct Node n2 = {2, NULL};
    struct Node n3 = {3, NULL};

    n1.next = &n3;
    n3.next = &n2;

    f(&n1);

    struct Node* c = &n1;
    while (c != NULL) {
        printf("%d ", c->value);
        c = c->next;
    }

    return 0;
}
```

> **해설**
>
> struct Node는 연결 리스트의 각 노드를 표현하며, 두 개의 멤버를 가진다.
> 세 개의 노드(n1, n2, n3)를 생성하고, 다음과 같이 연결한다.
> n1 -> n3 -> n2
> f(&n1) 호출로 스왑 연산을 수행한다.
> 스왑연산에서는 n1.value와 n3.value를 교환한다.
> 스왑연산 후에는 3 -> 1 -> 2의 상태가 된다.

정답   3 1 2

014 다음 C언어 프로그램의 출력 결과를 쓰시오.

```c
#include <stdio.h>
union Data {
    int a;
    int b;
};
int main() {
    union Data data;
    data.a = 10;
    printf("a: %d, b: %d\n", data.a, data.b);

    data.b = 20;
    printf("a: %d, b: %d\n", data.a, data.b);

    return 0;
}
```

> **해설**
>
> 공용체 Data는 두 개의 int 멤버 a와 b를 정의한다. 하지만 이 둘은 동일한 메모리를 공유한다.
> data.a에 10을 저장하면 data.b도 같은 메모리를 참조하므로 10으로 읽힌다.
> data.b에 20을 저장하면 같은 메모리를 공유하는 data.a도 값이 20으로 바뀐다.

정답   a: 10, b: 10
        a: 20, b: 20

015 리틀 엔디안(Little Endian) 방식을 사용하는 시스템에서, 다음 C언어 프로그램의 출력 결과를 쓰시오. (단, int의 크기는 4바이트이다.)

```c
#include <stdio.h>
int main( ) {
    char i;
    union {
    int int_arr[2];
        char char_arr[8];
    } endian;
    for (i = 0; i < 8; i++)
    endian.char_arr[i] = i + 16;
        printf("%x", endian.int_arr[1]);
    return 0;
}
```

해설

리틀 엔디안 방식은 낮은 주소에 데이터의 낮은 바이트(LSB, Least Significant Bit)부터 저장하는 방식이다.
char_arr의 각 배열 요소에, {16, 17, 18, 19, 20, 21, 22, 23}을 대입하였고,
char_arr의 뒷부분 4바이트 {20, 21, 22, 23}을 int로 해석하므로, 이 값은 4바이트 정수로 변환된다.
이 경우, 이진수로 변환하면 00010100 00010001 00010000 00010111이 된다.
%x 형식 지정자를 사용하여 16진수로 출력하므로, 출력 결과는 17161514가 된다.

정답   17161514

016 리틀 엔디안(Little Endian) 방식을 사용하는 시스템에서, 다음 C언어 프로그램의 출력 결과를 쓰시오. (단, int의 크기는 4바이트이다.)

```c
#include <stdio.h>
union Data {
    int num;
    char ch[4];
};
int main() {
    union Data dt;

    dt.num = 0x41424344;
    printf("%X, %c %c %c %c\n", dt.num, dt.ch[0], dt.ch[1], dt.ch[2], dt.ch[3]);

    dt.ch[0] = 'X';
    printf("%X, %c %c %c %c\n", dt.num, dt.ch[0], dt.ch[1], dt.ch[2], dt.ch[3]);

    dt.ch[2] = 'Y';
    printf("%X, %c %c %c %c\n", dt.num, dt.ch[0], dt.ch[1], dt.ch[2], dt.ch[3]);

    return 0;
}
```

해설

dt.num = 0x41424344;로 num을 초기화하면, 이는 16진수 값 0x41424344를 의미한다. 이 값은 메모리의 바이트 순서에 따라 ch[0]부터 ch[3]까지 나뉘어 저장된다.
바이트 순서는 시스템의 엔디안(Endianness)에 따라 달라지는데, 일반적으로 x86 시스템에서는 리틀 엔디안으로 0x44(D), 0x43(C), 0x42(B), 0x41(A)로 저장된다.
출력 결과는 41424344, D C B A이다.
dt.ch[0] = 'X';로 ch[0]의 값을 수정하면, 메모리의 첫 번째 바이트가 X로 덮어써진다.
dt.num의 전체 값도 이에 따라 변경된다. (리틀 엔디안 기준으로 0x58(X), 0x43(C), 0x42(B), 0x41(A)가 되어 0x41424358이 된다.)
dt.ch[2] = 'Y';로 ch[2]의 값을 수정하면, 메모리의 세 번째 바이트가 Y로 덮어써진다.
이에 따라 dt.num의 값도 반영되어 0x41594358이 된다.

정답
41424344, D C B A
41424358, X C B A
41594358, X C Y A

017 다음 C언어 프로그램의 출력 결과를 쓰시오.

```c
#include<stdio.h>
union Number {
    int intA;
    int intB;
};
struct data {
    union Number n1;
    union Number n2;
    int isChk;
};
void func(struct data *a) {
    if (a->isChk) {
        a->n1.intA += a->n2.intB;
    }
    else {
        a->n2.intB += a->n2.intB;
    }
}
int main() {
    struct data a = {{.intA=5}, {.intB=3}, 0};
    func(&a);
    printf("%d, ", a.n1.intA);
    printf("%d, ", a.n1.intB);
    printf("%d, ", a.n2.intA);
    printf("%d\n", a.n2.intB);
    return 0;
}
```

해설

공용체 union Number는, intA와 intB 두 멤버가 동일한 메모리 공간을 공유한다.
struct data는 두 개의 공용체(n1, n2)와 정수형 플래그(isChk)를 포함한다.
구조체 a를 초기화한다.
func 함수를 호출 후, 멤버 값을 출력한다.
func 함수에서는 isChk 값을 확인하여,
isChk == 1, n1.intA += n2.intB 연산을 수행하고,
isChk == 0: n2.intB += n2.intB 연산을 수행한다.

정답 5, 5, 6, 6

018 다음 C언어 프로그램의 출력 결과를 쓰시오.

```c
#include<stdio.h>
union Number {
    int intA;
    int intB;
};
struct data {
    union Number n1;
    union Number n2;
    int isChk;
};
void func(struct data *a) {
    if (a->isChk) {
        a->n1.intA += a->n2.intB;
    }
    else {
        a->n2.intB += a->n2.intB;
    }
}
int main() {
    struct data a = {{.intA=5,.intB=8}, {3}, 1};
    func(&a);
    printf("%d, ", a.n1.intA);
    printf("%d, ", a.n1.intB);
    printf("%d, ", a.n2.intA);
    printf("%d\n", a.n2.intB);
    return 0;
}
```

해설

union Number는 두 개의 정수형 멤버(intA와 intB)를 포함하며, 같은 메모리 공간을 공유한다.
struct data는 두 개의 공용체(n1, n2)와 정수형 플래그(isChk)를 포함한다.
구조체 a 초기화,
n1.intA = 5, n1.intB = 8 (마지막으로 설정된 값이 유효하여 8)
n2.intA = 3, n2.intB = 3 (공용체 특성으로 intA와 동일)
isChk = 1 (첫 번째 조건 실행)
isChk == 1, n1.intA += n2.intB 연산을 수행하고,
isChk == 0: n2.intB += n2.intB 연산을 수행한다.

정답 11, 11, 3, 3

019 다음 C언어 프로그램의 출력 결과를 쓰시오.

```c
#include<stdio.h>
struct test {
    char a;
    int b;
};
int main() {
    struct test fp;
    printf("%d", sizeof(fp));
    return 0;
}
```

해설

char는 1byte, int는 4byte의 기억공간을 가진다.
그러나 구조체는 추가적인 패딩이 필요하고, char 다음이 int형이기 때문에, char도 추가 3byte의 패딩을 가지게 된다.

정답   8

020 다음 C언어 프로그램의 출력 결과를 쓰시오.

```c
#include<stdio.h>
struct test {
    char a;
    char b;
    int c;
};
int main() {
    struct test fp;
    printf("%d", sizeof(fp));
    return 0;
}
```

해설

char는 1byte, int는 4byte의 기억공간을 가진다.
첫 번째와 두 번째로 선언된 char 2Byte이고, 세 번째로 선언된 c가 4Byte이기 때문에, 앞에 선언된 두 개의 char형의 패딩이 추가되어 총 8Byte의 크기를 가지게 된다.

정답   8

021 다음 C언어 프로그램의 출력 결과를 쓰시오.

```c
#include<stdio.h>
struct test {
    char a;
    int c;
    char b;
};
int main() {
    struct test fp;
    printf("%d", sizeof(fp));
    return 0;
}
```

해설

int형 전, 후로 char형이 선언되어 있다.
char형 각각이 패딩값을 가지기 때문에 총 12Byte의 공간을 가지게 된다.

정답 12

022 다음 C언어 프로그램의 출력 결과를 쓰시오.

```c
#include<stdio.h>
struct test {
    char a;
    int b;
    char c;
    char d;
    char e;
    char f;
    char g;
};
int main() {
    struct test fp;
    printf("%d", sizeof(fp));
    return 0;
}
```

> **해설**
> char형 a는 패딩을 삽입하여 4Byte의 공간을 가진다.
> c, d, e, f는 각 1Byte씩의 공간을 가지지만, g는 패딩이 삽입되어 4Byte의 공간이 필요하다.
> 총 16Byte의 공간을 가지게 된다.

정답   16

023 다음 C언어 프로그램의 출력 결과를 쓰시오.

```c
#include<stdio.h>
struct test {
    char a;
    int c;
    double b;
};
int main() {
    struct test fp;
    printf("%d", sizeof(fp));
    return 0;
}
```

> **해설**
> 구조체에서 가장 큰 자료형은 double이다.
> 앞에 선언된 int, char는 가장 큰 double의 크기 안에 들어가게 되고, 패딩이 삽입되어 int와 char 5Byte에 3Byte의 패딩이 삽입된다.
> 총 16Byte의 공간을 가지게 된다.

정답   16

024 공용체의 정의가 다음과 같이 되어 있을 때, 공용체가 갖는 기억공간의 크기는?

```c
union data{
    int a;
    float b;
    double c;
}
```

> **해설**
> 공용체는 가장 크기가 큰 자료형의 메모리를 공유하기 때문에 double형 8Byte가 공용체에 할당이 된다.

정답   8Byte

CHAPTER 10 프로세스 생성

1. fork

(1) fork 개념
- 새로운 프로세스(자식 프로세스)를 생성하기 위해 사용되는 C언어의 시스템 호출이다.
- 호출 시 부모 프로세스(Parent Process)를 복제하여 동일한 메모리 공간을 가진 자식 프로세스를 생성한다.
- 부모와 자식 프로세스는 동일한 코드를 실행하지만, 프로세스 ID(PID)를 통해 서로 구분할 수 있다.

(2) 동작 방식
- fork()는 호출 시 두 번 반환된다.
    - 부모 프로세스에서는 자식 프로세스의 PID를 반환한다.
    - 자식 프로세스에서는 0을 반환한다.
- 반환값을 통해 부모와 자식 프로세스를 구분하여 서로 다른 작업을 수행할 수 있다.

(3) fork 활용
1) 함수 원형

```
#include <unistd.h>
pid_t fork(void);

// 양수: 부모 프로세스에서 반환된 자식 프로세스의 PID
// 0: 자식 프로세스에서 반환
// 음수: 프로세스 생성 실패
```

2) 예제

```c
#include <stdio.h>
#include <unistd.h>

int main() {
    pid_t pid = fork();

    if (pid > 0) {
        // 부모 프로세스
        printf("P PID = %d, C PID = %d\n", getpid(), pid);
    } else if (pid == 0) {
        // 자식 프로세스
        printf("C PID = %d\n", getpid());
    } else {
        // 에러 처리
        printf("Fork failed.\n");
    }
    return 0;
}
```

문제풀이

001 다음 C언어 프로그램의 출력 결과를 쓰시오. (단, 자식 프로세스의 생성을 성공하였다고 가정한다.)

```
#include <stdio.h>
#include <unistd.h>

int main(void) {
    int x = 0;
    fork();
    x = 1;
    printf("%d\n", x);

    return 0;
}
```

해설

fork() 호출을 통해 부모 프로세스와 자식 프로세스가 생성된다.
fork() 이후에는 두 개의 프로세스가 존재하며, 둘 다 x = 1;과 printf() 문을 실행한다.
x의 초기값은 0이지만, fork() 이후 부모와 자식 프로세스는 독립적인 메모리 공간을 가지므로 서로 다른 x를 사용하게 된다.
x=1;로 인해 각 프로세스에서 x의 값이 1로 변경된다.
printf("%d\n", x);는 부모와 자식 프로세스 각각에서 실행되며, 결과적으로 1이 두 번 출력된다.

정답   1
            1

002 다음 C언어 프로그램의 출력 결과를 쓰시오. (단, 자식 프로세스의 생성을 성공하였다고 가정한다.)

```c
#include <stdio.h>
#include <unistd.h>
#include <sys/types.h>
int main(void) {
    pid_t pid;
    int x = 0;
    pid = fork();
    if( pid > 0 ){
        x = 1;
        printf("부모 : %d\n", x);
    }
    else if( pid == 0 ){
        x = 2;
        printf("자식 : %d\n", x);
    }
    else{
        printf("실패");
    }

    return 0;
}
```

해설

fork()를 호출하여 새로운 자식 프로세스를 생성한다.
반환값 pid를 기준으로 부모와 자식 프로세스를 구분한다.
pid > 0 조건을 만족하며, 변수 x를 1로 설정한 후 부모 : 1을 출력한다.
pid == 0 조건을 만족하며, 변수 x를 2로 설정한 후 자식 : 2를 출력한다.
pid < 0인 경우, "실패"를 출력한다. (단, 이 코드에서는 fork()가 성공했다고 가정한다.)

정답   부모 : 1
           자식 : 2

003 다음 C언어 프로그램의 출력 결과를 쓰시오. (단, 자식 프로세스의 생성을 성공하였다고 가정한다.)

```c
#include <stdio.h>
#include <sys/types.h>
int main(void) {
    int i = 0, v = 1, n = 5;
    pid_t pid;
    pid = fork();
    if( pid < 0 ){
        for( i = 0; i < n; i++ ) v += (i+1);
        printf("c = %d ", v);
    }
    else if( pid == 0 ){
        for( i = 0; i < n; i++ ) v *= (i+1);
        printf("b = %d", v );
    }
    else{
        for( i = 0; i < n; i++ ) v+=1;
        printf("a = %d, ", v);
    }
    return 0;
}
```

해설

변수 i, v, n이 각각 0, 1, 5로 초기화된다.
fork() 호출로 자식 프로세스가 생성된다.
부모 프로세스는, v는 1+1+1+1+1+1=6으로 계산된다.
자식 프로세스는, v는 1*1*2*3*4*5=120으로 계산된다.
일반적으로 부모 프로세스가 먼저 실행되는 경우가 많지만, 자식 프로세스가 먼저 실행되는 경우도 흔히 발생한다.
시험에 나오는 문제는 일반적인 경우인 부모 프로세스를 먼저 수행하도록 풀이하면 된다.

정답 a = 6, b = 120

004 다음 C언어 프로그램의 출력 결과를 쓰시오. (단, 자식 프로세스의 생성을 성공하였다고 가정한다.)

```c
#include <stdio.h>
#include <sys/types.h>
int main(void) {
    int i = 0, v = 1, n = 5;
    pid_t pid;
    pid = fork();
    if( pid < 0 ){
        for( i = 0; i < n; i++ ) v += (i+1);
        printf("c = %d ", v);
    }
    else if( pid == 0 ){
        for( i = 0; i < n; i++ ) v *= (i+1);
        printf("b = %d, ", v );
    }
    else{
        wait(NULL);
        for( i = 0; i < n; i++ ) v+=1;
        printf("a = %d", v);
    }
    return 0;
}
```

해설

변수 i, v, n이 각각 0, 1, 5로 초기화된다.
fork() 호출로 자식 프로세스가 생성된다.
부모 프로세스는 wait()로 자식 프로세스를 먼저 수행하게 된다.
자식 프로세스 (pid == 0), v는 1*1*2*3*4*5=120으로 계산된다.
부모 프로세스 (pid > 0), wait(NULL)로 자식 프로세스가 종료될 때까지 대기 후, v는 1+1+1+1+1+1=6으로 계산된다.

정답   b = 120, a = 6

005 다음 프로그램을 수행하였을 때, 현재 수행 중인 프로세스의 개수는 몇 개인지 쓰시오.

```
int main(void) {
    for( int i = 0; i < 3; i++ ){
        fork();
    }
    return 0;
}
```

해설

메인 프로세스가 1개 수행 중이다.
i=1일 때, fork를 이용하여 자식 프로세스가 1개 생성된다.
i=2일 때, fork를 이용하여 자식 프로세스를 생성시키는데, 현재 수행 중인 프로세스는 2개이기 때문에 각자 fork를 수행하여 4개가 된다.
i=3일 때, fork를 이용하여 자식 프로세스를 생성시키는데, 현재 수행 중인 프로세스는 4개이기 때문에 각자 fork를 수행하여 8개가 된다.

정답   8개

006 다음 프로그램을 수행하였을 때, 새로 생성된 프로세스의 개수는 몇 개인지 쓰시오.

```
int main(void) {
    for( int i = 0; i < 3; i++ ){
        fork();
    }
    return 0;
}
```

해설

메인 프로세스가 1개 수행 중이다.
i=1일 때, fork를 이용하여 자식 프로세스가 1개 생성된다.
i=2일 때, fork를 이용하여 자식 프로세스를 생성시키는데, 현재 수행 중인 프로세스는 2개이기 때문에 각자 fork를 수행하여 4개가 된다.
i=3일 때, fork를 이용하여 자식 프로세스를 생성시키는데, 현재 수행 중인 프로세스는 4개이기 때문에 각자 fork를 수행하여 8개가 된다.
메인 프로세스는 새로 생성된 것이 아니기 때문에 한 개를 빼고 7개가 답이 된다.

정답   7개

CHAPTER 11. C언어 주요 함수

1. 문자열 함수 ⟨string.h⟩

(1) strlen()

- 문자열의 길이를 반환한다. (널 문자 '\0'은 포함하지 않음)
- 예제

```
#include <stdio.h>
#include <string.h>
int main() {
    char str[] = "Hello, World!";
    printf("Length: %d\n", strlen(str));
    return 0;
}
```

[실행 결과]
Length: 13

(2) strcpy()

- 문자열을 다른 문자열로 복사한다.
- 예제

```
#include <stdio.h>
#include <string.h>
int main() {
    char src[] = "Source";
    char dest[20];
    strcpy(dest, src);
    printf("%s\n", dest);
    return 0;
}
```

[실행 결과]
Source

(3) strncpy()

- 문자열을 지정된 길이만큼 복사한다.
- 예제

```c
#include <stdio.h>
#include <string.h>
int main() {
    char src[] = "Source";
    char dest[10];
    strncpy(dest, src, 3);
    dest[3] = '\0';
    printf("%s\n", dest);
    return 0;
}
```

[실행 결과]
Sou

(4) strcat()

- 문자열을 다른 문자열에 이어 붙인다.
- 예제

```c
#include <stdio.h>
#include <string.h>
int main() {
    char str1[20] = "Hello";
    char str2[] = ", World!";
    strcat(str1, str2);
    printf("%s\n", str1);
    return 0;
}
```

[실행 결과]
Hello, World!

(5) strncat()

- 지정된 길이만큼 문자열을 이어 붙인다.
- 예제

```c
#include <stdio.h>
#include <string.h>
int main() {
    char str1[20] = "Hello";
    char str2[] = ", World!";
    strncat(str1, str2, 3);
    printf("%s\n", str1);
    return 0;
}
```

[실행 결과]
Hello, W

(6) strcmp()

- 두 문자열을 비교한다.
- 반환값: 0 (같음), 양수(앞이 큼), 음수(뒤가 큼)
- 예제

```c
#include <stdio.h>
#include <string.h>
int main() {
    char str1[] = "ABC";
    char str2[] = "ACD";
    int result = strcmp(str1, str2);
    printf("%d\n", result);
    return 0;
}
```

[실행 결과]
-1

(7) strncmp()

- 지정된 길이만큼 두 문자열을 비교한다.
- 예제

```c
#include <stdio.h>
#include <string.h>
int main() {
    char str1[] = "Hello";
    char str2[] = "Helium";
    int result = strncmp(str1, str2, 3);
    printf("Comparison: %d\n", result);
    return 0;
}
```

[실행 결과]
Comparison: 0

(8) strchr()

- 문자열에서 특정 문자의 첫 번째 위치를 찾는다.
- 예제

```c
#include <stdio.h>
#include <string.h>
int main() {
    char str[] = "Hello, World!";
    char *ptr = strchr(str, 'W');
    if (ptr) {
        printf("%s\n", ptr);
    }
    return 0;
}
```

[실행 결과]
World!

(9) strrchr()

- 문자열에서 특정 문자의 마지막 위치를 찾는다.
- 예제

```c
#include <stdio.h>
#include <string.h>

int main() {
    char str[] = "Hello, World!";
    char *ptr = strrchr(str, 'o');
    if (ptr) {
        printf("%s\n", ptr); // 출력: Found: orld!
    }
    return 0;
}
```

[실행 결과]
orld!

(10) strstr()

- 문자열에서 특정 문자열(부분 문자열)의 첫 번째 위치를 찾는다.
- 예제

```c
#include <stdio.h>
#include <string.h>
int main() {
    char str[] = "Hello, World!";
    char *ptr = strstr(str, "World");
    if (ptr) {
        printf("%s\n", ptr);
    }
    return 0;
}
```

[실행 결과]
World!

2. 수학 함수 〈Math.h〉

(1) sqrt()

- 제곱근을 반환한다.
- 예제

```
printf("%.2f\n", sqrt(16));
```

[실행 결과]
4.00

(2) pow()

- 거듭제곱을 반환한다.
- 예제

```
printf("%.0f\n", pow(2, 3));
```

[실행 결과]
8

(3) abs()

- 정수의 절대값을 반환한다.
- 예제

```
printf("%d\n", abs(-10)); // 출력: 10
```

[실행 결과]
10

(4) ceil() / floor()

- ceil(): 올림 / floor(): 내림
- 예제

```
printf("%.1f, %.1f\n", ceil(2.3), floor(2.7));
```

[실행 결과]
3.0, 2.0

3. 기타 자주 사용되는 함수

(1) atoi() / atof()

- 문자열을 정수(int) 또는 실수(float)로 변환한다.
- 예제

```
char numStr[] = "123";
int num = atoi(numStr);
printf("%d\n", num);
```

```
[실행 결과]
123
```

(2) rand() / srand()

- 난수를 생성한다.
- 예제

```
srand(time(NULL));
printf("%d\n", rand() % 100);
```

```
[실행 결과]
0~99의 난수
```

(3) toupper() / tolower()

- 문자 대소문자를 변환한다.
- 예제

```
char ch = 'a';
printf("%c\n", toupper(ch));
```

```
[실행 결과]
A
```

문제풀이

001 다음 C언어 프로그램의 출력 결과를 쓰시오.

```
#include <stdio.h>
int main(int argc, char *argv[])   {
    char str1[20] = "KOREA";
    char str2[20] = "LOVE";
    char* p1=NULL;
    char* p2=NULL;
    p1=str1;
    p2=str2;
    str1[1]=p2[2];
    str2[3]=p1[4];
    strcat(str1, str2);
    printf("%s, ", str1);
    printf("%c", *(p1+2));
    return 0;
}
```

해설

str1은 KOREA, str2는 LOVE로 초기화된다.
포인터 p1과 p2는 각각 str1과 str2를 가리킨다.
str1[1] = p2[2], p2[2]은 str2의 세 번째 문자(V)를 가리킨다. 따라서 str1의 두 번째 문자가 O에서 V로 변경된다.
str2[3] = p1[4], p1[4]는 str1의 다섯 번째 문자(A)를 가리킨다. 따라서 str2의 네 번째 문자가 E에서 A로 변경된다.
strcat(str1, str2), str1과 str2를 연결한다.
*(p1+2)는 p1이 가리키는 문자열의 세 번째 문자(R)를 가리킨다.

정답   KVREALOVA, R

002 다음 C언어 프로그램의 출력 결과를 쓰시오.

```c
#include <stdio.h>
#include <stdlib.h>
#include <string.h>

int main() {
    char *source = "Hello World";
    char *dest = malloc(strlen(source) + 1);
    strcpy(dest, source);
    printf("%s \n", dest);
    free(dest);
    return 0;
}
```

해설

source는 문자열 Hello World를 가리킨다.
malloc()을 사용하여 source 문자열의 길이(strlen(source)) + 1(널 문자 포함)만큼 메모리를 동적으로 할당한다.
strcpy(dest, source);를 통해 source 문자열을 동적으로 할당된 메모리(dest)로 복사한다.

정답 Hello World

003 다음 C언어 프로그램의 출력 결과를 쓰시오.

```c
#include <stdio.h>
#include <string.h>

int main() {
    char s[] = "This is a test string.";
    char word[] = "short";
    char *ptr;
    ptr = strstr(s, "test");
    strncpy(word, ptr, 4);
    word[4] = '\0';
    printf("%s \n", word);
    return 0;
}
```

> **해설**
>
> s는 This is a test string.으로 초기화된다.
> word는 short로 초기화된다.
> strstr(s, "test")를 사용하여 s에서 test라는 부분 문자열의 시작 위치를 검색한다.
> 검색된 부분 문자열의 시작 주소를 포인터 ptr이 가리킨다.
> strncpy(word, ptr, 4)를 사용하여 ptr이 가리키는 test를 word로 복사한다.
> 복사 후, word[4] = '\0'를 통해 문자열의 끝을 명시적으로 지정한다.
> 복사된 문자열 test를 출력한다.

정답   test

004 다음 C언어 프로그램의 출력 결과를 쓰시오.

```c
#include <stdio.h>
#include <string.h>

int main() {
    char s[] = "Programming is fun.";
    char d[10];

    char *ptr = strstr(s, "fun");
    strncpy(d, ptr, 4);
    printf("%s\n", d);
    return 0;
}
```

> **해설**
>
> s는 Programming is fun.이라는 문자열을 가진다.
> d는 크기 10의 배열로 선언되었으나 초기화는 되지 않았다.
> strstr(s, "fun")을 사용하여 s 문자열에서 fun 부분 문자열의 시작 위치를 검색한다.
> fun 부분 문자열이 발견되면 해당 부분 문자열의 시작 주소가 포인터 ptr에 저장된다.
> strncpy(d, ptr, 4)로 ptr이 가리키는 fun.의 첫 4문자를 d에 복사한다.
> printf("%s\n", d)로 d에 저장된 문자열 fun.을 출력한다.

정답   fun.

005 다음 C언어 프로그램의 출력 결과를 쓰시오.

```c
#include <stdio.h>
#include <string.h>

int main() {
    char sentence[] = "I enjoy coding in C language.";
    char part1[10], part2[10], part3[10];

    char *ptr1 = strstr(sentence, "e");
    strncpy(part1, ptr1, 5);
    part1[5] = '\0';

    char *ptr2 = strstr(sentence, "c");
    strncpy(part2, ptr2, 6);
    part2[6] = '\0';

    char *ptr3 = strstr(sentence, "l");
    strncpy(part3, ptr3, 8);
    part3[8] = '\0';

    printf("%s\n", part1);
    printf("%s\n", part2);
    printf("%s\n", part3);

    return 0;
}
```

해설

sentence는 I enjoy coding in C language.라는 문자열을 가진다.
part1, part2, part3은 각각 크기 10의 배열로 선언되었으며, 추출한 문자열을 저장하기 위해 사용된다.
strstr(sentence, "e")로 e가 처음 등장하는 위치를 검색하고, 검색된 위치부터 5문자를 part1에 복사하여 enjoy를 저장한다.
strstr(sentence, "c")로 c가 처음 등장하는 위치를 검색하고, 검색된 위치부터 6문자를 part2에 복사하여 coding을 저장한다.
strstr(sentence, "l")로 l이 처음 등장하는 위치를 검색하고, 검색된 위치부터 8문자를 part3에 복사하여 language를 저장한다.
각 배열에 저장된 결과를 출력한다.

정답
enjoy
coding
language

006 다음 C언어 프로그램의 출력 결과를 쓰시오.

```c
#include <stdio.h>
#include <string.h>

int main() {
    char s1[] = "Learn to code.";
    char s2[] = "Practice makes perfect!";
    char extracted[10];
    char combined[30];

    char *ptr = strstr(s1, "code");
    strncpy(extracted, ptr, 4);
    extracted[4] = '\0';

    strcpy(combined, extracted);
    strcat(combined, " is fun!");

    printf("%s\n", combined);

    return 0;
}
```

해설

s1은 Learn to code., s2는 Practice makes perfect!라는 문자열로 초기화된다.
extracted는 추출된 문자열을 저장하기 위한 크기 10의 배열이다.
combined는 최종 조합된 문자열을 저장하기 위한 크기 30의 배열이다.
strstr(s1, "code")로 s1에서 code 부분 문자열의 시작 위치를 검색한다.
검색된 위치부터 4문자를 strncpy로 extracted에 복사하여 code를 저장하고, 널 문자('\0')를 추가한다.
strcpy를 사용하여 extracted의 값 code를 combined에 복사한다.
strcat을 사용하여 is fun!을 combined에 이어 붙여 최종 문자열을 생성한다.
조합된 문자열 code is fun!을 출력한다.

정답   code is fun!

007 다음 C언어 프로그램의 출력 결과를 쓰시오.

```c
#include <stdio.h>
int main() {
    char list[] = "22QPP1";
    const char *pa, *pb;
    char *pc, *pd;
    pa = &list[1];
    list[2] = 'K';
    pb = &list[3];
    pc = list;
    pd = strstr(pa, pb);
    printf("pd: %s \n", pd);
    if (pd != 0) {
        strncpy(pd, "77", 3);
        printf("pc: %s \n", pc);
    }
    printf("pb: %s \n", pb);
    return 0;
}
```

해설

list는 22QPP1로 초기화된 문자 배열이다.
pa는 &list[1](2QPP1)을 가리킨다.
pb는 &list[3](PP1)을 가리킨다.
pc는 list 전체 배열(22QPP1)을 가리킨다.
list[2] = 'K'를 수행하면, list는 22KPP1로 변경된다.
pd = strstr(pa, pb)를 통해 pa(2KPP1)에서 pb(PP1)의 위치를 검색한다.
검색 결과로 pd는 PP1 부분 문자열의 시작 주소를 가리킨다.
따라서 pd는 PP1이다.
pd가 NULL이 아니므로 조건문이 실행된다.
strncpy(pd, "77", 3)를 수행하면, pd가 가리키는 PP1에 77이 복사된다.
복사 길이가 3이므로 77이 들어가고 세 번째 문자 1도 덮어쓴다.
결과적으로 list는 22K77로 변경된다.
첫 번째 출력, pd는 여전히 PP1을 가리키고 있었지만, list가 수정되었으므로 수정된 내용인 77이 출력된다.
두 번째 출력, pc는 list 전체를 가리키므로 수정된 전체 문자열 22K77을 출력한다.
세 번째 출력, pb는 &list[3](PP1)을 가리켰으나, 수정으로 인해 77이 출력된다.

정답   pd: PP1
　　　　 pc: 22K77
　　　　 pb: 77

008 다음 C언어 프로그램의 출력 결과를 쓰시오.

```c
#include <stdio.h>
#include <string.h>
int main() {
    char original[] = "Replace : Word.";
    char buffer[10];
    char *ptr;
    ptr = strstr(original, "Word");
    if (ptr) {
        strncpy(buffer, "Replaced", 8);
        strncpy(ptr, buffer, 8);
    }
    printf("%s \n", original);
    return 0;
}
```

해설

original은 Replace : Word.라는 문자열로 초기화된다.
buffer는 Replaced라는 문자열을 저장할 배열이다.
strstr(original, "Word")를 사용하여 original에서 Word의 시작 위치를 검색한다.
검색된 위치는 포인터 ptr에 저장된다.
ptr이 NULL이 아니면 Word의 위치에 Replaced를 복사한다.
strncpy(ptr, buffer, 8)는 Word를 Replaced로 대체한다.
수정된 original 문자열을 출력한다.

정답   Replace : Replaced

009 다음 C언어 프로그램의 출력 결과를 쓰시오.

```c
#include <stdio.h>
#include <string.h>
int main() {
    char original[] = "Replace : Word.";
    char buffer[10];
    char *ptr;
    ptr = strstr(original, "Word");
    if (ptr) {
        strncpy(buffer, "Replaced", 8);
        strncpy(ptr, buffer, 8);
    }
    printf("%s \n", original);
    for(int i = 0; i < sizeof(original); i++) {
        printf("%c", original[i]);
    }
    return 0;
}
```

해설

original은 Replace : Word.로 초기화된다.
buffer는 크기 10의 배열로 선언되며, Replaced라는 문자열을 저장하기 위해 사용된다.
strstr는 original에서 Word의 시작 위치를 검색하고, 그 주소를 ptr에 저장한다.
만약 Word가 존재하지 않으면 ptr은 NULL이 된다.
이 코드에서는 Word가 존재하므로 ptr은 Word.의 시작 주소를 가리킨다.
if (ptr) 조건문은 ptr이 NULL이 아닐 경우 실행된다.
strncpy(buffer, "Replaced", 8); Replaced라는 문자열을 buffer에 복사한다.
strncpy(ptr, buffer, 8); ptr이 가리키는 위치(Word)에 buffer의 내용을 8바이트만큼 복사한다.
결과적으로 original의 Word.는 Replaced로 덮어써진다.
수정된 original 문자열을 출력한다.

정답   Replace : Replaced
       Replace : Replac

010 다음 C언어 프로그램의 출력 결과를 쓰시오.

```c
#include <stdio.h>
#include <string.h>
int main() {
    char str[] = "Example string";
    char sub[] = "string";
    char replace[] = "sample";
    char *pos;
    pos = strstr(str, sub);
    if (pos) {
        strncpy(pos, replace, strlen(sub));
    }
    printf("%s \n", str);
    return 0;
}
```

해설

str은 Example string으로 초기화된 문자열 배열이다.
sub은 string으로 초기화된 검색할 부분 문자열이다.
replace는 sample로 초기화된 교체할 문자열이다.
pos = strstr(str, sub); str에서 string의 시작 위치를 검색하고, 해당 주소를 포인터 pos에 저장한다.
if (pos) 조건문은 pos가 NULL이 아닌 경우 실행된다.
strncpy(pos, replace, strlen(sub)); replace의 내용을 pos가 가리키는 위치에 복사한다.
복사 길이는 strlen(sub)로 제한되므로 string의 길이(6)만큼만 복사된다.
수정된 문자열 str을 출력한다.

정답 Example sample

011 다음 C언어 프로그램의 출력 결과를 쓰시오.

```c
#include <stdio.h>
#include <string.h>
int main() {
    char str1[] = "HELLO";
    char str2[] = "HELLO";
    char *p1 = str1;
    char *p2 = str2;
    if(p1 == p2) {
        printf("True \n");
    } else {
        printf("False \n");
    }
    if(strcmp(p1, p2) == 0) {
        printf("True \n");
    } else {
        printf("False \n");
    }
    return 0;
}
```

해설

str1과 str2는 각각 HELLO로 초기화된 문자열 배열이다.
두 배열은 동일한 내용의 문자열을 가지고 있지만, 서로 다른 메모리 위치에 저장된다.
p1은 str1의 시작 주소를 가리키는 포인터이다.
p2는 str2의 시작 주소를 가리키는 포인터이다.
if (p1 == p2) 조건문은 p1과 p2가 동일한 메모리 주소를 가리키는지 확인한다.
p1은 str1의 시작 주소를, p2는 str2의 시작 주소를 가리키므로, 두 포인터는 다른 메모리 주소를 가지고 있다.
따라서 출력은 False가 된다.
if (strcmp(p1, p2) == 0) 조건문은 strcmp()를 사용하여 p1과 p2가 가리키는 문자열의 내용을 비교한다.
strcmp()는 두 문자열이 동일하면 0을 반환한다.
p1과 p2가 가리키는 문자열 "HELLO"는 동일하므로, 출력은 True가 된다.

정답 False
True

012 다음 C언어 프로그램의 출력 결과를 쓰시오.

```c
#include <stdio.h>
#include <string.h>
int main() {
    char str[] = "character function are fun!";
    char *first, *last;
    char result[50];

    first = strchr(str, 'a');
    last = strrchr(str, 'a');

    if (first && last) {
        int distance = last - first;
        printf("%d\n", distance);

        strncpy(result, first, distance + 1);
        result[distance + 1] = '\0';
        printf("%s\n", result);
    }

    return 0;
}
```

해설

문자열 character functions are fun!에서 a가 처음 나타나는 위치(strchr)와 마지막으로 나타나는 위치(strrchr)를 찾는다.
두 위치의 주소 차이를 계산하여 거리를 출력한다.
두 위치 사이의 문자열을 추출하여 출력한다.

정답   17
aracter function a

013 다음 C언어 프로그램의 출력 결과를 쓰시오.

```c
#include <stdio.h>
#include <math.h>

int main() {
    double num1 = -3.75;
    double num2 = 4.5;

    printf("%.2f\n", ceil(num1));
    printf("%.2f\n", floor(num2));
    printf("%.2f\n", round(num1));
    printf("%.2f\n", round(num2));

    return 0;
}
```

해설

ceil(num1)은 주어진 실수 값의 크거나 같은 가장 작은 정수를 반환한다.
num1 = -3.75이므로, 올림 결과는 -3.00이다.
floor(num2)은 주어진 실수 값의 작거나 같은 가장 큰 정수를 반환한다.
num2 = 4.5이므로, 내림 결과는 4.00이다.
round는 주어진 실수 값을 가장 가까운 정수로 반올림한다.
-3.75는 -4.00에 더 가깝기 때문에 결과는 -4.00이다.
4.5는 5.00에 더 가깝기 때문에 결과는 5.00이다.

정답
-3.00
4.00
-4.00
5.00

014

아래의 C언어 프로그램을 컴파일 후, 명령행 인자로 x y를 입력해서 실행을 하게 되면, 파일이 하나 만들어진다. 생성된 파일의 이름을 쓰시오.

```
#include<stdio.h>
int main(int argc, char *argv[]){
    FILE *Z = fopen(argv[2], "w");
    fprintf(Z, "hello");
    fclose(Z);
}
```

해설

명령행 인자 구조,
argc: 명령행 인자의 개수를 나타낸다.
argv[]: 명령행 인자의 배열로, 각각의 인자를 문자열 형태로 보관한다.
argv[0]: 실행 파일 이름
argv[1]: 첫 번째 명령행 인자 (x)
argv[2]: 두 번째 명령행 인자 (y)
실행 명령을 보면, ./program x y 이런 형태로 실행을 시키게 되고, 두 번째 인자가 파일 이름으로 사용된다.

정답   y

PART
02

JAVA

CHAPTER 01 클래스와 객체 생성

1. 클래스(Class)

(1) 클래스 개념
- 데이터(필드)와 해당 데이터에 작용하는 동작(메서드)을 하나로 묶은 구조이다.
- 객체(Object)는 클래스를 기반으로 생성된 실체(인스턴스)이다.
- 클래스는 객체를 생성하기 위한 설계도로, 상태(속성)와 행동(메서드)을 정의한다.

(2) 클래스의 기본 구성 요소

1) 필드(Field)
- 객체의 속성을 저장하는 변수이다.
- 클래스 내부에 선언되며, 객체 생성 시 메모리에 할당된다.
- 예: int age; 또는 String name;

2) 메서드(Method)
- 객체의 동작을 정의하는 함수이다.
- 필드를 읽거나 변경하거나, 객체의 동작을 수행한다.
- 예: void display() { System.out.println(name); }

3) 생성자(Constructor)
- 객체 생성 시 호출되는 특별한 메서드이다.
- 객체를 초기화하는 데 사용된다.
- 클래스 이름과 동일하며 반환형이 없다.
- MyClass(String name) { this.name = name; }

(3) 클래스의 정의와 객체 생성

1) 클래스 정의

```java
class Car {
    // 필드
    String model;
    int speed;
    // 생성자
    Car(String model) {
        this.model = model;
        this.speed = 0; // 초기값 설정
    }
    // 메서드
    void accelerate(int increment) {
        speed += increment;
    }
    void displayInfo() {
        System.out.println("Model: " + model + ", Speed: " + speed);
    }
}
```

2) 객체 생성 및 사용

```java
public class Main {
    public static void main(String[] args) {
        Car car1 = new Car("Sonata"); // 객체 생성
        car1.accelerate(50);          // 메서드 호출
        car1.displayInfo();
    }
}
```

[실행 결과]
Model: Sonata, Speed: 50

2. 객체

(1) 객체의 개념
- 클래스(Class)를 기반으로 생성된 실체이다.
- 객체는 현실 세계의 사물을 소프트웨어적으로 표현한 것으로, 속성(데이터)과 동작(메서드)을 가진다.
- 객체는 프로그램에서 동작의 주체가 되며, 상태와 행위를 통해 서로 상호작용한다.

(2) 객체의 주요 특징
- 속성(Properties): 객체가 가지는 데이터나 상태를 의미한다.
- 행위(Behaviors): 객체가 수행할 수 있는 동작을 의미한다.

(3) 인스턴스(Instance)
- 클래스에서 생성된 구체적인 객체를 의미한다.
- 클래스는 설계도, 인스턴스는 그 설계도를 기반으로 만들어진 실체라고 이해할 수 있다.
- 클래스는 추상적 정의이며, 이를 구체적으로 메모리에 할당하면 인스턴스가 된다.

(4) 예제
1) 객체 생성 #1

```java
class Person {
    String name;
    int age;
    void greet() {
        System.out.println("Hello, my name is " + name + ".");
    }
}
public class Main {
    public static void main(String[] args) {
        // Person 클래스의 인스턴스 생성
        Person person1 = new Person();
        Person person2 = new Person();

        person1.name = "Alice";
        person1.age = 25;

        person2.name = "Bob";
        person2.age = 30;
```

```
            person1.greet();
            person2.greet();
        }
    }
```

[실행 결과]
Hello, my name is Alice.
Hello, my name is Bob.

2) 객체 생성 #2

```
    class Car {
        private String name;
        private int speed;
        public void setName(String name) {
            this.name = name;
        }
        public void setSpeed(int sp){
            this.speed = sp;
        }
        public void printInfo() {
            System.out.print("Name: " + name);
            System.out.println(", Speed: " + speed);
        }
    }
    class Main {
        public static void main(String[] args) {
            Car myCar = new Car();
            Car yourCar = new Car();

            myCar.setName("소나타");
            myCar.setSpeed(150);

            yourCar.setName("그렌저");
            yourCar.setSpeed(200);

            myCar.printInfo();
            yourCar.printInfo();
```

```
        }
}
```

[실행 결과]
Name: 소나타, Speed: 150
Name: 그렌저, Speed: 200

3. 생성자(Constructor)

(1) 생성자의 개념
- 클래스의 인스턴스가 생성될 때 가장 먼저 호출되는 특별한 메서드이다.
- 생성자의 역할은 객체를 초기화하고, 객체의 멤버 변수에 기본값을 설정하거나 필요한 동작을 수행한다.
- 자바에서는 생성자가 클래스 이름과 동일한 이름을 가지며, 반환형이 없다.

(2) 생성자의 특징
- 생성자는 반드시 클래스 이름과 동일해야 한다.
- 생성자는 반환형을 명시하지 않으며, 반환값도 가지지 않는다.
- 생성자는 객체가 생성되는 시점에 자동으로 호출된다.
- 생성자는 매개변수의 종류와 개수를 다르게 하여 여러 개 정의할 수 있다.
- 개발자가 생성자를 정의하지 않으면, 자바 컴파일러가 매개변수가 없는 기본 생성자를 자동으로 제공한다.

(3) 생성자 예제

1) 생성자의 정의와 호출

```
class Person {
    String name;
    int age;
    // 기본 생성자
    Person() {
        name = "Unknown";
        age = 0;
        System.out.println("기본 생성자 호출.");
    }
```

```java
    }

    public class Main {
        public static void main(String[] args) {
            Person person = new Person(); // 생성자 호출
            System.out.println("Name: " + person.name + ", Age: " + person.age);
        }
    }
```

[실행 결과]
기본 생성자 호출.
Name: Unknown, Age: 0

2) 생성자 오버로딩

```java
class Person {
    String name;
    int age;
    // 기본 생성자
    Person() {
        name = "Unknown";
        age = 0;
    }
    // 매개변수가 있는 생성자
    Person(String name, int age) {
        this.name = name;
        this.age = age;
    }
}
public class Main {
    public static void main(String[] args) {
        Person person1 = new Person(); // 기본 생성자 호출
        Person person2 = new Person("Alice", 25); // 매개변수가 있는 생성자 호출
        System.out.println("P1 : " + person1.name + ", " + person1.age);
        System.out.println("P2 : " + person2.name + ", " + person2.age);
    }
}
```

[실행 결과]
P1 : Unknown, 0
P2 : Alice, 25

3) 생성자에서 다른 생성자 호출

```java
class Person {
    String name;
    int age;
    Person() {
        this("Unknown", 0); // 다른 생성자 호출
    }
    Person(String name, int age) {
        this.name = name;
        this.age = age;
    }
}
public class Main {
    public static void main(String[] args) {
        Person person1 = new Person(); // 기본 생성자 호출
        Person person2 = new Person("Alice", 25); // 매개변수가 있는 생성자 호출
        System.out.println("P1 : " + person1.name + ", " + person1.age);
        System.out.println("P2 : " + person2.name + ", " + person2.age);
    }
}
```

[실행 결과]
P1 : Unknown, 0
P2 : Alice, 25

4. 접근지정자

(1) 접근지정자 개념
- 클래스의 멤버(필드, 메서드, 생성자)에 대한 접근 범위를 정의하는 키워드이다.
- 이를 통해 캡슐화(Encapsulation)를 구현하고, 외부 코드가 클래스 내부의 데이터와 동작에 접근할 수 있는 권한을 제한할 수 있다.

(2) 접근지정자 종류

종류	접근범위	클래스	패키지	상속	전체
public	접근 제한 없음	O	O	O	O
protected	동일 패키지와 상속받은 클래스	O	O	O	
default	동일 패키지	O	O		
private	동일 클래스	O			

(3) 접근지정자 예제
1) 같은 패키지에 있을 경우

```java
class Car {
    public String name;
    private int speed;
    protected int person;
    int max_speed;
    public void setSpeed(int speed) {
        this.speed = speed;
    }
    public int getSpeed(){
        return this.speed;
    }
}
public class Main {
    public static void main(String[] args) {
        Car myCar = new Car();
        myCar.name = "쏘나타";  // 가능
        //myCar.speed = 100;  // 오류
        myCar.person = 4;  // 가능
        myCar.max_speed = 200;  // 가능
```

```
            myCar.setSpeed(100); // 가능
            System.out.println(myCar.getSpeed()); // 가능
    }
}
```

2) 다른 패키지에 있을 경우

```
package mypackage;
public class Parent {
    public int pubVar = 1;
    protected int protVar = 2;
    int defVar = 3; // default
    private int privVar = 4;
    public void display() {
        System.out.println("Public: " + pubVar);
        System.out.println("Protected: " + protVar);
        System.out.println("Default: " + defVar);
        System.out.println("Private: " + privVar);
    }
}


package otherpackage;
import mypackage.Parent;
public class Child extends Parent {
    public void show() {
        System.out.println("Public: " + pubVar);        // 가능
        System.out.println("Protected: " + protVar); // 가능 (상속 관계)
        // System.out.println("Default: " + defVar); // 오류
        // System.out.println("Private: " + privVar); // 오류
    }
}
```

문제풀이

001 다음 JAVA 프로그램의 출력 결과를 쓰시오.

```java
class Person {
    String name;
    int age;

    public void setName(String name) {
        this.name = name;
    }
    public void setAge(int age) {
        this.age = age;
    }
    void introduce() {
        System.out.println("이름: " + name + ", 나이: " + age);
    }
}
public class Main {
    public static void main(String[] args) {
        Person p1 = new Person();
        Person p2 = new Person();

        p1.setName("Lee");
        p1.setAge(45);

        p1.introduce();
        p2.introduce();
    }
}
```

해설

Person 클래스의 객체 p1이 생성되고, name은 null, age는 0으로 초기화된다.
Person 클래스의 또 다른 객체 p2가 생성되며, 마찬가지로 초기값은 null과 0이다.
p1 객체의 name 필드가 Lee로 설정된다.
p1 객체의 age 필드가 45로 설정된다.
p1을 이용하여 introduce() 메서드를 실행하고, p1 객체의 name과 age 값을 출력한다.
p2를 이용하여 introduce() 메서드를 실행하고, p2 객체의 name과 age 값을 출력한다.

정답 이름: Lee, 나이: 45
　　　이름: null, 나이: 0

002 다음 JAVA 프로그램의 출력 결과를 쓰시오.

```java
class Person {
    String name;
    int age;

    public void setName(String name) {
        this.name = name;
    }
    public void setAge(int age) {
        this.age = age;
    }
    void introduce() {
        System.out.println("이름: " + name + ", 나이: " + age);
    }
}
public class Main {
    public static void main(String[] args) {
        Person p1 = new Person();
        Person p2 = new Person();

        p1.setName("Lee");
        p1.setAge(45);

        p2.setName("Kim");
        p2.setAge(43);

        p1.introduce();
        p2.introduce();
    }
}
```

> **해설**
>
> Person 클래스의 객체 p1이 생성되고, name은 null, age는 0으로 초기화된다.
> Person 클래스의 또 다른 객체 p2가 생성되며, 마찬가지로 초기값은 null과 0이다.
> p1 객체의 name 필드는 Lee, age 필드는 45로 설정된다.
> p2 객체의 name 필드는 Kim, age 필드는 43으로 설정된다.
> p1을 이용하여 introduce() 메서드를 실행하고, p1 객체의 name과 age 값을 출력한다.
> p2를 이용하여 introduce() 메서드를 실행하고, p2 객체의 name과 age 값을 출력한다.

정답   이름: Lee, 나이: 45
         이름: Kim, 나이: 43

003 다음 JAVA 프로그램의 출력 결과를 쓰시오.

```java
class Person {
    public String name;
    public int age;
    public String toString(){
        String info = "name:" + name + ", age:" + age;
        return info;
    }
}

class Main {
    public static void main(String[] args) {
        Person person = new Person();
        person.name = "Lee";
        person.age = 24;
        System.out.println(person);
    }
}
```

> **해설**
>
> Person 클래스의 객체가 생성되고, 메모리에 person이라는 참조 변수가 할당된다.
> 객체의 name 필드에 "Lee"를 저장한다.
> 객체의 age 필드에 24를 저장한다.
> System.out.println(person); 실행 시, toString() 메서드가 자동으로 호출된다.
> toString() 메서드는 "name:Lee, age:24" 문자열을 반환하고 출력한다.

정답   name:Lee, age:24

004 다음 JAVA 프로그램의 출력 결과를 쓰시오.

```java
class Car{
    public String model;
    public int year;
    public void setModel(String model){
        this.model = model;
    }
    public String getModel(){
        return this.model;
    }
    public void setYear(int year){
        this.year = year;
    }
    public int getYear(){
        return this.year;
    }
    public void print(){
        System.out.println(this.model + " : " + this.year);
    }
    public static void main(String[] args){
        Car a = new Car();
        Car b = new Car();
        a.setModel("소나타");
        a.setYear(2020);
        b.setModel("그렌저");
        b.setYear(2016);
        a.print();
        b.print();
    }
}
```

> **해설**
> a와 b 객체는 Car 클래스의 인스턴스로 생성되며, 초기값은 자동으로 null(String)과 0(int)로 설정된다.
> a.setModel("소나타"): a 객체의 model 필드에 소나타를 저장한다.
> a.setYear(2020): a 객체의 year 필드에 2020을 저장한다.
> b.setModel("그렌저"): b 객체의 model 필드에 그렌저를 저장한다.
> b.setYear(2016): b 객체의 year 필드에 2016을 저장한다.
> print 메서드를 이용해서, 각 인스턴스의 값들을 출력한다.

| 정답 | 소나타 : 2020 |
| | 그렌저 : 2016 |

005 다음 JAVA 프로그램의 출력 결과를 쓰시오.

```java
class Store{
    public String name;
    public String item;

    public static void main(String[] args){
        Store a = new Store();
        Store b = new Store();
        a.name = "상점1";
        a.item = "인형";
        b.name = "상점2";
        b.item = "과자";
        System.out.println(a.name + " : " + a.item);
        System.out.println(b.name + " : " + b.item);
    }
}
```

해설

a와 b는 각각 독립적인 Store 객체로 생성된다.
이 시점에서 name과 item 필드는 자동으로 null로 초기화된다.
a.name = "상점1"; a 객체의 name 필드에 상점1을 저장한다.
a.item = "인형"; a 객체의 item 필드에 인형을 저장한다.
b.name = "상점2"; b 객체의 name 필드에 상점2를 저장한다.
b.item = "과자"; b 객체의 item 필드에 과자를 저장한다.
a 객체의 name과 item 값을 출력한다.
b 객체의 name과 item 값을 출력한다.

| 정답 | 상점1 : 인형 |
| | 상점2 : 과자 |

006 다음 JAVA 프로그램의 출력 결과를 쓰시오.

```
class Main {
    private int a;
    public void set(int a) {this.a=a;}
    public void add(int d) {a+=d;}
    public void print() {System.out.println(a);}
    public static void main(String args[]) {
        Main p = new Main();
        Main q;
        p.set(10);
        q=p;
        p.add(10);
        q.set(30);
        p.print();
    }
}
```

해설

p는 Main 클래스의 객체를 생성하여 참조한다.
q는 참조 변수로 선언되었으나 아직 객체를 참조하지 않는다.
p 객체의 set 메서드를 호출하여 a=10으로 설정한다.
참조 변수 q가 p와 동일한 객체를 참조하게 된다.
이로 인해 p와 q는 동일한 객체를 가리키며, 하나의 변경은 다른 참조에도 영향을 미친다.
p 객체의 add 메서드를 호출하여 a 값에 10을 더한다.
q 객체(실제로는 p와 동일한 객체)의 set 메서드를 호출하여 a=30으로 설정한다.
p 객체의 print 메서드를 호출하여 필드 a 값을 출력한다.

정답   30

007 다음 JAVA 프로그램의 출력 결과를 쓰시오.

```
class Conv{
    public int a = 0;
    public Conv(int a){
        this.a=a;
    }
    int func(){
        int b=1;
        for(int i =1;i<a;i++){
            b=a*i+b;
        }
        return a+b;
    }
}

public class Main {
    public static void main(String args[]) {
        Conv obj=new Conv(3);
        obj.a=5;
        int b=obj.func();
        System.out.print(obj.a+b);
    }
}
```

해설

Conv 클래스의 객체 obj를 생성하며, 생성자 Conv(int a)가 호출되어 필드 a가 3으로 초기화된다.
생성된 객체 obj의 필드 a 값을 5로 변경한다.
func() 메서드를 실행하여, 56값을 반환하고, b 변수에 대입된다.
obj.a=5, b=56이므로 출력값은 61이 된다.

정답   61

008 다음 JAVA 프로그램의 출력 결과를 쓰시오.

```
class Ref {
    int a;
    Ref(int x) {
        a = x;
    }
    int sum(Ref obj) {
        int k;
        k = obj.a - a;
        a = 10; obj.a = 20;
        return k;
    }
}

public class Main {
    public static void main(String args[]) {
        Ref obj1 = new Ref(3);
        Ref obj2 = new Ref(4);
        int k1 = obj2.sum(obj1);
        System.out.print(" k1="+k1);
        System.out.print(", obj1.a="+obj1.a);
        System.out.print(", obj2.a="+obj2.a);
    }
}
```

해설

obj1과 obj2는 각각 a 값을 3과 4로 초기화한다.
sum 메서드는 매개변수 객체의 참조를 받아 두 객체의 a 값을 조작한다.
obj1.a와 obj2.a는 같은 메모리 공간을 공유하지 않으므로 독립적으로 변경된다.
sum 메서드 내부에서 a 값을 변경한 후 반환값으로 k를 계산한다.
obj2.sum(obj1) 호출 시, k = obj1.a - obj2.a = 3 - 4 = -1
obj2.a=10, obj1.a=20으로 변경한다.
결과로 넘어온 k1 값과, obj1과 obj2의 필드 a 값을 출력한다.

정답 k1=-1, obj1.a=20, obj2.a=10

009 다음 JAVA 프로그램의 출력 결과를 쓰시오.

```java
class Ref {
    int a;
    Ref(int x) {
        a = x;
    }
    int update(Ref obj) {
        obj.a += this.a;
        this.a = obj.a - this.a;
        return obj.a;
    }
}
public class Main {
    public static void main(String args[]) {
        Ref obj1 = new Ref(2);
        Ref obj2 = new Ref(3);

        int result1 = obj1.update(obj2);
        int result2 = obj2.update(obj1);

        System.out.print("r1=" + result1 + ", ");
        System.out.print("r2=" + result2 + ", ");
        System.out.print("obj1.a=" + obj1.a + ", ");
        System.out.print("obj2.a=" + obj2.a);
    }
}
```

해설

obj1은 a=2로, obj2는 a=3으로 초기화한다.
- 첫 번째 호출
obj2.a = obj2.a + obj1.a = 3 + 2 = 5
obj1.a = obj2.a - obj1.a = 5 - 2 = 3
반환은 obj2.a인 5를 반환한다.
- 두 번째 호출
obj1.a = obj1.a + obj2.a = 3 + 5 = 8
obj2.a = obj1.a - obj2.a = 8 - 5 = 3
반환은 obj1.a인 8을 반환한다.
obj1과 obj2의 값들을 참조해서 변경했기 때문에, 최종 저장된 값을 출력하게 된다.

정답   r1=5, r2=8, obj1.a=8, obj2.a=3

010 다음 JAVA 프로그램의 출력 결과를 쓰시오.

```
class Ref {
    int a;
    Ref(int x) {
        a = x;
    }
    Ref update(Ref obj) {
        obj.a += this.a;
        this.a = obj.a - this.a;
        Ref newObj = new Ref(obj.a * this.a);
        return newObj;
    }
}
public class Main {
    public static void main(String args[]) {
        Ref obj1 = new Ref(2); // obj1.a = 2
        Ref obj2 = new Ref(3); // obj2.a = 3

        Ref newObj1 = obj1.update(obj2);
        Ref newObj2 = obj2.update(obj1);

        System.out.print("new1.a=" + newObj1.a + ", ");
        System.out.print("new2.a=" + newObj2.a + ", ");
        System.out.print("obj1.a=" + obj1.a + ", ");
        System.out.print("obj2.a=" + obj2.a);
    }
}
```

해설

obj1.update(obj2): obj2.a = 5, obj1.a = 3, 새로운 객체 생성(newObj1.a = 15)
obj2.update(obj1): obj1.a = 8, obj2.a = 3, 새로운 객체 생성(newObj2.a = 24)

정답 new1.a=15, new2.a=24, obj1.a=8, obj2.a=3

011 다음 JAVA 프로그램의 출력 결과를 쓰시오.

```java
class Car {
    String model;
    Car() {
        this.model = "My Car";
    }
    Car(String model) {
        this.model = model;
    }
    void getModel() {
        System.out.println(this.model);
    }
}
class Test {
    public static void main(String args[]) {
        Car aCar = new Car("제네시스");
        Car bCar = new Car ();
        aCar.getModel();
        bCar.getModel();
    }
}
```

해설

aCar 인스턴스를 생성하면서, 매개변수가 하나 있는 생성자를 호출한다.
bCar 인스턴스를 생성하면서, 매개변수가 없는 기본 생성자를 호출한다.
aCar의 model은 제네시스로 초기화, bCar의 model은 My Car로 초기화된다.
최종 출력은 제네시스와 My Car이다.

정답 제네시스
My Car

012 다음 JAVA 프로그램의 출력 결과를 쓰시오.

```java
class Vehicle {
    String type;
    String brand;
    Vehicle() {
        this("Unknown", "Unknown");
    }
    Vehicle(String type, String brand) {
        this.type = type;
        this.brand = brand;
    }
    void showDetails() {
        System.out.println(type + ", " + brand);
    }
}

public class Main {
    public static void main(String[] args) {
        Vehicle v1 = new Vehicle();
        Vehicle v2 = new Vehicle("SUV", "Hyundai");

        v1.showDetails();
        v2.showDetails();
    }
}
```

해설

v1 인스턴스는 기본 생성자를 호출하고, 기본 생성자에서는 인자 있는 생성자를 명시적으로 호출하며, Unknown을 전달한다.
v1의 필드는, type = "Unknown", brand = "Unknown" 다음과 같이 만들어지게 된다.
v2 인스턴스는 매개변수가 있는 생성자를 호출하고, 전달된 인자를 필드에 대입한다.
v2의 필드는, type = "SUV", brand = "Hyundai" 다음과 같이 만들어지게 된다.

정답 Unknown, Unknown
　　　　SUV, Hyundai

013 다음 자바 코드를 컴파일할 때, 문법 오류가 발생하는 부분의 기호를 쓰시오.

```java
class Person {
    private String name;
    public int age;
    public void setAge(int age) {
        this.age = age;
    }
    public String toString() {
        return("name: " + this.name + ", age : " + this.age);
    }
}
class PersonTest {
    public static void main(String[] args) {
        Person a = new Person();     // ㉠
        a.setAge(27);                // ㉡
        a.name = "Gildong";          // ㉢
        System.out.println(a);       // ㉣
    }
}
```

해설

name 필드는 private로 선언되어, 클래스 외부에서 직접 접근할 수 없다.
㉠: Person 클래스의 기본 생성자를 통해 객체 a를 생성한다.
㉡: setAge 메서드를 호출하여 age 필드 값을 27로 설정한다.
㉢: name 필드는 private로 선언되어, 클래스 외부에서 직접 접근할 수 없다.
㉣: toString() 메서드가 호출되어 name과 age 정보를 출력한다. ㉢에서 오류가 발생하여 실행되지 않지만, 문법 자체에는 오류가 없다.

정답 ㉢

014 다음 프로그램의 A3 클래스에서 직접 참조할 수 있는 객체 변수들로 옳은 것만을 모두 쓰시오.

```
class A1 {
    public int x;
    private int y;
    protected int z;
    ...
}
class A2 extends A1 {
    protected int a;
    private int b;
    ...
}
class A3 extends A2 {
    private int q;
    ...
}
```

해설

A1 클래스에서 x는 어디서든, y는 같은 클래스 내에서, z는 상속 관계에서 사용이 가능하다.
A2 클래스에서 a는 상속 관계, b는 같은 클래스 내에서 사용이 가능하다.
A3 클래스에서 q는 같은 클래스 내에서 사용이 가능하다.
A3 클래스는 A1, A2를 모두 상속받았기 때문에 A1 클래스의 x, z, A2 클래스의 a, A3 클래스의 q가 사용 가능하다.

정답 x, z, a, q

015 다음 프로그램에서 오류가 발생하는 부분을 찾아 기호를 쓰고, 이유를 설명하시오.

```
package mypackage;
public class Animal {
    public String name;
    protected int age;
    String type;
    private double weight;

    public void setWeight(double weight) {
        this.weight = weight;
    }

    public double getWeight() {
        return this.weight;
    }
}

package anotherpackage;
import mypackage.Animal;
public class Dog extends Animal {
    public void display() {
        System.out.println("Name: " + name);         // ㉠
        System.out.println("Age: " + age);           // ㉡
        System.out.println("Type: " + type);         // ㉢
        System.out.println("Weight: " + getWeight()); // ㉣
    }
}
```

해설

㉠ name은 public한 멤버 변수이기 때문에, 외부에서의 접근이 가능하다.
㉡ age는 protected한 멤버 변수이고, protected는 상속이나 같은 패키지에 있으면 가능하다.
● Dog는 Animal을 상속 받았기 때문에, 사용이 가능하다.
㉣ getWeight() 메서드는 public한 형태이고, public은 어디서든 접근이 가능하다.

정답 ㉢, type은 default 접근 지정자를 가지며, 다른 패키지의 클래스에서는 접근을 할 수 없다. type 필드는 mypackage 내에서만 접근이 가능하다.

CHAPTER 02 상속과 생성자

1. 상속(Inheritance)

(1) 상속의 개념
- 기존 클래스(부모 클래스)의 멤버(필드, 메서드)를 새로운 클래스(자식 클래스)가 물려받아 재사용하고 확장하는 기능이다.
- 코드의 재사용성을 높이고, 계층 구조를 통해 객체 지향 프로그래밍의 주요 개념인 다형성(Polymorphism)을 구현할 수 있다.

(2) 상속의 특징
- 부모 클래스의 필드와 메서드를 자식 클래스가 물려받아 사용할 수 있다.
- 자식 클래스에서 부모 클래스의 기능을 확장하거나 수정하여 사용할 수 있다.
- 부모 클래스의 참조를 통해 자식 클래스의 객체를 사용할 수 있어, 동일한 메서드 호출이 다양한 결과를 가져올 수 있다.
- 부모 클래스의 Protected 또는 Public 멤버에만 자식 클래스가 접근할 수 있다.
- 부모 클래스의 형태로는 객체를 생성할 수 있지만, 자식 클래스의 형태로는 부모 클래스의 객체를 생성할 수 없다.

(3) 상속 관련 키워드

1) extends
- 자식 클래스가 부모 클래스를 상속받을 때 사용하는 키워드이다.
- 예: class Child extends Parent

2) super
- 부모 클래스의 멤버(필드, 메서드, 생성자)를 참조할 때 사용하는 키워드이다.
- 예제

```java
class Parent {
    String name = "Parent";
    void display() {
        System.out.println("Parent display()");
    }
}
```

```
class Child extends Parent {
    String name = "Child";
    void show() {
        System.out.println("Name: " + name);        // 자식 클래스의 필드
        System.out.println("Name: " + super.name);  // 부모 클래스의 필드
        super.display();                            // 부모 클래스의 메서드 호출
    }
}
```

3) final

- 더 이상 상속이 불가능하게 만든다.
- 예제

```
// 더 이상 상속이 불가능한 클래스
final class Parent {
    void display() {
        System.out.println("Parent display()");
    }
}

// 자식 클래스에서 오버라이딩 할 수 없는 메서드
class Parent {
    final void display() {
        System.out.println("Parent display()");
    }
}
```

(4) 상속 예제

```java
class Parent {
    // 부모 클래스의 필드와 메서드
    String name;

    void showName() {
        System.out.println("Name: " + name);
    }
}

class Child extends Parent { // Child 클래스가 Parent 클래스를 상속
    int age;

    void showAge() {
        System.out.println("Age: " + age);
    }
}
public class Main {
    public static void main(String[] args) {
        Child child = new Child();
        child.name = "Alice"; // 부모 클래스의 필드 사용
        child.age = 25;       // 자식 클래스의 필드 사용
        child.showName();     // 부모 클래스의 메서드 사용
        child.showAge();      // 자식 클래스의 메서드 사용
    }
}
```

[실행 결과]
Name: Alice
Age: 25

2. 상속과 생성자 관계

(1) 상속과 생성자의 기본 개념
- 상속은 부모 클래스의 멤버(필드와 메서드)를 자식 클래스가 물려받지만, 생성자는 상속되지 않는다.
- 자식 클래스의 생성자가 호출될 때, 반드시 부모 클래스의 생성자가 먼저 호출된다.
- 자식 클래스에서 부모 클래스의 생성자를 호출할 때, super() 키워드를 사용한다.
- 자식 클래스에서 부모 클래스의 생성자를 명시적으로 호출하지 않으면, 자동으로 부모의 기본 생성자를 호출한다. (생성자가 있을 경우)
- 부모 클래스에 기본 생성자가 없고, 매개변수 생성자만 존재하면, 자식은 super(매개변수)를 명시적으로 호출해야 한다.

(2) super()와 this()의 관계

1) super()
- 부모 클래스의 생성자를 호출한다.
- 반드시 자식 생성자의 첫 줄에 위치해야 한다.

2) this()
- 같은 클래스 내의 다른 생성자를 호출한다.
- this()와 super()는 함께 사용할 수 없다.
- this()를 이용해 같은 클래스의 다른 생성자를 호출하면 부모 생성자 호출 권한도 같이 넘어간다.

(3) 생성자 예제

1) 부모의 생성자를 명시하지 않은 경우

```java
class Parent {
    Parent() {
        System.out.println("Parent");
    }
    Parent(String name){
        System.out.println("Parent:"+name);
    }
}
class Child extends Parent {
    Child() {
        System.out.println("Child");
    }
}
```

```
public class Main {
    public static void main(String[] args) {
        Child child = new Child();
    }
}
```

[실행 결과]
Parent
Child

2) 부모의 생성자를 명시한 경우

```
class Parent {
    Parent() {
        System.out.println("Parent");
    }
    Parent(String name){
        System.out.println("Parent:"+name);
    }
}
class Child extends Parent {
    Child() {
        super("PP");
        System.out.println("Child");
    }
}
public class Main {
    public static void main(String[] args) {
        Child child = new Child();
    }
}
```

[실행 결과]
Parent:PP
Child

3) this() 사용

```java
class Parent {
    Parent() {
        System.out.println("Parent");
    }
    Parent(String name){
        System.out.println("Parent:"+name);
    }
}
class Child extends Parent {
    Child() {
        this("Lee");
        System.out.println("Child 1");
    }
    Child(String name) {
        super("PP");
        System.out.println("Child 2:"+name);
    }
}
public class Main {
    public static void main(String[] args) {
        Child child1 = new Child();
        Child child2 = new Child("Kim");
    }
}
```

[실행 결과]
Parent:PP
Child 2:Lee
Child 1
Parent:PP
Child 2:Kim

문제풀이

001 다음 JAVA 프로그램의 출력 결과를 쓰시오.

```java
class Subject1 {
    protected int a = 1000;
    public int fun1(){
        return a;
    }
}
class Subject2 extends Subject1 {
    private int b = 5;
    public int fun2(){
        return a/b;
    }
}
class Example{
    public static void main(String[] args){
        Subject2 sub = new Subject2();
        System.out.println( sub.fun1() );
        System.out.println( sub.fun2() );
    }
}
```

해설

Subject2는 Subject1을 상속받는다.
Subject2는 부모로부터 물려받은 멤버변수 a와 fun1 메서드를 사용할 수 있다.
sub 인스턴스를 Subject2의 형태로 생성한다.
sub.fun1(); 부모의 fun1을 호출하여 1000을 출력하게 된다.
sub.fun2(); 자식의 fun2를 호출하여 1000/5=200을 출력하게 된다.

정답 1000
        200

002 다음 Java 프로그램은 오류가 발생한다. 오류가 발생하는 부분의 기호와 이유를 설명하시오.

```java
class Parent {
    void parentMethod() {
        System.out.println("Parent 클래스의 parentMethod 호출");
    }
}

class Child extends Parent {
    void childMethod() {
        System.out.println("Child 클래스의 childMethod 호출");
    }
}

public class Main {
    public static void main(String[] args) {
        Parent obj = new Child(); // ㉠
        obj.parentMethod(); // ㉡
        obj.childMethod(); // ㉢
    }
}
```

정답 ㉢

Parent 타입 변수로 선언되었으므로, 부모 클래스에 정의된 메서드(parentMethod())만 호출할 수 있다. 자식 클래스에만 정의된 메서드(childMethod())는 부모 클래스 타입 변수에서 접근할 수 없으므로 컴파일 에러가 발생한다.

003 다음 Java 프로그램은 오류가 발생한다. 오류가 발생하는 부분의 기호와 이유를 설명하시오.

```java
class C {}
class CS extends C {}
class CI extends C {}
class Example {
    static C c1 = new CI();   // ㉠
    static C c2 = new CS();   // ㉡
    static CS cs = new C();   // ㉢
    static CI ci = new CI();  // ㉣
}
```

정답　ⓒ

CS 타입 변수 cs에 부모 클래스인 C의 객체를 할당하려고 시도하고 있다.
이는 상속 관계에서 부모 클래스 객체를 자식 클래스 타입 변수에 직접 할당할 수 없기 때문에 컴파일 오류가 발생한다.

004　다음 JAVA 프로그램의 출력 결과를 쓰시오.

```java
class A {
    A() { System.out.printf("%d ", 10); }
}
class B extends A {
    B(int a) { System.out.printf("%d ", a); }
}
class C extends B {
    C(int a) {
        super(a/10);
        System.out.printf("%d ", a);
    }
}
class Test {
    public static void main(String args[]) {
        A b = new C(1000);
    }
}
```

해설

main 메서드에서 A 타입 변수 b에 C 클래스 객체를 생성한다.
객체 생성 시 C 클래스의 생성자가 호출된다.
new C(1000) 실행, C 클래스 생성자가 실행되며, 첫 줄에서 super(100)을 호출한다.
B 클래스 생성자가 실행되며, 첫 줄에서 super() 호출을 통해 A 클래스의 생성자가 호출된다. (부모의 생성자를 명시하지 않으면 부모의 기본 생성자가 호출된다.)
A 클래스 생성자가 실행되고 10을 출력한다.
B 클래스 생성자에서 100을 출력한다.
C 클래스 생성자에서 1000을 출력한다.

정답　10 100 1000

005 다음 JAVA 프로그램의 출력 결과를 쓰시오.

```java
class X {
    X() {
        System.out.printf("%d ", 5);
    }
}
class Y extends X {
    Y() {
        System.out.printf("%d ", 15);
    }
    Y(int a) {
        this();
        System.out.printf("%d ", a);
    }
}
class Z extends Y {
    Z() {
        super(25);
        System.out.printf("%d ", 35);
    }
}
class Test {
    public static void main(String[] args) {
        X obj1 = new Y();
        System.out.println();
        X obj2 = new Z();
        System.out.println();
        Z obj3 = new Z();
    }
}
```

해설

main 메서드에서 X 타입 변수 obj1에 Y 클래스 객체를 생성한다.
객체 생성 시 Y 클래스의 생성자가 호출된다.
new Y() 실행, 첫 줄에서 부모 클래스인 X의 생성자가 호출된다.
X 생성자가 실행되며 5가 출력된다.
Y() 생성자에서 15가 출력된다.

X 타입 변수 obj2에 Z 클래스 객체를 생성한다.
객체 생성 시 Z 클래스의 생성자가 호출된다.
new Z() 실행, 첫 줄에서 super(25)를 호출하므로 Y(int a) 생성자가 실행된다.
Y(int a) 실행, Y(int a) 생성자의 첫 줄에서 this() 호출이 있어, Y 클래스의 기본 생성자를 호출한다.
Y() 실행, 첫 줄에서 부모 클래스인 X의 생성자가 호출된다.
X 생성자가 실행되며 5가 출력된다.
Y() 생성자에서 15가 출력된다.
Y(int a) 생성자에서 25가 출력된다.
Z 생성자에서 35가 출력된다.

obj3도 obj2와 동일하게 생성자를 호출하게 된다.
앞에 있는 변수 타입은 생성자 호출과는 관련이 없고, 어떤 형태로 객체를 생성했는지를 확인해서 호출해 준다.

정답   5 15
　　　　　5 15 25 35
　　　　　5 15 25 35

006 다음 JAVA 프로그램의 출력 결과를 쓰시오.

```java
class A{
    int a;
    A(int a){
        this.a = a;
    }
    void display(){
        System.out.println("a="+a);
    }
}
class B extends A{
    B(int a){
        super(a);
        super.display();
    }
}
class Main{
    public static void main(String[] args){
        B obj = new B(10);
    }
}
```

해설

B 클래스는 A 클래스를 상속받고, 생성자에서 부모 클래스의 생성자를 호출한다.
부모 클래스의 생성자를 호출한 후, 부모 클래스의 메서드를 실행한다.
super 키워드를 사용하여 부모 클래스의 생성자와 메서드를 명시적으로 호출하였다.
출력 결과는 부모 클래스의 display() 메서드에 의해 생성된다.

정답   a=10

007 다음 JAVA 프로그램의 출력 결과를 쓰시오.

```java
class Super {
    Super() {
        System.out.print('A');
    }
    Super(char x) {
        System.out.print(x);
    }
}
class Sub extends Super {
    Sub() {
    super();
        System.out.print('B');
    }
    Sub(char x) {
        this();
        System.out.print(x);
    }
}
class Test {
    public static void main(String[] args) {
        Super s1 = new Super('C');
        Super s2 = new Sub('D');
    }
}
```

해설

첫 번째 객체 생성: Super s1 = new Super('C');
Super(char x) 생성자가 호출된다.
매개변수 x에 전달된 'C'가 출력된다.
두 번째 객체 생성: Super s2 = new Sub('D');
Sub(char x) 생성자가 호출된다.
첫 줄에서 this()를 호출하여 같은 클래스의 기본 생성자 Sub()가 실행된다.
Sub()에서 첫 줄로 super() 호출하여 부모 클래스의 기본 생성자 Super()가 실행된다.
Super()에서 'A'가 출력된다.
이후, Sub()의 나머지 코드에서 'B'가 출력된다.
다시 Sub(char x)로 돌아와 매개변수 x 값 'D'를 출력한다.

정답   CABD

008 다음 JAVA 프로그램의 출력 결과를 쓰시오.

```java
class Animal {
    Animal() {
        System.out.println("A");
    }
    Animal(String name) {
        System.out.println("B");
    }
}

class Dog extends Animal {
    Dog() {
        System.out.println("C");
    }
    Dog(int age) {
        this();
        System.out.println("D");
    }
    Dog(String name, int age) {
        super("name");
        System.out.println("E");
    }
    public static void main(String[] args) {
        Animal a1 = new Animal();
        Animal a2 = new Animal("Tiger");
    }
}
```

해설

Animal a1 = new Animal(); Animal 클래스의 기본 생성자가 호출된다.
Animal a2 = new Animal("Tiger"); Animal 클래스의 매개변수 있는 생성자 Animal(String name)이 호출된다.

정답   A
         B

009 다음 JAVA 프로그램의 출력 결과를 쓰시오.

```java
class Animal {
    Animal() {
        System.out.print("A");
    }
    Animal(String name) {
        System.out.print("B");
    }
}

class Dog extends Animal {
    Dog() {
        System.out.print("C");
    }
    Dog(int age) {
        this();
        System.out.print("D");
    }
    Dog(String name, int age) {
        super("name");
        System.out.print("E");
    }
    public static void main(String[] args) {
        Dog dog1 = new Dog();
        Dog dog2 = new Dog(3);
        Dog dog3 = new Dog("Buddy", 5);
    }
}
```

> 해설

- 첫 번째 객체 생성
Dog() 생성자가 호출된다.
super()가 암묵적으로 호출되어 Animal() 생성자가 실행된다.
이후 Dog()의 나머지 코드가 실행된다.
- 두 번째 객체 생성
Dog(int age) 생성자가 호출된다.
첫 줄에서 this()가 호출되어 같은 클래스의 기본 생성자 Dog()가 실행된다.
super()가 암묵적으로 호출되어 Animal() 생성자가 실행된다.
이후 Dog()의 나머지 코드가 실행된다.
다시 Dog(int age)로 돌아와 나머지 코드가 실행된다.
- 세 번째 객체 생성
Dog(String name, int age) 생성자가 호출된다.
첫 줄에서 super("name")이 호출되어 Animal(String name) 생성자가 실행된다.
이후 Dog(String name, int age)의 나머지 코드가 실행된다.

정답 ACACDBE

CHAPTER 03 메서드 오버로딩 / 메서드 오버라이딩 / 하이딩

1. 메서드 오버로딩

(1) 오버로딩 개념
- 같은 이름의 메서드를 인자만 다르게 하여 중복 정의하는 것을 의미한다.
- 메서드 호출 시 전달되는 매개변수의 수, 타입, 순서에 따라 서로 다른 메서드가 호출된다.

(2) 오버로딩의 특징
- 메서드 이름은 동일하지만, 매개변수의 개수, 타입, 순서가 다르다.
- 오버로딩은 매개변수의 시그니처로만 구분되며, 반환 타입이 다르더라도 오버로딩되지 않는다.
- 호출될 메서드는 컴파일 시점에 결정된다.

(3) 오버로딩 예제

```java
class Calculator {
    int add(int a, int b) {
        return a + b;
    }
    int add(int a, int b, int c) {
        return a + b + c;
    }
    double add(double a, double b) {
        return a + b;
    }
    double add(int a, double b) {
        return a + b;
    }
}
public class Main {
    public static void main(String[] args) {
        Calculator calc = new Calculator();
        System.out.println(calc.add(10, 20));       // int, int → 30
        System.out.println(calc.add(10, 20, 30));   // int, int, int → 60
        System.out.println(calc.add(10.5, 20.5));   // double, double → 31.0
```

```
            System.out.println(calc.add(10, 20.5));        // int, double → 30.5
    }
}
```

```
[실행 결과]
30
60
31.0
30.5
```

2. 메서드 오버라이딩

(1) 오버라이딩 개념
- 상속 관계에서 부모 클래스에서 정의된 메서드를 자식 클래스에서 다시 재정의하는 것을 의미한다.
- 부모 클래스의 메서드를 그대로 사용하는 대신, 자식 클래스에서 필요에 따라 동작을 변경할 수 있다.

(2) 오버라이딩의 특징
- 부모 클래스의 메서드를 자식 클래스에서 재정의하는 경우에만 사용된다.
- 메서드 이름, 매개변수 타입 및 개수, 반환 타입이 부모 클래스와 동일해야 한다.
- @Override 어노테이션을 사용하여 오버라이딩을 명시적으로 표시하는 것이 좋다.

(3) 오버라이딩 예제

```java
class Animal {
    void sound() {
        System.out.println("Animal");
    }
}
class Dog extends Animal {
    @Override
    void sound() {
        System.out.println("Dog");
    }
}
public class Main {
```

```
        public static void main(String[] args) {
            Animal animal = new Animal();
            animal.sound(); // 부모 클래스 메서드 호출
            Animal dog = new Dog();
            dog.sound(); // 자식 클래스에서 오버라이딩된 메서드 호출
        }
    }
```

[실행 결과]
Animal
Dog

3. 하이딩

(1) 하이딩 개념

- 상위 클래스의 static 메서드를 하위 클래스에서 같은 이름과 시그니처로 다시 선언하는 것을 의미한다.
- 상속 관계에서 static 메서드는 클래스 소속으로 동작하므로, 런타임 다형성이 적용되지 않는다.
- 하이딩된 메서드는 참조 변수의 타입에 따라 호출된다.

(2) 하이딩의 특징

- 메서드 이름과 매개변수의 시그니처가 상위 클래스의 static 메서드와 동일해야 한다.
- 하이딩은 static 메서드에서만 발생하며, 인스턴스 메서드에는 적용되지 않는다.
- 하이딩된 메서드는 객체의 실제 타입과 상관없이 참조 변수의 타입에 따라 호출된다.
- 하이딩은 부모 클래스의 static 메서드를 대체하거나 오버라이딩하지 않는다.

(3) 하이딩 예제

```java
class Parent {
    static void display() {
        System.out.println("Parent");
    }
}
class Child extends Parent {
    static void display() { // 부모 클래스의 static 메서드를 하이딩
        System.out.println("Child");
    }
}
public class Main {
    public static void main(String[] args) {
        Parent p = new Parent();
        Parent c1 = new Child();
        Child c2 = new Child();
        p.display();
        c1.display();
        c2.display();
    }
}
```

[실행 결과]
Parent
Parent
Child

문제풀이

001 다음 JAVA 프로그램의 출력 결과를 쓰시오.

```
class Person {
    String name;
    int age;
    int height;
    public void set_data(String p_name){
        name = p_name;
    }
    public void set_data(String p_name, int p_age){
        name = p_name;
        age = p_age;
    }
    public void print(){
        System.out.println(name + " : "+age+", "+height);
    }
    public static void main(String[] args){
        Person p1 = new Person();
        p1.set_data("홍길동");
        p1.print();
        Person p2 = new Person();
        p2.set_data("김길동", 40);
        p2.print();
    }
}
```

해설

p1 객체가 생성되고, 모든 필드는 기본값(name=null, age=0, height=0)으로 초기화된다.
set_data(String p_name) 메서드가 호출되어 name이 "홍길동"으로 설정된다.
age와 height는 변경되지 않아 기본값(0)을 유지한다.
p2 객체가 생성되고, 모든 필드는 기본값(name=null, age=0, height=0)으로 초기화된다.
set_data(String p_name, int p_age) 메서드가 호출되어 name이 "김길동"으로, age가 40으로 설정된다.
height는 변경되지 않아 기본값(0)을 유지한다.

정답 홍길동 : 0, 0
         김길동 : 40, 0

002 다음 JAVA 프로그램의 출력 결과를 쓰시오.

```java
class A {
    void f() { System.out.println("0"); }
    void f(int i) { System.out.println(i); }
    void f(int i, int j) { System.out.println(i+j); }
    public static void main(String args[]) {
        A a = new A();
        a.f();
        a.f(25, 25);
    }
}
```

해설

A 클래스의 객체 a가 생성된다.
a.f(); 매개변수가 없는 형태의 f() 메서드가 호출된다.
System.out.println("0"); 실행되어 "0"이 출력된다.
a.f(25, 25); 두 개의 매개변수를 가진 f(int i, int j) 메서드가 호출된다.
매개변수 i=25와 j=25가 전달되며, 두 값의 합(50)이 출력된다.

정답 0
50

003 다음 JAVA 프로그램의 출력 결과를 쓰시오.

```
class A {
    public int init( int a, int b ){
        return a + b;
    }
    public int init( int a ) {
        return init( a, 10 );
    }
}
class Main {
    public static void main(String args[]) {
        A a = new A();
        System.out.println(a.init(100));
    }
}
```

해설

A a = new A();: 클래스 A의 객체 a가 생성된다.
a.init(100) 호출, init(int a) 메서드 내부에서 init(a, 10)이 호출된다.
init(a, 10) 호출, a는 100, b는 10으로 전달된다.
두 값의 합(100 + 10)인 110이 반환된다.

정답 110

004 다음 JAVA 프로그램의 출력 결과를 쓰시오.

```java
class Calculate {
    public int cal(int a, int b) {
        return a - b;
    }
    public float cal(float a, float b) {
        return a - b;
    }
    public double cal(double a, double b) {
        return a + b;
    }
    public int cal(int a, int b, int c) {
        return a + b + c;
    }
}

class Example {
    public static void main(String[] args) {
        Calculate a = new Calculate();
        System.out.print( a.cal(31, 69, 25) + ", " );
        System.out.println( a.cal(24.8, 5.1) );
    }
}
```

해설

Calculate 클래스의 객체 a가 생성된다.
- 첫 번째 메서드 호출
cal(int a, int b, int c) 메서드가 호출된다.
전달된 값(a = 31, b = 69, c = 25)을 계산하여 125를 반환하고 출력한다.
- 두 번째 메서드 호출
cal(double a, double b) 메서드가 호출된다.
전달된 값(a = 24.8, b = 5.1)을 계산하여 29.9를 반환하고 출력한다.
자바에서 실수 리터럴(예: 24.8 또는 5.1)은 기본적으로 double 타입으로 간주된다.
실수 리터럴 값을 float로 명시적으로 지정해야 한다.
System.out.println(a.cal(24.8f, 5.1f)); // 명시적으로 float 지정

정답   125, 29.9

005 다음 JAVA 프로그램의 출력 결과를 쓰시오.

```java
class A {
    public int add(int a, int b) { return a+b;}
    public int add(double a, double b) { return (int)(a*b); }
    public int add(float a, float b) { return (int)(a-b); }
}

class Main {
    public static void main(String args[]) {
        A a = new A();
        System.out.println(a.add(100, 200));
        System.out.println(a.add((float)5.7, (float)9.8));
        System.out.println(a.add(5.7, 9.8));
    }
}
```

해설

클래스 A의 객체 a가 생성된다.
• 첫 번째 메서드 호출
매개변수가 두 개의 int 값이므로, add(int a, int b) 메서드가 호출된다.
전달된 값(a=100, b=200)을 계산하여 300을 반환하고 출력한다.
• 두 번째 메서드 호출
매개변수가 두 개의 float 값이므로, add(float a, float b) 메서드가 호출된다.
전달된 값(a=5.7, b=9.8)을 계산하여 -4를 반환하고 출력한다.
• 세 번째 메서드 호출
매개변수가 두 개의 double 값이므로, add(double a, double b) 메서드가 호출된다.
전달된 값(a=5.7, b=9.8)을 계산하여 55.86이 나오고, int형으로 형변환하여 55를 반환하고 출력한다.

정답 300
-4
55

006 다음 JAVA 프로그램의 출력 결과를 쓰시오.

```java
class Test {
    public static void main(String[] args){
        int x=1, y=2;
        double m=3.4, n=5.6;
        int[] p={10, 20, 30, 40};

        System.out.print(sum(m, n) + " ");
        System.out.print(sum(x, y) + " ");
        System.out.print(sum(p));
    }
    public static int sum(int a, int b){
        return a + b;
    }
    public static double sum(double a, double b){
        return a + b;
    }
    public static int sum(int a[]){
        int total=0;

        for (int i=0; i< a.length; i++)
            total += a[i];

        return total;
    }
}
```

해설

int x=1, y=2;: 두 개의 정수 변수 x와 y를 선언하고 각각 1, 2로 초기화한다.
double m=3.4, n=5.6;: 두 개의 실수 변수 m과 n을 선언하고 각각 3.4, 5.6으로 초기화한다.
int[] p={10, 20, 30, 40};: 정수 배열 p를 선언하고 초기화한다.
• 첫 번째 sum 호출
매개변수가 두 개의 double 값이므로, sum(double a, double b) 메서드가 호출된다.
전달된 값(a=3.4, b=5.6)을 계산하여 9.0을 반환하고 출력한다.
• 두 번째 sum 호출
매개변수가 두 개의 int 값이므로, sum(int a, int b) 메서드가 호출된다.
전달된 값(a=1, b=2)을 계산하여 3을 반환하고 출력한다.
• 세 번째 sum 호출
매개변수가 int 배열이므로, sum(int a[]) 메서드가 호출된다.
전달된 값(배열 p={10, 20, 30, 40})을 계산하여 100을 반환하고 출력한다.

정답   9.0 3 100

007 다음 JAVA 프로그램의 출력 결과를 쓰시오.

```java
class Adder {
    public int add(int a, int b) { return a+b;}
    public double add(double a, double b) { return a+b; }
}
class Computer extends Adder {
    private int x;
    public int calc(int a, int b, int c) {
        if (a == 1) return add(b, c);
        else
            return x;
    }
}

class Main {
    public static void main(String args[]) {
        Computer c = new Computer();
        System.out.println("100 + 200 = " + c.calc(1, 100, 200));
        System.out.println("5.7 + 9.8 = " + c.add(5.7, 9.8));
    }
}
```

해설

Computer 클래스의 객체 c가 생성된다.
- 첫 번째 출력
calc 메서드가 호출되며, 매개변수 a=1, b=100, c=200이 전달된다.
조건문에서 a == 1이 참이므로, add(b, c)가 호출된다.
add(100, 200) 실행하여 300을 반환하고 출력한다.
- 두 번째 출력
add 메서드가 호출되며, 매개변수 5.7과 9.8이 전달된다.
매개변수가 double 타입이므로, add(double a, double b) 메서드가 호출된다.
반환값 15.5를 출력한다.

정답 100 + 200 = 300
5.7 + 9.8 = 15.5

008 다음 자바 코드를 컴파일할 때, 문법 오류가 발생하는 부분의 기호를 쓰시오.

```
class A {
    public int add(int a, int b) { return a+b;} // ㉠
    public int add(double a, double b) { return (int)(a*b); } // ㉡
    public int add(float a, float b) { return (int)(a-b); } // ㉢
}
class B extends A {
    public int add(int a, int b, int c){ return a+b+c; } // ㉣
}
class Main {
    public static void main(String args[]) {
        A a = new B();
        System.out.println(a.add(100, 200, 300)); // ㉤
    }
}
```

해설

A 타입의 참조 변수 a가 클래스 B의 객체를 참조하고 있다.
a.add(100, 200, 300) 호출 시, 컴파일러는 참조 변수의 타입(A)에 따라 호출 가능한 메서드를 확인한다.
클래스 A에는 add(int, int, int) 메서드가 정의되어 있지 않으므로, 컴파일 오류가 발생한다.

정답 ㉤

009 다음 JAVA 프로그램의 출력 결과를 쓰시오.

```java
class Parent {
    public void set_name(String param_n){
        System.out.print("A");
    }
    public void set_age(int param_i){
        System.out.print("B");
    }
}

class Child extends Parent{
    public void set_name(String param_n){
        System.out.print("C");
    }
    public void set_height(int param_h){
        System.out.print("D");
    }
    public static void main(String[] args){
        Child c = new Child();
        c.set_name("홍길동");
        c.set_age(40);
        c.set_height(170);
    }
}
```

해설

Child 클래스의 객체 c가 생성된다.
첫 번째 메서드 호출, 자식 클래스에서 오버라이딩된 메서드 set_name(String param_n)이 호출된다.
두 번째 메서드 호출, 부모 클래스에서 정의된 메서드 set_age(int param_i)가 호출된다.
세 번째 메서드 호출, 자식 클래스에서 새로 추가된 메서드 set_height(int param_h)가 호출된다.

정답   CBD

010 다음 JAVA 프로그램의 출력 결과를 쓰시오.

```java
class Food {
    public void serveFood() {
        System.out.println("food");
    }
}
class Pizza extends Food {
    public void serveFood() {
        System.out.println("Pizza");
    }
}
class Burger extends Food {
    public void serveFood() {
        System.out.println("Burger");
    }
}
class Restaurant {
    public static void main(String[] args) {
        Food pizza = new Pizza();
        Food burger = new Burger();
        pizza.serveFood();
        burger.serveFood();
    }
}
```

해설

부모 클래스 Food 타입 참조 변수 pizza가 자식 클래스 Pizza 객체를 참조한다.
부모 클래스 Food 타입 참조 변수 burger가 자식 클래스 Burger 객체를 참조한다.
pizza.serveFood(), 부모 클래스의 serveFood() 메서드가 아닌, 자식 클래스 Pizza의 serveFood() 메서드가 호출된다.
burger.serveFood(), 부모 클래스의 serveFood() 메서드가 아닌, 자식 클래스 Burger의 serveFood() 메서드가 호출된다.

정답 Pizza
      Burger

011 다음 JAVA 프로그램의 출력 결과를 쓰시오.

```java
class ovr1 {
    public static void main(String[] args){
        ovr1 a1 = new ovr1();
        ovr2 a2 = new ovr2();
        System.out.println( a1.sum(3, 2) + a2.sum(3, 2) );
    }
    int sum( int x, int y ){
        return x + y;
    }
}
class ovr2 extends ovr1 {
    int sum( int x, int y ){
        return x - y + super.sum(x, y);
    }
}
```

해설

ovr1와 ovr2의 객체를 각각 생성하고, 각 객체의 sum 메서드를 호출하여 결과를 합산한다.
a1.sum(3, 2), ovr1 클래스의 sum(int x, int y) 메서드가 호출된다.
전달된 값(x=3, y=2)을 계산하여 5를 반환한다.
a2.sum(3, 2), ovr2 클래스에서 오버라이딩된 sum(int x, int y) 메서드가 호출된다.
전달된 값(x=3, y=2)을 계산(3-2+5)하여 6을 반환한다.
반환된 두 값을 더해서 출력한다.

정답   11

012 다음 JAVA 프로그램의 출력 결과를 쓰시오.

```java
class Person {
    String name;
    public Person(String n) {  name = n;  }
    public void whoRU() {
        System.out.println(name);
    }
}
class Student extends Person {
    String school;
    public Student(String n, String s) {
        super(n);
        school = s;
    }
    public void whoRU() {
        System.out.println(school+", "+name);
    }
}
class People {
    public static void main(String args[]) {
        Person obj = new Student("Lee", "Suil");
        obj.whoRU();
    }
}
```

해설

Person obj = new Student("Lee", "Suil"),
Student 클래스의 생성자가 실행된다.
super(n)을 호출하여 부모 클래스 Person의 생성자가 실행되고, name = "Lee"로 초기화된다.
school = "Suil"로 초기화된다.
obj.whoRU(),
참조 변수 obj의 타입은 Person이지만, 실제 객체는 Student이다.
다형성에 의해 Student 클래스의 whoRU() 메서드가 호출된다.

정답 Suil, Lee

013 다음 JAVA 프로그램의 출력 결과를 쓰시오.

```java
class Person {
    String name;
    public Person(){ name = "Lee"; };
    public Person(String n) { name = n; }
    public void whoRU() {
        System.out.println(name);
    }
}
class Student extends Person {
    String school;
    public Student() {
        school = "Suil";
    }
    public Student(String n, String s) {
        super(n);
        school = s;
    }
    public void whoRU() {
        System.out.println(school+","+name);
    }
}
class People {
    public static void main(String args[]) {
        Person obj1 = new Person();
        obj1.whoRU();
        Person obj2 = new Student();
        obj2.whoRU();
    }
}
```

해설

Person obj1 = new Person(),
Person 클래스의 기본 생성자가 호출되어 name이 "Lee"로 초기화된다.
whoRU() 호출 시 "Lee"가 출력된다.
Person obj2 = new Student(),
Student 클래스의 기본 생성자가 호출된다.
부모 클래스 Person의 기본 생성자가 호출되어 name이 "Lee"로 초기화된다.
school이 "Suil"로 초기화된다.
whoRU() 호출 시 다형성에 의해 Student 클래스의 whoRU() 메서드가 호출되어 "Suil,Lee"가 출력된다.

정답   Lee
        Suil,Lee

014 다음 JAVA 프로그램의 출력 결과를 쓰시오.

```java
class Shape{
    void draw() {
        System.out.println("Shape");
    }
}
class Circle extends Shape {
    void draw() {
        System.out.println("Circle");
    }
}
class Square extends Shape {
    void draw() {
        System.out.println("Square");
    }
}
class Shapes {
    public static void main(String[] args) {
        Shape s1 = new Shape();
        Circle s2 = new Circle();
        Square s3 = new Square();
        Shape s;
        s = s1; s.draw();
        s = s2; s.draw();
        s = s3; s.draw();
    }
}
```

해설

Shape s1 = new Shape(); Shape 객체 생성
Circle s2 = new Circle(); Circle 객체 생성
Square s3 = new Square(); Square 객체 생성
s = s1; s.draw(), 참조 변수 s가 Shape 객체를 가리키므로, Shape 클래스의 draw() 메서드가 호출된다.
s = s2; s.draw(), 참조 변수 s가 Circle 객체를 가리키므로, 다형성에 의해 Circle 클래스의 draw() 메서드가 호출된다.
s = s3; s.draw(), 참조 변수 s가 Square 객체를 가리키므로, 다형성에 의해 Square 클래스의 draw() 메서드가 호출된다.

정답
Shape
Circle
Square

015 다음 JAVA 프로그램의 출력 결과를 쓰시오.

```java
class ClassP{
    int func1(int a, int b){
        return (a+b);
    }
    int func2(int a, int b){
        return (a-b);
    }
    int func3(int a, int b){
        return (a*b);
    }
}
class ClassA extends ClassP{
    int func1(int a, int b){
        return (a%b);
    }
    double func2(double a, double b){
        return (a*b);
    }
    int func3(int a, int b){
        return (a/b);
    }
    public static void main(String[] args){
        ClassP p = new ClassA();
        System.out.println(p.func1(5, 2) + "," + p.func2(5, 2) + "," + p.func3(5, 2));
    }
}
```

해설

부모 클래스 타입 참조 변수 p가 자식 클래스 ClassA 객체를 참조한다.
첫 번째 메서드 호출, 참조 변수 p의 타입은 ClassP지만, 객체의 실제 타입은 ClassA이므로 ClassA의 func1(int a, int b) 메서드가 호출된다.
두 번째 메서드 호출, 참조 변수 p의 타입이 ClassP이므로, ClassP의 func2(int a, int b) 메서드가 호출된다.
세 번째 메서드 호출, 참조 변수 p의 타입은 ClassP지만, 객체의 실제 타입은 ClassA이므로 ClassA의 func3(int a, int b) 메서드가 호출된다.

정답   1,3,2

016 다음 JAVA 프로그램의 출력 결과를 쓰시오.

```java
class Shape {
    public double area() {
        return 0;
    }
}
class Circle extends Shape {
    private double radius;
    public Circle(double radius) {
        this.radius = radius;
    }
    public double area() {
        return radius * radius;
    }
}
class Rectangle extends Shape {
    private double length;
    private double width;
    public Rectangle(double length, double width) {
        this.length = length;
        this.width = width;
    }
    public double area() {
        return length * width;
    }
}
class Main {
    public static void main(String[] args) {
        Shape circle = new Circle(5);
        Shape rectangle = new Rectangle(4, 5);
        System.out.println("Circle : " + (int)circle.area());
        System.out.println("Rectangle : " + (int)rectangle.area());
    }
}
```

> **해설**
>
> Shape circle = new Circle(5), 부모 클래스 타입 참조 변수를 사용하여 Circle 객체를 참조한다.
> Shape rectangle = new Rectangle(4, 5), 부모 클래스 타입 참조 변수를 사용하여 Rectangle 객체를 참조한다.
> circle.area(), 다형성에 의해 Circle 클래스의 area() 메서드가 호출된다.
> rectangle.area(), 다형성에 의해 Rectangle 클래스의 area() 메서드가 호출된다.

정답 Circle : 25
   Rectangle : 20

017 다음 JAVA 프로그램의 출력 결과를 쓰시오.

```java
class Parent {
    public void pMethod() {
        System.out.print("A");
        hMethod();
    }
    public void hMethod() {
        System.out.print("B");
    }
}
class Child extends Parent {
    public void hMethod() {
        System.out.print("C");
    }
}
class Test {
    public static void main(String[] args) {
        Parent obj = new Child();
        obj.pMethod();
    }
}
```

> **해설**
>
> 부모 클래스 타입의 참조 변수 obj가 자식 클래스 Child의 객체를 참조한다.
> obj.pMethod()는 참조 변수 obj를 통해 Parent 클래스의 pMethod()가 호출된다.
> hMethod()는 런타임 시점에 객체의 실제 타입에 따라 호출되므로, Child 클래스의 hMethod()가 호출된다.

정답 AC

018 다음 JAVA 프로그램의 출력 결과를 쓰시오.

```java
class Parent {
    public void pMethod() {
        System.out.print("A");
        hMethod();
    }
    public void hMethod() {
        System.out.print("B");
    }
}
class Child extends Parent {
    public void pMethod() {
        System.out.print("C");
        super.pMethod();
    }
    public void hMethod() {
        System.out.print("D");
        super.hMethod();
    }
}
class Test {
    public static void main(String[] args) {
        Parent obj = new Child();
        obj.pMethod();
    }
}
```

해설

자식 클래스 Child 객체가 생성되고 부모 클래스의 참조 변수 obj가 이를 참조한다.
obj.pMethod(), Child 클래스의 pMethod()를 호출하여 C를 출력하고, 부모의 pMethod()를 호출한다.
super.pMethod(), Parent 클래스의 pMethod()를 호출하여, A를 출력하고, 자식의 hMethod()를 호출한다.
child.hMethod(), Child 클래스의 hMethod()를 호출하여, D를 출력하고, 부모의 hMethod()를 호출한다.
super.hMethod(), Parent 클래스의 hMethod()를 호출하여, B를 출력한다.

정답   CADB

019 다음 JAVA 프로그램의 출력 결과를 쓰시오.

```java
class Parent {
    public void methodA() {
        System.out.println("PA");
        methodB();
    }
    public void methodB() {
        System.out.println("PB");
    }
}
class Child extends Parent {
    public void methodA() {
        System.out.println("CA");
        super.methodA();
    }
    public void methodB() {
        System.out.println("CB");
    }
}
class Test {
    public static void main(String[] args) {
        Child obj = new Child();
        obj.methodA();
    }
}
```

해설

자식 클래스 Child 객체가 생성된다.
obj.methodA(), Child 클래스에서 오버라이딩된 methodA()가 호출된다.
CA 출력 후, super.methodA()를 호출한다.
부모 클래스 Parent의 methodA()가 실행된다.
PA 출력 후, methodB()를 호출한다.
런타임 시점에 객체의 실제 타입이 Child이므로, 부모 클래스의 methodA() 내부에서 호출되는 methodB()는 자식 클래스의 methodB()가 실행된다.
super를 사용하여 부모 메서드를 명시적으로 호출할 수 있다.

정답 CA
           PA
           CB

020 다음 JAVA 프로그램의 출력 결과를 쓰시오.

```java
class A {
    public void display() {
        System.out.print("A");
    }
}
class B extends A {
    public void display() {
        System.out.print("B");
        super.display();
        System.out.print("C");
    }
}
class C extends B {
    public void display(int a) {
        System.out.print("D");
    }
}
class Test {
    public static void main(String[] args) {
        A obj = new C();
        obj.display();
    }
}
```

해설

A 타입의 참조 변수 obj가 C 객체를 참조한다.
display()는 런타임 다형성에 의해 호출된다.
객체의 실제 타입은 C이지만, C 클래스에서 display() 메서드를 오버라이딩하지 않았다.
상속 체계에 따라 가장 가까운 display() 메서드인 B 클래스의 display()가 호출된다.
B 클래스의 display(), B 출력 후 부모 클래스 A의 display() 실행한다.
A 클래스의 display(), A 출력 후 B 클래스의 display()로 돌아가 C를 출력한다.

정답   BAC

021 다음 JAVA 프로그램의 출력 결과를 쓰시오.

```java
class Parent {
    public Parent() {
        System.out.println("A");
        hMethod();
    }
    public void hMethod() {
        System.out.println("B");
    }
}
class Child extends Parent {
    private String message = "C";
    public void hMethod() {
        System.out.println(message);
    }
}
class Test {
    public static void main(String[] args) {
        Parent obj = new Child();
    }
}
```

> 해설

Parent obj = new Child(), 부모 생성자가 호출되며, 부모 생성자에서 hMethod()를 호출한다.
이때, 객체의 실제 타입은 Child이므로, 오버라이딩된 Child의 hMethod()가 호출된다.
하지만 이 시점에서는 Child 클래스의 필드 message가 아직 초기화되지 않았기 때문에 기본값인 null이 출력된다.
자바에서 객체 생성 시 부모 생성자가 먼저 실행되고, 그 이후에 자식 클래스의 필드 초기화가 이루어진다.

정답   A
       null

022 다음 JAVA 프로그램의 출력 결과를 쓰시오.

```java
class Parent {
    public Parent() {
        System.out.println("A");
        init();
    }
    public void init() {
        System.out.println("B");
    }
}
class Child extends Parent {
    public String message;
    public Child() {
        message = "message";
        System.out.println("C");
    }
    public void init() {
        System.out.println(message);
    }
}
class Test {
    public static void main(String[] args) {
        Parent obj = new Child();
    }
}
```

해설

Child 객체가 생성되며 부모 클래스의 생성자가 먼저 호출된다.
Parent(), A 출력 후, init() 메서드를 호출한다.
런타임 시점에 객체의 실제 타입이 Child이므로, 자식 클래스의 init() 메서드가 실행된다.
이 시점에서 message는 아직 초기화되지 않았으므로 기본값 null이 출력된다.
Child(), message를 message로 초기화하고, C를 출력한다.

정답
A
null
C

023 다음 JAVA 프로그램의 출력 결과를 쓰시오.

```java
class A {
    public static void display() {
        System.out.print("A");
    }
}class B extends A {
    public static void display() {
        System.out.print("B");
    }
}class C extends B {
    public static void display() {
        System.out.print("C");
    }
} class Test {
    public static void main(String[] args) {
        A obj1 = new A();
        A obj2 = new B();
        A obj3 = new C();
        obj1.display();
        obj2.display();
        obj3.display();
    }
}
```

해설

A 타입의 참조 변수 obj1이 A 객체를 참조한다.
A 타입의 참조 변수 obj2이 B 객체를 참조한다.
A 타입의 참조 변수 obj3이 C 객체를 참조한다.
obj1.display(), display() 호출 시, 참조 변수의 타입에 따라 결정되므로, A.display()가 호출된다.
obj2.display(), display() 호출 시, 참조 변수의 타입에 따라 결정되므로, A.display()가 호출된다.
obj3.display(), display() 호출 시, 참조 변수의 타입에 따라 결정되므로, A.display()가 호출된다.

정답   AAA

024 다음 JAVA 프로그램의 출력 결과를 쓰시오.

```java
class A {
    static void f() { System.out.print("1 "); }
    void g() { System.out.print("2 "); }
}
class B extends A {
    static void f() { System.out.print("3 "); }
    void g() { System.out.print("4 "); }
}
class C {
    public static void main(String args[]) {
        A a = new B();
        a.f();
        a.g();
    }
}
```

해설

A 타입의 참조 변수 a가 B 객체를 참조한다.
a.f(), 정적 메서드 f()는 참조 변수의 타입(A)에 따라 호출되므로, 부모 클래스 A의 f()가 호출된다.
a.g(), 인스턴스 메서드 g()는 런타임 시점의 객체 타입(B)에 따라 호출되므로, 자식 클래스 B의 g()가 호출된다.

정답 1 4

025 다음 JAVA 프로그램의 출력 결과를 쓰시오.

```
class A {
    public void f() { System.out.print("1 "); }
    public static void g() { System.out.print("2 "); }
}
class B extends A {
    public void f() { System.out.print("3 "); }
}
class C extends B {
    public static void g() { System.out.print("4 "); }
}
class D {
    public static void main(String args[]) {
        A obj = new C();
        obj.f();
        obj.g();
    }
}
```

해설

부모 클래스 A 타입의 참조 변수 obj가 자식 클래스 C 객체를 참조한다.
obj.f(), 클래스 C는 f()를 오버라이딩하지 않았으므로, 상위 클래스 B의 f()가 호출되어 3이 출력된다.
obj.g(), 메서드 호출은 참조 변수의 타입(A)에 따라 결정되므로, 부모 클래스 A의 g()가 호출되어 2를 출력한다.

정답   3 2

026 다음 JAVA 프로그램의 출력 결과를 쓰시오.

```java
class A {
    public void f() { System.out.print("1 "); }
    public static void g() { System.out.print("2 "); }
}
class B extends A {
    public void f() { System.out.print("3 "); }
    public static void g() { System.out.print("4 "); }
}
class C extends B {
    public void f() { System.out.print("5 "); }
    public static void g() { System.out.print("6 "); }
}
class D {
    public static void main(String args[]) {
        A obj = new C();
        obj.f();
        obj.g();
        System.out.println();
        B obj1 = new C();
        obj1.f();
        obj1.g();
    }
}
```

해설

부모 클래스 A 타입의 참조 변수 obj가 자식 클래스 C 객체를 참조한다.
obj.f(), f()는 인스턴스 메서드로 런타임 다형성을 지원한다.
객체의 실제 타입은 C이므로 C 클래스의 f() 메서드가 호출되어 5를 출력한다.
obj.g(), g()는 정적 메서드로 런타임 다형성을 지원하지 않는다.
참조 변수의 타입이 A이므로, A 클래스의 g() 메서드가 호출되어 2를 출력한다.

부모 클래스 B 타입의 참조 변수 obj가 자식 클래스 C 객체를 참조한다.
obj1.f(), f()는 인스턴스 메서드로 런타임 다형성을 지원한다.
객체의 실제 타입은 C이므로 C 클래스의 f() 메서드가 호출되어 5를 출력한다.
obj1.g(), g()는 정적 메서드로 런타임 다형성을 지원하지 않는다.
참조 변수의 타입이 B이므로, B 클래스의 g() 메서드가 호출되어 4를 출력한다.

정답   5 2
           5 4

027 다음 JAVA 프로그램의 출력 결과를 쓰시오.

```java
class Parent {
    public static void display() {
        System.out.print("A");
    }
    public void display(String msg) {
        System.out.print("B");
    }
}
class Child extends Parent {
    public static void display() {
        System.out.print("C");
    }
    public void display(String msg) {
        System.out.print("D");
    }
}
class Test {
    public static void main(String[] args) {
        Parent obj = new Child();
        obj.display();
        obj.display("Hello");
    }
}
```

해설

Parent 타입의 참조 변수 obj가 Child 객체를 참조한다.
obj.display(), 정적 메서드는 런타임 다형성을 지원하지 않으며, 참조 변수의 타입에 따라 호출된다.
참조 변수 obj의 타입은 Parent이므로 Parent.display()가 호출된다.
obj.display("Hello"), 인스턴스 메서드는 런타임 시 객체의 실제 타입에 따라 호출된다.
객체의 실제 타입은 Child이므로, Child 클래스에서 오버라이딩된 메서드가 호출된다.

정답 AD

028 다음 JAVA 프로그램의 출력 결과를 쓰시오.

```java
class Parent {
    public static void display() {
        System.out.print("A");
    }
}
class Child extends Parent {
    public static void display() {
        System.out.print("B");
    }
    public void callDisplay() {
        super.display();
    }
}
class Test {
    public static void main(String[] args) {
        Child obj = new Child();
        obj.display();
        obj.callDisplay();
    }
}
```

해설

obj.display(), 정적 메서드는 참조 변수의 타입에 따라 호출되지 않고, 객체의 클래스 타입에 따라 호출된다. obj는 Child 클래스의 객체이므로, Child.display()가 호출된다.
obj.callDisplay(), callDisplay()는 인스턴스 메서드이며, super.display()를 통해 부모 클래스의 정적 메서드 display()를 명시적으로 호출한다.

정답   BA

029 다음 JAVA 프로그램의 출력 결과를 쓰시오.

```java
class Parent {
    public static void display() {
        System.out.print("A");
    }
}
class Child extends Parent {
    public static void display() {
        System.out.print("B");
    }
}
class Test {
    public static void printDisplay(Parent obj) {
        obj.display();
    }
    public static void main(String[] args) {
        Parent obj1 = new Parent();
        Parent obj2 = new Child();
        Child obj3 = new Child();
        printDisplay(obj1);
        printDisplay(obj2);
        printDisplay(obj3);
    }
}
```

해설

printDisplay(obj1), obj1은 Parent 타입의 참조 변수이며, Parent 객체를 참조한다.
obj.display() 호출 시, 정적 메서드는 참조 변수의 타입에 따라 호출되므로 Parent.display()가 호출된다.
printDisplay(obj2), obj2는 Parent 타입의 참조 변수이며, Child 객체를 참조한다.
정적 메서드는 런타임 다형성을 지원하지 않으므로, 참조 변수의 타입(Parent)에 따라 Parent.display()가 호출된다.
printDisplay(obj3), obj3은 Child 타입의 참조 변수이며, Child 객체를 참조한다.
하지만 printDisplay 메서드는 Parent 타입의 매개변수를 받으므로, 호출 시 참조 변수의 타입은 Parent로 간주된다.
따라서 Parent.display()가 호출된다.

정답　AAA

CHAPTER 04 변수의 유효범위

1. 변수의 유효범위

(1) 지역변수(Local Variables)
- 메서드나 블록 내부에서 선언된 변수로, 해당 블록이 실행되는 동안에만 유효하다.
- 메서드 호출이 끝나면 메모리에서 소멸된다.
- 초기화하지 않으면 사용할 수 없다.
- 예제

```java
public class Example {
    public void printNumber() {
        int num = 10; // 지역변수
        int num2; // 컴파일 오류 발생
        System.out.println(num);
        System.out.println(num2);
    }
}
```

(2) 인스턴스 변수(Instance Variables)
- 클래스 내부에 선언되며, 객체가 생성될 때마다 각 객체마다 별도의 복사본을 가진다.
- 객체가 생성된 동안 유효하며, 객체가 소멸되면 함께 소멸된다.
- 초기화하지 않으면 기본값으로 초기화된다.
- 예제

```java
public class Example {
    int num; // 인스턴스 변수
    public void printNumber() {
        System.out.println(num); // 기본값인 0 출력
    }
}
```

(3) 클래스 변수(Class Variables)

- static 키워드로 선언된 변수로, 클래스 로드 시 메모리에 적재되며 모든 객체가 공유한다.
- 프로그램 종료 시까지 유효하다.
- 클래스 이름으로 접근 가능하다.
- 초기화하지 않으면 기본값으로 초기화된다.
- 예제

```java
public class Example {
    static int num = 20; // 클래스 변수
    public void printNumber() {
        System.out.println(num);
    }
}
```

2. 상속 관계에서 변수의 유효범위

(1) 변수 은닉(Shadowing)

- 부모 클래스와 자식 클래스에 같은 이름의 변수가 있을 때, 자식 클래스의 변수는 부모 클래스의 변수를 가린다.
- 부모 클래스의 변수는 super 키워드를 사용하여 접근할 수 있다.
- 참조 변수의 타입에 따라 변수에 접근한다.
- 예제

```java
class Parent {
    int num = 10; // 부모 클래스 변수
}
class Child extends Parent {
    int num = 20; // 자식 클래스 변수 (은닉)
    public void printNumbers() {
        System.out.println("Child num: " + num); // 자식 클래스 변수
        System.out.println("Parent num: " + super.num); // 부모 클래스 변수
    }
}
public class Test {
    public static void main(String[] args) {
```

```
            Child child = new Child();
            child.printNumbers();
    }
}
```

[실행 결과]
Child num: 20
Parent num: 10

(2) 변수 접근

- 참조 변수의 타입에 따라 접근할 수 있는 변수를 결정한다.
- 예제

```
class Parent {
    int num = 10;
}
class Child extends Parent {
    int num = 20;
}
public class Test {
    public static void main(String[] args) {
        Parent obj = new Child();
        System.out.println("Variable: " + obj.num); // Parent의 변수
    }
}
```

[실행 결과]
Variable: 10

(3) 메서드에서의 변수 접근

- 변수에 접근할 때는 참조 변수의 타입에 따라 결정된다.
- 예제

```java
class Parent {
    int num = 10; // 부모 클래스 변수
    public void print() {
        System.out.println("num: " + num); // 부모 클래스의 num
    }
}
class Child extends Parent {
    int num = 20; // 자식 클래스 변수 (부모의 num 은닉)
    public void print() {
        System.out.println("num: " + num); // 자식 클래스의 num
    }
}
class Test {
    public static void main(String[] args) {
        Parent obj1 = new Parent();
        Parent obj2 = new Child();
        Child obj3 = new Child();
        obj1.print(); // Parent의 print() 호출 → Parent의 num 출력
        obj2.print(); // Child의 print() 호출 → Child의 num 출력
        obj3.print(); // Child의 print() 호출 → Child의 num 출력
    }
}
```

[실행 결과]
num: 10
num: 20
num: 20

문제풀이

001 다음 JAVA 프로그램의 출력 결과를 쓰시오.

```java
class Employee {
    protected int salary;
    public Employee(int salary) {
        this.salary = salary;
    }
    public int getSalary() {
        return salary;
    }
}
class Manager extends Employee {
    private int bonus;
    public Manager(int salary, int bonus) {
        super(salary);
        this.bonus = bonus;
    }
    public int getSalary() {
        return salary + bonus;
    }
}
class Company {
    public static void main(String[] args) {
        Employee e = new Manager(5000, 1000);
        System.out.println(e.getSalary());
    }
}
```

해설

Employee e = new Manager(5000, 1000),
부모 클래스 Employee의 생성자를 호출하여 salary=5000으로 초기화, Manager 생성자가 bonus=1000으로 초기화된다.
e.getSalary(), 참조 변수 e의 타입은 Employee이지만 실제 객체는 Manager이기 때문에 Manager 클래스의 getSalary()가 호출된다.
반환값은 6000이 된다.

정답   6000

002 다음 JAVA 프로그램의 출력 결과를 쓰시오.

```java
class Grand{
    int a = 10;
}
class Parents extends Grand {
    int a = 20;
}
class Child extends Parents {
    int a = 30;
}
class Main {
    public static void main(String[] args) {
        Grand a1 = new Grand();
        System.out.print(a1.a + ",");

        Parents a2 = new Parents();
        System.out.print(a2.a + ",");

        Child a3 = new Child();
        System.out.println(a3.a);
    }
}
```

해설

참조 변수 a1의 타입은 Grand이며, 객체도 Grand 타입이다.
a1.a는 Grand 클래스의 a를 참조한다.
참조 변수 a2의 타입은 Parents이며, 객체도 Parents 타입이다.
a2.a는 Parents 클래스의 a를 참조한다.
참조 변수 a3의 타입은 Child이며, 객체도 Child 타입이다.
a3.a는 Child 클래스의 a를 참조한다.

정답 10,20,30

003 다음 JAVA 프로그램의 출력 결과를 쓰시오.

```java
class Grand{
    int a = 10;
}
class Parents extends Grand {
    int a = 20;
}
class Child extends Parents {
    int a = 30;
}
class Main {
    public static void main(String[] args) {
        Grand a1 = new Grand();
        System.out.print(a1.a + ",");

        Grand a2 = new Parents();
        System.out.print(a2.a + ",");

        Grand a3 = new Child();
        System.out.println(a3.a);
    }
}
```

해설

참조 변수 a1의 타입은 Grand이며, 객체도 Grand 타입이다.
a1.a는 Grand 클래스의 a를 참조한다.
참조 변수 a2의 타입은 Grand이며, 객체는 Parents 타입이다.
a2.a는 Grand 클래스의 a를 참조한다.
참조 변수 a3의 타입은 Grand이며, 객체는 Child 타입이다.
a3.a는 Grand 클래스의 a를 참조한다.

정답   10,10,10

004 다음 JAVA 프로그램의 출력 결과를 쓰시오.

```java
class Book {
    String title;
    public Book(String title) {
        this.title = title;
    }
    public void printTitle() {
        System.out.println("Book : " + title);
    }
}
class Ebook extends Book {
    String title;
    public Ebook(String bTitle, String eTitle) {
        super(bTitle);
        this.title = eTitle;
    }
    public void printTitles() {
        System.out.println("Book : " + super.title);
        System.out.println("Ebook : " + title);
    }
}
class Main {
    public static void main(String[] args) {
        Ebook ebook = new Ebook("Java Basic", "Advanced Java");
        ebook.printTitle();
        ebook.printTitles();
    }
}
```

> **해설**
>
> Ebook ebook = new Ebook("Java Basic", "Advanced Java"),
> 부모 클래스 Book의 생성자가 호출되어 super.title이 "Java Basic"으로 초기화된다.
> 자식 클래스의 title은 "Advanced Java"로 초기화된다.
> ebook.printTitle(), 부모 클래스의 printTitle() 호출, 부모 클래스의 title을 출력한다.
> ebook.printTitles(), 자식 클래스의 printTitles() 호출, super.title과 title을 이용해서, 부모와 자식의 title을 모두 출력한다.

정답 Book : Java Basic
      Book : Java Basic
      Ebook : Advanced Java

005 다음 JAVA 프로그램의 출력 결과를 쓰시오.

```java
class Parent {
    int x = 3;
    int getX() {
        return x * 2;
    }
}
class Child extends Parent {
    int x = 7;
    int getX() {
        return x * 3;
    }
}
class Main {
    public static void main(String[] args) {
        Parent b1 = new Child();
        Child b2 = new Child();
        System.out.print(b1.getX() + b1.x + b2.getX() + b2.x);
    }
}
```

해설

Parent b1 = new Child(), 부모 클래스 Parent 타입의 참조 변수로, 자식 클래스 Child의 객체를 참조한다.
Child b2 = new Child(), 자식 클래스 Child 타입의 참조 변수로, 자식 클래스 Child의 객체를 참조한다.
b1.getX(), b1의 실제 객체는 Child이므로, Child의 getX()가 호출된다.
b1.x, 필드는 참조 변수의 선언된 타입에 따라 접근한다.
b2.getX(), b2는 Child 타입의 참조 변수이므로, Child의 getX()가 호출된다.
b2.x, b2는 Child 타입의 참조 변수이므로, Child의 x를 참조한다.

정답 52

006 다음 JAVA 프로그램의 출력 결과를 쓰시오.

```java
class Parent {
    int num = 10;
    public void print() {
        System.out.println("P num: " + num);
    }
}
class Child extends Parent {
    int num = 20;
    public void print() {
        System.out.println("C num: " + num);
    }
}
public class Test {
    public static void main(String[] args) {
        Parent obj1 = new Parent();
        Parent obj2 = new Child();
        obj1.print();
        obj2.print();
    }
}
```

해설

Parent 타입의 참조 변수 obj1이 Parent 객체를 참조한다.
Parent 타입의 참조 변수 obj2가 Child 객체를 참조한다.
obj1.print(), Parent 클래스의 print() 메서드가 호출되며, 10을 출력한다.
obj2.print(), 메서드 오버라이딩으로 Child 클래스의 print() 메서드가 호출되고, 20을 출력한다.

정답 P num: 10
C num: 20

007 다음 JAVA 프로그램의 출력 결과를 쓰시오.

```java
class Parent {
    int num = 10;
    public void display() {
        System.out.println("P num: " + num);
    }
}
class Child extends Parent {
    int num = 20;
    public void display() {
        System.out.println("C num: " + num);
    }
}
class Test {
    public static void main(String[] args) {
        Parent obj = new Child();
        obj.display();
        System.out.println("M num: " + obj.num);
    }
}
```

해설

부모 클래스 타입의 참조 변수 obj가 자식 클래스 객체 Child를 참조한다.
obj.display(), display() 메서드는 런타임 다형성에 따라 호출되며, 객체의 실제 타입인 Child 클래스의 display()가 호출된다.
System.out.println("Main num: " + obj.num), 변수 num은 참조 변수의 타입에 따라 접근된다.
참조 변수 obj의 타입은 Parent이므로, 부모 클래스의 num 값(10)을 참조한다.

정답   C num: 20
          M num: 10

008 다음 JAVA 프로그램의 출력 결과를 쓰시오.

```java
class A {
    int value = 10;
    public void printValue() {
        System.out.println("A value: " + value);
    }
}
class B extends A {
    int value = 20;
    public void printValue() {
        System.out.println("B value: " + value);
    }
}
class C extends B {
    int value = 30;
    public void printValue() {
        System.out.println("C value: " + value);
    }
}
class Test {
    public static void main(String[] args) {
        B obj = new C();
        obj.printValue();
        System.out.println("M value: " + obj.value);
    }
}
```

해설

부모 클래스 타입 B의 참조 변수 obj가 자식 클래스 객체 C를 참조한다.
obj.printValue(), 런타임 다형성에 의해 C 클래스의 printValue() 메서드가 호출된다.
System.out.println("M value: " + obj.value), 변수 value는 참조 변수의 타입에 따라 접근된다.
obj의 참조 변수 타입은 B이므로, B 클래스의 value 값을 참조한다.

정답　　C value: 30
　　　　　M value: 20

009 다음 JAVA 프로그램의 출력 결과를 쓰시오.

```java
class Parent {
    int value = 10;
    Parent() {
        value = 15;
    }
}
class Child extends Parent {
    int value = 20;
    Child() {
        super();
        value = 25;
    }
    public void printValues() {
        System.out.println("C value: " + value);
        System.out.println("P value: " + super.value);
    }
}
class Test {
    public static void main(String[] args) {
        Child obj = new Child();
        obj.printValues();
    }
}
```

해설

Child 객체 생성 시, 부모 클래스와 자식 클래스의 생성자가 호출된다.
부모 클래스의 생성자 Parent()가 먼저 실행되고, 부모 클래스의 value가 15로 초기화된다.
자식 클래스의 생성자 Child()가 실행되고, 자식 클래스의 value가 25로 초기화된다.
obj.printValues(), 자식과 부모의 value 값을 출력하게 된다.

정답   C value: 25
P value: 15

010 다음 JAVA 프로그램의 출력 결과를 쓰시오.

```
class A {
    int num = 10;
}
class B extends A {
    int num = 20;
}
class C extends B {
    int num = 30;
    public void printNums() {
        System.out.println("C num: " + num);
        System.out.println("B num: " + super.num);
        System.out.println("A num: " + ((A) this).num);
    }
}
class Test {
    public static void main(String[] args) {
        C child = new C();
        child.printNums();
    }
}
```

해설

System.out.println("C num: " + num), num은 현재 클래스(C)의 필드를 참조한다.
System.out.println("B num: " + super.num), super.num은 부모 클래스(B)의 필드를 참조한다.
System.out.println("A num: " + ((A) this).num), (A) this는 현재 객체를 A 타입으로 캐스팅한다.
참조 변수의 타입에 따라 변수 접근이 결정되므로, A 클래스의 num 필드를 참조한다.

정답 C num: 30
B num: 20
A num: 10

011 다음 JAVA 프로그램의 출력 결과를 쓰시오.

```java
class X {
    int i ;
    X(){ i = 10; }
    void print() { System.out.print(i+","); }
}

class Y extends X {
    int i = 15;
    int j = 10;
    Y(){ j = 20; }
    void print() { System.out.print(j+","); }
    void superprint() {super.print();}
}

class Z extends Y {
    int k ;
    Z(){
        super();
        k = 30;
    }
    void print() {System.out.print(k+",");}
    void test(){
        print();
        super.superprint();
        System.out.print(super.j+",");
        System.out.println(i);
    }

    public static void main(String args[]) {
        Z z = new Z();
        z.test();
    }
}
```

> **해설**
>
> Z 객체를 생성한다.
> Z의 생성자가 호출되어 super()를 통해 Y의 생성자가 호출된다.
> Y의 생성자가 호출되어 super()를 통해 X의 생성자가 호출된다.
> 생성자는 X → Y → Z의 순서로 호출된다.
> 필드 초기화,
> X.i는 10으로 초기화
> Y.j는 20으로 초기화
> Z.k는 30으로 초기화
> Y.i는 15로 설정되어 부모 클래스의 i를 은닉
> print(), Z.print() 호출 → k=30 출력
> super.superprint(), X.print() 호출 → X.i=10 출력
> super.j 출력, Y.j=20 출력
> i 출력, Y.i=15 출력 (부모 클래스의 i 은닉된 값)

정답 30,10,20,15

012 다음 JAVA 프로그램의 출력 결과를 쓰시오.

```
class A {
    int i;
    public A(int i) { this.i = i; }
    int get() { return i; }
}
class B extends A {
    int i;
    public B(int i) { super(2*i); this.i = i; }
    int get() { return i; }
}
class MAIN {
    public static void main(String args[]) {
        A ab = new B(7);
        System.out.println(ab.i + ", " + ab.get());
    }
}
```

해설

A 타입의 참조 변수 ab가 B 객체를 참조한다.
생성자 호출 과정,
B의 생성자 B(7) 호출한다.
super(2 * i) 실행하여 부모 클래스 A의 생성자가 호출되며, A.i를 14로 초기화한다.
B.i는 7로 초기화한다.
System.out.println(ab.i + ", " + ab.get()),
ab.i 변수는 참조 변수의 타입에 따라 접근되므로, ab.i는 부모 클래스 A의 i를 참조한다.
ab.get() 메서드는 객체의 실제 타입에 따라 호출되므로, B 클래스의 get() 메서드가 호출된다.

정답   14, 7

013 다음 JAVA 프로그램의 출력 결과를 쓰시오.

```
class Foo {
    public int a = 3;
    public void addValue(int i) {
        a = a + i;
        System.out.println("Foo : "+ a + " " );
    }
    public void addFive() {
        a += 5;
        System.out.println("Foo : "+ a + " " );
    }
}
class Bar extends Foo {
    public int a = 8;
    public void addValue(double i) {
        a = a + (int)i;
        System.out.println("Bar : "+ a + " " );
    }
    public void addFive() {
        a += 5;
        System.out.println("Bar : "+ a + " " );
    }
}
class Test {
    public static void main(String [] args) {
        Foo f = new Bar();
        f.addValue(1);
        f.addFive();
    }
}
```

해설

부모 클래스 타입 Foo의 참조 변수 f가 자식 클래스 객체 Bar를 참조한다.
f.addValue(1), 호출되는 메서드는 Foo.addValue(int)이므로, 부모 클래스의 a 값을 수정한다.
a는 Foo의 값(3)이므로, 3+1의 결과 4를 출력한다.
f.addFive(), 오버라이딩된 메서드이며, 객체의 실제 타입(Bar)에 따라 호출한다.
호출되는 메서드는 Bar.addFive()이고, Bar 클래스의 a 값을 수정한다.
a는 Bar의 값(8)이므로, 8+5의 결과 13을 출력한다.

정답   Foo : 4
          Bar : 13

014 다음 JAVA 프로그램의 출력 결과를 쓰시오.

```
class AA {
    int d1;
    int s;
    AA(int s1){
        s = s1;
        d1 = s * s;
    }
}
class BB extends AA {
    int d2;
    int t;
    BB(int s1, int t1){
        super(s1);
        t = t1;
        d2 = t * t;
    }
}
class Test{
    public static void main(String args[]){
        BB myTest = new BB(10, 20);
        System.out.println("Result1 : " + myTest.d1);
        System.out.println("Result2 : " + myTest.d2);
    }
}
```

해설

자식 클래스 BB의 생성자가 호출된다.
BB(int s1, int t1)에서 super(s1) 호출해서, AA(int s1) 실행한다.
AA(int s1), s = 10으로 초기화 후, d1 = s * s = 10 * 10 = 100으로 초기화한다.
BB 생성자로 돌아와서, t = 20으로 초기화 후, d2 = t * t = 20 * 20 = 400으로 초기화한다.
System.out.println("Result1 : " + myTest.d1), myTest.d1은 부모 클래스 AA에서 초기화된 값이다.
System.out.println("Result2 : " + myTest.d2), myTest.d2는 자식 클래스 BB에서 초기화된 값이다.

정답 Result1 : 100
Result2 : 400

015 다음 JAVA 프로그램의 출력 결과를 쓰시오.

```java
class A{
    int a = 10;
    public A(){
        System.out.print("가");
    }
    public A(int x){
        System.out.print("나");
    }
    public static void main(String[] args){
        B b1 = new B();
        A b2 = new B(1);
        System.out.print(b1.a + b2.a);
    }
}
class B extends A{
    int a = 20;
    public B(){
        System.out.print("다");
    }
    public B(int x){
        System.out.print("라");
    }
}
```

해설

B b1 = new B(), B 클래스의 기본 생성자가 호출된다.
부모 클래스 A의 기본 생성자 A() 호출하여 "가"를 출력한다.
자식 클래스 B의 기본 생성자 실행하여 "다"를 출력한다.
A b2 = new B(1), B 클래스의 매개변수 생성자가 호출된다.
부모 클래스 A의 기본 생성자 A() 호출하여 "가"를 출력한다.
자식 클래스 B의 매개변수 생성자 실행하여 "라"를 출력한다.
System.out.print(b1.a + b2.a),
b1.a, b1의 타입은 B이고, 참조 변수의 타입에 따라 B 클래스의 a를 참조한다.
b2.a, b2의 타입은 A이고, 참조 변수의 타입에 따라 A 클래스의 a를 참조한다.

정답 가다가라30

016 다음 JAVA 프로그램의 출력 결과를 쓰시오.

```java
class Parent {
    int x = 100;
    Parent() {
        this(500);
    }
    Parent(int x) {
        this.x = x;
    }
    int getX() {
        return x;
    }
}

class Child extends Parent {
    int x = 2000;
    Child() {
        this(5000);
    }
    Child(int x) {
        this.x = x;
    }
    public static void main(String[] args){
        Child obj = new Child();
        System.out.println(obj.getX());
    }
}
```

해설

Child obj = new Child(), 자식 클래스 Child의 기본 생성자가 호출된다.
생성자 호출 순서는 Child() → Child(int x) → Parent() → Parent(int x)
getX()는 부모 클래스 Parent에서 정의된 메서드이고, Parent 클래스의 필드 x 값(500)을 반환한다.

정답   500

CHAPTER 05 static 변수와 메서드

1. static 변수

(1) static 변수 개념
- static 변수는 클래스에 속하는 변수로, 클래스의 모든 인스턴스가 공유하여 사용한다.
- 클래스가 메모리에 로드될 때 초기화되며, 프로그램이 종료될 때까지 메모리에 유지된다.

(2) static 변수의 특징
- 클래스의 모든 인스턴스에서 동일한 값을 공유한다.
- 하나의 인스턴스에서 값을 변경하면 다른 모든 인스턴스에 반영된다.
- 인스턴스가 아니라 클래스 자체에 소속된다.
- 따라서 클래스 이름으로 직접 접근이 가능하다.
- static 변수는 클래스가 메모리에 로드될 때 한 번만 할당된다.
- 인스턴스를 생성하지 않아도 사용할 수 있다.
- 인스턴스 변수와 달리 클래스의 인스턴스 없이도 접근 가능하다.
- 모든 인스턴스에 공유되어야 하는 데이터나 상수에 적합하다.

(3) static 변수 사용 예제

```java
class Example {
    static int sharedValue = 0; // static 변수
    void inValue() {
        sharedValue++;
    }
}
public class Main {
    public static void main(String[] args) {
        Example obj1 = new Example();
        Example obj2 = new Example();

        obj1.inValue();
        System.out.println(Example.sharedValue); // 출력: 1
        obj2.inValue();
        System.out.println(Example.sharedValue); // 출력: 2
```

```
            // 클래스 이름으로 접근
            Example.sharedValue = 5;
            System.out.println(Example.sharedValue); // 출력: 5
    }
}
```

[실행 결과]
1
2
5

2. static 메서드

(1) static 메서드 개념

- static 키워드가 붙은 메서드는 클래스에 속하며, 클래스의 인스턴스를 생성하지 않고도 호출할 수 있다.
- 클래스 수준에서 동작하는 메서드로, 일반적으로 인스턴스 변수나 메서드에 의존하지 않는다.

(2) static 메서드의 특징

- 클래스에 속하며, 클래스 이름으로 직접 호출 가능하다.
- 인스턴스 변수나 인스턴스 메서드에 접근할 수 없다.
- 객체 생성 없이 클래스 이름만으로 호출 가능하다.
- 특정 인스턴스에 의존하지 않고, 공통적인 작업(예: 수학 연산, 문자열 처리 등)을 수행하는 메서드로 자주 사용된다.

(3) static 메서드 사용 예제

```java
class Utility {
    static int add(int a, int b) {
        return a + b;
    }
    static int subtract(int a, int b) {
        return a - b;
    }
}
public class Main {
```

```java
    public static void main(String[] args) {
        // static 메서드는 클래스 이름으로 호출
        int sum = Utility.add(5, 3);
        int difference = Utility.subtract(10, 4);

        System.out.println("Sum: " + sum);              // 출력: Sum: 8
        System.out.println("Diff: " + difference); // 출력: Difference: 6
    }
}
```

[실행 결과]
Sum: 8
Diff: 6

문제풀이

001 다음 JAVA 프로그램의 출력 결과를 쓰시오.

```java
class Student {
    int id;
    char name;
    static int count=0;
    Student() {
        count++;
    }
}
class Studenttest {
    public static void main(String[] args) {
        Student man1 = new Student();
        Student man2 = new Student();
        Student man3 = new Student();
        Student man4 = new Student();
        System.out.println(Student.count);
    }
}
```

해설

Student 클래스가 메모리에 로드되며, static int count가 0으로 초기화된다.
첫 번째 객체(man1) 생성 → count가 1로 증가
두 번째 객체(man2) 생성 → count가 2로 증가
세 번째 객체(man3) 생성 → count가 3으로 증가
네 번째 객체(man4) 생성 → count가 4로 증가
System.out.println(Student.count);를 통해 최종 count 값(4)을 출력한다.

정답   4

002 다음 JAVA 프로그램의 출력 결과를 쓰시오.

```java
class TestClass{
    public int a = 20;
    static int b = 0;
}
class Main {
    public static void main(String[] args) {
        int a;
        a = 10;
        TestClass.b = a;
        TestClass tc = new TestClass();
        System.out.println(TestClass.b++);
        System.out.println(tc.b);
        System.out.println(a);
        System.out.print(tc.a);
    }
}
```

해설

지역변수 a 선언, 이 변수는 main 메서드 내에서만 사용 가능하다.
지역변수 a에 10 할당한다.
TestClass의 static 변수 b에 지역변수 a의 값(10)을 할당한다.
TestClass 클래스의 객체 tc 생성한다.
객체 생성 시, 인스턴스 변수 a가 기본값 20으로 초기화된다.
TestClass.b 값을 출력한 후 1 증가(후위 연산자)하고, TestClass.b는 11이 된다.
tc.b는 static 변수 b를 참조하므로, b 값인 11 출력한다.
지역변수 a의 값(10) 출력한다.
객체 tc의 인스턴스 변수 a 값(20) 출력한다.

정답
10
11
10
20

003 다음 JAVA 프로그램의 출력 결과를 쓰시오.

```java
class TestClass{
    public int a = 20;
    static int b = 0;
}
class Main {
    public static void main(String[] args) {
        TestClass ta = new TestClass();
        TestClass tb = new TestClass();
        TestClass tc = new TestClass();
        System.out.print(++ta.b + "," );
        System.out.print(++tb.b + ",");
        System.out.print(tc.b + ",");
        System.out.print(++ta.a + ",");
        System.out.print(++tb.a + ",");
        System.out.print(tc.a);
    }
}
```

해설

ta, tb, tc 객체가 각각 생성된다.
각 객체의 인스턴스 변수 a는 독립적이며 초기값 20을 가진다.
b의 값을 1 증가시킨 후 출력한다.
b는 static 변수이므로, ta.b는 TestClass.b를 참조한다.
b의 값을 1 증가시킨 후 출력한다.
tb.b 역시 TestClass.b를 참조하며, 이전 값(1)에서 1 증가한다.
tc.b는 증가하지 않고 현재 b 값을 그대로 출력한다.
ta 객체의 인스턴스 변수 a를 1 증가시킨 후 출력한다.
ta.a는 독립적으로 관리되므로 다른 객체의 a 값에는 영향을 주지 않는다.
tb 객체의 인스턴스 변수 a를 1 증가시킨 후 출력한다.
tb.a 역시 독립적으로 관리되며, 이전 값(20)에서 1 증가한다.
tc 객체의 인스턴스 변수 a를 출력한다.
tc.a는 초기값 20을 유지한다.

정답 1,2,2,21,21,20

004 다음 JAVA 프로그램의 출력 결과를 쓰시오.

```java
class Student {
    String id;
    String name;
    static int count=0;
    Student( String id, String name ) {
        this.id = id;
        this.name = name;
        this.count++;
    }
    public void print(){
        System.out.println(this.id + " : " + this.name + " : " + count );
    }
}

class Studenttest {
    public static void main(String[] args) {
        Student st1 = new Student("001", "Lee");
        Student st2 = new Student("002", "Kim");
        st1.print();
        st2.print();
    }
}
```

해설

static 변수 count가 초기화되어 0이 된다.
st1 객체 생성, id = "001", name = "Lee"로 초기화되고, count++ 실행하여 count는 1이 된다.
st2 객체 생성, id = "002", name = "Kim"로 초기화되고, count++ 실행하여 count는 2가 된다.
st1.print() 호출하여, id = "001", name = "Lee", count = 2를 출력한다.
st2.print() 호출하여, id = "002", name = "Kim", count = 2를 출력한다.

정답 001 : Lee : 2
        002 : Kim : 2

005 다음 JAVA 프로그램의 출력 결과를 쓰시오.

```java
class Counter {
    static int count = 0;
    int id;

    Counter() {
        id = ++count;
    }

    void printId() {
        System.out.println("ID: " + id + ", Count: " + count);
    }
}
public class Main {
    public static void main(String[] args) {
        Counter c1 = new Counter();
        Counter c2 = new Counter();
        c1.printId();
        c2.printId();
        Counter c3 = new Counter();
        c3.printId();
        c1.printId();
    }
}
```

해설

Counter 클래스라 로드되면서, static 변수 count가 0으로 초기화된다.
c1 객체 생성, 생성자를 호출하여, count를 1 증가시켜 count=1이 된다.
c2 객체 생성, 생성자를 호출하여, count를 1 증가시켜 count=2가 된다.
c1.printId(), ID:1, Count:2가 출력된다.
c2.printId(), ID:2, Count:2가 출력된다.
c3 객체 생성, 생성자를 호출하여, count를 1 증가시켜 count=2가 된다.
c3.printId(), ID:3, Count:3이 출력된다.
c1.printId(), c1의 id는 여전히 1이고, count는 현재 3이 출력된다.

정답　ID: 1, Count: 2
　　　ID: 2, Count: 2
　　　ID: 3, Count: 3
　　　ID: 1, Count: 3

006 다음 JAVA 프로그램의 출력 결과를 쓰시오.

```java
class Test {
    static int x = 0;
    int y = 0;
    Test() {
        x++;
        y++;
    }
    static void printStatic() {
        System.out.println("x: " + x);
    }
    void printInstance() {
        System.out.println("y: " + y);
    }
}
public class Main {
    public static void main(String[] args) {
        Test t1 = new Test();
        Test t2 = new Test();
        t1.printInstance();
        t2.printInstance();
        t1.printStatic();
        t2.printStatic();
    }
}
```

해설

Test 클래스가 로드되면서, static 변수 x가 0으로 초기화된다.
t1 객체 생성, 생성자를 호출하여, x는 1이 되고, y도 1이 된다.
t2 객체 생성, 생성자를 호출하여, x는 2가 되고, y는 1이 된다.
t1.printInstance(), t1의 인스턴스 변수 y 값인 1을 출력한다.
t2.printInstance(), t2의 인스턴스 변수 y 값인 1을 출력한다.
t1.printStatic(), static 변수 x 값인 2를 출력한다.
t2.printStatic(), static 변수 x 값인 2를 출력한다.

정답 y: 1
   y: 1
   x: 2
   x: 2

007 다음 JAVA 프로그램의 출력 결과를 쓰시오.

```java
class Example {
    static int shared = 5;
    void modify() {
        shared++;
    }
    static void reset() {
        shared = 0;
    }
}
public class Main {
    public static void main(String[] args) {
        Example ex1 = new Example();
        Example ex2 = new Example();
        ex1.modify();
        System.out.print(Example.shared);
        ex2.modify();
        System.out.print(Example.shared);
        Example.reset();
        System.out.print(Example.shared);
        ex1.modify();
        System.out.print(ex2.shared);
    }
}
```

해설

Example 클래스가 로드되면서, shared가 5로 초기화된다.
ex1 객체 생성, 객체 생성 시 static 변수에는 영향을 미치지 않는다.
ex2 객체 생성, 객체 생성 시 static 변수에는 영향을 미치지 않는다.
ex1.modify() 호출, static 변수 shared 값을 1 증가한다.
System.out.println(Example.shared), 6을 출력한다.
ex2.modify() 호출, static 변수 shared 값을 1 증가한다.
System.out.println(Example.shared), 7을 출력한다.
Example.reset() 호출, static 변수 shared 값을 0으로 초기화한다.
System.out.println(Example.shared), 0을 출력한다.
ex1.modify(), static 변수 shared 값을 1 증가한다.
System.out.println(ex2.shared), static 변수 shared를 참조하여 1을 출력한다.

정답   6701

008 다음 JAVA 프로그램의 출력 결과를 쓰시오.

```
class Data {
    static int shared = 10;
    int personal = 20;
    void modifyPersonal() {
        personal++;
    }
    static void modifyShared() {
        shared += 5;
    }
}
public class Main {
    public static void main(String[] args) {
        Data d1 = new Data();
        Data d2 = new Data();
        d1.modifyPersonal();
        d2.modifyPersonal();
        Data.modifyShared();
        System.out.print(d1.personal+",");
        System.out.print(d2.personal+",");
        System.out.print(Data.shared);
    }
}
```

해설

Data 클래스가 로드되면서, static 변수 shared가 10으로 초기화된다.
d1 객체 생성, personal 값이 20으로 초기화된다.
d2 객체 생성, 별도의 personal 값을 가지며, 역시 20으로 초기화된다.
d1.modifyPersonal() 호출, d1의 personal 값을 1 증가한다.
d2.modifyPersonal() 호출, d2의 personal 값을 1 증가한다.
Data.modifyShared() 호출, shared 값을 5 증가한다.

정답   21,21,15

009 다음 JAVA 프로그램의 출력 결과를 쓰시오.

```java
class InitOrder {
    static int shared = 10;
    int personal = 20;
    InitOrder() {
        shared++;
        personal++;
    }
}
public class Main {
    public static void main(String[] args) {
        System.out.print(InitOrder.shared+",");
        InitOrder obj1 = new InitOrder();
        InitOrder obj2 = new InitOrder();
        System.out.print(InitOrder.shared+",");
        System.out.print(obj1.personal+",");
        System.out.print(obj2.personal);
    }
}
```

해설

InitOrder 클래스가 로드되면서, static 변수 shared가 10으로 초기화된다.
클래스 로드 후 shared 값을 출력한다.
obj1 객체 생성, 생성자가 호출되면서, shared와 personal을 1 증가한다.
obj2 객체 생성, 생성자가 호출되면서, shared와 personal을 1 증가한다.
shared 값(12)을 출력한다.
obj1 객체의 personal 값(21)을 출력한다.
obj2 객체의 personal 값(21)을 출력한다.

정답 10,12,21,21

010 다음 JAVA 프로그램이 실행될 때, ㉠에 들어갈 내용을 쓰시오.

```
class Test{
    public static void main(String[] args){
        System.out.print( check(1) );
    }
    ( ㉠ ) String check(int num) {
        return (num >= 0 ) ? "positive" : "negative";
    }
}
```

해설

main 메서드는 static 메서드이므로, 같은 클래스 내에서 호출하려면 check 메서드도 static으로 선언되어야 한다. static 메서드는 인스턴스를 생성하지 않고 클래스 수준에서 호출되기 때문이다.

정답 static

011 다음 JAVA 프로그램의 출력 결과를 쓰시오.

```
class Example {
    static {
        System.out.println("Static Block");
    }

    static void staticMethod() {
        System.out.println("Static Method");
    }

    Example() {
        System.out.println("Constructor");
    }
}

public class Main {
    public static void main(String[] args) {
        Example.staticMethod();
        Example ex = new Example();
        Example.staticMethod();
    }
}
```

> **해설**
>
> Example.staticMethod(), Example 클래스의 static 메서드를 호출한다.
> 클래스가 처음 사용되므로, static 블록이 먼저 실행되고 나서 staticMethod()가 실행된다.
> new Example(), Example 클래스의 인스턴스를 생성한다.
> Example.staticMethod() 호출, 이미 클래스가 메모리에 로드되어 있으므로, static 블록은 실행되지 않고 staticMethod()만 실행된다.

정답 Static Block
Static Method
Constructor
Static Method

012 다음 JAVA 프로그램의 출력 결과를 쓰시오.

```java
class Counter {
    static int count = 0;

    static void increment() {
        count++;
    }

    void showCount() {
        System.out.println("Count: " + count);
    }
}
public class Main {
    public static void main(String[] args) {
        Counter.increment();
        Counter.increment();
        Counter c1 = new Counter();
        c1.showCount();
        Counter c2 = new Counter();
        c2.increment();
        c1.showCount();
    }
}
```

> **해설**
>
> Counter.increment(), 정적 메서드를 호출한다.
> count의 값을 1씩 증가시킨다.
> 객체 c1 생성, 새로운 Counter 객체를 생성한다.
> c1.showCount(), showCount 메서드는 count의 값을 출력한다.
> 또 다른 Counter 객체 c2 생성, c2도 동일한 클래스 변수 count를 공유한다.
> c2.increment(), increment 메서드는 정적 메서드이므로 클래스 변수 count를 증가시킨다.
> c1.showCount(), count는 클래스 변수이므로 모든 인스턴스에서 동일한 값을 공유한다.

정답   Count: 2
       Count: 3

013 다음 JAVA 프로그램의 출력 결과를 쓰시오.

```java
class Connection {
    private static Connection _inst = null;
    private int count = 0;
    static public Connection get() {
        if(_inst == null) {
            _inst = new Connection();
            return _inst;
        }
        return _inst;
    }
    public void count() { count++; };
    public int getCount() { return count; }
}
public class Main {
    public static void main(String[] args) {
        Connection conn1 = Connection.get();
        conn1.count();
        Connection conn2 = Connection.get();
        conn2.count();
        Connection conn3 = Connection.get();
        conn3.count();
        conn1.count();
        System.out.print(conn1.getCount());
    }
}
```

> **해설**

이 코드는 싱글톤(Singleton) 패턴을 구현하여 객체를 하나만 생성하고, 그 객체를 공유해서 사용하도록 설계된 프로그램이다.
싱글톤 패턴 구현, 클래스 내부에 정적(private static) 변수 _inst를 선언하여, 객체의 유일한 인스턴스를 저장한다.
Connection.get(), 객체가 생성되지 않았을 경우(_inst == null), 새로운 Connection 객체를 생성하여 _inst에 저장하고 반환한다.
이미 생성된 경우, 기존 _inst를 반환한다.
Main 클래스,
conn1, conn2, conn3는 모두 동일한 Connection 객체를 참조하게 된다.
실행 순서,
Connection.get() 호출 → conn1이 새로운 Connection 객체를 생성하고 반환
conn1.count() 호출 → count 값 1 증가
Connection.get() 호출 → conn2가 기존의 Connection 객체를 반환받음
conn2.count() 호출 → 같은 count 값 1 증가(현재 count = 2)
Connection.get() 호출 → conn3가 기존의 Connection 객체를 반환받음
conn3.count() 호출 → 같은 count 값 1 증가(현재 count = 3)
conn1.count() 호출 → 같은 count 값 1 증가(현재 count = 4)
System.out.print(conn1.getCount()) → conn1의 count 값을 출력(현재 count = 4)

정답 4

CHAPTER 06 예외처리

1. 예외처리

(1) 예외처리의 개념
- 예외(Exception): 프로그램 실행 중에 발생할 수 있는 오류 상황을 의미한다.
- 예외처리(Exception Handling): 프로그램 실행 중 발생할 수 있는 예외를 대비하여, 프로그램의 비정상 종료를 방지하고 안정적으로 실행되도록 처리하는 기술이다.

(2) 예외처리 구조
- 자바에서는 try-catch-finally를 사용하여 예외를 처리한다.
- 블록 설명

블록	설명
try	- 예외가 발생할 가능성이 있는 코드를 작성하는 블록이다.
catch	- 예외가 발생했을 때 실행되는 블록이다. - 발생한 예외 객체를 매개변수로 받아 처리한다.
finally	- 예외 발생 여부와 관계없이 항상 실행되는 블록이다. - 자원 정리(예: 파일 닫기, 네트워크 연결 해제) 등에 사용한다.

(3) 예외처리 예제

```java
public class ExceptionExample {
    public static void main(String[] args) {
        try {
            int result = 10 / 0; // ArithmeticException 발생
            System.out.println("결과: " + result);
        } catch (ArithmeticException e) {
            System.out.println("예외 발생: " + e.getMessage());
        } finally {
            System.out.println("프로그램 종료");
        }
    }
}
```

```
[실행 결과]
예외 발생: / by zero
프로그램 종료
```

(4) 예외의 전파

- 메서드에서 예외를 처리하지 않고 호출한 메서드로 전달할 수 있다.
- throws 키워드를 사용하여 선언한다.
- 예제

```
public void divide(int a, int b) throws ArithmeticException {
    if (b == 0) {
        throw new ArithmeticException("0으로 나눌 수 없습니다.");
    }
    System.out.println(a / b);
}
```

(5) 자바의 주요 예외 클래스

1) IOException
- 입출력 작업 중 발생하는 예외
- 예: 파일 읽기/쓰기 오류

2) SQLException
- 데이터베이스 작업 중 발생하는 예외

3) NullPointerException
- 객체가 null인데 메서드 호출이나 필드 접근을 시도할 때 발생

4) ArrayIndexOutOfBoundsException
- 배열의 유효 범위를 벗어난 인덱스에 접근할 때 발생

5) ArithmeticException
- 잘못된 산술 연산(예: 0으로 나누기) 시 발생

문제풀이

001 다음 JAVA 프로그램의 출력 결과를 쓰시오.

```
class ExceptionExample {
    public static void main(String[] args) {
        try {
            int result = 10 / 0;
            System.out.println("Result: " + result);
        } catch (ArithmeticException e) {
            System.out.println("예외 발생");
        } finally {
            System.out.println("finally 블록 실행");
        }
    }
}
```

해설

try 블록 실행, int result = 10 / 0;에서 ArithmeticException 발생한다.
"Result: " + result;는 실행되지 않는다.
catch 블록 실행, 발생한 예외가 ArithmeticException이므로 해당 블록이 실행된다.
finally 블록 실행, 예외 발생 여부와 관계없이 항상 실행된다.

정답   예외 발생
         finally 블록 실행

002 다음 JAVA 프로그램의 출력 결과를 쓰시오.

```java
class MultiCatchExample {
    public static void main(String[] args) {
        try {
            String str = null;
            System.out.println(str.length());
        } catch (ArithmeticException e) {
            System.out.println("산술 예외 발생");
        } catch (NullPointerException e) {
            System.out.println("널 포인터 예외 발생");
        } catch (Exception e) {
            System.out.println("기타 예외 발생");
        }
    }
}
```

해설

str 변수는 null로 초기화된다.
str.length() 호출 시 NullPointerException이 발생한다.
NullPointerException에 해당하는 catch 블록이 실행된다.

정답   널 포인터 예외 발생

003 다음 JAVA 프로그램의 출력 결과를 쓰시오.

```java
class FinallyExample {
    public static int testFinally() {
        try {
            return 10;
        } catch (Exception e) {
            return 20;
        } finally {
            return 30;
        }
    }
    public static void main(String[] args) {
        System.out.println(testFinally());
    }
}
```

해설

testFinally 메서드가 호출된다.
try 블록 실행, return 10;이 준비되지만, finally 블록 실행 후 반환값이 결정된다.
catch 블록, 예외가 없으므로 실행되지 않는다.
finally 블록 실행, return 30;이 실행되고, 이 값이 최종적으로 반환된다.

정답 30

004 다음 JAVA 프로그램의 출력 결과를 쓰시오.

```java
class TestException {
    public static void main(String[] args) {
        try {
            int avg = 10 / 0;
            System.out.println("avg : " + avg);
        }catch( NumberFormatException  e) {
            System.out.println("숫자변환 예외발생");
        }catch( ArithmeticException   e) {
            System.out.println("산술연산 예외발생");
        }catch( Exception e) {
            System.out.println("예외발생");
        }finally {
            System.out.println("예외처리 완료");
        }
    }
}
```

해설

try 블록, int avg = 10 / 0;에서 ArithmeticException이 발생한다.
"avg : " + avg는 실행되지 않는다.
catch 블록, 예외가 ArithmeticException과 일치하므로 해당 블록이 실행되어, 산술연산 예외발생이 출력된다.
finally 블록, 항상 실행되며 예외처리 완료가 출력된다.

정답 산술연산 예외발생
       예외처리 완료

005 다음 JAVA 프로그램의 출력 결과를 쓰시오.

```java
class Test {
    public static void main(String[] args) {
        int ar[] = {10, 20, 30, 40, 50};
        int sum = 0, a = 100, b = 0;
        try {
            for(int i = 0; i < ar.length; i++) {
                sum += ar[i];
            }
            System.out.println(sum);
        } catch (ArrayIndexOutOfBoundsException e) {
            System.out.println("Array Index Out Of Bounds Exception");
        }
        try {
            float z = a / b;
            System.out.println(z);
        } catch (ArithmeticException e) {
            System.out.println("Arithmetic Exception");
        }
    }
}
```

해설

배열 합계 계산, ar 배열의 모든 요소를 순회하며 합계를 계산한다.
예외가 발생하지 않으므로 try 블록 내에서 150을 출력한다.
a / b 실행 중 ArithmeticException이 발생한다.
catch 블록에서 Arithmetic Exception을 출력한다.

정답
150
Arithmetic Exception

006 다음 JAVA 프로그램의 출력 결과를 쓰시오.

```java
class Division{
    public static void main(String[] args){
        int a, b, result;
        a = 3;
        b = 0;
        try{
            result = a / b;
            System.out.print("A");
        }
        catch(ArithmeticException e){
            System.out.print("B");
        }
        finally{
            System.out.print("C");
        }
        System.out.print("D");
    }
}
```

해설

변수 초기화, a=3, b=0으로 초기화한다.
try 블록, result = a / b;에서 ArithmeticException이 발생한다.
System.out.print("A");는 실행되지 않는다.
catch 블록, 발생한 예외(ArithmeticException)를 처리한다.
B를 출력한다.
finally 블록, 항상 실행되므로 C를 출력한다.
try-catch-finally 이후, D를 출력한다.

정답 BCD

007 다음 JAVA 프로그램의 출력 결과를 쓰시오.

```java
class NullClass{
    public String str = "";
}
class Test{
    public static void main(String[] args){
        try{
            NullClass nCls = new NullClass();
            nCls = null;
            nCls.str = "Test";
            System.out.print( "A" );
        }
        catch(NullPointerException e){
            System.out.print("B");
        }
        finally{
            System.out.print("C");
        }
    }
}
```

해설

try 블록 시작, nCls 객체 생성(nCls는 NullClass 객체를 참조)한다.
nCls = null;로 참조를 null로 설정한다.
nCls.str = "Test";에서 NullPointerException이 발생한다.
catch 블록 실행, NullPointerException 예외를 처리하고, B가 출력된다.
finally 블록 실행, 항상 실행되므로 C를 출력한다.

정답 BC

008 다음 JAVA 프로그램의 출력 결과를 쓰시오.

```
class ExceptionTest
{
    ExceptionTest() {
        try {
            method();
            System.out.print(" A ");
        }
        catch(Exception e ) {
            System.out.print(" B ");
        }
        finally {
            System.out.print(" C ");
        }
        System.out.println(" D ");
    }
    void method() {}
    public static void main(String[] args) {
        ExceptionTest t = new ExceptionTest();
    }
}
```

해설

method() 호출, method() 메서드는 현재 비어 있으므로 아무 예외도 발생하지 않는다.
try 블록, 예외가 없으므로 System.out.print(" A ");를 실행한다.
catch 블록, 예외가 발생하지 않았으므로 실행되지 않는다.
finally 블록, 항상 실행되므로 System.out.print(" C ");를 실행된다.
try-catch-finally 블록 이후에 System.out.println(" D ");를 실행한다.

정답   A C D

009 다음 JAVA 프로그램의 출력 결과를 쓰시오.

```java
class ExceptionTest
{
    ExceptionTest() {
        try {
            method();
            System.out.print("A");
        }
        catch(Exception e ) {
            System.out.print("B");
        }
        finally {
            System.out.print("C");
        }
        System.out.println("D");
    }
    void method() throws Exception{
        throw new Exception();
    }
    public static void main(String[] args) {
        ExceptionTest t = new ExceptionTest();
    }
}
```

해설

method() 호출, method() 메서드는 throw new Exception();을 실행하여 Exception을 발생시킨다.
예외가 발생하므로 try 블록의 나머지 코드는 실행되지 않는다.
catch 블록 실행, 발생한 예외(Exception)를 처리하기 위해 적합한 catch 블록이 실행된다.
finally 블록 실행, finally 블록은 예외 발생 여부와 관계없이 항상 실행된다.
try-catch-finally 이후, try-catch-finally 블록이 종료된 후, D가 출력된다.

정답 BCD

010 다음 JAVA 프로그램의 출력 결과를 쓰시오.

```java
class TestException {
    public static void main(String[] args) {
        try {
            System.out.print("A");
            foo();
            System.out.print("B");
        }catch( Exception e) {
            System.out.print("C");
        }
        System.out.print("D");
    }
    public static void foo() throws Exception {
        try {
            System.out.print("E");
            throw new Exception();
        }catch (Exception e) {
            System.out.print("F");
            throw e;
        }finally {
            System.out.print("G");
        }
    }
}
```

해설

main 메서드의 try 블록, A 출력 후 foo() 메서드를 호출한다.
foo 메서드, E 출력 후 예외를 발생시킨다.
catch 블록이 실행되며 F가 출력되고, throw e;로 예외를 main 메서드로 전파한다.
finally 블록 실행하여 G를 출력한다.
main 메서드의 catch 블록, foo()에서 전파된 예외를 처리하여 C를 출력한다.
main 메서드 이후 코드 D를 출력한다.

정답　AEFGCD

011 다음 JAVA 프로그램의 출력 결과를 쓰시오.

```java
class TestException {
    public static void main(String[] args) {
        try {
            System.out.print("A");
            foo();
            System.out.print("B");
        } catch (RuntimeException e) {
            System.out.print("C");
        } catch (Exception e) {
            System.out.print("D");
        } finally {
            System.out.print("E");
        }
        System.out.print("F");
    }
    public static void foo() throws Exception {
        try {
            System.out.print("G");
            throw new RuntimeException("런타임 예외 발생");
        } catch (RuntimeException e) {
            System.out.print("H");
            throw new Exception("일반 예외 발생");
        } finally {
            System.out.print("I");
        }
    }
}
```

해설

main 메서드의 try 블록, A출력 후 foo() 메서드를 호출한다.
foo() 메서드, G를 출력하고 RuntimeException을 발생시켜 catch 블록으로 이동한다.
H를 출력 후, throw new Exception("일반 예외 발생");으로 새로운 예외가 발생한다.
finally 블록 실행: I를 출력한다.
새로운 예외가 main 메서드로 전파된다.
foo()에서 전파된 예외가 Exception이므로 두 번째 catch 블록이 실행된다.
D를 출력한다.
main 메서드의 finally 블록, E를 출력한다.
try-catch-finally 이후, F를 출력한다.

정답   AGHIDEF

012 다음 JAVA 프로그램의 출력 결과를 쓰시오.

```java
class TestException {
    public static void main(String[] args) {
        try {
            System.out.print("A");
            foo();
            System.out.print("B");
        }catch( Exception e) {
            System.out.print("C");
        }
        System.out.print("D");
    }
    public static void foo() {
        try {
            System.out.print("E");
            throw new Exception();
        }catch (Exception e) {
            System.out.print("F");
        }finally {
            System.out.print("G");
        }
    }
}
```

해설

main 메서드의 try 블록, A를 출력하고, foo() 메서드를 호출한다.
foo 메서드, E 출력 후 예외가 발생한다.
catch 블록의 F를 출력한다.
finally 블록을 실행하여, G를 출력한다.
예외가 처리되었으므로 foo() 메서드가 정상적으로 종료된다.
main 메서드의 try 블록 이후, B를 출력한다.
main 메서드 이후, D를 출력한다.

정답 AEFGBD

013 다음 JAVA 프로그램의 출력 결과를 쓰시오.

```java
class TestException {
    public static void main(String[] args) {
        try {
            System.out.print("A");
            foo();
        } catch (Exception e) {
            System.out.print("B");
        }
        System.out.print("C");
    }
    public static void foo() throws Exception {
        try {
            System.out.print("D");
            bar();
            System.out.print("E");
        } catch (Exception e) {
            System.out.print("F");
            throw e;
        } finally {
            System.out.print("G");
        }
    }
    public static void bar() throws Exception {
        throw new Exception("예외 발생");
    }
}
```

해설

main 메서드의 try 블록, A를 출력하고, foo() 메서드를 호출한다.
foo 메서드, D 출력 후 bar() 메서드를 호출한다.
bar() 메서드에서 예외가 발생하고, E는 실행되지 않는다.
foo 메서드의 catch 블록, bar()에서 발생한 예외를 처리하여 F를 출력한다.
throw e;로 예외를 다시 main 메서드로 전파한다.
foo 메서드의 finally 블록, 항상 실행되며 G를 출력한다.
main 메서드의 catch 블록, foo()에서 전파된 예외를 처리하여 B를 출력한다.
main 메서드의 try-catch 이후 C를 출력한다.

정답   ADFGBC

CHAPTER 07 추상 클래스 / Interface

1. 추상 클래스(Abstract Class)

(1) 추상 클래스 개념
- 하나 이상의 추상 메서드를 포함하는 클래스를 말하며, abstract 키워드를 사용하여 정의한다.
- 추상 메서드는 구현부가 없는 메서드로, 선언만 되어 있고 반드시 하위 클래스에서 구현해야 한다.

(2) 추상 클래스의 특징
- 추상 클래스는 객체를 직접 생성할 수 없으며, 이를 상속받은 하위 클래스에서만 객체를 생성할 수 있다.
- 추상 클래스에 정의된 추상 메서드는 하위 클래스에서 반드시 구현하도록 강제할 수 있다.
- 추상 메서드가 없는 클래스라도 abstract 키워드를 붙여 추상 클래스로 선언할 수 있다. 객체 생성을 막기 위한 용도로 사용된다.
- 추상 클래스는 필드, 생성자, 일반 메서드, 추상 메서드를 모두 포함할 수 있다.

(3) 추상 클래스 예제

```java
abstract class Animal {
    abstract void sound();
    void eat() {
        System.out.println("음식");
    }
}
class Cat extends Animal {
    void sound() {
        System.out.println("야옹");
    }
}
public class Main {
    public static void main(String[] args) {
        Animal cat = new Cat();
        cat.sound();
        cat.eat();
```

```
        }
    }
```

[실행 결과]
야옹
음식

2. Interface

(1) Interface 개념

- 모든 메서드가 구현되지 않은 추상 클래스의 극단적인 형태로, interface 키워드를 사용하여 정의한다.
- 인터페이스에 선언된 모든 메서드는 이를 구현하는 클래스에서 반드시 구현해야 한다.

(2) 인터페이스의 특징

- 인터페이스는 추상 클래스와 마찬가지로 직접 객체를 생성할 수 없다.
- 클래스는 여러 개의 인터페이스를 구현할 수 있다.
- 인터페이스를 통해 개발자는 특정 클래스가 반드시 구현해야 할 메서드의 틀을 설계할 수 있다.

(3) 인터페이스 예제

```
interface Animal {
    void sound();
    default void eat() {
        System.out.println("음식");
    }
}
class Cat implements Animal {
    public void sound() {
        System.out.println("야옹");
    }
}
public class Main {
    public static void main(String[] args) {
        Animal cat = new Cat();
```

```
        cat.sound();
        cat.eat();
    }
}
```

[실행 결과]
야옹
음식

문제풀이

001 다음 자바 프로그램이 오류 없이 실행되기 위해 밑줄 친 부분에 필요한 프로그램 코드를 쓰시오.

```
abstract class Test {
    int data = 100;
    public abstract void printData();
}class Inner {
    Test test = new Test() {
        public void printData() {
            System.out.println(data);
        }
    };
}
public class Main {
    public static void main(String[] args) {
        Inner inner = new Inner();
        _____printData();
    }
}
```

해설

Inner 클래스에는 익명 클래스의 객체가 test라는 이름으로 선언되어 있다.
빈칸에 inner.test.printData();를 작성하면 익명 클래스 객체의 printData 메서드를 호출할 수 있다.

정답 inner.test.

002 다음 자바 프로그램이 오류 없이 실행되기 위해 밑줄 친 부분에 필요한 프로그램 코드를 쓰시오.

```
_____ class CAR {
    int model = 100;
    int year = 2022;
    public abstract void print();
}
```

CHAPTER 07. 추상 클래스 / Interface

> **해설**
> 하나 이상의 추상 메서드가 포함된 클래스는 반드시 abstract 키워드를 사용해야 한다.
> 추상 메서드는 구현부가 없으며, 선언만 존재한다.

정답   abstract

003 다음 자바 코드를 컴파일할 때, 문법 오류가 발생하는 부분의 기호를 쓰시오.

```
abstract class Person {
    public int age;
    abstract public void setAge(int age);
    public String toString() {
        return("age : " + this.age);
    }
}
class Student extends Person {
    public void setAge(int age) {
        this.age = age;
    }
}
class PersonTest {
    public static void main(String[] args) {
        Person a = new Person();      // ㉠
        Person b = new Student();     // ㉡
        b.setAge(27);                 // ㉢
        System.out.println(b);        // ㉣
    }
}
```

> **해설**
> 추상 클래스는 직접적으로 객체를 생성할 수 없다.
> 추상 클래스는 상속받은 하위 클래스에서만 객체를 생성할 수 있으며, 이를 통해 추상 메서드를 구현하고 사용할 수 있다.

정답   ㉠

004 다음 추상 클래스를 정의할 때, 문법 오류가 발생하는 부분을 모두 고르시오.

```
abstract class Person{
    private int age;    // ㉠
    public String name;    // ㉡
    abstract public void setAge(int age);    // ㉢
    abstract public void setName(String name){};    // ㉣
    private int getAge(){    // ㉤
        return this.age;
    }
    abstract private String getName();    // ㉥
}
```

해설

㉣, 추상 메서드는 구현부를 가질 수 없다. 즉, 중괄호 {}가 있으면 안 된다.
㉥, 추상 메서드는 private 접근 제어자를 가질 수 없다.
이유는 추상 메서드는 하위 클래스에서 반드시 구현되어야 하기 때문에, 외부에서 접근 가능한 접근 제어자(public, protected, 또는 기본 패키지 접근 수준)만 사용할 수 있다.
private는 상속 관계에서도 접근이 불가능하므로, 추상 메서드에 사용할 수 없다.

정답 ㉣, ㉥

005 다음 인터페이스를 정의할 때, 문법 오류가 발생하는 부분을 모두 고르시오.

```
interface InterfaceA {
    int val1=0;    // ㉠
    private int val2 = 0;    // ㉡
    public void up();    // ㉢
    public void down();    // ㉣
    private void left();    // ㉤
    public void right(){};    // ㉥
}
```

해설

㉡: 인터페이스의 필드는 private 접근 제어자를 사용할 수 없다.
㉤: 인터페이스의 메서드는 기본적으로 public abstract이며, 접근 제어자를 private로 설정할 수 없다.
㉥: 추상 메서드는 구현부를 가질 수 없다.
인터페이스에서 구현부를 가지는 메서드를 정의하려면 디폴트 메서드(Java 8 이상)로 선언해야 한다.

정답 ㉡, ㉤, ㉥

006 다음 자바 코드는 컴파일 오류가 발생한다. 원인에 대해서 약술하시오.

```java
interface InterfaceA {
    public void up();
    public void down();
    public void left();
}
class AB implements InterfaceA {
    int value = 0;
    public void up() {
        value++;
    }
    public void down() {
        value--;
    }
    public static void main(String[] args) {
        AB ab = new AB();
        ab.up();
        ab.down();
    }
}
```

정답 InterfaceA는 세 개의 추상 메서드를 선언하고 있으며, 이를 구현하는 AB 클래스는 up과 down 메서드만 구현하고 left 메서드는 구현하지 않았다.
인터페이스를 구현하는 클래스는 인터페이스의 모든 추상 메서드를 반드시 구현해야 하므로, left 메서드를 구현하지 않은 것은 컴파일 오류의 원인이 된다.

007 다음 JAVA 프로그램의 출력 결과를 쓰시오.

```java
interface A {
    int a = 2;
}
class B implements A {
    int b;
    B(int i) { b = i * a; }
    int getb() { return b; }
}
class Test {
    public static void main(String args[]) {
        int a = 3;
        B b1 = new B(1);
        System.out.println( b1.getb() );
    }
}
```

해설

지역변수 a는 메서드 내부에서만 유효하며, 인터페이스 A의 상수 a와는 다른 변수이다.
인터페이스 상수 a는 여전히 2로 유지된다.
클래스 B의 객체 b1을 생성한다.
생성자 B(int i)에서 b를 계산한다.
메서드 getb()를 호출하여 필드 b의 값을 반환하고 출력한다.

정답 2

CHAPTER 08 문자열 메서드

1. 문자열 조작 메서드

메서드	설명
length()	문자열의 길이를 반환한다.
charAt(index)	특정 인덱스에 있는 문자를 반환한다.
substring(begin, end)	지정된 범위의 문자열 반환한다. (begin 포함, end 제외)
replace(old, new)	특정 문자 또는 문자열을 다른 값으로 대체한다.
toUpperCase()	문자열을 대문자로 변환한다.
toLowerCase()	문자열을 소문자로 변환한다.
trim()	문자열 양 끝의 공백을 제거한다.

2. 문자열 검색 메서드

메서드	설명
indexOf(str)	문자열 내에서 특정 문자열의 첫 번째 인덱스를 반환한다.
lastIndexOf(str)	문자열 내에서 특정 문자열의 마지막 인덱스를 반환한다.
contains(str)	문자열 내에 특정 문자열이 포함되어 있는지 확인한다.
replace(old, new)	특정 문자 또는 문자열을 다른 값으로 대체한다.
startsWith(str)	문자열이 특정 문자열로 시작하는지 확인한다.
endsWith(str)	문자열이 특정 문자열로 끝나는지 확인한다.

3. 문자열 비교 메서드

메서드	설명
equals(str)	두 문자열이 같은지 비교한다.
equalsIgnoreCase(str)	대소문자를 무시하고 두 문자열 비교한다.
compareTo(str)	문자열을 사전 순서로 비교한다. (음수, 0, 양수 반환)

4. 기타 문자열 메서드

메서드	설명
split(regex)	지정된 정규식을 기준으로 문자열을 분리하여 배열 반환한다.
concat(str)	문자열을 이어 붙인다.
isEmpty()	문자열이 비어 있는지 확인한다.
join(delimiter, elements)	여러 문자열을 특정 구분자로 연결한다.

문제풀이

001 다음 JAVA 프로그램의 출력 결과를 쓰시오.

```
public class Main {
    public static void main(String[] args) {
        String str = "   Java Programming   ";
        System.out.println(str.trim().toUpperCase());
        System.out.println(str.trim().replace("Java", "Python"));
    }
}
```

해설

trim(), 문자열 양쪽 끝의 공백을 제거한다.
toUpperCase(), 문자열을 대문자로 변환한다.
replace("Java", "Python"), 문자열 내에서 "Java"를 "Python"으로 대체한다.

정답   JAVA PROGRAMMING
         Python Programming

002 다음 JAVA 프로그램의 출력 결과를 쓰시오.

```
public class Main {
    public static void main(String[] args) {
        String str = "Hello World";
        System.out.println(str.indexOf("World"));
        System.out.println(str.startsWith("Hello"));
        System.out.println(str.contains("Java"));
    }
}
```

해설

indexOf("World"), 문자열 str에서 "World"라는 문자열이 처음 나타나는 시작 인덱스를 반환한다.
startsWith("Hello"), 문자열 str이 "Hello"로 시작하는지를 확인한다.
contains("Java"), 문자열 str에 "Java"라는 문자열이 포함되어 있는지를 확인한다.

정답   6
         true
         false

003 다음 JAVA 프로그램의 출력 결과를 쓰시오.

```java
class Main {
    public static void main(String[] args) {
        String str = "apple,banana,orange";
        String[] fruits = str.split(",");
        System.out.println(fruits[0]);
        System.out.println(fruits[1]);
        System.out.println(fruits[2]);
    }
}
```

해설

split(","), split 메서드는 문자열을 특정 구분자(여기서는 쉼표 ,)를 기준으로 분리하여 배열(String[])로 반환한다.
문자열 "apple,banana,orange"는 쉼표를 기준으로 세 부분으로 분리된다.

정답
apple
banana
orange

004 다음 JAVA 프로그램의 출력 결과를 쓰시오.

```java
class Main {
    public static void main(String[] args) {
        String str1 = "Java";
        String str2 = "java";
        System.out.println(str1.equals(str2));
        System.out.println(str1.equalsIgnoreCase(str2));
        System.out.println(str1.compareTo(str2));
    }
}
```

해설

equals, 두 문자열의 내용이 대/소문자까지 정확히 일치하는지 확인한다.
equalsIgnoreCase, 대소문자를 무시하고, 내용이 일치하는지 확인한다.
compareTo, 대소문자를 구분하며, 각 문자의 유니코드 값을 기준으로 비교한다.

정답
false
true
-32

005 다음 JAVA 프로그램의 출력 결과를 쓰시오.

```java
class Main {
    public static void main (String[] args) {
        String str = "JAVAISFUN";
        String[] result = str.split("A");
        for( int i = 0; i < result.length; i++ ) {
            System.out.println(result[i]);
        }
    }
}
```

해설

문자열을 "A"를 기준으로 분리하여 배열로 반환한다.
result[0] = "J"
result[1] = "V"
result[2] = "ISFUN"
위 형태로 분리가 된다.

정답 J
V
ISFUN

006 다음 JAVA 프로그램의 출력 결과를 쓰시오.

```java
class Main {
    public static void main (String[] args) {
        String str = "Hello, World!";
        String result = str.substring(7, 12);
        System.out.println(result);
    }
}
```

해설

substring(int beginIndex, int endIndex) 메서드는 문자열에서 특정 범위를 추출하여 부분 문자열을 반환한다.
beginIndex: 부분 문자열이 시작되는 포함되는 위치이다.
endIndex: 부분 문자열이 끝나는 제외되는 위치이다.

정답 World

007 다음 JAVA 프로그램의 출력 결과를 쓰시오.

```java
class Main {
    public static void main (String[] args) {
        String str = "Programming in Java is fun!";
        String subStr = str.substring(0, str.indexOf("in"));
        System.out.println(str.indexOf("in"));
        System.out.println(subStr);
    }
}
```

해설

indexOf(String str), 문자열에서 특정 단어 또는 문자의 첫 번째 등장 위치(인덱스)를 반환한다. 해당 문자가 발견된 경우, 해당 위치의 양수값을, 없는 경우 -1을 반환한다.
System.out.println(str.indexOf("in")), 첫 번째 in의 위치를 반환한다.
str.substring(0, str.indexOf("in")), 문자열의 0번째 인덱스부터 indexOf("in") 직전까지의 부분 문자열을 추출한다.

정답
8
Programm

008 다음 JAVA 프로그램의 출력 결과를 쓰시오.

```java
class Main {
    public static void main (String[] args) {
        String str = "I love Programming. Programming is fun.";
        int index = str.lastIndexOf("Programming");
        String result = str.substring(index);
        System.out.println(index);
        System.out.println(result);
    }
}
```

해설

lastIndexOf("Programming"), 문자열에서 단어 "Programming"이 마지막으로 등장하는 위치의 시작 인덱스를 반환한다.
substring(index), 문자열의 index부터 끝까지의 부분 문자열을 반환한다.

정답
20
Programming is fun.

009 다음 JAVA 프로그램의 출력 결과를 쓰시오.

```
class Main {
    public static void main (String[] args) {
        String str1 = "Hello";
        String str2 = "World";
        String str3 = str1.concat(str2);

        System.out.println("A: " + str3);
        System.out.println("B: " + str3.length());
        System.out.println("C: " + str3.indexOf('o'));
        System.out.println("D: " + str3.lastIndexOf('o'));
    }
}
```

해설

concat(String str), 문자열을 연결하여 새로운 문자열을 반환한다.
length(), 문자열의 길이를 반환한다.
indexOf(char ch), 문자열에서 특정 문자가 처음 나타나는 위치의 인덱스를 반환한다.
문자가 없으면 -1을 반환한다.
lastIndexOf(char ch), 문자열에서 특정 문자가 마지막으로 나타나는 위치의 인덱스를 반환한다.
문자가 없으면 -1을 반환한다.

정답
A: HelloWorld
B: 10
C: 4
D: 6

010 다음 JAVA 프로그램의 출력 결과를 쓰시오.

```
class Test{
    public static void main(String[] args){
        String A1 = "23242";
        String A2 = "Hello!!";
        String B1 = A2.concat(A1);
        String B2 = A1.substring(4);
        String B3 = Integer.toString(B1.indexOf("3"));
        System.out.println("B1:" + B1);
        System.out.println("B2:" + B2);
        System.out.println("B3:" + B3);
    }
}
```

해설

concat(String str), 문자열을 결합하여 새로운 문자열을 반환한다.
substring(int beginIndex), 문자열에서 beginIndex부터 끝까지의 부분 문자열을 반환한다.
indexOf(String str), 문자열에서 특정 문자열이 처음 나타나는 위치의 인덱스를 반환한다.
Integer.toString(int i), 정수값을 문자열로 변환한다.

정답　　B1:Hello!!23242
　　　　B2:2
　　　　B3:8

011 다음 JAVA 프로그램의 출력 결과를 쓰시오.

```java
class Test{
    public static void main(String[] args){
        String str1 = "Programming";
        String str2 = "is fun";
        String str3 = str1.concat(" ").concat(str2);
        String str4 = str3.replace("fun", "awesome");
        System.out.println("str3: " + str3);
        System.out.println("str4: " + str4);
    }
}
```

해설

concat(String str), 문자열을 이어 붙여 새로운 문자열을 생성한다.
"Programming"과 " "(공백)을 결합하고, "fun"을 결합한다.
replace(String target, String replacement), 문자열에서 target 부분을 찾아 replacement로 변경한다.
"Programming is fun"에서 "fun"을 "awesome"으로 대체한다.

정답
str3: Programming is fun
str4: Programming is awesome

CHAPTER 09 기타 문법 문제

001 다음 JAVA 프로그램의 출력 결과를 쓰시오.

```
System.out.println("5 + 2 = " + 3 + 4);
System.out.println("5 + 2 = " + (3 + 4));
```

해설

JAVA에서 출력문은 문자열을 계속 붙여서 출력해 주게 된다.
첫 번째 출력에서 5 + 2 = 을 출력한 후 3 + 4 연산을 수행하지 않고, 하나씩 출력하여 5 + 2 = 34가 출력된다.
두 번째 출력에서 5 + 2 =을 출력한 후 3 + 4를 먼저 연산하기 때문에 5 + 2 = 7이 출력된다.

정답
5 + 2 = 34
5 + 2 = 7

002 다음 JAVA 프로그램의 출력 결과를 쓰시오.

```
System.out.println(3 + 4 + 5);
System.out.println("3" + 4 + 5);
System.out.println(3 + 4 + "5");
System.out.println(3 + 4 + "5" + 6 + 7);
```

정답
12
345
75
7567

003 다음 JAVA 프로그램의 출력 결과를 쓰시오.

```java
class Main {
    public static void main (String[] args) {
        int a = 5;
        System.out.println("a="+a);
        System.out.println(1+2+3+4+a);
        System.out.println(1+2+"3"+4+a);
        System.out.println("1"+2+3+4+a);
    }
}
```

해설

문자열 "a="와 정수 a가 + 연산자로 결합된다.
1+2+3+4는 모두 숫자이므로, 정수 덧셈이 수행된다.
결과 10과 a(값 5)를 더한다.
1+2는 숫자이므로 덧셈 연산, 문자열 "3"을 결합, 그 이후에 문자열로 인식하여 문자열 결합을 하게 된다.
"1"은 문자열이므로, 이후의 모든 + 연산은 문자열 결합으로 처리된다.

정답
a=5
15
3345
12345

004 다음 JAVA 프로그램의 출력 결과를 쓰시오.

```java
import java.util.*;
class Main {
    public static void main (String[] args) {
        Vector v1 = new Vector();
        Vector v2 = new Vector();
        v1.addElement("java_book");
        v2.addElement("java_book");
        System.out.println(v1.equals(v2));
        System.out.println(v1==v2);
    }
}
```

> **해설**
>
> equals()는 객체의 내용을 비교하지만, ==는 객체의 참조를 비교한다.
> 두 객체의 내용이 같아도 참조가 다르면 ==는 false를 반환한다.

정답 true
   false

005 다음 JAVA 프로그램의 출력 결과를 쓰시오.

```java
import java.util.*;
class Main {
    public static void main (String[] args) {
        String str1 = "Programming";
        String str2 = "Programming";
        String str3 = new String("Programming");

        System.out.println(str1==str2);
        System.out.println(str1==str3);
        System.out.println(str1.equals(str3));
        System.out.println(str2.equals(str3));
    }
}
```

> **해설**
>
> System.out.println(str1 == str2), str1과 str2는 동일한 문자열 리터럴 "Programming"을 참조하므로, 같은 객체를 가리킨다.
> System.out.println(str1 == str3), str1은 문자열 상수 풀의 객체를 참조하지만, str3은 힙 메모리에 생성된 새로운 객체를 참조한다.
> System.out.println(str1.equals(str3)), 문자열의 내용(값)을 비교한다. str1과 str3의 값은 "Programming"으로 동일하므로, 결과는 true이다.
> System.out.println(str2.equals(str3)), str2와 str3의 값은 "Programming"으로 동일하므로, 결과는 true이다.

정답 true
   false
   true
   true

006 다음 JAVA 프로그램의 출력 결과를 쓰시오.

```java
class Person {
    String name;
    int age;

    public Person(String name, int age) {
        this.name = name;
        this.age = age;
    }
}
class EqualsTest {
    public static void main(String[] args) {
        Person p1 = new Person("John", 25);
        Person p2 = new Person("John", 25);

        if (p1.equals(p2)) {
            System.out.println("True");
        } else {
            System.out.println("False");
        }
    }
}
```

해설

equals() 메서드는 기본적으로 Object 클래스에서 제공되며, 참조(메모리 주소)를 비교한다.
같은 객체를 참조하는 경우에만 true를 반환한다.
값을 비교하려면 equals() 메서드를 재정의해야 한다.

정답 False

007 다음 JAVA 프로그램의 출력 결과를 쓰시오.

```java
public class Main {
    static void func(String[] m, int n) {
        for(int i=1; i<n; i++){
            if(m[i-1] == m[i]) {
                System.out.print("O");
            }
            else {
                System.out.print("N");
            }
        }
        for(String mo : m) {
            System.out.print(mo);
        }
    }
    public static void main(String[] args) {
        String[] m = new String[4];
        m[0] = "A";
        m[1] = "A";
        m[2] = new String("A");
        m[3] = "B";
        func(m, 4);
    }
}
```

해설

배열 m 선언하고 초기화한다.
배열을 순회하면서,
m[0] ("A")와 m[1] ("A"), 참조가 동일 → 출력 O
m[1] ("A")와 m[2] (new String("A")), 참조가 다름 → 출력 N
m[2] (new String("A"))와 m[3] ("B"), 참조가 다름 → 출력 N

정답   ONNAAAB

008 다음 JAVA 프로그램의 출력 결과를 쓰시오.

```java
import java.util.*;
class Test {
    public static void main(String[] args) {
        int[] arr1 = {1, 2, 3 };
        int[] arr2 = {1, 2, 3 };
        if (arr1 == arr2) {
            System.out.println("True");
        } else {
            System.out.println("False");
        }
        if (arr1.equals(arr2)) {
            System.out.println("True");
        } else {
            System.out.println("False");
        }
        if (Arrays.equals(arr1, arr2)) {
            System.out.println("True");
        }else {
            System.out.println("False");
        }
    }
}
```

해설

== 연산자, arr1과 arr2는 각각 별도의 배열 객체를 참조하므로, 참조가 다르다.
equals() 메서드, 배열 클래스에서는 equals() 메서드가 재정의되지 않았으므로, 참조 비교를 수행한다.
Arrays.equals() 메서드, 배열의 요소를 순차적으로 비교하여, 모든 요소가 동일한 경우 true를 반환한다.

정답
False
False
True

009 다음 JAVA 프로그램의 출력 결과를 쓰시오.

```java
import java.util.*;
class List {
    public static void main(String[] args) {
        LinkedList<Integer> ds = new LinkedList<Integer>();
        ds.addLast(new Integer(10));
        ds.addLast(new Integer(30));
        ds.addLast(new Integer(20));
        while (!ds.isEmpty())
            System.out.print(ds.removeLast()+" ");
        System.out.println();
    }
}
```

해설

LinkedList<Integer>, 링크드 리스트 객체를 만드는데, 안에 있는 요소는 정수가 들어간다는 의미이다.
ds.addLast(10); 10을 ds 인스턴스 가장 마지막에 대입한다.
ds.addLast(30); 30을 ds 인스턴스 가장 마지막에 대입한다.
ds.addLast(20); 20을 ds 인스턴스 가장 마지막에 대입한다.
ds에는 아래와 같은 형태로 데이터가 대입되어 있다.

| 10 | 30 | 20 |

ds에 있는 데이터들이 모두 빌 때까지 반복문을 수행하면서 removeLast() 마지막에 있는 데이터부터 하나씩 빼주게 된다.
현재 가장 마지막에 있는 것은 20이기 때문에 20부터 순차적으로 출력해 주게 된다.

정답 20 30 10

010 다음 JAVA 프로그램의 출력 결과를 쓰시오.

```java
import java.util.*;
class ListTest {
    public static void main(String args[]) {
        LinkedList<Integer> myLL = new LinkedList<Integer>();
        myLL.addFirst(new Integer(10));
        myLL.addFirst(new Integer(20));
        myLL.addFirst(new Integer(30));
        while (!myLL.isEmpty()) {
          Integer num = myLL.removeFirst();
          System.out.printf("%d ", num);
        }
    }
}
```

해설

myLL.addFirst(10); 10을 myLL 인스턴스 가장 첫 번째에 대입한다.
myLL.addFirst(20); 20을 myLL 인스턴스 가장 첫 번째에 대입한다.
myLL.addFirst(30); 30을 myLL 인스턴스 가장 첫 번째에 대입한다.
가장 앞에 배치를 하기 때문에 다른 요소들은 하나씩 뒤로 밀리게 된다.
myLL에는 아래와 같은 형태로 데이터가 대입되어 있다.

| 30 | 20 | 10 |

myLL에 있는 데이터들이 모두 빌 때까지 반복문을 수행하면서 removeFirst() 처음에 있는 데이터부터 하나씩 빼주게 된다.
현재 가장 처음에 있는 것은 30이기 때문에 30부터 순차적으로 출력해 주게 된다.

정답   30 20 10

011 다음 JAVA 프로그램의 출력 결과를 쓰시오.

```java
import java.util.*;
class StackTest {
    public static void main(String args[]) {
        Stack<Integer> s = new Stack<Integer>();
        s.push(1);
        s.push(2);
        s.pop();
        s.push(3);
        s.push(4);
        s.pop();
        s.push(5);
        while(!s.empty())
        {
            System.out.print(s.pop() + " ");
        }
    }
}
```

해설

push(E element), 스택의 맨 위에 데이터를 추가한다.
pop(), 스택의 맨 위 데이터를 제거하고 반환한다.
s.push(1), 스택: [1]
s.push(2), 스택: [1, 2]
s.pop(), 스택: [1] (맨 위의 2가 제거됨)
s.push(3), 스택: [1, 3]
s.push(4), 스택: [1, 3, 4]
s.pop(), 스택: [1, 3] (맨 위의 4가 제거됨)
s.push(5), 스택: [1, 3, 5]
스택 연산이 종료된 후, 스택이 비어 있을 때까지 pop()을 호출하여 데이터를 제거하며 출력한다.

정답 5 3 1

012 다음 JAVA 프로그램의 출력 결과를 쓰시오.

```java
class Test {
    public static void main(String[ ] args) {
        int a = 101;
        System.out.println((a>>2) << 3);
    }
}
```

해설

\>>: 오른쪽 시프트. 비트를 오른쪽으로 이동하며, 이동한 자리는 부호 비트로 채운다.
<<: 왼쪽 시프트. 비트를 왼쪽으로 이동하며, 이동한 자리는 항상 0으로 채운다.
계산흐름,
a = 101 → 1100101 (2진수)
a >> 2 → 0011001 → 25 (10진수)
(a >> 2) << 3 → 11001000 → 200 (10진수)

정답 200

013 다음 JAVA 프로그램의 출력 결과를 쓰시오.

```java
class Test {
    public static void main(String[] args){
        int a = 3, b = 4, c = 3, d = 5;

        if((a == 2 | a == c) & !(c > d) & (1 == b ^ c != d))
        {
            a = b + c;
            if(7 == b ^ c != a) {
                System.out.println(a);
            } else {
                System.out.println(b);
            }
        }
        else
        {
            a = c + d;
            if( 7 == c ^ d != a ) {
```

```
                System.out.println(a);
            } else {
                System.out.println(d);
            }
        }
    }
}
```

> **해설**
>
> | (OR 연산자), 두 조건 중 하나라도 true이면 true. 항상 두 조건을 평가한다.
> & (AND 연산자), 두 조건이 모두 true일 때만 true
> ! (NOT 연산자), 조건의 결과를 반전시킨다.
> ^ (XOR 연산자), 두 조건 중 하나만 true일 때 true. 둘 다 true 또는 둘 다 false이면 false

정답 7

014 다음 Java 프로그램은 3의 배수를 제외한 1부터 10까지 정수의 누적 합이 10을 초과하는 최초 시점에서의 합을 출력하는 프로그램이다. ㉠과 ㉡에 들어가는 코드를 쓰시오.

```
class Main{
    public static void main(String[] args){
        int i = 0, sum = 0;
        while( i < 10 ){
            i++;
            if( i % 3 == 0 )  _____㉠_____;
            if( sum > 10 )  _____㉡_____;
            sum += i;
        }
        System.out.println("sum="+sum);
    }
}
```

> **해설**
>
> 3의 배수를 구할 때, 해당 수를 3으로 나누어 나머지 값이 0일 때이기 때문에 조건은 I % 3이 된다.
> 3의 배수를 제외해야 하기 때문에 3의 배수일 때 반복의 처음으로 올라가는 continue 문을 사용한다.
> 10이 초과되면 합을 출력해야 하기 때문에 반복을 빠져나와야 한다. break 문을 이용해 반복을 빠져나온다.

정답 ㉠ continue
      ㉡ break

015 다음 JAVA 프로그램의 출력 결과를 쓰시오.

```
class arrayl {
    public static void main(String[] args) {
        int cnt = 0;
        do {
            cnt++;
        } while (cnt < 0);
        if(cnt==1)
            cnt++;
        else
            cnt = cnt + 3;
        System.out.printf("%d",cnt);
    }
}
```

해설

do~while 문은 무조건 반복문 내용을 한번 수행한 후 비교를 수행하게 된다.
cnt++; 문장으로 cnt 값은 1이 되고, 비교를 수행했을 때 1은 0보다 크기 때문에 반복을 바로 빠져나오게 된다.
if 문에서 cnt 값이 1이기 때문에 1 증가시켜 2를 만들어준다.

정답 2

016 다음 JAVA 프로그램의 출력 결과를 쓰시오.

```
class ovr {
    public static void main(String[] args)
    {
        int a=1, b=2, c=3, d=4;
        int mx, mn;
        mx=a < b ? b : a;
        if(mx==1) {
            mn=a>mx? b : a;
        }
        else {
            mn=b <mx? d : c;
        }
```

478 PART 02. JAVA

```
        System.out.println(mn);
    }
}
```

> **해설**
>
> a=1, b=2, c=3, d=4, 두 개의 변수 mx와 mn을 선언한다.
> 조건 a < b가 참이면 b를 선택하고, 거짓이면 a를 선택한다.
> 첫 번째 조건: if(mx == 1), 현재 mx=2, 따라서 조건 mx == 1은 false이기 때문에 else 블록을 수행한다.

정답 3

017 다음 JAVA 프로그램의 출력 결과를 쓰시오.

```
class ArrayCloneTest {
    public static void main(String[] args) {
        int sum = 0;
        int[] mydream = new int[] {5, 4, 6, 9, 7, 9};
        int [] mytarget = (int[])mydream.clone();
        for(int i=0; i<mytarget.length; i++) {
            sum = sum + mytarget[i];
        }
        System.out.println(sum);
    }
}
```

> **해설**
>
> clone 메서드는 복제를 하는 명령어이다.
> mytarget에 mydream의 내용을 복제하여 배열의 내용들을 모두 더한 결과를 출력한다.

정답 40

018 다음 JAVA 프로그램의 출력 결과를 쓰시오.

```
class Main{
    public static void main(String[] args){
        int a[][] = { {45, 50, 75}, {89} };
        System.out.print(a[0].length + " ");
        System.out.print(a[1].length + " ");
        System.out.print(a[0][0] + " ");
        System.out.print(a[0][1] + " ");
        System.out.print(a[1][0] + " ");
    }
}
```

해설

int a[][] = { {45, 50, 75}, {89} }, 2개의 1차원 배열로 구성된 배열이다.
배열의 크기,
a[0].length: 3 (첫 번째 행의 요소 개수)
a[1].length: 1 (두 번째 행의 요소 개수)

정답   3 1 45 50 89

019 다음 JAVA 프로그램의 출력 결과를 쓰시오.

```
class Ape{
    static void rs(char a[]) {
        for(int i = 0; i < a.length; i++)
            if(a[i] == 'B')
                a[i] = 'C';
            else if(i == a.length - 1)
                a[i] = a[i-1];
    }

    static void pca(char a[]) {
        for(int i = 0; i < a.length; i++)
            System.out.print(a[i]);
        System.out.println();
    }
```

```
    public static void main(String[] args) {
        char c[] = {'A', 'B', 'D', 'D', 'A', 'B', 'C'};
        rs(c);
        pca(c);
    }
}
```

해설

rs 메서드 실행 과정,
i = 0: 'A' (조건에 해당하지 않음)
i = 1: 'B' → 'C' (조건 1 적용)
i = 2: 'D' (조건에 해당하지 않음)
i = 3: 'D' (조건에 해당하지 않음)
i = 4: 'A' (조건에 해당하지 않음)
i = 5: 'B' → 'C' (조건 1 적용)
i = 6: 'C' → 'C' (조건 2 적용, 이전 값 C 사용)
pca 메서드를 이용해서, 각 요소들을 출력한다.

정답   ACDDACC

020 다음 JAVA 프로그램의 출력 결과를 쓰시오.

```
class Rarr {
    static int[] marr() {
        int temp[] =new int[4];
        for(int i=0; i<temp.length; i++)
            temp[i]=i;
        return temp;
    }
    public static void main(String[] args)
    {
        int iarr[];
        iarr=marr();
        for(int i=0; i<iarr.length; i++)
            System.out.print(iarr[i]+" " );
    }
}
```

> **해설**
> 배열 iarr 선언하고, 메서드 marr()를 호출하여 반환된 배열 [0, 1, 2, 3]을 iarr에 저장한다.
> for 루프를 이용해서, 배열 iarr의 각 요소를 순서대로 출력한다.

정답   0 1 2 3

021 다음 JAVA 프로그램의 출력 결과를 쓰시오.

```java
class ParaPassing {
    public void change(int i, int[] j) {
        i = 20; j[3] = 400;
    }
    public void display(int i, int[] j) {
        System.out.println("i: "+i);
        System.out.print("j: ");
        for (int k = 0; k < j.length; k++)
            System.out.print(j[k]+" ");
        System.out.println();
    }
}
class ParaPassingTest {
    public static void main(String[] args) {
        ParaPassing pp = new ParaPassing();
        int i = 10, j[] = { 1, 2, 3, 4 };
        pp.change(i, j);
        pp.display(i, j);
    }
}
```

> **해설**
> 기본형 변수 i는 값만 복사되므로, 메서드 내부에서 변경된 값(20)은 호출자에 영향을 주지 않는다.
> 참조형 변수 j(배열)는 참조가 복사되므로, 메서드 내부에서 변경된 값(j[3] = 400)이 호출자에도 영향을 준다.

정답   i: 10
       j: 1 2 3 400

022 다음 JAVA 프로그램의 출력 결과를 쓰시오.

```java
class Test {
    public static void main(String[] args) {
        int[][][] arr = new int[2][2][3];

        for(int i = 0; i < 2; i++) {
            for(int j = 0; j < 2; j++) {
                for(int k = 0; k < 3; k++) {
                    arr[i][j][k] = i + j + k;
                }
            }
        }

        for(int i = 0; i < 2; i++) {
            for(int j = 0; j < 2; j++) {
                for(int k = 0; k < 3; k++) {
                    System.out.print( arr[i][j][k] + " ");
                }
                System.out.println();
            }
            System.out.println();
        }
    }
}
```

해설

arr 3차원 배열을 선언한다.
배열을 순회하며, 각 차원의 요소에 값을 대입하고, 해당 내용을 출력한다.

정답   0 1 2
1 2 3

1 2 3
2 3 4

023 다음 JAVA 프로그램의 출력 결과를 쓰시오.

```java
public class Test {
    public static void main(String[] args) {
        int numAry[] = new int[5];
        int result = 0;
        for( int i = 0; i < 5; i++ )
            numAry[i] = i + 1;
        for( int i:numAry )
            result += i;
        System.out.println(result);
    }
}
```

해설

for 루프를 돌면서, 배열의 요소 값을 설정한다.
i = 0: numAry[0] = 0 + 1 = 1
i = 1: numAry[1] = 1 + 1 = 2
i = 2: numAry[2] = 2 + 1 = 3
i = 3: numAry[3] = 3 + 1 = 4
i = 4: numAry[4] = 4 + 1 = 5
for-each 루프, 배열 numAry의 각 요소를 순회하며 변수 i에 저장한다.
배열의 각 요소를 누적하여 합계를 출력한다.

정답 15

024 다음 JAVA 프로그램의 출력 결과를 쓰시오.

```java
class Main {
    public static void main(String[] args) {
        int value = tri(10);
        System.out.println("결과 = " + value);
    }
    public static int tri(int n) {
        if (n == 1)
            return 1;
        else
            return (n + tri(n-1));
    }
}
```

> **해설**
>
> tri 메서드를 인자값 10을 가지고 호출한다.
> tri 메서드는 재귀함수이고, 한 개의 재귀함수만 있기 때문에 상수값 1이 리턴될 때까지 스택에 하나씩 쌓아서 처리해 주면 된다.
> 1~10까지 더해주는 재귀함수이고, 55를 출력한다.

정답   결과 = 55

025 다음 JAVA 프로그램의 출력 결과를 쓰시오.

```java
class Parent{
    int compute(int num){
        if( num <= 1 ) return num;
        return compute( num - 1 ) + compute( num - 2 );
    }
}
class Child extends Parent {
    int compute(int num) {
        if( num <= 1 ) return num;
        return compute( num - 1 ) + compute( num - 3 );
    }
}
class Test {
    public static void main(String[] args){
        Parent obj = new Child();
        System.out.print(obj.compute(4));
    }
}
```

> **해설**
>
> obj는 부모 클래스 Parent 타입으로 선언되었지만, 자식 클래스 Child의 객체를 참조한다.
> 오버라이딩된 메서드인 Child의 compute 메서드가 호출된다.

정답   1

026 다음은 정수를 저장할 수 있는 스택을 Java로 구현한 것이다. ㉠과 ㉡에 넣을 코드를 쓰시오.

```java
class StackInt {
    int size, top;
    int buf[];
    public StackInt(int s) {
        buf = new int[s];
        size = s;
        top = -1;
    }
    public void push(int x) {
        ㉠;
    }
    public int pop() {
        ㉡;
    }
}
```

해설

㉠은 push 연산이고, 스택에서 push는 먼저 top 포인터를 증가한 후, 그 공간에 값을 넣게 된다.
㉡은 pop 연산이고, top 포인터의 자료를 먼저 리턴한 후에 top 포인터를 감소하게 된다.

정답　㉠ buf[++top] = x
　　　　㉡ return buf[top--]

PART
03

파이썬

CHAPTER 01 Python 기본

1. Python

(1) Python이란?
- 네덜란드의 프로그래머 귀도 반 로섬(Guido van Rossum)이 1989년에 개발한 고급 프로그래밍 언어이다.
- 1991년에 처음 공개되었으며, 현재는 세계적으로 널리 사용되는 언어로 자리 잡았다.

(2) Python 장점
- 자연어와 유사한 간결하고 직관적인 문법을 제공하여 프로그래밍 초보자도 쉽게 배울 수 있다.
- 웹 개발, 데이터 분석, 인공지능, 과학 계산, 자동화 등 다양한 분야에서 활용 가능하다.
- 데이터 처리, 머신러닝, 그래픽스 등 다양한 목적에 맞는 방대한 표준 라이브러리와 외부 라이브러리를 제공한다.
- Windows, macOS, Linux 등 다양한 플랫폼에서 실행 가능하다.
- 코드를 한 줄씩 실행하며 디버깅과 개발 속도가 빠르다.
- 누구나 자유롭게 사용하고 기여할 수 있는 무료 소프트웨어이다.

(3) 주요 특징
- 동적 타이핑: 변수 선언 시 데이터 타입 지정이 필요 없다.
- 들여쓰기 기반: 코드 블록 구분을 중괄호 대신 들여쓰기로 표현한다.
- 풍부한 데이터 타입: 리스트, 딕셔너리, 집합, 튜플 등 다양한 내장 데이터 구조를 지원한다.

2. Python 연산자

(1) 산술 연산자

연산자	기능	예제	결과
+	더하기	3 + 2	5
-	빼기	3 - 1	71
*	곱하기	3 * 2	6
/	나누기	3 / 2	1.5
//	몫	3 // 2	1
%	나머지	3 % 2	1
**	거듭제곱	3 ** 2	9

(2) 비교 연산자

연산자	기능	예제	결과
==	같다	3 == 3	True
!=	같지 않다	3 != 2	True
>	크다	3 > 2	True
<	작다	3 < 2	False
>=	크거나 같다	3 >= 3	True
<=	작거나 같다	2 <= 3	True

(3) 논리 연산자

연산자	기능	예제	결과
and	두 조건이 모두 참	True and False	False
or	하나라도 참	True or False	True
not	조건의 부정	not True	False

(4) 비트 연산자

연산자	기능	예제	결과
&	AND	3 & 2	2
|	OR	3 | 2	3
^	XOR	3 ^ 2	1
~	NOT(비트 반전)	~3	-4
<<	왼쪽 시프트	3 << 1	6
>>	오른쪽 시프트	3 >> 1	1

(5) 기타 연산자

연산자	기능	예제	결과
in	포함 여부 확인	'a' in 'apple'	True
not in	포함 여부 부정	'b' not in 'apple'	True
is	동일 객체 확인	x = [1, 2, 3] y = [1, 2, 3] z = x print(x is z) print(x is y) print(x == y)	True False True
is not	동일하지 않음 확인	a = 10 b = 10 print(a is not b)	False

3. 제어문 / 반복문

(1) if 문

- 조건에 따라 실행할 코드를 정의한다.
- 예제

```
x = 10
if x > 5:
    print("x는 5보다 크다.")
elif x == 5:
    print("x는 5이다.")
else:
    print("x는 5보다 작다.")
```

[실행 결과]
x는 5보다 크다.

(2) 삼항 연산자

- 한 줄로 조건문을 작성할 때 사용한다.
- 예제

```
x = 5
result = "크다" if x > 5 else "작다"
print(result)
```

[실행 결과]
작다

(3) match 문

- 여러 값을 조건으로 비교할 때 사용한다.
- 파이썬 3.10 이상에서 사용된다.
- 예제

```
x = 2
match x:
    case 1:
        print("x는 1이다.")
    case 2:
        print("x는 2이다.")
    case _:
        print("x는 1이나 2가 아니다.")
```

[실행 결과]
x는 2이다.

(4) for 문
- 시퀀스(리스트, 문자열 등)나 범위를 순회할 때 사용한다.
- 예제

```
for i in range(5):
    print(i)
```

[실행 결과]
0
1
2
3
4

(5) while 문
- 조건이 참인 동안 반복 실행한다.
- 예제

```
x = 0
while x < 5:
    print(x)
    x += 1
```

[실행 결과]
0
1
2
3
4

(6) 반복 제어문

1) break

- 반복문을 즉시 종료한다.
- 예제

```
for i in range(5):
    if i == 2:
        break
    print(i)
```

[실행 결과]
0
1

2) continue

- 현재 반복을 건너뛰고 다음 반복을 실행한다.
- 예제

```
for i in range(5):
    if i == 2:
        continue
    print(i)
```

[실행 결과]
0
1
3
4

문제풀이

001 다음 Python 프로그램의 실행 결과를 쓰시오.

```
x, y = 100, 200
print(x==y)
```

해설
x의 값과 y의 값은 다르기 때문에, False가 출력된다.

정답   False

002 다음 Python 프로그램의 실행 결과를 쓰시오.

```
a = 5
b = 3
print(a // b, a % b, "%.2f" % (a/b))
```

해설
5를 3으로 나눈 몫인 1과, 5를 3으로 나눈 나머지 2, 5를 3으로 나눈 결과 1.67이 출력된다.
실제 나누기 결과는 1.6666666666666667이지만, 소수점 2자리까지 출력하면 반올림된 결과가 반환된다.

정답   1 2 1.67

003 다음 Python 프로그램의 실행 결과를 쓰시오.

```
x = 20
if x == 10:
    print('10')
elif x == 20:
    print('20')
else:
    print('other')
```

해설

x == 10, 조건은 맞지 않아, x == 20의 조건까지 수행한다.
해당 조건에 맞기 때문에, 20을 출력하고, if 문을 종료하게 된다.

정답 20

004 다음 Python 프로그램의 실행 결과를 쓰시오.

```
x = 5
y = 10
if x > 0 and y < 20:
    print("A")
if x > 10 or y == 10:
    print("B")
if not (x > y):
    print("C")
```

해설

첫 번째 if 문, x > 0 → x는 5이므로 참(True), y < 20 → y는 10이므로 참(True), and 연산으로 두 조건이 모두 참이어야 하고, 두 개의 개별 조건식이 참이기 때문에 A를 출력한다.
두 번째 if 문, x > 10 → x는 5이므로 거짓(False), y == 10 → y는 10이므로 참(True), or 연산으로 두 조건 중 하나라도 참이면 참이고, B를 출력한다.
세 번째 if 문, x > y → x는 5, y는 10이므로 거짓(False), not 연산으로 반전을 시켰기 때문에, 결정포인트는 참이 되고, C를 출력한다.

정답 A
B
C

005 다음 Python 프로그램의 실행 결과를 쓰시오.

```
a = 5
b = 3
print(a & b, end=',')
print(a | b, end=',')
print(a ^ b)
```

해설

& (비트 AND), 각 비트가 모두 1일 때만 결과가 1이 된다.
| (비트 OR), 각 비트 중 하나라도 1이면 결과가 1이 된다.
^ (비트 XOR), 각 비트가 다르면 결과가 1이 된다.
end=','는 출력 뒤에 줄 바꿈 대신 쉼표(,)를 붙인다.

정답   1,7,6

006 다음 Python 프로그램의 실행 결과를 쓰시오.

```
num = 15
if num % 3 == 0 and num % 5 == 0:
    print("A")
elif num % 3 == 0:
    print("B")
elif num % 5 == 0:
    print("C")
else:
    print(num)
```

해설

num = 15이므로 첫 번째 조건 num % 3 == 0 and num % 5 == 0이 참이 되고, A 출력 후, 다른 조건문들은 실행되지 않는다.

정답   A

007 다음 Python 프로그램의 실행 결과를 쓰시오.

```
for i in range(10):
    if i == 5:
        break
    elif i % 2 == 0:
        continue
    print(i, end=",")
```

해설

range(10)은 0부터 9까지의 숫자를 생성한다.
변수 i는 0부터 9까지 반복하면서 각 값을 순회한다.
반복 과정,
i = 0: 조건 i % 2 == 0 참 → continue 실행 → 출력 없음
i = 1: 조건 i % 2 == 0 거짓 → print(i, end=",") 실행 → 출력: 1,
i = 2: 조건 i % 2 == 0 참 → continue 실행 → 출력 없음
i = 3: 조건 i % 2 == 0 거짓 → print(i, end=",") 실행 → 출력: 1,3,
i = 4: 조건 i % 2 == 0 참 → continue 실행 → 출력 없음
i = 5: 조건 i == 5 참 → break 실행 → 반복문 종료

정답 1,3,

---

008 다음 Python 프로그램의 실행 결과를 쓰시오.

```
x = 0
while x < 5:
    print(x, end=" ")
    x += 1
else:
    print("End")
```

해설

x가 5보다 작으면 반복을 수행한다.
print(x, end=" "), 현재의 x 값을 출력하고, end=" " 옵션으로 출력된 값 뒤에 공백이 추가되고 줄 바꿈이 발생하지 않는다.
x += 1, x 값을 1 증가시킨다.
else: while 조건이 거짓이 되어 반복문이 종료되면 실행된다.
break로 인해 반복문이 강제로 종료된 경우에는 실행되지 않는다.

정답 0 1 2 3 4 End

009 다음 Python 프로그램의 실행 결과를 쓰시오.

```
x = 2
match x:
    case 1:
        print("A")
    case 2:
        print("B")
    case _:
        print("C")
```

> **해설**
> match는 if-elif-else와 유사하다.
> if-elif-else 구조처럼 조건을 순차적으로 평가한다.
> case _는 기본 블록으로, 어떤 조건과도 일치하지 않을 때 실행된다.

정답   B

010 다음 Python 프로그램의 실행 결과를 쓰시오.

```
a = 10
b = 15

if a > b:
    result = "A"
elif a == b or b % a == 0:
    result = "B"
else:
    result = "C"

print(result)
```

> **해설**
> 첫 번째 조건 (if a > b), a가 b보다 큰지 확인한다. 이 조건은 거짓이기 때문에 실행되지 않는다.
> 두 번째 조건 (elif a == b or b % a == 0), a == b: a와 b가 같은지 확인하고, b % a == 0: b를 a로 나누었을 때 나머지가 0인지 확인한다.
> 두 조건이 모두 거짓이기 때문에 실행하지 않는다.
> 기본 블록(else), 두 조건 모두 거짓이므로 else 블록이 실행되어 result = "C"가 설정된다.

정답   C

011 다음 Python 프로그램의 실행 결과를 쓰시오.

```
dec = 13
bin = ''
while(dec > 0):
    rmd = dec % 2
    dec = dec // 2
    bin = str(rmd) + bin
print (bin)
```

> **해설**
>
> dec 값이 0보다 클 때 반복문 실행한다.
> rmd = dec % 2, 10진수 dec를 2로 나누었을 때 나머지를 계산하여 rmd에 담는다.
> dec = dec // 2, dec 값을 2로 나눈 몫으로 업데이트한다.
> bin = str(rmd) + bin, 현재 계산된 나머지(rmd)를 문자열로 변환하고, 기존의 2진수 문자열(bin) 앞에 추가한다.

정답   1101

012 다음 Python 프로그램의 실행 결과를 쓰시오.

```
for i in range(1, 5):
    for j in range(0, i):
        print('*', end='')
    print()
```

> **해설**
>
> 배열을 반복하면서, *를 출력한다.
> 안쪽의 반복이 종료되면, 한 줄을 개행해 준다.

정답
```
*
**
***
****
```

013 다음은 파이썬으로 만들어진 반복문 코드이다. 이 코드가 수행되면 발생하는 결과를 약술하시오.

```
while(True) :
    print('A')
    print('B')
    print('C')
    continue
    print('D')
```

정답   while은 조건이 만족하는 동안 반복이 된다.
해당 조건에서는 종료 조건이 포함되지 않기 때문에 무한 반복을 하게 되고,
A
B
C를 계속 출력하게 된다.

014 다음 Python 프로그램의 실행 결과를 쓰시오.

```
a = 100
result = 0
for i in range(1, 3):
    result = a >> i
    result = result + 1
print(result)
```

해설
변수 a에 값 100을 저장한다.
변수 result를 초기화하여 0으로 설정한다.
첫 번째 반복 (i = 1),
a >> i, 숫자 100을 2진수로 표현하면 1100100이고, 오른쪽으로 1칸 이동하면 0110010(즉, 50)이 된다.
result에 50을 저장하고 1을 더해서, 51을 저장한다.
두 번째 반복 (i = 2),
a >> i, 숫자 100을 2진수로 표현하면 1100100이고, 오른쪽으로 2칸 이동하면 0011001(즉, 25)이 된다.
result에 25를 저장하고 1을 더해서, 26을 저장한다.

정답   26

CHAPTER 02 파이썬 문자열 처리

1. 문자열 기본

(1) 문자열 생성

- 문자열은 작은따옴표(')나 큰따옴표(")로 생성한다.
- 예제

```
text1 = 'Hello'
text2 = "World"
```

(2) 여러 줄 문자열

- 삼중 따옴표(''' 또는 """)를 사용해 여러 줄 문자열을 작성할 수 있다.
- 예제

```
multiline_text = """이 문자열은
여러 줄에 걸쳐 작성된다."""
```

(3) 문자열 인덱싱과 슬라이싱

- 인덱싱: 문자열의 특정 위치 문자에 접근한다. (0부터 시작)
- 슬라이싱: 부분 문자열을 추출한다.
- 예제

```
text = "Python"
print(text[0])
print(text[-1])
print(text[0:3])
print(text[1:4])
print(text[:4])
print(text[2:])
print(text[-6:-3])
print(text[-4:])
print(text[:-3])
print(text[-5:-2])
```

```
print(text[::2])
print(text[1::2])
print(text[::-1])
print(text[::-2])
print(text[1:5:2])
print(text[-5:-1:2])
print(text[-1:-6:-1])
print(text[:])
print(text[100:])   # 범위를 벗어나도 에러 없이 빈 문자열 출력
print(text[-1:2])   # 잘못된 범위 설정 시 빈 문자열
```

[실행 결과]
P
n
Pyt
yth
Pyth
thon
Pyt
thon
Pyt
yth
Pto
yhn
nohtyP
nhy
yh
yh
nohty
Python

2. 문자열 메서드

(1) 문자열 변환 관련 메서드

- 종류

메서드	설명
lower()	문자열을 소문자로 변환한다.
upper()	문자열을 대문자로 변환한다.
capitalize()	맨 첫글자만 대문자로 변환한다.
title()	영단어들의 첫 글자를 모두 대문자로 변환한다.
strip()	문자열의 시작과 끝에서 공백을 제거한 후 반환한다.

- 예제

```
text = "  Python is Fun  "
print(":"+text.lower()+":")
print(":"+text.upper()+":")
print(":"+text.strip()+":")
```

[실행 결과]
: python is fun :
: PYTHON IS FUN :
:Python is Fun:

(2) 문자열 검색 및 확인

메서드	설명
find(sub)	특정 부분 문자열이 처음 나타나는 위치 반환한다. (-1이면 없음)
index(sub)	특정 부분 문자열의 위치 반환한다. (찾을 수 없으면 오류 발생)
startswith(prefix)	문자열이 특정 문자열로 시작하는지 확인한다.
endswith(suffix)	문자열이 특정 문자열로 끝나는지 확인한다.
count(sub)	특정 문자열이 몇 번 나타나는지 확인한다.

- 예제

```
text = "Python programming is fun"
print(text.find("programming"))
print(text.startswith("Python"))
print(text.count("n"))
```

```
[실행 결과]
7
True
3
```

(3) 문자열 대체 및 수정

메서드	설명
replace(old, new)	특정 문자열을 대체한다.
split(sep)	구분자를 기준으로 문자열 나눈다. (리스트 반환)
join(iterable)	iterable의 요소를 문자열로 합친다.

- 예제

```
text = "Python is great"
print(text.replace("great", "awesome"))

words = "apple,banana,cherry".split(",")
print(words)

joined_text = " ".join(words)
print(joined_text)
```

```
[실행 결과]
Python is awesome
['apple', 'banana', 'cherry']
apple banana cherry
```

(4) 문자열 검사

메서드	설명
isalnum()	알파벳 또는 숫자로만 구성되었는지 확인한다.
isalpha()	알파벳으로만 구성되었는지 확인한다.
isdigit()	숫자로만 구성되었는지 확인한다.
isspace()	공백 문자로만 구성되었는지 확인한다.

- 예제

```
text = "Python3"
print(text.isalnum())
print(text.isalpha())
print("12345".isdigit())
```

[실행 결과]
True
False
True

(5) 문자열 조작

메서드	설명
len()	문자열 길이를 반환한다.
[::-1]	문자열을 역순으로 뒤집는다.
in	특정 문자열 포함 여부를 확인한다.

- 예제

```
text = "Python3"
print(text.isalnum())
print(text.isalpha())
print("12345".isdigit())
```

[실행 결과]
True
False
True

문제풀이

001 다음 Python 프로그램의 실행 결과를 쓰시오.

```
text = "Python"
print(text[0], end='_')
print(text[-1], end='_')
print(text[3], end='_')
print(text[-4])
```

해설

text[0], 문자열의 첫 번째 문자 P를 가져온다.
text[-1], 문자열의 마지막 문자 n을 가져온다. (음수 인덱스는 끝에서부터 시작)
text[3], 문자열의 네 번째 문자 h를 가져온다. (0부터 시작하므로 3번 인덱스는 h)
text[-4], 문자열 끝에서 네 번째 문자 t를 가져온다.

정답 P_n_h_t

002 다음 Python 프로그램의 실행 결과를 쓰시오.

```
text = "Programming"
print(text[:5])
print(text[3:8])
print(text[-7:])
print(text[::2])
```

해설

text[:5], 종료 인덱스 5번 인덱스 직전까지(0, 1, 2, 3, 4번 문자) 포함한다.
text[3:8], 시작 인덱스 3부터 종료 인덱스 8 직전까지 (3, 4, 5, 6, 7번 문자) 포함한다.
text[-7:], 시작 인덱스 -7은 문자열의 끝에서 7번째 문자부터 시작한다.
text[::2], 시작과 종료 인덱스가 비어 있으면 문자열 전체를 대상으로 하고, 2칸씩 건너뛰며 문자를 추출한다.

정답
Progr
gramm
ramming
Pormig

003 다음 Python 프로그램의 실행 결과를 쓰시오.

```
text = "Reverse"
print(text[::-1])
print(text[-1:-8:-2])
print(text[:3:-1])
```

해설

text[::-1], 시작/종료 인덱스가 비어 있으므로 문자열 전체를 대상으로, 역순으로 문자열을 가져온다.
text[-1:-8:-2], 시작 인덱스 -1은 문자열의 마지막 문자(e)에서 시작, 종료 인덱스 -8은 문자열의 첫 문자 앞을 의미한다. 역순으로 2칸씩 건너뛰며 문자를 추출한다.
text[:3:-1], 시작 인덱스가 비어 있으므로 문자열의 끝에서 시작하고, 종료 인덱스 3은 3번 인덱스 직전까지 역순으로 가져온다.

정답
esreveR
ervR
esr

004 다음 Python 프로그램의 실행 결과를 쓰시오.

```
text = "Hello World "
print(text.lower())
print(text.replace("World", "Python"))
print(len(text))
```

해설

text.lower(), 문자열의 모든 문자를 소문자로 변환한다.
text.replace("World", "Python"), 문자열에서 old로 지정된 부분 문자열을 찾아 new로 대체한다.
len(text), 문자열의 길이를 반환한다.

정답
hello world
Hello Python
12

005 다음 Python 프로그램의 실행 결과를 쓰시오.

```
text = "Python123"
print(text.isalpha())
print(text.isalnum())
print(text.isdigit())
print(" ".isspace())
```

해설

text.isalpha(), 문자열이 오직 알파벳 문자로만 이루어져 있는지 확인한다.
text.isalnum(), 문자열이 알파벳 문자 또는 숫자로만 이루어져 있는지 확인한다.
text.isdigit(), 문자열이 오직 숫자로만 이루어져 있는지 확인한다.
" ".isspace(), 문자열이 공백 문자(스페이스, 탭, 줄 바꿈 등)로만 이루어져 있는지 확인한다.

정답
False
True
False
True

006 다음 Python 프로그램의 실행 결과를 쓰시오.

```
text = "abc" * 3
print(text)
text = "123" + "456"
print(text)
```

해설

"abc" * 3, abc 문자열을 3번 반복하여 새로운 문자열을 생성한다.
text = "123" + "456", 문자열 123과 456을 이어 붙여 새로운 문자열을 생성한다.

정답
abcabcabc
123456

007 다음 Python 프로그램의 실행 결과를 쓰시오.

```
text = "ABCDEFGHIJ"
print(text[1:8:2])
print(text[-1:-6:-1])
print(text[5:1:-1])
```

해설

text[1:8:2], 시작 인덱스(1), 종료 인덱스(8), 스텝(2)
text[-1:-6:-1], 시작 인덱스(-1), 종료 인덱스(-6), 스텝(-1)
text[5:1:-1], 시작 인덱스(5), 종료 인덱스(1), 스텝(-1)

정답   BDFH
       JIHGF
       FEDC

008 다음 Python 프로그램의 실행 결과를 쓰시오.

```
text = "PythonIsFun"
print(text[::3])
print(len(text))
print(text.find("IS"))
```

해설

text[::3], 시작 인덱스와 종료 인덱스가 비어 있으므로 문자열 전체를 대상으로 3칸씩 건너뛰며 문자를 추출한다.
len(text), 문자열의 길이를 반환한다.
text.find("IS"), 문자열에서 "IS"를 찾고 첫 번째 위치의 인덱스를 반환한다.
단, find()는 대소문자를 구별하므로 "IS"가 없으면 -1을 반환한다.

정답   PhIu
       11
       -1

009 다음 Python 프로그램의 실행 결과를 쓰시오.

```
text = "banana is a fruit. Bananas are yellow."

find1 = text.lower().find("Banana")
find2 = text.lower().find("banana")
count = text.lower().count("banana")

print(find1, end=',')
print(find2, end=',')
print(count)
```

해설

text.lower().find("Banana"), text 문자열을 소문자로 변환하고, Banana가 처음 등장하는 인덱스를 반환한다. 소문자로 변환된 문자열에서 Banana는 없기 때문에, -1을 반환한다.
text.lower().find("banana"), 소문자로 변환된 문자열에서 banana의 첫 위치인 0을 반환한다.
text.lower().count("banana"), 소문자로 변환된 문자열에서 banana가 등장하는 횟수를 반환한다.

정답   -1,0,2

010 다음 Python 프로그램의 실행 결과를 쓰시오.

```
text = "hello, world!"

capitalized = text.capitalize()
upper_case = text.upper()
lower_case = text.lower()

result = f"C: {capitalized }, U: {upper_case}, L: {lower_case}"
print(result)
```

해설

capitalize는 문자열의 첫 글자를 대문자로 변환하고, 나머지는 소문자로 변환한다.
upper는 문자열의 모든 문자를 대문자로 변환한다.
lower는 문자열의 모든 문자를 소문자로 변환한다.

정답   C: Hello, world!, U: HELLO, WORLD!, L: hello, world!

011 다음은 사용자로부터 입력받은 문자열에서 처음과 끝의 3글자를 추출한 후 합쳐서 출력하는 파이썬 코드에서 ㉠에 들어갈 내용을 쓰시오.

```
string = input("7문자 이상 문자열을 입력하시오 :")
m = ( ㉠ )
print(m)

입력값: Hello World
최종 출력 : Helrld
```

해설

문자열의 처음 3글자 추출, string[:3]을 사용하여 처음부터 3번 인덱스 직전까지 추출한다.
혹은 string[0:3]을 이용할 수도 있다.
문자열의 끝 3글자 추출, string[-3:]을 사용하여 끝에서 3글자를 추출한다.

정답   string[0:3] + string[-3:]

012 다음 Python 프로그램의 실행 결과를 쓰시오.

```
a = "engineer information programming"
b = a[:3]
c = a[4:6]
d = a[29:]
e=b+c+d
print(e)
```

해설

변수 a에 문자열 "engineer information programming"을 저장한다.
b = a[:3], 시작 인덱스가 비어 있으므로 처음부터 시작해서, 3번 인덱스 직전까지 포함한다.
c = a[4:6], 시작 인덱스 4부터 종료 인덱스 6 직전까지 포함한다.
d = a[29:], 시작 인덱스 29부터 문자열의 끝까지 포함한다.

정답   engneing

013 다음 Python 프로그램의 실행 결과를 쓰시오.

```
text = "apple,banana,cherry,date"
result = text.split(',')
print(result)
```

해설

text.split(','), 문자열을 주어진 구분자(sep)를 기준으로 분리하여 리스트로 반환한다.

정답 ['apple', 'banana', 'cherry', 'date']

014 다음 Python 프로그램의 실행 결과를 쓰시오.

```
text = "Python is fun!"
result = text.replace("fun", "awesome")
print(result)

result = text.split(" ")
print(result)
```

해설

text.replace("fun", "awesome"), fun이라는 부분 문자열을 awesome으로 교체한다.
이 메서드는 새로운 문자열을 반환하며, 기존 문자열은 변경되지 않는다.
text.split(" "), 문자열을 특정 구분자(여기서는 공백 " ")를 기준으로 나누어, 리스트로 반환한다.

정답 Python is awesome!
['Python', 'is', 'fun!']

CHAPTER 03 파이썬 자료구조

1. 리스트(List)

- 순서가 있는 변경 가능한(Mutable) 자료구조로, 다양한 데이터를 저장할 수 있다.
- 순서가 있고(인덱싱 가능), 중복 데이터를 허용한다.
- 크기와 데이터 변경이 가능하다.
- 주요 메서드

메서드	설명
append(x)	리스트 끝에 항목을 추가한다.
insert(i, x)	특정 위치에 항목을 삽입한다.
pop([i])	특정 위치의 항목 제거한다. (인덱스 생략 시 마지막 항목 제거)
remove(x)	특정 값을 가진 첫 번째 항목을 제거한다.
sort()	리스트 항목을 정렬한다.
reverse()	리스트 항목 순서 뒤집는다.

- 예제

```
my_list = [5, 3, 1, 7]
my_list.append(7)
print(my_list)
my_list.insert(1, 2)
print(my_list)
my_list.remove(3)
print(my_list)
my_list.sort()
print(my_list)
```

```
[실행 결과]
[5, 3, 1, 7, 7]
[5, 2, 3, 1, 7, 7]
[5, 2, 1, 7, 7]
[1, 2, 5, 7, 7]
```

2. 딕셔너리(Dictionary)

- 키-값(key-value) 쌍으로 데이터를 저장하는 자료구조이다.
- 순서가 있고(Python 3.7+), 키는 중복 불가, 값은 중복 가능하다.
- 주요 메서드

메서드	설명
keys()	딕셔너리의 모든 키를 반환한다.
values()	딕셔너리의 모든 값을 반환한다.
items()	딕셔너리의 키-값 쌍 반환한다. (튜플 형태)
get(key, [default])	키에 해당하는 값 반환한다. (없으면 기본값 반환)
update(other_dict)	다른 딕셔너리와 병합한다.

- 예제

```
my_dict = {"name": "Lee", "age": 30}
print(my_dict["name"])
my_dict["age"] = 31
my_dict["city"] = "Wonju"
print(my_dict.keys())
print(my_dict.values())
```

```
[실행 결과]
Lee
dict_keys(['name', 'age', 'city'])
dict_values(['Lee', 31, 'Wonju'])
```

3. 셋(Set)

- 순서가 없고 중복을 허용하지 않는 자료구조이다.
- 순서가 없다. (인덱싱 불가능)
- 중복 데이터 제거는 자동으로 처리된다.
- 주요 메서드

메서드	설명
add(x)	항목을 추가한다.
remove(x)	특정 항목 제거한다. (항목이 없으면 KeyError 발생)
discard(x)	특정 항목 제거한다. (항목이 없어도 오류 없음)
union(set)	두 셋의 합집합을 반환한다.
intersection(set)	두 셋의 교집합을 반환한다.
difference(set)	두 셋의 차집합을 반환한다.

- 예제

```
set1 = {1, 2, 3}
set2 = {3, 4, 5}
print(set1.union(set2))
print(set1.intersection(set2))
print(set1.difference(set2))
```

[실행 결과]
{1, 2, 3, 4, 5}
{3}
{1, 2}

4. 튜플(Tuple)

- 순서가 있고 변경할 수 없는(Immutable) 자료구조이다.
- 순서가 있고(인덱싱 가능), 변경은 불가능하다.
- 중복 데이터를 허용한다.
- 주요 메서드

메서드	설명
count(x)	특정 값의 개수를 반환한다.
index(x)	특정 값의 첫 번째 인덱스를 반환한다.

- 예제

```
my_tuple = (1, 2, 3, 2)
print(my_tuple.count(2))
print(my_tuple.index(2))
```

[실행 결과]
2
1

문제풀이

001 다음 Python 프로그램의 실행 결과를 쓰시오.

```
my_list = [1, 2, 3]
my_list.append(4)
my_list.insert(1, 5)
del my_list[2]
print(my_list)
```

해설

리스트 my_list를 생성하고, [1, 2, 3]으로 초기화한다.
my_list.append(4), 리스트의 끝에 새로운 요소를 추가한다.
my_list.insert(1, 5), 지정된 인덱스에 새로운 요소를 삽입한다.
del my_list[2], 리스트에서 특정 인덱스의 요소를 삭제한다.

정답 [1, 5, 3, 4]

002 다음 Python 프로그램의 실행 결과를 쓰시오.

```
lst = [1, 2, 3, 4, 5]
lst.append(6)
lst.insert(2, 10)
lst.pop()
lst.remove(10)
print(lst)
```

해설

append(6), 리스트 끝에 6을 추가한다.
insert(2, 10), 인덱스 2에 10을 삽입한다.
pop(), 리스트의 마지막 요소 6을 제거한다.
remove(10), 값 10을 가진 첫 번째 요소를 제거한다.
최종적으로 [1, 2, 3, 4, 5]를 출력한다.

정답 [1, 2, 3, 4, 5]

003 다음 Python 프로그램의 실행 결과를 쓰시오.

```
a = ["대", "한", "민", "국"]
for i in a:
    print(i)
```

해설

리스트 a를 생성하고, "대", "한", "민", "국"의 문자열 요소를 포함한다.
for 반복문, 리스트 a는 4개의 요소를 가지므로 반복문은 4번 실행된다.
첫 번째 반복: i = "대"
두 번째 반복: i = "한"
세 번째 반복: i = "민"
네 번째 반복: i = "국"
각 반복에서 변수 i의 값을 출력한다.

정답
대
한
민
국

004 다음 Python 프로그램의 실행 결과를 쓰시오.

```
a = ["대", "한", "민", "국"]
for i in a:
    print(i, end=" ")
```

해설

리스트 a를 생성하고, "대", "한", "민", "국"의 문자열 요소를 포함한다.
for 반복문, 리스트 a는 4개의 요소를 가지므로 반복문은 4번 실행된다.
첫 번째 반복: i = "대"
두 번째 반복: i = "한"
세 번째 반복: i = "민"
네 번째 반복: i = "국"
각 반복에서 변수 i의 값을 출력한다.
단, end를 이용해서 개행을 없애고 출력한다.

정답 대 한 민 국

005 다음 Python 프로그램의 실행 결과를 쓰시오.

```
list = [1, 2, 3, 4, 5, 6, 7, 8, 9]
print(list[0 : 1])
print(list[0 : 2])
print(list[0 : 5])
print(list[0 : 5 : 2])
print(list[0 : 5 : 3])
```

해설

list[0 : 1], 시작 인덱스 0부터, 종료 인덱스 1번 인덱스 직전까지 포함한다.
list[0 : 2], 시작 인덱스 0부터, 종료 인덱스 2번 인덱스 직전까지 포함한다.
list[0 : 5], 시작 인덱스 0부터, 종료 인덱스 5번 인덱스 직전까지 포함한다.
list[0 : 5 : 2], 시작 인덱스 0부터, 종료 인덱스 5번 인덱스 직전까지 2칸씩 건너뛰며 가져온다.
list[0 : 5 : 3], 시작 인덱스 0부터, 종료 인덱스 5번 인덱스 직전까지 3칸씩 건너뛰며 가져온다.

정답   [1]
        [1, 2]
        [1, 2, 3, 4, 5]
        [1, 3, 5]
        [1, 4]

006 다음 Python 프로그램의 실행 결과를 쓰시오.

```
a=[0,10,20,30,40,50,60,70,80,90]
print( a[:7:2] )
```

해설

리스트 a를 생성한다.
print(a[:7:2]), 시작 인덱스는 생략되었으므로 처음부터 시작해서, 7번 인덱스 직전까지 2칸씩 건너뛰며 요소들을 가져온다.

정답   [0, 20, 40, 60]

007 다음 Python 프로그램의 실행 결과를 쓰시오.

```
list = [1, 2, 3, 4, 5, 6]
print(list[-2:-4:-1])
```

해설

시작 인덱스 -2는 리스트의 끝에서 두 번째 요소(5)를 의미한다.
종료 인덱스 -4는 리스트의 끝에서 네 번째 요소 직전까지 포함한다. (즉, 3까지 가져온다.)
스텝 -1은 역순으로 슬라이싱을 진행한다.

정답 [5, 4]

008 다음 Python 프로그램의 실행 결과를 쓰시오.

```
list = [1, 2, 3, 4, 5, 6, 7, 8, 9]
print(list[-4 : -2])
print(list[-5 : -1])
print(list[-1 : -5])
print(list[-1 : -5 : -1])
print(list[-2 : -4 : -1])
```

해설

list[-4 : -2], 시작 인덱스 -4부터, 종료 인덱스 -2까지 포함한다.
list[-5 : -1], 시작 인덱스 -5부터, 종료 인덱스 -1까지 포함한다.
list[-1 : -5], 시작 인덱스 -1부터, 종료 인덱스 -5까지 포함한다. step이 기본값 1이므로, 이 방향으로 슬라이싱은 불가능하여, 빈 리스트를 출력한다.
list[-1 : -5 : -1], 시작 인덱스 -1부터, 종료 인덱스 -5까지 역순으로 슬라이싱한다.
list[-2 : -4 : -1], 시작 인덱스 -2부터, 종료 인덱스 -4까지 역순으로 슬라이싱한다.

정답 [6, 7]
[5, 6, 7, 8]
[]
[9, 8, 7, 6]
[8, 7]

009 다음 Python 프로그램의 실행 결과를 쓰시오.

```
data = [10, 20, 30, 40, 50]
print(data[1])
print(data[:3])
print(data[-1])
```

해설

리스트 data를 생성하고, 값 [10, 20, 30, 40, 50]을 저장한다.
data[1], 리스트에서 인덱스 1의 값을 가져온다.
data[:3], 시작 인덱스가 비어 있으므로 처음부터 시작해서, 3번 인덱스 직전까지 포함한다.
data[-1], 음수 인덱스 -1은 리스트의 마지막 요소를 의미한다.

정답 20
   [10, 20, 30]
   50

010 다음 Python 프로그램의 실행 결과를 쓰시오.

```
matrix = [[1, 2, 3], [4, 5, 6], [7, 8, 9]]
print(matrix[0])
print(matrix[1][2])
print(matrix[:2])
```

해설

2차원 리스트 matrix를 생성한다.
matrix[0], 2차원 리스트에서 첫 번째 하위 리스트를 참조한다.
matrix[1][2], 두 번째 하위 리스트 [4, 5, 6]을 참조하고, 세 번째 요소를 참조한다.
matrix[:2], 2차원 리스트에서 처음 두 개의 하위 리스트를 포함한다.

정답 [1, 2, 3]
   6
   [[1, 2, 3], [4, 5, 6]]

011 다음 Python 프로그램의 실행 결과를 쓰시오.

```
data = [10, 20, 30, 40, 50]
data[2] = 100
data.append(60)
data.insert(1, 15)
print(data)
print(data[4])
```

해설

리스트 data를 생성하고, [10, 20, 30, 40, 50]으로 초기화한다.
data[2] = 100, 인덱스 2의 값을 100으로 변경한다.
data.append(60), 리스트의 끝에 값 60을 추가한다.
data.insert(1, 15), 인덱스 1 위치에 값 15를 삽입한다.
print(data), 리스트 data의 현재 상태를 출력한다.
print(data[4]), 리스트에서 인덱스 4의 값을 참조한다.

정답 [10, 15, 20, 100, 40, 50, 60]
40

012 다음 Python 프로그램의 실행 결과를 쓰시오.

```
data = [5, 10, 15, 20]
print(data[1] * data[3])
print(data[:2] + data[-2:])
print(data[-1] // data[0])
```

해설

리스트 data를 생성하고, [5, 10, 15, 20]으로 초기화한다.
print(data[1] * data[3]), 리스트의 두 번째 요소와 리스트의 네 번째 요소의 곱을 출력한다.
print(data[:2] + data[-2:]), 0번 인덱스부터 2번 인덱스 직전까지의 결과와 -2번 인덱스부터 끝까지 포함해서 합친 결과를 출력한다.
print(data[-1] // data[0]), 리스트의 마지막 요소와 리스트의 첫 번째 요소의 나눈 몫을 출력한다.

정답 200
[5, 10, 15, 20]
4

013 다음 Python 프로그램의 실행 결과를 쓰시오.

```
data = [[1,2,3],[4,5],[6,7,8,9]]
print(data[0])
print(data[2][1])
for sub in data:
    for item in sub:
        print(item, end=" ")
    print()
```

해설

리스트 data는 2차원 리스트로 구성되어 있다.
print(data[0]), 리스트 data의 첫 번째 하위 리스트를 참조한다.
print(data[2][1]), 리스트의 세 번째 하위 리스트 [6, 7, 8, 9]에서 두 번째 요소를 출력한다.
첫 번째 반복문, sub 변수에 data의 각 하위 리스트를 순서대로 할당한다.
두 번째 반복문, 현재 sub 리스트의 각 요소를 item 변수에 할당한다.

정답 [1, 2, 3]
7
1 2 3
4 5
6 7 8 9

014 다음 Python 프로그램의 실행 결과를 쓰시오.

```
a = [1, 2, ['AB', 'CDE', ['FGH', 'IJK']]]
print(a[0])
print(a[1])
print(a[2])
print(a[2][0])
print(a[2][1])
print(a[2][2])
print(a[2][2][0])
print(a[2][2][1])
print(a[2][2][0][0])
print(a[2][2][0][1])
print(a[2][2][0][2])
```

> **해설**
>
> a[0], 리스트의 첫 번째 요소이다.
> a[1], 리스트의 두 번째 요소이다.
> a[2], 리스트의 세 번째 요소이고, 해당 요소는 리스트 형태로 되어 있다.
> a[2][0], 리스트의 세 번째 요소의 첫 번째 하위 요소이다.
> a[2][1], 리스트의 세 번째 요소의 두 번째 하위 요소이다.
> a[2][2], 리스트의 세 번째 요소의 세 번째 하위 요소이다.
> a[2][2][0], 리스트의 세 번째 요소의 세 번째 하위 요소의 첫 번째 요소이다.
> a[2][2][1], 리스트의 세 번째 요소의 세 번째 하위 요소의 두 번째 요소이다.
> a[2][2][0][0], 리스트의 세 번째 요소의 세 번째 하위 요소의 첫 번째 문자열의 시작 문자이다.
> a[2][2][0][1], 리스트의 세 번째 요소의 세 번째 하위 요소의 첫 번째 문자열의 두 번째 문자이다.
> a[2][2][0][2], 리스트의 세 번째 요소의 세 번째 하위 요소의 첫 번째 문자열의 세 번째 문자이다.

정답
1
2
['AB', 'CDE', ['FGH', 'IJK']]
AB
CDE
['FGH', 'IJK']
FGH
IJK
F
G
H

015 다음 Python 프로그램의 실행 결과를 쓰시오.

```
a=100
list_data = ['a', 'b', 'c']
dict_data = {'a':90, 'b':95}
print(list_data[0])
print(dict_data['a'])
```

> **해설**
>
> 변수 a에 정수 100을 저장한다.
> 리스트 list_data를 생성하고, 문자열 요소 ['a', 'b', 'c']를 저장한다.
> 딕셔너리 dict_data를 생성한다.
> print(list_data[0]), 리스트 list_data의 첫 번째 요소를 가져온다.
> print(dict_data['a']), 딕셔너리 dict_data에서 키 'a'에 해당하는 값을 가져온다.

정답
a
90

016 다음 Python 프로그램의 실행 결과를 쓰시오.

```
data = [1, 2, 2, 3, 4, 4, 5]
unique_data = set(data)
print(unique_data)
```

해설

리스트 data를 생성하고 초기화한다.
unique_data = set(data), 셋은 중복값을 허용하지 않으므로, 중복된 값이 제거된다.

정답   {1, 2, 3, 4, 5}

017 다음 Python 프로그램의 실행 결과를 쓰시오.

```
a={'일본', '중국', '한국'}
a.add('중국')
a.add('북한')
a.remove('일본')
a.update({'홍콩','한국','베트남'});
print(a);
```

해설

a는 셋(set) 자료구조로 생성된다.
셋은 중복을 허용하지 않고, 순서가 없다.
a.add('중국'), 셋에 새로운 값을 추가하지만, 이미 셋에 존재하므로 추가되지 않는다.
a.add('북한'), 셋에 새로운 값을 추가한다.
a.remove('일본'), 셋에서 지정된 값을 제거한다.
a.update({'홍콩', '한국', '베트남'}), 셋에 여러 값을 추가한다.
추가하려는 값 중 이미 존재하는 값('한국')은 무시되고, 없는 값만 추가된다.

정답   {'북한', '홍콩', '베트남', '중국', '한국'}

018 다음 Python 프로그램의 실행 결과를 쓰시오.

```
my_dict = {'x': 50, 'y': 60, 'z': 70}
print(my_dict.get('y'))
print(my_dict.get('a'))
print(my_dict.get('a', 'Key not found'))
```

해설

딕셔너리 my_dict를 생성하고 초기화한다.
my_dict.get('y'), 키 'y'는 딕셔너리에 존재하며, 값은 60을 가지고 있다.
my_dict.get('a'), 키 'a'는 딕셔너리에 존재하지 않고, None을 반환한다.
my_dict.get('a', 'Key not found'), 키 'a'는 딕셔너리에 존재하지 않고, 기본값 'Key not found'가 반환된다.

정답 60
None
Key not found

019 다음 Python 프로그램의 실행 결과를 쓰시오.

```
countries = {
    'USA': {'capital': 'Washington DC', 'population': 330},
    'Korea': {'capital': 'Seoul', 'population': 51},
    'Japan': {'capital': 'Tokyo', 'population': 126}
}
print(countries['Korea']['capital'])
print(countries['Japan']['population'])
```

해설

딕셔너리 countries는 중첩 딕셔너리로 구성되어 있다.
countries['Korea']['capital'], 키 Korea에 해당하는 값 {'capital': 'Seoul', 'population': 51}에서 capital에 해당하는 값을 가져온다.
countries['Japan']['population'], 키 Japan에 해당하는 값 {'capital': 'Tokyo', 'population': 126}에서 population에 해당하는 값을 가져온다.

정답 Seoul
126

020 다음 Python 프로그램의 실행 결과를 쓰시오.

```
my_set = {3, 5, 7, 9}
my_set.add(5)
my_set.add(2)
my_set.add(8)
my_set.discard(7)
print(my_set)
```

해설

my_set은 셋(set) 자료구조로 생성된다.
my_set.add(5), 값 5를 셋에 추가하지만, 이미 셋에 존재하므로 중복값은 추가되지 않는다.
my_set.add(2), 값 2를 셋에 추가한다.
my_set.add(8), 값 8을 셋에 추가한다.
my_set.discard(7), 값 7을 셋에서 제거한다.
discard는 값이 없어도 오류가 발생하지 않는다.

정답 {2, 3, 5, 8, 9}

021 다음 Python 프로그램의 실행 결과를 쓰시오.

```
set1 = {1, 2, 3, 4, 5}
set2 = {3, 4, 5, 6, 7}
print(set1.intersection(set2))
print(set1.union(set2))
print(set1.difference(set2))
```

해설

set1은 셋(set) 자료구조로 생성되었다.
set2는 셋(set) 자료구조로 생성되었다.
set1.intersection(set2), 두 셋의 교집합을 구한다.
set1.union(set2), 두 셋의 합집합을 구한다.
set1.difference(set2), 첫 번째 셋에서 두 번째 셋에 포함되지 않은 요소를 반환한다.

정답 {3, 4, 5}
      {1, 2, 3, 4, 5, 6, 7}
      {1, 2}

022 다음 Python 프로그램의 실행 결과를 쓰시오.

```
my_dict = {'apple': 2, 'banana': 3, 'cherry': 1}
my_dict['pear'] = 4
del my_dict['banana']
print(my_dict)
```

해설

딕셔너리 my_dict를 생성한다.
my_dict['pear'] = 4, 딕셔너리에 새로운 키-값을 추가한다.
del my_dict['banana'], 키 'banana'에 해당하는 키-값 쌍을 제거한다.

정답   {'apple': 2, 'cherry': 1, 'pear': 4}

023 다음 Python 프로그램의 실행 결과를 쓰시오.

```
my_tuple = (1, 2, 3, 4, 5, 6)
my_tuple = my_tuple[:2] + (6,) + my_tuple[3:]
print(my_tuple)
```

해설

튜플 my_tuple을 생성하고 초기화한다.
튜플은 순서가 있고, 변경할 수 없는(Immutable) 자료구조이다.
my_tuple[:2], 시작 인덱스 생략되었기 때문에 처음부터, 2번 인덱스 직전까지 포함한다.
(6,), (6,)은 값 6을 가진 단일 요소 튜플이다.
쉼표(,)가 없으면 정수로 인식되므로 반드시 쉼표를 추가해야 단일 요소 튜플이 된다.
my_tuple[3:], 시작 인덱스 3부터 끝까지 포함한다.
my_tuple[:2] + (6,) + my_tuple[3:], 튜플은 변경할 수 없지만, 슬라이싱과 연결(Concatenation)을 통해 새로운 튜플을 생성할 수 있다.

정답   (1, 2, 6, 4, 5, 6)

024 다음 Python 프로그램의 실행 결과를 쓰시오.

```
my_tuple = (10, 20, 30, 40, 50)
my_tuple = (my_tuple[-1],) + my_tuple[1:-1] + (60,) + (my_tuple[0],)
print(my_tuple)
```

해설

(my_tuple[-1],), 튜플의 마지막 요소인 50을 가져온다.
my_tuple[1:-1], 두 번째 요소부터 마지막 요소 직전까지 추출한다.
(60,), 숫자 60을 새로운 튜플 (60,)으로 변환한다.
(my_tuple[0],), 첫 번째 요소 10을 가져와서 새로운 튜플로 변환한다.
my_tuple에 + 연산자를 사용해 각 부분 튜플을 연결한다.

정답 (50, 20, 30, 40, 60, 10)

CHAPTER 04 파이썬 클래스 / 함수

1. 클래스

(1) 클래스의 개념
- 클래스(Class)는 객체를 생성하기 위한 청사진 또는 템플릿이다.
- 클래스는 데이터(속성)와 행동(메서드)을 하나의 논리적 단위로 묶는다.

(2) 클래스 정의

```
class Person:
    def __init__(self, name, age):   # 생성자
        self.name = name             # 속성 정의
        self.age = age

    def greet(self):   # 메서드
        return f"{self.name}, {self.age}"

# 객체 생성
person1 = Person("Lee", 25)
print(person1.greet())
```

[실행 결과]
Lee, 25

(3) 주요 구성 요소

1) 속성(Attributes)
- 객체의 데이터를 저장한다.
- __init__ 메서드에서 self를 사용해 정의한다.

2) 메서드(Methods)
- 객체가 수행할 동작을 정의한다.
- 첫 번째 매개변수로 self를 받는다.

3) 생성자(Constructor)
- __init__ 메서드로 정의한다.
- 객체가 생성될 때 초기화를 담당한다.

4) 소멸자(Destructor)
- __del__ 메서드로 정의한다.
- 객체가 소멸될 때 호출된다.

2. 함수

(1) 함수의 개념
- 특정 작업을 수행하는 코드 블록으로, 재사용 가능한 형태로 정의된다.
- 함수를 사용하면 코드의 재사용성이 증가하고, 가독성과 유지보수성이 향상된다.
- 함수의 정의와 호출

```
def add(a, b):
    """두 수를 더하는 함수"""
    return a + b

result = add(3, 5)
print(result)
```

[실행 결과]
8

(2) 함수의 종류

1) 매개변수와 반환값이 있는 함수

```
def multiply(x, y):
    return x * y

print(multiply(3, 4))
```

[실행 결과]
12

2) 매개변수는 있고 반환값이 없는 함수

```
def greet(name):
    print(f"Hello, {name}!")

greet("Alice")
```

[실행 결과]
Hello, Alice!

3) 매개변수와 반환값이 없는 함수

```
def display_message():
    print("This is a simple message.")

display_message()
```

[실행 결과]
This is a simple message.

4) 기본값 매개변수

```
def introduce(name, age=20):
    print(f"{name}, {age}")

introduce("Bob")
introduce("Alice", 25)
```

[실행 결과]
Bob, 20
Alice, 25

5) 가변 인자

```
def sum_all(*args):
    return sum(args)

print(sum_all(1, 2, 3, 4))
```

[실행 결과]
10

3. 전역변수

(1) 전역변수의 개념
- 함수 외부에서 정의된 변수로, 프로그램 전역에서 접근 가능하다.
- 지역변수와의 차이
    - 지역변수: 함수 내부에서 선언되고, 함수가 종료되면 소멸된다.
    - 전역변수: 함수 외부에서 선언되어 프로그램 종료 시까지 유지된다.

(2) 전역변수와 함수의 상호작용

1) 함수에서 전역변수 읽기
- 함수 내부에서 전역변수를 읽는 것은 가능하다.
- 예제

```
x = 10

def read_global():
    print(x)

read_global()
```

[실행 결과]
```
10
```

2) 함수에서 전역변수 변경
- 함수 내부에서 전역변수를 변경하려면 global 키워드를 사용한다.
- 예제

```
x = 10

def modify_global():
    global x
    x = 20

modify_global()
print(x)
```

[실행 결과]
```
20
```

3) 전역변수와 지역변수가 충돌하는 경우
- 동일한 이름의 전역변수와 지역변수가 있으면, 지역변수가 우선이다.
- 예제

```
x = 10

def func():
    x = 5   # 지역변수
    print(x)

func()
print(x)
```

[실행 결과]
5
10

문제풀이

001 다음 Python 프로그램의 실행 결과를 쓰시오.

```python
class Calculator:
    def __init__(self, first, second):
        self.first = first
        self.second = second
    def add(self):
        return self.first + self.second
    def subtract(self):
        return self.first - self.second
    def multiply(self):
        return self.first * self.second
    def divide(self):
        if self.second != 0:
            return self.first / self.second
        else:
            return "Cannot divide by zero"
calc = Calculator(10, 5)
print("Addition:", calc.add())
print("Subtraction:", calc.subtract())
print("Multiplication:", calc.multiply())
print("Division:", calc.divide())
```

해설

Calculator 클래스의 객체 calc를 생성하며, 첫 번째 숫자로 10, 두 번째 숫자로 5를 전달한다.
__init__ 메서드가 호출되어 calc.first = 10과 calc.second = 5가 저장된다.
각 함수에서, 연산을 수행한 후, 값을 돌려준다.

정답
Addition: 15
Subtraction: 5
Multiplication: 50
Division: 2.0

002 다음 Python 프로그램의 실행 결과를 쓰시오.

```
class arr:
    a = ["Seoul", "Kyeonggi", "Inchon", "Daejoen", "Daegu", "Busan"]
str = ' '
for i in arr.a:
    str = str + i[0]
print(str)
```

해설

클래스 arr가 정의되었고, 클래스 속성 a가 리스트로 초기화된다.
변수 str을 공백 문자 ' '로 초기화된다.
arr 클래스의 속성 a를 참조하여 반복한다.
리스트 ["Seoul", "Kyeonggi", "Inchon", "Daejoen", "Daegu", "Busan"]의 각 요소를 하나씩 가져온다.
i는 현재 반복 중인 리스트의 요소이고, i[0]은 해당 문자열의 첫 번째 문자이다.
str 변수에 i[0] 값을 추가하여 문자열을 누적한다.

정답   SKIDDB

003 다음 Python 프로그램의 실행 결과를 쓰시오.

```
class FourCal:
    def Setdata(sel, fir, sec):
        sel.fir = fir
        sel.sec = sec
    def add(sel):
        result = sel.fir + sel.sec
        return result
a = FourCal()
a.Setdata(4, 2)
print(a.add())
```

해설

FourCal 클래스의 인스턴스 a가 생성된다.
이 시점에서는 속성 fir과 sec이 설정되지 않는다.
Setdata 메서드를 호출하여 객체 a의 속성 fir과 sec을 설정한다.
add 메서드를 호출하여 a.fir과 a.sec의 합을 계산하여 결과값을 반환한다.

정답   6

004 다음 Python 프로그램의 실행 결과를 쓰시오.

```python
class Animal:
    def __init__(self, name):
        self.name = name
    def speak(self):
        return "Some sound"
class Dog(Animal):
    def __init__(self, name, breed):
        super().__init__(name)
        self.breed = breed
    def speak(self):
        return "Woof!"

dog = Dog("Buddy", "Golden Retriever")
print(f"{dog.name } : {dog.speak() } ({dog.breed})")
```

해설

Dog 클래스의 객체 dog를 생성한다.
부모 클래스의 __init__ 메서드가 호출되어 dog.name = "Buddy"로 설정된다.
dog.breed = "Golden Retriever"로 설정된다.
dog.name, dog 객체의 이름 속성 값인 Buddy를 출력한다.
dog.speak(), Dog 클래스에서 재정의된 speak 메서드를 호출하여 Woof! 반환하여 출력한다.
dog.breed, dog 객체의 품종 속성 값인 Golden Retriever를 출력한다.

정답   Buddy : Woof! (Golden Retriever)

005 다음 Python 프로그램의 실행 결과를 쓰시오.

```python
class Animal:
    def __init__(self, name):
        self.name = name
        print(f"name : {self.name}")

class Dog(Animal):
    def __init__(self, name):
        super().__init__(name)
        print("Dog init")


class Cat(Animal):
    def __init__(self, name):
        self.name = name
        print("Cat init")


dog = Dog("Dogu")
cat = Cat("Mery")
```

해설

Dog 클래스의 생성자가 호출된다.
super().__init__("Dogu")를 통해 부모 클래스 Animal의 생성자가 호출된다.
부모 생성자가 실행되어 self.name = "Dogu"가 설정되고 name : Dogu가 출력된다.
Dog init 메시지가 출력된다.
Cat 클래스의 생성자가 호출된다.
부모 생성자(super().__init__)를 호출하지 않으므로 부모 클래스의 초기화 작업이 실행되지 않는다.
대신 self.name = Mery로 속성을 직접 설정하고, Cat init 메시지를 출력한다.

정답 name : Dogu
Dog init
Cat init

006 다음 Python 프로그램의 실행 결과를 쓰시오.

```
def cs(n):
    s = 0
    for num in range(n+1):
        s += num
    return s
print(cs(11))
```

해설

함수 cs를 호출하여 n=11에 대한 결과를 출력한다.
cs(11)을 호출하고, range(12)가 생성된다.
각 숫자를 누적 합산한다. (0 + 1 + 2 + 3 + ... + 11 = 66)

정답 66

007 다음 Python 프로그램의 실행 결과를 쓰시오.

```
def fnc(list):
    for i in range(len(list) // 2):
        list[i], list[-i-1] = list[-i-1], list[i]
list = [1,2,3,4,5,6]
fnc(list)
print(sum(list[::2]) - sum(list[1::2]))
```

해설

리스트 list는 [1, 2, 3, 4, 5, 6]으로 정의되어 있다.
fnc함수를 호출하여 리스트의 내용을 뒤집는다.
list[::2], 리스트에서 짝수 인덱스 요소를 추출하여 합산한다.
list[1::2], 리스트에서 홀수 인덱스 요소를 추출하여 합산한다.
두 합의 차를 구하여 출력한다.

정답 3

008 다음 Python 프로그램의 실행 결과를 쓰시오.

```
def check(v):
    if type(v) == type(""):
        return len(v)
    elif type(v) == type(100):
        return 1
    elif type(v) == tuple:
        return 2
    elif type(v) == list:
        return 3
    else:
        return 4
a = "100.0"
b = 200
c = (100.0, 200.0)
d = [100.0, 200.0]
print(check(a) + check(b) + check(c) + check(d))
```

해설

type(v) == type(""), v가 문자열(str)인 경우, 문자열의 길이(len(v))를 반환한다.
type(v) == type(100), v가 정수(int)인 경우, 1을 반환한다.
type(v) == tuple, v가 튜플(tuple)인 경우, 2를 반환한다.
type(v) == list, v가 리스트(list)인 경우, 3을 반환한다.
else, 나머지 모든 경우, 4를 반환한다.

정답   11

009 다음 Python 프로그램의 실행 결과를 쓰시오.

```
def cnt(str, p):
    result = 0;
    for i in range(len(str)):
        sub = str[i:i+len(p)]
        if sub == p:
            result += 1;
    return result
str = "abdcabcabca"
p1 = "ca"
p2 = "ab"
print(f'ab{cnt(str, p1)} ca{cnt(str, p2)}');
```

해설

cnt 함수에서는 str(검색할 대상 문자열), p(찾고자 하는 패턴)를 인자로 받는다.
len(str)까지 반복하며, 문자열의 각 위치에서 길이가 len(p)인 부분 문자열(sub)을 추출한다.
sub가 패턴 p와 동일하면 result를 1 증가한다.
반복이 끝난 후, result에 패턴 p가 문자열 str에서 발견된 횟수를 반환한다.
str에 검색할 문자열 abdcabcabca를 대입하고, 각각의 패턴이 나오는 횟수를 반환받아서 출력한다.

정답   ab3 ca3

010 다음 Python 프로그램의 실행 결과를 쓰시오.

```
def find (text, char):
    positions = []
    for i in range(len(text)):
        if text[i] == char:
            positions.append(i)
    return positions

text = "hello world"
char = 'l'
print(f'Positions "{char }": {find(text, char) }')
```

> **해설**
>
> 문자열 text = "hello world"와 문자 char = 'l'이 함수에 전달된다.
> 함수는 아래 과정을 수행한다.
> i=0 → text[0]은 'h', 조건 미충족
> i=1 → text[1]은 'e', 조건 미충족
> i=2 → text[2]는 'l', 조건 충족 → positions = [2]
> i=3 → text[3]은 'l', 조건 충족 → positions = [2, 3]
> i=4 → text[4]는 'o', 조건 미충족
> i=9 → text[9]는 'l', 조건 충족 → positions = [2, 3, 9]
> f'Positions " {char }": {find(text, char) }': 포매팅된 문자열로 결과를 출력한다.

정답　Positions "l": [2, 3, 9]

011 다음 Python 프로그램의 실행 결과를 쓰시오.

```python
def f_cnt(s, sub):
    count = 0
    for i in range(len(s) - len(sub) + 1):
        if s[i:i+len(sub)] == sub:
            count += 1
    return count

string = "banana"
ch = "ana"
print(f" \"{ch}\" find {f_cnt(string, ch) } in \"{string }\"")
```

> **해설**
>
> 문자열 s = "banana"와 문자열 sub = 'ana'가 함수에 전달된다.
> 함수는 아래 과정을 수행한다.
> i=0: s[0:3] → "ban" ≠ "ana" → count = 0
> i=1: s[1:4] → "ana" == "ana" → count = 1
> i=2: s[2:5] → "nan" ≠ "ana" → count = 1
> i=3: s[3:6] → "ana" == "ana" → count = 2
> 반환받은 2를 포매팅된 문자열로 출력한다.

정답　"ana" find 2 in "banana"

012 다음 Python 프로그램의 실행 결과를 쓰시오.

```
def count_char(s):
    counts = { }
    for char in s:
        if char in counts:
            counts[char] += 1
        else:
            counts[char] = 1
    return counts

string = "apple"
print(f'counts: {count_char(string) }')
```

해설

문자열 apple을 변수 string에 저장한다.
문자열 apple을 함수 count_char에 전달하여 실행한다.
count_char 함수에서는 문자열의 각 문자를 순회하며 등장 횟수를 딕셔너리로 집계한다.

정답   counts: {'a': 1, 'p': 2, 'l': 1, 'e': 1}

013 다음 Python 프로그램의 실행 결과를 쓰시오.

```
def test(x, y=[]):
    y.append(x)
    return y
print(test(1))
print(test(2))
```

해설

첫 번째 호출, 함수 test가 호출되며, x = 1이고 y는 기본값 []를 사용한다.
리스트 y는 빈 리스트로 초기화된다.
y.append(x), y에 1을 추가하고, [1]을 반환한다.
두 번째 호출, 함수 test가 호출되며, x = 2이고, y는 기본값 리스트를 재사용한다.
첫 번째 호출에서 수정된 리스트 y = [1]을 그대로 사용한다.
y.append(x), y에 2를 추가해서, [1, 2]를 반환한다.
기본값은 함수 정의 시점에 단 한 번만 평가되며, 이후 호출에서는 이 값이 그대로 유지된다.

정답   [1]
        [1, 2]

014 다음 Python 프로그램의 실행 결과를 쓰시오.

```
def mix_values(a, b=[], c=10):
    b.append(a)
    return b, c

print(mix_values(1))
print(mix_values(2, c=20))
print(mix_values(3))
```

해설

첫 번째 호출, a=1, b=[] (기본값 사용), c=10 (기본값 사용)
b.append(a) → b=[1]
([1], 10)이 리턴된다.
두 번째 호출, a=2, b=[1] (이전 호출에서 공유된 리스트), c=20
b.append(a) → b=[1, 2]
([1, 2], 20)이 리턴된다.
세 번째 호출, a=3, b=[1, 2] (이전 호출에서 공유된 리스트), c=10 (기본값 사용)
b.append(a) → b=[1, 2, 3]
([1, 2, 3], 10)이 리턴된다.

정답 ([1], 10)
　　　　 ([1, 2], 20)
　　　　 ([1, 2, 3], 10)

015 다음 Python 프로그램의 실행 결과를 쓰시오.

```
def default_behavior(x, y=[]):
    y.append(x)
    return len(y)

print(default_behavior(1))
print(default_behavior(2))
print(default_behavior(3, [10, 20]))
print(default_behavior(4))
```

해설

첫 번째 호출, x=1, y=[] (기본값 사용)
y.append(1) → y=[1]
len(y) 반환 → 1

두 번째 호출, x=2, y=[1] (이전 호출에서 수정된 기본값 리스트 사용)
y.append(2) → y=[1, 2]
len(y) 반환 → 2
세 번째 호출, x=3, y=[10, 20] (새로운 리스트가 전달됨)
y.append(3) → y=[10, 20, 3]
len(y) 반환 → 3
네 번째 호출, x=4, y=[1, 2] (첫 번째와 두 번째 호출에서 수정된 기본값 리스트 사용)
y.append(4) → y=[1, 2, 4]
len(y) 반환 → 3

정답 1
      2
      3
      3

016 다음 Python 프로그램의 실행 결과를 쓰시오.

```
def counter(start=0, increment=[]):
    increment.append(1)
    return start + sum(increment)

print(counter())
print(counter())
print(counter(10))
```

해설

첫 번째 호출, start=0, increment=[] (기본값 사용)
increment.append(1) → increment=[1]
sum(increment) → 1
start + sum(increment) → 0+1=1
두 번째 호출, start=0, increment=[1] (첫 번째 호출에서 수정된 리스트 사용)
increment.append(1) → increment=[1, 1]
sum(increment) → 1+1=2
start + sum(increment) → 0+2=2
세 번째 호출, start=10, increment=[1, 1] (이전 호출에서 공유된 리스트 사용)
increment.append(1) → increment=[1, 1, 1]
sum(increment) → 1+1+1=3
start + sum(increment) → 10+3=13

정답 1
      2
      13

017 다음 Python 프로그램의 실행 결과를 쓰시오.

```
def modify_tuple(value, fixed=(1, 2)):
    fixed = fixed + (value,)
    return fixed

print(modify_tuple(3))
print(modify_tuple(4))
print(modify_tuple(5, fixed=(10,)))
```

해설

첫 번째 호출, value=3, fixed=(1, 2) (기본값 사용)
fixed + (3,) → (1, 2)+(3,) → (1, 2, 3)
(1, 2, 3) 반환
두 번째 호출, value=4, fixed=(1, 2) (기본값 사용)
fixed + (4,) → (1, 2)+(4,) → (1, 2, 4)
(1, 2, 4) 반환
세 번째 호출, value=5, fixed=(10,) (새로운 튜플 전달)
fixed + (5,) → (10,)+(5,) → (10, 5)
(10, 5) 반환
튜플은 불변 객체이므로, 기존 튜플을 수정하지 않고 새로운 튜플을 반환한다.

정답   (1, 2, 3)
          (1, 2, 4)
          (10, 5)

018 다음 Python 프로그램의 실행 결과를 쓰시오.

```
sum = 10
def fun1():
    sum = 20
    print(sum)
def fun2():
    global sum
    sum = 30
print(sum)
fun1()
print(sum)
fun2()
print(sum)
```

> **해설**
>
> 첫 번째 print, 전역변수 sum의 값을 출력한다. (10)
> fun1 함수 호출, 함수 내부에서 지역변수 sum이 20으로 정의되고, 지역변수 sum이 출력된다.
> 전역변수 sum에는 영향을 미치지 않는다.
> 두 번째 print, 전역변수 sum의 값을 출력한다. (10)
> fun2 함수 호출, 함수 내부에서 global sum을 선언하여, 전역변수 sum의 값을 30으로 수정한다.
> 세 번째 print, 변경된 전역변수 sum의 값을 출력한다. (30)

정답
10
20
10
30

019 다음 Python 프로그램의 실행 결과를 쓰시오.

```
count = 5
def increment():
    count = 10
    print("increment:", count)
def reset():
    global count
    count += 5
    print("reset:", count)
print("A:", count)
increment()
print("B:", count)
reset()
print("C:", count)
```

> **해설**
>
> print("A:", count), 전역변수 count의 값인 5가 출력된다.
> increment(), 지역변수 count=10이 선언되고 출력된다.
> print("B:", count), 전역변수 count는 increment 함수의 실행에 영향을 받지 않으므로 여전히 5이다.
> reset(), global count를 선언했으므로, 전역변수 count를 직접 수정한다.
> print("C:", count), 전역변수 count는 reset 함수에서 수정되어 현재 값 10을 출력한다.

정답
A: 5
increment: 10
B: 5
reset: 10
C: 10

020 다음 Python 프로그램의 실행 결과를 쓰시오.

```
def cals(num):
    if num == 1:
        return 1
    else:
        return num * cals(num-1)
in_val = 4
result = cals(in_val)
print(result)
```

해설

입력값 in_val = 4일 때, 함수 호출 과정,
cals(4), 반환값 = 4 * cals(3)
cals(3), 반환값 = 3 * cals(2)
cals(2), 반환값 = 2 * cals(1)
cals(1), 반환값 = 1 (종료 조건 도달)
재귀호출을 이용하기 때문에 스택을 이용해서 연산한 최종 결과는 24가 된다.

정답   24

CHAPTER 05 리스트 컴프리헨션 / 람다 함수

1. 리스트 컴프리헨션(List Comprehension)

(1) 리스트 컴프리헨션의 개념
- 기존의 리스트나 다른 반복 가능한(Iterable) 객체로부터 조건을 적용하거나 변환하여 새로운 리스트를 간결하게 생성하는 문법이다.
- 한 줄의 코드로 새로운 리스트를 생성할 수 있어 가독성과 효율성이 높아진다.

(2) 기본 문법

> [expression for item in iterable if condition]

- expression: 리스트의 각 요소를 생성하는 표현식이다.
- item: 반복 가능한 객체(Iterable)에서 가져오는 각 요소이다.
- iterable: 반복 가능한 객체이다. (리스트, 문자열, 튜플 등)
- condition: 선택적으로 요소를 필터링하는 조건식이다. (참인 경우만 포함)

(3) 예제

1) 기본 사용법

```
numbers = [1, 2, 3, 4, 5]
squared = [n**2 for n in numbers]
print(squared)
```

[실행 결과]
[1, 4, 9, 16, 25]

2) 조건문 사용

```
numbers = [1, 2, 3, 4, 5]
evens = [n for n in numbers if n % 2 == 0]
print(evens)
```

[실행 결과]
[2, 4]

2. 람다 함수

(1) 람다 함수의 개념
- 익명 함수(Anonymous Function)를 정의하기 위해 사용하는 방식이다.
- lambda 키워드를 사용하여 간단한 함수 정의가 가능하다.
- 한 줄로 작성되며, 간단한 계산이나 표현식을 처리할 때 유용하다.

(2) 람다 함수의 기본 구조

```
lambda arguments: expression
```

- arguments: 함수의 입력값이다. (매개변수)
- expression: 함수의 본문. 단일 표현식만 작성 가능하며, 결과값이 반환된다.
- 예제

```
add = lambda x, y: x + y
print(add(3, 5))
```

[실행 결과]
8

(3) 람다 함수의 활용

1) 간단한 계산

```
multiply = lambda a, b: a * b
print(multiply(3, 4))
```

[실행 결과]
12

2) 정렬 기준 지정

```
data = [(1, 2), (3, 1), (5, 0)]
sorted_data = sorted(data, key=lambda x: x[1])   # 두 번째 요소 기준으로 정렬
print(sorted_data)
```

[실행 결과]
[(5, 0), (3, 1), (1, 2)]

3) 필터링

```
numbers = [1, 2, 3, 4, 5]
even_numbers = list(filter(lambda x: x % 2 == 0, numbers))
print(even_numbers)
```

[실행 결과]
[2, 4]

4) 변환

```
numbers = [1, 2, 3, 4]
squared_numbers = list(map(lambda x: x ** 2, numbers))
print(squared_numbers)
```

[실행 결과]
[1, 4, 9, 16]

문제풀이

001 다음 Python 프로그램의 실행 결과를 쓰시오.

```
numbers = [1, 2, 3, 4, 5]
result = [n * 2 for n in numbers if n % 2 == 0]
print(result)
```

해설

n * 2, 새로운 리스트의 각 요소를 생성하는 표현식으로, n을 2배로 곱한다.
for n in numbers, numbers 리스트를 순회하며 각 요소 n을 가져온다.
if n % 2 == 0, n이 짝수인지 확인하는 조건. 조건이 참인 경우에만 n을 처리한다.

정답   [4, 8]

002 다음 Python 프로그램의 실행 결과를 쓰시오.

```
numbers = [1, 2, 3, 4, 5]
total = sum([n for n in numbers if n % 2 == 1])
print(total)
```

해설

리스트 컴프리헨션은 새로운 리스트를 생성하기 위한 간결한 문법이다.
n for n in numbers, 리스트 numbers에서 각 요소 n을 순회한다.
if n % 2 == 1 조건식으로, n이 홀수인지 확인한다.
[1, 3, 5]는 홀수이고, sum 함수에 전달해서 합계를 total에 저장한다.

정답   9

003 다음 Python 프로그램의 실행 결과를 쓰시오.

```
numbers = [1, 2, 3, 4, 5]
result = max([n for n in numbers if n % 2 == 0])
print(result)
```

해설

max 함수는 리스트에서 가장 큰 값을 반환한다.
필터링된 리스트 [2, 4]에서 가장 큰 값은 4이다.

정답　4

004 다음 Python 프로그램의 실행 결과를 쓰시오.

```
s_lambda = lambda a, b: a + b
print(s_lambda(1, 2))
```

해설

lambda a, b, 두 개의 매개변수 a와 b를 받는다.
a + b, 매개변수 a와 b의 합을 반환한다.
s_lambda, 이 익명 함수를 변수 s_lambda에 할당하여 이름이 있는 함수처럼 사용할 수 있게 만든다.
s_lambda(1, 2): s_lambda 함수에 1과 2를 매개변수로 전달하여, 3을 반환받아 출력한다.

정답　3

005 다음 Python 프로그램의 실행 결과를 쓰시오.

```
a=[1,2,3,4,5]
b=list(map(lambda num : num +100, a))
print(b)
```

해설

map(function, iterable), 첫 번째 인자 function을 두 번째 인자인 iterable의 각 요소에 적용된다.
여기서는 lambda num: num + 100 함수가 a의 각 요소에 적용된다.
lambda num: num + 100, lambda는 익명 함수를 정의하고, 매개변수 num에 리스트 a의 각 요소가 전달된다.
함수의 동작은 num에 100을 더한 값을 반환한다.
list(), map 함수는 결과를 map 객체로 반환하므로, 이를 리스트로 변환하기 위해 list()를 사용한다.

정답　[101, 102, 103, 104, 105]

006 다음 Python 프로그램의 실행 결과를 쓰시오.

```
numbers = [1, 2, 3, 4, 5]
squared = list(map(lambda x: x ** 2, numbers))
print(squared)
```

해설

map(function, iterable), lambda x: x ** 2 함수가 numbers 리스트의 각 요소에 적용된다.
lambda x: x ** 2, 함수의 동작은 x를 제곱(** 2)한다.
list(), map 함수는 결과를 map 객체로 반환하므로, 이를 리스트로 변환하기 위해 list()를 사용한다.

정답 [1, 4, 9, 16, 25]

007 다음 Python 프로그램의 실행 결과를 쓰시오.

```
country = ['Korea', 'Spain', 'Germany', 'Canada', 'france', 'Serbia']

print(max(country))
print(max(country, key=lambda x : x[2]))
print(max(country, key=lambda i:i.lower()))
```

해설

max() 함수는 기본적으로 사전 순(알파벳 순)으로 비교한다.
문자열의 비교는 ASCII 코드 값을 기준으로 한다.
print(max(country)), france는 소문자로 시작하는 유일한 단어이므로 가장 큰 값으로 판단된다.
print(max(country, key=lambda x: x[2])), 각 문자열의 세 번째 문자를 기준으로 비교한다.
r이 가장 큰 값이며, 세 번째 문자가 r인 단어는 Korea, Germany, Serbia가 있다.
이들 중 리스트에서 가장 먼저 나타나는 단어인 Korea가 반환된다.
print(max(country, key=lambda i: i.lower())), 각 단어를 소문자로 변환한 후 사전 순으로 비교한다.
사전 순으로 가장 뒤에 있는 단어는 spain이다.

정답 france
　　　 Korea
　　　 Spain

008 다음 Python 프로그램의 실행 결과를 쓰시오.

```
numbers = [5, 1, 9, 3, 7]
squared_numbers = list(map(lambda x: x**2, numbers))
squared_numbers.sort()
print(squared_numbers[:3])
```

해설

map(function, iterable), 리스트 numbers의 각 요소에 함수를 적용한다.
여기서는 lambda x: x**2 함수가 사용된다.
lambda x: x**2, 각 숫자를 제곱하는 익명 함수이다.
list(), map 함수의 결과는 map 객체로 반환되므로, 이를 리스트로 변환한다.
sort(), 리스트 squared_numbers를 오름차순으로 정렬한다.
print(squared_numbers[:3]), 리스트의 첫 번째부터 세 번째 요소까지(인덱스 0, 1, 2) 추출한다.

정답   [1, 9, 25]

009 다음 Python 프로그램의 실행 결과를 쓰시오.

```
numbers = [5, 1, 9, 3, 7]
squared_numbers = list(map(lambda x: x**2, numbers))
squared_numbers.sort(reverse=True)
print(squared_numbers[:3])
```

해설

sort(reverse=True), 리스트를 내림차순으로 정렬한다.
print(squared_numbers[:3]), 가장 큰 세 개의 값을 추출한다.

정답   [81, 49, 25]

010 다음 Python 프로그램의 실행 결과를 쓰시오.

```
tuples = [(1, 2), (1, 1), (5, 7), (7, 5)]
sorted_t = sorted(tuples)
print(sorted_t)
sorted_t = sorted(tuples, key=lambda x: x[1])
print(sorted_t)
```

해설

sorted(), 기본적으로 리스트를 오름차순으로 정렬한다.
튜플의 정렬 기준은 첫 번째 요소부터 순서대로 비교한다.
첫 번째 요소가 같으면 두 번째 요소를 비교한다.
sorted(tuples, key=lambda x: x[1]), 정렬 기준을 사용자 지정하는 함수로, 각 튜플의 두 번째 요소를 기준으로 정렬한다.

정답 [(1, 1), (1, 2), (5, 7), (7, 5)]
[(1, 1), (1, 2), (7, 5), (5, 7)]

011 다음 Python 프로그램의 실행 결과를 쓰시오.

```
tuples = [(1, 2, 3), (1, 2, 1), (5, 7, 6), (7, 5, 4), (5, 7, 5)]
sorted_t = sorted(tuples, key=lambda x: (x[1], x[2]))
print(sorted_t)
```

해설

리스트를 정렬하는 함수로, 기본적으로 오름차순 정렬을 수행한다.
정렬 기준을 튜플의 두 번째 요소(x[1])를 첫 번째 기준으로, 세 번째 요소(x[2])를 두 번째 기준으로 지정한다.
먼저 x[1](두 번째 요소)로 비교하고, 두 번째 요소가 같으면 x[2](세 번째 요소)를 기준으로 추가 비교한다.

정답 [(1, 2, 1), (1, 2, 3), (7, 5, 4), (5, 7, 5), (5, 7, 6)]

012 람다 함수를 사용하여 주어진 리스트의 각 원소를 제곱하는 코드를 작성하시오.

```
numbers = [2, 4, 6, 8, 10]
squared_numbers = list( map( ①, numbers ) )
print(squared_numbers)
```

해설

map(function, iterable), function 부분에는 iterable의 각 요소에 적용할 함수가 정의되어야 한다.
각 원소를 제곱하는 람다 함수를 작성해야 하기 때문에, lambda x: x ** 2를 사용한다.

정답   lambda x: x ** 2

013 빈칸 ①에 람다 함수를 사용하여 리스트에서 짝수만 필터링하는 코드를 작성하시오.

```
numbers = [1, 2, 3, 4, 5, 6, 7, 8, 9, 10]
even_numbers = list( filter( ①, numbers ) )

print(even_numbers)
```

해설

빈칸(①)에는 리스트에서 짝수인지 확인하는 조건을 정의하는 lambda 함수가 들어가야 한다.
짝수를 확인하려면 x % 2 == 0 조건을 사용한다.

정답   lambda x: x % 2 == 0